民法基本判例集 第5版

遠藤 浩
川井 健
民法判例研究同人会＝編

勁草書房

第五版　はしがき

三年余前に第四版を刊行してから、早くも第五版を世に出すことになった。第四版が平成二九年民法（債権関係）改正および平成三〇年民法等改正（相続法）に伴う大幅な改訂版であったのに対して、第五版での改訂は、既に収録してある判例を改めて見直すことを主たる目的としている。具体的には、第四版以降の新判例も含めて学習上収録した方が良いものを新たに収録し、他方で、学習上不要となったものを削除ないし差し替えている。このような改訂作業は、これまでも本書の改版に際して行ってきたところであるが、第五版では、これらに加えて、収録済みの判例について引用されている判旨を精査し、引用部分を追加したり、学習上の便宜を考慮し参照に値する関連判例を同時に追記したりしている（後者につき〔二八二〕参照）。

その結果、新たに収録したもの二九件、削除したもの一六件、差し替えたもの四件、判旨の引用部分の追加や参照判例の追記に関するものが一一件など、第四版ほどではないが、それなりの編集作業が必要となった。なお、新たに収録した判例二九件については、通し番号ではなく枝番号を付して整理している。

近年の民法典は時代の急速な変化に対応するべく度々改正を重ねているが、本書においても既収録判例も含めたアップデート作業を継続的に積み重ねることによって、読者の学習に少しでも寄与したいと思っている。

なお、第四版のはしがき（笠井教授執筆）でも触れたように、本書の編集については、第四版以降、

「民法判例研究同人会」（岡孝・笠井修・髙橋寿一・良永和隆・工藤祐巌）が担当している。
勁草書房編集部の竹田康夫氏には、今回の改版についても真摯なお世話をいただいた。ここに記して感謝の意を表したい。

令和六年一月

民法判例研究同人会を代表して

髙橋寿一

第四版　はしがき

本書の第四版を刊行することとなった。このたびの改版は、平成二九年民法（債権関係）改正、平成三〇年民法等（相続法）改正に伴い、民法の「基本判例」として取り上げるべき重要判例の対象が大きく変化したこと、および第三版補訂版の刊行後六年を経過しその間に現れた重要判例を収録する必要が生じたことによるものである。

法改正を反映して差し替えられた重要判例のなかには、その規範が民法典中に明文化されたことにより立法の背景や基礎としての地位へと性格を変えたもの、改正前民法の条文が削除されたことによりその条文に関する先例としての使命を終えたもの、新しい条文の制定とともに先例的価値を重くしたものなど、それぞれの位置付けに大きな変化が生じたものが多く、それらを考慮しつつ、この間の新判例を含めて本書に収録するべき基本判例の見直しを行った。その結果、新たに収録したもの七四件、削除したもの五五件、改正法を理解するうえでの学習的効果に着目してレイアウトを変更してあえて残したもの一二件などかなり大幅な変更となった。

このようにして、新しい民法の時代に対応して姿を整えた本書が、民法の最もスタンダードな教材としてこれからもいっそう多くの読者に愛読されることを祈りたい。

なお、本書は、遠藤浩先生・川井健先生の共編により誕生したものであるが、この第四版から「民法判例研究同人会」（岡孝・笠井修・髙橋寿一・良永和隆・工藤祐巌）が編者として名を連ねることとなった。

改版にあたっては、勁草書房編集部の竹田康夫氏に行き届いたお世話をいただいた。厚く御礼申し上げる。

令和二年八月

民法判例研究同人会を代表して

笠井　修

第三版補訂版　はしがき

第三版が刊行されてはや四年となる。この間平成二五年五月には本書の編者の川井健先生がお亡くなりになった。先生は、亡くなる直前まで病室でご自身の著書の改訂作業などにひたすら集中しておられた。学問に対する真摯なお姿に深く心を打たれた。

本書は、幸いに多くの読者に愛用されている。この第三版補訂版の編集には、出版元の勁草書房の強い希望により、笠井修、工藤祐巌、良永和隆、岡の川井先生のご指導を受けた四名が共同で携わった。

さて、この四年間にも重要判例が数多く出ているが、今回は補訂版ということもあり、収録新判例を絞って〔一一六の二〕、〔一六六の二〕、〔一八四の二〕の三件のみを追加した。そのほか、収録判例を見直し、いくつか差し替えている。例えば、〔一二六〕、〔一三九〕、〔二五九〕、〔三九〇〕（これは、見出しも「非嫡出子の法定相続分の違憲判断」と変えている）である。

勁草書房編集部の竹田康夫氏、山田政弘氏に大変お世話になった。お礼申し上げる。

平成二六年一一月

川井健先生の門弟を代表して

岡　孝

第三版　はしがき

初版の刊行以来七年、第二版刊行以来三年余が経過した。この間重要判例が多数現われている。そのなかで、特に重要な判例六件（〔一二九の二〕、〔一三八の二〕、〔一六八の二〕、〔二五六の二〕、〔三二二の二〕、〔三五二の二〕）を追加した。幸い民法全体にわたる基本判例を集めた本書は、多くの読者に愛用されている。

第三版の刊行にあたっても、従来と同様、勁草書房編集部の竹田康夫氏にお世話になった。厚く御礼申しあげる。

平成二二年一一月

川井　健

第二版　はしがき

初版の刊行以来二年以上を経過した。この間における法令の改正はめざましいものがある。特に平成一六年の民法現代用語化法（法一四七号）は重要である。また、重要な新判例も現われている。こうした事情をふまえて、第二版を刊行することにした。

民法三三条以下の改正（平成一八年法五〇号）および一般社団法人及び一般財団法人に関する法律（平成一八年法四八号。本書では略称として、一般法人と称する）は、まだ施行されておらず、平成二〇年に施行される予定であるが、本書では新法を〈　〉で示すことにした。改正法の形成に貢献し、明文で解決されるに至った判例（〔四五〕）は削除した。〔二四一〕も同様だが、判例の差し替えを行った。他方、平成一五年後半以降の基本判例（〔二六九の二〕、〔三〇六の二〕、〔三二一の二〕）を追加した。

これにより、本書がますますアップ・ツー・デートなものになり、読者に利用していただけると思う。なお、判例番号は、いわゆるダットサン民法、民法案内での引用に連動しているので、その変更は避けた。

編者の一人、遠藤浩先生が平成一七年五月五日にご逝去された。心よりご冥福をお祈りする。

改訂にあたっては、初版と同様、勁草書房編集部の竹田康夫氏にお世話になった。御礼申しあげる。

平成一八年一二月

川　井　　健

重版に際して、平成一八年の法人に関する改正法に基づいて加筆した。

平成二一年三月

川　井　　健

はしがき

このたび、勁草書房より、民法（全編）基本判例集を発行することになった。本書は、旧一粒社発行の『民法基本判例集』の伝統を引き継ぎつつも、それとは別個の企画として、新しい構想のもとに、編集されたものである。旧『民法基本判例集』は、いわゆるダットサン民法の姉妹編として初版刊行後四〇年の歴史を経て、多くの読者の称賛と支持を得て愛用されてきたが、一粒社の廃業、同書の絶版および民法同人会の解散に伴い、本書は、新判例を追加するほか、新しい執筆者により、以下のような方針のもとに編集されている。

第一に、「事実」をモデル（細かい事実を捨象して問題点を典型化したもの）として扱い、事案の争点を明らかにすることに努めることにした。その結果、訴訟経過、係争金額などは原則として省略した。判例研究において、判決が認定した事実を重視すべきことはいうまでもないが、判例が、将来、判例法としての役割を担うことを思うとき、当該判例がどういう事実のモデルについてのものであるかを明らかにする必要があると思われる。細かい事実を無視するのではなくそれを前提としつつ、これをモデル化して、どういうタイプの事実に対応した判例であるかを明らかにし、将来の判例の予測等をしようとするのが本書の特色の一つである。

第二に、判旨は、必要部分に限定した。長文の判決は、中略しつつ、争点に必要な判旨のみを掲げた。反対・補足意見等は、意見があったことを書くにとどめた。

こうした趣旨に基づき、編者としては、民法全編にわたる重要な判例を厳選することにより、本書が民法全編にわたるハンディーな小冊子として、民法の講義を聴く者にとっての伴侶となり、また実務家にとっても利用価値があることを期待している。

およそ法律学にとって判例の果たす役割が重要なことはいうまでもない。民法九四条二項の類推適用に関する判例のように、学説より先行し学説をリードする判例もあれば、逆に、消滅時効の援用権の喪失に関する判例のように、学説の批判を受けて変更された判例もある。このように、判例と学説は相互に影響しあう関係にある。民法を学習する者は、判例の抽象論だけでなく、それがいかなる事実に基づいて形成されたかを調べるとともに、その事実については、ほかの解決方法がないかどうかを含めて、本書の姉妹書ともいうべき、いわゆるダットサン民法等により、学説の対応を考察して欲しいと思う。

本書の刊行に当たっては、法科大学院の発足に当たって多忙な執筆者の方々にご尽力いただいた。また、勁草書房編集部の竹田康夫氏に、なみなみならぬお世話になった。これらの方々に厚く御礼申しあげる。

平成一六年六月

遠藤　浩
川井　健

本書の活用の仕方

本書は民法全編にわたる重要判例を収録した。

判例の内容の理解を助けるため、タイトルを冒頭に付し、その下部に関連条文、および本書と有機的な関連をもたせた姉妹書のダットサン民法、『民法1　総則・物権法』、『民法2　債権法』、『民法3　親族法・相続法』における当該判例の引用箇所を明記した。関連条文については、民法の条文は原則として条文数のみ表示し、その他法令名は通常の略語法に従った。ダットサンの引用箇所について、例えば**民法1総76⑴**とあるのは、『民法1　総則・物権法』第一編総則の項目76の⑴を示す。

ダットサンは「通説の到達した最高水準を簡明に解説」するという一貫した方針のもと叙述されているが、本書による判例の学習によりその行間を読むことが可能となり、さらに理解を助けることになるであろう。併せて読まれたい。

＊今版は、ダットサンに対応していない項目があり未確定なので空白としているが、改訂の際には対応することにする。

凡例

1　当事者の表示は、原則として一審原告をX（複数のときはX_1、X_2、X_3……）、同被告をY、訴外をA、B……と表記した。

2　判旨は原則として原文重視とした。但し、以下の場合は加工を加えた。

・大審院の判旨は、旧漢字は当用漢字に置き換え、原文にない句読点、濁点を打った。
・判旨中大きく表記されている促音、拗音は、小さく記した。
・固有名詞は原則としてアルファベットに置き換えた。
・難解語には平仮名ルビを付した。
・数字も、たとえば五百参拾円を五三〇円とした。
・旧法関係については、〔現～条〕とし現行法を明記した。また、筆者注記は〔　〕とした。
・判旨中に引用されている判例については、原則として3の判例表記と同様なスタイルで表記した。

3　判例は、例えば最判平成元年一〇月一三日民集四三巻九号九八五頁とあるのは、平成元年一〇月一三日の最高裁判所判決で、最高裁判所民事判例集民集四三巻九号九八五頁所載を示す。
判決裁判所と登載判例集は、以下のように略記した。

・判決裁判所

大判（決）	大審院判決（決定）
大連判	大審院連合部判決
最大判（決）	最高裁判所大法廷判決（決定）
最判（決）	最高裁判所小法廷判決（決定）
控判	控訴院判決
地判	地方裁判所判決

・登載判例集

民（刑）録	大審院民（刑）事判決録
民（刑）集	大審院民（刑）事判例集（明治憲法下） 最高裁判所民（刑）事判例集（日本国憲法下）
裁判集民	最高裁判所裁判集民事
下民集	下級裁判所民事裁判例集
新聞	法律新聞
判時	判例時報

4　法令の略語は、通常の用法に従った。

5　判例規範が改正法により明文化されたが、何らかの学習的意義のある判例については、※を付したうえレイアウト上他と区別した。また、併せて目次においても、当該判例冒頭に※を付した。

執筆者紹介（数字は担当判例番号、＊は編者）

＊遠藤 浩（学習院大学名誉教授） 1,3,4,6～8,10,14,16～18,21～23,25,28,29,31,33,38,40,42,45,46,50～54,56,58,61～63,68～71,79
山本 豊（京都大学名誉教授） 2,5,9,11～13,15,19,20,27の2,30,32,32の2,35,36,52の2,213
＊川井 健（一橋大学名誉教授） 39,41,44,47,55,57,59,64,65,67,72,73,75,77,78,82,87～89,92,96,99,101,106～109,115,116,124,141,153,155,157～160,162～164,173,175,178,181,182,185,189,191,193,194,196,198,199,201,202,209,278,294,352,383
鎌田 薫（早稲田大学名誉教授） 76,91,93,95,97,98,100,102,110,112～114,118～121
＊髙橋寿一（専修大学教授，横浜国立大学名誉教授） 80,81,81の2,85,94,103～105,110の2,117,204,210の2,210の3,214
＊工藤祐巖（明治大学教授） 34,70,122,125,129～131,134,134の2,136～140,142～145,148～151,151の2,153の2,154の2,165,167,168,172,177,177の2,180,183,187の2,342～351
田髙寛貴（慶応義塾大学教授） 126～128,132,133,135,146,147,152,154
五十川直行（九州大学名誉教授） 156,169,170,179,184,190,195,197の2,199の2,200,203の2
＊笠井 修（中央大学教授） 24,27,43,48,49,51の2,65の2,66,67,90,186～188,193の2,197,203,206～208,211,218～220,223～225,227,230,247,250,252,255,256,258,259,263,267,268,282
池田真朗（武蔵野大学教授，慶応義塾大学名誉教授） 210,212,217,226,228,231～233,235,236
前田陽一（立教大学教授） 230の2,238～240,243～246,248,254,257,260,264～266
円谷 峻（横浜国立大学名誉教授） 270,271,273,274,276,277,279,280,283,289,295,300,303,307,308,310,311,314,318,320,323,327,330,334,339,340
滝沢昌彦（法政大学教授） 269,272,275,281,284～288,290～293,296～298,301,302,304～306,309,324,325
飯塚和之（茨城大学名誉教授） 312,313,315～317,319,321,322,326,329,331～333,336～338,341
本山 敦（立命館大学教授） 354～357,359,361,362,366,370～373,380,381,384,385,388～390,394,401,406,407
床谷文雄（奈良大学教授，大阪大学名誉教授） 5の2,171,176,353,353の2,358,360,363～365,367～369,375～379,382,383,386,387,391～393,395,396,397の2
＊岡 孝（学習院大学名誉教授） 37,205,215,216,221,222,229,234,238の2,241,251,261,263の2～400,402～405
山田創一（専修大学教授） 83,84,409,412,415,420,426,427,429,431,440,441,447
犬伏由子（慶応義塾大学名誉教授） 408,410,411,413,414,416～419,421～425,428,430,432～435
＊良永和隆（専修大学教授） 60,69,272の2,299,320の2,328,335,352の2,430の2,436～439,442～446,448～452

目次

第一編 総則

序章……2

一 信義誠実の原則……2

1 法律行為の解釈 最判昭和三二年七月五日民集一一巻七号一一九三頁

2 長期にわたる解除権不行使と権利失効の原則 最判昭和三〇年一一月二二日民集九巻一二号一七八一頁

二 権利濫用の禁止……4

3 権利濫用と不法行為（信玄公旗掛松事件） 大判大正八年三月三日民録二五輯三五六頁

4 物権的妨害排除請求権の行使と権利濫用（宇奈月温泉事件） 大判昭和一〇年一〇月五日民集一四巻一九六五頁

5 物権的返還請求権の行使と権利濫用（板付飛行場事件） 最判昭和四〇年三月九日民集一九巻二号二三三頁

5の2 虚偽の出生届出の場合の実親子関係不存在確認請求と権利濫用 最判平成一八年七月七日民集六〇巻六号二三〇七頁

第一章 人……10

一 私権の享有（意思能力・権利能力）……10

6 胎児の権利能力（阪神電鉄事件） 大判昭和七年一〇月六日民集一一巻二〇二三頁

二 行為能力……12

7 制限行為能力者の詐術 最判昭和四四年二月一三日民集二三巻二号二九一頁

第二章　法　人

第二編 物 権

第六章　担保物権……157

第三編　債　権

第四編　親　族

第一章　婚　姻

第一編　総　則

序　章

一　信義誠実の原則

法律行為の解釈　　一条二項

〔一〕最判昭和三二年七月五日民集一一巻七号一一九三頁　　民法1序9(3)(イ)、総97(1)

事実　Xは Yに土地を二〇万円で売却し、両者の間に、代金は昭和二六年一一月一五日までに支払うこと、抵当権等何等負担のない状態で移転登記をするという裁判上の和解がなされた。ところが、右土地に国税滞納処分による差押えの登記がされていることがわかったので、差押登記が抹消されたときはYは遅滞なく金二〇万円を支払い、Xは直ちに所有権移転登記をなすことを約する旨の「証」をYに差し入れた。その後、差押登記の抹消がされないまま、Yは右和解調書に基づき移転登記をしたので、Xはその抹消を訴求した。「証」の解釈が問題となった。原審は、右「証」の文言は、信義則に従って、Xは差押えの解除を速やかに受けねばならぬことを強調し、代金二〇万円は差押えの解除、したがって差押登記の抹消と同時に支払を受ける旨を約したものであって、差押解除あるまで永久に所有権移転登記手続をしない旨を約したものではないと解するのが相当であり、これによって和解条項に定められた代金債務の履行期だけが叙上のように変更されたものと解すべきであると判示して、Xを敗訴させた。Xから上告。

判旨　上告棄却　「原判決が所論『証』記載の契約の趣旨を原判示のごとく和解条項に定められた代金債務の履行期のみに関するものと判断したことは何ら経験則に違反するものでなく、原判決に所論のような違法はない。又いわゆる信義誠実の原則は、ひろく債権法の領域に適用されるものであって、ひとり権利の行使、義務の履行についてのみならず、当事者のした契約の趣旨を解釈するにもその基準となるべきものであるから、原判決が前示契約の趣旨を解釈するにあたって、信義則によって判断する旨判示したことをもって、所論のような違法ありとすることはできない。」

長期にわたる解除権不行使と権利失効の原則　一条二項・五四〇条一項・六一二条

〔二〕　最判昭和三〇年一一月二二日民集九巻一二号一七八一頁　民法1序9(3)(イ)・(ウ)、総144(2)

事実　XはAから土地を賃借していたが、その土地賃借権を土地上の建物と共にBに譲り渡した。右賃借権譲渡はAに無断でされたものであった。そのうちに右の建物は空襲により焼失し、Aから土地を賃借したと主張するYが本件土地上に建物を建てて土地を使用している。そこで、XはYに対する占有移転禁止の仮処分決定を得、さらにYに対して建物収去土地明渡しを求める本案訴訟を提起したところ、Aから前記の賃借権無断譲渡を理由にAX間の土地賃貸借契約を解除する旨の意思表示がなされ、Yは仮処分決定の取消しを求めて本訴を提起した。一審および原審ではYの請求が認容されたため、Xは、Aによる解除権の行使はXY間の建物収去土地明渡請求訴訟が係属してから四年あまり後にされたものであって、信義則に反するなどとして、上告。

判旨　上告棄却「権利の行使は、信義誠実にこれをなすことを要し、その濫用の許されないことはいうまでもないので、解除権を有するものが、久しきに亘りこれを行使せず、相手方においてその権利はもはや行使せられないものと信頼すべき正当の事由を有するに至ったため、その後にこれを行使することが信義誠実に反すると認められるような特段の事由がある場合には、もはや右解除は許されないものと解するのを相当とする。ところで、本件において所論解除権が久しきに亘り行使せられなかったことは、正に論旨のいうとおりであるが、しかし原審判示の一切の事実関係を考慮すると、いまだ相手方たる上告人において右解除権がもはや行使せられないものと信頼すべき正当の事由を有し、本件解除権の行使が信義誠実に反するものと認むべき特段の事由があったとは認めることができない。」

引取義務（硫黄鉱石事件）　〔一六〇〕参照。
安全配慮義務　〔一六四〕参照。
債務不履行―説明義務違反（ダイヤルQ²事件）　〔一六六〕参照。

二　権利濫用の禁止

権利濫用と不法行為（信玄公旗掛松事件）　**七〇九条・一条三項**

〔三〕　大判大正八年三月三日民録二五輯三五六頁　民法1序9(3)(ウ)、2債181(3)(エ)

事実　中央線日野春駅付近にあった「信玄公旗掛松」が汽車の煤煙のために枯死してしまった。これは、列車を運行する国Yがその松からわずか一間（約一・八ｍ）未満の所に線路を作り、そこで汽車の入換えを行ったからであった。そこで、松の所有者Xが国に対して損害賠償を請求した。原審は、煙害予防の方法を施さないで汽車を運転したのは権利の濫用であるとして、Yの責任を認めた。Yは上告し、普通の方法で汽車を運転したのだから、違法性はない、と主張した。

判旨　上告棄却　「権利ノ行使ト雖モ法律ニ於テ認メラレタル適当ノ範囲内ニ於テ之ヲ為スコトヲ要スルモノナレバ、権利ヲ行使スル場合ニ於テ故意又ハ過失ニ因リ其適当ナル範囲ヲ超越シ失当ナル方法ヲ行ヒタルガ為メ他人ノ権利ヲ侵害シタルトキハ、侵害ノ程度ニ於テ不法行為成立スルコトハ当院判例ノ認ムル所ナリ（大判大正六年一月二二日民録二三輯一四頁参照）。然ラバ其適当ナル範囲トハ如何。凡《およ》ソ社会的共同生活ヲ為ス者ノ間ニ於テハ一人ノ行為ガ他人ニ不利益ヲ及ボスコトアルハ免ルベカラザル所ニシテ、此場合ニ於テ常ニ権利ノ侵害アルモノト為スベカラズ。其他人ハ共同生活ノ必要上之ヲ認容セザルベカラザルナリ。然レドモ其行為ガ社会観念上被害者ニ於テ認容スベカラザルモノト一般ニ認メラルル程度ヲ越ヘタルトキハ権利行使ノ適当ナル範囲ニアルモノト云フコトヲ得ザルヲ以テ不法行為ト為ルモノト解スルヲ相当トス。抑《そもそ》モ汽車ノ運転ハ音響及ビ震動ヲ近傍ニ伝ヘ又之ヲ運転スルニ当リテハ石炭ヲ燃焼スルノ必要上煤煙ヲ附近ニ飛散セシムルハ已ムヲ得ザル所ニシテ、注意シテ汽車ヲ操縦シ石炭ヲ燃焼スルモ避クベカラザル所ナレバ鉄道業者トシテノ権利ノ行使ニ当然伴フベキモノト謂《い》フベク、蒸汽鉄道ガ交通上ノ欠クベカラザルモノトシテ認メラルル以上ハ沿道ノ住民ハ共同生活ノ必要上之ヲ認容セザルベカラズ。即チ此等ハ権利行使ノ適当ナル範囲ニ属スルヲ以テ、住民ニ害ヲ及ボスコトアルモ不法ニ権利ヲ侵害シタルニアラザレバ不法行為成立セズ。従テ汽車進行中附近ノ草木等ニ普通飛散スベキ煤煙ニ因リ害ヲ被ラシムルモ被害者ハ其賠償ヲ請求スルコトヲ得ザルモノトス。然レドモ若《も》シ汽車ノ運転ニ際シ権利行使ノ適当ナル範囲ヲ超越シテ失当ナル方法ヲ行ヒ害ヲ及ボシタルトキハ不法ナル権利侵害トナルヲ以テ、賠償ノ責ヲ免カルルコトヲ得ザルナリ。原院ノ認メタル事実ニ依レバ本件松樹ハ停車場ニ接近シ鉄道線路ヨリ僅《わずか》ニ一間未満ノ地点ニ生立シ其枝条ハ線路ノ方向ニ張リ常ニ汽缶車ノ多大ナル煤煙ニ暴露セラレタル為メ枯死ノ害ヲ被リタルモノニシテ、其煤煙ヲ防グベキ設備ヲ為シ得ラレザルニアラザルコト第一点ニ説示シタルガ如クナルヲ以テ、彼ノ鉄道沿線ノ到ル所ニ散在スル樹木ガ普通ニ汽缶車ヨリ吐出スル煤煙ノ害ヲ被リタルト同一ニ論ズルコトヲ得ザルモノトス。即チ本件松樹ハ鉄道沿線ニ散在スル樹木ヨリモ甚《はなはだ》シク煤煙ノ害ヲ被ムルベキ位置ニアリテ且ツ其害ヲ予防スベキ方法ナキニアラザルモノナレバ、Yガ煤煙予防ノ方法ヲ施サズシテ煙害ノ生ズルニ任セ該松樹ヲ枯死セシメタルハ、其営業タル汽車運転ノ結果ナリトハ云ヘ社会観念上一般ニ認容スベキモノト認メラルル範囲ヲ超越シタルモノト謂フベク、権利行使ニ関スル適当ナル方法ヲ行ヒタルニアラザルモノト解スルヲ相当トス。故ニ原院ガYノ本件松樹ニ煙害ヲ被ラシメタルハ権利行使ノ範囲ニアラズト判断シ、過失ニ因リ之ヲ為シタルヲ以テ不法行為成立スル旨ヲ判示シタルハ相当ナリ。Yガ沿道到ル所ニ散在スル樹木ト同一視シテ原判決ヲ攻撃スルハ原判決ニ副ハザルモノニシテ採ルニ足ラズ。」

物権的妨害排除請求権の行使と権利濫用（宇奈月温泉事件）　二〇六条・一九八条・一条三項

〔四〕大判昭和一〇年一〇月五日民集一四巻一九六五頁　民法1序9(3)(ウ)、物9(2)(イ)

事実　富山県黒部渓谷の入口にある宇奈月には温泉が湧かなかったので、Y（鉄道株式会社）は大正六年頃川上の黒薙温泉から全長四一七〇間（約七km）の木管で湯を引き、宇奈月温泉として開設した。そして宇奈月の住民の大部分はその引湯管による温泉によって生計を立てていた。ところがYが引湯管を敷設するにあたり、A所有の土地三畝二二歩のうちの引湯管が通過する部分二坪（六・六m^2、当時の時価三〇円余）についてはAの許可（適法な利用権の設定）を受けなかった。そこでXはAから右の土地を譲り受け、その土地に隣接するX所有の土地（三〇〇〇坪）も併せてYに対し二万円（三・三㎡七円）で買い取るよう要求した。当時の時価ではわずか三〇余円程度である。Yがこれを拒絶すると、Xは土地所有権に基づく妨害排除として引湯管の撤去および立入禁止をYに請求した。引湯管を迂回させることは技術上は可能でもその費用は一万二〇〇〇円ぐらいかかり、温泉の休業は二七〇日にも及ぶとYは抗弁した。原審は、Xは不当の利益を得ようとして名を所有権に借り、Yを困惑に陥れるにすぎないもので権利の濫用であると判示した。Xはこれに対して、土地所有者がその土地につき立入り等の一切の妨害排除を求めるのは所有権の当然の行使で権利の濫用とならないと主張して上告。

判旨　上告棄却「所有権ニ対スル侵害又ハ其ノ危険ノ存スル以上、所有者ハ斯《かか》ル状態ヲ除去又ハ禁止セシムル為メ裁判上ノ保護ヲ請求シ得ベキヤ勿論ナレドモ、該侵害ニ因ル損失云フニ足ラズ、而《しか》モ侵害ノ除去著シク困難ニシテ縦令《たとい》之ヲ為シ得トスルモ莫大ナル費用ヲ要スベキ場合ニ於テ、第三者ニシテ斯ル事実アルヲ奇貨トシテ不当ナル利得ヲ図リ、殊更侵害ニ関係アル物件ヲ買収セル上、一面ニ於テ侵害者ニ対シ侵害状態ノ除去ヲ迫リ、他面ニ於テハ該物件其ノ他自己所有物件ヲ不相当ニ巨額ナル代金ヲ以テ買取ラレタキ旨ノ要求ヲ提示シ、他ノ一切ノ協調ニ応ゼズト主張スルガ如キニ於テハ、該除去ノ請求ハ単ニ所有権ノ行使タル外形ヲ構フルニ止マリ真ニ権利ヲ救済セムトスルニアラズ。即チ如上《じょじょう》ノ行為ハ全体ニ於テ専ラ不当ナル利益ノ攫得《かくとく》ヲ目的トシ所有権ヲ以テ其ノ具ニ供スルニ帰スルモノナレバ、社会観念上所有権ノ目的ニ違背シ其ノ機能トシテ許サルベキ範囲ヲ超脱スルモノニシテ、権利ノ濫用ニ外ナラズ。従テ斯ル不当ナル目的ヲ追行スルノ手段トシテ裁判上侵害者ニ対シ当該侵害状態ノ除去並将来ニ於ケル侵害ノ禁止ヲ訴求スルニ於テハ、該訴訟上ノ請求ハ外観ノ如何ニ拘《かかわ》ラズ其ノ実体ニ於テハ保護ヲ与フベキ正当ナル利益ヲ欠如スルヲ以テ、此ノ理由ニ依リ直ニ之ヲ棄却スベキモノト解スルヲ至当トス。」

法人格の否認の法理（代表者個人名義の和解と会社に対する効力）　〔一九〕参照。

物権的返還請求権の行使と権利濫用（板付飛行場事件）　一条・二〇六条

〔五〕　最判昭和四〇年三月九日民集一九巻二号二三三頁　民法1序9(3)(ウ)

事実　Xらの所有する土地は、終戦後、占領軍により他の広範な土地とともに板付空軍基地として接収され、以後、占領軍、占領終了後は駐留軍により引き続き使用されていた。Y（国）は、接収当時、占領軍による使用を国内法上合法化するために、Xらを含む接収土地の所有者との間で、期間を連合国軍隊が占領してその使用を継続する間とする賃貸借契約を締結した。占領状態が終結した昭和二七年七月二七日以降は、Yは、土地所有者との間で、期間を駐留軍が使用を継続する間とする賃貸借契約を締結したが、本件土地についてはXらに拒否されたため、契約による使用権を取得できず、適法な占有権限を有しないことになった。しかるに、Yは日米安全保障条約三条に基づく行政協定二条一項に準拠するアメリカの要求で、本件土地を板付空軍基地の区域として提供し、その使用を許して現在に至っている。そこで、Xらは、所有権に基づき本件土地の明渡しをYに対して請求した。原審判決は、Xらの請求は権利の濫用に当たるとして、Xを敗訴させたので、X上告。

判旨　上告棄却　「Yの駐留軍に対する土地の提供は、日米安全保障条約三条に基づく条約上の提供義務の履行としてなされているのであって、右条約の誠実な履行は、国の義務であり、関係土地所有者らも、直接間接、この国の義務履行に協力すべき立場に置かれているものというべきである。また、原判示のように、接収以来現在に至るまで本件土地を含む広範な土地が占領軍ないし駐留軍により空軍基地として使用されて来た事情及びこれに対処するためになされたYとXらを含む土地所有者との間の契約締結に関する経緯並びに本件土地がガソリンの地下貯蔵設備の用地として使用されている事実……等に鑑みると、本件Xらを含む関係土地所有者らとしては、当初の契約期間満了（占領の終了）の後も、引き続き、空軍基地としての使用（駐留軍による使用）が必要とされる間は、その土地の明渡を求め得ないこととなっても、著しく予期に反するものではない筈であり、また、本件のような事情のもとにおいては、そう解すべき合理的根拠がある。（現に、Xらを除く土地所有者らの接収土地については、その必要がないものとして所有者の自由な使用収益が認められたものを除いては、現在に至るまで契約に基づく土地の使用が継続されていることは、この間の消息を物語るものというべきである。）蓋し、契約に基づきYと関係土地所有者との間にすでに適法に形成された前記のごとき土地の使用関係は、単に契約の期間が満了した（占領の終了）という一事により、たやすく消滅させるべきではなく、その使用（駐留軍による使用）の必要性が大であるかぎり、むしろこれを存続させることを相当とすることは、借地権が存続期間の満了等の事由により消滅した場合においても、建物があるときは、土地所有者において、正当の事由がないかぎり、借地権者からの更新の請求を拒絶しえないものとする借地法四条一項〔現借地借家法五条一項・六条〕の精神に照らすも、肯認するに難くないところである。しこうして、本件土地の明渡によってXらが受ける利益とYのこうむる損害の比較についての原審の認定は、具体性を欠くきらいがないではないが、Yのこうむる損害がより大であるという趣旨の範囲では、記録上、これを首肯しえないわけではない。（この点について具体的判示がないからといって、必ずしも判決に影響を来す違法があるものとは考えられない。）

以上のごとき観点から本件事案を考察すれば、本件において前記特別措置法に準拠して土地の使用または収用の手続をとらなかった点にYの落度のあることは明らかであるが、右の手続をとらなかったことによる本件土地所有権の侵害については、不法行為または不当利得に関する法規により救済を求めるのであれば格別、原状回復を求める本訴のような請求は、私権の本質である社会性、公共性を無視し、過当な請求をなすものとして、認容しがたい。従って、原審の前記終局の判断は支持されるべきものであり、本件事案の経過に照らし、原判決はあながち信義則に違反したものとはいえない。なお、この判断に関し、原判決中にXらの加害の意思について判示されていないことは、格段の障害となるものではない。」

虚偽の出生届出の場合の実親子関係不存在確認請求と権利濫用　一条三項、七七二条、人訴二条
〔五の二〕　最判平成一八年七月七日民集六〇巻六号二三〇七頁　　民法1序(3)(ウ)

事実　亡A（昭和四九年死亡）と亡B（平成八年死亡）の夫婦には長女X（大正一二年生）と二女亡C（大正一四年生）が出生したが、Xは、昭和五年に亡Dと亡Eの夫婦と養子縁組をし、D夫婦の子として養育された。Yは昭

和一六年に亡Fと亡Gの夫婦の間に出生したが、Aは、F夫婦に懇請され、YをA夫婦の長男として出生の届出をし、実子として養育した。Yは、婚姻した後も昭和五一年までA夫婦およびCと生活を共にした。Aは、死亡するまでYが自分の子ではない旨を述べたことはなかった。Yは、平成五年ころには自分が真実はF夫婦の子であることを認識したが、その後も、B、CおよびXとの間で家族としての関係を継続し、同人らも、YがA夫婦の子であることを否定したことはなかった。独身で生活していたCが平成一四年に死亡したときの経緯からYと対立したXは、Yと亡Aと亡Bとの間の親子関係が存在しないことの確認を求めて本訴を提起した。Yは、本件出生届出には養子縁組届出としての効力があること、養親子関係が認められないとしても、Xの請求は権利の濫用に当たると主張した。

一審はXの請求を認容し、原審もYの控訴を棄却した。Yから上告受理申立て。

判旨　一部（実親子関係不存在確認請求に関する部分）破棄差戻、一部（養親子関係不存在確認請求に関する部分）上告棄却「真実の親子関係と異なる出生の届出に基づき戸籍上甲乙夫婦の嫡出子として記載されている丙が、甲乙夫婦との間で長期間にわたり実の親子と同様に生活し、関係者もこれを前提として社会生活上の関係を形成してきた場合において、実親子関係が存在しないことを判決で確定するときは、虚偽の届出について何ら帰責事由のない丙に軽視し得ない精神的苦痛、経済的不利益を強いることになるばかりか、関係者間に形成された社会的秩序が一挙に破壊されることにもなりかねない。そして、甲乙夫婦が既に死亡しているときには、丙は甲乙夫婦と改めて養子縁組の届出をする手続を採って同夫婦の嫡出子の身分を取得することもできない。そこで、戸籍上の両親以外の第三者である丁が甲乙夫婦とその戸籍上の子である丙との間の実親子関係が存在しないことの確認を求めている場合においては、甲乙夫婦と丙との間に実の親子と同様の生活の実体があった期間の長さ、判決をもって実親子関係の不存在を確定することにより丙及びその関係者の被る精神的苦痛、経済的不利益、改めて養子縁組の届出をすることにより丙が甲乙夫婦の嫡出子としての身分を取得する可能性の有無、丁が実親子関係の不存在確認請求をするに至った経緯及び請求をする動機、目的、実親子関係が存在しないことが確定されないとした場合に丁以外に著しい不利益を受ける者の有無等の諸般の事情を考慮し、実親子関係の不存在を確定することが著しく不当な結果をもたらすものといえるときには、当該確認請求は権利の濫用に当たり許されないものというべきである。」

「YとA夫婦との間で長期間にわたり実親子と同様の生活の実体があったこと、A夫婦が既に死亡しておりYがA夫婦との間で養子縁組をすることがもはや不可能であることを重視せず、また、Yが受ける精神的苦痛、経済的不利益、XがYとA夫婦との実親子関係を否定するに至った動機、目的等を十分検討することなく、Xにおいて上記実親子関係の存在しないことの確認を求めることが権利の濫用に当たらないとした原審の判断には、判決に影響を及ぼすことの明らかな法令の違反がある。論旨はこの趣旨をいうものとして理由があり、原判決のうち実親子関係不存在確認請求に関する部分は破棄を免れない。そして、以上の見解の下にXの上記確認請求が権利の濫用に当たるかどうかについて更に審理を尽くさせるため、上記部分につき本件を原審に差し戻すこととする。」

第一章　人

一　私権の享有（意思能力・権利能力）

胎児の権利能力（阪神電鉄事件）　三条
〔六〕大判昭和七年一〇月六日民集一一巻二〇二三頁　民法1総19

事実　A男とX_1女は内縁の夫婦であり、X_1は、Aが電柱を運搬中電車に衝突して死亡したときは、懐胎していた。Y（阪神電鉄）会社はAの親族縁者等と示談をし、Y会社から弔慰金名義で親族総代のAの父Bに金一〇〇〇円を給付し、Bは爾後一切の請求をしないと約した。後、X_1と出生したX_2とからY会社に対して扶養料・慰謝料を支払えとの訴えが出された。原審は、①両名は民法七一一条にいわゆる「被害者の父母、配偶者及び子」に該当せず、また、②X_1（X_2も含めて）はAの父Bに示談の権限を与えたものと認定して、両名の請求を棄却。そこでX_1X_2が上告。

判旨 破棄差戻 「X_2ハBガYト和解ノ交渉ヲ為シタル際未ダ出生セズX_1ノ胎内ニ在リタルモノニシテ、民法ハ胎児ハ損害賠償請求権ニ付キ既ニ生レタルモノト看做《みな》シタルモ、右ハ胎児ガ不法行為ノアリタル後生キテ生レタル場合ニ不法行為ニ因ル損害賠償請求権ノ取得ニ付キテハ、出生ノ時ニ遡リテ権利能力アリタルモノト看做サルベシト云フニ止マリ、胎児ニ対シ此ノ請求権ヲ出生前ニ於テ処分シ得ベキ能力ヲ与ヘントスルノ主旨ニアラザルノミナラズ、仮令《たとい》此ノ如キ能力ヲ有シタルモノトスルモ我民法上出生以前ニ其ノ処分行為ヲ代行スベキ機関ニ関スル規定ナキヲ以テ、前示Bノ交渉ハ之ヲ以テX_2ヲ代理シテ為シタル有効ナル処分ト認ムルニ由ナク、又仮ニ原判決ノ趣旨ニシテBガ親族ノX_1等ヲ代理シ又ハ自ラ将来出生スベキX_2ノ為ニ叙上《じょじょう》ノ和解契約ヲ為シタルコトヲ認メタルニアリト解スルモ、YハX_2ノ出生後同人ノ為ニBノ為シタル処置ニ付キX_2ニ於テ契約ノ利益ヲ享受スル意思ノ表示セラレタル事実ヲ主張セズ。原審モ亦此ノ如キ事実ヲ認定セザリシモノナルヲ以テ、Bノ為シタル前記和解契約ハX_2ニ対シテハ何等ノ効力ナキモノト云ハザルベカラズ。仍《よっ》テX_2ガAノ死亡当時既ニ出生シ居リタリトセバAノ死亡ニ因リ損害賠償請求権ヲ取得シ得ベキ地位ニ在リタルヤ否ニ付キ審究スルニ、X_1ハAノ内縁ノ妻ニシテ且Aハ本件事故ニ因リ死亡シ、X_2ヲ私生子トシテ認知シタルモノニアラザレバX_2ハ遂ニAノ子トシテノ地位ヲ取得スルニ由ナカリシ者ナルヲ以テ、同人ノ身分ハ民法第七一一条列挙ノ何レノ場合ニモ該当セザルガ故ニ同条ニ基クX_2ノ慰藉料請求ハ之ヲ是認シ得ザルモノナリト雖、X_2ノ主張スル如クX_1ニシテ果シテAノ内縁ノ妻トシテ同人ト同棲シタルモノニシテX_2ハ其ノ間ニ生レタル者ナリトセバ、X_2ハ少クモAノ収入ニ依リ生計ヲ維持スルヲ得可カリシ者ニシテ、X_2ハAノ死亡ニヨリ如上ノ利益ヲ喪失シタルモノト云フヲ得ベシ。而シテ民法第七〇九条ニ依リ損害賠償ハ厳密ナル意味ニ於テハ権利ト云フヲ得ザルモ、法律上保護セラルベキ利益ニ該ルモノノ侵害アリ〔現七〇九条参照〕、其ノ侵害ニ対シ不法行為ニ基ク救済ヲ与フルヲ正当トスベキ場合ニ於テハ之ヲ請求スルヲ得ルモノニシテ（大判大正一四年一一月二八日民集四巻六七〇頁参照）、X_2ガAノ生存ニ因リ有シタル右利益ハ民法第七〇九条ニ依リ保護ヲ受ク可キ利益ナリト認ムルヲ相当トスルノミナラズ、他人ヲ傷害シタル場合ニ於テ其ノ者ニ妻子或ハ之ト同視スベキ関係ニ在ル者ノ存シ如上行為ノ結果此等ノ者ノ利益ヲ侵害スベキコトアルハ当然之ヲ予想スベキモノナルヲ以テ、本件ニ於テYハ其ノ被用者ガAヲ傷害シタルガ為X_2ノ利益ヲ侵害シタルニ因リX_2ノ被ル可キ損害ヲ賠償スベキ義務アルコト多言ヲ要セズシテ明ナルガ故ニ、若YニシテAノ死亡ニ付キ其ノ責ヲ負フ可キモノトセバ原審ハ少クトモ財産上ノ利益ノ損失ニ関スルX_2ノ請求ハ之ヲ認容ス可カリシモノト謂ハザルベカラズ。」

二　行為能力

制限行為能力者の詐術　二一条

〔七〕最判昭和四四年二月一三日民集二三巻二号二九一頁　民法1総39

事実　X_1は準禁治産宣告（保佐開始の審判）を受け、その妻X_2が保佐人となっていたが、本件土地甲に抵当権を設定して、Y_1から一五万円を借りた。X_1が利息を支払わなかったので、Y_1が当該土地を買い受け、それで元利金の清算をすることとなり、Y_1に移転登記がされ、Y_1はさらにこれをY_2に売り、その移転登記も完了した。ところがX_1は保佐人の同意がなかったとして売買契約を取り消し、登記の抹消を求めた。

原審はX_1が準禁治産者（被保佐人）であることを黙秘しただけでは詐術を用いたとはいえないし、X_1が代金額の決定、登記関係書類の作成、知事への許可申請などに関してある程度積極的に関与している事実をもって詐術を用いたとはいえず、また、仲介者の「畑は奥さんも作っているのに相談しなくともよいか」との問いに対して、X_1が「自分のものを自分が売るのに何故妻に遠慮がいるか」と答えているのを、これはX_1の能力に関しての言辞ではないから、詐術は用いたとはいえないとしてX_1らの請求を認めた。

判旨　上告棄却　「民法二〇条〔現二一条〕にいう『詐術ヲ用ヰタルトキ』とは、無能力者〔現制限行為能力者〕が能力者〔現行為能力者〕であることを誤信させるために、相手方に対し積極的術策を用いた場合にかぎるものではなく、無能力者が、ふつうに人を欺くに足りる言動を用いて相手方の誤信を誘起し、または誤信を強めた場合をも包含すると解すべきである。したがって、無能力者であることを黙秘していた場合でも、それが、無能力者の他の言動などと相俟って、相手方を誤信させ、または誤信を強めたものと認められるときは、なお詐術に当たるというべきであるが、単に無能力者であることを黙秘していたことの一事をもって、右にいう詐術に当たるとするのは相当ではない。

これを本件についてみるに、原判示によれば、X_1は、所論のように、その所有にかかる農地に抵当権を設定して金員を借り受け、ついで、利息を支払わなかったところから、本件土地の売買をするにいたったのであり、同人は、その間終始自己が準禁治産者〔現被保佐人〕であることを黙秘していたというのであるが、原審の認定した右売買にいたるまでの経緯に照らせば、右黙秘の事実は、詐術に当たらないというべきである。」

三　住所

住所の意義（星嶺寮事件）　二二条

〔八〕最大判昭和二九年一〇月二〇日民集八巻一〇号一九〇七頁　民法1総40(2)

事実　茨城大学付属の星嶺寮に入寮するX ら四七名は、寮所在のY村選挙管理委員会で選挙人名簿に登録されなかった。X らはYに対して異議を申し立てたが、Yは、両親と離れて在学し、学資の大半を父母からの仕送りに依存し、休暇は郷里に帰省するX らの住所は郷里にあり、したがって、その選挙権も郷里にあるとして異議の申立てを棄却した。そこでX らは、Yに対してその取消しを訴求した。原審は、X らは、実家等からの距離が遠く、長期の者は約三年、最も短期の者でも五か月ここに居住しており、休暇には帰省するが、配偶者がおらず、財産もなく、主食の配給もこの村で受け、住民登録もここでしているという事実を認定してX らを勝訴させた。Yより上告。

判旨　上告棄却　「およそ法令において人の住所につき法律上の効果を規定している場合、反対の解釈をなすべき特段の事由のない限り、その住所とは各人の生活の本拠を指すものと解するを相当とする。」

「X 等の生活の本拠は、いずれも、本件名簿調製期日まで三箇月間はY村内星嶺寮にあったものと解すべく、一時的に同所に滞在または現在していた者ということはできないのである。したがって原判決がX 等は本件渡里村基本選挙人名簿に登録されるべきものとし、これに反するY委員会のした決定を取り消したのは正当であるといわなければならない。」

四　失　踪

失踪宣告取消前の善意でした行為の効力

三二条

〔九〕大判昭和一三年二月七日民集一七巻五九頁

民法1総21(3)

事実　外国に移住し長く音信不通となったXにつきAの申立てにより失踪宣告がなされ、AはXの家督相続人に選定された。この家督相続に基づきAはXの所有する本件不動産につき所有権移転登記をし、これをBに売却し、Bはさらに Yに売却し、各所有権移転登記も行われた。AとYは、本件各売買当時、Xが生存していることを知っていた。その後、Xは失踪宣告の取消判決を得て、Yに対し所有権移転登記の抹消登記手続を請求した。これに対し、Yは、BはXの生存の事実を知らなかったから、確定的に本件不動産の所有権を取得したのであり、そのBから譲り受けたYが所有権を奪われるいわれはないなどと主張して争った。

判旨　上告棄却　「民法第三二条第一項但書〔現三二条一項後段〕ガ失踪宣告後其ノ取消前ニ善意ヲ以テ為シタル行為ノ効力ヲ認メタルハ、善意ノ行為者ノ保護ヲ目的トスルコト勿論ナルモ、其ノ行為ガ契約ナル場合ニハ、当事者双方ガ善意ナリシトキニ限リ、其ノ効力ヲ認ムル趣旨ナリト解スベキモノトス。蓋《けだし》、右行為ノ効力ヲ認ムル結果トシテ、失踪者ハ失踪宣告ノ取消サレタルニ拘ラズ、本来ノ権利状態ヲ回復シ得ザルノ不利益ヲ受クベキガ故ニ、右行為ガ契約ナル場合ニ、斯カル結果ヲ生ゼシムルニハ、当事者ノ一方ノミノ善意ナルヲ以テ足レリトセズ、其ノ双方ノ善意ナリシコトヲ要スルモノト解スルヲ妥当トスレバナリ。」

第二章　法　人

一　法人の能力

営利法人の目的の範囲（八幡製鉄政治献金事件）　三四条

〔一〇〕最大判昭和四五年六月二四日民集二四巻六号六二五頁　民法1総61(3)

事実　A会社（八幡製鉄株式会社）の代表取締役$Y_1$$Y_2$は、自由民主党に対し、政治資金として会社を代表して三五〇万円を寄附した。同社の株主であるXは、右の行為は、A会社の定款所定の事業目的の範囲外の行為であるから定款に違反する行為であり、同時に商法二五四条の三（現会社法三五五条）所定の取締役の忠実義務に違反しているから法令に違反する行為になる、したがって、A会社は、本件行為によって損害を受けたから、$Y_1$$Y_2$はA会社に対して賠償責任がある、と主張して、$Y_1$$Y_2$を訴求した。

一審では、政治資金の寄附は非取引行為である、非取引行為は営利の目的に反するから、会社の定款が規定する目的の範囲外の行為であり、かつ定款違反の行為は取締役の忠実義務に違反するとし、Xの請求を認めた。原審は、逆に、Xの請求を斥けて、会社が独立の社会的存在として認められる以上、会社に対する関係において有用な行為は、定款に記載された事業目的の如何およびその目的達成のために必要または有益であると否とにかかわらず、当然その目的の範囲に属する行為であるとした。X上告。

判旨　上告棄却　「会社は定款に定められた目的の範囲内において権利能力を有するわけであるが、目的の範囲内の行為とは、定款に明示された目的自体に限局されるものではなく、その目的を遂行するうえに直接または間接に必要な行為であれば、すべてこれに包含されるものと解するのを相当とする。そして必要なりや否やは、当該行為が目的遂行上現実に必要であったかどうかをもってこれを決すべきではなく、行為の客観的な性質に即し、抽象的に判断されなければならないのである（最判昭和二七年二月一五日民集六巻二号七七頁、最判昭

和三〇年一一月二九日民集九巻一二号一八八六頁参照)。

ところで、会社は、一定の営利事業を営むことを本来の目的とするものであるから、会社の活動の重点が、定款所定の目的を遂行するうえに直接必要な行為に存することはいうまでもないところである。しかし、会社は、他面において、自然人とひとしく、国家、地方公共団体、地域社会その他（以下社会等という。）の構成単位たる社会的実在なのであるから、それとしての社会的作用を負担せざるを得ないのであって、ある行為が一見定款所定の目的とかかわりがないものであるとしても、会社に、社会通念上、期待ないし要請されるものであるかぎり、その期待ないし要請にこたえることは、会社の当然になしうるところであるといわなければならない。そしてまた、会社にとっても、一般に、かかる社会的作用に属する活動をすることは、無益無用のことではなく、企業体として円滑な発展を図るうえに相当の価値と効果を認めることができるから、その意味において、これらの行為もまた、間接ではあっても、目的遂行のうえに必要なものであるとするを妨げない。災害救援資金の寄附、地域社会への財産上の奉仕、各種福祉事業への資金面での協力などはまさにその適例であろう、会社が、その社会的役割を果たすために相当な程度のかかる出捐をすることは、社会通念上、会社としてむしろ当然のことに属するわけであるから、毫も、株主その他の会社の構成員の予測に反するものではなく、したがって、これらの行為が会社の権利能力の範囲にあると解しても、なんら株主等の利益を害するおそれはないのである。

以上の理は、会社が政党に政治資金を寄附する場合においても同様である。憲法は政党について規定するところがなく、これに特別の地位を与えてはいないのであるが、憲法の定める議会制民主主義は政党を無視しては到底その円滑な運用を期待することはできないのであるから、憲法は、政党の存在を当然に予定しているものというべきであり、政党は議会制民主主義を支える不可欠の要素なのである。そして同時に、政党は国民の政治意思を形成する最も有力な媒体であるから、政党のあり方いかんは、国民としての重大な関心事でなければならない。したがって、その健全な発展に協力することは、会社に対しても社会的実在としての当然の行為として期待されるところであり、協力の一態様として政治資金の寄附についても例外ではないのである。論旨のいうごとく、会社の構成員が政治的信条を同じくするものでないとしても、会社による政治資金の寄附が、特定の構成員の利益を図りまたその政治的志向を満足させるためでなく、社会の一構成単位たる立場にある会社に対し期待ないし要請されるかぎりにおいてなされるものである以上、会社にそのような政治資金の寄附をする能力がないとはいえないのである。Xのその余の論旨は、すべて独自の見解というほかなく、採用することができない。要するに、会社による政治資金の寄附は、客観的、抽象的に観察して、会社の社会的役割を果たすためになされたものと認められるかぎりにおいては、会社の定款所定の目的の範囲内の行為であるとするに妨げないのである。

原判決は、右と見解を異にする点もあるが、本件政治資金の寄附がA会社の定款の目的の範囲内の行為であるとした判断は、結局、相当であって、原判決に所論の違法はなく、論旨は、採用することができない。」

本判決には二裁判官の補足意見がある。

非営利法人の目的の範囲（税理士会献金事件）　三四条

〔一一〕最判平成八年三月一九日民集五〇巻三号六一五頁　民法1総61(3)

事実　税理士法（昭和五五年法律第二六号による改正前のもの。以下、判旨も含めて単に「法」という）四九条に基づき設立された法人であるY（南九州税理士会）は、その総会において、税理士法改正運動のための資金として、会員から特別会費を徴収する旨の決議をし、この決議に基づいて徴収した特別会費を政治資金規正法上の政治団体であるAらに寄付した。Yの会員である税理士Xは、本件特別会費を納入しなかったため、Yは、その役員選任規則の定めに従い、Xを選挙人名簿に登載しないまま役員選挙を実施した。Xは、Yの右決議は無効であるとして、本件特別会費の納入義務を負わないことの確認を求め、さらに、Xの選挙権および被選挙権を停止したのは不法行為だとして、損害賠償（慰謝料）の支払を請求した。原審がいずれの請求も認めなかったため、Xより上告。

判旨　一部破棄差戻（損害賠償請求につき）、一部破棄自判（特別会費納入義務不存在確認請求につき）「税理士会が政党など〔政治資金〕規正法上の政治団体に金員の寄付をすることは、たとい税理士に係る法令の制定改廃に関する政治的要求を実現するためのものであっても、法四九条二項で定められた税理士会の目的の範囲外の行為であり、右寄付をするために会員から特別会費を徴収する旨の決議は無効であると解すべきである。

すなわち、

㈠　民法上の法人は、法令の規定に従い定款又は寄付行為〈その他の基本約款〉で定められた目的の範囲内において権利を有し、義務を負う（民法四三条〔現三四条〕）。この理は、会社についても基本的に妥当するが、会社における目的の範囲内の行為とは、定款に明示された目的自体に限局されるものではなく、その目的を遂行する上に直接又は間接に必要な行為であればすべてこれに包含され（最判昭和二七年二月一五日民集六巻二号七七頁、最判昭和三〇年一一月二九日民集九巻一二号一八八六頁参照）、さらには、会社が政党に政治資金を寄付することも、客観的、抽象的に観察して、会社の社会的役割を果たすためにされたものと認められる限りにおいては、会社の定款所定の目的の範囲内の行為とするに妨げないとされる（最大判昭和四五年六月二四日民集二四巻六号六二五頁参照）。

㈡　しかしながら、税理士会は、会社とはその法的性格を異にする法人であって、その目的の範囲については会社と同一に論ずることはできない。……

㈢　……税理士会は、税理士の使命及び職責にかんがみ、税理士の義務の遵守及び税理士業務の改善進歩に資するため、会員の指導、連絡及び監督に関する事務を行うことを目的として、法が、あらかじめ、税理士にその設立を義務付け、その結果設立されたもので、その決議や役員の行為が法令や会則に反したりすることがないように、大蔵大臣の……監督に服する法人である。また、税理士会は、強制加入団体であって、その会員には、実質的には脱退の自由が保障されていない。……

㈣　そして、税理士会が前記のとおり強制加入の団体であり、その会員である税理士に実質的には脱退の自由が保障されていないことからすると、その目的の範囲を判断するに当たっては、会員の思想・信条の自由との関係で、次のような考慮が必要である。

税理士会は、法人として、法及び会則所定の方式による多数決原理により決定された団体の意思に基づいて活動し、その構成員である会員は、これに従い協力する義務を負い、その一つとして会則に従って税理士会の経済的基礎を成す会費を納入する義務を負う。しかし、法が税理士会を強制加入の法人としている以上、その構成員である会員には、様々の思想・信条及び主義・主張を有する者が存在することが当然に予定されている。したがって、税理士会が右の方式により決定した意思に基づいてする活動にも、そのために会員に要請される協力義務にも、おのずから限界がある。

特に、政党など規正法上の政治団体に対して金員の寄付をするかどうかは、選挙における投票の自由と表裏を成すものとして、会員各人が市民としての個人的な政治的思想、見解、判断等に基づいて自主的に決定すべき事柄であるというべきである。……

(五) そうすると、前記のような公的な性格を有する税理士会が、このような事柄を多数決原理によって団体の意思として決定し、構成員にその協力を義務付けることはできないというべきであ」る。

二　法人の不法行為能力

職務を行うについて（村長の手形振出事件）　**一般法人七八条**

〔一二〕最判昭和三七年九月七日民集一六巻九号一八八八頁　民法1総62(1)(イ)

事実 Y村はA建設会社に村営中学校校舎の建築工事を請け負わせたが、Aが資金難に陥ったため、Yの村長BはAを援助して工事の円滑な進捗を図ろうと考え、AがX銀行に対する融資を申し込むに際して、村議会の正式の議決がないにもかかわらず、Yが融資金の返済につき責任をもつと言明し、Aの借入金支払のための約束手形の共同振出人となるなどしたため、貸金の回収は確実であると誤信したXはAに対して融資を行った。その後、Aが倒産したため、XはYに対し手形金の支払を請求し、予備的に民法四四条一項（現一般法人七八条）に基づく損害賠償責任を追及した。

原審は、Yの損害賠償責任を認めたため、Yが上告。

判旨 上告棄却「所論手形振出行為が村議会の議決がないため、または所論法律〔昭和二一年法律第二四号〕に違反するため、無効または違法であるとしても、村長が村を代表して手形の振出をなすこと自体は、外見上村長の職務行為とみられるから、民法四四条〔現一般法人七八条〕の適用なしということはできない。従って原判決が、民法四四条一項における『職務ヲ行フニ付キ』とは、当該行為の外見上法定代理人または代表者の職務行為とみられる行為であれば足り、その行為が法人の有効または適法な行為であることを要しないとして、上告町の前身たるY村村長Bの判示約束手形二通の振出行為は右職務行為に該当し、上告町に本件不法行為上の責任がある旨判示したことは相当である。」

外形上の職務行為と相手方の重過失

一般法人七八条
民法1総62⑴(イ)

〔一三〕最判昭和五〇年七月一四日民集二九巻六号一〇一二頁

事実　Y町の町長であるAは、自己の借金の返済に充てるため、自分が代表取締役をしているB会社の名義で約束手形を振り出し、町長の公印を不正に使用してY名義で裏書した上、Cを第二裏書人に仕立て、Cを通じてXに右手形の割引きを依頼した。Xは、手形の振出人であるBの代表者とYの町長が同一人であり、かつCがこれを所持していることに疑念をいだき、Cにその理由を質したり、自らAに電話して確認したりしたものの、結局、Cの説明やAの回答を信じ、手形割引きに応じた。その後、Yが手形の支払を拒絶したので、Xは民法四四条一項（現一般法人七八条）に基づきYに対して割引金相当額の損害賠償を請求した。一審および原審ではXの請求が棄却されたため、Xから上告。

判旨　上告棄却　「地方公共団体の長のした行為が、その行為の外形から見てその職務行為に属するものと認められる場合には、民法四四条一項（現一般法人七八条）の類推適用により、当該地方公共団体は右行為により相手方の被った損害の賠償責任を負うものというべきところ（最判昭和三七年九月七日民集一六巻九号一八八八頁、最判昭和四一年六月二一日民集二〇巻五号一〇五二頁参照）、地方公共団体の長のした行為が、その行為の外形から見てその職務行為に属するものと認められる場合であっても、相手方において、右行為がその職務行為に属さないことを知っていたか、又はこれを知らないことにつき重大な過失のあったときは、当該地方公共団体は相手方に対して損害賠償の責任を負わないものと解するのが相当である。」

理事個人の責任（「あゝ玉杯に花うけて」事件）　一般法人七八条、七〇九条

〔一四〕大判昭和七年五月二七日民集一一巻一〇六九頁　民法1総62(2)

事実　A社の経営者であるXは、佐藤紅緑著「あゝ玉杯に花うけて」の著作権の一部を著者から譲り受け著作権を共有することになった。ところがY_1会社の取締役Y_2は同著の出版を計画し、Xの承諾なくして出版してはいけないという旨のXからの通知にもかかわらず、佐藤紅緑の子息Bと出版契約を結び同じ内容のものを印刷し出版した。そこでXは著作権侵害を理由としてY_1会社に対し損害賠償を求めると共に、会社の取締役として事実上本件著書の出版に当たったY_2に対して損害賠償を求めた。原審はXの主張をいれた。そこでY_1Y_2は、Y_1とY_2とは共同不法行為者でないから連帯責任を負うものでないとして上告（本件は、株式会社に関して改正前の商法が準用していた民法四四条に関する事件であるが、一般法人法七八条に関する重要判例である）。

判旨　上告棄却「民法第四四条第一項〔現一般法人七八条〕ノ規定ハ法人ハ其ノ理事ガ職務ヲ行フニ付他人ニ加ヘタル損害ヲ賠償スルノ責ニ任ズベキ旨ヲ定メタルニ止リ、不法行為ヲ為シタル理事ニ於テ個人トシテ被害者ニ対シ均シク賠償ノ責ヲ負フモノナリヤ否ハ毫《ごう》モ同規定ノ触ルルトコロニアラズ。惟《おも》フニ何人ト雖モ現ニ他人ノ権利ヲ侵害シテ損害ヲ加ヘタル事実アラバ之ニ因リ当然ニ自己ノ不法行為成立スベク、其ノ法人ノ理事トシテ職務ヲ行フニ付キ為サレタルガ為個人トシテノ責ヲ免ルベキ旨ノ規定存セザル以上、理事ハ一般ノ規定ニ従ヒ個人トシテ法人ト共ニ均シク損害賠償ノ責ヲ負フベキモノト解スルヲ相当トス（大判明治三九年一〇月三日民録一二輯一一六七頁参照）。然《しか》リ而シテ叙上《じょじょう》ノ場合ニ於テ理事及法人ハ夫々損害額全部ニ付賠償スルノ責アルガ故ニ各自ニ夫々全額ノ支払ヲ命ズベク、而シテ原判決ハY_2ニ連帯負担ヲ命ジタルニ非ズシテ各自ニ全額負担ノ責アル旨ヲ判示シタルコト原判文上明ナレバ、原判決ニ所論ノ違法ナク論旨採ルニ足ラズ。」

三　法人の管理

理事の代表権の制限と一一〇条の類推適用　　一般法人七七条五項、一一〇条

〔一五〕　最判昭和六〇年一一月二九日民集三九巻七号一七六〇頁　　民法1総63(1)

事実　Y漁業協同組合の定款は、組合長はこの組合を代表し、理事会の決定に従って業務を処理すると規定し、固定資産の取得または処分に関する事項を理事会の決定事項の一つとして掲げている。ところが、Yの組合長理事Aは、理事会の承認を得ないまま、Yを代表してY所有の土地をXに売却する旨の売買契約を締結した。Xは、右定款の規定による代表権の制限があることは知らなかったし、そうでないとしても、理事会の承認を得ていたと信じ、そう信ずるにつき正当の理由があったと主張し、Yに対し本件土地についての所有権移転登記手続を訴求。一審・原審ではXの請求が棄却されたため、Xから上告。

判旨　上告棄却　「漁業協同組合は、水産業協同組合法四五条の準用する民法五三条〔現一般法人七七条一項〕、五四条〔現一般法人七七条五項〕の規定により、定款の規定又は総会の決議によって特定の事項につき理事が代表権を行使するためには理事会の決議を経ることを必要とするなどと定めて理事の代表権を制限することができるが、善意の第三者に対してはその制限をもって対抗することができないものであるところ、右にいう善意とは、理事の代表権に制限が加えられていることを知らないことをいうと解すべきであり、また、右の善意についての主張・立証責任は第三者にあるものと解すべきである。そして、第三者が右にいう善意であるとはいえない場合であっても、第三者において、理事が当該具体的行為につき理事会の決議等を得て適法に漁業協同組合を代表する権限を有するものと信じ、かつ、このように信じるにつき正当の理由があるときには、民法一一〇条を類推適用し、漁業協同組合は右行為につき責任を負うものと解するのが相当である。

本件において、原判決は、右と同旨の見解に基づき、……Xは、Yの定款上本件土地の売却には理事会の承認が必要であることを認識していた、……Xが、本件土地の売却につき理事会の承認がありAが本件売買契約締結

の権限があるものと信じたとしても、そう信じるにつき正当の理由があるとはいえない、と認定判断しているのであるから、原判決に所論の違法はない。」

四　権利能力のない社団

成立要件　三三条一項

〔一六〕最判昭和三九年一〇月一五日民集一八巻八号一六七一頁　民法1総47、物50(2)

事実　A団体は、社団法人たるB連盟の支部名義の団体であるが、代表者によって本件土地をCから賃借し、そこに建物（マーケット）を建て、会員に店舗の小間を分譲してきた。Y_1、Y_2、Y_3も分与を受けて営業してきた。その後、Aは、このマーケットの改装を計画したが、Y_1らはそれに反対し、地代分担金は直接に地主Cに支払うべき旨をAの代表者に通告した。Aは株式会社Xに改組し、本件土地の賃借権も地主の承諾を得てAからXに譲渡した。Xが地主Cに代位してY_1らに右土地の明渡しを請求した。Y_1らは、Aは独立の社団として権利義務の主体たりうるものでなく、本件土地の賃借人は、Aではなく、Aの会員であるから、Xも右賃借権を取得しうる理由がないと争った。原審は、Aを権利能力のない社団であるとして、Xを勝訴させたので、Y_1らから上告。

判旨　上告棄却「論旨は、要するに、原判決が独自の定款をもたないAをもって法人に非ざる社団であって権利義務の主体たりうるものとし、本件土地の借地権者であると判断したのは、法令の解釈を誤り自由心証を濫用したものである、というに帰着する。

法人格を有しない社団すなわち権利能力のない社団については、民訴四六条〔現二九条〕がこれについて規定するほか実定法上何ら明文がないけれども、権利能力のない社団といいうるためには、団体としての組織をそなえ、そこには多数決の原則が行なわれ、構成員の変更にもかかわらず団体そのものが存続し、しかしてその組織によって代表の方法、総会の運営、財産の管理その他団体としての主要な点が確定しているものでなければならないのである。しかして、このような権利能力のない社団の資産は構成員に総有的に帰属する。そして権利能力のない社団は『権利能力のない』社団でありながら、その代表者によってその社団の名において構成員全体のために権利を取得し、義務を負担するのであるが、社団の名において行なわれるのは、一々すべての構成員の氏名を列挙することの煩を避けるために外ならない（従って登記の場合、権利者自体の名を登記することを要し、権利能力なき社団においては、その実質的権利者たる構成員全部の名を登記できない結果として、その代表者名義をもって不動産登記簿に登記するよりほかに方法がないのである）。」

「いわゆるAは、支部という名称を有し、その規約は前記本部の定款と全く同旨のものであったが、しかし、それ自体の組織を有し、そこには多数決の原則が行なわれ構成員の変更に拘らず存続をつづけ、前記の本部とは異なる独立の存在を有する権利能力のない社団としての実体をそなえていたものと認められるのである。従ってCと右権利能力のない社団であるAの代表者との間で締結された本件土地賃貸借契約により、いわゆるAの構成員全体はAの名の下に本件土地の賃借権を取得したものというべく、右と同趣旨の原判決は正当である。」

財産関係―登記の方法　三三条一項

〔一七〕最判昭和四七年六月二日民集二六巻五号九五七頁　民法1総47

事実　留日華僑の団体であるA連合会は権利能力なき社団であり、社団の財産として本件土地建物を有していた。その登記は、当時、会長（代表者）の地位にあったY個人名義で登記をしていた。その後、会に内紛があり、Yが会長を辞任し、即日Xが会長に選任された。そこで、XからYに対し、代表者の交代による、右不動産の所有権移転登記を求めて訴えを提起した。Yの抗弁の一つはXに当事者適格がないというのであった。権利能力なき社団の財産が総有であることと、民事訴訟法四六条（現二九条）によりA連合会代表者Xに対し登記手続をせよとの判決を求めるべきだというのである。

一審は、現行法上、権利能力なき社団の所有する不動産の公示方法としては代表者個人名義でせざるを得ず、そうだとすれば代表者が交替したときは、右不動産の公示する手段として、新代表者は旧代表者に対し移転登記請求権を有するものというべく、この登記請求権の性質は特約に基づく登記請求権に類似するものと考える、と判示してXの主張を認めた。原審でもX勝訴。Yは上告して、権利能力なき社団の有する不動産の公示方法として、その社団の名称、事務所を記載するとともに代表者の氏名、住所を併記する方法（いわゆる肩書を付する方法）を認めるべきだと主張した。

判旨　上告棄却「権利能力なき社団の資産はその社団の構成員全員に総有的に帰属しているのであって、社団自身が私法上の権利義務の主体となることはないから、社団の資産たる不動産についても、社団はその権利主体となり得るものではなく、したがって、登記請求権を有するものではないと解すべきである。不動産登記法が、権利能力なき社団に対してその名において登記申請をする資格を認める規定を設けていないことも、この趣旨において理解できるのである。したがって、権利能力なき社団が不動産登記の申請人となることは許されず、また、かかる社団について前記法条の規定を準用することもできないものといわなければならない。

ところで、右のように権利能力なき社団の構成員全員の総有に属する社団の資産たる不動産については、従来から、その公示方法として、本件のように社団の代表者個人の名義で所有権の登記をすることが行なわれているのである。これは、不動産登記法が社団自身を当事者とする登記を許さないこと、社団構成員全員の名において登記をすることは、構成員の変動が予想される場合に常時真実の権利関係を公示することが困難であることなどの事情に由来するわけであるが、本来、社団構成員の総有に属する不動産は、右構成員全員のために信託的に社団代表者個人の所有とされるものであるから、代表者は、右の趣旨における受託者たるの地位において右不動産につき自己の名義をもって登記をすることができるものと解すべきであり、したがって、登記上の所有名義人となった権利能力なき社団の代表者がその地位を失ってこれに代る新代表者が選任されたときは、旧代表者は右の受託者たる地位をも失い、新代表者においてその地位を取得し、新代表者は、信託法の信託における受託者の更迭の場合に準じ、旧代表者に対して、当該不動産につき自己の個人名義に所有権移転登記手続をすることの協力を求め、これを訴求することができるものと解するのが相当である。

所論は、右の場合においても、登記簿上、たんに代表者個人名義の記載をするにとどめるのは相当でなく、社団の代表者である旨の肩書を付した記載を認めるべきであって、判決においてもその趣旨の登記をなすことを命ずべきものと主張する。

しかしながら、かりに、そのような方法が代表者個人の固有の権利と区別し社団の資産であることを明らかにする手段としては適当であるとしても、かような登記を許すことは、実質において社団を権利者とする登記を許容することにほかならないものであるところ、不動産登記法は、権利者として登記せらるべき者を実体法上権利能力を有する者に限定し、みだりに拡張を許さないものと解すべきであるから、所論のような登記は許されないものというべきである。」

構成員個人の責任　三三条一項

〔一八〕　最判昭和四八年一〇月九日民集二七巻九号一一二九頁　民法1総47

事実　A協会は秋田県内における集団給食の栄養管理の向上、県民に対する栄養知識の向上、合理的な食品の消費の指導ならびに食生活の改善を図ることを目的として、県内の栄養士らによって設立されたものである。BはA協会の常務理事として、A協会を代理して、X_1からラーメン等を買い受け、また金を借り、X_2から何回か金を借り、合計二三〇万円余の債務を負担するに至った。X_1X_2は、A協会は民法上の組合であり、また仮にそれが権利能力なき社団であるとしても、営利社団であるから、協会の債務については、構成員にも個人責任があるとして、構成員の一部であるY_1ら一七名に対し、連帯して右債務を弁済すべきことを訴求した。

第一審は、X_1ら敗訴。原審も同じ結論で、A協会が権利能力なき社団であることを認定した上、この種の社団の資産は社団構成員に総有的に帰属し、右構成員の個人財産から区別された社団財産が独立に存在するところから、その債務について、真実これを負担するのは構成員にほかならないけれども、その責任の範囲は原則として社団財産の範囲に限定されるとした。そこでX_1X_2が上告。

判旨　上告棄却　「権利能力なき社団の代表者が社団の名においてした取引の債務は、その社団の構成員全員に、一個の義務として総有的に帰属するとともに、社団の総有財産だけがその責任財産となり、構成員各自は、取引の相手方に対し、直接には個人的債務ないし責任を負わないと解するのが、相当である。

これを本件についてみると、A協会（以下協会という。）が権利能力なき社団としての実体を有し、Y_1らはいずれもその構成員であること、協会の代表者であるBが協会の名においてX1らと取引をし、X1らが本訴で請求する各債権は右取引上の債権であることは、原判決……が適法に確定するところである。右事実のもとにおいて、Y1らが、X1らの本訴各請求債権について、X1らに対し直接の義務を有するものでないことは、叙上の説示に照らし、明らかであるといわなければならない。」

五 法人格否認

法人格否認の法理―代表者個人名義の和解と会社に対する効力　三三条一項・一条三項
〔一九〕最判昭和四四年二月二七日民集二三巻二号五一一頁　民法1総48

事実 Xは、その所有する本件店舗を賃貸した。契約書の文言によれば、賃借人はYとなっていたが、Yは、Aの経営する「電気屋」の節税のために設立された株式会社で、会社とはいうものの、その実質は全くAの個人企業にほかならず、法律に明るくないXとしても、漠然と「電気屋」のAに右店舗を賃貸したと考えていた。その後、Xが右店舗を自ら使用する必要が生じたため、その明渡しを請求したところ、XAの間で本件賃貸借契約を合意解除し、AはXに本件店舗を明け渡す旨の裁判上の和解が成立した。しかるに、Aは本件店舗の賃借人はYであるなどと主張して、なおも明渡しを拒むので、XはYを相手取って明渡しを訴求した。一審・原審ではXの請求が認容されたため、Yから上告。

判旨 上告棄却「およそ社団法人において法人とその構成員たる社員とが法律上別個の人格であることはいうまでもなく、このことは社員が一人である場合でも同様である。しかし、およそ法人格の付与は社会的に存在する団体についてその価値を評価してなされる立法政策によるものであって、これを権利主体として表現せしめるに値すると認めるときに、法的技術に基づいて行なわれるものなのである。従って、法人格が全くの形骸にすぎない場合、またはそれが法律の適用を回避するために濫用されるが如き場合においては、法人格を認めることは、法人格なるものの本来の目的に照らして許すべからざるものというべきであり、法人格を否認すべきことが要請される場合を生じるのである。そして、この点に関し、株式会社については、特に次の場合が考慮されなければならないのである。

思うに、株式会社は準則主義によって容易に設立され得、かつ、いわゆる一人会社すら可能であるため、株式会社形態がいわば単なる藁人形に過ぎず、会社即個人であり、個人則会社であって、その実質が全く個人企業と認められるが如き場合を生じるのであって、このような場合、これと取引する相手方としては、その取引がはたして会社としてなされたか、または個人としてなされたか判然しないことすら多く、相手方の保護を必要とするのである。ここにおいて次のことが認められる。すなわち、このような場合、会社という法的形態の背後に存在する実体たる個人に迫る必要を生じるときは、会社名義でなされた取引であっても、相手方は会社という法人格を否認して恰も法人格のないと同様、その取引をば背後者たる個人の行為であると認めて、その責任を追求することを得、そして、また、個人名義でなされた行為であつても、相手方は敢て商法五〇四条を俟つまでもなく、直ちにその行為を会社の行為であると認め得るのである。けだし、このように解しなければ、個人が株式会社形態を利用することによって、いわれなく相手方の利益が害される虞があるからである。

……Yは株式会社形態を採るにせよ、その実体は背後に存するA個人に外ならないのであるから、XはA個人に対して右店舗の賃料を請求し得、また、その明渡請求の訴訟を提起し得るのであって（もっとも、訴訟法上の既判力については別個の考察を要し、Aが店舗を明渡すべき旨の判決を受けたとしても、その判決の効力はYには及ばない）、XとAとの間に成立した前示裁判上の和解は、A個人名義にてなされたにせよ、その行為はYの行為と解し得るのである。しからば、Yは……右店舗をXに明渡すべきものというべきである。」

第三章　物

一　有体物

八五条
民法1総82(1)

電気

〔二〇〕大判昭和一二年六月二九日民集一六巻一〇一四頁

事実 電力会社のXはYらに室内照明用の電気を供給したが、Yらが電気料金の支払をしないので、料金等の支払を請求した。原審は、本件電気料金債権に（平成二九年改正前）民法一七三条一号を類推適用して、その時効消滅を認めた。Xから上告。

判旨 上告棄却　「対価ヲ得テ電気ヲ供給スル契約ハ、其ノ当事者ガ当該契約ニ依リ特定ノ仕事ノ完成ヲ目的トシタル場合ハ格別、之ト異ナリ其ノ当事者ガ専ラ電気ノ供給其ノモノニ着眼シテ之ヲ契約ノ内容ト為シタル場合ニ於テハ、之ヲ請負ナリト解スルコトヲ得ズ。此ノ種ノ契約ハ、発電企業者ガ発電設備ニ依リ発電セル電気自体ノ供給ヲ目的トスルモノニシテ、対価ヲ得テ之ヲ供給スル以上、恰《あたか》モ生産者ガ対価ヲ得テ産物ヲ供給スルニ均シク、従テ電気ノ供給ヲ財産権ノ移転ニ非ズトスルモ、少クトモ其ノ供給契約ハ産物ノ売却即売買契約ニ類スル有償契約ト解スルヲ妥当トスベシ。而シテ、発電企業者ガ電気ノ需要者ニ室内照明用トシテ電気ヲ供給シ、需要者ヲシテ随時其ノ欲スル所ニ従イ之ヲ使用シ点灯セシムルガ如キ契約ハ、別段ノ定ナキ限リ、電気ノ供給其ノモノニ重キヲ置ケルモノト解シ得ベク、縦令《たとい》其ノ供給量従テ又対価ヲ定ムルニ電球ノ燭光ヲ基準ト為シタリトスルモ、之ガ為該契約ヲ以テ請負ナリト断ジ得ベキニ非ズ。本件ニ付、原判示ノ室内点灯用ニ要スル電気供給契約ハ、点灯設備ノ使用其ノ他ニ関スル事項ヲモ内容トスレドモ、室内点灯用電気ノ供給ニ対シ毎月其ノ料金ヲ支払ウコトヲ主眼トスルモノト解シ得ベキヲ以テ、上叙産物ノ売買ニ類スル有償契約ナリト云ワザルヲ得ズ。従テ其ノ電気料金債権ハ〔平成二九年改正前〕民法第一七三条第一号所定ノ債権ニ準ジ、二年間之ヲ行ワザルニ因リ消滅スルモノト解スルヲ妥当トス。」

二　不動産と動産

土地の一部

〔二一〕大判大正一三年一〇月七日民集三巻四七六頁　　八六条一項　民法1総85(1)

事実　山林等の二筆の土地は、Y_1の先先代A等十数名が各自その地域を定めて分有する単独所有地の連続した一帯の土地であったが、便宜上Aほか三名の共有名義に登記されていた。Aの相続人Bはその単独所有部分を明治二二年Xに譲渡したが、Bはこれよりさき相続による共有持分の取得登記をしており、ついでBの相続人Y_1はそれを大正六年Y_2に売却し持分につき所有権移転登記を終えた。Xは、Bの共有持分の登記は虚偽の登記であり、したがって売買による所有権移転登記も虚偽のものであるとして$Y_1$$Y_2$に対し登記の抹消を訴求した。原審はXの主張を認めた。Y_1等は上告して、一筆の土地の一部は独立の物として取り扱われないから、譲渡契約だけではXに所有権は移転しないと主張した。

判旨　上告棄却「土地ハ自然ノ状態ニ於テハ一体ヲ成セルモノナリト雖《いえども》之ヲ区別シテ分割スルコトヲ得ザルモノニ非ズ。即土地ハ所有者ノ行為ニ因リ互ニ独立セル数箇ノ土地ニ区分シ分割セラレ得ルモノニシテ、如何ナル範囲ノ土地ガ各箇ニ分割セラレタルヤハ所有者ノ為シタル区分ノ方法ニ依リテ定マルモノトス。従テ所有者ハ一筆トナレル自己ノ所有地内ニ一線ヲ画シ或ハ標識ヲ設クル等ニ依リテ任意ニ之ヲ数箇ニ分割シ其ノ各箇ヲ譲渡ノ目的ト為スコトヲ得ベキモノニシテ、其ノ之ヲ数箇トナスニ付テハ特ニ土地台帳ニ於ケル登録其ノ他ノ方法ニ依リ公認セラルルノ必要ナキモノトス。唯《ただ》不動産登記法ニ於テハ一筆ノ不動産ハ之ヲ登記簿ノ一用紙ニ記載スルコトヲ要スト為セルヲ以テ既ニ一筆トシテ登記セラレタル土地ヲ右ノ如ク数箇ニ分割シテ譲渡シタル場合ニ於テ、譲渡ノ登記ヲ為スニハ先ヅ分筆ノ手続ヲ為スコトヲ要スベシト雖契約ノ当事者間ニ於テハ其ノ以前既ニ権利移転ノ効力ヲ生ジタルモノト謂《い》フベク、又土地台帳ニ一筆トシテ登録セラレタ土地ニ付テモ登録ノ変更前所有者ハ之ヲ数箇ニ分割シテ譲渡ヲ為スヲ妨ゲザルモノトス。」

三　主物と従物

抵当権の効力の及ぶ目的物の範囲〔一三三〕参照。

四　果　実

未分離果実の動産性（雲州みかん事件）　八六条一項
〔二一〕大判大正五年九月二〇日民録二二輯一四四〇頁　民法1総90(1)、物16

事実　Xは、Aより雲州みかんを樹木にあるまま買い受け、立札を立てて明認方法を施して所有権の移転を受けた。後にAの孫Bは、Aの承諾を得ないでこのみかんをCに売却した。Cの債権者Yは、このみかんに対して強制執行をしたので、Xは異議を申し立てた。原審は、未分離果実の所有権の移転の意思表示は法律上不能の事項を目的とする無効の行為であるとして、Xの請求を棄却。Xは、不動産の一部にも独立の所有権が認められ、明認するに足る行為をすれば第三者にその所有権の取得を対抗できると主張して上告。

判旨　破棄差戻　「果実ト其定著スル土地又ハ草木トノ関係如何ヲ観察スルニ我民法ハ其第八九条ニ於テ天然果実ハ元物ヨリ分離シタル時ヲ以テ之ヲ収取スル権利ヲ有スル者ニ帰属スルコトヲ規定セルヲ以テ果実ハ元物ニ定著スル限リハ元物ノ所有者ノ所有ニ属シ、他人ノ所有ニ帰スルコトヲ許サザルト同時ニ、元物ヨリ分離スルニ因リテ独立性ヲ取得シ、此瞬間ニ於テ始メテ格段ナル権利ノ目的タルコトヲ得ベキコトヲ明示シタルモノト解スルヲ得ベシト雖《いえど》モ、此原則ハ、絶対的ニシテ例外ヲ許サザルヤ否ヤハ果実ニ関スル我民法ノ規定ト社会観念ニ照シテ之ヲ解決セザルベカラズ。……況《いわ》ンヤ果実ハ其物理性及ビ経済性ニ於テ土地又ハ草木ノ材幹ト分別シテ之ヲ観察スルコトヲ得ルコト前示ノ如クニシテ、又実際取引上之ヲ分別スルノ必要アルニ拘ハラズ、唯《た》ダ其物理性ニ於テ土地又ハ草木ニ定著スルノ一事ノミヲ以テ之ニ対スル買主ノ権利ヲ否定スルハ我国ニ於テ行ハルル社会観念ニ反スルモノト謂《い》ハザルベカラズ。然レドモ果実ノ買主ハ売主トノ契約ニ因リ絶対ニ果実ニ対スル所有権ヲ主張スルコトヲ得ズ。其権利ヲ第三者ニ対抗スルガ為メニハ常ニ必ズ其果実ノ定著スル地盤又ハ草木ノ引渡ヲ受ケ若クハ売主ノ承諾ヲ得テ何時ニテモ其果実ヲ収去シ得ベキ事実上ノ状態ヲ作為スルト同時ニ、其状態ガ外部ヨリ明認セラレ得ベキ手段方法ヲ講ズルコトヲ要スルハ伐採ノ為メニスル立木ノ売渡ニ於ケルト同一般ニシテ、此方法ニ依リ果実ノ所有権ヲ買主ニ移転スルコトハ買主ノ権利ヲ鞏固《きようこ》ナラシムルト同時ニ第三者ノ利益ヲ保護シ以テ実際取引上ノ安全ト便益ヲ増進スルガ為メニ必要ナリト断定セザルヲ得ズ。……如上《じよじよう》特別ノ意思表示ヲ為シタル場合ニ該当スルニ於テハX ハ果実ノ売買契約ニヨリ所有権ヲ取得シ得ベキモノナレバ、原審ハ須《すべから》クXノ主張ガ如上何レノ場合ニ該当スルヤヲ判断シ、且ツ特別ノ意思表示ヲ為シタル場合ニ該当スルニ於テハ第三者タルYニ対シ其所有権ノ取得ヲ対抗シ得ベキ方法ヲ講ジタルヤ否ヤヲ審理シテ本訴請求ノ当否ヲ決セザルベカラズ。然ルニ原審ハ蜜柑ガ樹木ヨリ分離セザル以前ニ於テ買受契約ヲ為スト同時ニ其所有権ヲ取得シタリトノXノ主張自体ニ依リ未ダ分離セザル果実ノミノ所有権移転ノ意思表示ハ法律上不能ノ事項ヲ目的トセル無効ノ行為ナリト判断シ、此点ノミニ依リ容易《たやす》クXノ請求ヲ排斥シタルハ法理ノ解釈ヲ誤ル失当アリ。」

第四章　法律行為

第一節　総　則

一　公序良俗

芸娼妓契約と消費貸借契約の無効　九〇条

〔二三〕　最判昭和三〇年一〇月七日民集九巻一一号一六一六頁　民法1総100(2)(エ)、2債176(2)(ア)

事実　Y_1はXの先代より四万円を期限を定めず借り受け、Y_2が右債務について連帯保証をした。その弁済については、Y_1の娘AがX方に住み込んだ上、Xの妻名義で営業している料理屋で酌婦稼働をし、よって得たAの報酬金の半額はこれに充てる旨を約した。Aは当時一六歳にも達しない少女であったが、約旨に基づいて半年位稼働したのち料理屋のもとを去った。XはY_1Y_2に対し貸付金の返還を請求し、Aの稼働による収入はAの衣類等に充てられ貸金の弁済には充てられていないと主張した。Y_1Y_2は右稼働契約・消費貸借契約は公序良俗に反し無効であると抗弁。原審は、Aが酌婦稼働して弁済する旨の契約（弁済契約）は年少者に酌婦稼働を強いることになるから公序良俗に反し無効であるが、それは消費貸借自体の成否消長等に影響を及ぼさないと判示して四万円の支払を命じた。Y_1Y_2が上告。

判旨　破棄自判「原審は、右事実に基き、Aの酌婦としての稼働契約及び消費貸借のうち前記弁済方法に関する特約の部分は、公序良俗に反し無効であるが、その無効は、消費貸借契約自体の成否消長に影響を及ぼすものではないと判断し、Y_1Y_2に対し前記借用金員及び遅滞による損害金の支払をなすべきことを命じたのであって、以上のうちAが酌婦として稼働する契約の部分が公序良俗に反し無効であるとする点については、当裁判所もまた見解を同一にするものである。しかしながら前記事実関係を実質的に観察すれば、Y_1は、その娘Aに酌婦稼業をさせる対価として、X先代から消費貸借名義で前借金を受領したものであり、X先代もAの酌婦としての稼働の結果を目当てとし、これがあるがゆえにこそ前記金員を貸与したものということができるのである。しからばY_1の右金員受領とAの酌婦としての稼働とは、密接に関連して互に不可分の関係にあるものと認められるから、本件において契約の一部たる稼働契約の無効は、ひいて契約全部の無効を来すものと解するを相当とする。大判大正七年一〇月一二日民録二四輯一九五四頁及び大判大正一〇年九月二九日民録二七輯一七七四頁の判例は、いずれも当裁判所の採用しないところである。従って本件のいわゆる消費貸借及びY_2のなした連帯保証契約はともに無効であり、そして以上の契約において不法の原因が受益者すなわちY_1等についてのみ存したものということはできないから、Xは民法七〇八条本文により、交付した金員の返還を求めることはできないものといわなければならない。原判決は法律の解釈を誤ったものであって破棄を免れない。」

暴利行為

〔二四〕　大判昭和九年五月一日民集一三巻八七五頁

九〇条
民法1総100(2)(ウ)

事実　貸金業者Xは、Yに対し貸付けを行い担保としてYの生命保険契約上の権利について質権の設定を受けた。そして、Yが債務を弁済しない場合にはXが解約返戻金を受け取ることなどが特約された。Yは期日までに弁済できなかったが、A社から保険証券の再交付を受けて別の借入れの担保として利用していたため、Xは、解約返戻金を受け取ることができないこととなり、Yに損害賠償を請求した。Yは、本件特約は解約返戻金が貸付金額よりもはるかに高額に及ぶことを知っていたXが、Yの無知と窮迫に乗じ、返戻金の存在を秘して行ったものであり、民法九〇条に基づき無効であると主張した。第一審および原審はY勝訴。Xより上告。

判旨　上告棄却「他人ノ窮迫軽卒若ハ無経験ヲ利用シ著シク過当ナル利益ノ獲得ヲ目的トスル法律行為ハ、善良ノ風俗ニ反スル事項ヲ目的トスルモノニシテ無効ナリト謂ワザルベカラズ。然ラバ本件担保ノ目的タル保険契約ニ基ク解約返戻金ガ、金九八〇円余ヲ算スルコトヲ業務上知悉セルXハ、農ヲ業トスルYノ此ノ点ニ関スル無知ト窮迫ニ乗ジ、貸金ノ倍額ニモ等シキ返戻金アルコトヲ黙シ、特ニ短期間ノ弁済期ヲ定メ前記ノ如ク貸金シ、Yニ於テ其ノ返還ヲ為サザルトキハ、右返戻金ガ貸金ニ比シ過不足ヲ生ズルモ、YハXニ対シ不足金ヲ支払ワザルト共ニ剰余金ノ支払ヲ請求セザル旨ノ特約ヲ為サシメタルモノナルコト明ナルヲ以テ、斯ノ如キ特約ハ民法第九〇条ニ依リ無効ナルモノト断ズルヲ相当トス。」

不倫関係の女性への包括遺贈

〔二五〕　最判昭和六一年一一月二〇日民集四〇巻七号一一六七頁

九〇条・九六四条
民法1総100(2)(ア)

事実　亡Aは妻であるX_1がいたにもかかわらず、死亡時まで約七年間、Y女といわば半同棲のような形で不倫関係を継続した。Yとの関係は早期の時点で亡Aの家族に公然となっており、他方亡AとX_1間の夫婦関係は既に別々に生活する等その交流は希薄となり、夫婦としての実体はある程度喪失していた。Aは妻X_1、子X_2およびYに全遺産の三分の一ずつを遺贈するという遺言をしていた。Xらは遺言の無効確認を請求したところ、原審が有効と判示したので、Xらは上告してその無効を主張した。

判旨 上告棄却「当時の民法上の妻の法定相続分は三分の一であり、X_2がすでに嫁いで高校の講師等をしているなど……事実関係のもとにおいては、本件遺言は不倫な関係の維持継続を目的とするものではなく、もっぱら生計を亡Aに頼っていたYの生活を保全するためにされたものというべきであり、また、右遺言の内容が相続人らの生活の基盤を脅かすものとはいえないとして、本件遺言が民法九〇条に違反し無効であると解すべきではないとした原審の判断は、正当として是認することができる。」

〔二六〕 削　除

動機の不法―賭博債務の弁済を目的とした消費貸借　九〇条

〔二七〕 大判昭和一三年三月三〇日民集一七巻五七八頁　民法1総100(4)

事実 YはXから金銭を借り受けたが、それは、Yが賭博に負けたために負担した債務の弁済の資に供するためであり、Yはこの目的をXに伝えXも了承のうえで貸し渡したものであった。Yは一部を弁済したが残額を返さないのでXはYに対して支払請求訴訟を提起した。

一審は、Xが勝訴。原審では、本件借入れは公序良俗に反し無効であるとして、Yが勝訴したが、Xは、Yが賭博で負けた借金を返すために貸したのであるから公序良俗に反しないとして上告した。

判旨 上告棄却「借主ヲシテ賭博後ノ弁済ノ資ニ供センガ為メ消費貸借契約ヲ締結スルハ、借主ガ賭博ヲ為サンガ為メニ消費貸借ヲ締結スル場合ト異ナリ、毫モ公序良俗ニ違反セザルガ如キ外観ナキニ非ズト雖モ、之ヲ仔細ニ考察スルトキハ、賭博後ノ弁済ノ資ニ供スル為メ貸金ヲ為スコトハ、之ニヨリ借主ヲシテ賭博ヲ為スコトヲ容易ナラシメ、将来モ亦其ノ資金ノ融通ヲ受ケ得ベキコトヲ信頼シテ、賭博ヲ反復セシムルガ如キ弊ヲ生ズルノ虞ナシト謂ウヲ得ザルヲ以テ、其ノ借入ガ賭博行為ノ前ナルト後ナルトヲ問ハズ、何レモ之ヲ以テ公序良俗違反ノ法律　行為トシテ無効ナルモノト謂ハザルヲ得ズ。」

証券取引と損失保証契約　九〇条

〔二七の二〕　最判平成一五年四月一八日民集五七巻四号三六六頁

事実　商社Xはユーロ市場において社債を発行して約一〇〇億円の資金を調達することを計画し、証券会社Yをそのための共同主幹事証券会社にすることとし、Yとの間で交渉を進めていた。その交渉の中で、XがYに対し別途三〇億円の資金を年八％の利回りで運用することを打診したところ、Yがこれを了承したので、Xは、昭和六〇年六月一四日、A信託銀行との間で特定金銭信託契約を締結し、また、Yは当該特定金銭信託の運用結果が信託元本三〇億円に年八％の利回りを加えた額に満たない場合には、その差額に相当する金員をXに支払うことを約束した（本件保証契約）。後日、損失が生じ、XがYに対し本件保証契約の履行を請求したところ、Yは、本件保証契約は公序良俗違反で無効だと主張して履行を拒否した。そこで、XがYに対し本件保証契約の履行を求めて提訴。原審がXの請求を基本的に認容したため、Yが上告受理申立て。

判旨　一部破棄自判　「(1)　本件保証契約と公序について

法律行為が公序に反することを目的とするものであるとして無効になるかどうかは、法律行為がされた時点の公序に照らして判断すべきである。けだし、民事上の法律行為の効力は、特別の規定がない限り、行為当時の法令に照らして判定すべきものであるが……、この理は、公序が法律行為の後に変化した場合においても同様に考えるべきであり、法律行為の後の経緯によって公序の内容が変化した場合であっても、行為時に有効であった法律行為が無効になったり、無効であった法律行為が有効になったりすることは相当でないからである。

……本件保証契約が締結されたのは、昭和六〇年六月一四日であるが……この当時において、既に、損失保証等が証券取引秩序において許容されない反社会性の強い行為であるとの社会的認識が存在していたものとみることは困難である……。そうすると、本件保証契約が公序に反し無効であると解することはできない……。

(2)　本件保証契約の履行請求を認めることの可否について

平成三年法律第九六号による証券取引法の改正によって、同法五〇条の二第一項三号の規定（現金融商品取引法三九条一項三号）が新設され、証券会社が有価証券の売買その他の取引等につき、当該有価証券等について生じた顧客（信託会社等が、信託契約に基づいて信託をする者の計算において有価証券の売買等を行う場合にあっては、当該信託をする者を含む。）の損失の全部若しくは一部を補てんし、又はこれらについて生じた顧客の利益に追加するため、当該顧客に対し、財産上の利益を提供する行為が禁止された。そして、同号に違反した場合の罰則規定も設けられた。同改正法の附則には、同改正法の施行前にした行為に対する罰則の適用についてはなお従前の例による旨の規定が置かれたが、損失補てんや利益追加のために財産上の利益を提供する行為……の禁止については、同改正法の施行前に締結された損失保証ないし利益保証契約に基づくものであっても、同改正法の適用を排除するための規定が置かれなかった。……Xの……請求は、本件保証契約の履行を求めるものであり、同法……によって禁止されている財産上の利益提供を求めているものであることがその主張自体から明らかであり、法律上この請求が許容される余地はない」。

二　取締法規違反行為

営業許可のない食肉販売　九〇条
〔二八〕　最判昭和三五年三月一八日民集一四巻四号四八三頁　民法1総98(2)

事実　XはYに精肉を売却したが、Yは代金の一部を支払っただけなので、支払を訴求した。原審は、Yが食品衛生法による営業許可を受けていないとしても、本件売買の効力には消長を来たさない、としてYに支払を命じた。

判旨　上告棄却　「本件売買契約が食品衛生法による取締の対象に含まれるかどうかはともかくとして同法は単なる取締法規にすぎないものと解するのが相当であるから、Yが食肉販売業の許可を受けていないとしても、右法律により本件取引の効力が否定される理由はない。それ故右許可の有無は本件取引の私法上の効力に消長を及ぼすものではないとした原審の判断は結局正当であり、所論は採るを得ない。」

有毒性物質の混入した食品の販売（有毒アラレ売買事件）　九〇条

〔二九〕最判昭和三九年一月二三日民集一八巻一号三七頁　民法1総98(3)

事実　食品製造販売会社Xは、菓子販売業者Yに対し、アラレ菓子を継続的に販売し、その代金支払のため振り出し、Yが引き受けた為替手形に基づきYに対し為替手形金請求の訴えを提起した。Yは右契約は公序良俗に反して無効である、と主張した。それより前、Xはアラレ菓子に毒性の硼砂《ほうしゃ》が混入していて、その製造が食品衛生法で禁止されていることを知り、Yに対し、アラレの売却を中止したいと連絡したところ、Yは、今が売れる時期だから、どんどん送ってもらいたい、保健所でそんなことをいっておらないし、迷惑をかけない、というので取引を続けたものである。

原審は、右契約が公序良俗に反して無効であるためには、ただ単に動機等に不法があるにとどまらず、その不法性が強度で、これを無効とする必要が当事者の私的な利益やさらには当事者間の具体的衡平をも度外視しうるほどの場合であることを要するが、本件はそれにあたらない、としてX勝訴。Y上告し、右契約は強行法規である食品衛生法に違反し無効である、と主張する。

判旨　破棄自判「思うに、有毒性物質である硼砂の混入したアラレを販売すれば、食品衛生法四条二号〔現六条二号〕に抵触し、処罰を免れないことは多弁を要しないところであるが、その理由だけで、右アラレの販売は民法九〇条に反し無効のものとなるものではない。しかしながら、前示のように、アラレの製造販売を業とする者が硼砂が有毒性物質であり、これを混入したアラレを販売することが食品衛生法の禁止しているものであることを知りながら、敢えてこれを製造の上、同じ販売業者である者の要請に応じて売り渡し、その取引を継続したという場合には、一般大衆の購買のルートに乗せたものと認められ、その結果公衆衛生を害するに至るのであろうことはみやすき道理であるから、そのような取引は民法九〇条に抵触し無効のものと解するを相当とする。然らば、すなわち、Yは前示アラレの売買取引に基づく代金支払の義務なき筋合なれば、その代金支払の為めに引受けた前示各為替手形金もこれを支払うの要なく、従って、これが支払を命じた第一審判決及びこれを是認した原判決は失当と云わざるを得ず、論旨は理由あるに帰する。」

三　任意規定と異なる慣習―事実たる慣習

〔三〇〕意思解釈と事実上の慣習（塩釜レール入り事件）

大判大正一〇年六月二日民録二七輯一〇三八頁

九二条
民法1総95

事実　XはYから肥料用大豆粕を購入する契約を結んだ。その契約には「塩釜レール入」という条項が付されていた。Yは期日までに大豆粕を送らなかったので、XはYに対し債務の履行を催告した上で、Yとの契約を解除し、Yに対し損害賠償を請求した。原審は、「塩釜レール入」とは、売主がまず目的物を塩釜駅に送付する義務があり、目的物が到着して初めて買主に対し代金支払を請求できるという商慣習を表現する文言であると解釈し、Xを勝訴させたので、Yは、当事者が慣習に依拠する意思を有していたと主張するXがそのことを立証すべきであるのに、原審が何らの証拠なしにそのような意思があったと判断したのは違法であるなどと主張して、上告。

判旨　上告棄却　「意思解釈ノ資料タルベキ事実上ノ慣習存スル場合ニ於テハ、法律行為ノ当事者ガ其慣習ノ存在ヲ知リナガラ特ニ反対ノ意思ヲ表示セザルトキハ、之ニ依ル意思ヲ有セルモノト推定スルヲ相当トス……。従テ、其慣習ニ依ル意思ノ存在ヲ主張スル者ハ特ニ之ヲ立証スルノ要ナキモノトス。」

第二節　意思表示

一　意思表示の意義

効果意思（カフェー丸玉女給事件）　第一編総則、第五章法律行為 第二節意思表示
〔三一〕大判昭和一〇年四月二五日新聞三八三五号五頁　民法1総101(2)、2債16

事実　Yは、大阪市道頓堀「カフェー丸玉」で女給を勤めていたX女と遊興のうえ親しくなり、その歓心を買うため、将来Xが独立して自活の道を立てる資金としてXに四〇〇円を与えると約した。Yが履行しないので、Xはその履行を訴求した。原審は、四〇〇円の贈与契約の成立、それを目的とした準消費貸借の成立を認めてXの請求を認めた。

Yは、右約束が情交を遂げる目的でされたものだから、公序良俗に反して無効だと主張して上告。

判旨　破棄差戻「YガXト昵懇《じっこん》ト為リシト云フハXガ女給ヲ勤メ居リシ『カフェー』ニ於テ比較的短期間同人ト遊興シタル関係ニ過ギズシテ他ニ深キ縁故アルニ非ズ。然ラバ斯ル環境裡ニ於テ縦《よ》シヤ一時ノ興ニ乗ジXノ歓心ヲ買ハンガ為〆判示ノ如キ相当多額ナル金員ノ供与ヲ諾約スルコトアルモ、之ヲ以テXニ裁判上ノ請求権ヲ付与スル趣旨ニ出デタルモノト速断スルハ相当ナラズ。寧ロ斯ル事情ノ下ニ於ケル諾約ハ諾約者ガ自ラ進デ之ヲ履行スルトキハ債務ノ弁済タルコトヲ失ハザラムモ、要約者ニ於テ之ガ履行ヲ強要スルコトヲ得ザル特殊ノ債務関係ヲ生ズルモノト解スルヲ以テ原審認定ノ事実ニ即スルモノト云フベク、原審ノ如ク民法上ノ贈与ガ成立スルモノト判断セムガ為ニハ贈与意思ノ基本事情ニ付更ニ首肯スルニ足ルベキ格段ノ事由ヲ審査判示スルコトヲ要スルモノトス。然ラバ原審ガ何等格段ノ事由ヲ判示セズシテ輙《たやす》ク右契約ニ基クXノ本訴請求ヲ認容シタルハ未ダ審理ヲ尽サザルモノカ少クモ理由ヲ完備シタルモノト云フヲ得ザルモノナリ。」

二　心裡《り》留保

平成二九年改正前民法九三条但書の類推適用　〔四〇〕参照。

九四条二項の類推適用

〔三一〕最判昭和四五年九月一一日民集二四巻一〇号一四二四頁　九四条二項　民法1物13(13)(ア)

事実　Aはその愛人であるXの所有する本件不動産につき、その実印等を冒用してXからAへの所有権移転登記を備えた。Xは、直後にその事実を知り、Aもその登記を抹消することを承諾したが、経費の都合から抹消登記手続を一時的に見送り、そのうちにAと婚姻して同居するようになったので、そのままその不実登記を放置してきた。その間、Xが銀行から融資を受けた際にも、Aの所有名義のまま担保に供され、根抵当権設定登記が行なわれている。ところが、XからAへの登記から四年あまり後、Aが勝手にその土地をYに売却して所有権移転登記を備えさせてしまったので、XはYに対し所有権移転登記の抹消登記を請求した。原審は、XA間に虚偽表示による売買が行われたとみる余地がないなどとして、Xの請求を認めたので、Yが上告。

判旨　（以下に引用する部分につき）破棄差戻「およそ、不動産の所有者が、真実その所有権を移転する意思がないのに、他人と通謀してその者に対する虚構の所有権移転登記を経由したときは、右所有者は、民法九四条二項により、登記名義人に右不動産の所有権を移転していないことをもって善意の第三者に対抗することをえないが、不実の所有権移転登記の経由が所有者の不知の間に他人の専断によってされた場合でも、所有者が右不実の登記のされていることを知りながら、これを存続せしめることを明示または黙示に承認していたときは、右九四条二項を類推適用し、所有者は、前記の場合と同じく、その後当該不動産について法律上利害関係を有するに至った善意の第三者に対して、登記名義人が所有権を取得していないことをもって対抗することをえないものと解するのが相当である。けだし、不実の登記が真実の所有者の承認のもとに存続せしめられている以上、右承認が登記経由の事前に与えられたか事後に与えられたかによって、登記による所有権帰属の外形に信頼した第三者の保護に差等を設けるべき理由はないからである（最判昭和四五年四月一六日民集二四巻四号二六六頁参照）。」

取締法規違反の法律行為の効力

〔三二の二〕　最判令和三年六月二九日民集七五巻七号三三四〇頁

事実　XはAと共に投資用不動産物件の売買事業を共同で行う計画を立てた。その後、Bがこの計画に加わることになり、Bは前記計画に従ってY会社を設立してその代表取締役に就任し、YはBを専任の宅地建物取引士として宅地建物取引業の免許を受けた。Xは上記計画に基づく事業の一環としてCの所有する土地建物（本件不動産）に係る取引を行うことにしたが、Bに対する不信感から、本件不動産に係る取引に限ってYの名義を使用し、その後はYおよびBを上記事業に関与させないことにしようと考え、Aを通じてBと協議した。その結果、XとYとの間で、①本件不動産の購入および売却についてはYの名義を用いるが、Xが売却先を選定したうえで売買に必要な一切の事務を行い、本件不動産の売却に伴って生ずる責任もXが負う、②本件不動産の売却代金はXが取得し、その中から本件不動産の購入代金および費用等を賄い、Yに対して名義貸し料として三〇〇万円を分配する、③Yは本件不動産の売却先から売却代金の送金を受け、同売却代金から前記購入代金、費用等および名義貸し料を控除した残額をXに対して支払う、④本件不動産に係る取引の終了後、XとYは共同して不動産取引を行わない旨を内容とする合意（本件合意）が成立した。本件不動産については、Cを売主Yを買主とする売買契約、Yを売主Dを買主とする売買契約が、相次いで締結され、これらの売買契約については、Xが売却先の選定、売買に必要な事務を行った。XはYに対し、本件合意に基づき、本件不動産の売却代金からその購入代金、費用等及び名義貸し料を控除した残額である二三一九万円余りを支払うよう求めたが、Yは一〇〇〇万円のみを支払った。そこで、XはYに対し一三一九万円余りの支払を訴求し（本訴）、YはXに対し、不当利得返還請求権に基づき、前記一〇〇〇万円の返還を訴求した（反訴）。原審は本件合意の効力が認められると判断して、Xの本訴請求を認容し、Yの反訴請求を棄却すべきものとした。Yから上告受理申立て。

判旨　破棄差戻　「宅地建物取引業法は、第二章において、宅地建物取引業を営む者について免許制度を採用して、欠格要件に該当する者には免許を付与しないものとし、第六章において、免許を受けて宅地建物取引業を営む者（以下「宅建業者」という。）に対する知事等の監督処分を定めている。そして、同法は、免許を受けない者（以下「無免許者」という。）が宅地建物取引業を営むことを禁じた上で（一二条一項）、宅建業者が自己の名義をもって他人に宅地建物取引業を営ませることを禁止しており（一三条一項）、これらの違反について刑事罰を定めている（七九条二号、三号）。同法が宅地建物取引業を営む者について上記のような免許制度を採用しているのは、その者の業務の適正な運営と宅地建物取引の公正とを確保するとともに、宅地建物取引業の健全な発達を促進し、これにより購入者等の利益の保護等を図ることを目的とするものと解される（同法一条参照）。

以上に鑑みると、宅建業者が無免許者にその名義を貸し、無免許者が当該名義を用いて宅地建物取引業を営む行為は、同法一二条一項及び一三条一項に違反し、同法の採用する免許制度を潜脱するものであって、反社会性の強いものというべきである。そうすると、無免許者が宅地建物取引業を営むために宅建業者との間でするその名義を借りる旨の合意は、同法一二条一項及び一三条一項の趣旨に反し、公序良俗に反するものであり、これと併せて、宅建業者の名義を借りてされた取引による利益を分配する旨の合意がされた場合、当該合意は、名義を借りる旨の合意と一体のものとみるべきである。

したがって、無免許者が宅地建物取引業を営むために宅建業者からその名義を借り、当該名義を借りてされた取引による利益を両者で分配する旨の合意は、同法一二条一項及び一三条一項の趣旨に反するものとして、公序良俗に反し、無効であるというべきである。」

九四条二項・一一〇条の法意の適用　九四条二項・一一〇条

〔三三〕　最判昭和四五年一一月一九日民集二四巻一二号一九一六頁　民法1物13(13)(イ)

事実　YはAから土地の所有権を取得し所有権移転請求権保全の仮登記をすべきところ、Aが委任した司法書士がA所有名義の右土地に抵当権設定登記・停止条件付代物弁済契約に基づく所有権移転請求権保全の仮登記をした。Aよりこの土地の所有権を取得したXは、Yに対し、AのYに対する債務を弁済のために提供したが、受領を拒絶されたため供託したと主張し、Yに対して抵当権登記等の抹消を請求した。原審は、本件抵当権設定登記は無効であるが、仮登記された権利関係とその実質上の権利関係との間に同一性が存するから有効であるとしてXの請求を斥けた。X上告。

判旨　破棄差戻　「①不動産について売買の予約がされていないのにかかわらず、相通じて、その予約を仮装して所有権移転請求保全の仮登記手続をした場合において、外観上の仮登記権利者がほしいままに右仮登記に基づき所有権移転の本登記手続をしたときは、外観上の仮登記義務者は、右本登記の無効をもって善意無過失の第三者に対抗することができないと解すべきであることは当裁判所の判例とするところであり（最判昭和四三年一〇月一七日民集二二巻一〇号二一八八頁）、また、②貸金債権担保のため、不動産に抵当権設定と停止条件付代物弁済契約とが併用されているときは、特別の事情のないかぎり、右の停止条件付代物弁済契約を清算型担保契約と解すべきであることは、当裁判所の判例とするところである（最判昭和四二年一一月一六日民集二一巻九号二四三〇頁）。……Yが本件宅地について有する権利がかりに抵当権およびこれと併用された停止条件付代物弁済契約に基づく所有権移転請求権であるとすれば、Yは、Xの適法な弁済供託により、Xに対し抵当債権を有しないことになり、抵当権設定登記および所有権移転請求権保全の仮登記を抹消しなければならないことは明らかである。……右抵当権設定登記および停止条件付代物弁済契約に基づく所有権移転請求保全の仮登記はYの意思に基づくものというべきである。そうとすれば、前記①の判例の趣旨からみて、Yは、善意無過失の第三者に対し、右登記が実体上の権利関係と相違し、Yが仮登記を経た所有権者であり、抵当権者ないし停止条件付代物弁済契約上の権利者ではないと主張しえないものというべきである。その結果、右のような第三者がYを抵当権者ないし停止条件付代物弁済契約上の権利者として取り扱うときは、前記②の判例の趣旨に徴し、Yはその第三者に対して担保権者でない旨を主張することができず、ひいて第三者は、登記にかかるAの債務の弁済供託をして、Yに対し抵当権設定登記および所有権移転請求権保全の仮登記の抹消を求めることができると解すべきである。

叙上の見地に立って考えれば、原審は、すべからく、Xが右にいう善意無過失の第三者にあたるかどうか、およびXのした弁済供託が適法になされたものかどうか等について審理を尽くすべきであったのである。しかるに、原審がなんらこの点について判示するところがないのは、審理不尽の非難を免れない。本件上告は、この点において理由があり、破棄を免れないものというべきである。」

背信的悪意者からの転得者 〔九一〕参照。

九四条二項・一一〇条の類推適用 九四条二項、一一〇条

〔三四〕 最判平成一八年二月二三日民集六〇巻二号五四六頁 民法1物13(3)(ウ)

事実 Aの紹介により、Bから本件不動産を買い受け、移転登記を経由したXは、本件不動産を第三者に賃貸する事務と他の土地の所有権移転登記等の手続をAに委ねていたところ、合理的理由がないのに、Aに対し、本件不動産の登記済証を預けて数か月間放置し、二回にわたって印鑑証明書四通を交付し、本件不動産を売却する意思がないのにAから言われるままにXからAに本件不動産を売却する売買契約書に署名押印し、他の土地の登記手続に必要であると言われてAに実印を交付するとともに本件不動産の登記申請書にAがXの実印を押印するのを漫然と見ていた。Aは、右各書類を用いて、本件不動産につき、XからAへの所有権移転登記手続をした上で、Yに本件不動産を売却し、移転登記を経由した。Yは、本件登記等からAが本件不動産の所有者であると信じ、かつ、そのように信ずることについて過失がなかった。Xは、Yに対し、本件不動産の所有権に基づき、AからYへの移転登記の抹消登記手続を求めた。原審が民法一一〇条の類推適用によってYの所有権取得を認めてXの請求を棄却したのでXが上告受理の申立てをした。

判旨 上告棄却「……Xは、Aに対し、本件不動産の賃貸に係る事務及びc番dの土地についての所有権移転登記等の手続を任せていたのであるが、そのために必要であるとは考えられない本件不動産の登記済証を合理的な理由もないのにAに預けて数か月間にわたってこれを放置し、Aからc番dの土地の登記手続に必要と言われて二回にわたって印鑑登録証明書四通をAに交付し、本件不動産を売却する意思がないのにAの言うままに本件売買契約書に署名押印するなど、Aによって本件不動産がほしいままに処分されかねない状況を生じさせていたにもかかわらず、これを顧みることなく、さらに、本件登記がされた平成一二年二月一日には、Aの言うままに実印を渡し、AがXの面前でこれを本件不動産の登記申請書に押捺したのに、その内容を確認したり使途を問いただしたりすることもなく漫然とこれを見ていたというのである。そうすると、Aが本件不動産の登記済証、

Xの印鑑登録証明書及びXを申請者とする登記申請書を用いて本件登記手続をすることができたのは、上記のようなXの余りにも不注意な行為によるものであり、Aによって虚偽の外観（不実の登記）が作出されたことについてのXの帰責性の程度は、自ら外観の作出に積極的に関与した場合やこれを知りながらあえて放置した場合と同視し得るほど重いものというべきである。そして、前記確定事実によれば、Yは、Aが所有者であるとの外観を信じ、また、そのように信ずることについて過失がなかったというのであるから、民法九四条二項、一一〇条の類推適用により、Xは、Aが本件不動産の所有権を取得していないことをYに対し主張することができないものと解するのが相当である。」

四　錯　誤

動機の錯誤　**九五条**

〔三五〕　最判平成二八年一月一二日民集七〇巻一号一頁　**民法1総105(4)**

事実　X銀行とY信用保証協会は、信用保証に関する基本契約を締結して、業務を行っていた。X銀行は、Aから事業運転資金の融資申込みを受け、審査した結果、適当と認め、Y信用保証協会に対して融資の保証を依頼した。XはAとの間で金銭消費貸借契約を締結して、金銭を貸付け、XはYとの間で、Yが本件貸付けに基づくAの債務を連帯保証する旨の契約を締結した。ところが、その後、Aについて、暴力団員のBが代表取締役を務めてその経営を実質的に支配している会社であることが判明した。XがYに対し、保証債務の履行を請求したところ、Yは、①Aが反社会的勢力に関連する企業であることを知らずに保証契約を締結したのであるから、同保証契約は、Yの錯誤により無効である、②本件においては前記基本契約の定める免責事由に該当する事情があるので、Yは保証契約に基づく債務の履行を免れると主張して、請求を拒んだ。原審がXの請求を認容したので、Yから上告受理申立て。

判旨　破棄差戻「信用保証協会において主債務者が反社会的勢力でないことを前提として保証契約を締結し、金融機関において融資を実行したが、その後、主債務者が反社会的勢力であることが判明した場合には、信用保証協会の意思表示に動機の錯誤があるということができる。意思表示における動機の錯誤が法律行為の要素に錯誤があるものとしてその無効を来すためには、その動機が相手方に表示されて法律行為の内容となり、もし錯誤がなかったならば表意者がその意思表示をしなかったであろうと認められる場合であることを要する。そして、動機は、たとえそれが表示されても、当事者の意思解釈上、それが法律行為の内容とされたものと認められない限り、表意者の意思表示に要素の錯誤はないと解するのが相当である……。

本件についてこれをみると……X及びYは……保証契約の締結当時……反社会的勢力との関係を遮断すべき社会的責任を負っており……保証契約の締結前にAが反社会的勢力であることが判明していた場合には、これらが締結されることはなかったと考えられる。しかし、保証契約は、主債務者がその債務を履行しない場合に保証人が保証債務を履行することを内容とするものであり、主債務者が誰であるかは同契約の内容である保証債務の一要素となるものであるが、主債務者が反社会的勢力でないことはその主債務者に関する事情の一つであって、これが当然に同契約の内容となっているということはできない。そして、Xは融資を、Yは信用保証を行うことをそれぞれ業とする法人であるから、主債務者が反社会的勢力であることが事後的に判明する場合が生じ得ることを想定でき、その場合にYが保証債務を履行しないこととするのであれば、その旨をあらかじめ定めるなどの対応を採ることも可能であった。それにもかかわらず……保証契約等にその場合の取扱いについての定めが置かれていないことからすると、主債務者が反社会的勢力でないということについては、この点に誤認があったことが事後的に判明した場合に……保証契約の効力を否定することまでをX及びYの双方が前提としていたとはいえない……。

そうすると、A社が反社会的勢力でないことというYの動機は、それが明示又は黙示に表示されていたとしても、当事者の意思解釈上、これが……保証契約の内容となっていたとは認められず、Yの……保証契約の意思表示に要素の錯誤はないというべきである。」

「X及びYは、本件基本契約上の付随義務として、個々の保証契約を締結して融資を実行するのに先立ち、相互に主債務者が反社会的勢力であるか否かについてその時点において一般的に行われている調査方法等に鑑みて相当と認められる調査をすべき義務を負うというべきである。そして、Xがこの義務に違反して、その結果、反社会的勢力を主債務者とする融資について保証契約が締結された場合には、本件免責条項にいうXが『保証契約に違反したとき』に当たると解するのが相当である。

……本件についてこれをみると、本件各貸付けの主債務者は反社会的勢力であるところ、Xが上記の調査義務に違反して、その結果……保証契約が締結されたといえる場合には、Yは、本件免責条項により……保証債務の履行の責めを免れるというべきである。そして、その免責の範囲は、上記の点についてのYの調査状況等も勘案して定められるのが相当である。」

和解と錯誤（**粗悪ジャム和解事件**）〔**二六七**〕参照。

※

第三者による錯誤無効の主張　**九五条**

〔三六〕　最判昭和四五年三月二六日民集二四巻三号一五一頁　民法1総105(5)

事実　Xからよい絵を世話してほしいと依頼されたAは、Yから油絵二点を買い受けた。その際、YAともそれらの絵は真作に間違いないと信じ、真作の時価と著しく異ならない代金が支払われた。その後、Aは出所も確かで真作に間違いないと述べて、これらの絵をXに売り渡した。ところが、右作品はいずれも贋作であったので、XはYA間およびAX間の売買契約はいずれも錯誤によって無効であると主張し、Aに対する売買代金返還請求権を保全するため、AがYに対して有する売買代金返還請求権を代位行使すると主張して、Yに対し代金相当額等の支払を請求した。原審はXの請求を認めたため、Y上告。

判旨　上告棄却「意思表示の要素の錯誤については、表意者自身において、その意思表示に瑕疵を認めず、錯誤を理由として意思表示の無効を主張する意思がないときは、原則として、第三者が右意思表示の無効を主張することは許されないものであるが（最判昭和四〇年九月一〇日民集一九巻六号一五一二頁参照）、当該第三者において表意者に対する債権を保全するため必要がある場合において、表意者が意思表示の瑕疵を認めているときは、表意者みずからは当該意思表示の無効を主張する意思がなくても、第三者たる債権者は表意者の意思表示の錯誤による無効を主張することが許されるものと解するのが相当である。

これを本件についてみるに、Xは、Aに対する売買代金返還請求権を保全するため、Aのした意思表示の錯誤による無効を主張し、AのYに対する売買代金返還請求権を代位行使するものであって、しかも、A自身においてもその意思表示に瑕疵があったことを認めているのであるから、Aみずからが意思表示の無効を主張する意思を有すると否とにかかわらず、XがAの意思表示の無効を主張することは許されるものというべきである。」

五　詐欺・強迫

詐欺による取消しと第三者の保護　九六条三項、一七七条
〔三七〕最判昭和四九年九月二六日民集二八巻六号一二一三頁　民法1総106(2)

事実　A社は、Xから本件農地を買い受け、農地法五条の許可を条件とする所有権移転仮登記を得た。その後Aは、Bに対する債務についての売渡担保として本件農地をBに譲渡し、右仮登記の附記登記をした。Xは、Aとの売買はAの代表者の詐欺に基づいてなされたとして、契約を取り消した。Xは、Bに対して仮登記抹消登記を請求。Bは右売渡担保契約時にはAの詐欺を知らなかった。なお、Bは原審後に破産し、訴訟はBの破産管財人Yが承継した。原審はXの請求を認容。Yが上告。

判旨　破棄自判「民法九六条一項、三項は、詐欺による意思表示をした者に対し、その意思表示の取消権を与えることによって詐欺被害者の救済をはかるとともに、他方その取消の効果を『善意の第三者』との関係において制限することにより、当該意思表示の有効なことを信頼して新たに利害関係を有するに至った者の地位を保護しようとする趣旨の規定であるから、右の第三者の範囲は、同条のかような立法趣旨に照らして合理的に画定されるべきであって、必ずしも、所有権その他の物権の転得者で、かつ、これにつき対抗要件を備えた者に限定しなければならない理由は、見出し難い。

ところで、本件農地については、知事の許可がないかぎり所有権移転の効力を生じないが、さりとて本件売買

契約はなんらの効力を有しないものではなく、特段の事情のないかぎり、売主であるXは、買主であるAのため、知事に対し所定の許可申請手続をなすべき義務を負い、もしその許可があつたときには所有権移転登記手続をなすべき義務を負うに至るのであり、これに対応して、買主は売主に対し、かような条件付の権利を取得し、かつ、この権利を所有権移転請求権保全の仮登記によって保全できると解すべきことは、当裁判所の判例の趣旨とするところである（最判昭和三三年六月五日民集一二巻九号一三五九頁、最判昭和三五年一〇月一一日民集一四巻一二号二四六五頁、最判昭和四一年二月二四日裁判集民事八二号五五九頁、最判昭和四三年四月四日裁判集民事九〇号八八七頁、最判昭和四六年六月一一日裁判集民一〇三号一一七頁参照）。そうして、本件売渡担保契約により、Bは、Aが本件農地について取得した右の権利を譲り受け、仮登記移転の附記登記を経由したというのであり、これにつきXが承諾を与えた事実が確定されていない以上は、BがXに対し、直接、本件農地の買主としての権利主張をすることは許されないにしても（最判昭和三〇年九月二九日民集九巻一〇号一四七二頁、最判昭和三八年九月三日民集一七巻八号八八五頁、最判昭和四六年六月一一日裁判集民一〇三号一一七頁参照）、本件売渡担保契約は当事者間においては有効と解しうるのであって、これにより、Bは、もし本件売買契約について農地法五条の許可がありAが本件農地の所有権を取得した場合には、その所有権を正当に転得することのできる地位を得たものということができる。

そうすると、Bは、以上の意味において、本件売買契約から発生した法律関係について新たに利害関係を有するに至った者というべきであって、民法九六条三項の第三者にあたると解するのが相当である。」

六　意思表示の到達

賃料の催告の到達例

〔三八〕最判昭和三六年四月二〇日民集一五巻四号七七四頁

事実　Xは、Y会社に土地を賃貸していたが、Y会社が賃料を延滞したので、催告して解除通知をなし、土地の明渡しを求めた。催告書はXの使用人Cが、Y会社の事務室でY会社の代表取締役Aの娘Bに交付した。AはY会社を退社するつもりで当時ほとんど出社せず、Bはたまたま遊びに来ていたものである。Bは通常の請求書と思いCの持参した送達簿に、勝手にAの印を押し、Y会社社員に告げることなく机の抽斗《ひきだし》に入れておいた。その後、X会社から契約解除の書面が来て、Y会社は始めて催告書の来ていることを知った。原審は、右のような事情の下では到達があったとはいえない、とした。Xは上告し、郵便受に入れられていてさえ到達があったとするのに、事務所内の机の中に保管されても到達がないとするのは不当だ、と主張した。

判旨　破棄差戻「思うに、隔地者間の意思表示に準ずべき右催告は民法九七条によりYに到達することによってその効力を生ずべき筋合のものであり、ここに到達とは右会社の代表取締役であったAないしは同人から受領の権限を付与されていた者によって受領され或は了知されることを要するの謂《いい》ではなく、それらの者にとって了知可能の状態におかれたことを意味するものと解すべく、換言すれば意思表示の書面がそれらの者のいわゆる勢力範囲（支配圏）内におかれることを以て足るものと解すべきところ（昭和六年二月一四日、同九年一一月二六日、同一一年二月一四日、同一七年一一月二八日の各大審院判決参照）、前示原判決の確定した事実によれば、Yの事務室においてその代表取締役であったAの娘であるBに手交され且つ同人においてCの持参した送達簿にAの机の上に在った同人の印を押して受取り、これを右机の抽斗《ひきだし》に入れておいたというのであるから、この事態の推移にかんがみれば、Bはたまたま右事務室に居合わせた者で、右催告書を受領する権限もなく、その内容も知らず且つYの社員らに何ら告げることがなかったとしても、右催告書はAの勢力範囲に入ったもの、すなわち同人の了知可能の状態におかれたものと認めていささかも妨げなく、従ってこのような場合にこそは民法九七条にいう到達があったものと解するを相当とする。然らば、右催告はこれを有効と解すべきところ、原判決はこれを無効と断じたのであるから、原判決は右催告の効力に関し民法九七条の解釈適用を誤ったものという外なく、しかも右催告の有効であるか無効であるかは本事案全体の勝敗を決する要点であるから、本上告理由は理由あるに帰し、原判決は爾余の論点を審究するまでもなく、全部破棄を免れない。」

第三節　代　理

一　総　説

復代理　一〇六条二項
〔三九〕　最判昭和五一年四月九日民集三〇巻三号二〇八頁　民法1総113(2)

事実　Xは、Aに対する損害賠償金の請求および受領に関する一切の権限をB代理人に委任し、あわせて復代理人選任権限をBに授与した。BはCを復代理人とし、CはYを復代理人とした。YはAより受領した金銭をCに交付し、Cはこれをに交付した。BがこれをXに交付しなかったため、XはYに対して、受領金の引渡しを請求した。原審は、Xと復々代理人Yとの間には、民法一〇七条二項によりXと代理人Bとの間と同一の内部関係が生ずるから、XはYにだけ受領金の引渡しを請求できるとしてXを勝訴させた。Yは上告して、Yが受領金を復代理人Cまたは代理人Bに交付した場合には、復々代理人Yは免責されると主張した。

判旨　破棄自判　「思うに、本人代理人間で委任契約が締結され、代理人復代理人間で復委任契約が締結されたことにより、民法一〇七条二項の規定に基づいて本人復代理人間に直接の権利義務が生じた場合であっても、右の規定は、復代理人の代理行為も代理人の代理行為と同一の効果を生じるところから、契約関係のない本人復代理人間にも直接の権利義務の関係を生じさせることが便宜であるとの趣旨に出たものであるにすぎず、この規定のゆえに、本人又は復代理人がそれぞれ代理人と締結した委任契約に基づいて有している権利義務に消長をきたすべき理由はないから、復代理人が委任事務を処理するに当たり金銭等を受領したときは、復代理人は、特別の事情がないかぎり、本人に対して受領物を引渡す義務を負うほか、代理人に対してもこれを引渡す義務を負い、もし復代理人において代理人にこれを引渡したときは、代理人に対する受領物引渡義務は消滅し、それとともに、本人に対する受領物引渡義務もまた消滅するものと解するのが相当である。そして、以上の理は、復代理人がさらに適法に復代理人を選任した場合についても妥当するものというべきである。

そうすると、Yが本件受領金をCに交付したか否かを問わず、これをXに引渡すべき義務があるとした原審の判断には、法令解釈の誤りがあり、その違法が原判決の結論に影響を及ぼすことが明らかであって、原判決中Y敗訴部分は破棄を免れない。

そして、原審の適法に確定した前記事実関係によると、Xの復々代理人であるYは右受領金をXの復代理人であるCに交付したというのであり、本件において前叙特別の事情についてはなんら主張、立証がないから、XはもはやYに対して右受領金の引渡しを求めることはできないものというべきである。」

※

平成二九年改正前民法九三条但書の類推適用　一〇七条

〔四〇〕　最判昭和四二年四月二〇日民集二一巻三号六九七頁　民法1総103

事実　Y会社で商品の仕入れの権限を有していたAが、権限を濫用して仕入商品を他に転売して利益を得る目的でXから商品を買い入れた。Xの支配人BはAの意図を知っていた。XはYに対して商品の代価を請求。原審がXの請求を認めなかったので、Xより上告。

判旨　上告棄却　「代理人が自己または第三者の利益をはかるため権限内の行為をしたときは、相手方が代理人の右意図を知りまたは知ることをうべかりし場合に限り、民法九三条但書の規定を類推して、本人はその行為につき責に任じないと解するを相当とするから（株式会社の代表取締役の行為につき同趣旨の最判昭和三八年九月五日民集一七巻八号九〇九頁参照）、原判決が確定した前記事実関係のもとにおいては、Y会社に本件売買取引による代金支払の義務がないとした原判示は、正当として是認すべきである。」

一裁判官の少数意見がある。

双方代理　一〇八条

〔四一〕最判昭和四三年三月八日民集二二巻三号五四〇頁　民法1総115(2)

事実　弁護士Aは、建物登記権利者Yから所有権移転登記申請行為について代理人を付与されていたが、他方登記義務者Xからも所有権移転登記申請行為について代理人を付与され、双方の代理人として所有権移転登記手続をした。Xは、右の代理は、民法一〇八条本文の双方代理で無効だという理由で、その登記の抹消を請求した。原審は、登記手続の委任は民法一〇八条但書の債務履行だから、移転登記は有効と判示した。Xは、上告して移転登記の無効を主張した。

判旨　上告棄却　「登記申請行為は、国家機関たる登記所に対し一定内容の登記を要求する公法上の行為であって、民法にいわゆる法律行為ではなく、また、すでに効力を発生した権利変動につき法定の公示を申請する行為であり、登記義務者にとっては義務の履行にすぎず、登記申請が代理人によってなされる場合にも代理人によって新たな利害関係が創造されるものではないのであるから、登記申請について、同一人が登記権利者、登記義務者双方の代理人となっても、民法一〇八条本文並びにその法意に違反するものではなく、双方代理のゆえをもって無効となるものではないと解すべきである。」

この判決は、弁護士が所有権移転登記申請行為について双方代理をするのは、弁護士法二五条一号に反しないと判示している。

二　表見代理

代理権授与の表見代理（東京地裁「厚生部」事件）　一〇九条

〔四二〕最判昭和三五年一〇月二一日民集一四巻一二号二六六一頁　民法1総122(1)(ア)

事実　東京地方裁判所職員の福利厚生を図るための互助団体として東京地方裁判所「厚生部」というものがあり、庁用の裁判用紙や裁判所の庁印を使用して、発注書や支払証明書を発行して取引をしてきた。東京地方裁判所事務局総務課に厚生係がおかれるようになったとき、その職員が厚生部の事務を分掌していた。Xはこの厚生部に品物を納入したが、納入先は東京地裁すなわち国＝Yであると思っていた。厚生部がXに金銭を支払わないので、XはYを訴求した。原審は、東京地裁当局は厚生部を同裁判所そのものまたはその一部と誤認せしめるに足るような表示行為をしたものということはできないとして、民法一〇九条の適用を認めなかったので、Xが上告。

判旨　破棄差戻　「以上の事実関係に徴すれば、『厚生部』はXの主張するようにこれを法律上東京地方裁判所の一部局とすることはできず、又同じくその主張のように同裁判所の事実上の一部局とも目すべきでないとする原判決の判断はこれを肯認することができるのである。しからば、『厚生部』のなした取引につき、東京地方裁判所はなんらの責任を負うものでないと云いうるであろうか。

およそ、一般に、他人に自己の名称、商号等の使用を許し、もしくはその者が自己のために取引する権限ある旨を表示し、もってその他人のする取引が自己の取引なるかの如く見える外形を作り出した者は、この外形を信頼して取引した第三者に対し、自ら責に任ずべきであって、このことは、民法一〇九条、商法二三条〔現一四条〕等の法理に照らし、これを是認することができる。」

「ところで、戦後、社会福祉の思想が普及するとともに、当時の経済事情と相まって、会社銀行等の事業体は競って職員のための厚生事業や厚生施設の拡充に意を用いるにいたった。これは当時の一般的社会的風潮であったと云ってよい。官庁においても、遅ればせながら、当然その影響を受けたのであって、前示のごとく昭和二三年にいたり東京地方裁判所事務局総務課に厚生係がおかれたのも、この影響の一たんを示すものに外ならない。このような社会情勢のもとにおいて、一般に官庁の部局をあらわす文字である『部』と名付けられ、裁判所庁舎の一部を使用し、現職の職員が事務を執っている『厚生部』というものが存在するときは、一般人は法令によりそのような部局が定められたものと考えるのがむしろ当然であるから、『厚生部』は、東京地方裁判所の一部局としての表示力を有するものと認めるのが相当である。

殊に、事務局総務課に厚生係がおかれ、これと同じ部室において、同じ職員によって事務の処理がなされている場合に、厚生係は裁判所の一部局であるが、『厚生部』はこれと異なり、裁判所とは関係のないものであると一般人をして認識せしめることは、到底難きを強いるものであって、取引の相手方としては、部と云おうが係と云おうが、これと同一のものと観るに相違なく、これを咎めることはできないのである。」

「一般に、その官庁もしくはその一部局であると人をして認識せしめるに足るものということはできないとする。しかし、一般に、厚生という言葉は、ひろく健康を維持しまたは増進することという意味で用いられているのであるから、『厚生部』その他類似の名称の付された組織体があるときは、その活動範囲は、職員のための生活物資購入等にとどまるものはないのが普通である。したがって、職員のための物資購入の事務が官庁の事務であることは、原判示のごとく、通常ありえないとしても、このことからただちに、『厚生部』が一般に官庁もしくはその一部局であると人をして認識せしめるに足りないものということはできない。また、原審が、裁判所というだけでなんぴとにもその職務権限事務内容のおうよそが理解されうる官庁については、『厚生部』という名の存在がその名の示すような事務内容をもって、裁判所の一部局としてあり得ると解する如きことは、通常人の注意を用いる者にはおこり得ないと解しなければならないと判示したことは、少なくとも、事務局総務課に厚生係がおかれていることを忘れたものと評せざるをえない。

されば、前記のごとく、東京地方裁判所当局が『厚生部』の事業の継続処理を認めた以上、これにより、東京地方裁判所は、『厚生部』のする取引が自己の取引なるかの如く見える外形を作りだしたものと認めるべきであり、若し、『厚生部』の取引の相手方であるXが善意無過失でその外形に信頼したものとすれば、同裁判所はXに対し本件取引につき自ら責に任ずべきものと解するのが相当である。

もっとも、公務員の権限は、法令によって定められているのであり、国民はこれを知る義務を負うものであるから、表見代理等の法規を類推適用して官庁自体の責を問うべき余地はないとの見解をとる者なきを保し難いが、官庁といえども経済活動をしないわけではなく、そして、右の法理は、取引の安全のために善意の相手方を保護しようとするものであるから、官庁のなす経済活動の範囲においては、善意の相手方を保護すべき必要は、一般の経済取引の場合と少しも異なるところはないといわなければならず、現に当裁判所においても、村長の借入金受領行為につき、民法一一〇条の類推適用を認めた判例が存するのである（最判昭和三四年七月一四日民集一三巻七号九六〇頁）。

　次に、原判決は、本件取引の経緯に照らし、Xが当初から『厚生部』を東京地方裁判所の一部局と信じて取引に当ったものかどうかはむしろ疑わしい旨、および仮にXが厚生部を東京地方裁判所の一部局と信じたとしても、それはひっきょうXの不注意によるものといわざるをえない旨判示している。なるほど、本件取引の目的物件、数量および代金支払の方法等から見るときは、東京地方裁判所自体の取引でないことは、注意を用いれば判明しえたと思われるふしがあるけれども、一面、原判決の認定にかかる前示事実関係および厚生部の内部にいた職員Aらですら『厚生部』が東京地方裁判所の一部局であると信じていた事実は、むしろXの善意を窺わしめるものといわなければならないであろう。

　要するに、東京地方裁判所は、本件取引につき自らの取引なるかの如き外形を作り出したものと認めうるのであるから、原審としては、よろしくこの前提に立って、Xが果して善意無過失であったか否かをさらに審理判断すべきものであって、原判決は法令の適用を誤った結果、審理不尽理由不備の違法をおかしたものというべく、論旨は理由あり、原判決は破棄を免れない。」

　一裁判官の、不法行為の成立を認めるべきであるとする少数意見がある。

白紙委任状の交付と転得者による濫用　一〇九条

〔四三〕　最判昭和三九年五月二二日民集一八巻四号六二一頁　民法1総114(4)・122(1)(ア)

事実 Xは、Aから融資を受け、担保として自己所有の不動産に抵当権を設定するため権利証等の書類をAに交付した。ところが、Aは自ら金融を得る目的で、これらをBに交付した。Bは、Y会社との間で継続的取引契約を結ぶにあたり、Xに無断でこれらをYに示し、Xの承諾を得ていると偽って、Yとの継続的取引契約から生ずる債務の担保のために各書類をYに交付した。Yはこれらの書類を用いて、根抵当権設定登記および所有権移転請求保全の仮登記をした。XがYを相手として、無権代理を理由に、根抵当権・代物弁済契約上の権利の不存在確認および根抵当権設定登記・仮登記の抹消登記を請求した。

原審は、A・Bがこれらの書類を使用することについてXは承諾を与えていないから、Bが前記各書類を所持していたからといって、XがBその他の者に代理権を与えた旨第三者に表示した（一〇九条）ものとは認められないなどとして、Xの請求を認めた。Yが上告。

判旨 上告棄却「不動産所有者がその所有不動産の所有権移転、抵当権設定等の登記手続に必要な権利証、白紙委任状、印鑑証明書を特定人に交付した場合においても、右の者が右書類を利用し、自ら不動産所有者の代理人として任意の第三者とその不動産処分に関する契約を締結したときと異り、本件の場合のように、右登記書類の交付を受けた者がさらにこれを第三者に交付し、その第三者において右登記書類を利用し、不動産所有者の代理人として他の第三者と不動産処分に関する契約を締結したときに、必ずしも民法一〇九条の所論要件事実が具備するとはいえない。けだし、不動産登記手続に要する前記の書類は、これを交付した者よりさらに第三者に交付され、転輾流通することを常態とするものではないから、不動産所有者は、前記の書類を直接交付を受けた者において濫用した場合や、とくに前記の書類を何人において行使しても差し支えない趣旨で交付した場合は格別、右書類中の委任状の受任者名義が白地であるからといって当然にその者よりさらに交付を受けた第三者がこれを濫用した場合にまで民法一〇九条に該当するものとして、濫用者による契約の効果を甘受しなければならないものではないからである。」

権限外の行為の表見代理（スマトラ司政長官事件）

〔四四〕最判昭和二七年一月二九日民集六巻一号四九頁　　民法1総122(1)(イ)　一一〇条

事実　夫Xが、第二次大戦中、陸軍司政官として南方に赴任中、妻Aが無断で夫を代理し、Yとの間で夫所有の土地建物の売買契約をし、買主Yは、所有権移転請求権保全の仮登記をした。妻は夫の実印を保管しており、また妻A、Xの母Bおよび仲介者C等が買主Yに対し、妻に代理権があると告げた事実がある。売買契約の完結前、BはXの手紙と称して、「本件不動産を唐牡丹外四種の植木を除いて売ってもよい」という書面（実は偽造と認定）をYに読み聞かせた事実もある。Xは、帰還後、仮登記の抹消を請求。原審でX勝訴。Yは上告して、民法一一〇条の表見代理の成立を主張。

判旨　上告棄却「Xの実印をその妻たるAが保管していたこと並びにB、C等が自ら代理権があると告げたことがあったとしても、これだけの事実によって、本件売買契約の締結につきAがXを代理する権限をもっていたとYにおいて信ずべき正当の理由があったと判断しなければならないものではない。それゆえ、原審が右の事実を目して代理権があったと信ずべき正当の理由に当らないと判示したとしても原判決には所論のような違法はない。」

勧誘行為と表見代理

〔四五〕最判昭和三五年二月一九日民集一四巻二号二五〇頁　　民法1総122(1)(イ)　一一〇条

事実　Yは相当の財産を有し信用があるので、A金融会社に二〇万円預金して、その投資勧誘外交員となっていたが、病身なので自らは勧誘行為をしないで募集行為などの業務一切を長男Bに委任していた。XはBの勧誘によって右会社へ金銭を貸し付けるに際し、BにYの保証契約証の差入れを求めたので、BはYの知らない間にYの印鑑を使用しYの氏名を冒用してこれを作成しXに差し入れた。XはA・Yに貸金を訴求した。原審は、Bの勧誘行為は代理権限に基づくとして、保証契約について民法一一〇条の成立を認めY敗訴した。Yは上告し、勧誘行為は事実行為にすぎず法律行為について何の代理権も与えていないのだから、民法一一〇条の適用の余地はないと主張した。

判旨 破棄差戻「本件において、民法一一〇条を適用し、Yの保証契約上の責任を肯定するためには、先ず、Yの長男BがYを代理して少くともなんらかの法律行為をなす権限を有していたことを判示しなければならない。しかるに、原審がるる認定した事実のうち、Bの代理権に関する部分は、Yは、勧誘外交員を使用して一般人を勧誘し金員の借入をしていた訴外A会社の勧誘員となったが、その勧誘行為は健康上自らこれをなさず、事実上長男Bをして一切これに当たらせて来たという点だけであるにかかわらず、原審は、Bの借入金勧誘行為はBがYから与えられた代理権限に基きこれをなしたものであることは明らかである旨判示しているのである。しかしながら、勧誘それ自体は、論旨の指摘するごとく、事実行為であって、法律行為ではないのであるから、他に特段の事由の認められないかぎり、右事実をもって直ちにBがYを代理する権限を有していたものということはできない筋合であって、原判決は法令の解釈を誤ったか又は審理不尽理由不備の違法がある。」

一裁判官の少数意見がある。

登記申請行為と表見代理　一一〇条

〔四六〕　最判昭和四六年六月三日民集二五巻四号四五五頁　民法1総122(1)(イ)

事実 XのYに対する連帯保証債務の履行請求。連帯保証債務成立のいきさつは、以下のとおりである。Yは、実弟Aに土地を贈与し、所有権移転登記手続のため、実印・印鑑証明書・登記済証をAに交付したところ、AはYの承諾を得ないでYの実印等を使用してXとの間で右連帯保証債務契約を締結した。Xは、民法一一〇条の表見代理によりYに連帯保証債務の責任があると主張したところ、原審は、登記のためという公法上の行為の授権の場合には、表見代理は成立しないとしてXを敗訴させた。Xから上告。

判旨 破棄差戻「YがAに委任したという所有権移転登記手続は、Yにとっては、Aに対する贈与契約上の義務の履行のための行為にほかならないものと解せられる。すなわち、登記申請行為が公法上の行為であることは原判示のとおりであるが、その行為は右のように私法上の契約に基づいてなされるものであり、その登記申請に基づいて登記がなされるときは契約上の債務の履行という私法上の効果を生ずるものであるから、その行為は同時に私法上の作用を有するものと認められる。そして、単なる公法上の行為についての代理権は民法一一〇条規定による表見代理の成立の要件たる基本代理権にあたらないと解すべきであるとしても、その行為が特定の私法上の取引行為の一環としてなされるものであるときは、右規定の適用に関しても、その行為の私法上の作用を看過することはできないのであって、実体上登記義務を負う者がその登記申請行為を他人に委任して実印等をこれに交付したような場合に、その受任者の権限の外観に対する第三者の信頼を保護する必要があることは、委任者が一般の私法上の行為の代理権を与えた場合におけると異なるところがないものといわなければならない。したがって、本人が登記申請行為を他人に委任してこれにその権限を与え、その他人が右権限をこえて第三者との間に行為をした場合において、その登記申請行為が本件のように私法上の契約による義務の履行のためになされるものであるときは、その権限を基本代理権として、右第三者との間の行為につき民法一一〇条を適用し、表見代理の成立を認めることを妨げないものと解するのが相当である。

してみれば、YがAに与えた権限が登記手続という公法上の行為をなすことであったことのみを理由に、たやすくXの表見代理の主張を排斥した原判決は、民法一一〇条の解釈を誤ったものというべきであり、論旨は理由がある。」

実印の交付と一一〇条の正当事由　一一〇条

〔四七〕 最判昭和三五年一〇月一八日民集一四巻一二号二七六四頁　民法1総 122(1)(イ)

事実 Xより A が一五万円を借り受けるに際し、Yは連帯保証をすることを承諾して実印をAに交付して代理権を授与したところ、AはXに一五万円を弁済した後、Xより四〇万円を借り受け、保証書にYに無断でYの実印を押捺した。XはYに対して四〇万円の借金についての保証債務の履行を請求した。原審でX敗訴。Xより上告。

判旨 破棄差戻 「本人が他人に対し自己の実印を交付し、これを使用して或る行為をなすべき権限を与えた場合に、その他人が代理人として権限外の行為をしたとき、取引の相手方である第三者は、特別の事情のない限り、実印を託された代理人にその取引をする代理権があったものと信ずるのは当然であり、かく信ずるについての過失があったものということはできない。そして、かかる場合に右の第三者は、常に必ず本人の意思を確め、行為者の代理人の有無を明らかにしなければならないものと即断することもできない。」

※

一〇九条と一一〇条の重畳適用　　一〇九条二項

〔四八〕　最判昭和四五年七月二八日民集二四巻七号一二〇三頁　　民法1総122(1)(ア)

事実　Aは、自己の代理人Bを介して、Yから同人が所有する山林を買い受けた。Aは、その際、所有権移転登記手続のために、Yから、権利証、印鑑証明書、金額・名宛人・年月日各欄を白地とした売渡証書、登記一切の権限を与える趣旨の委任事項の記載があり受任者・年月日の各欄を白地とした白紙委任状の四点の交付を受けた。Aは、その後、代理人Bをして、Xの代理人Cとの間で本件山林とX共有の山林の交換にあたらせた。しかし、Bは、Aから預かっていた上記四点の書類をCに示し、Yの代理人のごとく装ったため、CはYを契約の相手方と誤信し、Bとの間で山林の交換をした。Xは、Yに対して本件山林の所有権移転登記手続を求めて訴えを提起した。一審は、Xの請求を棄却。原審も一審判決を支持し、さらにXが追加した一一〇条による表見代理成立の主張についても否定した。X上告。

判旨　破棄差戻「右各書類はYからBに、BからAに、そしてさらに、AからBに順次交付されてはいるが、Bは、Yから右各書類を直接交付され、また、Aは、Bから右各書類の交付を受けることを予定されていたもので、いずれもYから信頼を受けた特定他人であって、たとい右各書類がAからさらにBに交付されても、右書類の授受は、Yにとって特定他人である同人ら間で前記のような経緯のもとになされたものにすぎないのであるから、Bにおいて、右各書類をCに示してYの代理人として本件交換契約を締結した以上、Yは、Cに対しBに本件山林売渡の代理権を与えた旨を表示したものというべきであって、X側においてBに本件交換契約につき代理権があると信じ、かく信ずべき正当の事由があるならば、民法一〇九条、一一〇条によって本件交換契約につきその責に任ずべきものである。原判決引用の判例の事案は、本件事案と場合を異にする。」

〔四九〕無権代理人の責任

最判昭和六二年七月七日民集四一巻五号一一三三頁　　　民法1総121・122(3)・123(1)(ウ)　　一一七条

事実　X商工信用組合は、A工務店に対し四度にわたり貸付けを行ったが、その際に、Aの代表者の妻Cが、Yに対しその夫であるB名義で保証をすることを依頼し、Yは求めに応じてBの代理人として同人に無断でその印鑑証明書・実印をCに交付してB名義の連帯保証契約がなされた。Aが倒産し返済が滞ったため、Xは、Bに保証債務の履行を求める訴えを提起したが、Bは連帯保証人欄の署名押印の事実を全く知らず、連帯保証人の責任を負わないとする判決が確定した。そこで、Xが、Yを相手として、無権代理人としての責任（一一七条）を追及した。一審では、X勝訴。原審は、（平成二九年改正前民法）一一七条二項の過失とは、相手方に悪意に近いほどの重大な過失がある場合を指すものとし、Xに重大な過失があったとは認められないとしてX勝訴。Yが上告。

判旨　破棄差戻　「同法〔平成二九年改正前民法〕一一七条による無権代理人の責任は、無権代理人が相手方に対し代理権がある旨を表示し又は自己を代理人であると信じさせるような行為をした事実を責任の根拠として、相手方の保護と取引の安全並びに代理制度の信用保持のために、法律が特別に認めた無過失責任であり、同条二項が『前項ノ規定ハ相手方カ代理権ナキコトヲ知リタルトキ若クハ過失ニ因リテ之ヲ知ラサリシトキハ之ヲ適用セス』と規定しているのは、同条一項が無権代理人に無過失責任という重い責任を負わせたところから、相手方において代理権のないことを知っていたとき若しくはこれを知らなかったことにつき過失があるときは、同条の保護に値しないものとして、無権代理人の免責を認めたものと解されるのであって、その趣旨に徴すると、右の「過失」は重大な過失に限定されるべきものではないと解するのが相当である。また、表見代理の成立が認められ、代理行為の法律効果が本人に及ぶことが裁判上確定された場合には、無権代理人の責任を認める余地がないことは明らかであるが、無権代理人の責任をもって表見代理が成立しない場合における補充的な責任すなわち表見代理によっては保護を受けることのできない相手方を救済するための制度であると解すべき根拠はなく、右両者は、互いに独立した制度であると解するのが相当である。したがって、無権代理人の責任の要件と表見代理の要件がともに存在する場合においても、表見代理の主張をすると否とは相手方の自由であると解すべきであるから、相手方は、表見代理の主張をしないで、直ちに無権代理人に対し同法一一七条の責任を問うことができるものと解するのが相当である（最判昭和三三年六月一七日民集一二巻一〇号一五三二頁参照）。そして、表見代理は本来相手方保護のための制度であるから、無権代理人が表見代理の成立要件を主張立証して自己の責任を免れることは、制度本来の趣旨に反するというべきであり、したがって、右の場合、無権代理人は、表見代理が成立することを抗弁として主張することはできないものと解するのが相当である。」

〔五〇〕 無権代理人が本人を相続した場合

最判平成五年一月二一日民集四七巻一号二六五頁　　一一三条・一一七条・八九六条・八九八条　民法1総123(1)(ア)

事実　AのBに対する貸金債権八五〇万円につきCを連帯保証人とする契約が成立している。その連帯保証契約は、Cの子YがCから預かっていた実印をCに無断で押捺して成立したものであった。その後、Cが死亡してCの妻DとYがCの権利義務を二分の一の割合で相続した。Aより右の債権を譲り受けたXは、Yに対し、民法一一七条に基づいて八五〇万円の支払を請求した。

原審でのXの主張は、YはCを相続し、本人の地位と相続人の地位とが一体となり本人Cがしたのと同様になるから、二分の一については連帯保証契約の責めを負うべきだと主張し、残り二分の一は無権代理人として一一七条の責任を負うべきだというものであった。原審は前者を認め、後者については認めなかった。そこで、Y上告。

判旨　破棄自判　「無権代理人が本人を他の相続人と共に共同相続した場合において、無権代理行為を追認する権利は、その性質上相続人全員に不可分的に帰属するところ、無権代理行為の追認は、本人に対して効力を生じていなかった法律行為を本人に対する関係において有効なものとするという効果を生じさせるものであるから、共同相続人全員が共同してこれを行使しない限り、無権代理行為が有効となるものではないと解すべきである。そうすると、他の共同相続人全員が無権代理行為の追認をしている場合に無権代理人が追認を拒絶することは信義則上許されないとしても、他の共同相続人全員の追認がない限り、無権代理行為は、無権代理人の相当とする部分においても、当然に有効となるものではない。そして、以上のことは、無権代理行為が金銭債務の連帯保証契約についてされた場合においても同様である。」

一裁判官の反対意見がある。

〔五一〕 本人が無権代理人を相続した場合

最判昭和三七年四月二〇日民集一六巻四号九五五頁

一一六条・一一七条

民法1総123(1)(ア)

事実 Xの先代BはYの先代AよりY所有の本件家屋を買い受け所有権移転登記を受けた。この売買はAが当時応召不在中であった子息Yに無断でその印鑑を不正に使用し、Yの代理人と称して行ったものである。YよりXに所有権移転登記の抹消を訴求し、Yの勝訴に確定した。そこで、Xは右売買契約はAの無権代理によるものであり、Aは無権代理人として民法一一七条の所定の履行の責めに任ずべきであるが、Aが死亡し、Yが家督相続をしてその債務を承継したからとして、Yに対し、家屋の明渡しと移転登記の手続を訴求した（Yは反訴している）。原審は、かかる場合は、無権代理人の相続人としての一一七条に基づく義務も、本人としての追認拒絶権も共に消滅に帰し、結局相続と同時に無権代理行為の瑕疵は追完されその時以降無権代理による契約は有効となるとして、Xを勝たせた。Yから上告。

判旨 破棄差戻「無権代理人が本人を相続した場合においては、自らした無権代理行為につき本人の資格において追認を拒絶する余地を認めるのは信義則に反するから、右無権代理行為は相続と共に当然有効となると解するのが相当であるけれども、本人が無権代理人を相続した場合は、これと同様に論ずることはできない。後者の場合においては、相続人たる本人が被相続人の無権代理行為の追認を拒絶しても、何ら信義に反するところはないから、被相続人の無権代理行為は一般に本人の相続により当然有効となるものではないと解するのが相当である。

然るに、原審が本人たるYにおいて無権代理人亡Aの家督を相続した以上、原判示無権代理行為はこのときから当然有効となり、本件不動産所有権はXに移転したと速断し、これに基いて本訴及び反訴につきY敗訴の判断を下したのは法令の解釈を誤った結果審理不尽理由不備の違法におちいったものであって、論旨は結局理由があり、原判決中Y敗訴の部分は破棄を免れない。」

無権代理と相続における双方代理

〔五一の二〕　最判昭和六三年三月一日判時一三一二号九二頁　一一三条　民法1総123(1)(ア)

事実　Aの妻Bは、Aから代理権の授与を受けずにAの代理人と称して本件土地（農地）をCに売却した。Cは本件土地をDに譲渡し、Dは本件土地を五つに分筆して、それぞれをE、F・G・H・Yに譲渡した。その後Yは、E、F、Gから当該各土地の買主の地位を譲渡され、後に右の土地につき農地法三条による知事の許可を得て所有権移転登記を経た。Y名義で登記された当該土地は更に分筆され、Iがその一部を取得し所有権移転登記を経た。Bの死亡によりA、その子X_1～X_3がBを相続したが、さらにAが死亡しXらがAを相続した。Xらは、共有持分権に基づき、Y・H・Iに対し所有権移転登記等の抹消登記手続を請求した。

原審は、無権代理人を相続した本人に追認拒絶権を認める以上、無権代理人を相続した後本人を相続した相続人についても同様に解するべきであるなどとしてYの控訴を退けたため、Yは、原判決によるとXらは本人を相続したという偶然の事情により、それまで相続により承継していたはずの無権代理人の履行義務を免れるという不測の利益を受ける結果となるなどとして上告。

判旨　破棄差戻「無権代理人を本人とともに相続した者がその後更に本人を相続した場合においては、当該相続人は本人の資格で無権代理行為の追認を拒絶する余地はなく、本人が自ら法律行為をしたと同様の法律上の地位ないし効果を生ずるものと解するのが相当である。けだし、無権代理人が本人を相続した場合においては、本人の資格で無権代理行為の追認を拒絶する余地はなく、右のような法律上の地位ないし効果を生ずるものと解すべきものであり（大判昭和二年三月二二日民集六巻一〇六頁、最判昭和四〇年六月一八日民集一九巻四号九八六頁参照）、このことは、信義則の見地からみても是認すべきものであるところ（最判昭和三七年四月二〇日民集一六巻四号九五五頁参照）、無権代理人を相続した者は、無権代理人の法律上の地位を包括的に承継するのであるから、一旦無権代理人を相続した者が、その後本人を相続した場合においても、この理は同様と解すべきであって、自らが無権代理行為をしていないからといって、これを別異に解すべき根拠はなく（大判昭和一七年二月二五日民集二一巻一六四頁参照）、更に、無権代理人を相続した者が本人と本人以外の者であった場合においても、本人以外の相続人は、共同相続であるとはいえ、無権代理人の地位を包括的に承継していることに変わりはないから、その後の本人の死亡によって、結局無権代理人の地位を全面的に承継する結果になった以上は、たとえ、同時に本人の地位を承継したものであるとしても、もはや、本人の資格において追認を拒絶する余地はなく、前記の場合と同じく、本人が自ら法律行為をしたと同様の法律上の地位ないし効果を生ずるものと解するのが相当であるからである。」

無効身分行為の追認　七九七条・一一六条

〔五二〕最判昭和二七年一〇月三日民集六巻九号七五三頁　民法１総123(1)(ア)、民法３親47(1)(ア)

事実　Ａ女の非嫡出子Y_1は、ＢＣ夫婦の子として虚偽の出生届がされ、三歳のとき、ＢＣ夫婦の代諾（七九七条）によりY_2とその妻Ｄと養子縁組をし、爾来Y_1は約三〇年あまり養子として生活をしてきた。その間Ｄが死亡し、Y_2は後妻との間にＸをもうけた。Ｘは、Y_1・Y_2に対して養子縁組無効確認の訴えを提起した。その理由は、ＢＣは、Y_1の真実の父母ではなく代諾権がなく、縁組は無効であるというにある。原審でＸ勝訴。Y_1は、縁組が無効だとしても、一五歳に達して追認したから、縁組は有効になったと主張して上告。

判旨　破棄差戻「民法が養子縁組を要式行為としていることは明瞭であるけれども、民法は一面において取消し得べき養子縁組について、追認によって、その縁組の効力を確定せしめることを認めていることは、明文上明らか（旧民法八五三条、八五五条、新民法八〇四条、八〇六条、八〇七条）であって、しかも、民法、戸籍法を通じてこの追認に関してその方式を規定したものは見当らないのであるから、この追認は、口頭によると、書面によると、明示たると、黙示たるとを問わないものと解するの外はないのであって、わが民法上、養子縁組が要式行為であるからといって、追認が、これと全く相容れないものの如く解することはあやまりである。（民法が追認を認めているのは、取消し得べき縁組についてであるけれども、前示各場合は、いずれも、縁組の成立の要件に違法のある場合であって、その本質は無効と見るべき場合なのであるが、民法は、その結果の重大性に鑑み、又、多くは事実上の縁組関係が既成している事実関係に着目し、これを無効原因とせず、取消の原因とした上、その追認又は時の経過により、その違法を払拭する途を拓いたのであって、追認を以て縁組と本質的に相容れないものとは、民法は考えていないのである。）

旧民法八四三条の場合につき民法は追認に関する規定を設けていないし、民法総則の規定は、直接には親族法上の行為に適用を見ないと解すべきであるが、一五歳未満の子の養子縁組に関する、家に在る父母の代諾は、法定代理に基くものであり、その代理権の欠缺した場合は一種の無権代理と解するを相当とするのであるから、民法総則の無権代理の追認に関する規定、及び前叙養子縁組の追認に関する規定の趣旨を類推して、旧民法八四三条の場合においても、養子は満一五歳に達した後は、父母にあらざるものの自己のために代諾した養子縁組を有効に追認することができるものと解するを相当とする。しかして、この追認は、前示追認と同じく何らその方式についての規定はないのであるから、明示若しくは黙示をもってすることができる。その意思表示は、満一五歳に達した養子から、養親の双方に対してなすべきであり、養親の一方の死亡の後は、他の一方に対してすれば足るものであり、適法に追認がなされたときは、縁組は、これによって、はじめから、有効となるものと解しなければならない。」

無効な代諾縁組の追認　〔三九一〕参照。

他人物売買と所有者の追認　　　　一一六条
〔五二の二〕　最判平成二三年一〇月一八日民集六五巻七号二八九九頁

事実　Xは、A社の代表取締役であるBから、その所有する工場を賃借し、同工場でブナシメジを生産していた。Bは、平成一五年八月一二日から同年九月一七日までの期間、賃貸借契約の解除等をめぐる紛争に関連して同工場を実力で占拠し、その間、A社が、Yとの間でブナシメジの販売委託契約を締結したうえ、Xの所有する同工場内のブナシメジをYに出荷した。Yは、本件販売委託契約に基づき、ブナシメジを第三者に販売し、その代金を受領した。Xは、XとYとの間に本件販売委託契約に基づく債権債務を発生させる趣旨で、本件販売委託契約を追認し、Yに対して代金を支払うよう求めて訴訟を提起した。原審は、Xが、前記の趣旨で本件販売委託契約を追認したのであるから、民法一一六条の類推適用により、同契約締結の時に遡って、Xが同契約を直接締結したのと同様の効果が生ずるとして、Xの請求を認容した。Yから上告受理申立て。

判旨　破棄自判「無権利者を委託者とする物の販売委託契約が締結された場合に、当該物の所有者が、自己と同契約の受託者との間に同契約に基づく債権債務を発生させる趣旨でこれを追認したとしても、その所有者が同契約に基づく販売代金の引渡請求権を取得すると解することはできない。なぜならば、この場合においても、販売委託契約は、無権利者と受託者との間に有効に成立しているのであり、当該物の所有者が同契約を事後的に追認したとしても、同契約に基づく契約当事者の地位が所有者に移転し、同契約に基づく債権債務が所有者に帰属するに至ると解する理由はないからである。仮に、上記の追認により、同契約に基づく債権債務が所有者に帰属するに至ると解するならば、上記受託者が無権利者に対して有していた抗弁を主張することができなくなるなど、受託者に不測の不利益を与えることになり、相当ではない。」

第四節　無効と取消し

一　無　効

他人の権利の処分と追認　一一六条・一一九条

〔五三〕　最判昭和三七年八月一〇日民集一六巻八号一七〇〇頁　民法１総122⑵(イ)・123⑴(ア)・126

事実 X所有の不動産につきXの子Aあてに贈与に基づく所有権移転登記がされ、この不動産にYのために抵当権設定登記がされている。Xは、Aが贈与契約書を偽造して登記をしたものであり、抵当権設定登記は無効だと主張してその抹消を請求した。

原審は、XがYに対し、右抵当権は当初から有効に存続するものとすることを承認し、Aのした抵当権の設定を追認し、抵当権の設定はXのために効力を生じたとして、Xを敗訴させた。Xは上告し、Aの抵当権設定行為は無効であり、無効行為の追認は民法一一九条但書の要件を満たさねば有効ではないが、原審はこの点なんら判示するところがなく、また無権代理行為の追認に関する先例に従っているが、この先例と本件とは事実が全く異なり、この先例に準ずる余地はないと主張した。

判旨 上告棄却 「或る物件につき、なんら権利を有しない者が、これを自己の権利に属するものとして処分した場合において真実の権利者が後日これを追認したときは、無権代理行為の追認に関する民法一一六条の類推適用により、処分の時に遡って効力を生ずるものと解するのを相当とする（大判昭和一〇年九月一〇日民集一四巻一七一七頁参照）。本件において原審が……前記判示と同趣旨の見解のもとに、右不動産の所有者であるXがこれを追認した以上、これにより、右抵当権の設定はXのために効力を生じたものと判断したのは正当である。」

出生届出による認知　〔三八五〕参照。

二　取消し

取消しと現存利益（生活費支弁事件）　一二一条・一二一条の二
〔五四〕　大判昭和七年一〇月二六日民集一一巻一九二〇頁　民法1総131

事実 Yの親権者母AはYを代理してXから金四〇〇〇円を借りたが、親族会の同意がなかったのでYは右行為を取り消した。XはYに対して右四〇〇〇円の返還を訴求して、Yは右四〇〇〇円をYの既存債務の弁済ならびにその生活費に費消したのであるから、それは民法一二一条但書の「現に利益を受けている限度」にあたると主張した。Yは「現に利益を受けている限度」という一二一条但書は利益が有形的に現存する限度で償還責任ありと解すべきであると抗弁した。原審はXの主張を認めたので、Yより上告。

判旨 上告棄却 「無能力者〔現制限行為能力者〕ガ取消シ得ベキ法律行為ニ因リ相手方ヨリ受領セシ金員ヲ以テ自己ノ他人ニ対スル債務ヲ弁済シ又ハ必要ナル生活費ヲ支弁シタルトキハ、無能力者ハ其ノ法律行為ニ因リ現ニ利益ヲ受ケ居ルモノト謂《い》ヒ得ベキヲ以テ、当該法律行為ヲ取消シタル以上民法第一二一条ニ依リ其ノ弁済又ハ支弁シタル金員ヲ相手方ニ償還スルノ義務ヲ有スルモノトス。蓋《けだ》シ無能力者ノ負担スル債務又ハ生活費ハ其ノ財産ヲ以テ弁済又ハ支弁スルコトヲ要スルモノナレバ、之ニ必要ナル資金ヲ自己ノ財産ヨリ支出スルコトナク取消シ得ベキ法律行為ニ因リ受領セシ金員ヲ之ニ充テタルトキハ、無能力者ノ財産ハ其ノ範囲ニ於テ減少スベカリシモノ減少セズシテ尚存在スルモノニシテ、無能力者ハ現ニ其ノ利益ヲ受ケ居レルモノト謂フヲ得ベケレバナリ。」

詐欺による売買の取消しにおける双方の原状回復義務の関係 〔二〇七〕参照。

第五節　条件・期限

一　条　件

知事の許可と一三〇条 **一二七条・一三〇条**

〔五五〕 最判昭和三六年五月二六日民集一五巻五号一四〇四頁 民法1総135(2)(エ)

事実 Y_1は、所有農地を必要な知事（今日では原則として農業委員会）の許可を得ることを条件としてXに売り渡したが、所要の手続をとらないうちにこの農地をY_2に売り渡して知事の許可を得て移転登記をしてしまった。Xは、Y_1Y_2間の売買の無効確認およびY_1に対して移転登記を請求した。その理由として、Y_1が知事の許可を得るという条件を故意に妨げたので、民法一三〇条により、条件が成就したとみなすという。原審がXの請求を認めなかったので、Xより上告。

判旨　上告棄却「原判決が、農地の所有権移転を目的とする法律行為は都道府県知事の許可を受けない以上法律上の効力を生じないものであり（農地法三条四項）、この場合知事の許可は右法律行為の効力発生要件であるから、農地の売買契約を締結した当事者が知事の許可を得ることを条件としたとしても、それは法律上当然必要なことを約定したに止まり、売買契約にいわゆる停止条件を附したものということはできないとしたことは正当である。

そして、かりにいわゆる法定条件にも性質のゆるすかぎり民法の条件に関する規定の類推適用あるものとしても、原判決が、XとY_1との間の本件農地売買契約について、たとえ、Y_1に所論のような条件の成就を妨げる行為があったとしても、民法一三〇条の規定の適用によって、右売買契約が効力を生じてXが本件農地の所有者となったものとすることはできない、従ってXが既に右農地の所有者となつたことを前提とするXの本訴請求は理由がない旨判示したことは正当である。何となれば、農地の売買は、公益上の必要にもとづいて、知事の許可を必要とせられているのであって、現実に知事の許可がない以上、農地所有権移転の効力は生じないものであることは農地法三条の規定するところにより明らかであり、民法一三〇条の規定するような当事者の『看做す』というがごとき当事者の意思表示に付する擬制的効果によって、右農地所有権移転の効力を左右することは性質上許されないところであるからである。」

二　期　限

定期預金債務の期限の利益の放棄　一三六条

〔五六〕　大判昭和九年九月一五日民集一三巻一八三九頁　民法1総140(1)

事実 XはAがYに対して持つ定期預金債権（二〇〇〇〇円）について転付命令を得てY銀行に対して弁済を求めた。Y銀行は右定期預金債務の期限の利益を放棄した上、自己がAに対して持つ債権を対当額で相殺する旨の意思表示をなしたので、Xが転付命令を取得した以前に四円余を残すにすぎなくなった。Xはかかる結果は不当であり、定期預金の返還期は当事者双方の利益のためにあるものだからYが一方的に放棄することはできないと抗弁した。原審はXの主張を認めたので、Yは民法一三六条を誤解しているとして上告。

判旨 破棄差戻「期限ガ当事者双方ノ利益ノ為ニ定メラレタル場合ト雖《いえど》モ、当事者双方ノ合意ヲ以テ又ハ当事者双方ニ於テ同時ニ之ヲ為スニ非ザレバ其ノ期限ノ利益ヲ放棄スルヲ得ズト云フモノニ非ズ。一方ノ当事者ノミニ於テ其ノ期限ノ利益ヲ放棄スルコトヲ妨ゲズ。但《た》ダ之ヲ為スニハ相手方ガ当該期限ニ付有スル利益、詳言スレバ当該期限ノ未到来ニ依リテ享《う》クベキ利益ヲ害スルコトヲ得ザルノミ。民法第一三六条第二項ノ趣旨ハ即チ茲《ここ》ニ存スルモノト解スルヲ相当トス。故ニ定期預金ノ返還期ガ当事者双方ノ利益ノ為ニ定メラレタルモノナル場合ニアリテモ、債務者タル預リ主ハ其ノ返還期迄ノ約定利息ヲ支払フ等債権者タル預金者ガ返還期の未到来ニ依リテ享クベキ利益ノ喪失ヲ塡補スルニ於テハ其ノ返還期ニ付自己ノ有スル利益ヲ一方的ニ放棄スルコトヲ得ルモノト謂《い》ハザルベカラズ。」

第五章　期間の計算

七二四条の三年の時効期間の起算点　七二四条・一三八条・一四〇条、自賠四条

〔五七〕 最判昭和五七年一〇月一九日民集三六巻一〇号二一六三頁　民法1総142(2)(ア)・154(1)

事実 昭和四五年一二月一日午前七時すぎにXとY双方の自動車が正面衝突し、Yは同日損害および加害者を知った。XはYに対して昭和四八年八月三一日に損害賠償請求の訴えを提起したが、Yは昭和四八年一二月一日に反訴を

提起した。事故のあった昭和四五年一二月一日を初日として算入すると、自動車損害賠償保障法四条・民法七二四条の三年の消滅時効は昭和四八年一一月三〇日の経過によって完成するのに対し、初日を算入しないと昭和四八年一二月一日中に中断手続をとれば時効は中断される。原審は、初日を算入しないでYの反訴請求を認容したので、Xは上告し、遅延損害金の発生時期と同様、初日を算入すべきだと主張した。

判旨 上告棄却「民法七二四条所定の三年の時効期間は、被害者又はその法定代理人が損害及び加害者を知った時から進行するが、右の時効期間の計算についても、同法一三八条により同法一四〇条の適用があるから、損害及び加害者を知った時が午前零時でない限り、時効期間の初日はこれを算入すべきものではない。これと同旨の原判決の判断は正当であって、原判決に所論の違法はない。」

第六章　時　効

第一節　総　則

消滅時効援用の効果　一四五条・一六六条

〔五八〕　最判昭和六一年三月一七日民集四〇巻二号四二〇頁　民法1総146(1)(4)

事実 Xらの先代はAに昭和三一年一二月一五日土地を売り渡したが、その多くが農地であったため所有権移転登記ができず、仮登記がされた。Aは昭和四三年一一月四日右買主の地位をYらの先代Bに譲渡し、仮登記の附記登記がされた。Xらは、昭和四一年一二月一五日をもって農地法三条に基づく許可申請協力請求権が時効によって消滅し、農地の所有権が移転するための法定条件の不成就が確定し、右土地の所有権は確定的にXらに帰属したとして昭和五一年二月二九日Yらの先代に対して仮登記の附記登記の抹消と土地の明渡しを請求した。これに対して、Yらの先代は、右土地が非農地化しているので農地法三条の許可を要することなく所有権移転の効力が生じているとして、右の仮登記に基づく本登記手続を求める反訴を提起。一審は本訴請求を棄却し反訴請求を認容した。そこでXらは、四二筆のうち一三筆は農地であるとした上、前述の理由で確定的に所有権はXらに帰属しているとして控訴（なお、Bが死亡し、相続人Y_1ら四名が訴訟を承継）。原審ではXら勝訴。Yらから上告。

判旨 破棄差戻 「〔平成二九年改正前〕民法一六七条一項は『債権ハ十年間之ヲ行ハサルニ因リテ消滅ス』と規定しているが、他方、同法一四五条及び一四六条は、時効による権利消滅の効果は当事者の意思をも顧慮して生じさせることとしていることが明らかであるから、時効による債権消滅の効果は、時効期間の経過とともに確定的に生ずるものではなく、時効が援用されたときにはじめて確定的に生ずるものと解するのが相当であり、農地の買主が売主に対して有する県知事に対する許可申請協力請求権の時効による消滅の効果も、一〇年の時効期間の経過とともに確定的に生ずるものではなく、売主が右請求権についての時効を援用したときにはじめて確定的に生ずるものというべきであるから、右時効の援用がされるまでの間に当該農地が非農地化したときには、その時点において、右農地の売買契約は当然に効力を生じ、買主にその所有権が移転するものと解すべきであり、その後に売主が右県知事に対する許可申請協力請求権の消滅時効を援用してもその効力を生ずるに由ないものというべきである。そして、本件記録によると、Xらが本件許可申請協力請求権の消滅時効を援用したのは昭和五一年二月九日に提起した本件本訴の訴状においてであること、これに対し、Yらは、原審において、本件土地はすくなくとも昭和四六年八月五日以降は雑木等が繁茂し原野となったから、本件売買は効力を生じた旨主張し……ていたことが認められるところ、Yらの右主張事実を認めうるときには、本件売買は、本件土地が右非農地化した時点において、当然にその効力を生じ、Xらは本件土地の所有権を喪失するに至ったものというべきであり、したがって、本件許可申請協力請求権の時効消滅は問題とする余地がなく、また、Aが本件売買契約上の買主の義務をすべて履行しているという原審確定の事実関係のもとにおいては、本件地位譲渡契約はXらとの間においてもその効力を生じうる余地があるものというべきである。」

援用権者(1)――後順位抵当権者　一四五条

〔五九〕　最判平成一一年一〇月二一日民集五三巻七号一一九〇頁　民法1総146(2)

事実　Aは、Yに対する債務を担保するため、Aが所有する複数の不動産に根抵当権を設定し、その登記がされた。その後、Yの根抵当権が設定されている不動産の一部につき、XがAに対する貸付債権の担保として抵当権を設定し、その登記がされた。Xは、YのAに対する貸付債権は、その弁済期限から五年が経過したことで時効により消滅したと主張して、根抵当権設定登記の抹消を請求した。

原審は、後順位抵当権者には先順位抵当権の被担保債権の消滅時効の援用権は認められないとして、Xの請求を棄却した。これに対して、Xが、判例は抵当不動産の第三取得者に被担保債権の消滅時効の援用を認めており、これと同様に、後順位抵当権者の援用権も認められるべきであると主張して、上告した。

判旨　上告棄却　「民法一四五条所定の当事者として消滅時効を援用し得る者は、権利の消滅により直接利益を受ける者に限定されると解すべきである（最判昭和四八年一二月一四日民集二七巻一一号一五八六頁参照）。後順位抵当権者は、目的不動産の価格から先順位抵当権によって担保される債権額を控除した価額についてのみ優先して弁済を受ける地位を有するものである。もっとも、先順位抵当権の被担保債権が消滅すると、後順位抵当権者の抵当権の順位が上昇し、これによって被担保債権に対する配当額が増加することがあり得るが、この配当額の増加に対する期待は、抵当権の順位の上昇によってもたらされる反射的な利益にすぎないというべきである。そうすると、後順位抵当権者は、先順位抵当権の被担保債権の消滅により直接利益を受ける者に該当するものではなく、先順位抵当権の被担保債権の消滅時効を援用することができないものと解するのが相当である。論旨は、抵当権が設定された不動産の譲渡を受けた第三取得者が当該抵当権の被担保債権の消滅時効を援用することができる旨を判示した右判例を指摘し、第三取得者と後順位抵当権者とを同列に論ずべきものとするが、第三取得者は、右被担保債権が消滅すれば抵当権が消滅し、これにより所有権を全うすることができる関係にあり、右消滅時効を援用することができないとすると、抵当権が実行されることによって不動産の所有権を失うという不利益を受けることがあり得るのに対し、後順位抵当権者が先順位抵当権の被担保債権の消滅時効を援用することができるとした場合に受け得る利益は、右に説示したとおりのものにすぎず、また、右の消滅時効を援用することができないとしても、目的不動産の価格から抵当権の従前の順位に応じて弁済を受けるという後順位抵当権者の地位が害されることはないのであって、後順位抵当権者と第三取得者とは、その置かれた地位が異なるものであるというべきである。」

※

援用権者(2)——抵当不動産の第三取得者　一四五条

〔六〇〕最判昭和四八年一二月一四日民集二七巻一一号一五八六頁　民法1総146(2)

事実　YはAの所有する土地・建物に抵当権設定登記をしている。右土地・建物を取得した第三取得者Xは、抵当債権の時効消滅を理由として抵当権登記の抹消を請求した。原審は、Xは抵当債権の消滅時効を援用する権利を有しないとしてXを敗訴させた。Xは、抵当債権の消滅時効を主張する直接の利益があると述べて上告した。

判旨　破棄差戻「民法一四五条の規定により消滅時効を援用しうる者は、権利の消滅により直接利益を受ける者に限定されると解すべきであるところ(最判昭和四二年一〇月二七日民集二一巻八号二一一〇頁参照)、抵当権が設定され、かつその登記の存する不動産の譲渡を受けた第三者は、当該抵当権の被担保債権が消滅すれば抵当権の消滅を主張しうる関係にあるから、抵当債権の消滅により直接利益を受ける者にあたると解するのが相当であり、これと見解を異にする大判明治四三年一月二五日民録一六輯一巻二二頁の判例は変更すべきものである。

……Xは右抵当債権の消滅により直接利益を受けるものであるから、民法一四五条により右抵当債権の消滅時効を援用しうる者であるというべきである。したがって、Xは右抵当債権の消滅時効を援用する権利を有しないと判断した原判決には、民法一四五条の解釈適用を誤った違法があり、その違法は原判決の結論に影響を及ぼすことが明らかであるから、原判決は破棄を免れず、更に審理を尽くすため、本件を原裁判所に差し戻すべきである。」

時効完成後の債務の承認と援用権の喪失

一四六条・一条二項

〔六一〕　最大判昭和四一年四月二〇日民集二〇巻四号七〇二頁

民法1総148

事実　材木商を営むXは、昭和二四年五月二九日Yから借財したが、Xは弁済期到来後弁済せず、商事債権の消滅時効期間経過後の昭和三三年三月七日、Yに、Yが利息等を免除すれば同年中に四・五回位に分割して元本を支払うと通知した。Yは、これに応じないで昭和三四年七月二五日Xに対して強制執行をした。Xはその排除を求める訴えを提起し、Xの債権が時効によって消滅していること等を主張した。原審は、商事債権の時効期間が周知のことであるから、時効完成後に債務の承認をしたのは、時効利益の放棄になる、と判示した。そこでXから上告。

判旨　上告棄却　「按ずるに、債務者は、消滅時効が完成したのちに債務の承認をする場合には、その時効完成の事実を知っているのはむしろ異例で、知らないのが通常であるといえるから、債務者が商人の場合でも、消滅時効完成後に当該債務の承認をした事実から右承認は時効が完成したことを知ってされたものであると推定することは許されないものと解するのが相当である。したがって、右と見解を異にする当裁判所の判例（最判昭和三五年六月二三日民集一四巻八号一四九八頁参照）は、これを変更すべきものと認める。しからば、原判決が、Xは商人であり、本件債務について時効が完成したのちその承認をした事実を確定したうえ、これを前提として、Xは本件債務について時効の完成したことを知りながら右承認をし、右債務について時効の利益を放棄したものと推定したのは、経験則に反する推定をしたものというべきである。しかしながら、債務者が、自己の負担する債務について時効が完成したのちに、債権者に対し債務の承認をした以上、時効完成の事実を知らなかったときでも、爾後その債務についてその完成した消滅時効の援用をすることは許されないものと解するのが相当である。けだし、時効の完成後、債務者が債務の承認をすることは、時効による債務消滅の主張と相容れない行為であり、相手方においても債務者はもはや時効の援用をしない趣旨であると考えるであろうから、その後においては債務者に時効の援用を認めないものと解するのが、信義則に照らし、相当であるからである。また、かく解しても、永続した社会秩序の維持を目的とする時効制度の存在理由に反するものでもない。そして、この見地に立てば、前記のように、Xは本件債務について時効が完成したのちこれを承認したというのであるから、もはや右債務について右時効の援用をすることは許されないといわざるをえない。しからば、原判決がXの消滅時効の抗弁を排斥したのは、結局、正当であることに帰するから、論旨は、採用できない。」

第二節　時効の完成猶予・更新

応訴による時効中断(1)──被告による所有権の主張　一四七条一項一号

〔六二〕大連判昭和一四年三月二二日民集一八巻二三八頁　民法1総150(2)(ア)

事実　X_1はY銀行と大正一一年に貸越限度額を一万五〇〇〇円とする当座貸越契約を結び、X_2はその連帯保証人となり自己所有の不動産に根抵当権を設定した。右契約に基づく債務額が極度額に達し、その弁済期は昭和三年二月二日に到来した。この債務は商事債務として昭和八年二月二日に消滅時効が完成すべきものである。X_1X_2はY銀行に対しこれを理由に本訴において債務の不存在確認と抵当権の登記の抹消を請求した。ところがこれより先、昭和三年中にX_2は単独でY銀行に対し抵当権不存在ならびに登記抹消手続請求の訴えを提起した際、Y銀行はこれに応訴して債権の存在を争い、第一審Y銀行敗訴、原審勝訴、X_2の上告が棄却されたのでY銀行勝訴の判決が確定している。Y銀行は右訴訟における応訴は時効中断の効力を生じたものであると抗弁。原審は、中断事由たる裁判上の請求とは権利者自ら原告となって債務者に積極的に給付または確認の訴えを提起した場合をいうのであって、単なる抗弁では中断の効力は生じないとしたので、Y銀行から上告。

判旨　中間判決「右抗弁ハ前示別訴訟ニ於ケルYノ行為ガX_2ノ連帯保証債務ニ付消滅時効中断ノ効力ヲ生ズルヤ否ヤ及若《も》シ中断ヲ生ズルモノトセバ該連帯保証債務ニ付生ジタル中断ハ前示X_1ノ主債務ニ付消滅時効中断ノ効力ヲ生ズルヤ否ヤノ二個ノ法律問題ヲ包含スルモノナルトコロ、原審ハ単ニ第一ノ問題ニ付テノミ判断ヲ為シ之ヲ消極的ニ解スベキモノト做《みな》シタルモノナルガ故ニ、当院ニ於テモ判断ノ順序上第二ノ問題ニ対スル解釈如何ハ暫ク之ヲ措キ、先ヅ第一ノ問題ニ付判断ヲ為スヲ相当ト認メ、特ニ弁論ヲ此ノ点ニ制限シテ審案スルニ凡《およ》ソ消滅時効ノ中断原因タルベキ裁判上ノ請求ハ給付訴訟ノミニ限定セラルルコトナク確認訴訟ヲモ包含スルモノナルコトハ当院ノ夙《つと》ニ採用スル見解ナルガ故ニ、右見解ニシテ是認スベキモノナル以上、相手方ガ自己ノ権利ノ存在ヲ争ヒ消極的債務不存在ノ確認訴訟ヲ提起シタル場合ニ於テ之ニ対シ被告トシテ自己ノ権利ノ存在ヲ主張シ原告ノ請求棄却ノ判決ヲ求ムルコトハ之ヲ裁判上ノ権利行使ノ一態様ト做《みな》スニ何等ノ妨ナク、敢《あえ》テ自己ヨリ相手方ニ対シ積極的ニ権利存在確認ノ訴訟ヲ提起シタル場合ニ非ザレバ之ヲ裁判上ノ権利行使ニ該当セザルモノト做シテ両者ノ間ニ区別ヲ設ケ、一ハ以テ中断理由ト做スベキモ他ハ以テ中断事由ト做スヲ得ザルモノト論断スベキ何等ノ根拠アルコトナシ。蓋《けだ》シ消滅時効ノ中断ハ法律ガ権利ノ上ニ眠レル者ノ保護ヲ拒否シテ社会ノ永続セル状態ヲ安定ナラシムルコトヲ一事由トスル時効制度ニ対シ其ノ権利ノ上ニ眠レル者ニ非ザル所以《ゆえん》ヲ表明シテ該時効ノ効力ヲ遮断セントスルモノナレバ、上記ノ如キ場合ニ於テハ之ヲ民法ガ時効中断ノ事由トシテ規定シタル裁判上ノ請求ニ準ズベキモノト解スルモ毫《ごう》モ前示時効制度ノ本旨ニ背反スルトコロナキノミナラズ、一方ニ於テ権利関係ノ存否ガ訴訟上争ハレツツアル間ニ他ノ一方ニ於テ該権利ガ時効ニ因リ消滅スルコトアルヲ是認セントスルガ如キ結果ヲ招来スベキ解釈ヲ採用スルコトハ、条理ニモ合致セザルモノト謂フベケレバナリ。加之《しかのみならず》若シ前示消極的確認ノ請求ヲ棄却スル判決ニシテ確定センカ其ノ結果ハ積極的確認請求ノ訴訟ニ於テ原告勝訴ノ判決ガ確定シタルト同一ニ帰スベキヲ以テ、此ノ点ニ於テモ亦両者ノ間ニ時効中断事由トシテ観察スルニ当リ別異ノ取扱ヲ為スベキ理由ニ乏シキモノト謂《い》ハザルヲ得ズ。如上ノ理由ニ依リ債権不存在確認ノ訴訟ヲ提起セラレタル被告ガ該訴訟ニ於テ債権ノ存在ヲ主張シテ原告ノ請求ヲ争ヒ、被告勝訴ノ判決ガ確定シタル如キ場合ニ於テハ、少クトモ民事訴訟法第二三五条〔現一四七条〕ノ趣旨ニ照シ被告ガ請求棄却ノ判決ヲ求ムル答弁書又ハ準備書面ヲ裁判所ニ提出シタル時ヲ以テ、又若シ斯ル書面ヲ提出セザル場合ニハ口頭弁論ニ於テ同様ノ主張ヲ為シタル時ヲ以テ、該債権ノ消極時効ハ中断スルモノト解スルヲ妥当ト断ゼザルヲ得ズ。」

応訴による時効中断(2)——被告による根抵当権の被担保債権の主張　一四七条一項一号

〔六三〕最大判昭和四三年一一月一三日民集二二巻一二号二五一〇頁　民法1総150(2)(ア)

事実　Xらは、本件不動産がXらの所有（共有）に属するとして、所有権登記名義人Yらに対して登記の抹消等を請求する訴えを提起し、予備的に時効による所有権の取得を主張した。これに対して、Yらは、自己の所有権を主張し、これと相容れないXらの所有権を否認してXらの請求を棄却する判決を求める旨の答弁書を提出し、一審の準備手続期日においてこれを陳述したから、時効は中断されたと反論した。原審は、時効の中断を認めYらを勝訴させたので、Xらは上告し、Yらの応訴における陳述によっては時効は中断されないと主張した。

判旨　上告棄却「Yらの……所有権の主張は、その主張が原審で認められた本件においては、裁判上の請求に準ずるものとして〔平成二九年改正前〕民法一四七条一号の規定によりXらの主張する二〇年の取得時効を中断する効力を生じたものと解すべきである。けだし、原判決は、本件係争物件につき、Xらに所有権（共有権）に基づく所有権移転登記請求権がないことを推定しているに止まらず、進んでYらにその所有権（共有権）があることを肯定していると解されるのであるから、時効制度の本旨にかんがみ、Yらの前示主張には、時効中断の関係においては、所有権そのものに基づく裁判上の請求に準じ、これと同じ効力を伴うものとするのが相当であるからである。したがって、取得時効の中断があったとした原審の判断は正当であって、原判決に所論の違法はなく、論旨は採用しえない。」

明示されていない一部請求と時効中断　一四七条一項一号

〔六四〕最判昭和四五年七月二四日民集二四巻七号一一七七頁　民法1総150(2)(ア)

事実　自動車事故の被害者Xは加害者Yに対して、損害賠償を請求した。事故後三年を経過した第一審口頭弁論期日に請求を拡張して治療費五万余円を追加請求した。原審が拡張分の請求を認めたので、Yは上告し、Xの一部請求には残部についての時効中断の効力は及ばないはずだと主張した。

判旨　上告棄却「一個の債権の一部についてのみ判決を求める趣旨を明らかにして訴を提起した場合、訴提起による消滅時効中断の効力は、その一部についてのみ生じ、残部には及ばないが、右趣旨が明示されていないときは、請求額を訴訟物たる債権の全部として訴求したものと解すべく、この場合には、訴の提起により、右債権の同一性の範囲内において、その全部につき時効中断の効力を生ずるものと解するのが相当である。

これを本件訴状の記載について見るに、Ｘの本訴損害賠償請求をもって、本件事故によって被った損害のうちの一部についてのみ判決を求める趣旨であることを明示したものとはなしがたいから、所論の治療費金五万〇一九八円の支出額相当分は、当初の請求にかかる損害額算定根拠とされた治療費中には包含されておらず、昭和四一年一〇月五日の第一審口頭弁論期日においてされた請求の拡張によってはじめて具体的に損害額算定の根拠とされたものであるとはいえ、本訴提起による時効中断の効力は、右損害部分をも含めて生じているものというべきである。

したがって、これと同旨の見解に立って、Ｙの時効の抗弁を排斥すべきものとした原審の判断は正当であって、原判決に所論の違法はなく、論旨は採用することができない。」

裁判上の催告―留置権の主張と被担保債権の消滅時効の中断

一五〇条

〔六五〕　最大判昭和三八年一〇月三〇日民集一七巻九号一二五二頁　　民法1総150(2)(ア)(3)(イ)、物80(6)

事実　ＸはＹに債務の整理を委任し、Ｙはその事務処理としてＸの所有する株券を保管している。ＸはＹに対してその返還訴訟を提起した。ＹはＸに対して委任事務処理費用の償還を受けるまで、これを留置すると抗弁した。Ｘは、訴訟中にＹのＸに対する委任事務処理費用債権の消滅時効期間が経過したので留置権も消滅したと主張した。原審は、Ｙの留置権の主張はその被担保債権の行使の一態様であり、訴えの提起に準じ時効の中断事由であるとして、Ｙの抗弁を認めた。Ｘは上告して、留置権の消滅を主張した。

判旨　上告棄却「民法三〇〇条は『留置権ノ行使ハ債権ノ消滅時効ノ進行ヲ妨ケス』と規定する。その趣旨は、留置権によって目的物を留置するだけでは、留置権の行使に止り、被担保債権の行使ではないから、被担保債権の消滅時効の中断、停止の効力を生ずるものでないことを規定したものと解するのを相当とする。従って、単に留置物を占有するに止らず、留置権に基づいて被担保債権の債務者に対して目的物の引渡を拒絶するに当り、被担保債権の存在を主張し、これが権利の主張をなす意思が明らかである場合には、留置権行使と別個なものとしての被担保債権行使ありとして〔平成二九年改正前〕民法一四七条一号の時効中断の事由があるものと認めても、前記三〇〇条に反するものとはなし得ない。

そして、訴訟において留置権の抗弁を提出する場合には、留置権の発生、存続の要件として被担保債権の存在を主張することが必要であり、裁判所は被担保債権の存否につき審理判断をなし、これを肯定するときは、被担保債権の履行と引換に目的物の引渡をなすべき旨を命ずるのであるから、かかる抗弁中には被担保債権の履行さるべきものであることの権利主張の意思が表示されているものということができる。従って、被担保債権の債務者を相手方とする訴訟における留置権の抗弁は被担保債権につき消滅時効の中断の効力があるものと解するのが相当である。固より訴訟上の留置権の主張は反訴の提起ではなく、単なる抗弁に過ぎないのであり、訴訟物である目的物の引渡請求権と留置権の原因である被担保債権とは全く別個な権利なのであるから、目的物の引渡を求むる訴訟において、留置権の抗弁を提出し、その理由として被担保債権の存在を主張したからといって、積極的に被担保債権について訴の提起に準ずる効力があるものということはできない。従って、原判決が本件の留置権の主張に訴の提起に準ずる時効中断の事由があると判断したことは、法令の解釈を誤ったものといわなければならない。

しかし、訴訟上の留置権の抗弁は、これを撤回しない限り、当該訴訟の係属中継続して目的物の引渡を拒否する効力を有するものであり、従って、該訴訟が被担保債権の債務者を相手方とするものである場合においては、右抗弁における被担保債権についての権利主張も継続してなされているものといい得べく、時効中断の効力も訴訟係属中存続するものと解すべきである。そして、当該訴訟の終結後六ヶ月内に他の強力な中断事由に訴えれば、時効中断の効力は維持されるものと解する。然らば、本件留置権の主張は裁判上の請求としての時効中断の効力は有しないが、訴訟系属中継続して時効中断の効力を有するものであるから、本件につき被担保債権の時効は完成しないとして、留置権の存続を肯定した原判決の判断は、結局これを正当として是認し得るものというべきである。」

本件には、少数意見が付されている。

改正前一四七条・一五二条

充当するべき債務を指定せずに行われた弁済の消滅時効の効力

〔六五の二〕　最判令二年一二月一五日民集七四巻九号二二五九頁

事実　Aは、長男であるYに対し、三回にわたり、二五三万五〇〇〇円、四〇〇万円、三〇〇万円を貸し付けた（それぞれ、貸付け①②③）。後日、Yは、Aに対し、弁済を充当すべき債務を指定することなく、貸金債務の弁済として、七八万余円を支払った（本件弁済）。Aは、その後死亡し、本件貸付け①②③に係る各債権は、Aの三女Xがすべて相続した。Xは、Yに対し、本件各貸付けに係る各貸金と、これに対する遅延損害金の支払を求める訴訟を提起した。これに対し、Yは、改正前民法一六七条一項に基づき、本件貸付け②および③に係る各債務（本件債務②および③）の消滅時効を援用したところ、Xは、本件弁済は本件債務のすべてについての承認（改正前民法一四七条三号）にあたり、消滅時効の中断の効力が生じていると主張した。

原審は、本件弁済は、法定充当（民法四八九条）により、貸付け①に係る債務に充当されたとしたが、本件債務②および③についての承認とはならないとした。Xが上告受理申立て。

判旨　一部破棄自判、一部却下「(1)　同一の当事者間に数個の金銭消費貸借契約に基づく各元本債務が存在する場合において、借主が弁済を充当すべき債務を指定することなく全債務を完済するのに足りない額の弁済をしたときは、当該弁済は、特段の事情のない限り、上記各元本債務の承認（民法一四七条三号）として消滅時効を中断する効力を有すると解するのが相当である（大判昭和一三年六月二五日判決全集五輯一四号四頁参照）。なぜなら、上記の場合、借主は、自らが契約当事者となっている数個の金銭消費貸借契約に基づく各元本債務が存在することを認識しているのが通常であり、弁済の際にその弁済を充当すべき債務を指定することができるのであって、借主が弁済を充当すべき債務を指定することなく弁済をすることは、特段の事情のない限り、上記各元本債務の全てについて、その存在を知っている旨を表示するものと解されるからである。
(2)　これを本件についてみると、前記事実関係等によれば、本件弁済がされた当時、Ａと被上告人との間には本件各貸付けに係る各債務が存在し、借主である被上告人は弁済を充当すべき債務を指定することなく本件弁済をしているのであり、本件弁済が本件債務②及び③の承認としての効力を有しないと解すべき特段の事情はうかがわれない。そうすると、本件弁済は、本件債務②及び③の承認として消滅時効を中断する効力を有するというべきである。したがって、上告人が本件訴訟を提起した平成三〇年八月二七日の時点では、本件債務②及び③の消滅時効はまだ完成していなかったことになる。」

第三節　取得時効

埋立地と公物の時効取得
〔六六〕　最判平成一七年一二月一六日民集五九巻一〇号二九三一頁　八五条・一六二条・二四二条　民法１総152(2)(イ)

事実　Ａは、本件埋立地に該当する海面について、公有水面埋立法（昭和四八年改正前）二条に基づく埋立免許を受けて埋立工事を行い、まもなく本件埋立地は陸地となったが、竣功認可は得ていない。Ｘの祖父Ｂは、Ａからこの埋立地を譲受け、その占有・管理を開始した。その後Ｂが死亡しＣが相続人として本件埋立地の占有・管理を開始した。Ｃが死亡した後は、その相続人であるＸが本件埋立地を占有・管理している。
Ｘは、Ｙ（国）に対し、Ｃが本件埋立地の所有権を時効取得し、自己がそれを承継したと主張して、本件埋立地の所有権の確認を求めた。これに対し、Ｙは、竣功認可を受けていない以上、本件埋立地は民法上の土地ではなく、公用廃止もされていない等と主張し、本件埋立地の取得時効の成立について争った。一審、原審ともＸの請求を認容したので、Ｙが上告。

判旨　上告棄却　「(1)　海は、特定人による独占的排他的支配の許されないものであり、現行法上、海水に覆われたままの状態でその一定範囲を区画してこれを私人の所有に帰属させるという制度は採用されていないから、海水に覆われたままの状態においては、私法上所有権の客体となる土地に当たらない（最判昭和六一年一二月一六日民集四〇巻七号一二三六頁参照）。また、海面を埋め立てるために土砂が投入されて埋立地が造成されても、原則として、埋立権者が竣功認可を受けて当該埋立地の所有権を取得するまでは、その土砂は、海面下の地盤に付合するものではなく、公有水面埋立法三五条一項に定める原状回復義務の対象となり得るものである（最判昭和五七年六月一七日民集三六巻五号八二四頁参照）。これらのことからすれば、海面の埋立工事が完成して陸地が形成されても、同項に定める原状回復義務の対象となり得る限りは、海面下の地盤の上に独立した動産たる土砂が置かれているにすぎないから、この時点ではいまだ当該埋立地は私法上所有権の客体となる土地に当たらないというべきである。

(2)　公有水面埋立法三五条一項に定める上記原状回復義務は、海の公共性を回復するために埋立てをした者に課せられた義務である。そうすると、長年にわたり当該埋立地が事実上公の目的に使用されることもなく放置され、公共用財産としての形態、機能を完全に喪失し、その上に他人の平穏かつ公然の占有が継続したが、そのため実際上公の目的が害されるようなこともなく、これを公共用財産として維持すべき理由がなくなった場合には、もはや同項に定める原状回復義務の対象とならないと解すべきである。したがって、竣功未認可埋立地であっても、上記の場合には、当該埋立地は、もはや公有水面に復元されることなく私法上所有権の客体となる土地として存続することが確定し、同時に、黙示的に公用が廃止されたものとして、取得時効の対象となるというべきである（最判昭和五一年一二月二四日民集三〇巻一一号一一〇四頁参照）。」

相続回復請求権と取得時効との関係　〔四一一〕参照。

取得時効の起算点　〔六八〕参照。

相続と一八五条の「新たな権原」　民法1総152(1)、物20(1)　一八五条

〔六七〕　最判昭和四六年一一月三〇日民集二五巻八号一四三七頁

事実　Aは、兄YからY所有の土地建物の管理を委託され、本件建物の南半分に居住しつつ、土地および建物の北半分の賃料を受領していたが、Aが死亡し、Xらが相続人となり、その後もAの妻X_1はその子X_2・X_3とともに本件建物の南半分に居住し、土地および建物の北半分の賃料を受領しており、Yもこの事実を了知していた。Yは、Xらに対して建物の明渡しおよび地代・家賃の返還を請求したのに対し、Xらは、本件土地建物の所有権を時効取得したなどと主張して訴えを提起した。原審は、Aには所有の意思がなく、Xらはこの占有を承継したのだから所有の意思がないとして時効取得を否定した。Xらより上告。

判旨　上告棄却「Xらは、右Aに死亡により、本件土地建物に対する同人の占有を相続により承継したばかりでなく、新たに本件土地建物を事実上支配することによりこれに対する占有を開始したものというべく、したがって、かりにXらに所有の意思があるとみられる場合においては、Xらは、右Aの死亡後民法一八五条にいう『新権原ニ因リ』本件土地建物の自主占有をするに至ったものと解するのを相当とする。これと見解を異にする原審の判断は違法というべきである。しかしながら、他方、原審の確定した事実によれば、X_1が前記の賃料を取得したのは、Yから右Aが本件土地建物の管理を委託された関係もあり、同人の遺族として生活の援助を受けるという趣旨で特に許されたためであり、右X_1は昭和三二年以降同三七年までYに本件家屋の南半分の家賃を支払っており、Xらが右Aの死亡後本件土地建物を占有するにつき所有の意思を有していたとはいえないというのであるから、Xらは自己の占有のみを主張しても、本件土地建物を、時効により取得することができないものといわざるをえない。したがって、Xらの取得時効に関する右主張を排斥した原審の判断は、結局相当であり、原判決の前記の違法はその結論に影響を及ぼすものではない。」

取得時効の起算点

〔六八〕　最判昭和三五年七月二七日民集一四巻一〇号一八七一頁

民法1総146(1)・152(2)(ウ)、物14(1)(ウ)

一六二条・一七七条

事実　本件は筆（境）界確定の訴えであるが、Xほか三名の先々代が明治四〇年一一月に本件係争の土地をAから買い受け、関東大震災後二、三年して檜苗を植え、以来これを管理して平穏・公然に占有してきたが、時効取得による所有権移転登記をしないうちに、Yは昭和二八年一〇月にAから右土地を買い受け、移転登記手続をした。Xらは取得時効の起算点は時効援用者で自由に決めうるとして、昭和二八年一〇月を遡る二〇年間の占有に基づき、Yに対抗しうるとしたのに対して、一審は時効の起算点は時効援用者が自由に選択決定できないとした。原審も同様の理由でX敗訴。Xは、時効の起算点を自由に選択できなければ法の保護は十分でない、時効完成後に原所有者から取得した者が移転登記をした場合には、時効取得者は対抗できないが、その後さらに三五年占有を継続しても、占有の始期を起算点とすると、時効取得者は保護されない。善意占有者の場合には登記請求をすることはありえない、そのような者を怠慢で対抗要件欠如したものとして保護を与えないのは時効制度の抹殺に等しい等の理由で上告した。

判旨　上告棄却　「元来時効の制度は、長期間継続した事実状態に法的価値を認め、これを正当なものとして、そのまま法律上の秩序たらしめることを期するものであって、これにより社会生活における法的安定性を保持することを目的とする。従って、時効制度の本来の性質からいえば、いわゆる起算日は常に暦日の上で確定していなければならないわけのものではなく、起算日を何時と定めるにしても、その時から法律の認めた一定期間を通じ同一の事実状態が継続し、いわゆる時効期間が経過した場合には、その事実に即して、遡って当初から権利の取得又は消滅があったものとして取扱うことは、時効の当事者間にあっては、必ずしも不合理であるとはいえないであろう。しかし、時効による権利の取得の有無を考察するにあたっては、単に当事者間のみならず、第三者に対する関係も同時に考慮しなければならぬのであって、この関係においては、結局当該不動産についていかなる時期に何人によって登記がなされたかが問題となるのである。そして時効が完成しても、その登記がなければ、その後に登記を経由した第三者に対しては時効による権利の取得を対抗しえない（民法一七七条）のに反し、第三者のなした登記後に時効が完成した場合においてはその第三者に対しては、登記を経由しなくとも時効取得をもってこれに対抗しうることとなると解すべきである。しからば、結局取得時効完成の時期を定めるにあたっては、取得時効の基礎たる事実が法律に定めた時効期間以上に継続した場合においても、必らず時効の基礎たる事実の開始した時を起算点として時効完成の時期を決定すべきものであって、取得時効を援用する者において任意にその起算点を選択し、時効完成の時期を或いは早め或いは遅らせることはできないものと解すべきである。大正一四年七月八日大審院連合部判決、および昭和一三年五月七日、同一四年七月一九日の各大審院判決等は右の趣旨に出でたもので正当というべく、当裁判所においても、今日右判例を変更すべき必要を認めない。」

時効と登記　〔八一〕参照。

土地賃借権の取得時効　一六三条

〔六九〕　最判昭和六二年六月五日判時一二六〇頁七頁　民法1総153

事実　Bは、昭和三年頃に、Aから土地の提供を受け、土地上に建物を建築、所有してきたが、Bの隠居によりCが、そしてCの死亡によりDがそれぞれ相続（戦前の家督相続）により右建物の所有権を取得した。昭和二五年に、YはDから右建物を買い受け、その登記をし、右土地をDから賃借した。Yは、三〇年間にわたり、右建物に居住し、敷地として右土地を利用し、その賃料をDに支払ってきた。他方、Xは、Aの相続人Eらから、右土地の贈与を受け、昭和四三年にその旨の移転登記がされた。Xが、Yに対して建物収去土地明渡請求をした。これに対して、Yは、昭和二五年から二〇年を経過した昭和四五年に、Xに対抗できる賃借権を時効取得したと主張した。原審はこれを認めて、Xの請求を棄却した。Xは、無権限者（D）から土地を賃借した者（Y）の土地賃借権の時効取得は認められないと主張して、上告した。

判旨　上告棄却　「他人の土地の継続的な用益という外形的事実が存在し、かつ、その用益が賃借の意思に基づくものであることが客観的に表現されているときには、民法一六三条により、土地の賃借権を時効取得するものと解すべきことは、当裁判所の判例とするところであり（最判昭和四三年一〇月八日民集二二巻一〇号二一四五頁、最判昭和五二年九月二九日裁判集民一二一号三〇一頁〕、他人の土地の所有者と称する者との間で締結された賃貸借契約に基づいて、賃借人が、平穏公然に土地の継続的な用益をし、かつ、賃料の支払を継続しているときには、前記の要件を満たすものとして、賃借人は、民法一六三条所定の時効期間の経過により、土地の所有者に対する関係において右土地の賃借権を時効取得するに至るものと解するのが相当である。」

地役権の時効取得　〔一二一〕参照。

第四節　消滅時効

割賦払債務の消滅時効の起算点　**一六六条**
〔七〇〕大連判昭和一五年三月一三日民集一九巻五四四頁　**民法1総154(3)(エ)**

事実　X銀行は大正一〇年Yに対し金一万三三〇〇円を貸し付け、弁済方法は大正一一年一二月二〇日以降毎年五月および一一月の各末日限り金六六五円宛支払うべきこと、ただし第一回にかぎり大正一一年一二月二〇日を弁済期とすること、Yが支払を怠ったときはXはYに対し割賦《かっぷ》弁済契約を消滅させる意思表示をし、もってYの割賦弁済による期限の利益を失わさせ残額全部を一時に請求し得る旨を約した。Yは第一回以降の割賦金の支払をしない。Xは昭和一二年訴えを提起し、昭和七年一一月末日を弁済期とする割賦金六六五円の支払を訴求したところ、Yは大正一一年一二月二〇日の第一回の割賦金の弁済を怠ったから同日をもって債権全額について弁済期は到来し、したがって同日より起算して五年の商事消滅時効は完成したと抗弁。原審は、Yの主張を認めたので、Xが上告。

判旨　破棄差戻　「割賦《かっぷ》払ノ債務ニ付キ債務者ガ一回タリトモ其ノ弁済ヲ懈怠《けたい》シタルトキハ債務者ハ割賦払ニ依ル期限ノ利益ヲ失ヒ一時ニ全額ヲ支払フベキ旨ヲ特約シタル場合ト雖《いえども》、其ノ特約ノ趣旨ガ一回ノ懈怠ニ依リ当然期限ノ利益ヲ喪失スルコトナク之ガ為ニハ債権者ニ於テ全額ニ付《つき》一時ノ支払ヲ求メ期限ノ利益ヲ喪失セシムル旨ノ意思表示ヲ為スコトヲ必要トスルモノナルトキハ、債権全額ニ対スル消滅時効ハ右ノ意思表示ノ時ヨリ其ノ進行ヲ開始スベキモノトス。蓋《けだ》シ斯ル場合ニ於テハ期限ノ利益ヲ喪失セシムルヤ否ヤハ債権者ノ自由ニ属シ、債権者ハ債務者ノ懈怠ニ拘ラズ尚従前ノ通リ割賦弁済ヲ求メ得ベク、債権者ガ債務者ノ懈怠ヲ尤《とが》ムルコトナク特ニ前示ノ意思表示ヲ為サザルニ於テハ、債務者ハ依然トシテ割賦弁済ニ依ル期限ノ利益ヲ保有スルコト勿論ニシテ、初メヨリ弁済期ノ定ナキ債権ト同視スルコトヲ得ザレバナリ。是レ当院ノ従来判例トスル所ニシテ（昭和三年(オ)第一二六七号同四年三月二一日言渡判決、大判昭和一二年二月一二日民集一六巻八八頁参照）右ト牴触スル当院判例ハ之ヲ変更スベキモノトス。原判決ハ本件当事者間ニ於ケル割賦弁済契約ニ於テハＹノ割賦金支払ノ懈怠ニ依リ割賦弁済ニ依ル期限ノ利益ヲ喪失セシムルニハ特ニＸノ意思表示ヲ必要トスル趣旨ナルコトヲ画定シナガラ、Ｙノ懈怠ニ依リＸハ即時一方的ニ割賦弁済ノ特約ヲ消滅セシメ残額全部ヲ請求シ得ベキ法律上ノ地位ヲ取得シタリトノ理由ニ基キ債権全部ニ対スル消滅時効ハＹガ割賦金ノ支払ヲ懈怠シタル時ヨリ其ノ進行ヲ始ムルモノト為シ、Ｘガ期限ノ利益ヲ喪失セシムベキ意思表示ヲ為シタル時期ヲ確定セズシテＹノ時効ノ抗弁ヲ認容シタルハ以上ノ法理ヲ誤解シタル結果必要ナル審理ヲ遂ゲザリシモノト謂《い》フベク破棄ヲ免レズ。」

安全配慮義務　〔一六四〕参照。

供託金取戻請求権の消滅時効　〔二〇一〕参照。

じん肺に罹患した雇用者の損害賠償請求権の消滅時効　一六六条・一六七条

〔七一〕　最判平成六年二月二二日民集四八巻二号四四一頁　民法1総154(2)、2債25(2)・186(3)

事実　Ｘら六三名は、Ｙの経営する炭鉱において炭坑労務に従事したためにじん肺に罹患した本人または相続人であり、Ｙに対し、雇用契約上の安全配慮義務の不履行に基づく損害賠償を請求した。なお、昭和三五年「じん肺法」の制定によって管理一から管理四までの「健康管理の区分」を決定する手続が定められたところ（その後「じん肺管理区分」に改正）、Ｘら六三名は、最終の行政上の決定が管理二の者から管理四の者まで分かれており、最終ないし最初の行政上の決定から本訴提起まで一〇年を経過したか否かについてもさまざまに分かれていたため、Ｙが援用した（平成二九年改正前）民法一六七条一項の消滅時効の起算点をどこにするかが問題となった。右起算点について、一審は最終の行政上の決定を受けた時とし、原審は最初の行政上の決定を受けた時とした。Xらが上告。

判旨　一部破棄差戻、一部上告棄却　「雇用契約上の付随義務としての安全配慮義務の不履行に基づく損害賠償請求権の消滅時効期間は、〔平成二九年改正前〕民法一六七条一項により一〇年と解され……、右一〇年の消滅時効は、同法一六六条一項により、右損害賠償請求権を行使し得る時から進行するものと解される。そして、一般に、安全配慮義務違反による損害賠償請求権は、その損害が発生した時に成立し、同時にその権利を行使することが法律上可能となるというべきところ、じん肺に罹患した事実は、その旨の行政上の決定がなければ通常認め難いから、本件においては、じん肺の所見がある旨の最初の行政上の決定を受けた時に少なくとも損害の一端が発生したものということができる。

しかし、このことから、じん肺に罹患した患者の病状が進行し、より重い行政上の決定を受けた場合においても、重い決定に相当する病状に基づく損害を含む全損害が、最初の行政上の決定を受けた時点で発生していたものとみることはできない。すなわち、前示事実関係によれば、じん肺は、……特異な進行性の疾患であって、しかも、……その進行の有無、程度、速度も、患者によって多様である……。そうすると、例えば、管理二、管理三、管理四と順次行政上の決定を受けた場合には、事後的にみると一個の損害賠償請求権の範囲が量的に拡大したにすぎないようにみえるものの、このような過程の中の特定の時点の病状をとらえるならば、その病状が今後どの程度まで進行するのかはもとより、進行しているのか、固定しているのかすらも、現在の医学では確定することができないのであって、管理二の行政上の決定を受けた時点で、管理三又は管理四に相当する病状に基づく各損害の賠償を求めることはもとより不可能である。以上のようなじん肺の病変の特質にかんがみると、管理二、管理三、管理四の各行政上の決定に相当する病状に基づく各損害には、質的に異なるものがあるといわざるを得ず、したがって、重い決定に相当する病状に基づく損害は、その決定を受けた時に発生し、その時点からその損害賠償請求権を行使することが法律上可能となるものというべきであり、最初の軽い行政上の決定を受けた時点で、その後の重い決定に相当する病状に基づく損害を含む全損害が発生していたとみることは、じん肺という疾病の実態に反するものとして是認し得ない。これを要するに、雇用者の安全配慮義務違反によりじん肺に罹患したことを理由とする損害賠償請求権の消滅時効は、最終の行政上の決定を受けた時から進行するものと解するのが相当である。」

第二編　物　権

第一章　総　則

慣習上の物権（鷹の湯温泉事件）　一七五条

〔七二〕大連判昭和一五年九月一八日民集一九巻一六一一頁　民法1物7(3)

事実　長野県松本市郊外にあったA（温泉旅館「鷹の湯」。現在は消滅）の債権者どうしの紛争。債権者Yは湯口権に対する強制執行をしたので、Aより土地と共に湯口権を取得したと主張するXは、強制執行の排除を請求した。

原審は、湯口権の独立の財産権を肯定し、対抗要件を要せずとしてYを敗訴させたので、Yより上告。

判旨　破棄差戻「凡《およ》ソ地中ヨリ湧出スル温泉自体ハ、之ヲ該湧出地所有地ノ一内容ヲ構成スルモノト解スベキヤ、若クハ右土地所有権ニ対シ独立セル一種ノ用益的支配権ナリト解スベキモノナリヤ否ヤハ、此ノ種地下水ニ関シ特別ノ立法ヲ欠如セル我法制ノ下ニ在ツテハ解釈上疑義ナキ能ハザルモ、本件係争ノ温泉専用権即所《いわ》謂《ゆる》湯口権ニ付テハ、該温泉所在ノ長野県松本地方ニ於テハ、右権利ガ温泉湧出地（原泉地）ヨリ引湯使用スル一種ノ物権的権利ニ属シ、通常原泉地ノ所有権ト独立シテ処分セラルル地方慣習法存スルコトハ上掲ノ如ク原審ノ判定セル処ニシテ、而《しか》モ叙上《じょじょう》ノ湯口権ハ訴外Aガ当時同人所有ノ土地ヨリ湧出セル温泉ヲ自ラ他ノ地点ニ引湯使用セルモノニシテ、即所謂原泉権自体ニ外ナラザルコトハ原判文ニ徴シ寔《まこと》ニ明白ナリトス。然レドモ既ニ地方慣習法ニ依リ如上ノ排他的支配権ヲ肯定スル以上、此ノ種権利ノ性質上民法第一七七条ノ規定ヲ類推シ、第三者ヲシテ其ノ権利ノ変動ヲ明認セシムルニ足ルベキ特殊ノ公示方法ヲ講ズルニ非ザレバ、之ヲ以テ第三者ニ対抗シ得ザルモノト解スベキコトハ敢テ多言ヲ俟《ま》タザルガ故ニ、原審ハ更ニ此ノ点ニ付キ考慮ヲ払ヒ、右地方ニ在ツテモ例ヘバ温泉組合乃至ハ地方官庁ノ登録等ニシテ右公示ノ目的ヲ達スルニ足ルベキモノ存スルヤ否ヤ、或ハ少クトモ立札其ノ他ノ標識ニ依リ、若クハ事情ニ依リテハ温泉所在ノ土地自体ニ対スル登記ノミニ依リ、第三者ヲシテ叙上権利変動ノ事実ヲ明認セシムルニ足ルベキヤ否ヤニ付須《すべから》ク審理判断ヲ与ヘザルベカラザル筋合ナリトス。」

然ルニ原審ノ措置茲《ここ》ニ出デズ、本件湯口権ニ付上段説示ノ如ク何等特殊ノ公示方法ヲ要スルコトナクシテ、直チニXノ本件湯口権ノ取得ヲYニ対抗シ得ベキ旨速断シタルハ、即法則ヲ誤解シ延テ審理不尽ニ陥リタルモノト謂フベシ。」

物権的請求権の相手方

〔七三〕 最判平成六年二月八日民集四八巻二号三七三頁

二〇六条・一九八条
民法1物9(2)(ウ)・14(2)(ウ)

事実 土地を競売によって買い受けたXは、土地上の建物の登記名義人Yに対して、土地に権原がないとして建物収去土地明渡しを請求した。Yは建物を第三者に売り渡して所有権を有しないと主張して明渡しに応じない。一、原審はXの請求を棄却。X上告。

判旨 破棄自判「1 土地所有権に基づく物上請求権を行使して建物収去・土地明渡しを請求するには、現実に建物を所有することによってその土地を占拠し、土地所有権を侵害している者を相手方とすべきである。したがって、未登記建物の所有者が未登記のままこれを第三者に譲渡した場合には、これにより確定的に所有権を失うことになるから、その後、その意思に基づかずに譲渡人名義に所有権取得の登記がされても、右譲渡人は、土地所有権による建物収去・土地明渡しの請求につき、建物の所有権の喪失により土地を占有していないことを主張することができるものというべきであり（最判昭和三五年六月一七日民集一四巻八号一三九六頁参照）、また、建物の所有名義人が実際には建物を所有したことがなく、単に自己名義の所有権取得の登記を有するにすぎない場合も、土地所有者に対し、建物収去・土地明渡しの義務を負わないものというべきである（最判昭和四七年一二月七日民集二六巻一〇号一八二九頁参照）。

2 もっとも、他人の土地上の建物の所有権を取得した者が自らの意思に基づいて所有権取得の登記を経由した場合には、たとい建物を他に譲渡したとしても、引き続き右登記名義を保有する限り、土地所有者に対し、右譲渡による建物所有権の喪失を主張して建物収去・土地明渡しの義務を免れることはできないものと解するのが相当である。けだし、建物は土地を離れては存立し得ず、建物の所有は必然的に土地の占有を伴うものであるから、土地所有者としては、地上建物の所有権の帰属につき重大な利害関係を有するのであって、土地所有者が建物譲渡人に対して所有権に基づき建物収去・土地明渡しを請求する場合の両者の関係は、土地所有者が地上建物の譲渡による所有権の喪失を否定してその帰属を争う点で、あたかも建物についての物権変動における対抗関係にも似た関係というべく、建物所有者は、自らの意思に基づいて自己所有の登記を経由し、これを保有する以上、右土地所有者との関係においては、建物所有権の喪失を主張できないというべきであるからである。もし、これを、登記に関わりなく建物の『実質的所有者』をもって建物収去・土地明渡しの義務者を決すべきものとするならば、土地所有者は、その探求の困難を強いられることになり、また、相手方において、たやすく建物の所有権の移転を主張して明渡しの義務を免れることが可能になるという不合理を生ずるおそれがある。他方、建物所有者が真実その所有権を他に譲渡したのであれば、その旨の登記を行うことは通常はさほど困難なこととはいえず、不動産取引に関する社会の慣行にも合致するから、登記を自己名義にしておきながら自らの所有権の喪失を主張し、その建物の収去義務を否定することは、信義にもとり、公平の見地に照らして許されないものといわなければならない。

3　これを本件についてみるのに、原審の認定に係る前示事実関係によれば、本件建物の所有者であるYはBとの間で本件建物についての売買契約を締結したにとどまり、その旨の所有権移転登記手続を了していないというのであるから、Yは、Xに対して本件建物の所有権の喪失を主張することができず、したがって、本件建物収去・土地明渡しの義務を免れないものというべきである。」

〔七四〕　削　除

妨害予防請求権　二〇六条・一九九条

〔七五〕大判昭和一二年一一月一九日民集一六巻一八八一頁　民法1物9(2)(イ)

事実　Yの所有地と隣接するXの所有する水田との間に約二尺五寸（六〇cm余）の崖がある。Y側から土砂がXの水田に崩れ落ちたことがあるので、XはYに対して予防措置を請求した。Yは水田の売主である前所有者が境界線を掘り下げたために崖が生じたので責任はないと主張。原審でY敗訴。Y上告。

判旨　上告棄却　「凡《およ》ソ所有権ノ円満ナル状態ガ他ヨリ侵害セラレタルトキハ所有権ノ効力トシテ其ノ侵害ノ排除ヲ請求シ得ベキト共ニ、所有権ノ円満ナル状態ガ他ヨリ侵害セラルル虞《おそれ》アルニ至リタルトキハ又所有権ノ効力トシテ所有権ノ円満ナル状態ヲ保全スル為現ニ此ノ危険ヲ生ゼシメツツアル者ニ対シ其ノ危険ノ防止ヲ請求シ得ルモノト解セザルベカラズ。然リ而《しか》シテ土地ノ所有者ハ法令ノ範囲内ニ於テ完全ニ土地ヲ支配スル権能ヲ有スル者ナレドモ、其ノ土地ヲ占有保管スルニ付テハ特別ノ法令ニ基ク事由ナキ限リ隣地所有者ニ侵害又ハ侵害ノ危険ヲ与ヘザル様相当ノ注意ヲ為スヲ必要トスルモノニシテ、其ノ所有ニカカル土地ノ現状ニ基キ隣地所有者ノ権利ヲ侵害シ若クハ侵害ノ危険ヲ発生セシメタル場合ニ在リテハ、該侵害又ハ危険ガ不可抗力ニ基因スル場合若クハ被害者自ラ右侵害ヲ認容スベキ義務ヲ負フ場合ノ外、該侵害又ハ危険ガ自己ノ行為ニ基キタルト否トヲ問ハズ、又自己ニ故意過失ノ有無ヲ問ハズ、此ノ侵害ヲ除去シ又ハ侵害ノ危険ヲ防止スベキ義務ヲ負担スルモノト解スルヲ相当トス。」

第二章　物権変動

一　物権変動の時期

特定物の売買の場合

〔七六〕　最判昭和三三年六月二〇日民集一二巻一〇号一五八五頁　　一七六条　民法1物10(3)(イ)

事実　Xは、Yから、既登記の甲土地および乙建物ならびに未登記の丙建物を買い受けて、内金を支払い、約定最終期限に残金を持参して契約の履行を求めたが、Yは、言を左右にしてこれに応じなかった。そこで、Xは、Yに対し、甲土地および乙建物の所有権移転登記手続、乙建物および丙建物の明渡し、ならびに丙建物の所有権の確認を求める訴えを提起した。一・原審とも、残代金の支払と引き換えに登記・明渡しをなすことを命じ、Xの所有権を確認した。Y上告。

判旨　上告棄却「売主の所有に属する特定物を目的とする売買においては、特にその所有権の移転が将来なされるべき約旨に出たものでないかぎり、買主に対し直ちに所有権移転の効力を生ずるものと解するを相当とする（大判大正二年一〇月二五日民録一九輯八五七頁参照）。そして原審は、所論（丙）の建物については、売主（Y）の引渡義務と買主（X）の代金支払義務とは同時履行の関係にある旨を判示しているだけであって、右建物の所有権自体の移転が、代金の支払または登記と同時になさるべき約旨であったような事実を認めていないことは、原判文上明白である。」

特約ある特定物の売買の場合

〔七七〕　最判昭和三五年三月二二日民集一四巻四号五〇一頁　　一七六条　民法1物10(3)(イ)

事実　XはYに特定物のハンカチーフ二〇〇〇ダースを寄託した後、Aに売り渡し、Aが三日後の午後四時までに代金を支払わないときは契約は失効するとの解除条件を付していた。Aは約束の期限までに代金を払わなかったのにBにこの商品を売り渡し、YはBにこれを引き渡した。XはBを荷渡先とする荷渡依頼書をAに交付しており、Aはこれを Bに交付していたが、XはYに対して荷渡依頼を取り消すという意思表示をし、Yもこれを承諾していた。Xは解除条件の成就により所有権が自己に復帰したと主張してYに対して損害賠償を請求。原審は、X・A間の売買契約により所有権はAに移転したが、解除条件の成就により所有権がXに復帰したことを認めてXを勝訴させた。Yより上告。

判旨　上告棄却「XとA会社間の右記売買契約には、これが代金を契約成立の日から約三日後である昭和二六年三月一九日の午後四時限り支払うこと、右約定日時迄に代金を支払わないときには契約は失効する旨の解除条件が付されていたことは、原判決の適法に確定するところである。それ故に特段の事情の存しない本件では、右売買の目的物たる本件ハンカチーフの所有権は右契約により当然A会社に移転することはなかったものと解するのが相当である。しかるに、原判決が右所有権は右売買契約により当然A会社に移転した上で解除条件の成就によりXに復帰したものと解し、しかもその間所論特定によりA会社からBに移転したものと解することを得ない所以については何らの判断を示さなかったのは失当を免れない。しかし、本件ハンカチーフの所有権が未だ前記A会社に移転しなかったものと解すべきこと前示のとおりである以上、A会社から更にBに移転したことを認めなかった原判決の判断は結局相当たるに帰する。されば、この点に関する所論もまた採用し難い。」

特定遺贈の効力　〔四三六〕参照。

二　不動産物権変動と登記の要否

物権変動原因無制限説判決　一七七条

〔七八〕大連判明治四一年一二月一五日民録一四輯一三〇一頁　民法1物14(1)・(1)(イ)(ウ)

事実　明治民法における家督相続に関する事件。Aの隠居によりXが家督相続人となったがAの所有する不動産につき相続登記をしなかった。Aからこの不動産を取得して登記をしたYに対して、Xは登記の抹消を請求。原審でX敗訴。X上告。家督相続による不動産の取得に登記を要するかが争点。

判旨　上告棄却「民法第一七六条ニ物権ノ設定及ビ移転ハ当事者ノ意思表示ノミニ因リテ其効力ヲ生ズトアリテ、当事者間ニ在リテハ動産タルト不動産タルトヲ問ハズ物権ノ設定及ビ移転ハ単ニ意思表示ノミニ因リテ其効力ヲ生ジ他ニ登記又ハ引渡等何等ノ形式ヲ要セザルコトヲ規定シタルニ止マリ、又其第一七七条ニハ不動産ニ関スル物権ノ得喪及ビ変更ハ登記法ノ定ムル所ニ従ヒ其ノ登記ヲ為スニ非ザレバ之ヲ以テ第三者ニ対抗スルコトヲ得ズトアリテ、不動産ニ関スル物権ノ得喪及ビ変更ハ其原因ノ如何ヲ問ハズ総テ登記法ノ定ムル所ニ従ヒ其登記ヲ為スニ非ザレバ之ヲ以テ第三者ニ対抗スルヲ得ザルコトヲ規定シタルモノニシテ、右両条ハ全ク別異ノ関係ヲ規定シタルモノナリ。之ヲ換言セバ前者ハ物権ノ設定及ビ移転ニ於ケル当事者間ノ関係ヲ規定シ、後者ハ物権ノ得喪及ビ変更ノ事為ニ於ケル当事者ト其得喪及ビ変更ニ干与セザル第三者トノ関係ヲ規定シタルモノナリ。故ニ偶《たまたま》第一七七条ノ規定即チ物権ノ得喪及変更ニ付テノ対抗条件ノ規定ガ前顕《ぜんけん》第一七六条ノ規定ノ次条ニ在ルトノ一事ヲ以テ、第一七七条ノ規定ハ独リ第一七六条ノ意思表示ノミニ因ル物権ノ設定及ビ移転ノ場合ノミニ限リ之ヲ適用スベキモノニシテ、其他ノ場合即チ意思表示ニ因ラズシテ物権ヲ移転スル場合ニ於テ之ヲ適用スベカラザルモノトスルヲ得ズ。何トナレバ第一七七条ノ規定ハ同一ノ不動産ニ関シテ正当ノ権利若クハ利益ヲ有スル第三者ヲシテ登記ニ依リテ物権ノ得喪及ビ変更ノ事状ヲ知悉《ちしつ》シ以テ不慮ノ損害ヲ免ルルコトヲ得セシメンガ為メニ存スルモノニシテ、畢竟《ひっきょう》第三者保護ノ規定ナルコトハ其法意ニ徴シテ毫《ごう》モ疑ヲ容レズ。而シテ右第三者ニ在リテハ物権ノ得喪及ビ変更ガ当事者ノ意思表示ニ因リ生ジタルト将《は》タ之ニ因ラズシテ家督相続ノ如キ法律ノ規定ニ因リ生ジタルトハ毫モ異ナル所ナキガ故ニ、其間区別ヲ設ケ前者ノ場合ニ於テハ之ニ対抗スルニハ登記ヲ要スルモノトシ、後者ノ場合ニ於テハ登記ヲ要セザルモノトスル理由ナケレバナリ。加之《しかのみならず》家督相続ノ如キ法律ノ規定ニ因リ物権ヲ取得シタル者ニ於テハ、意思表示ニ因リ物権ヲ取得シタル者ト均《ひと》シク登記法ノ定ムル所ニ従ヒ登記ヲ為シ以テ自ラ其権利ヲ自衛シ第三者ヲモ害セザル手続ヲ為シ得ベキハ言ヲ俟《ま》タザル所ナレバ、其間敢テ区別ヲ設ケ前者ハ登記ヲ為サズシテ其権利ヲ第三者ニ対抗シ得ルモノトシ、後者ノミ登記ナクシテ其権利ヲ第三者ニ対抗シ得ザルモノトスルノ必要ヲ認ムル由ナケレバナリ。」

取消しと登記　九六条・一七七条

〔七九〕大判昭和一七年九月三〇日民集二一巻九一一頁　民法1総106(2)・131、物14(1)(ア)

事実 XはAの詐欺にかかってAに所有地を売り移転登記を終えたが、後でそれを知って取り消した。しかるにAは、Xの取消前既に土地の一部をYに対する債務のためにYに対し抵当権を設定しかつ代物弁済による所有権移転請求権保全の仮登記をなし、さらに取消後残土地に対し前同様の登記をした。XはYに対し登記の抹消を訴求した。原審は、民法九六条三項で保護される第三者とは詐欺による意思表示の取消しのない間に権利を取得した第三者でなければならず、取消後に権利を取得した第三者を含まないと判示し、Yは一部敗訴に終わった。Yから上告。

判旨 破棄差戻「民法第九六条第三項ニ於テ詐欺ニ因ル意思表示ノ取消ハ之ヲ以テ善意ノ第三者ニ対抗スルコトヲ得ザル旨規定セルハ、取消ニ因リ其ノ行為ガ初ヨリ無効ナリシモノト看做サルル効果即チ取消ノ遡及効ヲ制限スル趣旨ナレバ、茲《ここ》ニ所謂《いわゆる》第三者トハ取消ノ遡及効ニ因リ影響ヲ受クベキ第三者即チ取消前ヨリ既ニ其ノ行為ノ効力ニ付利害関係ヲ有セル第三者ニ限定シテ解スベク、取消以後ニ於テ始メテ利害関係ヲ有スルニ至リタル第三者ハ仮令《たとい》其ノ利害関係発生当時詐欺及取消ノ事実ヲ知ラザリシトスルモ右条項ノ適用ヲ受ケザルコト洵《まこと》ニ原判示ノ如クナリト雖《いえども》、右条項ノ適用ナキノ故ヲ以テ直ニ斯《か》カル第三者ニ対シテハ取消ノ結果ヲ無条件ニ対抗シ得ルモノト為スヲ得ズ。今之ヲ本件ニ付《つい》テ観ルニ本件売買ガ原判決説示ノ如ク其ノ要素ノ錯誤アルモノニアラズシテ、詐欺ニ因リ取消シ得ベキモノナリトセバ、本件売買ノ取消ニ依リ土地所有権ハXニ復帰シ初ヨリAニ移転セザリシモノト為ルモ、此ノ物権変動ハ民法第一七七条ニ依リ登記ヲ為スニ非ザレバ之ヲ以テ第三者ニ対抗スルコトヲ得ザルヲ本則ト為スヲ以テ、取消後Aトノ契約ニ依リ権利取得ノ登記ヲ為シタルYニ之ヲ対抗シ得ルモノト為スニハ、取消ニ因ル右権利変動ノ登記ナキコト明カナル本件ニ於テハ其ノ登記ナキモ之ヲYニ対抗シ得ベキ理由ヲ説明セザルベカラズ。然ルニ原判決ハ此ノ点ニ付《つき》何等説示スル所ナクシテ取消ニ因ル右権利変動ヲ当然Yニ対抗シ得ルモノノ如ク解シYガAトノ契約ニ因リ登記シタル権利ヲ取得セザリシモノト為シ、登記ハ原因ヲ欠クヲ以テ之ガ抹消登記ヲ為スベキ義務アル旨判旨シタルハ理由不備ノ違法アリ。」

詐欺による売買の取消しにおける双方の原状回復義務の関係 〔二〇七〕参照。

解除と登記

〔八〇〕　最判昭和三五年一一月二九日民集一四巻一三号二八六九頁

一七七条・五四一条
民法1物14(1)(ア)

事実　Xは、その所有する土地（本件土地）をAに対して売却し、引き渡すと共に所有権移転登記も済ませた。しかし、Aが代金の一部を支払わなかったため、Xは売買契約を解除して、Aに対して移転登記の抹消と土地引渡請求の訴えを提起した。その後XA間で裁判上の和解が成立し、Aは本件土地所有権がXに復帰したことを認め、登記を抹消することに合意した。ところが、AはすでにY_1に本件土地を売却しており、さらにY_1はY_2へ売却し、それぞれ引き渡すと共に移転登記を済ませた。その後、Y_2はY_3のために本件土地に抵当権を設定しその旨の登記も備えている。そこで、Xは、Y_1、Y_2およびY_3に対してはそれぞれの登記の抹消を、Y_2に対しては土地の明渡しを求めて訴えを提起した。一審・原審ともXの請求を棄却したため、Xが上告した。

判旨　上告棄却「不動産を目的とする売買契約に基き買主のため所有権移転登記があった後、右売買契約が解除せられ、不動産の所有権が買主に復帰した場合でも、売主は、その所有権取得の登記を了しなければ、右契約解除後において買主から不動産を取得した第三者に対し、所有権の復帰をもって対抗し得ない」。

時効と登記

〔八一〕　最判昭和三六年七月二〇日民集一五巻七号一九〇三頁

一七七条・一六二条
民法1物14(1)(ウ)

事実　本件山林は、Aが所有していたが、Bは、本件山林を所有の意思をもって一〇年間占有を継続し、取得時効が完成した。Bが登記未了の間に、Aは、本件山林をYに対して贈与して、Yは移転登記を受けた。しかし、Bは、その登記の日以後も本件山林を所有の意思をもって平穏、公然、善意、無過失に一〇年以上占有を継続した。そこで、Bの包括承継人Xが、Yに対して、時効取得による所有権確認および移転登記請求を求めて訴えを提起した。一審ではXが敗訴したが、原審では、Y登記後のBの占有継続による時効取得を認めXが勝訴した。Yは、原判決は時効の起算点を遅らせたことになり判例に反するなどとして上告した。

判旨　上告棄却「時効による権利の取得の有無を考察するにあたっては、単に当事者間のみならず、第三者に対する関係も同時に考慮しなければならぬのであって、この関係においては、結局当該不動産についていかなる時期に何人によって登記がなされたかが問題となるのである。されば、時効が完成しても、その登記がなければ、その後に登記を経由した第三者に対しては時効による権利の取得を対抗しえないのに反し、第三者のなした登記後に時効が完成した場合においては、その第三者に対しては、登記を経由しなくとも時効取得をもってこれに対抗しうることとなると解すべきことは、当裁判所の判例とするところであって（最判昭和三五年七月二七日民集一四巻一〇号一八七一頁以下）……。

そして、原判決の確定した事実関係によれば、本件山林は、もとAの所有するところであったが、Xの被承継人Bは明治三八年五月二九日より大正四年五月二九日まで一〇年間これを所有の意思をもって平穏、公然、善意、無過失に占有を継続し、ために大正四年五月二九日に取得時効が完成したもののその登記を経ることなく経過するうち、同一五年八月二六日YがAより右山林の寄附をうけてその旨の登記を経由するに至ったところ、Bはさらに右登記の日より昭和一一年八月二六日まで一〇年間引き続き所有の意思をもって平穏、公然、善意、無過失に占有を継続したというのである。されば、Bは右時効による所有権の取得をその旨の登記を経由することなくてもYに対抗することができること前示当裁判所の判例に照し明らかであり、従って、Bの包括承継人であるXもまた同一の主張をなしうること論を待たない。原判決は、Yの前記登記によって時効が中断されるものと判示したのは失当たるを免れないが、結局その結論において正当であるから、所論は採ることができない。」

取得時効の起算点　〔六八〕参照。

取得時効完成後の抵当権設定と再度の時効取得　一六二条・一七七条・三九七条

〔八一の二〕　最判平成二四年三月一六日民集六六巻五号二三二一頁　民法1物114(2)

事実　Aは、昭和四五年三月本件旧土地をXに売却したが、Xは移転登記を経ないままに占有を開始し、サトウキビ畑として耕作していた。その後、昭和四七年にAが死亡し、Aの子Bが昭和五七年に相続を原因とする所有権移転登記を行ったうえで、昭和六一年にYのために本件旧土地上に抵当権を設定してその旨の登記をした。その際、Xは、抵当権設定等の事実を知らず、抵当権設定時に本件旧土地を所有すると信じるにつき善意・無過失であった。Yは平成一八年に本件旧土地につき本件抵当権の実行としての競売を申立て競売開始決定がなされたため、Xは、競売手続の不許を求めて第三者異議の訴えを提起した。なお、Xは、平成二〇年八月九日Bに対して、抵当権設定登記の日から一〇年間本件旧土地の占有を継続したことによる所有権の取得時効を援用した。一審・原審とも、Xの請求を認容したため、Yが上告。

判旨　上告棄却　「(1)時効取得者と取得時効の完成後に抵当権の設定を受けてその設定登記をした者との関係が対抗問題となることは、所論のとおりである。しかし、不動産の取得時効の完成後、所有権移転登記がされることのないまま、第三者が原所有者から抵当権の設定を受けて抵当権設定登記を了した場合において、上記不動産の時効取得者である占有者が、その後引き続き時効取得に必要な期間占有を継続したときは、上記占有者が上記抵当権の存在を容認していたなど抵当権の消滅を妨げる特段の事情がない限り、上記占有者は、上記不動産を時効取得し、その結果、上記抵当権は消滅すると解するのが相当である。その理由は、以下のとおりである。

ア　取得時効の完成後、所有権移転登記がされないうちに、第三者が原所有者から抵当権の設定を受けて抵当権設定登記を了したならば、占有者がその後にいかに長期間占有を継続しても抵当権の負担のない所有権を取得することができないと解することは、長期間にわたる継続的な占有を占有の態様に応じて保護すべきものとする時効制度の趣旨に鑑みれば、是認し難いというべきである。

イ　そして、不動産の取得時効の完成後所有権移転登記を了する前に、第三者に上記不動産が譲渡され、その旨の登記がされた場合において、占有者が、上記登記後に、なお引き続き時効取得に要する期間占有を継続したときは、占有者は、上記第三者に対し、登記なくして時効取得を対抗し得るものと解されるところ（最判昭和三六年七月二〇日民集一五巻七号一九〇三頁）、不動産の取得時効の完成後所有権移転登記を了する前に、第三者が上記不動産につき抵当権の設定を受け、その登記がされた場合には、占有者は、自らが時効取得した不動産につき抵当権による制限を受け、これが実行されると自らの所有権の取得自体を買受人に対抗することができない地位に立たされるのであって、上記登記がされた時から占有者と抵当権者との間に上記のような権利の対立関係が生ずるものと解され、かかる事態は、上記不動産が第三者に譲渡され、その旨の登記がされた場合に比肩するということができる。また、上記判例によれば、取得時効の完成後に所有権を得た第三者は、占有者が引き続き占有を継続した場合に、所有権を失うことがあり、それと比べて、取得時効の完成後に抵当権の設定を受けた第三者が上記の場合に保護されることとなるのは、不均衡である。

(2)これを本件についてみると、前記事実関係によれば、昭和五五年三月三一日の経過により、Xのために本件旧土地につき取得時効が完成したが、Xは、上記取得時効の完成後にされた本件抵当権の設定登記時において、本件旧土地を所有すると信ずるにつき善意かつ無過失であり、同登記後引き続き時効取得に要する一〇年間本件旧土地の占有を継続し、その後に取得時効を援用したというのである。そして、本件においては、前記のとおり、Xは、本件抵当権が設定されその旨の抵当権設定登記がされたことを知らないまま、本件旧土地……の占有を継続したというのであり、Xが本件抵当権の存在を容認していたなどの特段の事情はうかがわれない。

そうすると、Xは、本件抵当権の設定登記の日を起算点として、本件旧土地を時効取得し、その結果、本件抵当権は消滅したというべきである。」

共同相続と登記　　一七七条・八九八条

〔八二〕　最判昭和三八年二月二二日民集一七巻一号二三五頁　　民法1物14(1)(イ)・50(2)、民法3相18

事実　Aの共同相続人の一人Y_1（九分の二の持分）は他の共同相続人Xら（九分の七の持分）に無断でY_1の単独相続の登記をし、これをY_2に売り渡して仮登記をした。Xらは、Yらに対して登記の抹消を請求。原審は登記の全部抹消を認めず、持分に応じた更正登記を命じた。Xらは全部抹消を主張して上告。

判旨　上告棄却「相続財産に属する不動産につき単独所有権移転の登記をした共同相続人中の乙ならびに乙から単独所有権移転の登記をうけた第三取得者丙に対し、他の共同相続人甲は自己の持分を登記なくして対抗しうるものと解すべきである。けだし乙の登記は甲の持分に関する限り無権利の登記であり、登記に公信力なき結果丙も甲の持分に関する限りその権利を取得するに由ないからである（大判大正八年一一月三日民録二五輯一九四四頁参照）。そして、この場合に甲がその共有権に対する妨害排除として登記を実体的権利に合致させるため乙、丙に対し請求できるのは、各所有権取得登記の全部抹消登記手続ではなくして、甲の持分についてのみの一部抹消（更正）登記手続でなければならない（大判大正一〇年一〇月二七日民録二七輯二〇四〇頁、最判昭和三七年五月二四日裁判集民六〇巻七六七頁参照）。けだし右各移転登記は乙の持分に関する限り実体関係に符合しており、また甲は自己の持分についてのみ妨害排除の請求権を有するに過ぎないからである。

従って、本件において、共同相続人たるXらが、本件各不動産につき単独所有権の移転登記をした他の共同相続人であるY_1から売買予約による所有権移転請求権保全の仮登記を経由したY_2らに対し、その登記の全部抹消登記手続を求めたのに対し、原判決が、Y_1が有する持分九分の二についての仮登記に更正登記手続を求める限度においてのみ認容したのは正当である。また前示のとおりこの場合更正登記は実質において一部抹消登記であるから、原判決はXらの申立の範囲内でその分量的な一部を認容したものに外ならないというべく、従って当事者の申立てない事項について判決をした違法はないから、所論は理由なく排斥を免れない。」

「しかし、本件の訴訟物は共有権にもとづく妨害排除請求権であることは明らかなところ、Xらは九分の七の持分きり有しないのであるから、本件各移転登記の有効無効ならびにその登記原因の有効無効に係りなく、九分の七の持分についてのみ抹消請求（更正登記請求）ができるに過ぎず、全部抹消請求権は存しないというべきであるから、所論は判決に影響を及ぼす違法の主張と認められず、排斥を免れない。」

〔注〕　相続による権利の承継については、平成三〇年民法改正によって八九九条の二が新設されたため、今後は本条が一七七条の特則として適用されることとなった。

遺産分割と登記　　一七七条・九〇九条

〔八三〕　最判昭和四六年一月二六日民集二五巻一号九〇頁　　民法1物14(1)(イ)、民法3相18

事実　Xらは、遺産分割調停により、本件未登記不動産について法定相続分と異なる持分を取得する旨の合意が成立した。しかし、その旨の登記がされない間に、仮差押登記の嘱託および債権者の代位申請に基づいて、法定相続分に応じた持分の所有権保存登記がされ、その後Xらの一部の者の持分について、その債権者Yらが、仮差押決定を取得しその旨の登記を経由した。Xらは、Yらに対し、更正登記の承諾義務があるとして（不登六六条）、更正登記手続承諾請求の訴えを提起した。原審Xら敗訴。Xら上告。

判旨　上告棄却　「遺産の分割は、相続開始の時にさかのぼってその効力を生ずるものではあるが、第三者に対する関係においては、相続人が相続によりいったん取得した権利につき分割時に新たな変更を生ずるのと実質上異ならないものであるから、不動産に対する相続人の共有持分の遺産分割による得喪変更については、民法一七七条の適用があり、分割により相続分と異なる権利を取得した相続人は、その旨の登記を経なければ、分割後に当該不動産につき権利を取得した第三者に対し、自己の権利の取得を対抗することができないものと解するのが相当である。

論旨は、遺産分割の効力も相続放棄の効力と同様に解すべきであるという。しかし、民法九〇九条但書の規定によれば、遺産分割は第三者の権利を害することができないものとされ、その限度で分割の遡及効は制限されているのであって、その点において、絶対的に遡及効を生ずる相続放棄とは、同一に論じえないものというべきである。遺産分割についての右規定の趣旨は、相続開始後遺産分割前に相続財産に対し第三者が利害関係を有するにいたることが少なくなく、分割により右第三者の地位を覆えすことは法律関係の安定を害するため、これを保護するよう要請されるというところにあるものと解され、他方、相続放棄については、これが相続開始後短期間にのみ可能であり、かつ、相続財産に対する処分行為があれば放棄は許されなくなるため、右のような第三者の出現を顧慮する余地は比較的乏しいものと考えられるのであって、両者の効力に差別を設けることにも合理的理由が認められるのである。そして、さらに、遺産分割後においても、分割前の状態における共同相続の外観を信頼して、相続人の持分につき第三者が権利を取得することは、相続放棄の場合に比して、多く予想されるところであって、このような第三者をも保護すべき要請は、分割前に利害関係を有するにいたった第三者を保護すべき前示の要請と同様に認められるのであり、したがって、分割後の第三者に対する関係においては、分割により新たな物権変動を生じたものと同視して、分割につき対抗要件を必要とするものと解する理由があるといわなくてはならない。

なお、民法九〇九条但書にいう第三者は、相続開始後遺産分割前に生じた第三者を指し、遺産分割後に生じた第三者については同法一七七条が適用されるべきことは、右に説示したとおりであ」る。

共同相続と登記　〔八二〕〔注〕を参照。

相続放棄と登記　九三九条

〔八四〕最判昭和四二年一月二〇日民集二一巻一号一六頁　民法1物14(1)(イ)、民法3相42(2)

事実　本件不動産の所有者Aが死亡し、妻Bと長男Xを除く相続人Cら五人が相続放棄の申述をし受理されたが、その旨の登記をしなかった。Cの債権者Y_1Y_2は、本件不動産をCを含む七名が共同相続したものとして、Cの持分九分の一につき仮差押決定を得てCに代位して所有権保存登記をしこれに基づきCの持分について仮差押登記をした。そこで、XBはY_1Y_2に対し本件不動産の所有者はXBであるとして第三者異議の訴えを提起した。一審は、相続放棄の登記がなされていないとしてXB敗訴。そこで、相続放棄の登記を行う一方、Bは持分を放棄してその旨の登記を経由し、単独所有となったXが、訴えを仮差押登記の抹消登記手続請求に変更して控訴した。原審もX敗訴。X上告。

判旨　破棄自判　「民法九三九条一項（昭和三七年法律第四〇号による改正前のもの）『放棄は、相続開始の時にさかのぼってその効果を生ずる。』の規定は、相続放棄者に対する関係では、右改正後の現行規定『相続の放棄をした者は、その相続に関しては、初〔め〕から相続人とならなかったものとみなす。』と同趣旨と解すべきであり、民法が承認、放棄をなすべき期間（同法九一五条）を定めたのは、相続人に権利義務を無条件に承継することを強制しないこととして、相続人の利益を保護しようとしたものであり、同条所定期間内に家庭裁判所に放棄の申述をすると（同法九三八条）、相続人は相続開始時に遡ぼって相続開始がなかったと同じ地位におかれることとなり、この効力は絶対的で、何人に対しても、登記等なくしてその効力を生ずると解すべきである。」

「Cが他の相続人……等六名とともに本件不動産を共同相続したものとしてなされた代位による所有権保存登記……は実体にあわない無効のものというべく、従って、本件不動産につきCが持分九分の一を有することを前提としてなした仮差押は、その内容どおりの効力を生ずるに由なく、この仮差押登記……は無効というべきである。よって、この点に関する原判決の判断は当を得ず、この誤りが原判決主文に影響を及ぼすこと勿論であるから、論旨は理由があり、原判決は破棄を免れない。……Y_1 Y_2はXに対し、本件不動産のCの持分九分の一につき、……前記仮差押登記の抹消登記手続をなすべきである。」

遺贈と登記

〔八五〕 最判昭和三九年三月六日民集一八巻三号四三七頁　　一七七条・九六四条　民法1物14(1)(イ)、民法3相18

事実　被相続人Aは、遺言により本件不動産をBに遺贈した。ところが、Aが死亡しこの遺贈が効力を生じた後遺贈を原因とする所有権移転登記がなされない間に、Aの子Cの債権者Yは、Cへの金銭債権保全のために、Cを代位してCが相続によって取得した本件不動産の持分権について相続登記を経由した。Yは強制競売を申し立て、強制競売手続開始決定がなされ、競売申立ての記入登記（現民執法四八条の差押えの登記）がなされた。その後、遺言執行者Xが審判によって選任され、Yに対して第三者異議の訴え（現民執法三八条）を提起して強制執行の排除を求めた。一・原審とも、Yは一七七条の「第三者」にあたるとして、Xの請求を棄却した。Xより上告。

判旨　上告棄却「ところで、不動産の所有者が右不動産を他人に贈与しても、その旨の登記手続をしない間は完全に排他性ある権利変動を生ぜず、所有者は全くの無権利者とはならないと解すべきところ（最判昭和三三年一〇月一四日民集一二巻一四号三一一一頁参照）、遺贈は遺言によって受遺者に財産権を与える遺言者の意思表示にほかならず、遺言者の死亡を不確定期限とするものではあるが、意思表示によって物権変動の効果を生ずる点においては贈与と異なるところはないのであるから、遺贈が効力を生じた場合においても、遺贈を原因とする所有権移転登記のなされない間は、完全に排他的な権利変動を生じないものと解すべきである。そして、民法一七七条が広く物権の得喪変更について登記をもって対抗要件としているところから見れば、遺贈をもってその例外とする理由はないから、遺贈の場合においても不動産の二重譲渡等における場合と同様、登記をもって物権変動の対抗要件とするものと解すべきである。しかるときは、本件不動産につき遺贈による移転登記のなされない間に、亡Aと法律上同一の地位にあるCに対する強制執行として、Cの前記持分に対する強制競売申立が登記簿に記入された前記認定の事実関係のもとにおいては、競売申立をしたYは、前記Cの本件不動産持分に対する差押債権者として民法一七七条にいう第三者に該当し、受遺者は登記がなければ自己の所有権取得をもってYに対抗できないものと解すべきであり、原判決認定のように競売申立記入登記後に遺言執行者が選任せられても、それはYの前記第三者たる地位に影響を及ぼすものではないと解するのが相当である。」

〔八六〕　削　除

三　不動産物権変動における第三者の範囲

第三者制限説判決　　**一七七条**
〔八七〕　大連判明治四一年一二月一五日民録一四輯一二七六頁　　**民法1物14(2)(ア)**

事実　Aの所有する未登記建物をAより買い受けたXは、この建物の所有権を主張するYに対して建物所有権確認を請求した。原審では、Xは登記をしていないのでYに対抗できないとしてXの請求を棄却。X上告。

判旨　破棄差戻「物権ハ本来絶体ノ権利ニシテ待対ノ権利ニ非ズ。而シテ民法第一七七条ニハ不動産ニ関スル物権ノ得喪及ビ変更ハ登記法ノ定ムル所ニ従ヒ其登記ヲ為スニ非ザレバ之レヲ以テ第三者ニ対抗スルコトヲ得ズト規定シ、第三者ノ意義ニ付テ明ニ制限ヲ加ヘタル文詞アルヲ見ズ。是故ニ之ヲ物権ノ性質ニ考ヘ又之ヲ民法ノ条文ニ徴シテ卒然之ヲ論ズルトキハ、所謂《いわゆる》第三者トハ不動産ニ関スル物権ノ得喪及ビ変更ノ事為ニ於ケル当事者及ビ其包括承継人ニ非ザル者ヲ挙テ指称スト云ヘル説ハ誠ニ間然スベキ所ナキガ如シ。然レドモ精思深考スルトキハ未ダ必シモ其ノ然ラザルコトヲ知ルニ難カラズ。抑《そもそも》民法ニ於テ登記ヲ以テ不動産ニ関スル物権ノ得喪及ビ変更ニ付テノ成立要件ト為サズシテ之ヲ対抗条件ト為シタルハ既ニ其絶体ノ権利タル性質ヲ貫徹セシムルコト能ハザル素因ヲ為シタルモノト謂ハザルヲ得ズ。然レバ則チ其時ニ或ハ待対ノ権利ニ類スル嫌アルコトハ必至ノ理ニシテ毫《ごう》モ怪ムニ足ラザルナリ。是ヲ以テ物権ハ其性質絶対ナリトノ一事ハ本条第三者ノ意義ヲ定ムルニ於テ未ダ必シモ之ヲ重視スルヲ得ズ。加之《しかのみならず》本条ノ規定ハ同一ノ不動産ニ関シテ正当ノ権利若クハ利益ヲ有スル第三者ヲシテ登記ニ依リテ物権ノ得喪及ビ変更ノ事状ヲ知悉《ちしつ》シ、以テ不慮ノ損害ヲ免ルルコトヲ得セシメンガ為メニ存スルモノナレバ、其条文ニハ特ニ第三者ノ意義ヲ制限スル文詞ナシト雖《いえど》モ其自ラ多少ノ制限アルベキコトハ之ヲ字句ノ外ニ求ムルコト豈《あに》難シト云フベケンヤ。何トナレバ対抗トハ彼此《ひし》利害相反スル時ニ於テ始メテ発生スル事項ナルヲ以テ、不動産ニ関スル物権ノ得喪及ビ変更ニ付テ利害関係アラザル者ハ本条第三者ニ該当セザルコト尤《もっとも》著明《ちょめい》ナリト謂《い》ハザルヲ得ズ。又本条制定ノ理由ニ視テ其ノ規定シタル保障ヲ享受スルニ値セザル利害関係ヲ有スル者ハ亦之ヲ除外スベキハ蓋《けだし》疑ヲ容ルベキニ非ズ。由是《これによって》之ヲ観レバ本条ニ所謂第三者トハ当事者若クハ其包括承継人ニ非ズシテ不動産ニ関スル物権ノ得喪及ビ変更ノ登記欠缺《けんけつ》ヲ主張スル正当ノ利益ヲ有スル者ヲ指称スト論定スルヲ得ベシ。即チ同一ノ不動産ニ関スル所有権抵当権等ノ物権又ハ賃借権ヲ正当ノ権原ニ因リ取得シタル者ノ如キ、又同一ノ不動産ヲ差押ヘタル債権者若クハ其差押ニ付テ配当加入ヲ申立テタル債権者ノ如キ皆均シク所謂第三者ナリ。之ニ反シテ同一ノ不動産ニ関シ正当ノ権原ニ因ラズシテ権利ヲ主張シ、或ハ不法行為ニ因リテ損害ヲ加ヘタル者ノ類ハ皆第三者ト称スルコトヲ得ズ。本件ニ於テXハ係争家屋ヲ前所有者Aヨリ買受ケテ之ヲ所有スル事実ヲ主張シ、又Yハ自ラ之ヲ建築シテ所有スル事実ヲ主張シタルコトハ原判決及ビ第一審判決ノ事実摘示ニ明記スル所ナリ。故ニ若《も》シXノ主張真実ニシテYノ主張真実ナラザルトキハYハ帰スル所係争家屋ニ関シテハ正当ノ権利若クハ利益ヲ有セザル者ナルヲ以テ、民法第一七七条ニ所謂第三者ニ該当セザル者ト謂ハザルヲ得ズ。而《しか》シテ原判決ハ如上《じょじょう》当事者ノ主張事実ニ付テハ別ニ確定スル所ナリXガ未ダ登記ヲ為サザルヲ理由トシテ其権利ヲYニ対抗スルコトヲ得ザル旨判示シ、以テ其請求ヲ排斥シタルハ本条ノ規定ヲ不当ニ適用シ且理由ヲ付セザル不法ナル裁判タルコトヲ免レズ。」

一七七条

民法1物14(2)(イ)

賃借人

〔八八〕最判昭和四九年三月一九日民集二八巻二号三二五頁

事実　Aより借地したYは、地上にY名義で登記した建物を所有する。Aより右土地を買い受けたXは、所有権移転仮登記をした。XはYに対して賃料を請求しその不払いを理由に賃貸借契約の解除の意思表示をし、建物収去の請求をした。原審は、解除を認め、所有権移転登記の完了と同時Yに対する建物収去請求を認容した。Yは、本登記をしていないXのYに対する賃料請求と解除は効力を生じないと主張して上告。

判旨　一部破棄差戻、一部上告棄却　「本件宅地の賃借人としてその賃借地上に登記ある建物を所有するYは本件宅地の所有権の得喪につき利害関係を有する第三者であるから、民法一七七条の規定上、XとしてはYに対し本件宅地の所有権の移転につきその登記を経由しなければこれをYに対抗することができず、したがってまた、賃貸人たる地位を主張することができないものと解するのが、相当である（大判昭和八年五月九日民集一二巻一一二三頁参照）。

ところで、原判決によると、YがXの本件宅地の所有権の取得を争っていること、また、Xが本件宅地につき所有権移転登記を経由していないことを自陳していることは、明らかである。それゆえ、Xは本件宅地につき所有権移転登記を経由したうえではじめて、Yに対し本件宅地の所有権者であることを対抗でき、また、本件宅地の賃貸人たる地位を主張し得ることとなるわけである。したがって、それ以前には、Xは右賃貸人としてYに対し賃料不払を理由として賃貸借契約を解除し、Yの有する賃借権を消滅させる権利を有しないことになる。そうすると、Xが本件宅地につき所有権移転登記を経由しない以前に、本件宅地の賃貸人としてYに対し賃料不払を理由として本件宅地の賃貸借契約を解除する権利を有することを肯認した原判決の前示判断には法令解釈の誤りがあり、この違法は原判決の結論に影響を与えることは、明らかである。」

背信的悪意者
〔八九〕 最判昭和四三年八月二日民集二二巻八号一五七一頁
一七七条
民法1物14(2)(イ)

事実 Yは、昭和四年Aより山林を買い受けて未登記のまま占有してきたが、Xは昭和二八年、Aより著しく安く買い受けた。Xは、Yが既に買い受けていたことを知っておりYの未登記を奇貨としYに高価で売りつけて利益を得る目的で買い受けた。XはYに対して所有権確認を請求した。原審はXが背信的悪意者であるとしてXの請求を否定した。Xより上告。

判旨 上告棄却 「実体上物権変動があった事実を知る者において右物権変動についての登記の欠缺《けんけつ》を主張することが信義に反するものと認められる事情がある場合には、かかる背信的悪意者は、登記の欠缺を主張するについて正当な利益を有しないものであって、民法一七七条にいう第三者に当らないものと解すべきところ（最判昭和三一年四月二四日民集一〇巻四号一七頁、最判昭和四〇年一二月二一日民集一九巻九号二二二一頁参照）、……XがYの所有権取得についてその登記の欠缺を主張することは信義に反するものというべきであって、Xは、右登記の欠缺を主張する正当の利益を有する第三者にあたらないものと解するのが相当である。なお、Xが本件山林を買い受けた当時におけるその客観的価格が確定されていないことは、前記事実関係のもとにおいて右のように解することの妨げとなるものではないというべきである。

したがって、Yは登記なくして所有権取得をXに対抗することができるとした原審の判断は正当であって、論旨は採用することができない。」

時効取得者と背信的悪意者
〔九〇〕 最判平成一八年一月一七日民集六〇巻一号二七頁
一六二条・一七七条
民法1物14(2)(ウ)・70

事実 Xは、本件土地を購入し所有権移転登記を経由した。他方、Y会社は本件土地に隣接する自己所有地上に建物を有しており、公道から同建物へ通ずる土地を自己所有地に含まれるものとして通路として占有使用してきた。X

は、この通路部分の大半が自己の購入した本件土地に含まれるとして、Yに対し、自己の所有権の確認、コンクリート舗装の撤去を求める訴えを提起した。これに対し、Yは、反訴として、Y（およびその前主、前々主）が二〇年間本件通路部分を占有したことにより所有権または通行地役権を時効取得したと主張して争ったため、Xは、Yの時効取得の主張に対し登記の欠缺を主張したが、Yは、Xが背信的悪意者にあたると反論した。

原審は、Yの時効取得を認め、他方、Xは、取得時効の完成後に本件土地を購入したが、本件の事情の下ではYの登記の欠缺を主張する正当な利益を有しないとした。Xから上告受理申立て。

判旨　一部破棄差戻、一部上告棄却　「時効により不動産の所有権を取得した者は、時効完成前に当該不動産を譲り受けて所有権移転登記を了した者に対しては、時効取得した所有権を対抗することができるが、時効完成後に当該不動産を譲り受けて所有権移転登記を了した者に対しては、特段の事情のない限り、これを対抗することができないと解すべきである（最判昭和三三年八月二八日民集一二巻一二号一九三六頁、最判昭和三五年七月二七日民集一四巻一〇号一八七一頁、最判昭和三六年七月二〇日民集一五巻七号一九〇三頁、最判昭和四一年一一月二二日民集二〇巻九号一九〇一頁、最判昭和四二年七月二一日民集二一巻六号一六五三頁、最判昭和四八年一〇月五日民集二七巻九号一一一〇頁参照）。」

「民法一七七条にいう第三者については、一般的にはその善意・悪意を問わないものであるが、実体上物権変動があった事実を知る者において、同物権変動についての登記の欠缺を主張することが信義に反するものと認められる事情がある場合には、登記の欠缺を主張するについて正当な利益を有しないものであって、このような背信的悪意者は、民法一七七条にいう第三者に当たらないものと解すべきである（最判昭和四〇年一二月二一日民集一九巻九号二二二一頁、最判昭和四三年八月二日民集二二巻八号一五七一頁、最判昭和四三年一一月一五日民集二二巻一二号二六七一頁、最判昭和四四年一月一六日民集二三巻一号一八頁参照）。

そして、甲が時効取得した不動産について、その取得時効完成後に乙が当該不動産の譲渡を受けて所有権移転登記を了した場合において、乙が、当該不動産の譲渡を受けた時点において、甲が多年にわたり当該不動産を占有している事実を認識しており、甲の登記の欠缺を主張することが信義に反するものと認められる事情が存在するときは、乙は背信的悪意者に当たるというべきである。取得時効の成否については、その要件の充足の有無が容易に認識・判断することができないものであることにかんがみると、乙において、甲が取得時効の成立要件を充足していることをすべて具体的に認識していなくても、背信的悪意者と認められる場合があるというべきであるが、その場合であっても、少なくとも、乙が甲による多年にわたる占有継続の事実を認識している必要があると解すべきであるからである。」

背信的悪意者からの転得者

〔九一〕最判平成八年一〇月二九日民集五〇巻九号二五〇六頁

一七七条
民法1物14(2)(ウ)

事実 X市は、Aから本件土地を買い受け、敷地全体をアスファルトで舗装し、市道として一般市民の通行の用に供してきたが、分筆登記手続の手違いからX所有名義の登記は経由されず、道路法に基づく区域決定および供用開始決定もなされていなかった。また、Xは、Aに対し固定資産税を賦課していた。他方、B社、C社およびD社を経営するEは、Aが登記簿上自己名義になっているが、所在の分からない土地を処分したがっていると聞き、現地を調査した上で、道路でないとした場合の本件土地価格の一〇分の一以下の価格で、これを買い受け、B社への所有権移転登記を経由した。その後、本件土地は、BからC・Dを経て、Y社に所有権移転登記がなされ、Yは、本件土地上にプレハブ建物二棟およびバリケードを設置した。Xは、仮処分決定を得てプレハブ建物等を撤去した上で、Yに対し、①所有権移転登記手続、②道路敷地であることの確認、および③妨害物撤去土地明渡しの請求をし、Yは、Xの右仮処分の執行が不法行為にあたるとして損害賠償を求めた。一審は、Yは背信的悪意者とは認められないが、Xの道路管理権はYにも対抗できるとして、Xの②③請求のみを認容した。原審は、B社が背信的悪意者であって所有権取得をXに対抗できない以上、Y社もXに対抗しえない等の理由により、Xの請求をすべて認容した。Yより上告。

判旨 一部破棄差戻、一部上告棄却　「Bは、本件土地が市道敷地として一般市民の通行の用に供されていることを知りながら、Xが本件土地の所有権移転登記を経由していないことを奇貨として、不当な利得を得る目的で本件土地を取得しようとしたものということができ、Xの登記の欠缺を主張することができないいわゆる背信的悪意者に当たるものというべきである。……ところで、所有者甲から乙が不動産を買い受け、その登記が未了の間に、丙が当該不動産を甲から二重に買い受け、更に丙から転得者丁が買い受けて登記を完了した場合に、たとい丙が背信的悪意者に当たるとしても、丁は、乙に対する関係で丁自身が背信的悪意者と評価されるのでない限り、当該不動産の所有権取得をもって乙に対抗することができるものと解するのが相当である。けだし、(1)丙が背信的悪意者であるがゆえに登記の欠缺を主張する正当な利益を有する第三者に当たらないとされる場合であっても、乙は、丙が登記を経由した権利を乙に対抗することができないことの反面として、登記なくして所有権取得を丙に対抗することができるというにとどまり、甲丙間の売買自体の無効を来すものではなく、したがって、丁は無権利者から当該不動産を買い受けたことにはならないのであって、また、(2)背信的悪意者が正当な利益を有する第三者に当たらないとして民法一七七条の『第三者』から排除されるゆえんは、第一譲受人の売買等に遅れて不動産を取得し登記を経由した者が登記を得ていない第一譲受人に対してその登記の欠缺を主張することがその取得の経緯等に照らし信義則に反して許されないということにあるのであって、登記を経由した者がこの法理によって『第三者』から排除されるかどうかは、その者と第一譲受人との間で相対的に判断されるべき事柄であるからである。……Yは背信的悪意者からの転得者であり、したがって、Bが背信的悪意者であるにせよ、本件においてY自身が背信的悪意者に当たるか否かを改めて判断することなしには、本件土地の所有権取得をもってXに対抗しえないものとすることはできないというべきである。……本件土地は市道として適法に供用が開始されたものということができ、仮にその後Yが本件土地を取得し、Xが登記を欠くためYに所有権取得を対抗できなくなったとしても、Yは道路敷地として道路法所定の制限が加えられたものを取得したに過ぎないから（最判昭和四四年一二月四日民集二三巻一二号二四〇七頁参照）、Xは、道路管理者としての本件土地の管理権に基づき本件土地が指導の敷地であることの確認を求めるとともに、本件土地上にYが設置したプレハブ建物およびバリケード等の撤去を求めることができるものというべきである。」

九四条二項の類推適用　〔三二〕参照。

九四条二項・一一〇条の注意の適用　〔三三〕参照。

中間省略登記の抹消請求

〔九二〕　最判昭和三五年四月二一日民集一四巻六号九四六頁　一七七条　民法1物13(11)

事実　Aの所有する未登記の家屋をAより譲り受けたXは、Bにこれを譲渡し、Bはこれを C に譲渡担保として差し入れたが、いずれも未登記であった。その後、Xは、Yに対しても債務の担保として二重に譲渡した、YはXとの譲渡契約書により、A名義の保存登記をし、Xの同意を得ないままXを省略してAから直接Yへの中間省略登記をした。XはYに対して抹消登記を請求。原審は、Xには中間省略登記による不利益はないこと等を理由にXの請求を棄却。Xは上告してB、Cへの移転登記義務履行の利益があり、中間者Xの同意のない移転登記を認めるのは判例違反だと主張する。

判旨　上告棄却　「原審は、本件登記につきいわゆる中間者であるXの本件家屋の譲渡前後の事情、経過を詳述し、Xは訴外組合より本件家屋を未登記のまま承継取得して自ら所有する期間これを登記しようとしたことなく、登記方を他人に依頼することもなく、未登記のまま何ら不満を感ぜず経過し、これをBに譲渡するに当っても、単に所有権を与えてその対価を取得することをもって満足し、不動産を何人の名をもって保有〔存？〕登記をなすや等既登記不動産とする点に関しては毫も関心なく、話題となすこともなかったこと及びXは自己名義を登記に登載することを要するがごとき利益もまた何らなかったことを認めるに十分であった旨を認定し、更にXの本訴を提起した動機についても、何ら自己自身の利益を守る目的に非らずして、ただBが二重譲渡したことを聞知し、その譲受人の一人であるCをもって正当の権利者と解し、これに責任ありと感じてC名義の登記を実現するためY名義の登記を抹消しようとするにあることは、X本人の供述により明らかである旨を認定している。そして右原審の認定は、挙示の証拠に照らしこれを是認することができる。かかる事実関係の下においては、原審が、YとCといずれが法律上の保護に値するかどうかは同人らの訴訟の結果によるべきであり、Xには本件登記の抹消を訴求するについての法律上の利益を認めがたく、本訴請求は失当であると判示したことは正当である。所論は、原審の右判断を争い、または右原審の認定に副わない事実関係を前提として原判決の違法をいうものであって、採るを得ない。

所論は判例違反をいうが、原審は、その認定のごとき事実関係の下において、中間省略登記につきXの同意がなかったからといって、Xがこれを理由として本件登記の抹消を訴求するについての法律上の利益を認めがたく、本訴請求は失当である旨を判示したに止まり、中間省略登記の効力、要件等につき所論のように、引用の判例と異なる判断を示したものとは認められない。所論は採るを得ない。」

中間省略登記請求権　一七七条

〔九三〕　最判昭和四〇年九月二一日民集一九巻六号一五六〇頁　民法1物13⑾、2債34⑷㋐

事実　本件家屋は、YからA、AからXへと所有権が移転した。Xは、Yに対し、中間者Aを経由しないで直接YからXへの所有権移転登記をするように請求した。原審で敗訴したXは、中間者Aは代金を受領し、所有権移転請求権保全仮登記の移転付記登記にも応じており、中間省略登記に何の支障も感じていないこと、中間者の同意なしに中間省略登記がなされた場合でも、当該中間省略登記の抹消を求める正当な利益を欠くときは、その抹消請求は許されないという判例の趣旨に反することなどを理由に、上告。

判旨　上告棄却　「実体的な権利変動の過程と異なる移転登記を請求する権利は、当然には発生しないと解すべきであるから、甲乙丙と順次に所有権が移転したのに登記名義は依然として甲にあるような場合に、現に所有権を有する丙は、甲に対し直接自己に移転登記すべき旨を請求することは許されないというべきである。ただし、中間省略登記をするについて登記名義人および中間者の同意ある場合は別である。（論旨引用の当裁判所判決は、すでに中間省略登記が経由された後の問題に関するものであって、事案を異にし本件には適切でない。）本件においては、登記名義人の同意について主張、立証がないというのであるから、上告人の中間省略登記請求を棄却した原判決の判断は正当であって、不動産登記法に違反するとの論旨は理由がない。また、登記名義人や中間者の同意がない以上、債権者代位権によって先ず中間者への移転登記を訴求し、その後中間者から現所有者への移転登記を履践しなければならないのは、物権変動の経過をそのまま登記簿に反映させようとする不動産登記法の建前に照らし当然のことであって、中間省略登記こそが例外的な便法である。右の法解釈をもって経験則や慣習に違反しているとの論旨もまた理由がない。」

真正な登記名義の回復と中間省略登記請求権　一七七条

〔九四〕 最判平成二二年一二月一六日民集六四巻八号二〇五〇頁　民法1物13(11)

事実 本件土地は、Yがもと所有していたところ、Yは、本件土地をAに贈与した。その後、Aが死亡し、その共同相続人の一人であるXが、遺産分割協議により本件土地を単独で取得した。なお、本件土地については、持分一〇分の三のY名義の持分登記がある。そこで、Xは、Yに対して、本件土地について、真正な登記名義の回復を原因とするY持分全部移転登記を求めて訴えを提起した。一審・原審とも、Xの請求を認容したため、Yが上告した。

判旨 破棄差戻 「不動産の所有権が、元の所有者から中間者に、次いで中間者から現在の所有者に、順次移転したにもかかわらず、登記名義がなお元の所有者の下に残っている場合において、現在の所有者が元の所有者に対し、元の所有者から現在の所有者に対する真正な登記名義の回復を原因とする所有権移転登記手続を請求することは、物権変動の過程を忠実に登記記録に反映させようとする不動産登記法の原則に照らし、許されないものというべきである。

これを本件についてみると、……本件土地の所有権は、本件贈与によりYからAに、本件相続によりAからXに、順次移転したにもかかわらず、Y名義の持分登記がなお残っているというのであるから、Xとしては、Y名義で登記されている持分につき、YからAに対する本件贈与を原因とする移転登記手続を請求し、その認容判決を得た上で、AからXに対する本件相続を原因とする持分移転登記手続をすべきであって、このような場合に、真正な登記名義の回復を原因として、直接YからXに対する持分移転登記手続を請求することは許されないというべきである。」

五　動産物権変動の対抗要件

賃借人
〔九五〕　大判大正四年四月二七日民録二一輯五九〇頁
一七八条
民法1物15(4)

事実　Xは、本件動産をAから買い受けて、現在の占有者であるYに対し引渡しを請求したが、Yは、所有者Zから本件動産を賃借したものであり、未だ引渡しを受けていないXはYに対して所有権取得を対抗し得ないとして、これを争った。一・原審ともYが勝訴し、Xは、何らの権原なく所有者と称する者やその者からの賃借人は一七八条によって保護されるべき何らの利益も有しないとして上告。

判旨　上告棄却「按ズルニ、民法第一八〇条ノ規定ニ依レバ自己ノ権利行使ヲ主張シテ物ヲ所持スル者ハ、其物ニ付占有権ヲ有シ、同第一八八条ノ規定ニ依レバ占有物ノ上ニ行使スル権利ハ適法ニ有スルモノト推定スベキナリ。故ニ動産ニ付賃借権ヲ有スルコトヲ主張シ之ヲ占有スル者ハ、反証ナキ限リハ賃借権者ナリトノ推定ヲ受クベキヲ以テ其動産ノ所有権ヲ譲受ケタル者ニ対シ引渡ナキコトヲ理由トシテ所有権ノ取得ヲ否認スルニ付正当ノ利益ヲ有スルモノト云フベク。従ツテ斯ル占有者ハ民法第一七八条ニ所謂第三者ニ該当スルモノトス。本件ニ於テ原判決ノ確定セル所ニ依レバ係争ノ動産ハX等カ其所有者ヨリ買受ケタルモ、之ガ引渡ヲ受ケタルコトナキニ反シ、Yハ其所有者ナリト主張スルZヨリ賃借シタリト主張シ現ニ之ヲ占有シ居リテX等ノ所有権ヲ認メズト云フニ在レバ、YハX等ガ係争動産ノ引渡ヲ受ザルコトヲ主張シ其所有権ヲ否認スルニ付正当ノ利益ヲ有スル第三者ニシテ、X等ハ其所有権ヲYニ対抗スルコトヲ得ザルモノト云ハザルベカラズ。」

受寄者
〔九六〕　最判昭和二九年八月三一日民集八巻八号一五六七頁
一七八条・六六二条
民法1物15(4)

事実　Yは動産（タンス・自転車等）をBに売り渡し、即時その引渡しをすると共に、Bの寄託によりこれを保管していたところ、その後Bはこの物件をXに売り渡したがその引渡しは行われなかった。Xは所有権に基づき、Yに対して右動産の引渡しを請求した。原審がXの請求を認めたので、Yは上告し、Xは引渡しを受けないとYに対して所有権の取得を対抗できないはずだと主張した。

判旨 上告棄却「YはXに本件物件を譲渡したBに代って一時右物件を保管するに過ぎないものであって、かかる者は右譲渡を否認するに付き正当の利害関係を有するものということは出来ない。従って民法一七八条にいう第三者に該当しないと解すべく原判旨は相当であって論旨は採用することができない。」

六　動産物権変動における公信―即時取得

占有の取得　　一八三条・一九二条

〔九七〕 最判昭和三五年二月一一日民集一四巻二号一六八頁　　民法1物28(1)(ウ)

事実 本件動産（水車発電機等）は、所有者からAに売却され、これを収納している倉庫の鍵も引き渡されたが、代金不払いにより売買契約は解除された。ところが、Aは、これをXに売却し、占有改定の方法で引き渡した。他方、所有者から売却権限を与えられたY_1がこれをY_2に売却して引き渡したので、XがY_1、Y_2らに対し、本件動産の所有権確認と引渡しを求める訴えを提起した。原審は占有改定によっては即時取得できないとしてXの請求を退け、Xより上告。

判旨 上告棄却「無権利者から動産の譲渡を受けた場合において、譲受人が民法一九二条によりその所有権を取得しうるためには、一般外観上従来の占有状態に変更を生ずるがごとき占有を取得することを要し、かかる状態に一般外観上変更を来たさないいわゆる占有改定の方法による取得をもっては足らないものといわなければならない（大判大正五年五月一六日民録二二輯九六一頁、最判昭和三二年一二月二七日民集一一巻一四号二四八五頁参照）。

されば原判決が、Xは本件物件を一審原告Aより買い受けたが、Aは当時右物件については全くの無権利者であったこと、当時Aより物件の引渡を受けはしたが、その引渡はいわゆる占有改定の方法によったものであることを証拠によって確定し、しかも一方において右物件は、判示のような経緯から、Y_1（同人は当時右物件の売買につき真実の権利者らからその権限を付与されていた）よりY_2に売却され、代金の完済とともにその所有権を譲渡し、かつその引渡が了されたというのであるから、原判決がこれらの事実関係からXの所論即時取得による所有権の取得を否定し、これを前提とする本訴請求を排斥したのは正当というべきである。」

無過失の推定　一九二条・一八八条

〔九八〕最判昭和四一年六月九日民集二〇巻五号一〇一一頁　民法1物28(1)(オ)

事実　本件船舶（総屯数二〇トン未満の不登記船舶）は、A所有物件として競売に付され、Bが買い受けて、Yに譲渡されたものであるが、実はC所有の別の船であった。そこで、Cから本件船舶の所有権を譲り受けたXが、右競売手続の無効を理由に、Yに対し引渡しを請求した。原審がYの善意取得を認めたので、Xより、本件船舶は外形上も競売船舶と異なり、常備されるべき漁船登録票も備えていないものであって、多年漁業を営み漁船に関する実験則を知悉したYにはその取得について過失がある等として、上告。

判旨　上告棄却「思うに、右法条〔民法一九二条〕にいう『過失なきとき』とは、物の譲渡人である占有者が権利者たる外観を有しているため、その譲受人が譲渡人にこの外観に対応する権利があるものと誤信し、かつこのように信ずるについて過失のないことを意味するものであるが、およそ占有者が占有物の上に行使する権利はこれを適法に有するものと推定される以上（民法一八八条）、譲受人たる占有取得者が右のように信ずるについては過失のないものと推定され、占有取得者自身において過失のないことを立証することを要しないものと解すべきである。しかして、このように解することは、動産流通の保護に適合する所以であり、これに反する見解に立つ判例（大判明治四一年九月一日民録一四輯八七六頁）は改むべきものである。

今叙上の見解に立って本件を見るに、原審の認定したところによれば、Bが右船舶を競落したものの右競売手続には瑕疵があったため、該船舶の所有権を取得しなかったところ、執行吏によって船舶の競売手続がなされるような場合、船舶の所有権が競落人に移転するものと信ずるのは通常であるから、Bから右船舶を買い受けたYにおいて、Bが船舶の所有権を取得せずして無権利者であったことを知らなかったことにつき過失ありとは認められないのであって、原判示の無過失であった云々の措辞は必ずしも妥当ではないが、原判決は前記当裁判所の見解に照らし、結局正当である。」

金銭の即時取得の成否　一九二条

〔九九〕最判昭和三九年一月二四日判時三六五号二六頁　民法1物28(1)(ア)

事実　Aは、債権者Xへの弁済の目的でAの店舗の営業を一部任せてきたが、Aの他の債権者YがAに対して仮差押えをしたので、Aは、仮差押えの解除のため、Xをだまして一一万円余の交付を受けこれに店舗の売上金六万円余を加えて、合計一七万円余を自己の銀行預金からの払戻金と称して執行官に提出した。XはYに対しAにだまされて交付した金銭およびAが着服横領した金銭は自己に属すると主張して第三者異議の訴えを提起した。原審は、Xの主張する金銭の所有権はXに属していないと述べてXの請求を棄却した。X上告。

判旨　上告棄却「金銭は、特別の場合を除いては、物としての個性を有せず、単なる価値そのものと考えるべきであり、価値は金銭の所在に随伴するものであるから、金銭の所有権者は、特段の事情のないかぎり、その占有者と一致すると解すべきであり、また金銭を現実に支配して占有する者は、それをいかなる理由によって取得したか、またその占有を正当づける権利を有するか否かに拘わりなく、価値の帰属者即ち金銭の所有者とみるべきものである（最判昭和二九年一一月五日刑集八巻一一号一六七五頁参照）。……一一万円余はXから交付をうけたとき、六万余円は着服横領したとき、それぞれAの所有に帰しXらはその所有権を喪失したものというべきである。これと同趣旨の原判決の判断は正当であって、これを誤なりとする論旨は理由なく、違憲の主張も前提を欠き採用しえない。」

盗品の取得　一九四条

〔一〇〇〕最判平成一二年六月二七日民集五四巻五号一七三七頁　民法1物28(3)

事実　Xは、本件動産（バックホー）を所有していたが、Aほか一名にこれを盗取された。Yは、中古土木機械の販売業等を営むBから、善意無過失で本件バックホーを購入し、その代金を支払って引渡しを受けた。Xは、Yに対して、本件バックホーの引渡しと使用利益相当額の支払を求めて本件訴えを提起した。これに対し、Yは、右金員の支払義務を争うと共に、民法一九四条に基づき、Xが代価の弁償をしない限り本件バックホーは引き渡さないと主張した。一審判決によって本件バックホーの引渡しと引渡済みまでの使用利得額の支払を命じられたYは、その負担の増大を避けるため、原審係属中に、代価の支払を受けないまま本件バックホーをXに引き渡し、Xはこれを受領した。原審は、Yに対しては本件訴え提起の時から引渡しの日までの使用利益の返還を、Xに対しては代価の弁償と反訴状送達の日の翌日からの遅延損害金の支払を命じた。Yより上告受理申立て。

判旨　一部破棄自判、一部棄却　「盗品又は遺失物（以下「盗品等」という。）の被害者又は遺失主（以下「被害者等」という。）が盗品等の占有者に対してその物の回復を求めたのに対し、占有者が民法一九四条に基づき支払った代価の弁償があるまで盗品等の引渡しを拒むことができる場合には、占有者は、右弁償の提供があるまで盗品等の使用収益を行う権限を有すると解するのが相当である。けだし、民法一九四条は、盗品等を競売若しくは公の市場において又はその物と同種の物を販売する商人から買い受けた占有者が同法一九二条所定の要件を備えるときは、被害者等は占有者が支払った代価を弁償しなければその物を回復することができないとすることによって、占有者と被害者等との保護の均衡を図った規定であるところ、被害者等の回復請求に対し占有者が民法一九四条に基づき盗品等の引渡しを拒む場合には、被害者等は、代価を弁償して盗品等を回復するか、盗品等の回復をあきらめるかを選択することができるのに対し、占有者は、被害者等が盗品等の回復をあきらめた場合には盗品等の所有者として占有取得後の使用利益を享受し得ると解されるのに、被害者等が代価の弁償を選択した場合には代価弁償以前の使用利益を喪失するというのでは、占有者の地位が不安定になること甚だしく、両者の保護の均衡を図った同条の趣旨に反する結果となるからである。また、弁償される代価には利息は含まれないと解されるところ、それとの均衡上占有者の使用収益を認めることが両者の公平に適うというべきである。

これを本件について見ると、Yは、民法一九四条に基づき代価の弁償があるまで本件バックホーを占有することができ、これを使用収益する権限を有していたものと解される。したがって、不当利得返還請求権又は不法行為による損害賠償請求権に基づくXの本訴請求には理由がない。これと異なり、Yに右権限がないことを前提として、民法一八九条二項等を適用し、使用利益の返還義務を認めた原審の判断には、法令の解釈適用を誤った違法があり、右違法は原判決の結論に影響を及ぼすことが明らかである。」

「Yは、本件バックホーの引渡しを求めるXの本訴請求に対して、代価の弁償がなければこれを引き渡さないとして争い、第一審判決がYの右主張を容れて代価の支払と引換えに本件バックホーの引渡しを命じたものの、右判決が認めた使用利益の返還債務の負担の増大を避けるため、原審係属中に代価の弁償を受けることなく本件バックホーをXに返還し、反訴を提起したというのである。右の一連の経緯からすると、Xは、本件バックホーの回復をあきらめるか、代価の弁償をしてこれを回復するかを選択し得る状況下において、後者を選択し、本件バックホーの引渡しを受けたものと解すべきである。このような事情にかんがみると、Yは、本件バックホーの返還後においても、なお民法一九四条に基づきXに対して代価の弁償を請求することができるものと解するのが相当である。大判昭和四年一二月一一日民集八巻九二三頁は、右と抵触する限度で変更すべきものである。

そして、代価弁償債務は期限の定めのない債務であるから、民法四一二条三項によりXはYから履行の請求を受けた時から遅滞の責を負うべきであり、本件バックホーの引渡しに至る前記の経緯からすると、右引渡しの時に、代価の弁償を求めるとのYの意思がXに対して示され、履行の請求がされたものと解するのが相当である。したがって、Xは代価弁償債務につき本件バックホーの引渡しを受けた時から遅滞の責を負い、引渡しの日の翌日である平成九年九月三日から遅延損害金を支払うべきものである。それゆえ、代価弁償債務及び右同日からの遅延損害金の支払を求めるYの反訴請求は理由がある。そうすると、反訴状送達に先立つ履行の請求の有無につき検討することなく、Xの代価弁償債務が右送達によってはじめて遅滞に陥るとした原判決の判断には法令の解釈適用を誤った違法があり、右違法は原判決の結論に影響を及ぼすことが明らかである。」

七　明認方法

立木
〔一〇一〕　最判昭和三五年三月一日民集一四巻三号三〇七頁　八六条一項・一七七条・二四二条
民法1物16

事実　YはAより山林を買い受け、未登記のまま杉苗を植え立札でYの所有を公示していた。その後、Aはこの山林をBに売り、X_1はBよりこれを買い受け、X_1は、二分の一の持分をX_2に譲渡し、それぞれ移転登記がされた。X_1が買い受けた当時、右立札は消滅していた。Yが杉立木を伐採したので、XらはYに対して所有権確認と損害賠償を請求した。原審は、Xらの買受け当時、立木所有権の公示がなかったことを理由にXらを勝訴させた。Yは稲立毛の所有権につき明認方法がなくても第三者に対抗できるとした判例（大判昭和一七年二月二四日民集二一巻五一頁）を引用して上告。

判旨　上告棄却　「案ずるに、原審確定の事案によれば、YがAから本件山林を買い受け、地盤所有者として本件立木を植栽して後、Aはこの山林を別にBに売り渡して移転登記を得させ、X_1は更に右Bから買い受けて移転登記を経たというのであって、Yはこの山林所有権につきXらに対抗できないのである。ただ本件立木はYが権原に基づいて植栽したものであるから、民法二四二条但書を類推すれば、この場合、右B・X_1らの地盤所有権に対する関係では、本件立木の地盤への附合は遡って否定せられ、立木はYの独立の所有権の客体となりえたわけである。しかしかかる立木所有権の地盤所有権からの分離は、立木が地盤に附合したまま移転する物権変動の効果を立木について制限することになるのであるから、その物権的効果を第三者に対抗するためには、少くとも立木所有権を公示する対抗要件を必要とすると解せられるところ、原審確定の事実によれば、Xらの本件山林所有権の取得は地盤の上の立木をその売買の目的から除外してなされたものとは認められず、かつ、Xらの山林取得当時にはYの施した立木の明認方法は既に消滅してしまっていたというのであるから、Yの本件立木所有権は結局Xらに対抗しえないものと言わなければならない。これを立木所有権を留保して地盤所有権のみを移転した場合にたとえ、右と同趣旨の理路をたどる原判決の説明は正当であって、所論の違法はない。なお、所論引用の大審院判例の事案は、未登記の田地所有権に基づき耕作して得た立稲および束稲の所有権の差押債権者への対抗力に関するものであるが、稲は、植栽から収穫まで僅々数ヶ月を出でず、その間耕作者の不断の管理を必要として占有の帰属するところが比較的明らかである点で、成育に数十年を予想し、占有状態も右の意味では通常明白でない山林の立木とは、おのずから事情を異にするものというべく、右判例も必ずしも植栽物の所有権を第三者に対抗するにつき公示方法を要しないとした趣旨ではない、と解されるから、本件の前記判示に抵触するものではない。所論は採用できない。」

八　物権の消滅

混同による消滅　　一七九条一項但書

〔一〇二〕　最判昭和四六年一〇月一四日民集二五巻七号九三三頁　　民法1物17

事実　甲土地の所有者Yは、同土地上にAのための抵当権を設定してその旨の登記を経由した後に、甲土地上の乙建物を借地人Bから買い受けて、その旨の登記を経由した。その直後に、甲土地につき強制競売が開始され、Xがこれを買い受けた。Xが、Yに対し、乙建物の収去と甲土地の明渡しを求めたのに対し、一・原審とも、民法一七九条一項但書に従い、Yの承継した賃借権は消滅しないとしてXの請求を棄却した。Xは、土地・建物が同一人名義で登記されているときは、第三者が建物の登記名義によって借地人の存在を推知することができないので、借地権をXに対抗することができず、一七九条一項但書を適用する余地はないし、仮に本件借地権に対抗力があるとしても、甲土地の競売手続においてYの申出に基づいて賃貸借関係なしとして競売期日の公告がなされていたのであるから、Yは自らの用益的権利を買受人に主張することができないなどと主張して、上告。

判旨　上告棄却「特定の土地につき所有権と賃借権とが同一人に帰属するに至った場合であっても、その賃借権が対抗要件を具備したものであり、かつ、その対抗要件を具備した後に右土地に抵当権が設定されていたときは、民法一七九条一項但書の準用により、賃借権は消滅しないものと解すべきである。そして、これは、右賃借権の対抗要件が建物保護に関する法律一条〔現借地借家法一〇条一項〕によるものであるときであっても同様である。」

「建物保護に関する法律一条による対抗要件を具備した土地の賃借権は、競売期日の公告に記載がなくても、その対抗力が消滅するものではない。また、執行裁判所の取調に対して土地の賃借権者が賃借権の申出をしなかったとしても、それが直ちにその賃借権の効力に影響を及ぼすものではない。」

第三章　占有権

「所有の意思」の判断基準（お綱の譲り渡し事件）　一六二条・一八六条一項

〔一〇三〕　最判昭和五八年三月二四日民集三七巻二号一三一頁　民法1物20(4)

事実　Aは本件不動産を所有していたが、長男Xは、Aから「お綱の譲り渡し」として本件不動産の占有を取得した。「お綱の譲り渡し」とは、熊本県郡部の慣習で、所有権を移転する面と家計の収支に関する権限を譲渡する面とがあり、多義的に用いられていた。Xは、「お綱の譲り渡し」以降、農業経営と共に家計の収支一切を取り仕切り、Bからの借入金の名義をAからXに変更し、Bから信用を得るためにA所有の山林の一部をX名義に移転するなどして、Aから本件不動産の贈与を受けたものと信じていた。その後、Aが死亡し、その子であるXおよびY_1・Y_2が相続した。そこで、Xは、本件不動産について、Aからの贈与または時効取得を根拠にY_1・Y_2に対して所有権移転登記手続を求めて訴えを提起した。一審・原審とも、時効取得を理由にXの請求を認めたため、Y_1・Y_2が上告した。

判旨　破棄差戻「ところで、民法一八六条一項の規定は、占有者は所有の意思で占有するものと推定しており、占有者の占有が自主占有にあたらないことを理由に取得時効の成立を争う者は右占有が所有の意思のない占有にあたることについての立証責任を負うのであるが（最判昭和五四年七月三一日裁判集民一二七号三一七頁参照）、右の所有の意思は、占有者の内心の意思によってではなく、占有取得の原因である権原又は占有に関する事情により外形的客観的に定められるべきものであるから（最判昭和四五年六月一八日裁判集民九九号三七五頁、最判昭和四七年九月八日民集二六巻七号一三四八頁参照）、占有者がその性質上所有の意思のないものとされる権原に基づき占有を取得した事実が証明されるか、又は占有者が占有中、真の所有者であれば通常はとらない態度を示し、若しくは所有者であれば当然とるべき行動に出なかったなど、外形的客観的にみて占有者が他人の所有権を排斥して占有する意思を有していなかったものと解される事情が証明されるときは、占有者の内心の意思のいかんを問わず、その所有の意思を否定し、時効による所有権取得の主張を排斥しなければならないものである。しかるところ、原判決は、XはAからいわゆる「お綱の譲り渡し」により本件各不動産についての管理処分の権限を与えられるとともに右不動産の占有を取得したものであるが、Aが本件各不動産をXに贈与したものとは断定し難いというのであって、もし右判示が積極的に贈与を否定した趣旨であるとすれば、右にいう管理処分の権限は所有権に基づく権限ではなく、Xは、A所有の本件各不動産につき、実質的にはAを家長とする一家の家計のためであるにせよ、法律的には同人のためにこれを管理処分する権限を付与されたにすぎないと解さざるをえないから、これによってXがAから取得した本件各不動産の占有は、その原因である権原の性質からは、所有の意思のないものといわざるをえない。また、原判決の右判示が単に贈与があったとまで断定することはできないとの消極的判断を示したにとどまり、積極的にこれを否定した趣旨ではないとすれば、占有取得の原因である権原の性質によってXの所有の意思の有無を判定することはできないが、この場合においても、AとXとが同居中の親子の関係にあることに加えて、占有移転の理由が前記のようなものであることに照らすと、その場合におけるXによる本件各不動産の占有に関し、それが所有の意思に基づくものではないと認めるべき外形的客観的な事情が存在しないかどうかについて特に慎重な検討を必要とするというべきところ、Xがいわゆる「お綱の譲り渡し」を受けたのち家計の収支を一任され、Bから自己の一存で金員を借り入れ、その担保とする必要上A所有の山林の一部を自己の名義に変更したことがあるとの原判決挙示の事実は、いずれも必ずしも所有権の移転を伴わない管理処分権の付与の事実と矛盾するものではないから、Xの右占有の性質を判断する上において決定的事情となるものではなく、かえって、右「お綱の譲り渡し」後においても、本件各不動産の所有権移転登記手続はおろか、農地法上の所有権移転許可申請手続さえも経由されていないことは、Xの自認するところであり、また、記録によれば、Aは右の「お綱の譲り渡し」後も本件各不動産の権利証及び自己の印鑑をみずから所持していてXに交付せず、Xもまた家庭内の不和を恐れてAに対し右の権利証等の所在を尋ねることもなかったことがうかがわれ、更に審理を尽くせば右の事情が認定される可能性があったものといわなければならないのである。そして、これらの占有に関する事情が認定されれば、たとえ前記のようなXの管理処分行為があったとしても、Xは、本件各不動産の所有者であれば当然とるべき態度、行動に出なかったものであり、外形的客観的にみて本件各不動産に対するAの所有権を排斥してまで占有する意思を有していなかったものとして、その所有の意思を否定されることとなって、Xの時効による所有権取得の主張が排斥される可能性が十分に存するのである。」

自主占有への転換　一六二条・一八五条・一八六条

〔一〇四〕　最判平成八年一一月一二日民集五〇巻一〇号二五九一頁　民法1物20(1)(4)

事実　Aは、本件不動産を所有してその一部を賃貸していたが、五男Bは、Aより本件不動産の占有管理を委託され、賃借人から賃料を取り立て、これを生活費として費消していた。その後Bが死亡し、妻X_1と子X_2が相続し、本件不動産の占有を承継した。なお、X_1は、Bの生前、Bより「本件不動産はAより贈与された」旨聞かされていた。X_1は、Bの死亡後も、本件不動産の管理を専行し賃料を取り立て生活費の一部として費消していた。その後、Aが死亡し、妻Y_1、子C、Y_2、D、Y_3および孫（代襲相続人）X_2が共同相続した。X_1・X_2が、本件不動産についてAからBへの贈与を、予備的に取得時効を主張して、Yらに対して所有権移転登記手続を求めて訴えを提起した。一審は、AB間の贈与を認め、Xらの請求を認容したが、原審は、AB間の贈与もXらの取得時効も認めずXらは敗訴した。Xらより上告。

判旨 破棄自判 「他主占有者の相続人が独自の占有に基づく取得時効の成立を主張する場合において、右占有が所有の意思に基づくものであるといい得るためには、取得時効の成立を争う相手方ではなく、占有者である当該相続人において、その事実的支配が外形的客観的にみて独自の所有の意思に基づくものと解される事情を自ら証明すべきものと解するのが相当である。けだし、右の場合には、相続人が新たな事実的支配を開始したことによって、従来の占有の性質が変更されたものであるから、右変更の事実は取得時効の成立を主張する者において立証を要するものと解すべきであり、また、この場合には、相続人の所有の意思の有無を相続という占有取得原因事実によって決することはできないからである。

……前記事実関係によれば、X_1は、Bの死亡後、本件土地建物について、Bが生前にAから贈与を受け、これをXらが相続したものと信じて、幼児であったX_2を養育する傍ら、その登記済証を所持し、固定資産税を継続して納付しつつ、管理使用を専行し、……賃借人から賃料を取り立ててこれを専らXらの生活費に費消してきたものであり、……Xらは、Bの死亡により、本件土地建物の占有を相続により承継しただけでなく、新たに本件土地建物全部を事実上支配することによりこれに対する占有を開始したものということができる。そして、他方、Xらが前記のような態様で本件土地建物の事実的支配をしていることについては、A及びその法定相続人である妻子らの認識するところであったところ、同人らがXらに対して異議を述べたことがうかがわれない……。右の各事情に照らせば、Xらの本件土地建物についての事実的支配は、外形的客観的にみて独自の所有の意思に基づくものと解するのが相当である。」

相続と一八五条の「新たな権限」 〔六七〕参照。

占有の瑕疵の承継 一六二条二項・一八七条
〔一〇五〕 最判昭和五三年三月六日民集三二巻二号一三五頁 民法1総152(2)(ア)、物23

事実 Xの先々代Aが、本件土地（未墾地の原野）を所有していたが、B（国）が農地法に基づき本件買収処分を行い、本件土地を占有した。ところで、この買収処分は要件を欠いていたため無効でありBは所有権を取得できなかった。しかし、Bはそのまま占有を継続し、Cへ売り渡した後買い戻し、その後Bはさらに D に、D は Y に売り渡し、占有をそれぞれ移転するとともに、登記も Y に移された。X は、Y に対して本件買収処分の無効を理由として本件土地の所有権確認、登記名義の回復、土地引渡しを求めて訴えを提起した。これに対し、Y は、本件買収処分の有効性を主張すると共に、予備的に、買収が無効であるとしても善意・無過失のCからB、D、Yへと占有が移転する間に一〇年が経過したとして短期取得時効の完成を主張した。一・原審とも、Bの買収処分を無効であるとし、かつYの取得時効については中間者Bの占有に過失があることを理由にその成立を否定して、Xの請求を認めた。Yより上告。

判旨　破棄差戻「一〇年の取得時効の要件としての占有者の善意・無過失の存否については占有開始の時点においてこれを判定すべきものとする民法一六二条二項の規定は、時効期間を通じて占有主体に変更がなく同一人により継続された占有が主張される場合について適用されるだけではなく、占有主体に変更があって承継された二個以上の占有が併せて主張される場合についてもまた適用されるものであり、後の場合にはその主張にかかる最初の占有者につきその占有開始の時点においてこれを判定すれば足りるものと解するのが相当である。」

善意占有者と果実　一八九条・七〇三条

〔一〇六〕　最判昭和三八年一二月二四日民集一七巻一二号一七二〇頁　民法1物26、2債174(1)(ウ)

事実　破産したA会社は、Y銀行に債務を負担していないのに弁済として支払をした。Aの破産管財人Xは、Yに対し不当利得に基づいてその返還を請求し、併せて商事法定利率による利息相当の運用利益の返還も請求した。原審は、運用利益につき、Yが善意の間は民法一八九条一項により善意取得し、悪意になった後は返還義務を負うとした。Xは民法一八九条一項によるべきでなく七〇三条の不当利得によるべきだと主張して上告。

判旨　一部破棄自判「按ずるに、不当利得における善意の受益者が利得の原物返還をすべき場合については、占有物の返還に関する民法一八九条一項を類推適用すべきであるとの説があるが、かかる見解の当否はしばらくおき、前記事実関係によれば、本件不当利得の返還は価格返還の場合にあたり、原物返還の場合には該当しないのみならず、前記運用利益をもって果実と同視することもできないから、右運用利益の返還義務の有無に関して、右法条の適用を論ずる余地はないものといわなければならない。すなわち、たとえ、Yが善意の不当利得者である間に得た運用利益であっても、同条の適用によってただちにYにその収取権を認めるべきものではなく、この場合右運用利益を返還すべきか否かは、もっぱら民法七〇三条の適用によって決すべきものである。

そこで、進んで本件におけるような運用利益が、民法七〇三条により返還されることを要するかどうかについて考える。およそ、不当利得された財産について、受益者の行為が加わることによって得られた収益につき、その返還義務の有無ないしその範囲については争いのあるところであるが、この点については、社会観念上受益者の行為の介入がなくても不当利得された財産から損失者が当然取得したであろうと考えられる範囲においては、損失者の損失があるものと解すべきであり、したがって、それが現存するかぎり同条にいう『利益ノ存スル限度』に含まれるものであって、その返還を要するものと解するのが相当である。本件の事実関係からすれば、少なくともXが主張する前記運用利益は、受益者たるYの行為の介入がなくてもAにおいて社会通念に照らし当然取得したであろうと推認するに難くないから、Yはかりに善意の不当利得者であってもこれが返還義務を免れないものといわなければならない。してみれば、右運用利益につき、Yが善意の不当利得者であった期間は、民法一八九条一項によりこれが返還義務のないことを前提としてXの本訴請求中Yの不当利得した金員合計五三九万二九二四円に対するその各受領の日の翌日より昭和二九年六月二一日までの運用利益の支払を求める部分を棄却した原判決は、右の点に関する法令の解釈適用を誤ったものといわなければならないから、論旨は理由があり、原判決は、右の点につき、他の上告論旨についての判断をまつまでもなく破棄を免れない。そして、本件は、右部分につき当審で裁判をするに熟するものと認められるところ、右Xの請求部分は合計一〇四万一四六四円（円未満は切り捨てる）となることは計算上明らかであるから（Xの請求の趣旨中の中間計算にも明白な誤りがあるので訂正）、YはXに対しこれが支払をなすべきものである。」

賃借人の旧賃貸人に対する費用償還請求権　〔一一八〕参照。

占有回収の訴えにおける侵奪　二〇〇条
〔一〇七〕 大判大正一一年一一月二七日民集一巻六九二頁　民法1物30(4)(ア)

事実 XはAより土地を買い受けてBに賃貸して小作をさせていたが、Yが所有権を主張するので、BはXに無断でYに引き渡した。XはYに対して占有回収の訴えを提起した。原審でX敗訴。Xは賃借人の占有が侵害されないとしても、賃貸人の占有が侵害されたと主張して上告。

判旨 上告棄却 「民法第二〇〇条第一項ノ『占有者ガ其ノ占有物ヲ奪ハレタルトキ』トハ占有者ガ其ノ意思ニ因ラズシテ物ノ所持ヲ失ヒタル場合ヲ指称スルモノナレバ、占有侵奪ノ事実アルニハ占有者自ラ占有ノ意思ヲ失ヒタルニ非ザルコトヲ要ス。故ニ占有者ガ他人ニ任意ニ物ノ占有ヲ移転シタルトキハ、仮令《たとい》其ノ移転ノ意思ガ他人ノ欺罔《ぎもう》ニ因リテ生ジタル場合ナリトスルモ、占有侵奪ノ事実アリト云フヲ得ズ。而《しか》シテ賃貸借関係ニ於テ賃借人ガ物ヲ所持スルハ一面自己ノ為ニ占有スルト同時ニ他面ニ於テハ賃貸人ヲ代理シテ占有スルモノニシテ、即賃貸人ハ民法第一八一条ノ所謂《いわゆる》代理人ニ依リテ物ヲ占有スル場合ノ一ニ該当スルガ故ニ、賃借人ガ其ノ占有ヲ侵奪セラレタリヤ否ハ占有代理人タルベキ賃借人ニ付テ之ヲ判定スベキモノトス。然ラバ原審ガ賃借人タルBニ於テ任意ニ賃借物ノ占有ヲYニ移転シタル以上ハYノ他ヨリ之ヲ買受ケタリトノ言ヲ信ジタル結果ナリトスルモ占有権ノ侵奪ナリト云フヲ得ザルヲ以テ、賃借人ハ勿論賃貸人タルXモ亦占有回収ノ訴ニ依リ其ノ回収ヲ求メ得ベカラザルモノト判示シタルハ相当ニシテ、訴外Bノ引渡ガYノ欺罔手段ニ基キタルヤ否ヲ明確ニスルノ必要毫《ごう》モ存セザレバ、本論旨ハ其ノ理由ナシ。」

相互侵奪（小丸船事件）　二〇〇条
〔一〇八〕 大判大正一三年五月二二日民集三巻二二四頁　民法1物30・30(4)(ア)

事実 Y所有の船（小丸船）を店の裏河岸に係留していたところ、Aがこれを盗んでBに売り、BはXに売却した。Yはこの船を見つけてY方に回漕した上でこれを他人Cに売り渡した。XはYに対して引渡しを請求した。原審は引渡請求を否定したが、Yの侵奪時からCへの売却時までXが船を使用できなかった損害につき、Xの善意・悪意を問わずその賠償をYに命じた。Y上告。

判旨 上告棄却「民法第二〇〇条第一項ノ規定ニ依レバ占有者ガ其ノ占有ヲ奪ハレタトキハ占有回収ノ訴ニ依リ其ノ物ノ返還及損害ノ賠償ヲ請求スルコトヲ得ベク、其ノ占有者ノ善意悪意ハ問フトコロニ非ザルヲ以テ、悪意ノ占有者ト雖《いえども》尚占有回収ノ訴ヲ以テ占有侵奪者ニ対シ占有ノ侵奪ニ因リテ生ジタル損害ノ賠償ヲ請求スルコトヲ得ルモノト解セザルベカラズ。然ラバ原判決ガYヲ占有侵奪者ナリト認メ之ニ損害ノ賠償義務アリト認ムルニ当リXノ占有ノ悪意ナリヤ否ヤヲ判断セザリシハ正当ナリ。而《しか》シテ原判決ハYノ占有侵奪ニヨリXガ本件船舶ヲ自ラ使用スルコトヲ得ザリシガ為ニXノ蒙リタル損害ノ額ヲ判定シ之ガ支払ヲYニ命ジタルモノナルコト原判決理由ニ依リ明ニシテ、原判決ハYノ侵奪ナカリセバXノ得ベカリシ占有物ノ果実ヲ基礎トシテXノ蒙リタル損害ヲ計算シ之ガ賠償ヲYニ命ジタルモノニ非ザルヲ以テ、原判決ニハY所論ノ如キ不法ナシ。」

占有の訴えに対する反訴の提起　二〇二条

〔一〇九〕最判昭和四〇年三月四日民集一九巻二号一九七頁　民法1物30(1)

事実 A所有の土地を買い受けて移転登記を得たYは、Aよりこの土地の引渡しを受け、地上に建物を所有するXに対して、暴力行使の気勢を示して建物の撤去を迫った。そこでXはYに対して、妨害の停止を求める占有保持の訴えを提起した。これに対して、Yは所有権に基づき建物収去土地明渡しの反訴を提起した。原審は、占有保持の訴えを認めつつ、Yの本権に基づく反訴を認め、Xに土地の明渡しを命じた。Xは上告して、占有の訴えに対する反訴は、民法二〇二条二項に反し許されないと主張。

判旨 上告棄却「論旨は、原審が占有の訴に対する本権に基づく反訴を適法としてこれを認容したのは、民法二〇二条または民訴法二三九条〔現一四六条〕の解釈を誤ったものであるという。しかし、民法二〇二条二項は、占有の訴において本権に関する理由に基づいて裁判することを禁ずるものであり、従って、占有の訴に対し防禦方法として本権の主張をなすことは許されないけれども、これに対し本権に基づく反訴を提起することは、右法条の禁ずるところではない。そして、本件反訴請求を本訴たる占有の訴における請求と対比すれば、牽連性がないとはいえない。それゆえ、本件反訴を適法と認めてこれを審理認容した原審に所論の違法はないから、論旨は採用できない。」

第四章　所有権

一　相隣関係

通行権
〔一一〇〕最判平成九年一二月一八日民集五一巻一〇号四二四一頁　　二〇九条
民法1物40、2債181(2)(イ)

事実　本件土地は、大規模分譲住宅団地内の通路として開設され、道路位置指定を受けて以来三〇年以上にわたり近隣住民等の通行の用に供されている幅員四m・総延長一〇〇m以上の道路で、Xらがその居住地から自動車で公道に出るには、本件土地を利用することが不可欠である。贈与により本件土地の所有権を取得したYらは、Xらを含む本件土地近辺の住民に対し、Yらと本件土地の通行に関する契約を締結しない車両等の本件土地の通行を禁止するという趣旨のビラをまくと共に、もっぱらXらの自動車通行をやめさせる意図の下に、本件土地に簡易ゲート等を設置し、さらに、Xらの所属する自治会に対し本件土地の通行を不可能にする工事を施工することがある旨を通知した。Xらは、自動車で本件土地を通行するたびに、いったん下車して右簡易ゲートを取り除かなければならなくなり、通行を妨害されているなどとして、妨害の排除と予防を請求した。原審がこれを認めたので、Yより上告。

判旨　上告棄却　「建築基準法四二条一項五号の規定による位置の指定（以下「道路位置指定」という。）を受け現実に開設されている道路を通行することについて日常生活上不可欠の利益を有する者は、右道路の通行をその敷地の所有者によって妨害され、又は妨害されるおそれがあるときは、敷地所有者が右通行を受忍することによって通行者の通行利益を上回る著しい損害を被るなどの特段の事情のない限り、敷地所有者に対して右妨害行為の排除及び将来の妨害行為の禁止を求める権利（人格権的権利）を有するものというべきである。

けだし、道路位置指定を受け現実に開設されている道路を公衆が通行することができるのは、本来は道路位置指定に伴う反射的利益にすぎず、その通行が妨害された者であっても道路敷地所有者に対する妨害排除等の請求権を有しないのが原則であるが、生活の本拠と外部との交通は人間の基本的生活利益に属するものであって、これが阻害された場合の不利益には甚だしいものがあるから、外部との交通についての代替手段を欠くなどの理由により日常生活上不可欠なものとなった通行に関する利益は私法上も保護に値するというべきであり、他方、道路位置指定に伴い建築基準法上の建築制限などの規制を受けるに至った道路敷地所有者は、少なくとも道路の通行について日常生活上不可欠の利益を有する者がいる場合においては、右の通行利益を上回る著しい損害を被るなどの特段の事情のない限り、右の者の通行を禁止ないし制限することについて保護に値する正当な利益を有するとはいえず、私法上の通行受忍義務を負うこととなってもやむを得ないものと考えられるからである。」

「Xらは、道路位置指定を受けて現実に道路として開設されている本件土地を長年にわたり自動車で通行してきたもので、自動車の通行が可能な公道に通じる道路は外に存在しないというのであるから、本件土地を自動車で通行することについて日常生活上不可欠の利益を有しているものということができる。また、本件土地の所有者であるYらは、Xらが本件土地を通行することを妨害し、かつ、将来もこれを妨害するおそれがあるものと解される。他方、右事実関係によっても、YらがXらの右通行利益を上回る著しい損害を被るなどの特段の事情があるということはできず、他に右特段の事情に係る主張立証はない。

したがって、Xらは、Yらに対して、本件土地についての通行妨害行為の排除及び将来の通行妨害行為の禁止を求めることができるものというべきである。」

〔一一〇の二〕　残余地の特定承継人と通行権　最判平成二年一一月二〇日民集四四巻八号一〇三七頁　二一〇条・二一三条　民法１物40

事実　Aは、昭和三五年九月、その所有地を甲地と乙地に分筆し、公道に接していない甲地をXに譲渡した。その際、Aは以前から野菜の植栽等のために賃借していたY所有の丙地の一部（本件通路部分）をXのための通路として整備したところ、Yは、用法違反を理由に丙土地の賃貸借契約を解除して、Xが本件通路部分を通行するのを妨げた。他方、昭和三六年四月にAから乙地を譲り受けていたBは、甲土地との境界に石垣を設置して居宅を建築したため、Xは、乙地を通行して公道へ出入りすることができなくなった。そこで、Xは、Yに対して、本件通路部分について民法二一〇条の囲繞地通行権を主張し、通行権確認と妨害行為の禁止等を求めて訴えを提起した。一審・原審ともXの請求を棄却したため、Xが上告。

判旨　上告棄却「共有物の分割又は土地の一部譲渡によって公路に通じない土地（以下「袋地」という。）を生じた場合には、袋地の所有者は、民法二一三条に基づき、これを囲繞する土地のうち、他の分割者の所有地又は土地の一部の譲渡人若しくは譲受人の所有地（以下、これらの囲繞地を「残余地」という。）についてのみ通行権を有するが、同条の規定する囲繞地通行権は、残余地について特定承継が生じた場合にも消滅するものではなく、袋地所有者は、民法二一〇条に基づき残余地以外の囲繞地を通行しうるものではないと解するのが相当である。けだし、民法二〇九条以下の相隣関係に関する規定は、土地の利用の調整を目的とするものであって、対人的な関係を定めたものではなく、同法二一三条の規定する囲繞地通行権も、袋地に付着した物権的権利で、残余地自体に課せられた物権的負担と解すべきものであるからである。残余地の所有者がこれを第三者に譲渡することによって囲繞地通行権が消滅すると解するのは、袋地所有者が自己の関知しない偶然の事情によってその法的保護を奪われるという不合理な結果をもたらし、他方、残余地以外の囲繞地を通行しうるものと解するのは、その所有者に不測の不利益が及ぶことになって、妥当でない。

これを本件についてみるに、……(1)Xは、X所有地を買受けた時点で、いまだAの所有であった一五一〇番五の土地について囲繞地通行権を取得した、(2)袋地のための囲繞地通行権を受忍すべき義務は、いわば残余地自体の属性ともいうべきもので、その譲渡によって譲受人にそのまま承継され、袋地所有者は、残余地以外の囲繞地に対して民法二一〇条一項の規定による囲繞地通行権を主張することができない、(3)Xは、Bが一五一〇番五の土地を買い受けた後においても、同土地を通行する権利を有し、X所有地を囲繞するYらの所有する……本件通路部分について囲繞地通行権を行使することができない、とした原審の判断は、正当として是認することができ、原判決に所論の違法はない。」

〔一一一〕　削　除

境界線付近の建築

〔一一二〕　最判平成元年九月一九日民集四三巻八号九五五頁　二三四条一項　民法１物44⑷㋒

事実　X所有地とY所有地は、本件境界線を境界として、相隣接している。Yは、Xの了解を求めることなく、Y所有地上に、本件境界線から北に向かって五〇㎝の距離内にある本件土地部分にまたがって、Y建物を建築し始めた。右両土地付近においては、末端が公道に接していない境界線（本件境界線もこれに該当する。）から五〇㎝の距離を置かないで中層建物を建築することが許されるという慣習が存在するものと認めることはできないが、一方、右両土地付近は準防火地域に指定されており、Y建物の外壁は耐火構造である。原審は、防火地域または準防火地域内にある外壁が耐火構造の建築物については、民法二三四条一項により保護される採光、通風、建物の建築・修繕の便宜等の相隣土地所有者の生活利益を犠牲にしてもなお接境建築を許すだけの合理的理由、たとえば相隣者間の合意とか同法二三六条所定の慣習等がある場合にかぎって、建築基準法六五条（現六三条）の規定が民法二三四条一項の規定に優先して適用されるとして、Y建物のうち本件土地部分に存する部分の収去を求めるXの請求を認容した。Y上告。

判旨　破棄自判　「建築基準法六五条〔現六三条〕は、防火地域又は準防火地域内にある外壁が耐火構造の建築物について、その外壁を隣地境界線に接して設けることができる旨規定しているが、これは、同条所定の建築物に限り、その建築については民法二三四条一項の規定の適用が排除される旨を定めたものと解するのが相当である。けだし、建築基準法六五条は、耐火構造の外壁を設けることが防火上望ましいという見地や、防火地域又は準防火地域における土地の合理的ないし効率的な利用を図るという見地に基づき、相隣関係を規律する趣旨で、右各地域内にある建物で外壁が耐火構造のものについては、その外壁を隣地境界線に接して設けることができることを規定したものと解すべきであって、このことは、次の点からしても明らかである。すなわち、第一に、同条の文言上、それ自体として、同法六条一項に基づく確認申請の審査に際しよるべき基準を定めたものと理解することはできないこと、第二に、建築基準法及びその他の法令において、右確認申請の審査基準として、防火地域又は準防火地域における建築物の外壁と隣地境界線との間の距離につき直接規制している原則的な規定はない（建築基準法において、隣地境界線と建築物の外壁との間の距離につき直接規制しているものとしては、第一種住居専用地域内における外壁の後退距離の限度を定めている五四条の規定があるにとどまる。）から、建築基準法六五条を、何らかの建築確認申請の審査基準を緩和する趣旨の例外規定と理解することはできないことからすると、同条は、建物を建築するには、境界線から五〇センチメートル以上の距離を置くべきものとしている民法二三四条一項の特則を定めたものと解して初めて、その規定の意味を見いだしうるからである。

本件についてこれをみると、Y所有地は準防火地域に指定され、Y建物の外壁は耐火構造であるというのであるから、建築基準法六五条により、Y建物の建築は、本件土地部分においても許容されるというべきである。」

本判決には、一裁判官の反対意見がある。

二　所有権の取得

〔一一三〕無権限者が播種した苗と土地への附合　二四二条
最判昭和三一年六月一九日民集一〇巻六号六七八頁　民法1物49(1)(ア)

事実　Xは、Y_1との交換契約に基づいて本件土地の引渡しを受け、耕作してきたが、上記交換契約は合意解除され、当時成育中の小麦の収穫を終えた後に本件土地をY_1に返還することを約した。その後、Xが小麦の収穫を終えたので、Y_2はY$_1$の依頼により本件土地を鋤きに出かけたところ、本件土地にXが播きつけた胡瓜《きうり》が二葉、三葉程度に生育しており、Xが異議を述べ土地の返還を拒んだにもかかわらずそのまま鋤き返えして、甘藷《かんしょ》を植えつけ、以来Y_1・Y_2両名が本件土地を分けて使用収益している。Xは、Yらに対し、胡瓜のおよび胡瓜の収穫後に栽培を予定していた大根の収穫によって得べかりし利益の賠償を求めた。一審は胡瓜の収穫を失ったことによる損害の賠償を命じたが、原審は胡瓜の苗は無価値であったとしてXの請求を退けた。Xより上告。

判旨　上告棄却「右認定によれば右交換契約解除後はXは当時そこに植え付けていた小麦を収穫するための外は、Y_1所有の本件土地を使用収益する権原を有しなかったものというほかない。ところで、Xが本件土地に同年五月中播種しよって同年六月下旬頃には二葉、三葉程度に生育していた甜瓜《てんか》がXの所有であるがためには播種がXの権原に基くものでなければならない。しかるに、右のように、Xは播種当時から右小麦収穫のための外は本件土地を使用収益する権原を有しなかったのであるから、Xは本件土地に生育した甜瓜苗《てんかなえ》について民法二四二条但書により所有権を保留すべきかぎりでなく、同条本文により右の苗は附合によつて本件土地所有者たるY_1の所有に帰したものと認めるべきものである（大判大正一〇年六月一日民録二七輯一〇三二頁、大判昭和六年一〇月三〇日民集一〇巻九八二頁参照）。従って右の苗がXの所有であることを前提とする論旨は所論原判示の当否を判断するまでもなく理由がない。」

建物賃借人が増築した部分の所有権の帰属　　二四二条

〔一一四〕最判昭和三八年五月三一日民集一七巻四号五八八頁　　民法1物49(1)(ア)

事実　XはYに甲建物を賃貸した。Yは、その後、甲建物に増築をし、在来の甲建物と右増築部分を合した全体を表示するものとして乙建物の所有権保存登記をし、これに根抵当権を設定してその登記を了している。Xは、乙建物の登記の抹消を求める訴えを提起した。一・原審とも、前記増築部分は甲建物に従としてこれに附合しているので、増築についてXの承諾があろうとなかろうと、その所有権はXに帰属するとして、Xの請求を認容し、Yが上告。

判旨　一部棄却、一部破棄自判　「所論増築部分が甲建物と別個独立の存在を有せず、その構成部分となっている旨の原審の認定は、挙示の証拠に照し、首肯するに足りる。このような場合には、右増築部分は民法二四二条により甲建物の所有者であるXの所有に帰属し、Yは右増築部分の所有権を保有しえず、従って、その保存登記をなしうべきかぎりでない。」

建築途中の建造物と第三者の加工

〔一一五〕　最判昭和五四年一月二五日民集三三巻一号二六頁

二四三条・二四六条二項
民法1物49(1)(ウ)

事実　Yから建物の建築工事を請け負ったA建設会社から下請けをしたXは、棟上げを終えたが、Aが請負代金を支払わなかったため、工事を中止した（工事価格は約九〇万円）。そこでYは、Aとの請負契約を合意解除し、Bに対して、建築中の建物の所有権はYに帰するという特約を付して工事の続行を請け負わせた。Bは自らの材料を供して工事をし、未完成ながら独立の建物とした（価格は約四一八万円）。BはこれをYに引き渡した。Xは、民法二四三条の動産の付合による所有権の取得を理由に、Yに対して、建物の明渡しと建物収去土地明渡請求の賃料相当額の損害賠償を請求。原審は、加工に関する民法二四六条二項の類推適用によりXを敗訴させた。Xより上告。

判旨　上告棄却　「建物の建築工事請負人が建築途上において未だ独立の不動産に至らない建前を築造したままの状態で放置していたのに、第三者がこれに材料を供して工事を施し、独立の不動産である建物に仕上げた場合においての右建物の所有権が何びとに帰属するかは、民法二四三条の規定によるのではなく、むしろ、同法二四六条二項の規定に基づいて決定すべきものと解する。けだし、このような場合には、動産に動産を単純に附合させるだけでそこに施される工作の価値を無視してもよい場合とは異なり、右建物の建築のように、材料に対して施される工作が特段の価値を有し、仕上げられた建物の価格が原材料のそれよりも相当程度増加するような場合には、むしろ民法の加工の規定に基づいて所有権の帰属を決定するのが相当であるからである。

これを本件についてみると、……B建設が行った工事は、単なる修繕というべきものではなく、Xが建築した建前に工作を加えて新たな不動産である本件建物を製造したものということができる。ところで、右の場合において民法二四六条二項の規定に基づき所有権の帰属を決定するにあたっては、前記Bの工事によりXが建築した建前が法律上独立の不動産である建物としての要件を具備するにいたった時点における状態に基づいてではなく、前記昭和四〇年一一月一九日までに仕上げられた状態に基づいて、Bが施した工事及び材料の価格とXが建築した建前のそれとを比較してこれをすべきものと解されるところ、右両者を比較すると前記のように前者が後者を遙かに超えるのであるから、本件建物の所有権は、Xにではなく、加工者であるBに帰属するものというべきである。そして、BとYとの間には、前記のように所有権の帰属に関する特約が存するのであるから、右特約により、本件建物の所有権は、結局Yに帰属するものといわなければならない。これと同旨の原審の判断は、正当として是認することができ、原判決に所論の違法はない。論旨は、採用することができない。」

三　共　有

共有関係の対外的主張　二四九条
〔一一六〕大判大正五年六月一三日民録二二輯一二〇〇頁　民法1物51

事実　X八名の共有する立木および松丸太につき、Xら五名のみでYに対して所有権確認を請求した。原審でXら勝訴。Yは、共有に基づく所有権確認請求は共有者全員が提起すべき必要的共同訴訟だから原判決は不当と主張して上告。

判旨　破棄自判「共有物ノ所有権ハ総共有者ニ属スルヲ以テ其確認ノ訴ヲ提起スルニハ共有者全員ニ於テスルコトヲ要シ各共有者ハ単独ニ之ヲ為スコトヲ得ザルモノトス。原判決ハ各共有者ハ保存行為トシテ単独ニテ所有権確認ノ訴ヲ提起スルコトヲ得ベシト説明スレドモ、単独ニテ其訴ヲ提起シタル結果時トシテハ其所有権ヲ否定シタル敗訴ノ判決ヲ受ケ事実上他ノ共有者ニ不利益ヲ及ス場合アリ得ベキヲ以テ右ノ訴ノ提起ヲ以テ保存行為ト云フコトヲ得ザルモノトス。故ニ原裁判所ガ共有者ノ全員ニアラザルXの提起シタル本訴ニ基キ其請求ヲ認容シタルハ不法ニシテ原判決ハ此点ニ於テ破毀〔＝棄〕ヲ免カレザルヲ以テ他ノ論旨ニ対シテハ説明ノ要ナキモノトス。而《しか》シテ本件ハ当院ニ於テ裁判ヲ為スニ熟スルヲ以テ之ヲ按《あん》ズルニ原判決確定ノ事実ニ依レバXハ他ノ共有者二名ト共ニ係争ノ立木及ビ松丸太ヲ共有セル者ナルニ拘ハラズ他ノ共有者ヲ差措キ其全部ニ付キ所有権ノ確認ノ訴ヲ提起シタルモノナルヲ以テ其請求ヲ理由ナシトシテ之ヲ棄却スベキモノトス。第一審裁判所ガXノ訴ヲ却下シタルハ其理由ニ於テ穏当ナラザル所アルモ結局相当ニ帰スルヲ以テXノ控訴ハ其理由ナキモノトス。」

〔一一七〕共有者の一人による不実登記の抹消請求　二四九条・二五二条

最判平成一五年七月一一日民集五七巻七号七八七頁　民法1物51

事実　本件土地は、亡Aが所有していたが、Aは、子の一人Bにより殺害された。Aの相続人は、X_1、X_2、B、Cの四名である。なお、Bが殺人罪等で有罪判決を受けたのは、本件控訴審判決後であるため、本件上告審ではBを相続欠格者（民八九一条一号）とすることはできなかった。Aの死後、Bは、本件各土地につき上記の子四人の持分を各四分の一とする相続登記を経由した上、Bの持分につき代物弁済を原因として自己の債権者Yに対して持分移転登記をした。Xらは、Yに対して、BY間の代物弁済契約が通謀虚偽表示または公序良俗違反によって無効であるとして、持分移転登記の抹消登記手続などを求めて訴えを提起した。一審が、BY間の代物弁済契約の無効を認定した上で、Xらは共有持分権に基づき保存行為を理由として、無効な登記を有するYに対する抹消登記請求を認めたのに対して、原審は、Xらの共有持分権は侵害されていないから、保存行為を理由として持分移転登記の抹消登記を請求することができないとした。Xらより上告。

判旨　破棄差戻　「不動産の共有者の一人は、その持分権に基づき、共有不動産に対して加えられた妨害を排除することができるところ、不実の持分移転登記がされている場合には、その登記によって共有不動産に対する妨害状態が生じているということができるから、共有不動産について全く実体上の権利を有しないのに持分移転登記を経由している者に対し、単独でその持分移転登記の抹消登記手続を請求することができる。」

要役地の共有者が地役権設定登記を求める訴え　二五二条・二八〇条
〔一一八〕最判平成七年七月一八日民集四九巻七号二六八四頁　民法1物51

事実 要役地共有者の一部のXらが、承役地の所有者Yに対して地役権設定登記手続を求める訴えを提起した。原審は、本件要役地の共有者全員とYとの間で通行地役権が設定されたことを認定した上で、①本件請求はXらの有する本件要役地の共有持分について地役権設定登記手続を求めるものと解されるところ、要役地の共有持分のために地役権を設定することはできないから右請求は主張自体失当である、②仮に本件請求を共有者全員のため本件要役地のために地役権設定登記手続を求めるものと解すると、要役地が数人の共有に属する場合においては地役権設定登記手続を求める訴えは固有必要的共同訴訟でありXらは共有者の一部の者にすぎないから右請求は不適法な訴えとして却下を免れないとして、Xらの請求を棄却した。Xらより上告。

判旨 一部破棄差戻、一部棄却「要役地が数人の共有に属する場合、各共有者は、単独で共有者全員のため共有物の保存行為として、要役地のために地役権設定登記手続を求める訴えを提起することができるというべきであって、右訴えは固有必要的共同訴訟には当たらない。」

放棄した持分の特別縁故者への帰属　二五五条・九五八条の三
〔一一九〕最判平成元年一一月二四日民集四三巻一〇号一二二〇頁　民法1物52(1)

事実 本件土地は、Aら二九名の共有であったが、Aが死亡し、相続人がいなかったため、Xらは、Aの特別縁故者として相続財産分与の申立てをし、本件土地のAの持分（三分の二）の各二分の一をXらに分与する旨の審判を受けた。そこで、Xらは、Yに対し、右審判を原因とする本件土地のAの持分の全部移転登記手続（Xら各二分の一あて）を申請したところ、Yは、不動産登記法四九条二号（現二五条二号）に基づき事件が登記すべきものでないとの理由でこれを却下する旨の決定をしたので、Xらは本件却下処分の取消しを求めた。一審判決は九五八条の三優先適用説に立ちXらの請求を認容したが、原審は、共有者の一人が相続人なくして死亡したときは、その持分は、二五五条により当然他の共有者に帰属し、特別縁故者への財産分与の対象にはなりえないから、Aの持分も右財産分与の対象にはならず、Xらの登記申請は不動産登記法四九条二号により却下すべきであるとして、一審判決を取り消して、Xらの請求を棄却した。Xらより上告。

判旨　破棄自判「昭和三七年法律第四〇号による改正前の法は、相続人不存在の場合の相続財産の国庫帰属に至る手続として、九五一条から九五八条において、相続財産法人の成立、相続財産管理人の選任、相続債権者及び受遺者に対する債権申出の公告、相続人捜索の公告の手続を規定し、九五九条一項において『前条の期間内に相続人である権利を主張する者がないときは、相続財産は、国庫に帰属する。』と規定していた。右一連の手続関係からみれば、右九五九条一項の規定は、相続人が存在しないこと、並びに、相続債権者及び受遺者との関係において一切の清算手続を終了した上、なお相続財産がこれを承継すべき者のないまま残存することが確定した場合に、右財産が国庫に帰属することを定めたものと解すべきである。

他方、法二五五条は、『共有者ノ一人カ……相続人ナクシテ死亡シタルトキハ其持分ハ他ノ共有者ニ帰属ス』と規定しているが、この規定は、相続財産が共有持分の場合にも相続人不存在の場合の前記取扱いを貫くと、国と他の共有者との間に共有関係が生じ、国としても財産管理上の手数がかかるなど不便であり、また、そうすべき実益もないので、むしろ、そのような場合にはその持分を他の共有者に帰属させた方がよいという考慮から、相続財産の国庫帰属に対する例外として設けられたものであり、法二五五条は法九五九条一項の特別規定であったと解すべきである。したがって、法二五五条により共有持分である相続財産が他の共有者に帰属する時期は、相続財産が国庫に帰属する時期と時点を同じくするものであり、前記清算後なお当該相続財産が承継すべき者のないまま残存することが確定したときということになり、法二五五条にいう『相続人ナクシテ死亡シタルトキ』とは、相続人が存在しないこと、並びに、当該共有持分が前記清算後なお承継すべき者のないまま相続財産として残存することが確定したときと解するのが相当である。

ところで、昭和三七年法律第四〇号による法の一部改正により、特別縁故者に対する財産分与に関する法九五八条の三の規定が、相続財産の国庫帰属に至る一連の手続の中に新たに設けられたのであるが、同規定は、本来国庫に帰属すべき相続財産の全部又は一部を被相続人と特別の縁故があった者に分与する途を開き、右特別縁故者を保護するとともに、特別縁故者の存否にかかわらず相続財産を国庫に帰属させることの不条理を避けようとするものであり、そこには、被相続人の合理的意思を推測探究し、いわば遺贈ないし死因贈与制度を補充する趣旨も含まれているものと解される。

そして、右九五八条の三の規定の新設に伴い、従前の法九五九条一項の規定が法九五九条として『前条の規定によつて処分されなかつた相続財産は、国庫に帰属する。』と改められ、その結果、相続人なくして死亡した者の相続財産の国庫帰属の時期が特別縁故者に対する財産分与手続の終了後とされ、従前の法九五九条一項の特別規定である法二五五条による共有持分の他の共有者への帰属時期も右財産分与手続の終了後とされることとなったのである。この場合、右共有持分は法二五五条により当然に他の共有者に帰属し、法九五八条の三に基づく特別縁故者への財産分与の対象にはなりえないと解するとすれば、共有持分以外の相続財産は右財産分与の対象となるのに、共有持分である相続財産は右財産分与の対象にならないことになり、同じ相続財産でありながら何故に区別して取り扱うのか合理的な理由がないのみならず、共有持分である相続財産であっても、相続債権者や受遺者に対する弁済のため必要があるときは、相続財産管理人は、これを換価することができるところ、これを換価して弁済したのちに残った現金については特別縁故者への財産分与の対象となるのに、換価しなかった共有持分である相続財産は右財産分与の対象にならないということになり、不合理である。さらに、被相続人の療養看護に努めた内縁の妻や事実上の養子など被相続人と特別の縁故があった者が、たまたま遺言等がされていなかったため相続財産から何らの分与をも受けえない場合にそなえて、家庭裁判所の審判による特別縁故者への財産分与の制度が設けられているにもかかわらず、相続財産が共有持分であるというだけでその分与を受けることができないというのも、いかにも不合理である。これに対し、右のような場合には、共有持分も特別縁故者への財産分与の対象となり、右分与がされなかった場合にはじめて他の共有者に帰属すると解する場合には、特別縁故者を保護することが可能となり、被相続人の意思にも合致すると思われる場合があるとともに、家庭裁判所における相当性の判断を通して特別縁故者と他の共有者のいずれに共有持分を与えるのが妥当であるかを考慮することが可能となり、具体的妥当性を図ることができるのである。

したがって、共有者の一人が死亡し、相続人の不存在が確定し、相続債権者や受遺者に対する清算手続が終了したときは、その共有持分は、他の相続財産とともに、法九五八条の三の規定に基づく特別縁故者に対する財産分与の対象となり、右財産分与がされず、当該共有持分が承継すべき者のないまま相続財産として残存することが確定したときにはじめて、法二五五条により他の共有者に帰属することになると解すべきである。」

本判決には、一裁判官の反対意見がある。

共有物の分割　二五八条

〔一二〇〕最判平成八年一〇月三一日民集五〇巻九号二五六三頁　民法1物53(2)

事実　本件土地・建物は、相続等により、X_1、X_1の子であるX_2ら三名、X_1の妹Yの共有となった。Xらは、Yが本件土地・建物の分割協議に応じないため、共有物分割等を求める本件訴えを提起し、競売による分割を希望した。これに対し、Yは、自らが本件不動産を単独で取得し、Xらに対してその持分の価格を賠償する「全面的価格賠償」の方法による分割を希望していた。原審は、本件土地上には、ほぼ一杯に本件建物が存在しており、本件建物は現物分割することは不可能であること、Yは、永年にわたり、本件建物に居住し、本件建物に接する建物で営む薬局の営業収入によって生活してきたが、そのことについてXらとの間に特段の争いもなく推移してきたこと、Xらは、それぞれ別に居住していて、必ずしも本件不動産を取得する必要はないことなどの事実関係の下においては、全面的価格賠償の方法を採用するのが相当であるとして、本件不動産をYの単独所有とした上、Yに対してXらの持分の価格の賠償を命じた。Xらは、二五八条の解釈適用の誤りがあるとして上告。

判旨　破棄差戻　「民法二五八条二項は、共有物分割の方法として、現物分割を原則としつつも、共有物を現物で分割することが不可能であるか又は現物で分割することによって著しく価格を損じるおそれがあるときは、競売による分割をすることができる旨を規定している。ところで、この裁判所による共有物の分割は、民事訴訟上の訴えの手続により審理判断するものとされているが、その本質は非訟事件であって、法は、裁判所の適切な裁量権の行使により、共有者間の公平を保ちつつ、当該共有物の性質や共有状態の実状に合った妥当な分割が実現されることを期したものと考えられる。したがって、右の規定は、すべての場合にその分割方法を現物分割又は競売による分割のみに限定し、他の分割方法を一切否定した趣旨のものとは解されない。

そうすると、共有物分割の申立てを受けた裁判所としては、現物分割をするに当たって、持分の価格以上の現物を取得する共有者に当該超過分の対価を支払わせ、過不足の調整をすることができる（最大判昭和六二年四月二二日民集四一巻三号四〇八頁参照）のみならず、当該共有物の性質及び形状、共有関係の発生原因、共有者の数及び持分の割合、共有物の利用状況及び分割された場合の経済的価値、分割方法についての共有者の希望及びその合理性の有無等の事情を総合的に考慮し、当該共有物を共有者のうちの特定の者に取得させるのが相当であると認められ、かつ、その価格が適正に評価され、当該共有物を取得する者に支払能力があって、他の共有者にはその持分の価格を取得させることとしても共有者間の実質的公平を害しないと認められる特段の事情が存するときは、共有物を共有者のうちの一人の単独所有又は数人の共有とし、これらの者から他の共有者に対して持分の価格を賠償させる方法、すなわち全面的価格賠償の方法による分割をすることも許されるものというべきである。」

「本件について全面的価格賠償の方法により共有物を分割することの許される特段の事情が存するか否かをみるに、本件不動産は、現物分割をすることが不可能であるところ、Yにとってはこれが生活の本拠であったものであり、他方、Xらは、それぞれ別に居住していて、必ずしも本件不動産を取得する必要はなく、本件不動産の分割方法として競売による分割を希望しているなど、前記一の事実関係等にかんがみると、本件不動産をYの取得としたことが相当でないとはいえない。

しかしながら、前記のとおり、全面的価格賠償の方法による共有物分割が許されるのは、これにより共有者間の実質的公平が害されない場合に限られるのであって、そのためには、賠償金の支払義務を負担する者にその支払能力があることを要するところ、原審で実施された鑑定の結果によれば、Xらの持分の価格は合計五五〇万円余であるが、原審は、Yにその支払能力があった事実を何ら確定していない。したがって、原審の認定した前記一の事実関係等をもってしては、いまだ本件について前記特段の事情の存在を認めることはできない。
そうすると、本件について、前記特段の事情の存在を認定することなく、全面的価格賠償による共有物分割の方法を採用し、本件不動産をYの単独所有とした上、Yに対してXらの持分の価格の賠償を命じた原判決には、法令の解釈適用の誤り、ひいては審理不尽、理由不備の違法があるというべきであり、この違法が原判決の結論に影響を及ぼすことは明らかである。論旨は右の趣旨をいうものとして理由があるから、原判決中、共有物分割請求に関する部分は破棄を免れず、更に審理を尽くさせるため、本件を原審に差し戻すこととする。」

第五章　用益物権

地役権の時効取得

〔一二一〕最判昭和三三年二月一四日民集一二巻二号二六八頁　二八三条　民法1物70

事実　農業・製材業を営むXは、自己所有の宅地から公道に出入りするため、永年にわたって本件通路を通行の用に供してきた。ところが本件通路の所有者であるYとの間に紛争が生じ、Yは、右通路部分にコンクリート壁や木枠を設置したり、赤土を盛ったりして、Xの通行を妨害した。そこで、XがYに対し通行地役権の確認と妨害物の撤去等を求める訴えを提起した。原審は、以前から通路が設けられており、Xは相当の根拠に基づいてこれを一般の通路であると信じX所有地から公路に出入りするため一〇年以上通行してきたものであって、その間Yその他何人からも異議がなかった、という事実を認定し、これによりXの通行地役権時効取得の主張を容認した。Y上告。

判旨　破棄差戻　「民法二八三条にいう『継続』の要件をみたすには、承役地たるべき他人所有の土地の上に通路の開設があっただけでは足りないのであって、その開設が要役地所有者によってなされたことを要することは当裁判所の判例（最判昭和三〇年一二月二六日民集九巻二〇九七頁）とするところであるから、原審が前記のような事実を認定しただけでたやすく被上告人の前記時効取得の主張を容認したのは、民法二八三条の解釈を誤り審理を尽くさなかった違法があるものといわなければならない。」

本判決には、一裁判官の補足意見がある。

未登記通行地役権の対抗力　一七〇条・二八〇条

〔一二二〕　最判平成一〇年二月一三日民集五二巻一号六五頁　民法1物14(2)(ウ)・70

事実　Aは、南北に貫き北端で公道に通じる通路を中心に宅地六区画を造成して、その一部（三六〇四番八）をXに分譲した。その際、三六〇四番八の土地を要役地として右通路の一部（本件係争地）を承役地として無償かつ無期限の通行地役権を設定することが黙示的に合意され、以後、Xが通路として継続的に使用してきた。その後、Aは、公道に通じていない三区画と本件係争地を含む通路部分をBに売却し、その際、黙示的に、BがAから右通行地役権の設定者の地位を承継することが合意され、自宅を建てて通路を利用するXにBが異議を述べたことはなかった。Yは、宅地と本件係争地をBから購入し、Xが本件係争地を通路として利用していることを認識していたものの、Xに対して通行権の有無を確認することはせず、YがBから右通行地役権の設定者の地位を承継するとの合意はなされなかった。YがXの通行権を否定し、通行を妨害したので、Xは、主位的に通行地役権の確認・通行妨害の禁止・通行地役権設定登記手続等を、予備的に囲繞地通行権の確認を求める訴えを提起した。一審は、主位的請求を否定し、予備的請求を認めた。原審は、Yが背信的悪意者にあたるとして、主位的請求に基づく通行地役権の確認・通行妨害の禁止を認めた。Yは、悪意を認定せずに背信的悪意者とされたことを不服として、上告した。

判旨　上告棄却「一　通行地役権（通行を目的とする地役権）の承役地が譲渡された場合において、譲渡の時に、右承役地が要役地の所有者によって継続的に通路として使用されていることがその位置、形状、構造等の物理的状況から客観的に明らかであり、かつ、譲受人がそのことを認識していたか又は認識することが可能であったときは、譲受人は、通行地役権が設定されていることを知らなかったとしても、特段の事情がない限り、地役権設定登記の欠缺を主張するについて正当な利益を有する第三者に当たらないと解するのが相当である。その理由は、次のとおりである。

㈠登記の欠缺を主張するについて正当な利益を有しない者は、民法一七七条にいう「第三者」(登記をしなければ物権の得喪又は変更を対抗することのできない第三者)に当たるものではなく、当該第三者に、不動産登記法四条(現五条一項)又は五条(現五条二項)に規定する事由のある場合のほか、登記の欠缺を主張することが信義に反すると認められる事由がある場合には、当該第三者は、登記の欠缺を主張するについて正当な利益を有する第三者に当たらない。

㈡通行地役権の承役地が譲渡された時に、右承役地が要役地の所有者によって継続的に通路として使用されていることがその位置、形状、構造等の物理的状況から客観的に明らかであり、かつ、譲受人がそのことを認識していたか又は認識することが可能であったときは、譲受人は、要役地の所有者が承役地について通行地役権その他の何らかの通行権を有していることを容易に推認することができ、また、要役地の所有者に照会するなどして通行権の有無、内容を容易に調査することができる。したがって、右の譲受人は、通行地役権が設定されていることを知らないで承役地を譲り受けた場合であっても、何らかの通行権の負担のあるものとしてこれを譲り受けたものというべきであって、右の譲受人が地役権者に対して地役権設定登記の欠缺を主張することは、通常は信義に反するものというべきである。ただし、例えば、承役地の譲受人が通路としての使用は無権原でされているものと認識しており、かつ、そのように認識するについては地役権者の言動がその原因の一半を成しているといった特段の事情がある場合には、地役権設定登記の欠缺を主張することが信義に反するものということはできない。

㈢したがって、右の譲受人は、特段の事情がない限り、地役権設定登記の欠缺を主張するについて正当な利益を有する第三者に当たらないものというべきである。なお、このように解するのは、右の譲受人がいわゆる背信的悪意者であることを理由とするものではないから、右の譲受人が承役地を譲り受けた時に地役権の設定されていることを知っていたことを要するものではない。

二　これを本件について見ると……三六〇四番八の土地を要役地、本件係争地を承役地とする通行地役権が設定されていたものであるところ、Yが本件係争地を譲り受けた時に、本件係争地が三六〇四番八の土地の所有者であるXによって継続的に通路として使用されていたことはその位置、形状、構造等の物理的状況から客観的に明らかであり、かつ、Yはそのことを認識していたものということができる。そして、本件においては前記特段の事情があることはうかがわれないから、Yは、右通行地役権について、これが設定されていることを知らなかったとしても、地役権設定登記の欠缺を主張する正当な利益を有する第三者に当たらないものと解すべきである。」

〔一二三〕　削　除

国有地と入会権（屏風山事件）　二六三条

〔一二四〕　最判昭和四八年三月一三日民集二七巻二号二七一頁　民法1物76(2)

事実　本件屏風山は、江戸時代に津軽藩主が防風、防砂のため砂丘地帯に、地元の農民に黒松等を植栽させ、その功により地元の農民たちは、この土地に立ち入って風倒木、害虫木、雑木等を採取して薪炭材等に利用するという入会権を有していたが、この土地は明治初年の官民有区分処分により官有地に編入された。村落民のYらは、国から土地の貸与を受けたとしてその土地上の立木を伐採したので、他の村落民Xらは、Yらに対し、入会権の確認と損害賠償を請求した。原審でX勝訴。Yらは、国有地上に入会権はないと主張して上告。

判旨　上告棄却　「案ずるに、明治初年の山林原野等官民有区分処分によって官有地に編入された土地につき、村民が従前慣行による入会権を有していたときは、その入会権は、右処分によって当然には消滅しなかったものと解すべきである。その理由は、つぎのとおりである。

明治七年太政官布告第一二〇号地所名称区別が制定されることによって、それまでの公有地の名称は廃止され、土地は、すべて官有地と民有地のいずれかに編入されることになり、ついで、明治八年六月地租改正事務局乙第三号達によって、官民有の区別は、証拠とすべき書類のある場合はそれによるが、村持山林、入会林野については、積年の慣行と比隣郡村の保証の二要件があれば、書類がなくても民有とすべきことが定められ、比較的大幅な民有化が意図され、この方針は、同年七月地租改正事務局議定地所処分仮規則に引き継がれたが、同年一二月地租改正事務局乙第一一号達によってこの方針は変更され、入会林野等については、従来の成跡上所有すべき道理のあるものを民有と定めるのであって、薪秣《まきまぐさ》を刈伐し、秣永《まぐさえい》山永《やまえい》下草《しもぐさ》銭《ぜに》冥加《みょうが》永《えい》等を納入していたというだけでは民有とすべきでないと解釈すべき旨を明らかにし、さらにこれに基づき同九年一月地租改正事務局議定山林原野等官民所有区分処分派出官員心得書をもって具体的な区分の基準を示し、その三条として従前秣永山永下草銭冥加永等を納めていても、かつて培養の労費を負担することなく、全く自然生の草木を採取して来た者は地盤を所有する者とはいえないことを理由として官有地と定めるべき旨が明らかにされている。これらの規定によると、村民に入会慣行のある場合においても、所有すべき道理のない場合には、その地盤は官有地に編入されるべきものとなっているのであるが、その場合に、村民の有した入会権が当然に消滅するか否かに関する規定は置かれていなかった。右心得書三条但書の趣旨も、右入会権の当然消滅を規定したものとみることは困難である。そもそも、官民有区分処分は、従来地租が土地の年間収穫量を標準とした租税であったのを地価を標準とする租税に改め、民有地である耕宅地や山林原野に従前に引き続きまたは新たに課税するため、その課税の基礎となる地盤の所有権の帰属を明確にし、その租税負担者を確定する必要上、地租改正事業の基本政策として行なわれたもので、民有地に編入された土地上に従前入会慣行があった場合には、その入会権は、所有権の確定とは関係なく従前どおり存続することを当然の前提としていたのであるから、官有地に編入された土地についても、入会権の消滅が明文をもって規定されていないかぎり、その編入によって、入会権が当然に消滅したものと解することはできないというべきである。もっとも、その後官有地上の入会権を整理し、近代的な権利関係を樹立しようとする政策に基づいて、従前入会権を有していた村民の官有地への立入りを制限し、あるいは相当の借地料を支払わせて入山を認めることとした地域があり、このような地域においては、従前の入会権が事実上消滅し、あるいはその形態を異にする権利関係に移行したとみられるが、一方、官有地に編入されたとはいえ、その地上に村民の植栽、培養を伴う明確な入会慣行があるため、これが尊重され、従前の慣行がそのまま容認されていた地域もあり、このような地域においては、その後も官有地上に入会権が存続していたものと解されるのである。そして、このような解釈をするにあたって、旧国道林野法（明治三二年法律第八五号）同法施行規則（明治三二年農商務省令第二五号）国有土地森林原野下戻法（明治三二年法律第九九号）旧国有財産法（大正一〇年法律第四三号）、現行国有林野法、現行国有財産法の各規定は、その妨げとなるものではない。以上の解釈と異なる大審院判例（大判大正四年三月一六日民録二一輯三二八頁、大判大正四年(オ)第六〇二号同年一一月三日判決、昭和八年(オ)第一一〇六号同年一一月二〇日判決）は、変更されるべきである。」

第六章　担保物権

一　留置権

物と債権との関連性　　二九五条

〔一二五〕　最判昭和三四年九月三日民集一三巻一一号一三五七頁　　民法1物79(1)

事実　Aから土地・建物を買い受けて居住するYは、購入資金をBから借りたことから、この土地・建物をBの子Cのために売渡担保に供した。この土地・建物は、BがCの法定代理人としてDに譲渡し、さらにXに譲渡され、AからC、CからXへと移転登記がなされた。XがYに対してこの土地・建物の明渡しを請求したところ、Yは、担保の約旨に反して譲渡したBに対して損害賠償請求権を有するとして、それに基づく留置権を主張した。一審・原審とも留置権の主張を認めずXの請求を認容したので、Yが上告。

判旨　上告棄却　「原審が確定した事実関係の下では、所論損害賠償請求権は、Bに対して存するは格別、Xにはこれを対抗し得ないのであるから、原判決が、右Bの債務不履行と本件不動産との間には、所論留置権発生の要件たる一定の牽連がないと認めた一審判決を支持し、上告人のこの点に関する主張を是認しなかったのは正当であって違法はない。」

仮登記担保における清算金に基づく留置権　二九五条、仮登記担保三条
〔一二六〕最判昭和五八年三月三一日民集三七巻二号一五二頁　民法1物79(1)

事実　Aは、Yに対する貸金債権の担保としてY所有の本件土地建物につき本件代物弁済予約をし、その仮登記を経由したが、Yが業績不振で利息さえも支払えない状態となったので、担保をさらに確実なものとするため、予約完結権を行使して本登記手続を経由した。しかし、その後二年余を経過してもYが元利金を返済できなかったため、AY間で、弁済に代えて本件土地建物の所有権を確定的にAに移転させ、これにより債務を消滅させる旨合意がなされた。その後Aは直ちに本件土地建物をXに譲渡し、移転登記もなされた。そこでXは、本件土地建物を占有しているYに本件建物の収去と本件土地の明渡し等を求めた。これに対しYは、本件代物弁済予約は清算を必要とするものであり、XはAの清算が未了であることを知りながら本件土地建物を取得したのであるから、YはAのほかXに対しても清算金の支払を請求することができ、AまたはXが右清算金を支払うまで本件土地明渡義務等の履行を拒絶する旨主張した。原審はXの請求を認容。Yより上告。

判旨　上告棄却「Aは、Yとの間の本件合意に基づき本件土地建物につき確定的に所有権を取得して更にXにこれを譲渡したのであるから、Xはこれによって本件土地建物につき担保権の実行に伴う清算関係とは切り離された完全な所有権を取得したものというべきであり、たといXにおいて、AのYに対する右清算金の支払が未了であることを知りながら本件土地建物を買い受けたものであっても、そのために右のようなXによる所有権取得が妨げられ、清算金の支払義務と結びついた本件土地建物の所有者としてのAの法律上の地位をそのまま承継するにとどまるものと解さなければならない理由はないというべきである。そうすると、XとAとの間で重畳的債務引受の合意がされるなどの特段の事情がない限り、YはXに対して清算金の支払請求権を有するものではない」。「もっとも、XのYに対する本件土地建物の明渡請求は、所有権に基づく物権的請求権によるものであ

るところ、YのAに対する清算金支払請求権は、Aによる本件土地建物の所有権の取得とともに同一の物である右土地建物に関する本件代物弁済予約から生じた債権であるから、民法二九五条の規定により、Yは、Aに対してはもとより、同人から本件土地建物を譲り受けたXに対しても、Aから清算金の支払を受けるまで、本件土地建物につき留置権を行使してその明渡しを拒絶することができる関係にあるといわなければならない。」

造作買取請求権と留置権　〔二四三〕参照。

二九五条二項の類推適用　　二九五条二項

〔一二七〕　最判昭和四六年七月一六日民集二五巻五号七四九頁　　民法1物79(4)

事実　Xは、自己所有の建物を期限を定めずAに賃貸した。しかし、それから一年半後、Aの賃料不払いが生じたため、Xは、Aに催告をした上で賃貸借契約解除の意思表示をした。Xは、Aに対して右建物の明渡しと解除以降の損害金の支払を求めて訴えを提起した（A死亡後はYが訴訟承継した）。これに対して、Yは、Xの承諾を得て賃借直後から八年にわたり増改築、改装等を施していたので、その有益費償還請求権等につき本件建物に留置権を行使することを主張した。一審・原審ともXの請求を認容（なお原審では、Yが有益費と主張するもののうち賃貸借解除前の支出分は、有益費とはいえないと判断された）。Yより上告。

判旨　上告棄却「亡Aが、本件建物の賃貸借契約が解除された後は右建物を占有すべき権原のないことを知りながら不法にこれを占有していた旨の原判決の認定・判断は、挙示の証拠関係に徴し首肯することができる。そして、Aが右のような状況のもとに本件建物につき支出した有益費の償還請求権については、民法二九五条二項の類推適用により、Yは本件建物につき、右請求権に基づく留置権を主張することができないと解すべきである。」

二　先取特権

先取特権に基づく物上代位と一般債権者の差押命令の優劣　三〇四条
〔一二八〕　最判昭和六〇年七月一九日民集三九巻五号一三二六頁　民法1物82(3)(ウ)

事実　Xは、Aに対して動産を売り渡し、その売掛代金債権を有していたが、Aが右動産をBに転売したため、動産売買先取特権者として物上代位権を行使するべく、本件転売代金債権を差し押さえ、本件転付命令も得た。しかし、それに先だって、Aの一般債権者Yが、本件転売代金債権につき仮差押命令を得ていた。その後、Bは本件転売代金債務全額を供託した。執行裁判所は、本件供託金をXYの各債権額に応じて配分する配当表を作成した。これに対してXは、本件転付命令にかかる債権につき優先配当を受けるべき権利を有する旨主張して、配当表を変更するよう求めた。一審・原審とも、民法三〇四条一項但書にいう払渡しまたは引渡しには、物上代位の目的債権に対する一般債権者による差押え、仮差押えの執行も含まれると解されるから、XはYに対し優先権を主張することができないとして、Xの請求を棄却。Xより上告。

判旨　破棄自判　「民法三〇四条一項但書において、先取特権者が物上代位権を行使するためには物上代位の対象となる金銭その他の物の払渡又は引渡前に差押をしなければならないものと規定されている趣旨は、先取特権者のする右差押によって、第三債務者が金銭その他の物を債務者に払い渡し又は引き渡すことを禁止され、他方、債務者が第三債務者から債権を取り立て又はこれを第三者に譲渡することを禁止される結果、物上代位の目的となる債権（以下「目的債権」という。）の特定性が保持され、これにより、物上代位権の効力を保全せしめるとともに、他面目的債権の弁済をした第三債務者又は目的債権を譲り受け若しくは目的債権につき転付命令を得た第三者等が不測の損害を被ることを防止しようとすることにあるから、目的債権について一般債権者が差押又は仮差押の執行をしたにすぎないときは、その後に先取特権者が目的債権に対し物上代位権を行使することを妨げられるものではないと解すべきである。」

保険金請求権への物上代位　〔一三四〕参照。

先取特権に基づく物上代位と債権譲渡の優劣　三〇四条
〔一二九〕　最判平成一七年二月二二日民集五九巻二号三一四頁　民法1物82(3)(ウ)・105

事実　Bは、Aから買い受けた動産をYに転売し、本件転売代金債権を取得したが、破産宣告を受け、Cが破産管財人に選任された。Cは、破産裁判所の許可を得て、Xに本件転売代金債権を譲渡し、Yに対し、内容証明郵便により、右債権譲渡の通知をした。その後、Aは、動産売買の先取特権に基づく物上代位権の行使として、本件転売代金債権について差押命令を申し立て、差押命令がYに送達された。そこで、XがYに対して本件転売代金債権について支払を求めた。原審がXの請求を認めたのでYが上告。

判旨　上告棄却「民法三〇四条一項ただし書は、先取特権者が物上代位権を行使するには払渡し又は引渡しの前に差押えをすることを要する旨を規定しているところ、この規定は、抵当権とは異なり公示方法が存在しない動産売買の先取特権については、物上代位の目的債権の譲受人等の第三者の利益を保護する趣旨を含むものというべきである。そうすると、動産売買の先取特権者は、物上代位の目的債権が譲渡され、第三者に対する対抗要件が備えられた後においては、目的債権を差し押さえて物上代位権を行使することはできないものと解するのが相当である。……前記事実関係によれば、Aは、Xが本件転売代金債権を譲り受けて第三者に対する対抗要件を備えた後に、動産売買の先取特権に基づく物上代位権の行使として、本件転売代金債権を差し押さえたというのであるから、Yは、Xに対し、本件転売代金債権について支払義務を負うものというべきである。以上と同旨の原審の判断は正当として是認することができる。所論引用の判例（最判平成一〇年一月三〇日民集五二巻一号一頁、最判平成一〇年二月一〇日裁判集民一八七号四七頁）は、事案を異にし、本件に適切ではない。」

請負工事に用いられた動産の売主の請負代金債権に対する物上代位権の行使　三〇四条、三二一条
〔一三〇〕　最決平成一〇年一二月一八日民集五二巻九号二〇二四頁　民法1物82(3)(ウ)

事実　Aは、Bからターボコンプレッサーの設置工事を二〇八〇万円で請け負い、その債務の履行のために本件機械をXに一五七五万円で発注した。Xは、Aの指示に基づいて本件機械をBに引き渡したが、Aが破産したので、動産売買先取特権に基づく物上代位権の行使として、AのBに対する請負代金債権の仮差押決定を得た。Bが仮差押えされた一五七五万円を供託したので、Xは、動産売買先取特権に基づく物上代位により、Aの破産管財人Yが有する供託金還付請求権を差し押さえ、転付命令を得た。原決定がYの抗告を棄却したので、Yは、民訴法三三七条の許可抗告制度に基づき最高裁に抗告した。

決定要旨　抗告棄却　「動産の買主がこれを他に転売することによって取得した売買代金債権は、当該動産に代わるものとして動産売買の先取特権に基づく物上代位権の行使の対象となる（民法三〇四条）。これに対し、動産の買主がこれを用いて請負工事を行ったことによって取得する請負代金債権は、仕事の完成のために用いられた材料や労力等に対する対価をすべて包含するものであるから、当然にはその一部が右動産の転売による代金債権に相当するものということはできない。したがって、請負工事に用いられた動産の売主は、原則として、請負人が注文者に対して有する請負代金債権に対して動産売買の先取特権に基づく物上代位権を行使することができないが、請負代金全体に占める当該動産の価額の割合や請負契約における請負人の債務の内容等に照らして請負代金債権の全部又は一部を右動産の転売による代金債権と同視するに足りる特段の事情がある場合には、右部分の請負代金債権に対して右物上代位権を行使することができると解するのが相当である。」

「二〇八〇万円の請負代金のうち一七四〇万円は右機械の代金に相当する」等の「事実関係の下においては、右の請負代金債権をXがAに売り渡した右機械の転売による代金債権と同視するに足りる特段の事情があるということができ、Bが仮差押命令の第三債務者として右一七四〇万円の一部に相当する一五七五万円を供託したことによってAが取得した供託金還付請求権がXの動産売買の先取特権に基づく物上代位権の行使の対象となるとした原審の判断は、正当として是認することができる。」

集合動産譲渡担保と動産売買先取特権

〔一三一〕 最判昭和六二年一一月一〇日民集四一巻八号一五五九頁　民法1総83(1)、物85(1)・124(3)・126(3)　三二一条、三三三条

事実 X・Aは、一定の保管場所内の棒鋼等一切の在庫商品についてXのために譲渡担保契約（「本件契約」）を締結し、占有改定の方法によってXに引き渡した。また、Aが将来同種または類似の物件を取得したときは、その全てを右保管場所に搬入し譲渡担保の目的とする旨が合意された。Aは、Yから棒鋼（「本件物件」）を買い受け、右保管場所に搬入した。その後、Yは、本件物件に動産売買先取特権を有するとして、競売を申し立てた。そこで、Xは、根譲渡担保契約によって本件物件の所有権を有するとして、第三者異議の訴えにより、競売の不許を求めた。原審が三三三条によってXの請求を認容したので、Yが上告。

判旨 上告棄却「債権者と債務者との間に、……集合物を目的とする譲渡担保権設定契約が締結され、債務者がその構成部分である動産の占有を取得したときは債権者が占有改定の方法によってその占有権を取得する旨の合意に基づき、債務者が右集合物の構成部分として現に存在する動産の占有を取得した場合には、債権者は、当該集合物を目的とする譲渡担保権につき対抗要件を具備するに至ったものということができ、この対抗要件具備の効力は、その後構成部分が変動したとしても、集合物としての同一性が損なわれない限り、新たにその構成部分となった動産を包含する集合物について及ぶものと解すべきである。したがって、動産売買の先取特権の存在する動産が右譲渡担保権の目的である集合物の構成部分となった場合においては、債権者は、右動産についても引渡を受けたものとして譲渡担保権を主張することができ、当該先取特権者が右先取特権に基づいて動産競売の申立をしたときは、特段の事情のない限り、民法三三三条所定の第三取得者に該当するものとして、訴えをもって、右動産競売の不許を求めることができるものというべきである。」

三　質　　権

指名債権質の対抗要件　　三六四条
〔一三二〕最判昭和五八年六月三〇日民集三七巻五号八三五頁　　民法1物97(1)(ウ)

事実　店舗の賃借人Aは、賃貸人Bに預けた敷金の返還請求権につき、自己が他の第三者から融資を受ける際その担保として差し入れることを賃貸人において承諾する旨の確定日付けある書面をBから取得し、これを用いてYのために質権を設定した。その後、Aは、この敷金返還請求権をXに譲渡し、その旨をBに通知した。Bのした承諾書面には、担保権者が誰であるかの記載がなかったため、Bは、債権者不確知を理由に本件敷金を弁済供託した。そこでXは、本件敷金の返還請求権に代わる本件供託金の還付請求につき、Yの同意を求める訴えを提起した。一審はXの請求を棄却したが、原審は、質権者を特定しないでされた承諾は対抗要件としての効力がないとしてXの請求を認容。Yより上告。

判旨　上告棄却　「民法三六四条一項、四六七条の規定する指名債権に対する質権設定についての第三債務者に対する通知又はその承諾は、第三債務者以外の第三者に対する関係でも対抗要件をなすものであるところ、この対抗要件制度は、第三債務者が質権設定の事実を認識し、かつ、これが右第三債務者によつて第三者に表示されうることを根幹として成立しているものであり（最判昭和四九年三月七日民集二八巻二号一七四頁参照）、第三債務者が当該質権の目的債権を取引の対象としようとする第三者から右債権の帰属関係等の事情を問われたときには、質権設定の有無及び質権者が誰であるかを告知、公示することができ、また、そうすることを前提とし、これにより第三者に適宜な措置を講じさせ、その者が不当に不利益を被るのを防止しようとするものであるから、第三者に対する関係での対抗要件となりうる第三債務者に対する通知又はその承諾は、具体的に特定された者に対する質権設定についての通知又は承諾であることを要するものと解すべきである。」

四　抵　当　権

民法1物103(2) 三七〇条

抵当権の効力の及ぶ目的物の範囲

〔一三三〕 大連判大正八年三月一五日民録二五輯四七三頁

事実 Xは、Yに対する債権を担保するため、風呂屋である本件建物に対して抵当権の設定を受けた。原審は、本件建物のほか畳建具造作および湯屋営業器具ならびに煙突共一式付属物件にも抵当権の効力が及ぶものとした。これに対しYは、動産である従物は抵当権の目的とはなりえないこと、従物は主物の処分に従うとしても、それは抵当権設定当時の従物に限られるのであって、本件においてはその事実が確定されていないこと、湯屋営業器具等は湯屋営業とは関係があっても建物の従物ではないこと等を主張して上告。

判旨 破棄差戻 「建物ニ付キ抵当権ヲ設定シタルトキハ、反対ノ意思表示アラザル限リ、該抵当権ノ効力ハ、抵当権設定当時建物ノ常用ノ為メ之ニ付属セシメタル債務者所有ノ動産ニモ及ビ、是等ノ物ハ建物ト共ニ抵当権ノ目的ノ範囲ニ属スルモノト解スベキハ、民法第八七条第二項ノ規定ニ照シ疑ヲ容レザル所トス。蓋《けだ》シ、同条項ノ規定ヲ設ケタル趣旨ハ、処分当時ニ於ケル主物ノ利用価値ヲ減損セズ、其経済上ノ効用ヲ充実セシメントスル目的ニ出デタルモノニ外ナラザルガ故ニ、主物タル建物ノ利用価値ヲ標準トシテ担保価値ヲ定ムルヲ常トスル抵当権設定ノ場合ト雖モ、亦同条ヲ適用シテ権利ノ範囲ヲ定ムルヲ相当トスベク、従物ガ動産タルノ故ヲ以テ抵当権ガ之ニ及バザルモノト解スルハ、当ヲ得タルモノト謂フヲ得ザレバナリ。民法第三六九条、第三七〇条ハ、抵当権ノ効力ガ其目的タル不動産ニ附加シテ之ト一体ヲ成シタル物以外ノ動産ニ及バザルガ如キ解釈ヲ容ルベキガ如シ。然レドモ、民法第三六九条ハ、裏面解釈上、苟クモ不動産ニ非ザルモノハ種類ノ何タルヲ問ハズ之ヲ抵当権ノ独立ノ目的ト為スコトヲ得ザル旨ヲ規定シタリト解シ得ベキモ、未ダ以テ抵当権ノ効力ハ其目的タル不動産ノ従物タル動産ニ及ボスコトヲ得ザル旨ヲモ併セテ規定シタルモノト解スベキニアラズ。又、民法第三七〇条ハ、抵当権ノ効力ガ抵当不動産ノ外物理上抵当不動産ニ附加シテ之レト一体ヲ成スモノニ及ブ旨ヲ規定シタルモノナレバ、経済上ノ用法ニ従ヒ物ノ主従ヲ定メ主物ト従物トヲ同一ナル法律関係ニ服従セシムルコトヲ目的トスル民法第八七条第二項ノ規定ト相妨グルモノニアラズ。」「如何ナル物ヲ以テ抵当権ノ効力ノ及ブベキ従物ト認ムベキヤハ、当事者ノ意思ヲ基礎トスル主観的標準ニ依ルベキモノニアラズシテ、前示スル所ニ従ヒ、一般取引上ノ観念ニヨリ定マルベキ客観的標準ニ則リ之ヲ決定スベキモノトス。換言セバ、或物ガ建物ノ継続的利用ノ為メ之ニ附属セシメラレタル場合ニ於テ之ヲ建物ヨリ分離スルトキハ建物ノ利用価値ヲ失ハシムルカ、少クトモ其経済的効用ヲ減損セシムベキモノナルニ於テハ、其物ハ之ヲ建物ノ利用ノ為メニスル従物トシテ抵当権ノ目的ノ範囲ニ属スベキモノト為サザルベカラズ。」

そして、本件事案については、営業器具等が常に建物の従物たる性質を具有しうるわけではないので、原審判決はこの点に理由不備があるとして、破棄差戻しをした。

保険金請求権への物上代位　　三七二条・三〇四条

〔一三四〕大連判大正一二年四月七日民集二巻二〇九頁　　民法1物82(3)(ウ)・105

事実　Y保険会社と火災保険契約を締結していたAの家屋が焼失したので、Aの債権者Xは、AのYに対する保険金債権に対し差押えおよび転付命令を受け、その命令は翌日Yに送達された。このAの家屋に抵当権を有していたBも、Xの転付命令等に遅れて、差押えおよび転付命令を受けた。Xは、Yが転付金の支払をしないので本訴を提起。一審・原審ともXの請求を認めたので、Bの物上代位を認めるべきだとしてYが上告。

判旨　上告棄却「民法第三〇四条第一項及第三七二条ニ依レバ、抵当権ハ其ノ目的物ノ滅失ニ因リ債務者カ受クベキ金銭ニ対シテ之ヲ行フコトヲ得ルモ、之ヲ行フニハ其ノ金銭払渡前ニ抵当権者ニ於テ差押ヲ為スコトヲ要スルモノニシテ、其ノ差押ハ抵当権者自身ニ於テ之ヲ為スコトヲ要シ、他ノ債権者ガ其ノ債権保全ノ為ニ為シタル差押ハ抵当権者ノ右権利ヲ保全スルノ効ナキモノト解スルヲ当然トス。蓋《けだ》シ、抵当権ハ本来其ノ目的物ノ滅失ニ因リテ消滅シ債務者ノ受クベキ金銭ニ付テハ当然存スルモノニ非ズト雖《いえども》民法ニ於テ特ニ如上ノ規定ヲ設ケタルハ、畢竟《ひっきょう》抵当権者ヲ保護センガ為ニ其ノ目的物ノ滅失ニ因リ債務者ガ第三者ヨリ金銭ヲ受取ルベキ債権ヲ有スルニ至ルトキハ其ノ債権ニ対シテモ抵当権者ニ之ヲ保存セシメ優先権ヲ行フコトヲ得セシムルヲ適当ト認メタルニ因ルモノニ外ナラズシテ、右債権ニ付抵当権者ガ差押ヲ為スコトハ其ノ優先権ヲ保全スルニ欠クベカラザル要件タルコト法文上明白ナレバナリ。……抵当権ノ目的物ノ滅失ニ因リ債務者ガ第三者ヨリ金銭ヲ受取ルベキ債権ヲ有スル場合ニ於テ、其ノ債権ニ付抵当権者ガ差押ヲ為サザル間ニ、他ノ債権者ガ差押ヲ為シ転付命令ヲ受ケタルトキハ、該命令ガ規定ニ従ヒ、送達セラルルニ因リテ差押債権者ノ債権ハ弁済セラレタルモノト看做サレ、其ノ限度ニ於テ転付債権ハ差押債権者ニ移転シテ債務者ガ第三者ヨリ金銭ヲ受取ルベキ債権関係ナキニ帰スルコトハ、債務者ガ其ノ債権ヲ他人ニ譲渡シタル場合ト異ルコトナシ。」

賃料債権に対する抵当権の物上代位

三七二条・三〇四条

〔一三四の二〕　最判平成元年一〇月二七日民集四三巻九号一〇七〇頁

民法１物105

事実　Aは、所有する本件建物をBらに賃貸し、また、Cのために抵当権を設定し、その旨の登記が経由されていた。その後、Yのために根抵当権を設定し、その旨の登記も経由された。また、Aは、本件建物をXに売却し、XがBらに対する賃貸人の地位を承継した。その後、Cの申立てによって競売開始決定がなされ、以後、Bらは賃料を供託した。Yは、競売代金に対して配当加入するとともに、Bらの供託に基づく供託金還付請求権に対して物上代位権を行使し、差押え・転付命令を取得し、それにより五三二万円余を回収した。そこで、Xは、非占有担保である抵当権は賃料債権に物上代位できず、できるとしても、競売代金への配当加入と重ねて物上代位することは認められないとして、物上代位によってYが得た金員を不当利得として返還するよう提訴した。一・二審ともXの請求を棄却したのでXが上告。

判旨　上告棄却　「抵当権の目的不動産が賃貸された場合においては、抵当権者は、民法三七二条、三〇四条の規定の趣旨に従い、目的不動産の賃借人が供託した賃料の還付請求権についても抵当権を行使することができるものと解するのが相当である。けだし、民法三七二条によって先取特権に関する同法三〇四条の規定が抵当権にも準用されているところ、抵当権は、目的物に対する占有を抵当権設定者の下にとどめ、設定者が目的物を自ら使用し又は第三者に使用させることを許す性質の担保権であるが、抵当権のこのような性質は先取特権と異なるものではないし、抵当権設定者が目的物を第三者に使用させることによって対価を取得した場合に、右対価について抵当権を行使することができるものと解したとしても、抵当権設定者の目的物に対する使用を妨げることにはならないから、前記規定に反してまで目的物の賃料について抵当権を行使することができないと解すべき理由はなく、また賃料が供託された場合には、賃料債権に準ずるものとして供託金還付請求権について抵当権を行使することができるものというべきだからである。

そして、目的不動産について抵当権を実行しうる場合であっても、物上代位の目的となる金銭その他の物について抵当権を行使することができることは、当裁判所の判例の趣旨とするところであり（最判昭和四五年七月一六日民集二四巻七号九六五頁参照）、目的不動産に対して抵当権が実行されている場合でも、右実行の結果抵当権が消滅するまでは、賃料債権ないしこれに代わる供託金還付請求権に対しても抵当権を行使することができるものというべきである。」

賃料債権への物上代位　三七二条・三〇四条

〔一三五〕最判平成一〇年一月三〇日民集五二巻一号一頁　民法1物105

事実　Xは、Aに対する貸金債権の担保としてB所有の本件建物につき抵当権の設定を受け、その旨の登記を経由したが、ほどなくAの右貸金債務は不履行となった。Bは、本件建物をYに賃貸していたが、Yに対する賃料債権をCに譲渡し、Yはこれを確定日付ある証書をもって承諾した。その後、Xは、物上代位権に基づきBのYに対する賃料債権を差し押さえ、Yに対して賃料の支払を求めて、訴えを提起した。原審は、物上代位において「払渡し又は引渡し」前の差押えが要件とされている趣旨は、物上代位の目的債権の特定性を保持し、物上代位権の効力を保全するとともに、第三者が不測の損害を被ることを防止することにあるから、債権譲渡も「払渡し又は引渡し」に該当し、目的債権について物上代位による差押えの前に対抗要件を備えた債権譲受人に対しては物上代位権の優先権を主張することができないとして、Xの請求を斥けた。Xより上告。

判旨　破棄自判　「民法三七二条において準用する三〇四条一項ただし書が抵当権者が物上代位権を行使するには払渡し又は引渡しの前に差押えをすることを要するとした趣旨目的は、主として、抵当権の効力が物上代位の目的となる債権にも及ぶことから、右債権の債務者（以下『第三債務者』という。）は、右債権の債権者である抵当不動産の所有者（以下『抵当権設定者』という。）に弁済をしても弁済による目的債権の消滅の効果を抵当権者に対抗できないという不安定な地位に置かれる可能性があるため、差押えを物上代位権行使の要件とし、第三債務者は、差押命令の送達を受ける前には抵当権設定者に弁済をすれば足り、右弁済による目的債権消滅の効果を抵当権者にも対抗することができることにして、二重弁済を強いられる危険から第三債務者を保護するという点にあると解される。」「右のような民法三〇四条一項の趣旨目的に照らすと、同項の『払渡又ハ引渡』には債権譲渡は含まれず、抵当権者は、物上代位の目的債権が譲渡され第三者に対する対抗要件が備えられた後においても、自ら目的債権を差し押さえて物上代位権を行使することができるものと解するのが相当である。」「けだし、㈠民法三〇四条一項の「払渡又ハ引渡」という言葉は当然には債権譲渡を含むものとは解されないし、物上代位の目的債権が譲渡されたことから必然的に抵当権の効力が右目的債権に及ばなくなるものと解すべき理由もないところ、㈡物上代位の目的債権が譲渡された後に抵当権者が物上代位権に基づき目的債権の差押えをした場合において、第三債務者は、差押命令の送達を受ける前に債権譲受人に弁済した債権についてはその消滅を抵当権者に対抗することができ、弁済をしていない債権についてはこれを供託すれば免責されるのであるから、抵当権者に目的債権の譲渡後における物上代位権の行使を認めても第三債務者の利益が害されることとはならず、㈢抵当権の効力が物上代位の目的債権についても及ぶことは抵当権設定登記により公示されているとみることができ、㈣対抗要件を備えた債権譲渡が物上代位に優先するものと解するならば、抵当権設定者は、抵当権者からの差押えの前に債権譲渡をすることによって容易に物上代位権の行使を免れることができるが、このことは抵当権者の利益を不当に害するものというべきだからである。」「そして、以上の理は、物上代位による差押えの時点において債権譲渡に係る目的債権の弁済期が到来しているかどうかにかかわりなく、当てはまるものというべきである。」

転貸賃料債権への物上代位

〔一三六〕　最決平成一二年四月一四日民集五四巻四号一五五二頁

三七二条、三〇四条
民法1物105

事実　Yは、A所有の本件建物に根抵当権を設定し、登記を経由した。本件建物をAより買い受けたBが本件建物をXに賃貸し、Xは、本件建物をCに転貸した。Yが本件根抵当権に基づく物上代位権の行使として、XのCらに対する転貸賃料債権について差押命令を申し立て、本件債権差押命令が発せられた。Xが本件債権差押命令に対し執行抗告をしたところ、原審は、三七二条によって準用される三〇四条一項の「債務者」には賃借人も含まれるとして物上代位を認めて執行抗告を棄却したので、抗告棄却決定に対してXがさらに抗告。

決定要旨　破棄差戻　「民法三七二条によって抵当権に準用される同法三〇四条一項に規定する『債務者』には、原則として、抵当不動産の賃借人（転貸人）は含まれないものと解すべきである。けだし、所有者は被担保債権の履行について抵当不動産をもって物的責任を負担するものであるのに対し、抵当不動産の賃借人は、このような責任を負担するものではなく、自己に属する債権を被担保債権の弁済に供されるべき立場にはないからである。同項の文言に照らしても、これを『債務者』に含めることはできない。また、転貸賃料債権を物上代位の目的とすることができるとすると、正常な取引により成立した抵当不動産の転貸借関係における賃借人（転貸人）の利益を不当に害することにもなる。もっとも、所有者の取得すべき賃料を減少させ、又は抵当権の行使を妨げるために、法人格を濫用し、又は賃貸借を仮装した上で、転貸借関係を作出したものであるなど、抵当不動産の賃借人を所有者と同視することを相当とする場合には、その賃借人が取得すべき転貸賃料債権に対して抵当権に基づく物上代位権を行使することを許すべきものである。」

物上代位権に基づく差押えと相殺との関係

〔一三七〕　最判平成一三年三月一三日民集五五巻二号三六三頁

三七二条・三〇四条、五一一条
民法1物105

事実　XがA所有の本件建物に根抵当権を設定し、登記を経由していたところ、Yは、Aから本件建物を賃借し、保証金をAに預託した。その後、AY間で賃貸借を解約し、賃貸借契約を再締結し、従前の保証金を新たに減額された保証金に充当し、残額をAがYに返還する合意がされたが、残額が返還されなかったことから、あらためて、保証金返還債務と賃料債務を対当額で相殺し、残りの返還債務を同年中に支払う旨が合意された。Xは、抵当権に基づく物上代位権の行使として、AのYに対する賃料債権を差し押さえた上、Yに対して取立訴訟を提起し、賃料・遅延損害金の支払を求めた。原審がXの請求を認容したことからYが上告。

判旨　上告棄却「抵当権者が物上代位権を行使して賃料債権の差押えをした後は、抵当不動産の賃借人は、抵当権設定登記の後に賃貸人に対して取得した債権を自働債権とする賃料債権との相殺をもって、抵当権者に対抗することはできないと解するのが相当である。けだし、物上代位権の行使としての差押えのされる前においては、賃借人のする相殺は何ら制限されるものではないが、上記の差押えがされた後においては、抵当権の効力が物上代位の目的となった賃料債権にも及ぶところ、物上代位により抵当権の効力が賃料債権に及ぶことは抵当権設定登記により公示されているとみることができるから、抵当権設定登記の後に取得した賃貸人に対する債権と物上代位の目的となった賃料債権とを相殺することに対する賃借人の期待を物上代位権の行使により賃料債権に及んでいる抵当権の効力に優先させる理由はないというべきであるからである。

そして、上記に説示したところによれば、抵当不動産の賃借人が賃貸人に対して有する債権と賃料債権とを対当額で相殺する旨を上記両名があらかじめ合意していた場合においても、賃借人が上記の賃貸人に対する債権を抵当権設定登記の後に取得したものであるときは、物上代位権の行使としての差押えがされた後に発生する賃料債権については、物上代位をした抵当権者に対して相殺合意の効力を対抗することができないと解するのが相当である。」

〔一三八〕 更地への法定地上権　三八八条

最判昭和三六年二月一〇日民集一五巻二号二一九頁　民法1物107(1)

事実　本件土地は、もとはAの所有に属し、Xのために抵当権が設定された後に、その上に本件建物が完成した。Xは、右抵当権の実行として本件土地と建物との双方につき競売をなし（民三八九条）、X自らが本件土地を、Yが本件建物をそれぞれ買い受けた。そこで、XがYに対して建物収去土地明渡しを求めた。一審・原審ともXの請求を認めたので、Yが法定地上権の成立を主張して上告。

判旨　上告棄却　「民法三八八条により法定地上権が成立するためには、抵当権設定当時において地上に建物が存在することを要するものであって、抵当権設定後土地の上に建物を築造した場合は原則として同条の適用がないものと解するを相当とする。然るに本件建物は本件土地に対する抵当権設定当時完成していなかったことは原審の確定するところであり、またXが本件建物の築造を予め承認した事実があっても、原判決認定の事情に照し本件抵当権は本件土地を更地として評価して設定されたことが明らかであるから、民法三八八条の適用を認むべきではなく、この点に関する原審の判断は正当である。」

〔一三九〕建物が譲渡された場合の法定地上権　大連判大正一二年一二月一四日民集二巻六七六頁

三八八条
民法1物107(2)(ウ)

事実　Aは、本件土地上に甲乙丙三つの建物を所有していたところ、本件土地と甲乙二つの建物にXのために抵当権を設定し、その後、丙建物をYに売却した。Xは、右抵当権を実行し、本件土地をX自らが買い受けたので、Yに対し、丙建物敷地部分等の明渡しを求めた。原審が法定地上権を有するとするYの抗弁を排斥したので、Yが上告。

判旨　破棄差戻　「土地及其ノ上ニ存スル建物ノ所有者ガ土地又ハ建物ノミヲ抵当ト為シ、其ノ一カ抵当権ニ基キ競売セラレ、二者其ノ所有者ヲ異ニスルニ至リタル場合ニ於テ、建物ノ所有者ハ土地使用ノ権利ナキノ故ヲ以テ建物ヲ収去スルヲ免レズト為サンガ、建物ノ利用ヲ害シ一般経済上不利ナルコト論ヲ俟タズ。民法第三八八条ハ、此ノ不利ヲ避ケンガ為ニ建物所有者ニ地上権ヲ附与シタルモノナレバ、土地ノミヲ抵当ト為シタル場合ニ於テハ、同条ニ依リ地上権ヲ有スベキ者ハ競売ノ時ニ於ケル建物所有者ナラザルベカラズ、其ノ抵当権設定者タルト否トハ問フ所ニ非ズ。本件宅地ハ其ノ所有者AガXノ為ニ抵当ト為シタルモノニシテ、競売ノ結果Xノ所有ニ帰シ、宅地ノ上ニ存スル丙号建物ハ宅地ヲ抵当ト為シタル当時ニ在テハAノ所有ニ属セシモ、其ノ後Y之ヲ買取リ、宅地競売ノ当時ハYノ所有ニ属シタレバ、正ニ民法第三八八条ノ適用ヲ見ルヘキ場合ニ該当シ、Yハ同条ニ依リ本件宅地ノ上ニ地上権ヲ有スベキ者ナリ。」

同一所有者要件の判断基準(1)　三八八条

〔一四〇〕　最判平成二年一月二二日民集四四巻一号三一四頁　民法1物107(1)

事実　B所有の本件土地とその上にあるBの子C所有の甲建物には、Aのために順位一番の根抵当権が設定され、その旨の登記が経由された。Bの死亡によって本件土地を承継取得したCは、甲建物を取り壊して乙建物を建築した上で、本件土地にDのために二番抵当権を設定した。本件土地の競売手続の進行中に乙建物が一部焼失したので、Cは残部を取り壊して本件土地をY_1に賃貸し、Y_1はその上に丙建物を建築してY_2に賃貸したが、右競売によってXが本件土地を取得した。Xは、Y_1に対して丙建物の収去と土地の明渡しを、Y_2に対して丙建物からの退去と土地の明渡しを求めた。原審がDの二番抵当権を標準とすると法定地上権成立の要件が充足されているとしてXの請求を棄却したので、Xが上告。

判旨　破棄自判、請求認容　「土地について一番抵当権が設定された当時土地と地上建物の所有者が異なり、法定地上権成立の要件が充足されていなかった場合には、土地と地上建物を同一人が所有するに至った後に後順位抵当権が設定されたとしても、その後に抵当権が実行され、土地が競落〔買い受け〕されたことにより一番抵当権が消滅するときには、地上建物のための法定地上権は成立しないものと解するのが相当である。けだし、民法三八八条は、同一人の所有に属する土地及びその地上建物のいずれか又は双方に設定された抵当権が実行され、土地と建物の所有者を異にするに至った場合、土地について建物のための用益権がないことにより建物の維持存続が不可能となることによる社会経済上の損失を防止するため、地上建物のために地上権が設定されたものとみなすことにより地上建物の存続を図ろうとするものであるが、土地について一番抵当権が設定された当時土地と地上建物の所有者が異なり、法定地上権成立の要件が充足されていない場合には、一番抵当権者は、法定地上権の負担のないものとして、土地の担保価値を把握するのであるから、後に土地と地上建物が同一人に帰属し、後順位抵当権が設定されたことによって法定地上権が成立するものとすると、一番抵当権者が把握した担保価値を損なわせることになるからである。」

同一所有者要件の判断基準(2)　三八八条

〔一四一〕最判平成一九年七月六日民集六一巻五号一九四〇頁　民法1物107(1)

事実　Y_1所有の土地上の夫A所有の建物につき、Aを債務者、Bを根抵当権者とする共同根抵当権者（甲抵当権）が設定・登記がされた。A死亡後、その相続人Y_1およびその子Y_2―Y_5が相続して建物の共有者となった。その後、土地につき、Cを債務者、Dを根抵当権者とする根抵当権（乙抵当権）が設定・登記がされた。後日、甲抵当権設定契約が解除されてその抹消登記がされた。その後、乙抵当権が実行されて、Xが土地を競売により買い受けてその所有権を取得した。Xが所有権に基づいて建物所有権であるYらに建物収去土地明渡しを請求したのに対して、Yらは法定地上権の成立を主張した。一審・原審とも、先順位抵当権設定時を基準として、法定地上権の成立は認められないとして、Xの請求を認容したため、Yらが上告受理を申し立てた。

判旨　破棄自判「土地を目的とする先順位の甲抵当権と後順位の乙抵当権が設定された後、甲抵当権が設定契約の解除により消滅し、その後、乙抵当権の実行により土地と地上建物の所有者を異にするに至った場合において、当該土地と建物が、甲抵当権の設定時には同一の所有者に属していなかったとしても、乙抵当権の設定時に同一の所有者に属していたときは、法定地上権が成立するというべきである。その理由は、次のとおりである。

上記のような場合、乙抵当権者の抵当権設定時における認識としては、仮に、甲抵当権が存続したままの状態で目的土地が競売されたとすれば、法定地上権は成立しない結果となる（前掲平成二年一月二二日第二小法廷判決参照）ものと予測していたということはできる。しかし、抵当権は、被担保債権の担保という目的の存する限度でのみ存続が予定されているものであって、甲抵当権が被担保債権の弁済、設定契約の解除等により消滅することもあることは抵当権の性質上当然のことであるから、乙抵当権者としては、そのことを予測した上、その場合における順位上昇の利益と法定地上権成立の不利益とを考慮して担保余力を把握すべきものであったというべきである。したがって、甲抵当権が消滅した後に行われる競売によって、法定地上権が成立することを認めても、乙抵当権者に不測の損害を与えるものとはいえない。そして、甲抵当権は競売前に既に消滅しているのであるから、競売による法定地上権の成否を判断するに当たり、甲抵当権者の利益を考慮する必要がないことは明らかである。そうすると、民法三八八条が規定する『土地及びその上に存する建物が同一の所有者に属する』旨の要件（以下「同一所有者要件」という。）の充足性を、甲抵当権の設定時にさかのぼって判断すべき理由はない。

民法三八八条は、土地及びその上に存する建物が同一の所有者に属する場合において、その土地又は建物につき抵当権が設定され、その抵当権の実行により所有者を異にするに至ったときに法定地上権が設定されたものとみなす旨定めており、競売前に消滅していた甲抵当権ではなく、競売により消滅する最先順位の抵当権である乙抵当権の設定時において同一所有者要件が充足していることを法定地上権の成立要件としているものと理解することができる。原判決が引用する前掲平成二年一月二二日第二小法定判決は、競売により消滅する抵当権が複数存在する場合に、その中の最先順位の抵当権の設定時を基準として同一所有者要件の充足性を判断すべきことをいうものであり、競売前に消滅した抵当権をこれと同列に考えることはできない。」

土地建物の共有と同一所有者要件　三八八条

〔一四二〕最判平成六年一二月二〇日民集四八巻八号一四七〇頁　民法1物107(2)(キ)

事実　Yとその妻子の三名は、本件土地を共有していたところ、AのYに対する債権を担保するため、本件土地に抵当権を設定し、登記を了した。本件土地上にある建物は、もとはYの先代の所有であったが、相続により、Yを含む九名が共有することとなった。Xは、前記抵当権の実行により本件土地を買い受け、右建物を共有するYを含む九名を相手に、建物収去・土地明渡しを求めた。一審がこれを認容したのに対し、原審は、法定地上権の成立を認めて一審判決を取り消した。Xより上告。

いるのであり、かつ、共有地全体に対する地上権は共有者全員の負担となるのであるから、土地共有者の一人だけについて民法三八八条本文により地上権を設定したものとみなすべき事由が生じたとしても、他の共有者らがその持分に基づく土地に対する使用収益権を事実上放棄し、右土地共有者の処分にゆだねていたことなどにより法定地上権の発生をあらかじめ容認していたとみることができるような特段の事情がある場合でない限り、共有土地について法定地上権は成立しない……。」

判旨　破棄自判、請求認容「共有者は、各自、共有物について所有権と性質を同じくする独立の持分を有して

「……本件土地の共有者らは、共同して、本件土地の各持分についてYを債務者とする抵当権を設定しているのであり、Y以外の本件土地の共有者らはYの妻子であるというのであるから、同人らは、法定地上権の発生をあらかじめ容認していたとも考えられる。しかしながら、土地共有者間の人的関係のような事情は、登記簿の記載等によって客観的かつ明確に外部に公示されるものではなく、第三者にはうかがい知ることのできないものであるから、法定地上権発生の有無が、他の土地共有者らのみならず、右土地の競落人ら第三者の利害に影響するところが大きいことにかんがみれば、右のような事情の存否によって法定地上権の成否を決することは相当ではない。そうすると、本件の客観的事情としては、土地共有者らが共同して本件土地の各持分について本件建物の九名の共有者のうちの一名であるYを債務者とする抵当権を設定しているという事実に尽きるが、このような事実のみからY以外の本件土地の共有者らが法定地上権の発生をあらかじめ容認していたとみることはできない。けだし、本件のように、九名の建物共有者のうちの一名にすぎない土地共有者の債務を担保するために他の土地共有者らがこれと共同して土地の各持分に抵当権を設定したという場合、なるほど他の土地共有者らは建物所有者らが当該土地を利用することを何らかの形で容認していたといえるとしても、その事実のみから右土地共有者らが法定地上権の発生を容認していたとみるならば、右建物のために許容していた土地利用関係がにわかに地上権という強力な権利に転化することになり、ひいては、右土地の売却価格を著しく低下させることとなるのであって、そのような結果は、自己の持分の価値を十分に維持、活用しようとする土地共有者らの通常の意思に沿わないとみるべきだからである。また、右の結果は、第三者、すなわち土地共有者らの持分の有する価値について

利害関係を有する一般債権者や後順位抵当権者、あるいは土地の競落人等の期待や予測に反し、ひいては執行手続の法的安定を損なうものであって、許されないといわなければならない。」

一裁判官の補足意見がある。

建物の共有と同一所有者要件　三八八条

〔一四三〕 最判昭和四六年一二月二一日民集二五巻九号一六一〇頁　民法1物107(2)(オ)

事実 本件土地はAの所有であり、その上の本件建物はABC三名の共有であったところ、Aが本件土地にDのために抵当権を設定し、その後、YがABCから本件建物を取得した。右抵当権の実行により、Xが本件土地を取得し、Yに対して本件建物の収去・本件土地の明渡しを求めた。Yは法定地上権の成立を主張したが、一審・原審ともYの抗弁を認容したので、Xが上告。

判旨 上告棄却「建物の共有者の一人がその建物の敷地たる土地を単独で所有する場合においては、同人は、自己のみならず他の建物共有者のためにも右土地の利用を認めているものというべきであるから、同人が右土地に抵当権を設定し、この抵当権の実行により、第三者が右土地を競落したときは、民法三八八条の趣旨により、抵当権設定当時に同人が土地および建物を単独で所有していた場合と同様、右土地に法定地上権が成立するものと解するのが相当である。」

共同抵当の場合の建物再築と法定地上権　三八八条

〔一四四〕 最判平成九年二月一四日民集五一巻二号三七五頁　民法1物107(2)(イ)

事実 Y_1は、本件土地および地上建物にAのために共同根抵当権を設定した後、Aの承諾を受けて地上建物を取り壊した。Aは、本件土地の担保価値を更地として再評価し、根抵当権の極度額を増額した。Aは、本件根抵当権に基づき本件土地の競売を申し立て、差押えの登記がなされた後、本件根抵当権と被担保債権をXに譲渡した。その後、Y_1は、Y_2に本件土地を賃貸し（本件短期賃貸借）、Y_2が本件土地上に新建物を建築した。XがY_1・Y_2に対し、平成一五年改正前の三九五条但書に基づいて短期賃貸借の解除請求をしたところ、Yらは、本件土地上にY_2のために法定地上権が成立するから、本件短期賃貸借はXに損害を及ぼすものではないと反論した。原審がYらの反論を否定したので、Yらが上告した。

判旨　上告棄却「所有者が土地及び地上建物に共同抵当権を設定した後、右建物が取り壊され、右土地上に新たに建物が建築された場合には、新建物の所有者が土地の所有者と同一であり、かつ、新建物が建築された時点での土地の抵当権者が新建物について土地の抵当権と同順位の共同抵当権の設定を受けたとき等特段の事情のない限り、新建物のために法定地上権は成立しないと解するのが相当である。けだし、土地及び地上建物に共同抵当権が設定された場合、抵当権者は土地及び建物全体の担保価値を把握しているから、抵当権の設定された建物が存続する限りは当該建物のために法定地上権が成立することを許容するが、建物が取り壊されたときは土地について法定地上権の制約のない更地としての担保価値を把握しようとするのが、抵当権設定当事者の合理的意思であり、抵当権が設定されない新建物のために法定地上権の成立を認めるとすれば、抵当権者は、当初は土地全体の価値を把握していたのに、その担保価値が法定地上権の価額相当の価値だけ減少した土地の価値に限定されることになって、不測の損害を被る結果になり、抵当権設定当事者の合理的な意思に反するからである。なお、このように解すると、建物を保護するという公益的要請に反する結果となることもあり得るが、抵当権設定当事者の合理的意思に反してまでも右公益的要請を重視すべきであるとはいえない。大判昭和一三年五月二五日民集一七巻一二号一一〇〇頁は、右と抵触する限度で変更すべきものである。」

法定地上権の範囲

〔一四五〕　大判大正九年五月五日民録二六輯一〇〇五頁

三八八条
民法1物107(1)

事実　Yは、本件土地およびその上に存する本件建物を所有していたところ、本件土地のみについてA銀行のために抵当権を設定した。右抵当権の実行により、A銀行自身が本件土地を買い受け、これをXに売却した。Xは、Yに対し、本件土地の中の本件建物の敷地を除いた部分に限定して明渡しを請求した。原審は、法定地上権の成立範囲は建物の敷地に限られるとして、Yの法定地上権の抗弁を排斥した。Yは、法定地上権は本件土地全体について認められるべきだとして上告。

判旨　破棄差戻　三八八条は、「畢竟《ひっきょう》建物ノ所有者ヲシテ其所有ヲ完カラシメンガ為メニ設ケタル規定ナルヲ以テ、建物ノ所有者ガ同条ニヨリ取得スル地上権ノ範囲ハ、必ズシモ其建物ノ敷地ノミニ限定セラルルモノニアラズシテ、建物トシテ利用スルニ必要ナル限度ニ於テハ敷地以外ニモ及ブモノト解スルヲ相当トス。」

共同抵当（債務者所有および物上保証人所有で異時配当の場合）　三八八条
〔一四六〕　最判昭和六〇年五月二三日民集三九巻四号九四〇頁

事実　Xは、Aに対する債権を担保するため、A所有の甲不動産と物上保証人B所有の乙不動産を共同担保の目的として第一順位の根抵当権の設定を受け、次いで、甲不動産について順位二番、乙不動産について順位三番の根抵当権を、さらにその後、甲不動産について順位三番、乙不動産について順位四番の根抵当権の各設定を受けた。他方、Yは、Bに対する債権を担保するため、B所有の乙不動産について第二順位の抵当権の設定を受けた。なお、Bは、Xと前記各根抵当権設定契約を締結する際、Bが弁済等によってXから代位によって取得する権利は、XとAの取引が継続している限り、Xの同意がなければ行使しない旨の合意（代位権不行使特約）をした。その後、Xが第一順位の根抵当権に基づき本件各不動産の競売の申立てをしたところ、まず乙不動産が競売され、その代金について被担保債権の一部として弁済を受けた。次いで甲不動産が競売され、その代金について、執行裁判所は、Xの有する第二、第三順位の根抵当権が、乙不動産についてYの有する第二順位の抵当権に劣後するものとして交付表を作成した。これに対し、Xは、Xの根抵当権はYの乙不動産についての抵当権に優先するとして異議を述べた。原審がこれを斥けたため、Xより上告。

判旨　上告棄却　「共同根抵当の目的である債務者所有の不動産と物上保証人所有の不動産にそれぞれ債権者を異にする後順位抵当権が設定されている場合において、物上保証人所有の不動産について先に競売がされ、その競落代金の交付により一番抵当権者が弁済を受けたときは、物上保証人は債務者に対して求償権を取得するとともに、代位により債務者所有の不動産に対する一番抵当権を取得するが、物上保証人所有の不動産についての後順位抵当権者……は物上保証人に移転した右抵当権から債務者所有の不動産についての後順位抵当権者に優先して弁済を受けることができるものと解するのが相当である」（最判昭和五三年七月四日・民集三二巻五号七八五頁参照）。「右の場合において、債務者所有の不動産と物上保証人所有の不動産について共同根抵当権を有する債権者が物上保証人と根抵当権設定契約を締結するにあたり、物上保証人が弁済等によって取得する権利は、債権者と債務者との取引が継続している限り債権者の同意がなければ行使しない旨の特約をしても、かかる特約は、後順位抵当権者が物上保証人の取得した抵当権から優先弁済を受ける権利を左右するものではないといわなければならない。けだし、後順位抵当権者が物上保証人の取得した一番抵当権から優先して弁済を受けることができるのは、債権者が物上保証人所有の不動産に対する抵当権を実行して当該債権の弁済を受けたことにより、物上保証人が当然に債権者に代位し、それに伴い、後順位抵当権者が物上保証人の取得した一番抵当権にあたかも物上代位するようにこれを行使しうることによるものであるが、右特約は、物上保証人が弁済等をしたときに債権者の意思に反して独自に抵当権等の実行をすることを禁止するにとどまり、すでに債権者の申立によって競売手続が行われている場合において後順位抵当権者の右のような権利を消滅させる効力を有するものとは解されないからである。」

「債権者が物上保証人の設定にかかる抵当権の実行によって債権の一部の満足を得た場合、物上保証人は、民法五〇二条一項の規定により、債権者と共に債権者の有する抵当権を行使することができるが、この抵当権が実行されたときには、その代金の配当については債権者に優先されると解するのが相当である。けだし、弁済による代位は代位弁済者が債務者に対して取得する求償権を確保するための制度であり、そのために債権者が不利益を被ることを予定するものではなく、この担保権が実行された場合における競落代金の配当について債権者の利益を害するいわれはないからである。」

抵当権侵害(1)—債権者代位権構成　三六九条・四二三条

〔一四七〕　最大判平成一一年一一月二四日民集五三巻八号一八九九頁　民法1物110(1)・113(1)、2債34(1)(エ)(4)(イ)

事実　Xは、Aに金銭を貸し付ける際、A所有の本件土地・建物に根抵当権の設定を受けた。その後、Aが債務の弁済を怠ったため、Xは、裁判所に対して本件土地建物につき根抵当権の実行としての競売を申し立て、不動産競売の開始決定がなされた。しかし、その四か月ほど前から、Yが本件建物を権原なくして占有し始めていたことから、買受けを希望する者が買受け申出を躊躇したため入札がなく、その後競売手続は進行しなかった。そこで、Xは、Yが本件建物を権原なく占有していることが不動産競売手続の進行を阻害し、そのために本件貸金債権の満足を受けることができないとして、Yに対し、根抵当権の被担保債権を保全するためAの本件建物の所有権に基づく妨害排除請求権を代位行使して、本件建物の明渡しを求めた。一審・原審ともXの請求を認容。Yより上告。

判旨　上告棄却「抵当権は、競売手続において実現される抵当不動産の交換価値から他の債権者に優先して被担保債権の弁済を受けることを内容とする物権であり、不動産の占有を抵当権者に移すことなく設定され、抵当権者は、原則として、抵当不動産の所有者が行う抵当不動産の使用又は収益について干渉することはできない。」「しかしながら、第三者が抵当不動産を不法占有することにより、競売手続の進行が害され適正な価額よりも売却価額が下落するおそれがあるなど、抵当不動産の交換価値の実現が妨げられ抵当権者の優先弁済請求権の行使が困難となるような状態があるときは、これを抵当権に対する侵害と評価することを妨げるものではない。そして、抵当不動産の所有者は、抵当権に対する侵害が生じないよう抵当不動産を適切に維持管理することが予定されているものということができる。したがって、右状態があるときは、抵当権の効力として、抵当権者は、抵当不動産の所有者に対し、その有する権利を適切に行使するなどして右状態を是正し抵当不動産を適切に維持又は保存するよう求める請求権を有するというべきである。そうすると、抵当権者は、右請求権を保全する必要があるときは、民法四二三条の法意に従い、所有者の不法占有者に対する妨害排除請求権を代位行使することができると解するのが相当である。」「なお、第三者が抵当不動産を不法占有することにより抵当不動産の交換価値の実現が妨げられ抵当権者の優先弁済請求権の行使が困難となるような状態があるときは、抵当権に基づく妨害排除請求として、抵当権者が右状態の排除を求めることも許されるものというべきである」。そして、Xは、「右請求権を保全するため、AのYに対する妨害排除請求権を代位行使し、Aのために本件建物を管理することを目的として、Yに対し、直接Xに本件建物を明け渡すよう求めることができるものというべきである。」

抵当権侵害(2)―物権的請求権構成　　三六九条、七〇九条
〔一四八〕最判平成一七年三月一〇日民集五九巻二号三五六頁　　民法1物9(2)(ウ)・113(1)

事実　Xは、Aとの請負契約に基づき本件建物を完成させたがAが請負代金を支払わなかった。そこで、XA間で、請負代金を分割で支払うこと、本件建物と敷地に本件抵当権を設定すること、および、本件建物を賃貸するにはXの承諾を要することが合意され、本件抵当権の設定登記が経由された後、本件建物がAに引き渡された。ところが、Aは分割金を全く支払わず、Xの承諾を得ないまま、賃料月額五〇〇万円、期間五年、敷金五〇〇〇万円で本件建物をBに賃貸し、さらに、賃料月額一〇〇万円、期間五年、保証金一億円でYに転貸された。なお、A・B・Yは役員を一部共通にする関係にあった。Xは、本件建物と敷地について本件抵当権の実行として競売を申し立てたが買受人が現れず売却の見込みが立たなかったので、Yに対し、抵当権侵害を根拠に、①本件建物の明渡しおよび②賃料相当損害金の支払を求めて訴えを提起した。原審がXの請求をいずれも認めたのでYが上告および上告受理申立て。

判旨　一部破棄自判、一部上告棄却　「所有者以外の第三者が抵当不動産を不法占有することにより、抵当不動産の交換価値の実現が妨げられ、抵当権者の優先弁済請求権の行使が困難となるような状態があるときは、抵当権者は、占有者に対し、抵当権に基づく妨害排除請求として、上記状態の排除を求めることができる（最大判平成一一年一一月二四日民集五三巻八号一八九九頁）。そして、抵当権設定登記後に抵当不動産の所有者から占有権原の設定を受けてこれを占有する者についても、その占有権原の設定に抵当権の実行としての競売手続を妨害する目的が認められ、その占有により抵当不動産の交換価値の実現が妨げられて抵当権者の優先弁済請求権の行使が困難となるような状態があるときは、抵当権者は、当該占有者に対し、抵当権に基づく妨害排除請求として、上記状態の排除を求めることができるものというべきである。なぜなら、抵当不動産の所有者は、抵当不動産を使用又は収益するに当たり、抵当不動産を適切に維持管理することが予定されており、抵当権の実行としての競売手続を妨害するような占有権原を設定することは許されないからである。

また、抵当権に基づく妨害排除請求権の行使に当たり、抵当不動産の所有者において抵当権に対する侵害が生じないように抵当不動産を適切に維持管理することが期待できない場合には、抵当権者は、占有者に対し、直接自己への抵当不動産の明渡しを求めることができるものというべきである。」

「これを本件についてみると、……本件賃貸借契約、本件転貸借契約のいずれについても、本件抵当権の実行としての競売手続を妨害する目的が認められるものというべきであり、しかも、Yの占有により本件建物及びその敷地の交換価値の実現が妨げられ、Xの優先弁済請求権の行使が困難となるような状態があるということができ……、また、……Aは、本件合意に違反して、本件建物に長期の賃借権を設定したものであるし、Aの代表取締役は、Yの関係者であるから、Aが本件抵当権に対する侵害が生じないように本件建物を適切に維持管理することを期待することはできない。」「そうすると、Xは、Yに対し、抵当権に基づく妨害排除請求として、直接自己への本件建物の明渡しを求めることができるものというべきである。」

「抵当権者は、抵当不動産に対する第三者の占有により賃料額相当の損害を被るものではないというべきである。なぜなら、抵当権者は、抵当不動産を自ら使用することはできず、民事執行法上の手続等によらずにその使用による利益を取得することもできないし、また、抵当権者が抵当権に基づく妨害排除請求により取得する占有は、抵当不動産の所有者に代わり抵当不動産を維持管理することを目的とするものであって、抵当不動産の使用及びその使用による利益の取得を目的とするものではないからである。そうすると、原判決中、上記請求を認容した部分は、判決に影響を及ぼすことが明らかな法令の違反があり、破棄を免れない。そして、上記説示によれば、上記請求は理由がないから、これを棄却することとする。」

五　譲渡担保・所有権留保

買戻し特約付き売買契約と譲渡担保　五七九条

〔一四九〕　最判平成一八年二月七日民集六〇巻二号四八〇頁　民法１物124(2)

事実　Xは、株式会社Y_1の代表取締役Y_2に対する貸付け（「別件貸付け」）が一部しか回収できなかったことから、その利息を回収する目的で、Y_1所有の本件土地建物を買い受け、Y_1が本件土地建物を買い戻すことができる旨の買戻特約付売買契約（「本件契約」）を締結した。なお、本件契約日以降もY_1Y_2が共同して本件土地建物を占有していた。Xは、買戻期間が経過したとして、Yらに対して本件建物の明渡しを求めた。原審がXの請求を認めたので、Yらが上告受理申立て。

判旨　破棄自判（第一審判決取消し、Xの請求棄却）「真正な買戻特約付売買契約においては、売主は、買戻しの期間内に買主が支払った代金及び契約の費用を返還することができなければ、目的不動産を取り戻すことができなくなり、目的不動産の価額（目的不動産を適正に評価した金額）が買主が支払った代金及び契約の費用を上回る場合も、買主は、譲渡担保契約であれば認められる清算金の支払義務（最判昭和四六年三月二五日民集二五巻二号二〇八頁参照）を負わない（民法五七九条前段、五八〇条、五八三条一項）。このような効果は、当該契約が債権担保の目的を有する場合には認めることができず、買戻特約付売買契約の形式が採られていても、目的不動産を何らかの債権の担保とする目的で締結された契約は、譲渡担保契約と解するのが相当である。

そして、真正な買戻特約付売買契約であれば、売主から買主への目的不動産の占有の移転を伴うのが通常であり、民法も、これを前提に、売主が売買契約を解除した場合、当事者が別段の意思を表示しなかったときは、不動産の果実と代金の利息とは相殺したものとみなしている（五七九条後段）。そうすると、買戻特約付売買契約の形式が採られていても、目的不動産の占有の移転を伴わない契約は、特段の事情のない限り、債権担保の目的で締結されたものと推認され、その性質は譲渡担保契約と解するのが相当である。」

譲渡担保権者の清算義務（譲渡担保清算判決）　三六九条（譲渡担保）

〔一五〇〕　最判昭和四六年三月二五日民集二五巻二号二〇八頁　民法1物128(4)(ア)

事実　Xは、Yに対して二四六万余円の債権を有していたところ、Yが所有する時価三四九万余円の本件土地を二四六万余円と評価して、譲渡担保契約を締結し、移転登記を了した。右契約において、弁済期内にYが代金相当額を

Xに支払えば本件土地はYに返還されるが、それがなされないときはXが本件土地を確定的に取得し、Yは土地上の建物を収去して本件土地を明け渡すこととされていた。弁済期を従過したYに対し、Xが建物収去・土地明渡しを請求した。原審がXの請求を認容したので、右契約は清算型の譲渡担保であるとして、Yが上告。

判旨　破棄差戻「貸金債権担保のため債務者所有の不動産につき譲渡担保形式の契約を締結し、債務者が弁済期に債務を弁済すれば不動産は債務者に返還するが、弁済をしないときは右不動産を債務の弁済の代わりに確定的に自己の所有に帰せしめるとの合意のもとに、自己のため所有権移転登記を経由した債権者は、債務者が弁済期に債務の弁済をしない場合においては、目的不動産を換価処分し、またはこれを適正に評価することによって具体化する右物件の価額から、自己の債権額を差し引き、なお残額があるときは、これに相当する金銭を清算金として債務者に支払うことを要するのである。そして、この担保目的実現の手段として、債務者に対し右不動産の引渡ないし明渡を求める訴を提起した場合に、債務者が右清算金の支払と引換えにその履行をなすべき旨を主張したときは、特段の事情のある場合を除き、債権者の右請求は、債務者への清算金の支払と引換えにのみ認容されるべきものと解するのが相当である。」

譲渡担保における受戻権　三六九条（譲渡担保）
〔一五一〕　最判昭和六二年二月一二日民集四一巻一号六七頁　民法1物128(4)(イ)・130(1)

事実　Xは、Yから金銭を借り受けるに際し、自己所有の本件土地を譲渡担保として提供し、土地所有権移転請求権仮登記を経由した。右担保契約においては、Xが期限までに貸金の返還をしないときは、本件土地は終局的にYに帰属し、XはYに対し所有権移転の本登記に必要な手続をするとともに、本件土地を引き渡す旨の約定がなされた。期限を過ぎてもXからの弁済がなかったので、Yは、Xに対して本件土地をYの所有とする旨の意思表示をし、その後、本件土地をAに売却した。Xは、残債務の支払と引き換えに右仮登記の抹消を求めたが、一審で棄却されたので、原審では、訴えを変更し清算金の支払を求めた。原審は、帰属清算型であることを前提に、Yの右意思表示によって本件土地の所有権は確定的にYに帰属し、右意思表示到達の時点を清算の基準時とすべきところ、その有無と額についてXの主張・立証がないとして、Xの請求を棄却した。Xより上告。

判旨　破棄差戻　「帰属清算型の譲渡担保においては、債務者が債務の履行を遅滞し、債権者が債務者に対し目的不動産を確定的に自己の所有に帰せしめる旨の意思表示をしても、債権者が債務者に対して清算金の支払若しくはその提供又は目的不動産の適正評価額が債務の額を上回らない旨の通知をしない限り、債務者は受戻権を有し、債務の全額を弁済して譲渡担保権を消滅させることができるのであるから、債権者が単に右の意思表示をしただけでは、未だ債務消滅の効果を生ぜず、したがって清算金の有無及びその額が確定しないため、債権者の清算義務は具体的に確定しないものというべきである。もっとも、債権者が清算金の支払若しくはその提供又は目的不動産の適正評価額が債務の額を上回らない旨の通知をせず、かつ、債務者も債務の弁済をしないうちに、債権者が目的不動産を第三者に売却等をしたときは、債務者はその時点で受戻権ひいては目的不動産の所有権を終局的に失い、同時に被担保債権消滅の効果が発生するとともに、右時点を基準時として清算金の有無及びその額が確定されるものと解するのが相当である。」

譲渡担保権者による担保不動産の譲渡と設定者の受戻権　三六九条（譲渡担保）

〔一五一の二〕　最判平成六年二月二二日民集四八巻二号四一四頁

事実　Yは、元妻の義兄弟のAから毎月五千円返済するとの約定で五二万円を借り受け、自宅である本件土地建物に譲渡担保権を設定し、所有権移転登記が経由された。Yが三七万円を返済した頃、元妻の兄であるXが本件建物に家族とともに入居したため、Yは本件建物からの退去を余儀なくされ、それによって借入金の返済を怠ったため、期限の利益を喪失した。Yは、Xに対して本件建物の明渡しを求めて訴えを提起し、Yの勝訴によって本件建物はYに明け渡された。ところが、Aは、Yとの間で清算することなく、Xに対して本件土地建物を贈与し、移転登記が経由された。YがAに対して残元金・遅延存外金を供託したものの、Xは、Aに対し、所有権に基づく本件土地建物の明渡しを求めて提訴した。原審は、Xが背信的悪意者にあたるとして、Yの受戻権行使を肯定し、Xの請求を棄却した。Xが上告。

判旨 破棄差戻「不動産を目的とする譲渡担保契約において、債務者が弁済期に債務の弁済をしない場合には、債権者は、右譲渡担保契約がいわゆる帰属清算型であると処分清算型であるとを問わず、目的物を処分する権能を取得するから、債権者がこの権能に基づいて目的物を第三者に譲渡したときは、原則として、譲受人は目的物の所有権を確定的に取得し、債務者は、清算金がある場合に債権者に対してその支払を求めることができるにとどまり、残債務を弁済して目的物を受け戻すことはできなくなるものと解するのが相当である。この理は、譲渡を受けた第三者がいわゆる背信的悪意者に当たる場合であっても異なるところはない。けだし、そのように解さないと、権利関係の確定しない状態が続くばかりでなく、譲受人が背信的悪意者に当たるかどうかを確知し得る立場にあるとは限らない債権者に、不測の損害を被らせるおそれを生ずるからである。したがって、前記事実関係によると、Yの債務の最終弁済期後に、Aが本件建物をXに贈与したことによって、Yは残債務を弁済してこれを受け戻すことができなくなり、Xはその所有権を確定的に取得したものというべきである。これと異なる原審の判断には、法令の解釈を誤った違法があり、右の違法は原判決の結論に影響を及ぼすことが明らかである。

論旨は理由があり、その余の上告理由について判断するまでもなく、原判決中X敗訴の部分は破棄を免れず、本件については、Yらの清算金との引換給付を求める旨の主張等その余の抗弁について更に審理を尽くさせるため原審に差し戻す…。」

集合物への譲渡担保　八五条・三六九条（譲渡担保）

〔一五二〕　最判昭和五四年二月一五日民集三三巻一号五一頁　民法1総83(1)、物124(3)

事実 Aは、自己所有の乾燥ネギのうち二八トンをXに対する債務の譲渡担保として提供すること、Xは右ネギをいつでも自由に売却処分することができることを約した。当時Aは、Yとの間で締結した継続的倉庫寄託契約に基づき、その所有する乾燥ネギ四四トン余をY倉庫に寄託していた。同日、AからY作成の冷蔵貨物預証がXあてに交付されたが、これは在庫証明の趣旨で作成されたものであり、また、X社員はY倉庫へ赴いたものの、これは単に在庫の確認のためであって、目的物の特定のためではなかった。右契約締結後、AからXに対し乾燥ネギ二八トンのうち三トン余が六回にわたり引き渡されたが、その大部分はAの工場からXに直送され、残部はXの指示によりAがYから受け出してX指定の荷送先に送付したものであった。その後、YはAの指示に基づいてY倉庫内の乾燥ネギ二三トン余をBに引き渡した。そこで、Xは、右行為は譲渡担保により取得したXの所有権を侵害するものであるとして、これにより被った損害の賠償をYに請求した。一審・原審ともX敗訴。Xより上告。

判旨　上告棄却「構成部分の変動する集合動産についても、その種類、所在場所及び量的範囲を指定するなどなんらかの方法で目的物の範囲が特定される場合には、一個の集合物として譲渡担保の目的となりうるものと解するのが相当である。」しかし、「右事実関係のもとにおいては、未だAがXに対しYに寄託中の乾燥ネギのうち二八トンを特定して譲渡担保に供したものとは認められない」。

集合動産譲渡担保設定者による目的動産の処分

八五条・三六九条（譲渡担保）

〔一五三〕　最判平成一八年七月二〇日民集六〇巻六号二四九九頁　民法1総83(1)、物124(2)(3)・128(5)・129(4)

事実　魚の養殖・加工・販売等を業とするY会社は、Aに対する現在および将来の飼料の売掛代金債権の担保のため、漁場に設置された生簀のY所有の養殖魚と補充される養殖魚につき集合動産譲渡担保を設定し、占有改定によって引渡しをし、さらに、Yは、BとCについても、同様の集合動産譲渡担保を設定した。その後、X会社は、Yより、上記の生簀内のブリ一三万余を買い受けてXの所有等を表示した標識を設置し、Yがこの養殖魚を飼育して、Xが他に販売するときはYがこれを買い戻して加工して再度Xに売却するという第一契約を締結した。併せて、Xは、Y所有の養殖ハマチ二七万尾余を購入するという第二契約を締結し、この養殖魚は、Yの生簀に格納されてYが占有していた。

Yは、民事再生手続開始の申立てをし、開始決定がされた。Xは、民事再生手続開始決定前に、第一契約・第二契約に基づいて本件物件をYから買い受けて占有を受けたと主張して本件物件の引渡しを請求した。一審は請求を棄却、原審は原判決を取り消してXの請求を認容。Yは上告受理を申し立てた。

判旨　一部破棄自判、一部破棄差戻　「本件契約一に先立って、A、B及びCのために本件各譲渡担保が設定され、占有改定の方法による引渡しをもってその対抗要件が具備されているのであるから、これに劣後する譲渡担保が、Xのために重複して設定されたということになる。このように重複して譲渡担保を設定すること自体は許されるとしても、劣後する譲渡担保に独自の私的実行の権限を認めた場合、配当の手続が整備されている民事執行法上の執行手続が行われる場合と異なり、先行する譲渡担保権者には優先権を行使する機会が与えられず、その譲渡担保は有名無実のものとなりかねない。このような結果を招来する後順位譲渡担保権者による私的実行を認めることはできないというべきである。……よって、本件物件一の引渡しを求めるXの請求は理由がない。……

構成部分の変動する集合動産を目的とする譲渡担保においては、集合物の内容が譲渡担保設定者の営業活動を通じて当然に変動することが予定されているのであるから、譲渡担保設定者には、その通常の営業の範囲内で、譲渡担保の目的を構成する動産を処分する権限が付与されており、この権限内でされた処分の相手方は、当該動産について、譲渡担保の拘束を受けることなく確定的に所有権を取得することができると解するのが相当である。……他方、対抗要件を備えた集合動産譲渡担保の設定者がその目的物である動産につき通常の営業の範囲を超える売却処分をした場合、当該処分は上記権限に基づかないものである以上、譲渡担保契約に定められた保管場所から搬出されるなどして当該譲渡担保の目的である集合物から離脱したと認められる場合でない限り、当該処分の相手方は目的物の所有権を承継取得することはできないというべきである。

本件においては、本件物件二が本件各譲渡担保の目的である集合物から離脱したと解すべき事情はないから、Xが本件契約二により本件物件二の所有権を承継取得したかどうかを判断するためには、本件契約二による本件物件二の売却処分がYの通常の営業の範囲内のものかどうかを確定する必要があるというべきである。この点を審理判断することなく、本件物件二の引渡請求を認容した原審の判断には、判決に影響を及ぼすことが明らかな法令の違反がある。」

将来債権譲渡担保の対抗要件　　四六七条二項

〔一五三の二〕　最判平成一三年一一月二二日民集五五巻六号一〇五六頁

事実　Xは、Bに対する債権を担保するため、Aとの間で、平成九年三月三一日、AがCに対して有する売掛代金債権等について譲渡担保契約を締結し、同年六月五日、Aの内容証明郵便による譲渡担保設定通知がCに到達した。この設定通知には、Xの実行通知があるまでは譲渡された債権をAが取り立てることができる趣旨の記載があった。平成一〇年三月二五日、債権譲受人であるXからCへ実行通知がなされた（第三者対抗要件とはならない）。同年四月三日および六日、Y（国）は、Xに譲渡された債権の一部について、滞納処分による差押えを行い、債権差押通知書がCに送達された。Cが債権者不確知を理由に供託したので、Xは、Yらを相手に供託金還付請求権確認訴訟を提起した。一・二審がXへの債権譲渡担保にかかる設定通知の第三者対抗要件としての効力を否定し、Xの請求を否定したので、Xが上告した。

判旨　原判決破棄、第一審判決取消、Xの請求認容　「甲が乙に対する金銭債務の担保として、発生原因となる取引の種類、発生期間等で特定される甲の丙に対する既に生じ、又は将来生ずべき債権を一括して乙に譲渡することとし、乙が丙に対し担保権実行として取立ての通知をするまでは、譲渡債権の取立てを甲に許諾し、甲が取り立てた金銭について乙への引渡しを要しないこととした甲、乙間の債権譲渡契約は、いわゆる集合債権を対象とした譲渡担保契約といわれるものの一つと解される。この場合は、既に生じ、又は将来生ずべき債権は、甲から乙に確定的に譲渡されており、ただ、甲、乙間において、乙に帰属した債権の一部について、甲に取立権限を付与し、取り立てた金銭の乙への引渡しを要しないとの合意が付加されているものと解すべきである。したがって、上記債権譲渡について第三者対抗要件を具備するためには、指名債権譲渡の対抗要件（民法四六七条二項）の方法によることができるのであり、その際に、丙に対し、甲に付与された取立権限の行使への協力を依頼したとしても、第三者対抗要件の効果を妨げるものではない。」

他人の土地に放置された所有権留保動産による土地所有権侵害

二〇六条（所有権留保）

〔一五四〕最判平成二一年三月一〇日民集六三巻三号三八五頁

民法1物136

事実　Zは、自動車販売店から本件車両を購入するにあたり、信販会社Yとの間で、購入代金をYが立替払いすること、本件車両の所有権は販売店からYに移転し、Zが立替金債務を完済するまでYに留保されることを約した。Zは本件車両の引渡しを受けたが、立替金債務の不払いを続けている。ところで、ZはXから駐車場を借りて本件車両を駐車していたが、Zの賃料不払いにより、Xは賃貸借契約を解除した。しかしその後も本件車両が駐車場に放置されたままであったため、Xは、Yに対して、本件車両の撤去や損害金の支払等を求めて訴えを提起した。原審は、YはZに対する立替払債権を担保するために本件車両の所有権を留保しているにすぎず、本件車両の占有使用を機能として包含する通常の所有権がYに帰属しているわけではないとして、Xの請求を斥けた。Xより上告受理申立て。

判旨　破棄差戻　「留保所有権者は、残債務弁済期が到来するまでは、当該動産が第三者の土地上に存在して第三者の土地所有権の行使を妨害しているとしても、特段の事情がない限り、当該動産の撤去義務や不法行為責任を負うことはないが、残債務弁済期が経過した後は、留保所有権が担保権の性質を有するからといって上記撤去義務や不法行為責任を免れることはないと解するのが相当である。なぜなら、上記のような留保所有権者が有する留保所有権は、原則として、残債務弁済期が到来するまでは、当該動産の交換価値を把握するにとどまるが、残債務弁済期の経過後は、当該動産を占有し、処分することができる権能を有するものと解されるからである。もっとも、残債務弁済期の経過後であっても、留保所有権者は、原則として、当該動産が第三者の土地所有権の行使を妨害している事実を知らなければ不法行為責任を問われることはなく、上記妨害の事実を告げられるなどしてこれを知ったときに不法行為責任を負うと解するのが相当である。」

所有権留保と集合債権譲渡担保の競合

二〇六条（所有権留保）

〔一五四の二〕最判平成三〇年一二月七日民集七二巻六号一〇四四頁

民法1物136

事実　Yは、Aとの間で、金属スクラップ等について継続的に売却する旨の契約を締結し、売却した目的物をAが転売することを包括的に承諾する一方で、毎月の代金の完済まで目的物の所有権をYに留保することが合意された。Xは、Aとの間で、XがAに対して現在および将来有する債権を担保するため、YがAに売却した目的物も含む非鉄金属製品の在庫製品等を目的とする集合動産譲渡担保契約を締結し、動産及び債権の譲渡の対抗要件に関する民法の特例等に関する法律三条一項に規定する登記がされた。その後、Aが事業を停止したことから、Yは、留保所有権に基づきAから目的物を引き上げ、第三者に売却した。これに対し、Xは、これらの目的物に対して譲渡担保権を有するとして、Yの売却等が不法行為または不当利得にあたるとして、損害賠償等または返還等を求めた。原審が代金未払分の目的物についてXの請求を否定したことから（既払分については認容）、Xが上告受理申立て。

判旨　上告棄却　「本件売買契約では、毎月二一日から翌月二〇日までを一つの期間として、期間ごとに納品された金属スクラップ等の売買代金の額が算定され、一つの期間に納品された金属スクラップ等の所有権は、上記の方法で額が算定された当該期間の売買代金の完済までYに留保されることが定められ、これと異なる期間の売買代金の支払を確保するためにYに留保されるものではない。上記のような定めは、売買代金の額が期間ごとに算定される継続的な動産の売買契約において、目的物の引渡しからその完済までの間、その支払を確保する手段を売主に与えるものであって、その限度で目的物の所有権を留保するものである。

また、Yは、Aに対して金属スクラップ等の転売を包括的に承諾していたが、これは、YがAに本件売買契約の売買代金を支払うための資金を確保させる趣旨であると解され、このことをもって上記金属スクラップ等の所有権がAに移転したとみることはできない。

以上によれば、本件動産の所有権は、本件条項の定めどおり、その売買代金が完済されるまでYからAに移転しないものと解するのが相当である。したがって、本件動産につき、Xは、Yに対して本件譲渡担保権を主張することができない。」

第三編　債　権

第一章　総　則

第一節　債権の目的

制限種類債権の特定（タール売買事件）　四〇一条二項

〔一五五〕　最判昭和三〇年一〇月一八日民集九巻一一号一六四二頁　民法2債10(1)

事実　YはA製鉄会社から買い受けてAの溜池に貯蔵していた漁業用タールをXに転売した。XはYからその二〇〇〇トンを買い受け、Xが必要の都度申し出て、Yが指定した引渡場所にXがドラム缶を持ち込んで引き取ると定められていた。Yは四分の一を引き渡したが、その後、Xは品質が悪いといってしばらく引取りに行かなかった。その間、Yは引渡しの準備をしていたが、これを引き揚げ、監視人を置かなかったので、A会社の労働争議中Aの労働組合員がタールを他に処分してしまった。XはYの引渡不履行を理由に残余部分の契約を解除し、残金の返還を請求した。原審は、本件売買が特定物売買かどうか明らかでないとし、Xの債権が通常の種類債権か制限種類債権かも明らかにしないまま、本件目的物はいずれにしても特定したとして、Xの請求を認めた。Yは上告して、Xに受領遅滞責任があり、また目的物は特定しておらずYの善管注意義務違反はなく、Xの解除は認められないと主張した。

判旨　破棄差戻　「原審は、先ず本件売買契約が当初から特定物を目的としたものかどうか明らかでないと判示したが、売買の目的物の性質、数量等から見れば、特段の事情の認められない本件では、不特定物の売買が行なわれたものと認めるのが相当である。そして右売買契約から生じた買主たるXの債権が、通常の種類債権であるのか、制限種類債権であるのかも、本件においては確定を要する事柄であって、例えば通常の種類債権であるとすれば、特別の事情のない限り、原審の認定した如き履行不能ということは起らない筈であり、これに反して、制限種類債権であるとするならば、履行不能となりうる代りには、目的物の良否は普通問題とはならないのであって、Xが『品質を悪いといって引取りに行かなかった』とすれば、Xは受領遅滞の責を免れないこととなるかもしれないのである。……

つぎに原審は、本件目的物はいずれにしても特定した旨判示したが、如何なる事実を以て『債務者ガ物ノ給付ヲ為スニ必要ナル行為ヲ完了シ』たものとするのか、原判文からはこれを窺うことができない。論旨も指摘する如く、本件目的物中未引渡の部分につき、Yが言語上の提供をしたからと云って、物の給付を為すに必要な行為を完了したことにならないことは明らかであろう。従って本件の目的物が叙上いずれの種類債権に属するとしても、原判示事実によってはいまだ特定したとは云えない筋合であって、Yが目的物につき善良なる管理者の注意義務を負うに至ったとした原審の判断もまた誤りであるといわなければならない。」

選択債権

〔一五六〕最判昭和四二年二月二三日民集二一巻一号一八九頁　四〇六条・四〇八条

事実　XとYとの間で、Yが所有する一筆の土地の一部につき、その目的部分が特定されないまま、賃貸借契約が締結された。XがYに対し右借地部分の特定を促しても、Yが応じない。そこでXが自ら右借地部分を特定し、その引渡しを請求した。一審は、Yの債務を選択債務類似の債務とし、目的物の特定につき選択債務の規定を準用するのが相当であると論じて、X勝訴。原審も同様。Yは上告して、選択債務の規定の適用を争う。

判旨　上告棄却「原審の認定したところによれば、本件七二番地の一宅地三四〇坪三合六勺内には、表道路に面し、かつXが米屋を営むに適した土地は相当個所あるというのであるから、そのうちの一個所五〇坪をXに引渡して使用収益せしむべき債務は、選択債務に当るものというべく、従って、選択債務に関する規定の適用ありと解するを相当とする。」

第二節　債権の効力

一　第三者の債権侵害

第三者の不法行為責任（立木売買債権侵害事件）　七〇九条
〔一五七〕 大刑判大正四年三月一〇日刑録二一輯二七九頁　民法2債18(1)・181(2)(ア)

事実　XよりXの所有する立木の売却を依頼されたAは、買主Bの代理人Yと通謀してXB間の売買価格より安く売れたと装って差額を横領した。Xは、Aに対して有する委任契約上の債権をYが侵害したとしてYに対して不法行為に基づく損害賠償を請求した。原審は、Yは、XA間の委任契約の第三者であり、YがXのAに対する債権を侵害しても、不法行為は成立しないとしてXの請求を棄却した。Xより上告。

判旨　破棄差戻　「依テ按《あん》ズルニ、債権ハ特定ノ人ニ対シ特定ノ行為ヲ要求スル権利ヲ云フモノナルガ故ニ、債権者ハ特定ノ債務者ニ対シテノミ其ノ行為ヲ要求スルコトヲ得ベク、債務者以外ノ第三者ハ毫《ごう》モ其要求ニ応ズルノ義務ナキコトハ言ヲ俟タザル所ナレドモ、凡《およ》ソ権利ナルモノハ親権夫権ノ如キ親族権タルト物権債権ノ如キ財産権タルトヲ問ハズ其権利ノ性質内容固ヨリ一ナラズト雖《いえど》モ、何レモ其権利ヲ侵害セシメザルノ対世的効力ヲ有シ、何人タリトモ之ヲ侵害スルコトヲ得ザルノ消極的義務ヲ負担スルモノニシテ、而《しか》シテ此対世的権利不可侵ノ効力ハ実ニ権利ノ通有性ニシテ独リ債権ニ於テノミ之ガ除外例ヲ為スモノニアラザルナリ。世上往往債権ハ唯債務者ヲシテ或行為ヲナサシムルコトヲ得ルニ止マリ広ク第三者ニ対シテハ何等ノ効力ヲ及ボスモノニアラザルコトヲ論ズル者ナキニアラズト雖モ、此レ頗《すこぶ》ル失当ナリ。債権ノ内容タル或特定ノ行為ハ固《もと》ヨリ債務者ニ対シテノミ之ヲ要求スルコトヲ得ベク、当事者以外ノ第三者ニ対シテ之ガ要求ヲナスコトヲ許サザルハ言ヲ俟タザル所ナレドモ、苟《いやしく》モ権利トシテ法律ノ保護ヲ与フル以上ハ他人ヲシテ其ノ権利関係ヲ侵害セシメザル対世的効力ヲ認ムルノ必要ナルコトハ明ニシテ、其ノ権利ノ物権タルト債権タルトニ依リテ之ガ等差ヲ設クベキ理由ナキモノト謂《い》ハザルベカラズ。若《も》シ之ニ反シ第三者ハ他人ノ有スル債権ニ就キ権利不可侵ノ義務ナキモノトセンカ、債権ハ常ニ第三者ノ為メニ蹂躪《じゅうりん》セラレ債権ノ存在ヲ認メタル法ノ精神ハ終ニ之ガ貫徹ヲ期スルコト能ハザルニ至ルヤ明ナリ。是ヲ以テ若シ第三者ガ債務者ヲ教唆シ若クハ債権者ト共同シテ其債務ノ全部又ハ一部ノ履行ヲ不能ナラシメ以テ債権者ノ権利行使ヲ妨ゲ之ニ依リテ損害ヲ生ゼシメタル場合ニ於テハ、債権者ハ右第三者ニ係リ不法行為ニ関スル一般ノ原則ニ依リ損害賠償ノ請求ヲナスコトヲ得ルモノトス。翻《ひるがえつ》テ本件ヲ按ズルニ……XトAトノ間ニハ委託契約成立シ、受任者タルAハ前記委任ノ本旨ニ従ヒ善良ナル管理者ノ注意ヲ以テ委任事務ヲ処理スルノ義務ヲ有スルモノナルヲ以テ、原判決認定ノ如ク買主タルBニ於テ該立木ヲ二万七〇〇〇円ニテ買受クルノ意思ヲ有スル以上ハ、Aニ於テハ宜ク該価格ヲ以テ之ヲBニ売却シ其代金ヲ受領シテXニ交付セザル可ラザル債務ヲ有スルモノナルニ、Yハ右委任契約ノ内容ヲ承知シナガラ受任者Aト相謀リ同人等ノ利益ヲ図ルガ為メニ売買代金ヲ二万一〇〇〇円トシテ其差額六〇〇〇円ヲ前記ノ如クXニ秘シテAニ交付シAガXニ対スル義務ノ履行ヲ不能ナラシメ、以テXガAニ対シテ有スル債権ノ行使ヲ妨ゲ之ニ依リテXニ損害ヲ生ゼシメタルモノニシテ、即チ右Yノ所為タル故意ヲ以テ債権ヲ侵害シタルモノナルガ故ニ不法行為ノ原則ニ依リ債権者Xニ対シテ其損害ヲ賠償スルノ義務ヲ免レザルモノトス。」

債権侵害　〔二八四〕参照。

債権に基づく妨害排除請求権（罹災地明渡事件）　六〇五条の四、旧罹災都市一〇条

〔一五八〕　最判昭和二八年一二月一八日民集七巻一二号一五一五頁　民法2債18(2)

事実　A所有宅地を賃借して地上に建物を所有していたXは、その建物は戦災により焼失した。ところがYが右土地をAより賃借して地上に建物を建築したので、Xは、旧罹災都市借地借家臨時処理法一〇条により借地権を対抗できると主張してYに対して建物収去土地明渡しを請求した。一審・原審でX勝訴。Yは上告して、XはAに対して賃借権の主張ができるにとどまり、第三者Yに対してはその主張ができないと主張。

判旨　上告棄却　「民法六〇五条は不動産の賃貸借は之を登記したとき爾後《じご》その不動産につき物権を取得した者に対してもその効力を生ずる旨を規定し、建物保護に関する法律〔現借地借家法一〇条一項〕では建物の

所有を目的とする土地の賃借権により土地の賃借人がその土地の上に登記した建物を有するときは土地の賃貸借の登記がなくても賃借権をもって第三者に対抗できる旨を規定しており、更に罹災都市借地借家臨時処理法一〇条によると罹災建物が滅失した当時から引き続きその建物の敷地又はその換地に借地権を有する者はその借地権の登記及びその土地にある建物の登記がなくてもその借地権をもって昭和二一年七月一日から五箇年以内にその土地について権利を取得した第三者に対抗できる旨を規定しているのであって、これらの規定により土地の賃借権をもってその土地につき権利を取得した第三者に対抗できる場合にはその賃借権はいわゆる物権的効力を有し、その土地につき物権を取得した第三者に対抗できるのみならずその土地につき賃借権を取得した者にも対抗できるのである。従って第三者に対抗できる賃借権を有する者はその土地につき賃借権を取得しこれにより地上に建物を建てて土地を使用する第三者に対し直接にその建物の収去、土地の明渡を請求することができるわけである。」

特定債権の保全の可否—妨害排除請求権の代位（焼跡バラック収去事件）〔一七三〕参照。

二　受領遅滞

受領遅滞に基づく解除権の有無　　四一三条
〔一五九〕　最判昭和四〇年一二月三日民集一九巻九号二〇九〇頁　　民法2債32(3)(エ)

事実　Yは X に膨張タンクの製作を請け負わせたが、X の製作が遅れ、再三延期した納期にも間に合わなかった。そこでYは請負契約を解除し、別の業者に製作を依頼してその納入を受けた。その後、Xは製作を終えたが、Yが引き取らないので、Xは契約を解除してYに対して損害賠償を請求した。原審は、債権者は受領義務を負わないので、Xは契約を解除できないとしてXを敗訴させた。Xは上告し、Yに信義則上の受領義務がありXは解除ができると主張した。

判旨　上告棄却「論旨は、債権者にも信義則の要求する程度において給付の実現に協力すべき法律上の義務があり、給付の不受領はあたかも債務者が履行しない場合と同じく債務不履行となるものと解すべきである、と主張し、債権者は債権の目的物を受領する義務なく債権者の受領遅滞を理由として債務者は契約解除をなしえない旨の原判決の判断は、民法の基本原則である信義則に違反する、という。

しかし、債務者の債務不履行と債権者の受領遅滞とは、その性質が異なるのであるから、一般に後者に前者と全く同一の効果を認めることは民法の予想していないところというべきである。民法四一四条、四一五条、五四一条等は、いずれも債務者の債務不履行のみを想定した規定であること明文上明らかであり、受領遅滞に対し債務者のとりうる措置としては、供託・自動売却等の規定を設けているのである。されば、特段の事由の認められない本件においてYの受領遅滞を理由としてXは契約を解除することができない旨の原判決の判断は正当であって、論旨は採用することができない。」

引取義務（硫黄鉱石事件）　四一三条・一条二項

〔一六〇〕　最判昭和四六年一二月一六日民集二五巻九号一四七二頁　民法2債32(3)(エ)

事実　Xは所有する硫黄鉱石を採掘してその全量をYに売り渡し、前借金としてYから受け取った。Xは採掘して引き渡してきたが、Yは、市況の変化等を理由に引取りを拒絶した。XはYに対して損害賠償を請求した。原審がXの請求を認めたのでYは上告。

判旨　上告棄却「前記鉱石売買契約においては、Xが右契約期間を通じて採掘する鉱石の全量が売買されるべきものと定められており、XはYに対し右鉱石を継続的に供給すべきものなのであるから、信義則に照らして考察するときは、Xは、右約旨に基づいて、その採掘した鉱石全部を順次Yに出荷すべく、Yはこれを引き取り、かつ、その代金を支払うべき法律関係が存在していたものと解するのが相当である。したがって、Yには、Xが採掘し、提供した鉱石を引き取るべき義務があったものというべきであり、Yの前示引取の拒絶は、債務不履行の効果を生ずるものといわなければならない。

所論は、Xには、信義にもとる不履行の責任があり、重大な過失があると非難し、その根拠として、Xが昭和三二年の出鉱を遅延したこと、同会社が昭和三三年六月Yに何の予告もなく鉱石を送ってきたこと、Xは、鉱石価格の下降を辿る業界の実情をよそに、みずから危険を冒して採掘を続行したこと等を列挙し、これらが斟酌されるべきであると主張する。しかし、原判決は、Xが昭和三二年度中僅少の出鉱をなしたことにとどまった事情について詳細説示しており、また、Y側が本件鉱石売買契約の存続について明確な認識をもたず、ひいて市況の変化に対処して適切な協議の方法をとらなかった事実も、原審の認定判示するところであって、こうした事実関係のもとにおいては、Xにおいて信義則に違反し、重大な過失があるとする所論は、採用のかぎりでない。

よって、Yに引取義務を認めた原審の判断は、正当として是認することができる。右のとおりであるから、所論中、売主側が、買主側の要求により、履行の準備に相当の努力を費した場合には信義則上も買主の引取義務を肯定すべきである旨の原判示を非難する部分は、その当否を論ずるまでもなく、原判決に影響を及ぼしえないものとして、排斥を免れない。」

三　強制履行

〔一六一〕　削　除

四　債務不履行

不法行為との関係（賃借人家屋失火事件）　四一五条・七〇九条、失火

〔一六二〕　大連判明治四五年三月二二日民録一八輯三一五頁　民法2債179(2)・186(5)

事実 Xの所有する家屋を賃借するYが過失により家屋を焼失したので、XはYに対して債務不履行による損害賠償を請求した。原審は、失火責任法が債務不履行の場合にも適用されるとしてXの請求を認めなかった。Xは失火責任法を契約責任に拡張すべきでないと主張して上告。

判旨 破棄差戻「按《あん》ズルニ民法第七〇九条ハ故意又ハ過失ニ因リテ他人ノ権利ヲ侵害シタル者即チ不法行為者ニ其行為ニ因リテ生ジタル損害ノ賠償責任ヲ負ハシムル規定ナルコト多言ヲ俟《ま》タズ。而《しか》シテ明治三二年法律第四〇号ハ『民法第七〇九条ノ規定ハ失火ノ場合ニハ之ヲ適用セズ云々』トアリテ、失火ニ因リテ他人ノ財物ヲ焼失セシメ其物上ノ権利ヲ侵害スルモ失火者ニ重大ナル過失ナキ限リハ民法第七〇九条ヲ適用セザルコトヲ規定シタルモノナレバ、失火者ノ過失重大ナラザリシトキハ不法行為アルモノトシテ損害賠償ノ責任ヲ負ハシメザル法意ナルコト法文上明白ナリ。凡《およ》ソ火ヲ失シテ他人ノ財物ヲ焼失セシムルハ過失ニ因リテ他人ノ権利ヲ侵害スルモノニ外ナラザルガ故ニ一般ノ原則ニ従ヘバ失火者ニ損害賠償ノ責任ヲ負ハシムベキハ当然ナレドモ、失火ノ場合ハ他ノ場合ト同一ニ律ス可カラザルモノアリ。蓋《けだ》シ何人ト雖《いえど》モ自己ノ財物ヲ滅尽スベキ過ナカランコトニ注意ヲ怠ラザルハ勿論ナルニ、失火ハ殆ンド毎ニ自己ノ財物ヲ焼失セシムルモノニシテ其過失ノ宥恕《ゆうじょ》スベキ事情ノ存スル場合少シトセズ。而カモ人家稠密《ちゅうみつ》ノ地ニ於テ偶《たまたま》火ヲ失スルヤ延焼幾百千戸ニ及ブコトアリテ其損害素ヨリ測ル可カラズ。然ルニ失火者ニ此測ル可カラザル損害ヲ賠償スルノ責任ヲ負ハシムルハ酷ノ甚《はなはだ》シキモノナリ。故ニ火ヲ失シテ他人ノ財物ヲ焼失セシメタル場合即チ他人ノ焼失物上ノ権利ヲ侵害シタル場合ニ於テ失火者ニ損害賠償ノ責任ヲ負ハシメザルコト我邦古来ノ慣習ニシテ、旧刑法附則第五九条ニ犯罪ニ因リテ生ジタル損害ニ付《つき》被害者ニ賠償ヲ請求スルノ権利アルコトヲ声明シナガラ『但シ失火ノ場合ハ此限ニ在ラズ』ト限定シタリシ所以《ゆえん》ナリ。而シテ明治三二年法律第四〇号ハ右刑法附則第五九条但書ノ法意ヲ復活セシムル趣旨ニ出デタルモノナレバ其沿革上ヨリ観ルモ同法律ハ単ニ焼失物上ノ権利侵害ニ付失火者ニ重大ナル過失ナキ限リハ損害賠償ノ責任ヲ負ハシメザル法意ニシテ、即チ不法行為ニ因リテ生ジタル損害ノ賠償責任ニ関スル例外規定ナルコト洵《まこと》ニ明瞭ナリ。抑《そもそも》賃貸人ト賃借人トノ間ニハ賃貸借契約ニ因リテ特別ナル債権債務ノ存在スルアリテ賃借人ハ賃貸人ニ対シ其債務ヲ履行セザルヲ得ザルモノナレバ、家屋ノ賃借人ガ火ヲ失シテ其家屋ヲ焼失セシメ因テ之ガ返還ノ義務ヲ履行セザルトキハ、一面ニ於テハ過失ニ因リテ賃貸人ノ所有権ヲ侵害シタルモノニシテ不法行為タルト同時ニ、他ノ一面ニ於テハ自己ノ過失ニ因リテ債務ヲ履行スルコト能ハザルニ至リタルモノニシテ債務不履行タルコト勿論ナリ。而シテ其不法行為ニ付テハ明治三二年法律第四〇号ノ規定ニ依リ重大ナル過失ナキ限リ民法第七〇九条ノ適用ナクシテ損害賠償ノ責任ナシト雖モ、債務不履行ニ付テハ民法第四一五条ノ適用アルヲ以テ、過失ノ軽重ニ拘《かか》ハラズ因リテ生ジタル損害ヲ賠償セザル可カラザルコト更ニ多言ヲ俟《ま》タザルベシ。」

履行補助者

〔一六三〕　大判昭和四年三月三〇日民集八巻三六三頁　　**四一五条一項**　民法1総113(1)、2債22(4)

事実　Xの所有する船舶を賃借するY_1は、Xの承諾を得てY_2に転貸した。航海中、この船が難破したので、Xは、Y_1・Y_2に対して損害賠償を請求した。原審では、Y_2が雇った船員に過失があったとしてXの請求が認められた。Yらは上告して、民法七一五条と同様、使用者は被用者の選任監督につき注意を怠ったときに限り債務不履行責任を負うべきだと主張した。

判旨　上告棄却　「債務ヲ負担スル者ハ契約又ハ法律ニ依リ命ゼラレタル一定ノ注意ノ下ニ其ノ給付タル行為ヲ為スベキ義務アルヲ以テ、債務者ガ債務ノ履行ニ付《つき》其ノ義務タル注意ヲ尽シタルヤ否ヤ総テ債務ノ履行タル行為ヲ為ス可キ者ニ付之ヲ定ム可ク、従テ債務者ガ債務履行ノ為他人ヲ使用スル場合ニ在リテハ、債務者ハ自ラ其ノ被用者ノ選任監督ニ付過失ナキコトヲ要スルハ勿論、此ノ外尚ホ其ノ他人ヲ使用シテ債務ノ履行ヲ為サシムル範囲ニ於テハ被用者ヲシテ其ノ為スベキ履行ニ伴ヒ必要ナル注意ヲ尽サシム可キ責ヲ免レザルモノニシテ、使用者タル債務者ハ其ノ履行ニ付被用者ノ不注意ヨリ生ジタル結果ニ対シ債務ノ履行ニ関スル一切ノ責任ヲ回避スルコトヲ得ザルモノト云ハザル可カラズ。蓋《けだ》シ債務者ハ被用者ノ行為ヲ利用シテ其ノ債務ヲ履行セントスルモノニシテ、此ノ範囲内ニ於ケル被用者ノ行為ハ即債務者ノ行為ソノモノニ外ナラザルヲ以テナリ。」

安全配慮義務　一条二項・一六六条・一六七条・四一五条

〔一六四〕最判昭和五〇年二月二五日民集二九巻二号一四三頁　民法1総155(1)、2債25(2)

事実　自衛隊員Aは、昭和四〇年七月一三日自衛隊内で作業中、同僚隊員の運転する自動車に轢かれて死亡した。Aの両親X_1とX_2は、国家公務員災害補償法による補償金以外には、Y（国）に対する損害賠償請求はできないと信じていたが、後日その可能性を知ったので、事故の発生を知った日から三年を経過した昭和四四年一〇月六日、国に対して債務不履行に基づく損害賠償を請求した。原審は、AはYに対して通常の雇用関係にあるのではなく、特別権力関係に基づいて服務しているのだから、債務不履行に基づく損害賠償請求を否定した。Xらより上告。

判旨　破棄差戻「思うに、国と国家公務員（以下「公務員」という。）との間における主要な義務として、法は、公務員が職務に専念すべき義務（国家公務員法一〇一条一項前段、自衛隊法六〇条一項等）並びに法令及び上司の命令に従うべき義務（国家公務員法九八条一項、自衛隊法五六条、五七条等）を負い、国がこれに対応して公務員に対し給与支払義務（国家公務員法六二条、防衛庁職員給与法四条以下等）を負うことを定めているが、国の義務は右の給付義務にとどまらず、国は、公務員に対し、国が公務遂行のために設置すべき場所、施設もしくは器具等の設置管理又は公務員が国もしくは上司の指示のもとに遂行する公務の管理にあたって、公務員の生命及び健康等を危険から保護するよう配慮すべき義務（以下「安全配慮義務」という。）を負っているものと解すべきである。もとより、右の安全配慮義務の具体的内容は、公務員の職種、地位及び安全配慮義務が問題となる当該具体的状況等によって異なるべきものであり、自衛隊員の場合にあっては、更に当該勤務が通常の作業時、訓練時、防衛出動時（自衛隊法七六条）、治安出動時（同法七八条以下）又は災害派遣時（同法八三条）のいずれにおけるものであるか等によっても異なりうべきものであるが、国が、不法行為規範のもとにおいて私人に対しその生命、健康等を保護すべき義務を負っているほかは、いかなる場合においても公務員に対し安全配慮義務を負うものではないと解することはできない。けだし、右のような安全配慮義務は、ある法律関係に基づいて特別な社会的接触の関係に入った当事者間において、当該法律関係の付随義務として当事者の一方又は双方が相手方に対して信義則上負う義務として一般的に認められるべきものであって、国と公務員との間においても別異に解すべき論拠はなく、公務員が前記の義務を安んじて誠実に履行するためには、国が、公務員に対し安全配慮義務を負い、これを尽くすことが必要不可欠であり、また、国家公務員法九三条ないし九五条及びこれに基づく国家公務員災害補償法並びに防衛庁職員給与法二七条等の災害補償制度も国が公務員に対し安全配慮義務を負うことを当然の前提とし、この義務が尽くされたとしてもなお発生すべき公務災害に対処するために設けられたものと解されるからである。

そして、会計法三〇条が金銭の給付を目的とする国の権利及び国に対する権利につき五年の消滅時効期間を定めたのは、国の権利義務を早期に決済する必要があるなど主として行政上の便宜を考慮したことに基づくものであるから、同条の五年の消滅時効期間の定めは、右のような行政上の便宜を考慮する必要がある金銭債権であって他に時効期間につき特別の規定のないものについて適用されるものと解すべきである。そして、国が、公務員に対する安全配慮義務を懈怠し違法に公務員の生命、健康等を侵害して損害を受けた公務員に対し損害賠償の義務を負う事態は、その発生が偶発的であって多発するものとはいえないから、右義務につき前記のような行政上の便宜を考慮する必要はなく、また、国が義務者であっても、被害者に損害を賠償すべき関係は、公平の理念に基づき被害者に生じた損害の公正な塡補を目的とする点において、私人相互間における損害賠償の関係とその目的性質を異にするものではないから、国に対する右損害賠償請求権の消滅時効期間は、会計法三〇条所定の五年と解すべきではなく、民法一六七条一項〔現一六六条一項〕により一〇年と解すべきである。

ところが、原判決は、自衛隊員であったAが特別権力関係に基づいてYのために服務していたものであるとの理由のみをもって、XらのYに対する安全配慮義務違背に基づく損害賠償の請求を排斥しているが、右は法令の解釈適用を誤ったものというべきであり、その違法は原判決の結論に影響を及ぼすことが明らかであるから、原判決はこの点において破棄を免れない。」

履行補助者と安全配慮義務

一条・四一五条
民法2債22(4)

〔一六五〕最判昭和五八年五月二七日民集三七巻四号四七七頁

事実 自衛隊隊長Aは、隊員Bを同乗させて隊装備の本件事故車を運転中、路面が滑走しやすい状況にあったことを看過して急加速させたため、本件事故車を回転させて反対車線に進入させ、C運転の大型貨物自動車に自車を衝突させ、そのためにBが死亡した。Bの遺族であるXらは、Y（国）が安全配慮義務を負っており、その履行補助者Aの過失によって債務不履行責任を負うとして、損害賠償を求めた。原審が、Xらの請求を棄却したので、Xらが上告。

判旨 上告棄却「国は、公務員に対し、国が公務遂行のために設置すべき場所、施設若しくは器具等の設置管理又は公務員が国若しくは上司の指示のもとに遂行する公務の管理に当たって、公務員の生命及び健康等を危険から保護するよう配慮すべき義務を負っている（最判昭和五〇年二月二五日民集二九巻二号一四三頁）。右義務は、国が公務遂行に当たって支配管理する人的及び物的環境から生じうべき危険の防止について信義則上負担するものであるから、国は、自衛隊員を自衛隊車両に公務の遂行として乗車させる場合には、右自衛隊員に対する安全配慮義務として、車両の整備を十全ならしめて車両自体から生ずべき危険を防止し、車両の運転者としてその任に適する技能を有する者を選任し、かつ、当該車両を運転する上で特に必要な安全上の注意を与えて車両の運行から生ずる危険を防止すべき義務を負うが、運転者において道路交通法その他の法令に基づいて当然に負うべきものとされる通常の注意義務は、右安全配慮義務の内容に含まれるものではなく、また、右安全配慮義務の履行補助者が右車両にみずから運転者として乗車する場合であっても、右履行補助者に運転者としての右のような運転上の注意義務違反があったからといって、国の安全配慮義務違反があったものとすることはできないものというべきである。」

「以上の事実関係によれば、本件事故は、Aが車両の運転者として、道路交通法上当然に負うべきものとされる通常の注意義務を怠ったことにより発生したものであることが明らかであって、他に国の安全配慮義務の不履行の点は認め難いから、国の安全配慮義務違反はないとした原審の判断は、正当として是認することができ、原判決に所論の違法はない。」

〔一六六〕　削　除

損害賠償額の算定

〔一六七〕　大判大正七年八月二七日民録二四輯一六五八頁

四一六条

民法2債26(2)(ウ)

事実　マッチ製造業者Yと問屋Xは、大量のマッチの売買契約を五回にわたって締結していた。五回目の契約締結時（大正三年七月二十八日）に第一次世界大戦が勃発したため、マッチの原料が高騰し、マッチの価格も約一五％から二七％騰貴した。Yが X に値上げを求めたが一三六箱分については折り合いがつかず、Yは引き渡さなかった。そこで、Xは、催告の上で契約を解除し、損害賠償を求めた。原審は、契約締結時に当事者双方は未曽有の戦乱を予見できなかったが、本件損害が特別損害にあたるところ、Yは履行期（八月末日）には原料やマッチ価格の暴騰を熟知していたとして、Xの請求を認容した。Yが特別事情の予見時期は契約締結時と解すべきなどと主張して上告。

判旨　上告棄却「法律ガ特別事情ヲ予見シタル債務者ニ之ニ因リ生ジタル損害ヲ賠償スルノ責ヲ負ハシムル所以ノモノハ、特別事情ヲ予見シタルニ於テハ、之ニ因ル損害ノ生ズルハ予知シ得ベキ所ナレバ、之ヲ予知シナガラ債務ヲ履行セズ若クハ其履行ヲ不能ナラシメタル債務者ニ、其損害ヲ賠償セシムルモ過酷ナラズト為スニ在レバ、特別事情ノ予見ハ、債務ノ履行期迄ニ履行期後ノ事情ヲ前知スルノ義ニシテ、予見ノ時期ハ債務ノ履行期迄ナリト解スルヲ正当トス」

債務不履行と損害軽減措置

〔一六八〕　最判平成二一年一月一九日民集六三巻一号九七頁

四一六条・六〇六条

民法2債26(2)(イ)・27(1)

事実　Xは、中小企業等協同組合法に基づく事業協同組合であるY_1より本件ビルの地下一階部分（「本件店舗部分」）を賃借してカラオケ店を営業し、期間満了後も継続に関する協議が成立しないまま営業を継続した。平成九年二月、排水ポンプの制御系統の不良・故障によって本件店舗部分が浸水し、営業不能となった。Y_1が本件ビルの老朽化を理由に賃貸借の解除の意思表示を行う一方、Xはビルの修繕を求めた。なお、本件ビルは、老朽化による大規模改装と設備の更新が必要ではあったが、朽廃等による使用不能の状態ではなかった。

平成一〇年九月、Xは、Y_1に対しては修繕義務の不履行を根拠に、代表理事Y_2に対しては民法七〇九条または中小企業等協同組合法三八条の二第二項（現三八条の三第一項）を根拠に、損害賠償を求める訴えを提起した。これに対し、Y_1は、Xに対し本件店舗部分の明渡しを求める反訴を提起した。原審は、反訴請求を棄却し、本訴請求について、四年五か月間の営業利益の損害賠償請求を認容した。Yらが上告受理申立て。

判旨　本訴請求について一部破棄差戻、反訴請求について一部上告棄却　「事業用店舗の賃借人が、賃貸人の債務不履行により当該店舗で営業することができなくなった場合には、これにより賃借人に生じた営業利益喪失の損害は、債務不履行により通常生ずべき損害として民法四一六条一項により賃貸人にその賠償を求めることができると解するのが相当である。」

「前記事実関係によれば、……Y_1が本件修繕義務を履行したとしても、老朽化して大規模な改修を必要としていた本件ビルにおいて、Xが本件賃貸借契約をそのまま長期にわたって継続し得たとは必ずしも考え難い。また、本件事故から約一年七か月を経過して本件本訴が提起された時点では、本件店舗部分における営業の再開は、いつ実現できるか分からない実現可能性の乏しいものとなっていたと解される。他方、Xが本件店舗部分で行っていたカラオケ店の営業は、本件店舗部分以外の場所では行うことができないものとは考えられないし、前記事実関係によれば、Xは、平成九年五月二七日に、本件事故によるカラオケセット等の損傷に対し、合計三七一一万六六四六円の保険金の支払を受けているというのであるから、これによって、Xは、再びカラオケセット等を整備するのに必要な資金の少なくとも相当部分を取得したものと解される。」

「そうすると、遅くとも、本件本訴が提起された時点においては、Xがカラオケ店の営業を別の場所で再開する等の損害を回避又は減少させる措置を何ら執ることなく、本件店舗部分における営業利益相当の損害が発生するにまかせて、その損害のすべてについての賠償をYらに請求することは、条理上認められないというべきであり、民法四一六条一項にいう通常生ずべき損害の解釈上、本件において、Xが上記措置を執ることができたと解される時期以降における上記営業利益相当の損害のすべてについてその賠償をYらに請求することはできないというべきである。」

不法行為に基づく損害賠償の範囲〔三二九〕参照。

中間最高価格の賠償（富喜丸事件）〔三三〇〕参照。

損害賠償者の代位　四二二条

〔一六九〕最判平成元年四月二七日民集四三巻四号二七八頁　民法2債30

事実　労働者災害補償保険法〈労災保険法〉の適用事業場において労災事故（使用者行為災害）が発生し、被災労働者Aは、使用者（事業主）Xに対する不法行為に基づく民事上の損害賠償請求権と、国Yに対する労災保険法に基づく保険給付請求権を有することになった。両請求権の関係が問題になり、既に前件において、未払いの将来の保険給付については、Xの支払うべき損害賠償額（逸失利益）から控除すべきでないとして、これに相当する金額を含む損害額の賠償をXに命じる判決が言い渡された（最判昭和五二年一〇月二五日民集三一巻六号八三六頁）。Xは、右判決に沿い損害賠償責任を履行した後、Aが重ねて労災保険給付を受けることは不当であるとし、国Yに対して、Aが受けるべき保険金を自己へ払うよう訴求した。一審はX敗訴。原審は、民法四二二条による代位取得を認め、Xの請求を一部認容した。Yより上告。なお、昭和五五年の労災保険法改正により、民事の損害賠償と労災保険給付との調整規定（改正後の同法六四条）が設けられたことに注意。

判旨　破棄自判「民法四二二条の賠償者による代位の規定は、債権の目的たる物又は権利の価額の全部の損害賠償を受けた債権者がその債権の目的たる物又は権利を保持することにより重複して利益を得るという不当な結果が生ずることを防ぐため、賠償者が債権の目的たる物又は権利を取得することを定めるものであり、賠償者は右の物又は権利のみならず、これに代わる権利をも取得することができると解することができる。そして、右規定が不法行為による損害賠償に類推適用される場合についてみるに、賠償者が取得するのは不法行為により侵害された権利又はこれに代わる権利であると解されるところ、労災保険法に基づく保険給付は、業務上の事由又は通勤による労働者の負傷、疾病、障害又は死亡に対して迅速かつ公平な保護をすること等を目的としてされるものであり（労災保険法一条）、労働者が失った賃金等請求権を損害として、これを塡補すること自体を目的とする損害賠償とは、制度の趣旨、目的を異にするものであるから、労災保険法に基づく給付をもって賠償された損害に代わる権利ということはできない。したがって、労働者の業務上の災害に関して損害賠償債務を負担した使用者は、右債務を履行しても、賠償された損害に対応する労災保険法に基づく給付請求権を代位取得することはできないと解することが相当である。また、労災保険法に基づく給付が損害賠償により塡補されたものと同一の損害の塡補に向けられる結果となる場合に、いかなる者に対して、いかなる範囲、方法で労災保険法による給付をするかは、労災保険制度に関する法令において規律すべきものであるところ、関係法令中に損害賠償債務を履行した使用者が労災保険法に基づく給付請求権を取得することを許容する規定は存しない。」

五　債権者代位権

債権者代位の要件―債務者の権利の未行使　**四二三条**

〔一七〇〕　最判昭和二八年一二月一四日民集七巻一二号一三八六頁　**民法2債34(1)(ウ)**

事実　Xは、Aから土地建物を買い受け、手付金も授受されたが、Aは他者に高値で売却しようとして右契約を履行しない。地上建物はAが建築したものであったが、右土地はYからB、BからAへの譲渡を経たものであり、その所有名義はなおYのままであった。そこでXは、Aに代位して右土地の所有権移転登記手続を求め、右代位による所有権移転登記手続請求権を保全するために、Yに対し、右土地につき処分禁止の仮処分を申請した。一審はX敗訴。原審は一審判決を取り消したが、A自らがYを被告に、右土地につき所有権移転登記手続請求等の別訴を提起し係属中であることから、本訴と別訴提起の先後等を問題にし、差戻判決。A自らの権利行使では自己の権利は保全されないとして、Xより上告。

判旨 上告棄却「債権者代位権の行使は、債務者がみずから権利を行使しない場合に限り許されるものと解すべきである。債務者がすでに自ら権利を行使している場合には、その行使の方法又は結果の良いと否とにかかわらず、債権者は、債務者を排除し又は債務者と重複して債権者代位権を行使することはできない。債権者代位権という制度の本質から見て、かく解するのが相当である。若し、所論のごとく債務者自らがその権利を行使するに当り不十分、不誠実、不適当な場合には、債権者は補助参加により、さらに場合によっては当事者参加によって、自己の権利保全をすることもできるし、事情によっては詐害行為として取消を請求することもできるのである。」

離婚による財産分与と債権者代位権　四二三条・七六八条

〔一七一〕最判昭和五五年七月一一日民集三四巻四号六二八頁　民法2債34(1)(ア)、3親32(3)

事実 X男はY_1女と妻の氏を称する婚姻をし、妻方の家業（製麺・パン粉製造業）を夫婦で営むようになった。その間にX名義で取得した不動産をY_1に贈与したが、八年後に協議離婚した。離婚の直前にY_1は、右不動産につきY_1の母Y_2の名義に所有権移転登記をした。そこでXは、右不動産はY_1の所有に属することの確認およびXがY_1に対して有する財産分与請求権を保全するためとして、Y_1に代位して、Y_2に対しY_2への所有権移転登記の抹消登記手続を求めて、本訴を提起した。一審は、不動産がY_1の所有であることは認めたが、Xの債権者代位権の行使は許されないものとした。これに対して、原審は債権者代位権の行使を許容したので、Yらから上告。

判旨 一部棄却、一部破棄自判「離婚によって生ずることあるべき財産分与請求権は、一個の私権たる性格を有するものではあるが、協議あるいは審判等によって具体的内容が形成されるまでは、その範囲及び内容が不確定・不明確であるから、かかる財産分与請求権を保全するために債権者代位権を行使することはできないものと解するのが相当である。」

一身専属権　　四二三条・一四五条・一六六条

〔一七二〕 最判昭和四三年九月二六日民集二二巻九号二〇〇二頁　　民法1総146(2)、2債34(1)(カ)

事実 Aは、YがBに対して有する貸金債権を担保するため、自ら所有する本件土地に抵当権を設定し、登記を了していた。その後、Aに対して貸金債権を有するXは、その担保として本件土地に後順位の抵当権の設定を受け、登記を了した。本件土地が競売に付され、配当表が作成されたが、Xは、YのBに対する貸金債権は消滅時効が完成しており、物上保証人Aがその時効援用権を有するところ、債権者代位権によってその時効援用権を代位行使すると主張して、配当表の変更を求めた。一審・原審とも、物上保証人は被担保債権の消滅時効について直接利益を有する者に当たらず、時効援用権を有しないとし、その結果、被代位権利が存在しないから債権者代位権の行使もできないとして、Xの請求を棄却した。Xが上告。

判旨 破棄差戻 「消滅時効を援用しうる者は、権利の時効消滅によって直接利益を受ける者に限られるが、他人の債務のために自己の所有物件につき抵当権を設定したいわゆる物上保証人もまた被担保債権の消滅によって直接利益を受ける者というを妨げないから、民法一四五条にいう当事者として右物件によって担保された他人の債務の消滅時効を援用することが許されるものと解するのを相当とし（最判四二年一〇月二七日民集二一巻八号二一一〇頁参照）、また、金銭債権の債権者は、その債務者が、他の債権者に対して負担する債務、または前記のように他人の債務のために物上保証人となっている場合にその被担保債権について、その消滅時効を援用しうる地位にあるのにこれを援用しないときは、債務者の資力が自己の債権の弁済を受けるについて十分でない事情にあるかぎり、その債権を保全するに必要な限度で、民法四二三条一項本文の規定により、債務者に代位して他の債権者に対する債務の消滅時効を援用することが許されるものと解するのが相当である。」

本判決には、「消滅時効の援用は専ら援用権者の意思に繋らしめられているからには、債権者が債務者の有する消滅時効援用権を代位行使するがごときは許されない」とする一裁判官の反対意見がある。

援用権者(1)──後順位抵当権者 〔五九〕参照。

援用権者(2)―抵当不動産の第三取得者〔六〇〕参照。

特定債権の保全の可否―妨害排除請求権の代位（焼跡バラック収去事件）　四二三条・四二三条の七

〔一七三〕　大判昭和四年一二月一六日民集八巻九四四頁　民法2債34(1)(イ)・(4)(ア)

事実　Aの所有する土地を賃借するXは、地上に建物を建ててBに賃貸していたところ、関東大震災でこの建物が焼失したので、Bは焼跡にバラックを建てて居住していたが、Yはこのバラックの所有権を取得した。XはAに代位してYに対して土地明渡しを請求した。Yは、債権者代位権の行使は許されないと主張して上告。

判旨　上告棄却　「債権者ガ自己ノ債権ヲ保全スル為債務者ニ属スル権利ヲ行フコトヲ得ルハ民法第四二三条ノ規定スル所ナリ。同条ハ債務者ガ自己ノ有スル権利ヲ行使セザル為債権者ヲシテ其ノ債務者ニ対スル債権ノ十分ナル満足ヲ得ザラシメタル場合ニ於ケル救済方法ヲ定メタルモノニシテ、債権者ノ行フベキ債務者ノ権利ニ付《つき》其ノ一身ニ専属スルモノノ外ハ何等ノ制限ヲ設ケズ、又債務者ノ無資力タルコトヲ必要トセザルヲ以テ同条ニ所謂債権ハ必ズシモ金銭上ノ債権タルコトヲ要セズ。又所謂《いわゆる》債務者ノ権利ハ一般債権者ノ共同担保トナルベキモノタルニ限ラズ或債権者ノ特定債権ヲ保全スル必要アル場合ニ於テモ同条ノ適用アルモノト解スルヲ相当トス（大判明治四三年七月六日民録一六輯五三七頁、大決大正九年一〇月一三日民録二六輯一四七五頁参照）。故ニ土地ノ賃借人ガ賃貸人ニ対シ該土地ノ使用収益ヲ為サシムベキ債権ヲ有スル場合ニ於テ第三者ガ其ノ土地ヲ不法ニ占拠シ使用収益ヲ妨グルトキハ土地ノ賃借人ハ右ノ債権ヲ保全スル為第四二三条ニ依リ右賃貸人ノ有スル土地妨害排除ノ請求権ヲ行使スルコトヲ得ベキモノトス。」

〔一七四〕　削　除

六　詐害行為取消権

詐害行為取消権の客観的要件―特定物債権の保全・価額償還　四二四条・四二四条の六

〔一七五〕最大判昭和三六年七月一九日民集一五巻七号一八七五頁　民法2債35(1)(ア)・(2)(ウ)

事実　Xは、Aの所有する家屋をAより買い受け、代金の一部を支払い、残金はこの家屋に設定されていたB名義の抵当権登記の抹消と引き換えに支払うと約した。ところがAは右家屋をBに代物弁済し、YがこれをBより買い受けて中間省略によりAからYに所有権移転登記がされていた。そこでXは、AB間の代物弁済が詐害行為になると主張してYに対して所有権移転登記を請求した。原審がこの請求を認めたので、Yは上告し、①特定物引渡請求権者であるXは詐害行為取消権を有しない、②取消権に優先する抵当権があるときは、不動産の価額から抵当債権額を控除した残額につき取消権が成立し、詐害行為が家屋の代物弁済で不可分の場合に所有権移転登記の抹消を認めるべきではないと主張した。

判旨　破棄差戻　「民法四二四条の債権者取消権は、総債権者の共同担保の保全を目的とする制度であるが、特定物引渡請求権（以下特定物債権と略称する）といえどもその目的物を債務者が処分することにより無資力となった場合には、該特定物債権者は右処分行為を詐害行為として取り消すことができるものと解するを相当とする。けだし、かかる債権も、窮極において損害賠償債権に変じうるのであるから、債務者の一般財産により担保されなければならないことは、金銭債権と同様だからである。大連判大正七年一〇月二六日民録二四輯二〇三六頁が、詐害行為の取消権を有する債権者は、金銭の給付を目的とする債権を有するものでなければならないとした見解は、当裁判所の採用しないところである。……

なお、論旨は原判決のような判断が許されるときは、Xは登記を了しないのに既に登記したYに対し所有権の移転を対抗し得ると同一の結果となり、民法一七七条の法意に反すると主張するが、債権者取消権は総債権者の利益のため債務者の一般財産の保全を目的とするものであって、しかも債務者の無資力という法律事実を要件とするものであるから、所論一七七条の場合と法律効果を異にすることは当然である。所論は採用できない。」「債務者が目的物をその価格以下の債務の代物弁済として提供し、その結果債権者の共同担保に不足を生ぜしめた場合は、もとより、詐害行為を構成するものというべきであるが、債権者取消権は債権者の共同担保を保全するため、債務者の一般財産減少行為を取り消し、これを返還させることを目的とするものであるから、右の取消は債務者の詐害行為により減少された財産の範囲にとどまるべきものと解すべきである。したがって、前記事実関係によれば本件においてもその取消は、前記家屋の価格から前記抵当権額を控除した残額の部分に限って許されるものと解するを相当とする。そして、詐害行為の一部取消の場合において、その目的物が本件の如く一棟の家屋の代物弁済であって不可分のものと認められる場合にあっては、債権者は一部取消の限度において、その価格の賠償を請求するの外はないものといわなければならない。然るに、原審は、本件家屋の価格および取消の範囲等につき十分な審理を遂げることなく、たやすく本件代物弁済契約の全部の取消を認め、上告人に対し右家屋の所有権移転登記手続を命じたのは、民法四二四条の解釈を誤った結果として審理不尽、理由不備の違法をあえてしたものであって、所論は結局理由あるに帰し、原判決はこの点においては破棄を免れない。」

本判決には三裁判官の補足意見がある。

離婚による財産分与と詐害行為取消権

〔一七六〕　最判平成一二年三月九日民集五四巻三号一〇一三頁

四二四条・七六八条

民法2債35(1)(ア)、3親32(3)

事実　Xは、Aに対して有する貸金債権の内金五〇〇万円を請求債権として、AのB社に対する給料および役員報酬債権を差し押さえた。他方、Aは、協議離婚した妻Yに対し、生活費補助としてYが再婚するまで毎月一〇万円および離婚に伴う慰謝料として二〇〇〇万円を支払う約束をし、執行認諾文言付きの公正証書が作成された。Yも同公正証書によりAのBに対する同一の債権を差し押さえたため、Bは二六一万円余を供託し、執行裁判所は、XとYの各配当額を各請求債権額に応じて案分して定めた配当表を作成した。Xから、異議申出。Xは、主位的請求として、YAの合意が通謀虚偽表示により無効であると主張し、予備的請求として、詐害行為取消権に基づき、YとAとの間の合意を取り消し、全額をXに配当するよう配当表の変更を求めた。一審は主位的請求を認容したが、原審は、YのAに対する支払約束は不相当に過大であって、財産分与に仮託してされたものであり、詐害行為に該当するとして、予備的請求を認容した。Yから上告。

判旨 破棄差戻「2　離婚に伴う財産分与は、民法七六八条三項の規定の趣旨に反して不相当に過大であり、財産分与に仮託してされた財産処分であると認めるに足りるような特段の事情のない限り、詐害行為とはならない（最判昭和五八年一二月一九日民集三七巻一〇号一五三二頁）。このことは、財産分与として金銭の定期給付をする旨の合意をする場合であっても、同様と解される。

そして、離婚に伴う財産分与として金銭の給付をする旨の合意がされた場合において、右特段の事情があるときは、不相当に過大な部分について、その限度において詐害行為として取り消されるべきものと解するのが相当である。

3　離婚に伴う慰謝料を支払う旨の合意は、配偶者の一方が、その有責行為及びこれによって離婚のやむなきに至ったことを理由として発生した損害賠償債務の存在を確認し、賠償額を確定してその支払を約する行為であって、新たに創設的に債務を負担するものとはいえないから、詐害行為とはならない。しかしながら、当該配偶者が負担すべき損害賠償債務の額を超えた金額の慰謝料を支払う旨の合意がされたときは、その合意のうち右損害賠償債務の額を超えた部分については、慰謝料支払の名を借りた金銭の贈与契約ないし対価を欠いた新たな債務負担行為というべきであるから、詐害行為取消権行使の対象となり得るものと解するのが相当である。」

遺産分割協議と詐害行為取消権　四二四条・九〇七条

〔一七七〕最判平成一一年六月一一日民集五三巻五号八九八頁　民法2債35(1)(ア)

事実 Xは、Y_1・Y_2に対する貸金債権を主債務として、Y_3に対して連帯保証債権を有していた。Y_3の夫Aは昭和五四年二月に死亡して、Y_3と娘のY_4・Y_5が当時の法定相続分に従い各三分の一の相続分で借地権および借地上の本件建物を共同相続していた。Y_4・Y_5は婚姻し他の場所に居住し、Y_3のみが本件建物に居住していたが、Y_3らは、遺産分割協議により、借地権および本件建物について、Y_4およびY_5が持分二分の一の割合で相続し、Y_3は持分を取得しないこととし、本件建物についてその旨の移転登記が経由した。そこで、Xは、Y_1・Y_2に対して貸金債務の履行を、Y_3に対して連帯保証債務の履行を求め、Y_4およびY_5に対して、本件遺産分割協議が詐害行為にあたるとしてその取消しを求め、持分三分の一をY_3の登記名義にするよう求めた。原審がXの請求を認容したので、Yらが上告。

判旨　上告棄却「共同相続人の間で成立した遺産分割協議は、詐害行為取消権行使の対象となり得るものと解するのが相当である。けだし、遺産分割協議は、相続の開始によって共同相続人の共有となった相続財産について、その全部又は一部を、各相続人の単独所有とし、又は新たな共有関係に移行させることによって、相続財産の帰属を確定させるものであり、その性質上、財産権を目的とする法律行為であるということができるからである。そうすると、前記の事実関係の下で、Xは本件遺産分割協議を詐害行為として取り消すことができるとした原審の判断は、正当として是認することができる。」

詐害行為取消権の按分的行使の許否

四二四条・四二四条の三・四二四条の六・四二五条

〔一七八〕最判昭和四六年一一月一九日民集二五巻八号一三二一頁

民法2債35(3)(イ)

事実　Aには、債権者XとYがいる。AはYに債務を弁済した。Xは、Yに対して、右弁済が詐害行為になると主張し、自己の債権額での取消しと同額の支払を請求した。Yは、第一審口頭弁論期日にAに対する全債権額をもって配当要求の意思表示をした。このことを根拠に、Yは、Xが両者の債権額の按分額の限度で支払を請求できるにとどまると抗弁した。原審はXの請求を認め、Yの右抗弁を排斥した。Yは上告して、按分比例による配当を主張した。

判旨　上告棄却「所論は、原判決が、Yの配当要求を理由とした按分比例による配当の主張を排斥したのは違法であると非難する。そして、所論は、そのいわゆる配当要求は、強制執行法上の配当要求ではなく、受益の意思表示であるというのであるが、実定法上、かかる意思表示の効力を認むべき根拠は存在しない。本来、債権者取消権は債務者の一般財産を保全するため、とくに取消債権者において、債務者受益者間の詐害行為を取り消したうえ、債務者の一般財産から逸出したものを、総債権者のために、受益者または転得者から取り戻すことができるものとした制度である。もし、本件のような弁済行為についての詐害行為取消訴訟において、受益者であるYが、自己の債務者に対する債権をもって、Yのいわゆる配当要求をなし、取消にかかる弁済額のうち、右債権に対する按分額の支払を拒むことができるとするときは、いちはやく自己の債権につき弁済を受けた受益者を保護し、総債権者の利益を無視するに帰するわけであるから、右制度の趣旨に反することになるものといわなければならない。

ところで、取消債権者が受益者または転得者に対し、取消にかかる弁済額を自己に引き渡すべきことを請求することを許すのは、債務者から逸出した財産の取戻しを実効あらしめるためにやむをえないことなのである。その場合、ひとたび取消債権者に引き渡された金員が、取消債権者のみならず他の債権者の債権の弁済にも充てられるための手続をいかに定めるか等について、立法上考慮の余地はあるとしても、そのことからただちに、Yのいわゆる配当要求の意思表示に、所論のような効力を認めなければならない理由はないというべきである。」

詐害行為取消権行使の効果—分配義務の存否　四二四条・四二四条の三・四二五条・四二五条の三

〔一七九〕最判昭和三七年一〇月九日民集一六巻一〇号二〇七〇頁　民法2債35(3)(イ)

事実　XとYは共にAに対する債権者。Xがその債権につき譲渡担保として、Aから在庫品を譲り受けたところ、Yは右譲渡担保契約は詐害行為であるとし、右契約中、Yの債権額に相当する部分の取消しと、Xが他に売渡済みの右在庫品部分の取戻しに代え、売得金の支払を求める取消訴訟を提起した。右取消訴訟はYの勝訴に確定し、XはYに対し右金員を支払った。Xは本訴を提起し、民法四二五条により、YがXより支払を受けた右金員も総債権者の間で分配されるべきものであると論じて、右金員のうち、Aに対する総債権額に対するXの債権額の割合による分配金の支払をYに求めた。一審・原審ともにX敗訴。詐害行為取消しの結果にかかる債権者間の平等につき、一審は法律上の手続をとった場合のことにすぎないとし、原審は、破産手続をとらなかった以上やむを得ないと論じた。Xより上告。

判旨　上告棄却「詐害行為の取消は、総債権者の利益のためにその効力を生ずる（民法四二五条）。すなわち、取消権の行使により、受益者又は転得者から取戻された財産又はこれに代る価格賠償は、債務者の一般財産に回復されたものとして、総債権者において平等の割合で弁済を受け得るものとなるのであり、取消債権者がこれにつき優先弁済を受ける権利を取得するものではない。このことは取消債権者が取消権行使により財産又は価格賠償を自己に引渡すべきことを請求し、よってその引渡を受けた場合においても変ることはない。しかしながら、債権者が債務者の一般財産から平等の割合で弁済を受け得るというのは、そのための法律上の手続がとられた場合においてであるというにすぎない。従ってXの本訴請求にあるように取消債権者が自己に価格賠償の引渡を受けた場合、他の債権者は取消債権者の手中に入った右取戻物の上に当然に総債権者と平等の割合による現実の権利を取得するものではない。また、取消債権者は自己に引渡を受けた右取戻物を債務者の一般財産に回復されたものとして取扱うべきであることは当然であるが、それ以上に、自己が分配者となって他の債権者の請求に応じ平等の割合による分配を為すべき義務を負うものと解することはできない。そのような義務あるものと解することは、分配の時期、手続等を解釈上明確ならしめる規定を全く欠く法のもとでは、否定するのほかない。以上によれば、Xの本訴請求は、主張自体失当というべきものであって、Y主張の相殺の適否について判断するまでもなく、Xの本訴請求は排斥を免れなかったものである。」

詐害行為取消による受益者の取消債権者に対する受領金支払義務の遅滞時期　四一二条三項、四二四条一項

〔一七九の二〕　最判平成三〇年一二月一四日民集七二巻六号一一〇一頁

事実　A社の取締役Bは、その任務を怠りA社に損害を与えたとして、会社法四二三条一項に基づき、三七億円余の損害賠償債務を負った。Bは、このような責任を負う蓋然性が高まった時期に、妻Y_1に対し、①離婚に伴う財産分与・養育費等として八千万円を支払い、さらに、②財産分与として一億二千万円を支払い、また、③弟のY_2からほとんど無価値のA社株式を買い受け、一億六千万円余を支払った。AのBに対する損害賠償請求権を譲り受けたXは、Bにその支払を求めるとともに、それを被保全債権として、①②③が詐害行為等にあたるとしてY_1およびY_2に対し、その支払を求めた。原審は、②③について、Xの請求を認め、訴状送達日の翌日からの遅延損害金を認めた（①については、Xの主位的請求を容れて通謀虚偽表示を認め、不当利得返還請求権の代位行使を認めた）。Yらは、受領金支払義務は形成判決たる詐害行為取消判決の確定によって発生し、判決確定日の翌日から遅滞になるにとどまるなどとして、上告受理申立て。

判旨　上告棄却　「詐害行為取消しの効果は詐害行為取消判決の確定により生ずるものであるが、その効果が将来に向かってのみ生ずるのか、それとも過去に遡って生ずるのかは、詐害行為取消制度の趣旨や、いずれに解するかにより生ずる影響等を考慮して判断されるべきものである。詐害行為取消権は、詐害行為を取り消した上、逸出した財産を回復して債務者の一般財産を保全することを目的とするものであり、受益者又は転得者が詐害行為によって債務者の財産を逸出させた責任を原因として、その財産の回復義務を生じさせるものである。そうすると、詐害行為取消しの効果は過去に遡って生ずるものと解するのが上記の趣旨に沿うものといえる。また、詐害行為取消しによる受益者の取消債権者に対する受領金支払債務が、詐害行為取消判決の確定より前に遡って生じないとすれば、受益者は、受領済みの金員に係るそれまでの運用利益の全部を得ることができることとなり、相当ではない。したがって、上記受領金支払債務は、詐害行為取消判決の確定により受領時に遡って生ずるものと解すべきである。そして、上記受領金支払債務は期限の定めのない債務であるところ、これが発生と同時に遅滞に陥ると解すべき理由はなく、また、詐害行為取消判決の確定より前にされたその履行の請求も民法四一二条三項の「履行の請求」に当たるということができる。

以上によれば、上記受領金支払債務は、履行の請求を受けた時に遅滞に陥るものと解するのが相当である。

これを本件についてみると、Xは、Yらに対し、訴状をもって、各詐害行為の取消しとともに、各受領済みの金員相当額の支払を請求したのであるから、YらのXに対する各受領金支払債務についての遅延損害金の起算日は、各訴状送達の日の翌日ということになる。」

第三節　多数当事者の債権関係

一　連帯債務

連帯債務者の求償権—双方が通知を怠った場合　　四四三条

〔一八〇〕最判昭和五七年一二月一七日民集三六巻一二号二三九九頁　　民法2債44(2)(エ)

事実　Aは、XおよびYに対し、Bとの補償金交渉の交渉費用として五六五〇万円を支払ったが、交渉は失敗し補償金を得られなかった。そこで、X・Yは、Aに対し連帯して五六五〇万円を支払うことを約した（負担割合は平等）。Xは、所有する土地をAに代物弁済し、その旨の移転登記が経由されたが、代物弁済の事実をYに通知しなかった。他方、Yは、Xの代物弁済の事実を知らずに、Aの請求に応じて二〇〇万円を支払ったが、Xに事前の通知をしなかった。また、Yは、その後も計八〇〇万円を支払った。その際、Xの所在を弁護士や市役所に照会したが不明のため、Xに事前通知できなかった。Xは、代物弁済による連帯債務の消滅を理由に、Yに二八二五万円の求償金の支払を求めた。原審は、八〇〇万円の弁済についてはYに過失がないとして四四三条二項によって有効とし、求償金から控除し、他方、二〇〇万円の弁済についてはX・Y双方に事前通知を怠った過失があり、その場合には四四三条一項も二項も適用がないとして、求償金からの控除を否定した。Yは、第二弁済者が通知を怠った場合も四四三条二項が適用されるべきと主張して上告。

判旨　上告棄却　「連帯債務者の一人が弁済その他の免責の行為をするに先立ち、他の連帯債務者に通知することを怠った場合は、既に弁済しその他共同の免責を得ていた他の連帯債務者に対し、民法四四三条二項の規定により自己の免責行為を有効であるとみなすことはできないものと解するのが相当である。けだし、同項の規定は、同条一項の規定を前提とするものであって、同条一項の事前の通知につき過失のある連帯債務者までを保護する趣旨ではないと解すべきであるからである（大判昭和七年九月三〇日民集一一巻二〇号二〇〇八頁参照）。これと同旨の原審の判断は正当として是認することができ、原判決に所論の違法はない。」

連帯債務の共同相続

四二七条・四三六条・八九八条・八九九条

〔一八一〕 最判昭和三四年六月一九日民集一三巻六号七五七頁

民法2債37・43(1)、3相17(2)

事実 債権者Xには、連帯債務者AおよびAの妻Y_1がいたところ、Aが死亡し、Y_1とAの四人の子Y_2らが相続した。Xは、Y_1と右四人の子に対して、各自全額の債務の支払を請求した。原審がXの請求を認めたので、Yらは上告し、連帯債務の共同相続は相続分の割合による分割債務になるべきだと主張した。

判旨 一部破棄差戻 「連帯債務は、数人の債務者が同一内容の給付につき各独立に全部の給付をなすべき債務を負担しているのであり、各債務は債権の確保及び満足という共同の目的を達する手段として相互に関連結合しているが、なお、可分なること通常の金銭債務と同様である。ところで、債務者が死亡し、相続人が数人ある場合に、被相続人の金銭債務その他の可分債務は、法律上当然分割され、各共同相続人がその相続分に応じてこれを承継するものと解すべきであるから（大決昭和五年一二月四日民集九巻一一一八頁、最判昭和二九年四月八日民集八巻四号八一九頁参照）、連帯債務者の一人が死亡した場合においても、その相続人らは、被相続人の債務の分割されたものを承継し、各自その承継した範囲において、本来の債務者とともに連帯債務者となると解するのが相当である。……Y_1及びAはXに対し連帯債務を負担していたところ、Aは死亡し相続が開始したというのであるから、Aの債務の三分の一〔当時の民法九〇〇条一号による。現在は二分の一〕はY_1において（但し、同人は元来全額につき連帯債務を負担しているのであるから、本件においては、この承継の結果を考慮するを要しない。）その余の三分の二〔現在は二分の一〕は、Y_2〔ら〕……において各自四分の一すなわちAの債務の六分の一〔現在は八分の一〕宛を承継し、かくてY_1は全額につき、その余のY_2らは全額の六分の一〔現在は八分の一〕につき、それぞれ連帯債務を負うにいたったものである。……それゆえ、Y_1は、全額につき支払義務があるとする点において、当裁判所も原審と見解を同じうすることに帰し、その上告は結局理由がないが、その他のY_2らに関する部分については、原審は、連帯債務の相続に関する解釈を誤った結果、Y_2らに対し過大の金額の支払を命じたものであって、Y_2らの上告は理由があるというべきである。」

共同不法行為者の一人に対する一部免除　〔三二一〕参照。
共同不法行為における求償権　〔三二二〕参照。

二　保証債務

原状回復義務に対する保証人の責任　四四六条一項・四四七条・五四五条
〔一八二〕　最大判昭和四〇年六月三〇日民集一九巻四号一一四三頁　民法2債46(5)

事実　XはY_1より畳・建具を買い受け、Y_2は売主Y_1の連帯保証人となった。Xは代金を支払ったが、Y_1は物件の引渡しをしないので、Xは催告をして契約を解除した。Xは、Y_1とY_2に代金の返還を請求した。原審は、解除による原状回復義務は保証債務とは別個独立の債務であるという理由で、Y_2に対する請求を棄却した。Xは上告して、売主の保証人が契約解除の場合における原状回復義務についても保証の責任を負うべきだと主張した。

判旨　破棄差戻　「売買契約の解除のように遡及効を生ずる場合には、その契約の解除による原状回復義務は本来の債務が契約解除によって消滅した結果生ずる別個独立の債務であって、本来の債務に従たるものでもないから、右契約当事者のための保証人は、特約のないかぎり、これが履行の責に任ずべきではないとする判例があることは、原判決の引用する第一審判決の示すとおりである。（大判大正六年一〇月二七日民録二三輯一八六七頁、なお、大判明治三六年四月二三日民録九輯四八四頁等参照）しかしながら、特定物の売買における売主のための保証においては、通常、その契約から直接に生ずる売主の債務につき保証人らが自ら履行の責に任ずるというよりも、むしろ、売主の債務不履行に基因して売主が買主に対し負担することあるべき債務につき責に任ずる趣旨でなされるものと解するのが相当であるから、保証人は、債務不履行により売主が買主に対し負担する損害賠償義務についてはもちろん、特に反対の意思表示のないかぎり、売主の債務不履行により契約が解除された場合における原状回復義務についても保証の責に任ずるものと認めるを相当とする。したがって、前示判例は、右の趣旨においてこれを変更すべきものと認める。……Y_2は、前記保証に際し、右売買契約の解除による原状回復義務については保証しない旨の特約がなされた事実が明らかにされないかぎり、Y_1のXに対する右代金返還の義務につき保証の責に任ずべきものと認むべきところ、原審が、右特約の有無に考慮を払うことなく、前示判例の趣旨にしたがいY_2に保証の責なしと速断したことは、本件保証契約の趣旨に関しその判断を誤った結果審理不尽に陥った違法がある。」

〔一八三〕元本確定前の根保証債権の随伴性

最判平成二四年一二月一四日民集六六巻一二号三五五九頁

四四六条・四六六条
民法2債45(2)(イ)・50(2)(ウ)

事実　AがBに八億円を貸し付け、Yは、Aとの間で、Aを貸主・Bを借主とする金銭消費貸借契約取引等によって生じるBの債務を主たる債務として、極度額および保証期間を定めた連帯根保証契約を締結した。その後、Aは、さらに約八億円をBに貸し付け、保証期間経過前にその貸金債権をCに譲渡し、Cがそれをさらに X に譲渡した。Xは、譲り受けた債権の一部について、Yに対して連帯根保証債務の履行を求めて訴えを提起した。一審・原審ともXの請求を認めたので、Yは、元本確定前の根抵当権には随伴性がない（三九八条の七第一項）のと同様、根保証債務にも随伴性がないとして上告した。

判旨　上告棄却「根保証契約を締結した当事者は、通常、主たる債務の範囲に含まれる個別の債務が発生すれば保証人がこれをその都度保証し、当該債務の弁済期が到来すれば、当該根保証契約に定める元本確定期日（本件根保証契約のように、保証期間の定めがある場合には、保証期間の満了日の翌日を元本確定期日とする定めをしたものと解することができる。）前であっても、保証人に対してその保証債務の履行を求めることができるものとして契約を締結し、被保証債権が譲渡された場合には保証債権もこれに随伴して移転することを前提としているものと解するのが合理的である。そうすると、被保証債権を譲り受けた者は、その譲渡が当該根保証契約に定める元本確定期日前にされた場合であっても、当該根保証契約の当事者間において被保証債権の譲受人の請求を妨げるような別段の合意がない限り、保証人に対し、保証債務の履行を求めることができるというべきである。

本件根保証契約の当事者間においては上記別段の合意があることはうかがわれないから、Xは、Yに対し、保証債務の履行を求めることができる。」

本判決には、一裁判官の補足意見がある。

第四節　債権譲渡・債務引受・契約上の地位の譲渡

一　債権譲渡

※

譲渡禁止特約付債権に対する強制執行　四六六条の四第一項

〔一八四〕　最判昭和四五年四月一〇日民集二四巻四号二四〇頁　民法2債52(2)(イ)

事実　Xは、その債務者AがYに対して有する預金債権を差し押さえ転付命令を得たが、Yがその支払に応じないため、本訴に及んだ。一審はX敗訴。Yは抗弁として、差押え・転付以前におけるY・A間の相殺による預金債権の消滅を主張した。原審もX敗訴。右相殺の抗弁にかかるYの主張は排斥したが、転付命令による債権の移転についても（平成二九年改正前）民法四六六条二項の準用があるとするYの主張を容れた。右民法規定の準用等を争い、Xより上告。

判旨　破棄差戻　「原判決は、転付命令による債権の移転についても、〔平成二九年改正前〕民法四六六条二項の規定が準用されるものと解し、転付命令を受けた債権者が当時譲渡禁止の特約の存在につき悪意である場合には転付命令によってその債権を取得できない旨判示する。しかし、譲渡禁止の特約のある債権であっても、差押債権者の善意・悪意を問わず、これを差し押え、かつ、転付命令によって移転することができるものであって、これにつき、同法四六六条二項の適用ないし類推適用をなすべきではないと解するのが相当である。けだし、同法四六六条二項は、その文理上、債権の譲渡を禁止する特約につき、その効力を認めたものであって、譲渡以外の原因による債権の移転について同条項の規定を準用ないし類推適用すべきものとする見解には、首肯するに足りる合理的根拠を見い出すことができないのみならず、譲渡禁止の特約のある債権に対して発せられた転付命令について、同法四六六条二項の準用があると解すると、民訴法五七〇条〔現民執一三一条〕、六一八条〔現民執一五二条〕が明文をもって差押禁止財産を法定して財産中執行を免れ得るものを制限的に特定し、同法六〇〇条〔現民執一五九条〕が差し押えた金銭の債権について差押債権者の選択に従い取立命令または転付命令を申請できる旨定めている法意に反し、私人がその意思表示によって、債権から強制執行の客体たる性質を奪い、あるいはそれを制限できることを認めることになるし、一般債権者は、担保となる債務者の総財産のうち、債務者の債権が、債務者、第三債務者間の譲渡禁止の特約により担保力を失う不利益をも受けなければならないことになるのであって、法の予想しない不当な結果をうむものといわなければならず、このような結果は、転付命令申請の際に差押債権者が善意であれば保護されるということや、差押債権者には取立命令を得る道が残されているということで補われるものではないからである。

原判決には、民法四六六条二項の解釈適用を誤った違法があり、論旨は理由がある。この点に関する大審院判例（大判大正四年四月一日民録二一輯四二三頁、大判大正一四年四月三〇日民集四巻二〇九頁、大判昭和六年八月一〇日民集一〇巻七八三頁、大判昭和九年三月二九日民集一三巻三二八頁）は変更せらるべきものである。」

※

譲渡禁止特約付債権と譲受人の重過失　四六六条三項

〔一八五〕 最判昭和四八年七月一九日民集二七巻七号八二三頁　民法2債52(2)(イ)

事実 AはY銀行に対する預金債権をXに譲渡しYにその通知をした。XはYに対して支払を請求したところ、Yは右預金債権には譲渡禁止の特約があったと抗弁した。預金証書は、Yの手元にあったため、Xは右特約を知らなかったので、（平成二九年改正前）民法四六六条二項により、Yは右特約をXに対抗できないはずだと主張した。原審がXを勝訴させたのでYは上告して、銀行預金債権には譲渡禁止の特約があることは公知の事実だからXは善意とはいえないと主張した。

判旨 破棄差戻　「〔平成二九年改正前〕民法四六六条二項は債権の譲渡を禁止する特約は善意の第三者に対抗することができない旨規定し、その文言上は第三者の過失の有無を問わないかのようであるが、重大な過失は悪意と同様に取り扱うべきものであるから、譲渡禁止の特約の存在を知らずに債権を譲り受けた場合であっても、これにつき譲受人に重大な過失があるときは、悪意の譲受人と同様、譲渡によってその債権を取得しえないものと解するのを相当とする。そして、銀行を債務者とする各種の預金債権については一般に譲渡禁止の特約が付されて預金証書等にその旨が記載されており、また預金の種類によっては、明示の特約がなくとも、その性質上黙示の特約があるものと解されていることは、ひろく知られているところであって、このことは少なくとも銀行取引につき経験のある者にとっては周知の事柄に属するというべきである。……原審は、Xに重大な過失があったかどうかについての主張立証を尽くさせるべきであった。」

※

譲渡禁止特約付債権の譲渡と債務者の事後承諾　一一六条・四六六条・四六七条

〔一八六〕　最判平成九年六月五日民集五一巻五号二〇五三頁　民法2債52(2)(イ)

事実　Aは、Bに対して売掛代金債権を有していた。Xは、昭和六二年一二月九日、Aに対する貸金債権の代物弁済として本件債権を譲り受け、Aは、翌日到達の内容証明郵便によって上記債権譲渡をBに通知した。しかし、本件債権には譲渡禁止特約が付されており、Xはそれにつき悪意またはそれを知らないことにつき重大な過失があった。Y（国）は、同月一一日および二二日、本件債権に対して滞納処分による差押えを行い、差押通知書が同日Bに送達された。さらに、本件債権に対しては、同月二一日、Cによる仮差押えの執行がなされ、また、昭和六三年一月一一日には、Xの強制執行による差押えもなされた。そこでBは、同月二九日、債権者の不確知および滞納処分による差押えと強制執行による差押え等が競合したことを理由に供託をし、その際に、AからXへの債権譲渡を承諾した。XY間における供託金還付請求権をめぐる争いとなった。

原審は、譲渡禁止特約がある債権の譲渡につき債務者が承諾を与えたときは、債権譲渡は譲渡の時に遡って有効となるが、その対抗力は、承諾の時まで遡及するにとどまるとし、Bの承諾時までに対抗要件を備えたYの差押えが優先するとして、Xの請求を棄却した。X上告。

判旨 上告棄却 「譲渡禁止の特約のある指名債権について、譲受人が右特約の存在を知り、又は重大な過失により右特約の存在を知らないでこれを譲り受けた場合でも、その後、債務者が右債権の譲渡について承諾を与えたときは、右債権譲渡は譲渡の時にさかのぼって有効となるが、民法一一六条の法意に照らし、第三者の権利を害することはできないと解するのが相当である（最判昭和四八年七月一九日民集二七巻七号八二三頁、最判昭和五二年三月一七日民集三一巻二号三〇八頁参照）。」

「昭和六二年一一月九日にXがAから本件売掛代金債権の譲渡を受けたものであるとしても、Xは、右当時、本件売掛代金債権の譲渡禁止特約の存在を知り、又は重大な過失によりこれを知らなかったのであるから、右譲渡によって本件売掛代金債権を直ちに取得したということはできない。そして、本件売掛代金債権に対して、同月一一日にD社会保険事務所長により、同月二二日にE税務署長により滞納処分による差押えがされているのであるから、Bが昭和六三年一月二九日にAからXへの本件売掛代金債権の譲渡に承諾を与えたことによって右債権譲渡が譲渡の時にさかのぼって有効となるとしても、右承諾の前に滞納処分による差押えをしたYに対しては、債権譲渡の効力を主張することができないものというべきである。」

将来債権譲渡の有効性 四六六条の六

〔一八七〕 最判平成一一年一月二九日民集五三巻一号一五一頁 民法1物124(3)、2債52(1)・53(1)

事実 医師Aは、Yとの間で、YのAに対する債権の回収を目的として、Aが昭和五七年一二月一日から平成三年二月二八日までの間にBから支払を受けるべき診療報酬債権をYに譲渡する契約を締結した。この譲渡についてはBに対して確定日付ある証書による通知がされた。他方、X（国）は、平成元年五月二五日、Aに対する国税滞納処分として、Aが平成元年七月一日から平成二年六月三〇日までの間にBから支払を受けるべき診療報酬債権を差し押さえ、差押通知書がBに送達された。Bは、本件債権部分にかかる各債権について、債権者不確知等を原因として供託をした。

Xは、本件契約のうち譲渡が開始された昭和五七年一二月から一年を超えた後に弁済期が到来する各診療報酬債権に関する部分は無効であると主張し、Yに対し、供託金還付請求権の取立権をXが有することの確認を求め、訴えを提起した。一審、原審ともXが勝訴。Yが上告した。

判旨　破棄自判　「将来発生すべき債権を目的とする債権譲渡契約の有効性については、次のように解すべきものと考える。

㈠　債権譲渡契約にあっては、譲渡の目的とされる債権がその発生原因や譲渡に係る額等をもって特定される必要があることはいうまでもなく、将来の一定期間内に発生し、又は弁済期が到来すべき幾つかの債権を譲渡の目的とする場合には、適宜の方法により右期間の始期と終期を明確にするなどして譲渡の目的とされる債権が特定されるべきである。

ところで、原判決は、将来発生すべき診療報酬債権を目的とする債権譲渡契約について、一定額以上が安定して発生することが確実に期待されるそれほど遠い将来のものではないものを目的とする限りにおいて有効とすべきものとしている。しかしながら、将来発生すべき債権を目的とする債権譲渡契約にあっては、契約当事者は、譲渡の目的とされる債権の発生の基礎を成す事情をしんしゃくし、右事情の下における債権発生の可能性の程度を考慮した上、右債権が見込みどおり発生しなかった場合に譲受人に生ずる不利益については譲渡人の契約上の責任の追及により清算することとして、契約を締結するものと見るべきであるから、右契約の締結時において右債権発生の可能性が低かったことは、右契約の効力を当然に左右するものではないと解するのが相当である。

㈡　もっとも、契約締結時における譲渡人の資産状況、右当時における譲渡人の営業等の推移に関する見込み、契約内容、契約が締結された経緯等を総合的に考慮し、将来の一定期間内に発生すべき債権を目的とする債権譲渡契約について、右期間の長さ等の契約内容が譲渡人の営業活動等に対して社会通念に照らし相当とされる範囲を著しく逸脱する制限を加え、又は他の債権者に不当な不利益を与えるものであると見られるなどの特段の事情の認められる場合には、右契約は公序良俗に反するなどとして、その効力の全部又は一部が否定されることがあるものというべきである。

㈢　所論引用に係る最判昭和五三年一二月一五日裁判集民一二五号八三九頁は、契約締結後一年の間に支払担当機関から医師に対して支払われるべき診療報酬債権を目的とする債権譲渡契約の有効性が問題とされた事案において、当該事案の事実関係の下においてはこれを肯定すべきものと判断したにとどまり、将来発生すべき債権を目的とする債権譲渡契約の有効性に関する一般的な基準を明らかにしたものとは解し難い。」

将来債権譲渡担保と国税債権の優劣　四六七条二項、税徴二四条
〔一八七の二〕　最判平成一九年二月一五日民集六一巻一号二四三頁

事実　Xは、Bに対する債権を担保するため、Aとの間で、平成九年三月三一日、AがCに対して有する売掛代金債権等について譲渡担保契約を締結し、同年六月五日、Aの内容証明郵便による譲渡担保設定通知がCに到達した。平成一〇年三月二五日、債権譲受人であるXからCへ実行通知がなされたが第三者対抗要件とはならないものであった。同年四月三日および六日、Y（国）は、Xに譲渡された債権の一部（本件債権）について、滞納処分による差押えを行い、債権差押通知書がCに送達された。さらに、Yは、同年四月一〇日、Aが滞納していた国税のうち本件債権の発生前に法定納期限（平成九年九月三〇日ないし同一〇年一月五日）等を徒過していた国税について、国税徴収法二四条一項の規定に基づいて譲渡担保財産である本件債権から徴収するため、Xに対し、同条二項所定の告知をした。その後、Cは、本件債権について債権者不確知を理由に供託した。これに対し、Xは、同年五月二七日、Yに対し、法定納期限等より前に設定通知によって対抗要件を具備していることから、Xが本件債権を譲渡担保財産としたのは本件国税の法定納期限等以前である旨を述べた書面を提出し、その際、設定通知たる内容証明郵便の原本を呈示するとともにその写しを提出した。

Yは、平成一三年一一月二二日、国税徴収法二四条三項の規定に基づき、譲渡担保権者であるXを第二次納税義務者とみなし、供託官に債権差押通知書を送達して、供託金還付請求権を差し押さえた。そこで、Xは、同条六項が「譲渡担保権者が国税の法定納期限等以前に譲渡担保財産となっている事実を、その財産の売却決定の前日までに、証明した場合」等には、譲渡担保権者の物的納税責任について定めた同条一項の規定が適用されない旨規定しているところ、平成一〇年五月二七日にかかる事実を証明したとして、Yによる供託金還付請求権の差押えの取消しを求めた。原審は、

Xの主張を否定した。Xが上告受理申立て。

判旨 破棄自判、Yの控訴棄却、Xの請求認容「(1)将来発生すべき債権を目的とする債権譲渡契約は、譲渡の目的とされる債権が特定されている限り、原則として有効なものである。また、将来発生すべき債権を目的とする譲渡担保契約が締結された場合には、債権譲渡の効果の発生を留保する特段の付款のない限り、譲渡担保の目的とされた債権は譲渡担保契約によって譲渡担保設定者から譲渡担保権者に確定的に譲渡されているのであり、この場合において、譲渡担保の目的とされた債権が将来発生したときには、譲渡担保権者は、譲渡担保設定者の特段の行為を要することなく当然に、当該債権を担保の目的で取得することができるものである。そして、前記の場合において、譲渡担保契約に係る債権の譲渡については、指名債権譲渡の対抗要件（民法四六七条二項）の方法により第三者に対する対抗要件を具備することができるのである（最判平成一三年一一月二二日民集五五巻六号一〇五六頁参照）。以上のような将来発生すべき債権に係る譲渡担保権者の法的地位にかんがみれば、国税徴収法二四条六項の解釈においては、国税の法定納期限等以前に、将来発生すべき債権を目的として、債権譲渡の効果の発生を留保する特段の付款のない譲渡担保契約が締結され、その債権譲渡につき第三者に対する対抗要件が具備されていた場合には、譲渡担保の目的とされた債権が国税の法定納期限等の到来後に発生したとしても、当該債権は「国税の法定納期限等以前に譲渡担保財産となっている」ものに該当すると解するのが相当である。

(2)……Xは、…本件差押えに先立ち、本件債権が本件国税の法定納期限等以前に譲渡担保財産となっている事実を内容証明郵便によって証明したものということができるから、本件について国税徴収法二四条一項の規定を適用することはできないというべきである。そうすると、Yが同条三項の規定に基づきXを第二次納税義務者とみなして行った本件差押えは違法というべきである。」

債権譲渡予約の確定日付ある通知・承諾と第三者対抗要件　四六七条

〔一八八〕　最判平成一三年一一月二七日民集五五巻六号一〇九〇頁　民法2債53(2)(イ)

事実　Aは、Yに本件預託金を預託してゴルフ場会員権を取得した。Aは、Z（上告補助参加人）に対する自己の金銭債務の担保のために本件会員権をZに譲渡する旨を予約し、Yは、確定日付ある証書によって本件譲渡予約を承諾した。その後、Zは、Aに対して本件譲渡予約を完結する旨の意思表示をしたが、本件会員権の譲渡については第三者対抗要件を備えていなかった。他方、X（国）は、Aに対する滞納処分として本件会員権を差し押さえ、同日、差押通知書はAに送達された。その後預託金の据置期間が経過した後、Aは解散して会員資格を喪失したため、預託金の返還請求権を取得するに至った。そこで、Xは差押えに基づきYに対して預託金の支払を求めた。これに対し、ZがXの差押えに先立って予約完結権の行使をしたとして本件訴訟に補助参加した。一審および原審はXの請求を認容。YおよびZが上告。

判旨　上告棄却「〔平成二九年改正前〕民法四六七条の規定する指名債権譲渡についての債務者以外の第三者に対する対抗要件の制度は、債務者が債権譲渡により債権の帰属に変更が生じた事実を認識することを通じ、これが債務者によって第三者に表示され得るものであることを根幹として成立しているところ（最判昭和四九年三月七日民集二八巻二号一七四頁参照）、指名債権譲渡の予約につき確定日付のある証書により債務者に対する通知又はその承諾がされても、債務者は、これによって予約完結権の行使により当該債権の帰属が将来変更される可能性を了知するに止まり、当該債権の帰属に変更が生じた事実を認識するものではないから、上記予約の完結による債権譲渡の効力は、当該予約についてされた上記の通知又は承諾をもって、第三者に対抗することはできないと解すべきである。

これを本件についてみると、本件譲渡予約については確定日付ある証書によりYの承諾を得たものの、予約完結権の行使による債権譲渡について第三者に対する対抗要件を具備していないZは、本件ゴルフクラブ会員権の譲受けをXに対抗することはできないといわなければならない。」

指名債権の二重譲渡における優劣決定基準　四六七条

〔一八九〕　最判昭和四九年三月七日民集二八巻二号一七四頁　民法2債53(2)(イ)

事実　Aが東京都下水道局長に対して有する債権をXは譲り受け、右局長宛の債権譲渡書と題する書面に公証人から二月一四日付けの押印を受け、同日午後三時頃右局長方に持参して交付した。さらに、同日午後零時から六時までの受付印のある内容証明郵便で右局長宛に重ねて債権譲渡の通知をした。一方、Aに対する債権者Yは、同日Aの右局長に対する債権に対する仮差押命令を得たが、この仮差押命令は同日午後四時五分頃右局長に送達された。Xは、自己宛の債権譲渡が先に右局長に通知されたのでYの仮差押えに優先すると主張して、仮差押命令に基づく執行を排除するため、第三者異議の訴えを提起した。原審がこれを認めなかったので、Xは上告して優先権を主張した。

判旨　破棄自判「思うに、民法四六七条一項が、債権譲渡につき、債務者の承諾と並んで債務者に対する譲渡の通知をもって、債務者のみならず債務者以外の第三者に対する関係においても対抗要件としたのは、債権を譲り受けようとする第三者は、先ず債務者に対し債権の存否ないしはその帰属を確かめ、債務者は、当該債権が既に譲渡されていたとしても、譲渡の通知を受けないか又はその承諾をしていないかぎり、第三者に対し債権の帰属に変動のないことを表示するのが通常であり、第三者はかかる債務者の表示を信頼してその債権を譲り受けることがあるという事情の存することによるものである。このように、民法の規定する債権譲渡についての対抗要件制度は、当該債権の債務者の債権譲渡の有無についての認識を通じ、右債務者によってそれが第三者に表示されうるものであることを根幹として成立しているものというべきである。そして、同条二項が、右通知又は承諾が第三者に対する対抗要件たり得るためには、確定日附ある証書をもってすることを必要としている趣旨は、債務者が第三者に対し債権譲渡のないことを表示したため、第三者がこれに信頼してその債権を譲り受けたのちに譲渡人たる旧債権者が、債権を他に二重に譲渡し債務者と通謀して譲渡の通知又はその承諾のあった日時を遡らしめる等作為して、右第三者の権利を害するに至ることを可及的に防止することにあるものと解すべきであるから、前示のような同条一項所定の債権譲渡についての対抗要件制度の構造になんらの変更を加えるものではないのである。

右のような民法四六七条の対抗要件制度の構造に鑑みれば、債権が二重に譲渡された場合、譲受人相互の間の優劣は、通知又は承諾に付された確定日附の先後によって定めるべきではなく、確定日附のある通知が債務者に到達した日時又は確定日附のある債務者の承諾の日時の先後によって決すべきであり、また、確定日附は通知又は承諾そのものにつき必要であると解すべきである。そして、右の理は、債権の譲受人と同一債権に対し仮差押命令の執行をした者との間の優劣を決する場合においてもなんら異なるものではない。

本件において、……Aが、本件債権譲渡証書に確定日附を受け、これを東京都下水道局に持参してその職員に交付したことをもって確定日附のある通知をしたと解することができ、しかも、この通知が東京都下水道局長に到達した時刻は、本件仮差押命令が同局長に送達された時刻より先であるから、Xは本件債権の譲受をもってYに対抗しうるものというべきであり、本件仮差押命令の執行不許の宣言を求めるXの本訴請求は正当として認容すべきである。」

指名債権の二重譲渡における通知の同時到達　四六七条

〔一九〇〕 最判昭和五五年一月一一日民集三四巻一号四二頁　民法2債53(2)(イ)

事実　Xは、債務者Aに対し貸金債権を有していたが、その貸付債権中の対当額の弁済に代えて、昭和四九年三月四日頃、AがYに対して有していた売掛金債権（本件債権）の全部を譲り受け、Aは同日付内容証明郵便をもってその旨をYに通知し、同郵便は同月六日午後零時から午後六時までの間にYに到達した。他方Aは、同月五日頃、BおよびCに対し同様に、本件債権の全部をそれぞれ譲渡し、右各譲渡につき同日付内容証明郵便をもってその旨をYに通知し、同郵便はいずれも同月六日午後零時から午後六時までの間にYに到達した。さらに、D社会保険事務所は、同月六日、Aの健康保険料等の滞納金につき延滞金を加えた金員を徴収するため、本件債権を差し押え、その債権差押通知書も同日午後零時から午後六時までの間にYに到達した。以上のような事情の下で、XがYに対し本件債権の支払を訴求した。一審・原審ともにX敗訴。原審は、各債権譲渡通知書・債権差押通知書につきYへの到達の先後関係が確定しえない以上、その相互間の優劣は決定できないためXは優先権を主張できないと論じた。Xより上告。

判旨　破棄自判「指名債権が二重に譲渡され、確定日付のある各譲渡通知が同時に第三債務者に到達したときは、各譲受人は、第三債務者に対しそれぞれの譲受債権についてその全額の弁済を請求することができ、譲受人の一人から弁済の請求を受けた第三債務者は、他の譲受人に対する弁済その他の債務消滅事由がない限り、単に同順位の譲受人が他に存在することを理由として弁済の責めを免れることはできないもの、と解するのが相当である。また、指名債権の譲渡にかかる確定日付のある譲渡通知と右債権に対する債権差押通知とが同時に第三債務者に到達した場合であっても、右債権の譲受人は第三債務者に対してその給付を求める訴を提起・追行し無条件の勝訴判決を得ることができるのであり、ただ、右判決に基づいて強制執行がされた場合に、第三債務者は、二重払の負担を免れるため、当該債権に差押がされていることを執行上の障害として執行機関に呈示することにより、執行手続が満足的段階に進むことを阻止しうる（民訴法五四四条〔現民執一一条〕参照）にすぎないのである。」

指名債権の二重譲渡と供託金の分割取得

四六七条

〔一九一〕　最判平成五年三月三〇日民集四七巻四号三三三四頁

民法2債53(2)(イ)

事実　Aに対して租税債権を有するX（国）は、AのBに対する債権を差し押さえ、その差押通知は昭和六〇年九月二四日、Bに送達された。一方、Yは、昭和六〇年九月一八日、Aより右債権を譲り受け、同月一九日の確定日付ある内容証明郵便で債権譲渡通知をし、この通知は同月二四日Bに到達した。Xについての差押通知とYについての譲渡通知の到達時刻先後が不明のため、Bは債務額を供託した。Xは、右供託金を差し押さえ、Yに対して、Xが供託金還付請求権の取立権を有することの確認を請求した。原審は、XYともに優先を主張しえないとしてXを敗訴させた。Xは上告して、優先権を主張する。

判旨　一部棄却、一部認容　「国税徴収法に基づく滞納処分としての債権差押えの通知と確定日付のある右債権譲渡の通知とが当該第三債務者に到達したが、その到達の先後関係が不明であるために、その相互間の優劣を決することができない場合には、右各通知は同時に第三債務者に到達したものとして取り扱うのが相当である。

そして、右のように各通知の到達の先後関係が不明であるためにその相互間の優劣を決することができない場合であっても、それぞれの立場において取得した第三債務者に対する法的地位が変容を受けるわけではないから、国税の徴収職員は、国税徴収法六七条一項に基づき差し押さえた右債権の取立権を取得し、また、債権譲受人も、右債権差押えの存在にかかわらず、第三債務者に対して右債権の給付を求める訴えを提起し、勝訴判決を得ることができる（最判昭和五五年一月一一日民集三四巻一号四二頁参照）。しかし、このような場合には、前記のとおり、差押債権者と債権譲受人との間では、互いに相手方に対して自己が優先的地位にある債権者であると主張することが許されない関係に立つ。

そして、滞納処分としての債権差押えの通知と確定日付のある右債権譲渡の通知の第三債務者への到達の先後関係が不明であるために、第三債務者が債権者を確知することができないことを原因として右債権額に相当する金員を供託した場合において、被差押債権額と譲受債権額との合計額が右供託金額を超過するときは、差押債権者と債権譲受人は、公平の原則に照らし、被差押債権額と譲受債権額に応じて供託金額を案分した額の供託金還付請求権をそれぞれ分割取得するものと解するのが相当である。

これを本件についてみるのに、前記の事実関係によれば、本件債権差押通知と本件債権譲渡通知の第三債務者組合への到達の先後関係が不明であるために、第三債務者組合が本件債権額に相当する六二万円を供託し、被差押債権額（六二万円）と譲受債権額（六二万円）の合計額（一二四万円）は右供託金額を超過するから、差押債権者であるXと債権譲受人であるYは、衡平の原則に照らし、被差押債権額と譲受債権額に応じて供託金額を案分した額、すなわち各三一万円の右供託金還付請求権をそれぞれ分割取得するものというべきである。」

二　債務引受

〔一九二〕　削　除

第五節　債権の消滅

一　弁済

弁済と信義則（大豆粕深川渡事件）　四八四条・一条二項
〔一九三〕　大判大正一四年一二月三日民集四巻六八五頁　民法2債60

事実　東京の肥料商Xは千葉の肥料商Yに大豆粕を「引渡場所深川渡し」として売り渡した。期日にXは物品を深川丸三倉庫に引渡しの準備を終え、Yに物品引き替えに代金の支払を催告した。Yが応じないので、さらに期間を定めて催告して契約を解除し、Yに対して損害賠償を請求した。Yは引渡場所の通知がないので、Xのした解除は無効だと主張し、原審はYを勝訴させた。Xは「深川渡し」の商慣習があるので解除は有効だと主張して上告した。

判旨　破棄差戻　「右慣習ニ所謂《いわゆる》売人ノ引渡場所ノ指定ハ必ズシモ明示ナルコトヲ要セズ。黙示アリタル場合ハ勿論、買人ニ於テ既ニ引渡場所ヲ知リ若ハ之ヲ知ルコトヲ得ベカリシニ於テハ、特ニ之ヲ通知セザルモ右慣習ニ於ケル指定ノ条件ハ具備セラレタルモノト解スルヲ相当トスルガ故ニ、Xガ引渡ノ準備ヲ完了シ、之ヲYニ通知シ代金支払ヲ催告シタル際、Yガ引渡場所ヲ知リ又ハ之ヲ知ルコトヲ得ベカリシニ拘《かかわ》ラズ之ニ応ゼザリシモノトスレバ固ヨリ遅滞ノ責ニ任ゼザルベカラズ。而《しか》シテ本件ニ於テ、Xハ、引渡場所ガ丸三倉庫ナルコトハYノ了知スル所ナル旨主張スルモノナルコト、原審ニ於ケルX弁論ノ全趣旨ニ徴シ之ヲ看取スルニ難カラザルノミナラズ、仮ニYガ之ヲ知ラザリシトスルモYニ於テ誠実ニ取引スルノ意思アラバ相手方ニ対スル一片ノ問合セニ依リ直ニ之ヲ知ルコトヲ得ベカリシモノニシテ、斯《か》カル場合ニハ信義ノ原則ニ依リYハ右問合セヲ為スコトヲ要シ、之ヲ怠リタルニ於テハ遅滞ノ責ヲ免ルルヲ得ザルモノトス。然ラバ本件ニ於テYノ遅滞ノ有無ヲ決スルニハ、Yガ引渡場所ノ丸三倉庫ナルコトヲ知リタルヤ否《いなや》及《および》Xガ引渡準備ヲ完了シタル事実ノ有無ヲ審究セザルベカラザルニ、原審ハ事茲《ここ》ニ出デズ単ニXガ引渡場所ヲ通知セザリシ一事ニ依リ直ニYニ遅滞ノ責ナシト為シタルハ違法ナリ。」

建物賃借人による地代弁済と第三者弁済　改正前四七四条

〔一九三の二〕　最判昭六三年七月一日判時一二八七号六三頁

事実　Ａは、本件土地を建物所有の目的でＹから賃借し、その建物の一階部分をＸらに賃貸していた。Ａが地代の支払を怠ったため、Ｙは、Ａとの土地賃貸借契約を解除して建物収去・土地明渡しを求め、Ｘらに対しては建物退去・土地明渡しを求める訴えを提起したところ、「三回の地代不払いがあったときは、Ａ・Ｙ間の土地賃貸借は当然解除となり、Ａは建物を収去して土地を明け渡し、Ｘらは建物から退去して土地を明け渡す」旨の裁判上の和解が成立した。

その後、Ａは多額の負債を抱え地代を支払わなくなったため、ＸらはＹ・Ａを相手として、Ａが地代を支払わない場合はＸらが行う地代の弁済を受領すること等を趣旨とする調停の申立てをしたが不首尾となった。Ｘらは、Ａの三回の不払いの前に弁済の供託をし、その後もこれを継続し、Ｙによる執行文の付与された右和解調書に基づく執行に対して、主位的には請求異議の訴えを、予備的には執行文付与に対する異議の訴えによって強制執行の不許を求めた。

原審は、ＹがＸらからの地代の受領を拒絶する旨の意思を明確にしたので、その後は口頭の提供で遅滞の責めを免れるが、三回の賃料不払い前に到達したＸらからの調停申立てにより口頭の提供があったと認定して、請求異議の訴えを認容した。Ｙは、建物賃借人には地代の弁済につき改正前民法四七四条二項の利害関係はないと主張して上告した。

判旨　上告棄却　「借地上の建物の賃借人はその敷地の地代の弁済について法律上の利害関係を有すると解するのが相当である。けだし、建物賃借人と土地賃貸人との間には直接の契約関係はないが、土地賃借権が消滅するときは、建物賃借人は土地賃貸人に対して、賃借建物から退去して土地を明け渡すべき義務を負う法律関係にあり、建物賃借人は、敷地の地代を弁済し、敷地の賃借権が消滅することを防止することに法律上の利益を有するものと解されるからである。」

詐称代理人への弁済と四七八条（特別調達局事件）

〔一九四〕　最判昭和三七年八月二一日民集一六巻九号一八〇九頁

四七八条
民法2債63(2)(ア)

事実　Y（国、東京特別調達局）は、連合軍に給付するための軍需物資をXに納入させる契約をXとの間で締結した。Xは納入を完了したので、Xの社員が支払請求書をYに提出し、Yは右社員宛の支払請求書受理書を交付した。Xがこれに基づいてYに支払を請求したところ、何者かが右社員と名のり、Xの代理資格を詐称して支払を受けていた。XはYに対して弁済を請求した。原審は、民法四七八条により、Yが善意無過失であったとしてXを敗訴させた。Xは、民法四七八条は代理資格詐称者を含まないこと、当時のYの事務所は乱雑で、業者も自由に出入りしていたので、Yが無過失とはいえないことを主張して上告した。

なお、民法四七八条が弁済者の無過失を要件とするという判旨前半は、平成一六年の民法四七八条の改正に取り入れられたが、過失の認定に関する判旨後半は判例としての価値を失っていない。

判旨　破棄差戻「債権者の代理人と称して債権を行使する者も〔平成二九年改正前〕民法四七八条にいわゆる債権の準占有者に該ると解すべきことは原判決説示のとおりであって、これと見解を異にする上告理由の論旨は理由がない。

しかし、民法四七八条により債権の準占有者に対する弁済が有効とされるのは、弁済者が善意かつ無過失である場合に限ると解すべきところ〔現四七八条参照〕……、本件受理書及びその控の偽造並びに偽造の受理書と真正の受理書とのすりかえが、仮に調達局内部の者によってなされたものではなかったとしても、部外者がこれに成功しえたのは、調達局内部、特に、前記支払手続の一環をなす関係部課における用紙、印鑑、書類等の保管等につき欠けるところがあり、その過失によるものであろうことは容易に推断しうるところであり、そして、本件のように、弁済手続に数人の者が段階的に関与して一連の手続をなしている場合にあっては、右の手続に干与する各人の過失は、いずれも弁済者側の過失として評価され、右の一連の手続のいずれかの部分の事務担当者に過失があるとされる場合は、たとえその末端の事務担当者に過失がないとしても、弁済者はその無過失を主張しえないものと解するのが相当であって、従って、特調は、他に特段の事情がない限り、本件弁済につきその無過失を主張することは許されず、本件弁済を有効となしえない筋合である。しかるに、原判決は、右特段の事情の有無につき何ら触れることなく、末端の事務担当者である経理部出納課の係官が善意無過失であったことを認定判示したのみで、直ちに本件弁済を有効と断じているのであって、この点において原判決には審理不尽、理由不備の違法があるものというほかはない。」

現金自動出入機による払戻しと四七八条　四七八条
〔一九五〕　最判平成一五年四月八日民集五七巻四号三三七頁　民法2債63(2)(ア)

事実　Xは、Y銀行に預金口座を開設し預金契約を締結して、同契約にかかる通帳の交付を受けたほか、キャッシュカードの利用を申込み、その暗証番号の届出をし、キャッシュカードの交付を受けた。Y銀行は、暗証番号を登録した預金者が通帳またはキャッシュカードを使用し暗証番号を入力すれば預金の払戻しを受けることができるという現金自動入出機を設置していた（機械払）ところ、Xは、車のダッシュボードに入れていた通帳を車ごと盗まれ、右通帳を使用した機械払の方法により、何者かに預金を払い戻されてしまった。そこでXはY銀行に対し、右払戻しが無効であり、また債務の本旨に従った履行とはいえない等として、右払戻しにかかる預金の返還等を訴求した。一審・原審ともにX敗訴。原審は（平成二九年改正前）民法四七八条により本件払戻しは弁済の効力を有する等と論じた。Xより上告。

判旨　破棄自判　「無権限者のした機械払の方法による預金の払戻しについても、〔平成二九年改正前〕民法四七八条の適用があるものと解すべきであり、これが非対面のものであることをもって同条の適用を否定すべきではない。債権の準占有者に対する弁済が民法四七八条により有効とされるのは弁済者が善意かつ無過失の場合に限られるところ〔現四七八条参照〕、債権の準占有者に対する機械払の方法による預金の払戻しにつき銀行が無過失であるというためには、払戻しの際に機械が正しく作動したことだけでなく、銀行において、預金者による暗証番号等の管理に遺漏がないようにさせるため当該機械払の方法により預金の払戻しが受けられる旨を預金者に明示すること等を含め、機械払システムの設置管理の全体について、可能な限度で無権限者による払戻しを排除し得るよう注意義務を尽くしていたことを要するというべきである。その理由は、次のとおりである。
機械払の方法による払戻しは、窓口における払戻しの場合と異なり、銀行の係員が預金の払戻請求をする者の挙措、応答等を観察してその者の権限の有無を判断したり、必要に応じて確認措置を加えたりするということがなく、専ら使用された通帳等が真正なものであり、入力された暗証番号が届出暗証番号と一致するものであることを機械的に確認することをもって払戻請求をする者が正当な権限を有するものと判定するものであって、真正な通帳等が使用され、正しい暗証番号が入力されさえすれば、当該行為をする者が誰であるのかは全く問われないものである。このように機械払においては弁済受領者の権限の判定が銀行側の組み立てたシステムにより機械的、形式的にされるものであることに照らすと、無権限者に払戻しがされたことについて銀行が無過失であるというためには、払戻しの時点において通帳等と暗証番号の確認が機械的に正しく行われたというだけでなく、機械払システムの利用者の過誤を減らし、預金者に暗証番号等の重要性を認識させることを含め、同システムが全体として、可能な限度で無権限者による払戻しを排除し得るよう組み立てられ、運営されるものであることを要するというべきである。」

そして本件にあって、「通帳機械払のシステムを採用する銀行がシステムの設置管理について注意義務を尽くしたというためには、通帳機械払の方法により払戻しが受けられる旨を預金規定等に規定して預金者に明示することを要するというべきであるから、Yは、通帳機械払のシステムについて無権限者による払戻しを排除し得るよう注意義務を尽くしていたということはできず、本件払戻しについて過失があったというべきである。」

債権の差押えが競合する場合における弁済と四七八条　四八一条一項・四七八条

〔一九六〕　最判昭和四〇年一一月一九日民集一九巻八号一九八六頁　民法2債63(1)(ア)

事実　AがYに対して有する債権について、Bがした仮差押えは、昭和三四年一二月四日、AおよびYに送達された。その後Xが得た右債権に対する差押取立命令は、昭和三五年四月一三日に送達された。昭和三五年六月六日、Bは右債権につき差押転付命令を得て、それはまもなくAおよびYに送達された。YはBに支払をした。XはYに支払を請求した。原審は、Bが債権の準占有者だとしてXを敗訴させた。Xは上告して、右弁済の効力は他の差押債権者Xには対抗できないはずだと主張した。

判旨 破棄自判「同一債権の差押が競合する場合に発せられた転付命令は、転付債権者が優先権を有するときのほかは、無効であり、転付債権者は当該債権を取得できない（大連判明治四四年五月四日民録一七輯二五三頁、大判大正二年四月一二日民録一九輯二二四頁参照）。しかし、転付債権者は、転付命令に権利者として表示された者であるから、右命令に基づき第三債務者に債務の履行を請求するときは、これを〔平成二九年改正前〕民法四七八条にいう債権の準占有者というべきであり、したがって、第三債務者が右転付債権者に対し善意無過失でなした弁済は、自己の債権者に対する関係においては有効であるとしなければならない。しかし、右弁済の効力を他の差押債権者に対しても主張することができるか否かは別個に考察することを要する。そして、第三債務者が転付債権者に対してなした弁済は、民法四八一条一項にいう『支払ノ差止ヲ受ケタル第三債務者ガ自己ノ債権者ニ弁済ヲ為シタルトキ』と同視すべきであり、したがって、第三債務者は他の差押債権者に対し、被差押債権の消滅を主張することができないものと解するのが相当である（大判昭和一二年一〇月一八日民集一六巻一五二五頁参照）。けだし、(い)民法四七八条の目的は債権者らしい外観の保護に尽きるものであり、したがって、同条の要件を充たしてなされた弁済は真実の債権者に対してその効力を生ずると解すれば足りる。民法四七八条が、進んで、民法四八一条の保障する差押債権者の利益を否定する趣旨をも含むと解することは、四八一条の立法趣旨を逸脱し、かつ、四八一条一項の規定の意義を没却するものといわなければならない。(ろ)第三債務者が自己の債権者に対してなした弁済であっても、差押債権者に対し効力を有しないのであるから、債権者の権利を行使するにすぎない準占有者に対してなした弁済についても同様に解することが衡平に適合する。(は)第三債務者は、準占有者に弁済をする場合においては、当然、該弁済が差押債権者の権利を阻害することを予見し、または予見すべかりしものであった。この点において、右の弁済は、第三債務者が自己の債権者に弁済した場合と同視すべきであり、彼此区別して取り扱う合理的な理由がない。

叙上《じょじょう》説示したところによれば、Y会社がB会社に対してなした弁済が債権の準占有者に対する弁済として有効であるという一事により、当然他の差押債権者たるXに債権の消滅を対抗することができると判断した原判決は、民法四八一条一項の解釈適用を誤った違法があるものといわなければならない。」

預金担保貸付けと四七八条

四七八条

〔一九七〕　最判昭和五九年二月二三日民集三八巻三号四四五頁

民法2債63(2)(ア)

事実　Xは、Aの紹介でY信用金庫に定期預金をしたが、その際に、申込手続（氏名欄の代筆等）はAが代行し、届出印・定期預金証書もAに預けていた。その後、Aは、Xに無断でXの替え玉としてBを連れてYを訪れ、定期預金を担保とする貸付けを申し込んだところ、Yの融資係は、借入申込書、担保差入証書等に届出印と同一の印影があり届け出と同一の住所・氏名が記入されていることを確認し、X名義での手形貸付けを実行した。その後、Xは、Yに問い合わせてこの事実を知った。この時点で、Yは預金担保貸付けの相手方がXでないことに気が付いたが、Xに対して貸付金と預金とを相殺する旨の通知を行った。そこで、Xは、相殺は認められないとして、Yに対して預金の返還を請求した。

一審は、民法四七八条の類推適用あるいは免責約款によりYは免責されるとしたが、原審は、相殺の時点で、Yは預金担保貸付けがXの意思に基づかないものであることを知っていたとして、Xの請求を認容した。Yは、善意・無過失の判断基準時は貸付け時とすべきであるとして上告した。

判旨　破棄差戻「金融機関が、自行の記名式定期預金の預金者名義人であると称する第三者から、その定期預金を担保とする金銭貸付の申込みを受け、右定期預金についての預金通帳及び届出印と同一の印影の呈示を受けたため同人を右預金者本人と誤信してこれに応じ、右定期預金に担保権の設定を受けてその第三者に金銭を貸し付け、その後、担保権実行の趣旨で右貸付債権を自働債権とし右預金債権を受働債権として相殺をした場合には、少なくともその相殺の効力に関する限りは、これを実質的に定期預金の期限前解約による払戻と同視することができ、また、そうするのが相当であるから、右金融機関が、当該貸付等の契約締結にあたり、右第三者を預金者本人と認定するにつき、かかる場合に金融機関として負担すべき相当の注意義務を尽くしたと認められるときには、〔平成二九年改正前〕民法四七八条の規定を類推適用し、右第三者に対する貸金債権と担保に供された定期預金債権との相殺をもって真実の預金者に対抗することができるものと解するのが相当である（なお、この場合、当該金融機関が相殺の意思表示をする時点においては右第三者が真実の預金者と同一人でないことを知っていたとしても、これによって上記結論に影響はない。）。」

債権の二重譲渡と四七八条　四七八条

〔一九七の二〕　最判昭和六一年四月一一日民集四〇巻三号五五八頁

事実　Xは、Aから、AのYに対する運送代金債権（以下「本件債権」という）の譲渡を受け、その旨の確定日付ある書面による通知がYに到達し、Xは、Yから本件債権の一部につき支払を受けた。その後、別途、Bも、Aに対する債権に基づき、AのYに対する本件債権の残額の一部について、順次、仮差押命令および差押・取立命令を得て、各命令はそれぞれYに送達され、Yは、裁判所の判断に過誤なきものと考えて、同命令に従い、Bに対し本件債権の当該部分を支払った。そこでXは、Bに対するYの支払の有効性を争い、本件債権の残額全部の支払を求めて提訴した。一審は、Bに対するYの支払は、債権の準占有者に対する弁済として、その支払分につきYを免責させると論じた。原審も同様。Bは債権の準占有者に当たらず、仮に当たるとしても、Bに対するYの弁済は善意無過失でなされたものとはいえないとして、X上告（なお、平成二九年改正後の民法四七八条に留意）。

判旨　破棄自判　「二重に譲渡された指名債権の債務者が、民法四六七条二項所定の対抗要件を具備した他の譲受人（以下「優先譲受人」という。）よりのちにこれを具備した譲受人（以下「劣後譲受人」といい、「譲受人」には、債権の譲受人と同一債権に対し仮差押命令及び差押・取立命令の執行をした者を含む。）に対してした弁済についても、同法四七八条の規定の適用があるものと解すべきである。」

「民法四六七条二項の規定は、指名債権の二重譲渡につき劣後譲受人は同項所定の対抗要件を先に具備した優先譲受人に対抗しえない旨を定めているのであるから、優先譲受人の債権譲受行為又はその対抗要件に瑕疵があるためその効力を生じない等の場合でない限り、優先譲受人が債権者となるべきものであって、債務者としても優先譲受人に対して弁済すべきであり、また、債務者が、右譲受人に対して弁済するときは、債務消滅に関する規定に基づきその効果を主張しうるものである。したがつて、債務者において、劣後譲受人が真正の債権者であると信じてした弁済につき過失がなかったというためには、優先譲受人の債権譲受行為又は対抗要件に瑕疵があるためその効力を生じないと誤信してもやむを得ない事情があるなど劣後譲受人を真の債権者であると信ずるにつき相当な理由があることが必要であると解すべきである。」

受領拒絶の意思が明確な場合における口頭の提供の要否　四九三条

〔一九八〕　最大判昭和三二年六月五日民集一一巻六号九一五頁　民法2債61(1)

事実　Xからビルの部屋を賃借するYは、Xの承諾を得ないでこの部屋に電気引込線工事をした。Xは右工事の契約違反を理由に賃貸借を解除してYに損害賠償を請求。XY間の紛争以来、Yは賃料を供託してきたが、後には供託しなくなった。XはYの賃料不払い等を理由に賃貸借を解除した。原審は、無断工事を理由とする解除は無効だとし、賃料不払いについては、Xがあらかじめ受領を拒絶していたから、Yの不払いは履行遅滞とはいえず、Xのした解除は無効だとした。Xは上告して、言語上の提供もしなかったYには債務不履行の責任があり、Xの解除は、有効だと主張した。

判旨　上告棄却　「債権者が予め弁済の受領を拒んだときは、債務者をして現実の提供をなさしめることは無益に帰する場合があるから、これを緩和して民法四九三条但書において、債務者は、いわゆる言語上の提供、すなわち弁済の準備をなしその旨を通知してその受領を催告するを以て足りると規定したのである。そして、債権者において予め受領拒絶の意思を表示した場合においても、その後意思を翻《ひるがえ》して弁済を受領するに至る可能性があるから、債権者にかかる機会を与えるために債務者をして言語上の提供をなさしめることを要するものとしているのである。しかし、債務者が言語上の提供をしても、債権者が契約そのものの存在を否定する等弁済を受領しない意思が明確と認められる場合においては、債務者が形式的に弁済の準備をし且つその旨を通知することを必要とするがごときは全く無意義であって、法はかかる無意義を要求しているものと解することはできない。

それ故、かかる場合には、債務者は言語上の提供をしないからといって、債務不履行の責に任ずるものということはできない。」

本判決には、少数意見が付されている。

弁済代位の範囲に関する特約　五〇一条・四四二条二項・四五九条

〔一九九〕最判昭和五九年五月二九日民集三八巻七号八八五頁　民法2債62(4)(イ)

事実　A信用金庫より融資を受け、B会社のためにCは自己の不動産に根抵当権を設定して物上保証人となった。Aより後順位の抵当権者Yもいる。X信用保証協会は、Bの債務を保証するにあたり、(1)求償権の内容につきBとの間で代位弁済額全額および遅延損害金の利率を特約し、(2)Cとの間で（平成二九年改正前民法）五〇一条但書五号の定める代位の割合につき、右の特約による利率によって根抵当権の全部を行使できるという特約をした。抵当権が実行され、裁判所が作成した売却代金交付計算書では右特約の効力が認められなかったので、XはYに対して、特約に基づく交付額の変更を請求した。原審で、Xが勝訴したので、Yは上告し、右特約は無効だと主張した。

判旨　上告棄却　(1)　保証人・債務者間における求償の利率特約の効力について　「弁済による代位の制度は、代位弁済者が債務者に対して取得する求償権を確保するために、法の規定により弁済によって消滅すべきはずの債権者の債務者に対する債権（以下『原債権』という。）及びその担保権を代位弁済者に移転させ、代位弁済者がその求償権の範囲内で原債権及びその担保権を行使することを認める制度であり、したがって、代位弁済者が弁済による代位によって取得した担保権を実行する場合において、その被担保債権として扱うべきものは、原債権であって、保証人の債務者に対する求償権でないことはいうまでもない。債務者から委託を受けた保証人が債務者に対して取得する求償権の内容については、民法四五九条二項によって準用される同法四四二条二項は、これを代位弁済額のほかこれに対する弁済の日以後の法定利息等とする旨を定めているが、右の規定は、任意規定であって、保証人と債務者との間で右の法定利息に代えて法定利率と異なる約定利率による代位弁済の日の翌日以後の遅延損害金を支払う旨の特約をすることを禁ずるものではない。また、弁済による代位の制度は保証人と債務者との右のような特約の効力を制限する性質を当然に有すると解する根拠もない。けだし、単に右のような特約の効力を制限する明文がないというのみならず、当該担保権が根抵当権の場合においては、根抵当権はその極度額の範囲内で原債権を担保することに変わりはなく、保証人と債務者が約定利率による遅延損害金を支払う旨の特約によって求償権の総額を増大させても、保証人が代位によって行使できる根抵当権の範囲は右の極度額及び原債権の残存額によって限定されるのであり、また、原債権の遅延損害金の利率が変更されるわけでもなく、いずれにしても、右の特約は、担保不動産の物的負担を増大させることにはならず、物上保証人に対しても、後順位の抵当権者その他の利害関係人に対しても、なんら不当な影響を及ぼすものではないからである。そして、保証人と右の利害関係人とが保証人と債務者との間で求償権の内容についてされた特約の効力に関して物権変動の対抗問題を生ずるような関係に立つものでないことは、右に説示したところから明らかであり、保証人は右の特約を登記しなければこれをもって右の利害関係人に対抗することができない関係にあるわけでもない（法がそのような特約を登記する方法を現に講じていないのも、そのゆえであると解される。）。以上のとおりであるから、保証人が代位によって行使できる原債権の額の上限は、これらの利害関係人に対する関係において、約定利率による遅延損害金を含んだ求償権の総額によって画されるものというべきである。」

(2)　保証人・物上保証人間における代位割合の特約の効力について　「民法五〇一条は、その本文において弁済による代位の効果を定め、その但書各号において代位相互間の優劣ないし代位の割合などを定めている。弁済による代位の制度は、すでに説示したとおり、その効果として、債権者の有していた原債権及びその担保権をそのまま代位弁済者に移転させるのであり、決してそれ以上の権利を移転させるなどして右の原債権及びその担保権の内容に変動をもたらすものではないのであって、代位弁済者はその求償権の範囲内で右の移転を受けた原債権及びその担保権自体を行使するにすぎないのであるから、弁済による代位が生ずることによって、物上保証人所有の担保不動産について右の原債権を担保する根抵当権等の担保権の存在を前提として抵当権等の担保権その他の権利関係を設定した利害関係人に対し、その権利を侵害するなどの不当な影響を及ぼすことはありえず、それゆえ、代位弁済者は、代位によって原債権を担保する根抵当権等の担保権を取得することについて、右の利害関係人との間で物権的な対抗問題を生ずる関係に立つことはないというべきである。そして、同条但書五号は、右のような代位の効果を前提として、物上保証人及び保証人相互間において、先に代位弁済した者が不当な利益を得たり、代位弁済が際限なく循環して行われたりする事態の生ずることを避けるため、右の代位者相互間における代位の割合を定めるなど一定の制限を設けているのであるが、その窮極の趣旨・目的とするところは代位者相互間の利害を公平かつ合理的に調節することにあるものというべきであるから、物上保証人及び保証人が代位の割合について同号の定める割合と異なる特約をし、これによってみずからその間の利害を具体的に調節している場合にまで、同号の定める割合によらなければならないものと解すべき理由はなく、同号が保証人と物上保証人の代位についてその頭数ないし担保不動産の価格の割合によって代位するものと規定しているのは、特約その他の特別な事情がない一般的な場合について規定しているにすぎず、同号はいわゆる補充規定であると解するのが相当である。したがって、物上保証人との間で同号の定める割合と異なる特約をした保証人は、後順位抵当権者等の利害関係人に対しても右特約の効力を主張することができ、その求償権の範囲内で右特約の割合に応じ抵当権等の担保権を行使することができるものというべきである。このように解すると、物上保証人（根抵当権設定者）及び保証人間に本件のように保証人が全部代位できる旨の特約がある場合には、保証人が代位弁済したときに、保証人が同号所定の割合と異なり債権者の有していた根抵当権の全部を行使することになり、後順位抵当権者その他の利害関係人は右のような特約がない場合に比較して不利益な立場におかれることになるが、同号は、共同抵当に関する同法三九二条のように、担保不動産についての後順位抵当権者その他の第三者のためにその権利を積極的に認めたうえで、代位の割合を規定していると解することはできず、また代位弁済をした保証人が行使する根抵当権は、その存在及び極度額が登記されているのであり、特約がある場合であっても、保証人が行使しうる根抵当権は右の極度額の範囲を超えることはありえないのであって、もともと、後順位の抵当権その他の利害関係人は、債権者が右の根抵当権の被担保債権の全部につき極度額の範囲内で優先弁済を主張した場合には、それを承認せざるをえない立場にあり、右の特約によって受ける不利益はみずから処分権限を有しない他人間の法律関係によって事実上反射的にもたらされるものにすぎず、右の特約そのものについて公示の方法がとられていなくても、その効果を甘受せざるをえない立場にあるものというべきである。」

債権者の担保保存義務　五〇四条

〔一九九の二〕　最判平成七年六月二三日民集四九巻六号一七三七頁

事実　AがY信用金庫の連帯保証のもとに他から融資を受けるに際し、Aの姉Bは、YのAに対する求償金債権を担保するため、その所有する甲不動産に根抵当権を設定したが、その設定契約には、民法五〇四条に定める債権者の担保保存義務を免除する旨の特約（以下「特約」という）が付されていた。その後、Yは、Aに追加融資をするのに伴い、共同担保として、Aからその所有する乙不動産に根抵当権（以下「追加担保」という）の設定を受けたが、Bの死亡後、Yは、Aから追加融資分の残債務の弁済を受けるのに伴い、追加担保を放棄した。そこで、Bの子Xは、遺産分割または他の相続人らからの買受けにより甲不動産を取得したうえで、Yがなした追加担保の放棄により、民法五〇四条に定める債権者の担保保存義務違反による免責の効果が生じたと主張し、甲不動産上の根抵当権設定登記の抹消を求めて提訴した。Yによる特約の効力の主張が信義則違反または権利の濫用に当たると判断されるかが争点であり、一審はこれを認め、原審は否定した。さらに、物上保証人からの第三取得者であるXには特約の効力を及ぼすべきでないとして、X上告（なお、平成二九年改正後の民法五〇四条に留意）。

判旨　上告棄却　「当該保証等の契約及び特約が締結された時の事情、その後の債権者と債務者との取引の経緯、債権者が担保を喪失し、又は減少させる行為をした時の状況等を総合して、債権者の右行為が、金融取引上の通念から見て合理性を有し、保証人等が特約の文言にかかわらず正当に有し、又は有し得べき代位の期待を奪うものとはいえないときは、他に特段の事情がない限り、債権者が右特約の効力を主張することは、信義則に反するものではなく、また、権利の濫用に当たるものでもないというべきである。」

「債権者と物上保証人との間に本件特約のような担保保存義務免除の特約があるため、債権者が担保を喪失し、又は減少させた時に、右特約の効力により民法五〇四条による免責の効果が生じなかった場合は、担保物件の第三取得者への譲渡によって改めて免責の効果が生ずることはないから、第三取得者は、免責の効果が生じていない状態の担保の負担がある物件を取得したことになり、債権者に対し、民法五〇四条による免責の効果を主張することはできないと解するのが相当である。」

二重資格の場合　五〇一条三項

〔二〇〇〕最判昭和六一年一一月二七日民集四〇巻七号一二〇五頁　民法2債62(4)(イ)

事実　A銀行はBに対して貸付債権を有し、その担保として、C信用保証協会の保証のほか、Y・D・E・Fが連帯保証し、さらにYとDはそれぞれ自己所有の不動産につきAのために根抵当権を設定し、その登記を了した。CがAにBの債務を弁済した後、YがCにBの求償債務を弁済して、Yは、Bに対する求償債権、AのBに対する債権および根抵当権を取得するに至った。Yがその求償債権の満足を受けるため、D所有地上の根抵当権を実行したところ、配当表には、Yの求償債権額の四分の一が配当金額となる旨記載された。右記載は、弁済による代位につき、保証人と物上保証人を兼ねる者は、保証人として一人とみたうえ、Y・D・E・Fの四人で代位の割合を分かつことに拠る。これに対し、D所有地上の後順位抵当権者であるXは、保証人兼物上保証人の二重資格者は二人として扱うべきであるとして、本訴において配当異議を申し立てた。一審・原審ともにX敗訴。Xより上告。

判旨　上告棄却「民法五〇一条但書四号、五号〔平成二九年改正民法五〇一条三項三号、四号〕の規定は、保証人又は物上保証人が複数存在する場合における弁済による代位に関し、右代位者相互間の利害を公平かつ合理的に調整するについて、代位者の通常の意思ないし期待によって代位の割合を決定するとの原則に基づき、代位の割合の決定基準として、担保物の価格に応じた割合と頭数による平等の割合を定めているが、右規定は、物上保証人相互間、保証人相互間、そして保証人及び物上保証人が存在する場合における保証人全員と物上保証人との間の代位の割合は定めているものの、代位者の中に保証人及び物上保証人の二重の資格をもつ者が含まれる場合における代位の割合の決定基準については直接定めていない。したがって、右の場合における代位の割合の決定基準については、二重の資格をもつ者を含む代位者の通常の意思ないし期待なるものを捉えることができるのであれば、右規定の原則に基づき、その意思ないし期待に適合する決定基準を求めるべきであるが、それができないときは、右規定の基本的な趣旨・目的である公平の理念にたち返って、代位者の頭数による平等の割合をもって決定基準とするほかはないものといわざるをえない。しかして、右の場合に、二重の資格をもつ者は他の代位者との関係では保証人の資格と物上保証人の資格による負担を独立して負う、すなわち、二重の資格をもつ者は代位者の頭数のうえでは二人である、として代位の割合を決定すべきであると考えるのが代位者の通常の意思ないし期待でないことは、取引の通念に照らして明らかであり、また、仮に二重の資格をもつ者を頭数のうえであくまで一人と扱い、かつ、その者の担保物の価格を精確に反映させて代位の割合を決定すべきであると考えるのが代位者の通常の意思ないし期待であるとしても、右の二つの要請を同時に満足させる簡明にしてかつ実効性ある基準を見い出すこともできない。そうすると、複数の保証人及び物上保証人の中に二重の資格をもつ者が含まれる場合における代位の割合は、民法五〇一条但書四号、五号の基本的な趣旨・目的である公平の理念に基づいて、二重の資格をもつ者も一人と扱い、全員の頭数に応じた平等の割合であると解するのが相当である。」

二　供　託

供託金取戻請求権の消滅時効

四九六条一項前段・一六六条

〔二〇一〕最大判昭和四五年七月一五日民集二四巻七号七七一頁

民法1総154(2)・155(1)、2債68(3)

事実　宅地の賃借人Xは、賃貸人Aに賃料を提供したが、Aが受領を拒絶したので、昭和二七年五月七日から供託をしてきた。その後、XA間でXが宅地を明け渡し、AはXに対する昭和二七年以降の賃料相当額の損害賠償請求権を放棄するという和解が成立した。そこで、XはY（国、東京法務局）に対し、昭和三八年三月二〇日供託金の取戻しを請求した、Yは、一〇年以前の昭和二八年二月二七日以前の供託分は時効によって消滅したとして請求を却下した。XはYに対して、右却下の取消しを請求する。原審は、Yを敗訴させたので、Yより上告。

判旨　上告棄却「Yは、本件供託金についてはは民法四九六条一項に基づきXにおいて供託の時から取戻の請求をすることができたのであるから、本件供託金取戻請求権の消滅時効は供託の時から進行すると主張する。

もとより、債権の消滅時効が債権者において債権を『行使スルコトヲ得ル時ヨリ進行ス』るものであることは、民法一六六条一項に規定するところである。しかし、弁済供託における供託物の払渡請求、すなわち供託物の還付または取戻の請求について『権利ヲ行使スルコトヲ得ル』とは、単にその権利の行使につき法律上の障害がないというだけではなく、さらに権利の性質上、その権利行使が現実に期待のできるものであることをも必要と解するのが相当である。けだし、本来、弁済供託においては供託の基礎となった事実をめぐって供託者と被供託者との間に争いがあることが多く、このような場合、その争いの続いている間に右当事者のいずれかが供託物の払渡を受けるのは、相手方の主張を認めて自己の主張を撤回したものと解せられるおそれがあるので、争いの解決をみるまでは、供託物払渡請求権の行使を当事者に期待することは事実上不可能にちかく、右請求権の消滅時効が供託の時から進行すると解することは、法が当事者の利益保護のために認めた弁済供託の制度の趣旨に反する結果となるからである。したがって、弁済供託における供託物の取戻請求権の消滅時効の起算点は、供託の基礎となった債務について紛争の解決などによってその不存在が確定するなど、供託者が免責の効果を受ける必要が消滅した時と解するのが相当である。

Yは、右のような見解をとると、供託者との間の争いの有無など供託官の知ることのできない事柄で時効の起算点が決定されることとなり、客観的な時効制度の本質に反する旨主張する。

しかし、弁済供託は、もともと、供託者と被供託者との間の実体上の法律関係に基づいているものであるから供託物の払渡請求権の時効の起算点を供託官と供託者との関係だけで画一的、客観的に決定されるものとすることはできないし、また、供託官において右の請求権の行使が期待できる時期を知ることができない場合のあることは、実定法上やむをえない結果というべきである。

Yは、また、供託者は供託証明書の交付を受けることによって、時効の中断をすることができる旨主張するが、供託物の払渡請求権の行使が期待できない場合において、当事者にこのような時効中断のための措置をとることを期待することは、通常人としての当事者に難きを強いる結果となるものというべく、右中断の方法があることは、供託物払渡請求権の時効の起算点を前示のように解することの妨げとなるものではない。

以上の次第で、本件供託金取戻請求権の消滅時効の起算点に関する前記所論はいずれも理由がなく、その余の所論もまた前記判示するところに照らし採用することはできない。

なお、弁済供託における供託物払渡請求権の消滅時効の期間に関し、原審判決は、供託は国が設けた金品保管の制度で、供託の原因も法定されており、供託官は供託が適法であればこれを受理しなければならず、契約自由の原則は適用されないというだけの理由から、供託上の法律関係は公法関係であり、供託金の払渡請求権は会計法三〇条の規定により五年の消滅時効にかかるものと解している。しかしながら、弁済供託が民法上の寄託契約の性質を有するものであることは前述のとおりであるから、供託金の払渡請求権の消滅時効は民法の規定により、一〇年をもって完成するものと解するのが相当である。したがって、この点に関し、原審は、法令の解釈を誤ったものといわなければならない。

してみれば、Yは、本件供託金取戻請求権の時効が本件供託の時から進行したことを前提として、すでに時効により消滅したことを理由に、Xの供託金取戻の請求を却下することはできないものというほかはない。したがって、Xの右請求を却下したYの処分の取消を求めるXの本訴請求は正当で、これを認容した第一審判決に対するYの控訴を棄却した原審判決は、結局、正当である。なお、供託物取戻請求権の時効期間に関する前記法令解釈の誤りは結論に影響を及ぼすものではない。」

割賦払債務の消滅時効の起算点　〔七一〕参照。

三　相　殺

差押えと相殺　**五一一条、民執一四五条一項**

〔二〇二〕　最大判昭和四五年六月二四日民集二四巻六号五八七頁　**民法2債73(2)(カ)**

※

事実　AはY銀行に定期預金等の債権を有する。Aが国税を滞納したので、X〔国〕は右AのY銀行に対する債権を差し押さえて弁済期に支払を催告した。Y銀行はAに対して貸付債権を有しており、AY間で、Aまたは保証人につき、差押え等があったときは、債務全額の弁済期が到来したものとし、相殺されても異議がないという特約があった。この特約に基づき、Y銀行は、貸付債権を自働債権とし定期預金債権等を受働債権としてAに対して相殺の意思表示をし、Xへの支払を拒んだ。Xは、Y銀行に対してその支払を請求する。原審がXの請求を棄却したので、Xは上告し、受働債権の定期預金等の弁済期が貸付債権の弁済期よりも早く到来するときは、前者は後者の担保となっていないので、相殺は認められないという制限説（判旨引用の最大判昭和三九年一二月二三日）を主張した。

判旨　上告棄却　「相殺の制度は、互いに同種の債権を有する当事者間において、相対立する債権債務を簡易な方法によって決済し、もって両者の債権関係を円滑かつ公平に処理することを目的とする合理的な制度であって、相殺権を行使する債権者の立場からすれば、債務者の資力が不十分な場合においても、自己の債権については確実かつ十分な弁済を受けたと同様な利益を受けることができる点において、受働債権につきあたかも担保権を有するにも似た地位が与えられるという機能を営むものである。相殺制度のこの目的および機能は、現在の経済社会において取引の助長にも役立つものであるから、この制度によって保護される当事者の地位は、できるかぎり尊重すべきものであって、当事者の一方の債権について差押が行われた場合においても、明文の根拠なくして、たやすくこれを否定すべきものではない。

およそ、債権が差し押えられた場合においては、差押を受けた者は、被差押債権の処分、ことにその取立をすることを禁止され（民訴法五九八条一項後段〔現民執法一四五条一項前段〕）、その結果として、第三債務者もまた、債務者に対して弁済することを禁止され（同項前段〔現同項後段〕、民法四八一条一項）、かつ債務者との間に債務の消滅またはその内容の変更を目的とする契約、すなわち、代物弁済、更改、相殺契約、債権額の減少、弁済期の延期等の約定などをすることが許されなくなるけれども、これは、債務者の機能が差押によって制限されることから生ずるいわば反射的効果にすぎないのであって、第三債務者としては、右制約に反しないかぎり、債務者に対するあらゆる抗弁をもって差押債権者に対抗することができるものと解すべきである。すなわち、差押は、債務者の行為に関係のない客観的事実または第三債務者のみの行為により、その債権が消滅しまたはその内容が変更されることを妨げる効力を有しないのであって、第三債務者がその一方的意思表示をもってする相殺権の行使も、相手の自己に対する債権が差押を受けたという一事によって、当然に禁止されるべきいわれはないというべきである。

もっとも、民法五一一条は、一方において、債権を差し押えた債権者の利益をも考慮し、第三債務者が差押後に取得した債権による相殺は差押債権者に対抗しえない旨を規定している。しかしながら、同条の文言および前示相殺制度の本質に鑑みれば、同条は、第三債務者が債務者に対して有する債権をもって差押債権者に対し相殺をなしうることを当然の前提としたうえ、差押後に発生した債権または差押後に他から取得した債権を自働債権とする相殺のみを例外的に禁止することによって、その限度において、差押債権者と第三債務者の間の利益の調節を図ったものと解するのが相当である。したがって、第三債務者は、その債権が差押後に取得されたものでないかぎり、自働債権および受働債権の弁済期の前後を問わず、相殺適状に達しさえすれば、差押後においても、これを自働債権として相殺をなしうるものと解すべきであり、これと異なる論旨は採用することができない。……

したがって、これと結論を同じくする原審の判断は、結論において正当であり、これと異なる所論は、ひっきょう、独自の見解のもとに原判決を論難するに帰し、採用することができない。なお、相殺と差押の効力、およびいわゆる相殺予約の効力に関し、さきに当裁判所が示した見解（最大判昭和三九年一二月二三日民集一八巻一〇号二二一七頁）は、右の限度において、変更されるべきものである。」

本判決には、四人の裁判官の補足意見と四人の裁判官の反対意見が付されている。

債権譲渡と相殺

〔二〇三〕　最判昭和五〇年一二月八日民集二九巻一一号一八六四頁　　四六八条　民法2債73(1)

事実　A会社は、Yに対し、弁済期を昭和四二年一二月三日とする売掛債権を有していた。Yは、支払のために同額の約束手形をAに宛てて振り出し、これをAの取締役兼従業員であったXに交付した。ところが、Xはこの約束手形を紛失したため、Aに対し手形金相当額を弁償し、その代償として、Aから本件売掛債権の譲渡を受け、Aは同日Yに対し債権譲渡の通知をした。他方、Yは、Aに対し約束手形債権を有していたが、昭和四三年一月一三日、Aが倒産したため、本件手形債権につき期限の利益を喪失し弁済期が同日到来した。XがYに対し本件売掛債権および遅延損害金の支払を求めて訴えを提起した。

Yは、本件手形債権をもってXの本件売掛債権と対当額で相殺する旨の意思表示をした。原審は、反対債権の弁済期が譲受債権のそれよりも後に到来する場合にあっては、債務者は相殺の期待利益をもっていないから、譲渡通知後の相殺をもって譲受人に対抗しえないとして、Yの相殺の抗弁を排斥し、Xの請求を認容。Y上告。

判旨　一部破棄自判、一部上告棄却　「原審の確定した以上の事実関係のもとにおいては、Yは、本件売掛債権を受働債権とし本件手形債権を自働債権とする相殺をもってXに対抗しうるものと解すべきである。そして、本訴当事者が弁済の充当をしたことは原審の確定しないところであるから、民法五一二条及び四九一条により、本件手形債権は、先ず本件売掛債権二六一万四〇〇〇円に対する昭和四二年一二月四日から昭和四三年一月一二日までの年六分の割合による遅延損害金一万七一八八円に充当され、その残額一六八万二八一二円が本件売掛債権に充当されたものというべきである。したがって、XのYに対する本訴請求は、金九三万一一八八円及びこれに対する昭和四三年一月一三日から商事法定利率である年六分の割合による損害金の支払を求める限度において正当として是認すべきであり、その余は失当としてこれを棄却すべきものである。」

二裁判官の補足意見、二裁判官の反対意見がある。

時効消滅した債権による相殺　五〇五条・五〇八条
〔二〇三の二〕　最判平成二五年二月二八日民集六七巻二号三四三頁

事実　Xは、Y貸金業者との間で、利息制限法所定の制限を超える利息の約定で継続的な金銭消費貸借取引を行った結果、同取引の終了時点において、Yに対して過払金返還請求権を取得した。その後、Xは、別途、A貸金業者のために自己所有の不動産に根抵当権を設定したうえで、Aから多額の金銭を借り受け、分割弁済（月払）とし、支払を遅滞したときは当然に期限の利益を喪失する旨の特約（以下「特約」という）が付せられた。のち、Aを吸収合併したYが、Xに対する貸主の地位を承継した経緯があり、Xは、AおよびYに対し、約定どおりの弁済を継続したが、支払遅滞の事態が生じ、特約に基づき期限の利益を喪失するに至った。ここにおいて、Xは、Yに対し、上記過払金返還請求権を自働債権とし、貸付金残債権を受働債権として、対当額で相殺する旨の意思表示をし、さらに、右相殺が有効である場合における貸付金残債権の残元金を弁済した。そこでXは、貸付金債権が右相殺および弁済により消滅したと主張し、根抵当権設定登記の抹消を求めて提訴した（本訴）。一審はX勝訴。Yは、過払金返還請求権につき消滅時効を援用し、これを自働債権とする右相殺の無効を主張して、貸付金残元金の支払を求めた（反訴）。原審は本訴請求を認容、反訴請求を棄却した。Y上告。

判旨　一部破棄自判（本訴請求）、一部破棄差戻（反訴請求）「民法五〇五条一項は、相殺適状につき、『双方の債務が弁済期にあるとき』と規定しているのであるから、その文理に照らせば、自働債権のみならず受働債権についても、弁済期が現実に到来していることが相殺の要件とされていると解される。また、受働債権の債務者がいつでも期限の利益を放棄することができることを理由に両債権が相殺適状にあると解することは、上記債務者が既に享受した期限の利益を自ら遡及的に消滅させることとなって、相当でない。したがって、既に弁済期にある自働債権と弁済期の定めのある受働債権とが相殺適状にあるというためには、受働債権につき、期限の利益を放棄することができるというだけではなく、期限の利益の放棄又は喪失等により、その弁済期が現実に到来していることを要するというべきである。」

「当事者の相殺に対する期待を保護するという民法五〇八条の趣旨に照らせば、同条が適用されるためには、消滅時効が援用された自働債権はその消滅時効期間が経過する以前に受働債権と相殺適状にあったことを要すると解される。」

第二章　契　約

第一節　総　則

一　契約締結前の注意義務

契約交渉の破棄　　　　一条二項・四一五条

〔二〇四〕　最判昭和五九年九月一八日判時一一三七号五一頁　　民法２債85(1)(ア)

事実　Xは、分譲マンションを建築することを計画し、着工と同時に買受人の募集を始めた。Yから買受け希望があり交渉した結果、Yは「検討するので結論を待って欲しい」旨述べ、一か月後にXに一〇万円を支払った。その間、YはXに対してスペースについて注文をしたり、レイアウト図を交付するなどした。その後、Yから、「歯科医院を営むので大きな電気容量を必要とするが、このマンションの電気容量はどうか」という問い合わせがあったので、Xは、電気容量が不足していると考えて、Yの意向を確かめないまま、受水槽を変電室に変更するよう指示し電気容量変更契約をして、それに伴う出費分は代金に上乗せをすることをYに告げたが、Yは異議を述べなかった。Yは、その後、購入資金借入れの申込みの必要書類として見積書の作成を依頼した。交渉開始から約半年後に、結局Yは、資金難などを理由として購入を断った。そこで、Xは、主位的には契約成立を前提としてその解除をしたことを理由に、予備的に契約締結上の過失を理由として、設計変更・工事手直しに要した費用等の損害賠償をYに求めて訴えを提起した。一審・原審とも、契約の成立は否定したが、契約の準備段階におけるYの信義則上の義務違反があるとして契約責任（一審）ないしは契約類似の信頼関係に基づく信義則上の責任（原審）を認め、Xの請求を認容した（ただし、X・Yの過失割合を各五割とする）。Yより上告。

判旨 上告棄却「原審の適法に確定した事実関係のもとにおいては、Yの契約準備段階における信義則上の注意義務違反を理由とする損害賠償責任を肯定した原審の判断は、是認することができ、また、Y及びX双方の過失割合を各五割とした原審の判断に所論の違法があるとはいえない。」

説明義務違反　一条二項・四一五条・七〇九条

〔二〇五〕 最判平成二三年四月二二日民集六五巻三号一四〇五頁　民法2債25(3)・85(1)(ア)

事実 Xらは、Y（信用組合）の勧誘により各自五〇〇万円を出資したが、Yの経営が（右出資の約一年九か月後に）破綻して持分の払戻しを受けられなくなったとして、損害賠償を請求した（訴え提起はYの破綻の約六年後）。Xらは、Yが勧誘に際して実質的な債務超過の状態にあり経営破綻のおそれがあることをXらに説明しなかったとして、主位的に不法行為に基づいて、予備的に債務不履行に基づいて損害賠償を請求した。一審・原審ともに、Xらの請求を認容した。その理由として、原審は、Yの信義則上の説明義務違反による不法行為責任を認めつつ、消滅時効にかかっているとした。しかし、予備的請求について、右説明義務違反は、本件出資契約締結前の段階で生じたが、「およそ社会の中から特定の者を選んで契約関係に入ろうとする当事者が、社会の一般人に対する不法行為上の責任よりも一層強度の責任を課されることは、当然の事理というべきであり、当該当事者が契約関係に入った以上は、契約上の信義則は契約締結前の段階まで遡って支配するに至るとみるべきであるから、本件説明義務違反は、不法行為を構成するのみならず、本件各出資契約上の付随義務違反として債務不履行をも構成する」として、Yの債務不履行責任を認めた。Yが上告受理申立て。

判旨 破棄自判「契約の一方当事者が、当該契約の締結に先立ち、信義則上の説明義務に違反して、当該契約を締結するか否かに関する判断に影響を及ぼすべき情報を相手方に提供しなかった場合には、上記一方当事者は、相手方が当該契約を締結したことにより被った損害につき、不法行為による賠償責任を負うことがあるのは格別、当該契約上の債務の不履行による賠償責任を負うことはないというべきである。

なぜなら、上記のように、一方当事者が信義則上の説明義務に違反したために、相手方が本来であれば締結しなかったはずの契約を締結するに至り、損害を被った場合には、後に締結された契約は、上記説明義務の違反によって生じた結果と位置付けられるのであって、上記説明義務をもって上記契約に基づいて生じた義務であるということは、それを契約上の本来的な債務というか付随義務というかにかかわらず、一種の背理であるといわざるを得ないからである。契約締結の準備段階においても、信義則が当事者間の法律関係を規律し、信義則上の義務が発生するからといって、その義務が当然にその後に締結された契約に基づくものであるということにならないことはいうまでもない。

このように解すると、上記のような場合の損害賠償請求権は不法行為により発生したものであるから、これには民法七二四条前段所定の三年の消滅時効が適用されることになるが、上記の消滅時効の制度趣旨や同条前段の起算点の定めに鑑みると、このことにより被害者の権利救済が不当に妨げられることにはならないものというべきである。」

一裁判官の補足意見がある。

二　同時履行の抗弁権

〔二〇六〕同時履行の抗弁における引換給付判決　大判明治四四年一二月一一日民録一七輯七七二頁

五三三条
民法2債93(2)(ア)

事実　Xは、Yとの売買契約に基づき、自己の債務につき弁済の提供をした上、Yに履行の請求をしたが、Yがこれに応じないため、債務の履行を求めて訴えを提起した。Xがかつて一度履行の提供をした場合であっても、なお、反対当事者Yは同時履行の抗弁権を行使することができるかが争点となり、原審は、「現に当事者の一方が適法な債務弁済の提供をなし、相手方が遅滞に陥るときは、その遅滞が存続する以上、遅滞者は一方の履行の請求に対し同時履行の抗弁権を享有するものではない」として、Xの請求を認容した。Yから上告。

判旨　一部破棄差戻「双務契約ニ於テ当事者ノ一方ハ相手方ガ其債務ノ履行ヲ提供スルマデ自己ノ債務ノ履行ヲ拒ムコトヲ得ルハ民法第五三三条ノ規定スル所ニシテ、此同時履行ノ抗弁ハ当事者ノ一方ガ曾テ一タビ履行ノ提供ヲ為シタルコトアルモ其提供ニシテ継続セザル以上ハ相手方ニ於テ主張スルコトヲ得ルモノトス。蓋シ民法第四一三条及ビ第四九二条ニ依レバ双務契約ニ於テ当事者ノ一方ガ履行ノ提供ヲ為シ相手方之ヲ受領セザルトキハ相手方ハ之ニ因リ遅滞ノ責ニ任ジ提供者ハ不履行ノ責ヲ免カルルモノナリト雖モ、是レ皆提供者ノ債務ニ関シ生ズル効果ニシテ相手方ノ債務ハ之レガ為メ何等ノ影響ヲ受クルモノニ非ズ。相手方ガ有スル同時履行ノ抗弁ハ其債務ノ履行ニ付キ与ヘラレタル一ノ担保ニシテ其履行ヲ求メラルルニ当リ常ニ提出スルコトヲ得ルモノナルガ故ニ、他ノ一方ノ履行ノ提供ガ継続スル場合ハ格別、然ラザルトキハ之ニ依リ其履行ヲ拒ムコトヲ得ルモノト為サザルベカラズ。然ラザレバ他ノ一方ガ一タビ履行ノ提供ヲ為シタル後無資力ノ状態ニ陥ルコトアルモ相手方ハ必ラズ其債務ヲ為サザルベカラズシテ甚シキ不公平ノ結果ヲ視ルニ至ルベシ。而シテ同時履行ノ抗弁提出セラレタルトキハ起訴者ハ自己ノ債務ノ履行ト引換ニ非ザレバ相手方ノ債務ノ履行ヲ求ムルコトヲ得ザル筋合ナルガ故ニ、単純ニ相手方ノ債務ノ履行ヲ目的トスル其請求ノ全部ハ之ヲ認容スルコトヲ得ズト雖モ、自己ノ債務ノ履行ト引換ニ相手方ヲシテ其債務ノ履行ヲ為サシムルコトハ其請求中ニ包含セラルルモノト認メ得ベキヲ以テ、裁判所ハ此ノ如キ場合ニ於テハ起訴者ノ請求ヲ全部排斥スルコトナク双方債務ノ履行ヲ引換ニテ相手方ニ其履行ヲ命ズル所ノ裁判ヲ為スヲ至当トス。然ルニ本件ニ於テ原院ハXガ曾テ一タビ其債務ノ履行ヲ提供シ、Yヲ遅滞ニ付シタルコトアリトノ理由ニ基キ同時履行ノ抗弁ヲ排斥シYニ敗訴ヲ言渡シタルハ同時履行ノ抗弁ニ関スル法則ヲ誤マリタルモノニシテ、此不法ハ原判決ノ全部ニ及ブモノナルガ故ニ他ノ上告論旨ニ付キ説明ヲ為サズ、原判決ヲ破毀スベキモノトス。」

詐欺による売買の取消しにおける双方の原状回復義務の関係　五三三条・七〇三条

〔二〇七〕　最判昭和四七年九月七日民集二六巻七号一三二七頁　民法2債93(1)・174(1)(エ)

事実 Xは A に欺かれて、所有する㈠・㈡の二筆の土地につき、A を自己の代理人として Y に売り渡した。Y は、X が A に欺かれていることを知りつつも右売買契約を締結し、X の代理人である A に内金を支払った（この内金は結局 X には渡らなかった）。そして Y は、㈠地については所有権移転の仮登記、㈡地については所有権移転登記を得た。

その後まもなく A に欺かれたことを知った X は、A の詐欺を理由として右売買契約を取り消し、㈠地につき仮登記の抹消、㈡地につき X への所有権移転登記を請求した（Y も反訴を提起して、㈠地の所有権移転登記手続等を請求した）。

判旨 上告棄却「右売買契約は A の詐欺を理由とする X の取消の意思表示により有効に取り消されたのであるから、原状に回復するため、Y は、X に対し、本件㈠の土地について右仮登記の抹消登記手続を、本件㈡について X へ所有権移転登記手続をそれぞれなすべき義務があり、また、X は、Y に対し、右一〇〇万円〔内金〕の返還義務を負うものであるところ、X、Y の右各義務は、民法五三三条の類推適用により同時履行の関係にあると解すべきであって、Y は、X から一〇〇万円の支払を受けるのと引き換えに右各登記手続をなすべき義務があるとした原審の判断は、正当としてこれを是認することができる。原判決に所論の違法は認められず、論旨は採用することができない。」

不履行の意思が明確な場合　五三三条

〔二〇八〕 最判昭和四一年三月二二日民集二〇巻三号四六八頁　民法2債93(2)(イ)・100(1)(ア)

事実 X は、Y から宅地・建物を買い受け、即日手付金を支払うと共に、残代金は宅地所有権の移転登記と引換えに Y に支払うこととし、ただし、これ以前であっても Y が宅地の移転登記に必要な書類を X に交付したときは X は別途内金を支払うものとした。ところが、Y は、X に債務不履行があった（移転登記に必要な書類を提供したにもかかわらず X から右内金の支払がなかった）と主張し、契約解除の意思表示をして建物も第三者に賃貸した。これに対し X は、自己の不履行を否定し、むしろ手付金の倍戻しを求めた。一審では Y 勝訴。原審は X の主張を容れ、X から残代金の履行の提供がなかったことについては、Y の自己の債務を履行しない意思が極めて明確であったから、X があらためて債務の履行をしなくても、Y は自己の債務の不履行につき違約の責を免れることはできないとした。Y は、この点を争って上告。

判旨　上告棄却「双務契約において、当事者の一方が自己の債務の履行をしない意思が明確な場合には、相手方において自己の債務の弁済の提供をしなくとも、右当事者の一方は自己の債務の不履行について履行遅滞の責を免れることをえないものと解するのが相当である。

原審が確定した……事実関係のもとにおいては、Yにおいて自己の債務の履行をしないことが明確であるといいうべく、Xは、自己の債務の弁済の提供をすることなく、Yに対しその債務の不履行につき履行遅滞の責を問いうるものというべきである。したがって、原判決に所論の違法はなく、論旨は採るをえない。」

三　契約上の地位の移転

賃貸人の地位の譲渡　六〇五条の三・五三九条の二

〔二〇九〕　最判昭和四六年四月二三日民集二五巻三号三八八頁　民法2債97(1)

事実　Yの所有する土地を建物所有の目的で賃借したXは、数年間土地を空地にしていたところ、Yは右土地をAに売り、賃貸人の地位も併せて譲渡した。BがこのX土地をAより転得してB名義の所有権移転登記がされた。右登記前にXは、借地権を公示するため、この土地に杭打と囲い作りを始めたが、AとBは妨害した。Bへの登記後、Xが建物を建てようとしたところ、Bにより立入禁止、公示禁止の仮処分を受けた。XはYに対して、借地権の不法侵害・消滅を理由として損害賠償を請求し、予備的に賃貸人の履行不能を理由とする損害金の支払を請求した。原審はXを敗訴させたので、Xは上告してYに損害賠償義務があると主張した。

判旨　上告棄却「土地の賃貸借契約における賃貸人の譲渡は、賃貸人の義務の移転を伴なうものではあるけれども、賃貸人の義務は賃貸人が何びとであるかによって履行方法が特に異なるわけのものではなく、また、土地所有権の移転があったときに新所有者にその義務の承継を認めることがむしろ賃借人にとって有利であるというのを妨げないから、一般の債務の引受の場合と異なり、特段の事情のある場合を除き、新所有者が旧所有者の賃貸人としての権利義務を承継するには、賃借人の承諾を必要とせず、旧所有者と新所有者間の契約をもってこれをなすことができると解するのが相当である。
叙上の見地に立って本件をみると、前記事実関係に徴し、YとX間の賃貸借契約関係はAとX間に有効に移行し、賃貸借契約に基づいてYがXに対して負担した本件土地の使用収益をなさしめる義務につき、Yに債務不履行はないといわなければならない。したがって、これと同趣旨の原判決の判断は正当である。」

四　契約の解除

双務契約において双方が期日に履行の提供をしなかった場合の解除の方法　五四一条・五三三条

〔二一〇〕　最判昭和三六年六月二二日民集一五巻六号一六五一頁　民法2債100(1)(イ)

事実　XはYからY所有の土地建物を賃借していたが、この土地建物をYから九万円で買い受ける契約をし、即時に内金五万円を支払い、残金四万円は期日を昭和二三年一〇月と定めて所有権移転登記と同時に支払うことになった。しかし期日にXが残金の全額を用意できなかったので、両者は履行期を同年一二月に延期した。そしてYは一二月に登記書類を調えてXに再度残金の支払を求めたがXはなお残金の調達ができず、履行の猶予を得ようとした。そこで、現金の入手を迫られていたYは、Xに対して本件売買契約を解除する旨を伝え、この土地建物を担保としてAから融資を得た。その後、昭和二八年になって、Xは残金四万円を弁済供託した。Xから所有権移転登記手続を請求して提訴。原審は、本件売買契約はXの履行遅滞により解除されたものと認めて、Xの請求をすべて棄却した。Xから、Yは当初の履行期である昭和二三年一〇月に登記の履行の提供はしていないので、同時履行の関係にある場合反対給付の提供をしないでした催告に基づく解除は無効であるとして上告。

判旨　上告棄却　「原判決によればYは前示催告において指定した履行期である昭和二三年一二月末である同月二六日に同時履行の関係において自己の負担する債務すなわち所有権移転登記をするについて必要な書類をととのえた上でX宅に赴き、残代金の支払を求めたが全額の支払を拒絶されたので、契約解除の意思表示をしたというのであるから、Yは右意思表示をなすについての履行の提供をなし了ったものというべく、従って本件契約解除には所論の欠点ありというを得ない。所論は……履行期日にはなんら履行の提供はなかったというが、本件のような場合は、前示催告において指定された履行期日にYの履行の提供あれば足るのであって、それ以前のことは問うところではないのである。」

過大な催告　〔二一〇の二〕　最判昭和三四年九月二二日民集一三巻一一号一四五一頁

五四一条・五四五条
民法2債102(1)(カ)

事実　Yは、昭和二四年一一月一四日、Xより本件家屋と敷地を代金四七万五千円で買い受け、同月一五日に手付金として五万円を、同月一九日に代金の内金として一〇万円をこの売買の仲介人Aを通じてXの代理人Bに支払ったが、Bを通じてXに交付されたのはその内の一〇万円であった。Xは、残金の約定支払期日である同三〇日を過ぎてもYが支払わないので、実際にBから受け取ったのは手付金五万円と内金五万円の計一〇万円であるとして、三七万五千円の支払を再三請求した。Xの請求にYが応じなかったので、Xは、昭和二五年四月六日付けの内容証明郵便で、残金三七万五千円を同月一〇日までに支払わない場合には契約を解除する旨の催告および条件付契約解除の意思表示をしたが、Yは、実際の残金である三二万五千円についても支払わなかった。そこで、Xは、本件家屋の明渡しと、Yに家屋を引渡して以降明渡し済みまでの賃料相当額の損害金の支払を求めて訴えを提起した。原審がXの請求を認めYの控訴を棄却したため、Yが上告。

判旨　上告棄却　「原審が、本件催告に示された残代金額は金三七五〇〇〇円であり、真の残代金債務金三二五〇〇〇円を超過すること五〇〇〇〇円なる旨認定していることは所論のとおりである。しかし、この一事によって、Xは催告金額に満たない提供があってもこれを受領する意思がないものとは推定し難く、その他かかる意思がないと推認するに足りる事情は原審の認定しないところであるから、本件催告は、たとえ前記の如く真の債務額を多少超過していても、契約解除の前提たる催告としての効力を失わないものと解すべきである。」

「更に、特定物の売買により買主に移転した所有権は、解除によって当然遡及的に売主に復帰すると解すべきであるから、その間買主が所有者としてその物を使用収益した利益は、これを売主に償還すべきものであること疑いない（大判昭和一一年五月一一日民集一五巻一〇号八〇八頁参照）。そして、右償還の義務の法律的性質は、いわゆる原状回復義務に基く一種の不当利得返還義務にほかならない……。ところで、Xの本訴における事実上及び法律上の陳述中には、不法占拠若しくは損害金というような語が用いられているけれども、その求めるところは前記使用収益による利益の償還にほかならない部分のあることが明らかであるから、その部分の訴旨を一種の不当利得返還請求と解することは何ら違法ではない。」

他人の権利の売買の解除と買主の使用利益返還義務

〔二一〇の三〕　最判昭和五一年二月一三日民集三〇巻一号一頁　五四二条・五四五条・五六一条　民法2債73(1)

事実　中古自動車の販売業者であるYは、昭和四二年九月一四日、同業者Aより買い受けた本件自動車をXに転売し、Xは、同日代金を支払い、引渡しも受けた。ところが、本件自動車の登録名義は、所有権を留保して割賦販売していたBにあり、Aは本件自動車を処分する権限を有していなかった。他方、Yは、処分・名義変更の権限を有する旨のAの発言を信じて買い受けており、Xとの間ではY自らの責任で名義変更手続を行うことを約していた。しかし、Aは、何らの処分権限を有していなかったので名義を変更できずにいたところ、Bは、執行官保管の仮処分によって、昭和四三年九月一二日に本件自動車をXから引き揚げた。Xは、これによって初めてYが第三者所有の本件自動車をXに売り渡したことに気づき、Yに対して、同年一二月一三日頃本件売買契約を解除する旨の意思表示をした。その後、Xは、Yに対して、第一次的には不法行為(詐欺)による損害賠償を請求し、第二次的に契約解除による代金返還を請求した。一審は、詐欺は否定したが、契約解除による既払い代金の返還請求を認容したので、Yは、Xが本件自動車を約一年間使用したことによる使用利益を控除すべきこと等を主張して控訴した。原審はYの主張を認めなかったため、Yが上告。

判旨　破棄差戻「売買契約が解除された場合に、目的物の引渡を受けていた買主は、原状回復義務の内容として、解除までの間目的物を使用したことによる利益を売主に返還すべき義務を負うものであり、この理は、他人の権利の売買契約において、売主が目的物の所有権を取得して買主に移転することができず、民法五六一条〔平成二九年民法改正前〕の規定により該契約が解除された場合についても同様であると解すべきである。けだし、解除によって売買契約が遡及的に効力を失う結果として、契約当事者に該契約に基づく給付がなかつたと同一の財産状態を回復させるためには、買主が引渡を受けた目的物を解除するまでの間に使用したことによる利益をも返還させる必要があるのであり、売主が、目的物につき使用権限を取得しえず、したがつて、買主から返還された使用利益を究極的には正当な権利者からの請求により保有しえないこととなる立場にあつたとしても、このことは右の結論を左右するものではないと解するのが、相当だからである。

そうすると、他人の権利の売主には、買主の目的物使用による利得に対応する損失がないとの理由のみをもつて、Xが本件自動車の使用利益の返還義務を負わないとした原審の判断は、解除の効果に関する法令の解釈適用を誤ったものというべきであり、その違法は原判決の結論に影響を及ぼすことが明らかであるから、論旨は理由があり、原判決は破棄を免れない。そして、右使用利益の点について更に審理を尽くさせる必要があるから、本件を原審に差し戻すのが、相当である。」

賃借人が信頼関係を裏切った場合の解除における催告の要否

〔二一一〕　最判昭和二七年四月二五日民集六巻四号四五一頁

五四一条・六〇一条

民法1序9(3)(イ)、2債135(1)(エ)

事実　Xは自己所有の家屋をYに対し期限の定めなく賃貸していた。Yはその後出征し、終戦後まで不在がちで、その間本件家屋にはYの妻と男子三人が居住していたが、妻は職業を得て昼間はほとんど在宅せず、留守中に男子三人が室内で野球をする等放縦な行為を放置し、また、妻子は燃料に窮すれば建具類さえも燃料代りに焼却し、便所が使用不能となればそのまま放置して、裏ロマンホールで用便し、近所から非難の声を浴び、室内もろくろく掃除せず不潔極りなく、たまたまYが帰還した時なども、Y宅が不潔なので隣家に一泊を乞うたこともあり、現に格子戸、障子、硝子戸、襖等の建具類は、全部なくなっており、外壁数か所は破損し、水洗便所は使用不能の状態にあった。Xは、これらはすべて、Yの家族等が多年にわたって、本件家屋を乱暴に使用した結果によるものであるとして、Yに対し、一四日以内に家屋を原状に回復すべき旨の催告および条件付解除の意思表示をした。しかし右期間内にYは家屋を原状に復旧しなかったので、Xは、賃貸借は解除されたとして、右家屋の明渡しを求めた。一審・原審ともX勝訴。Yは一四日の催告期間は短かきに失するとして上告。

判旨 上告棄却「およそ、賃貸借は、当事者相互の信頼関係を基礎とする継続的契約であるから、賃貸借の継続中に、当事者の一方に、その信頼関係を裏切って、賃貸借関係の継続を著しく困難ならしめるような不信行為のあった場合には、相手方は、賃貸借を将来に向って、解除することができるものと解しなければならない。そうして、この場合には民法五四一条所定の催告は、これを必要としないものと解すべきである。……〔このように解すれば、本件の〕Yの所為は、家屋の賃借人としての義務に違反すること甚しく（賃借人は善良な管理者の注意を以て賃借物を保管する義務あること、賃借人は契約の本旨又は目的物の性質に因って定まった用方に従って目的物の使用をしなければならないことは民法の規定するところである）その契約関係の継続を著しく困難ならしめる不信行為であるといわなければならない。従って、Xは民法五四一条の催告を須《もち》いず直ちに賃貸借を解除する権利を有するものであることは前段説明のとおりであるから、本件解除を是認した原判決は、結局正当である。論旨は、Xがした催告期間の当、不当を争うに帰著するものであるからその理由のないことは明らかである。」

一裁判官の補足意見がある。

定期行為の解除　五四二条

〔二一二〕 大判大正九年一一月一五日民録二六輯一七七九頁　民法2債100(2)(ア)

事実 団扇《うちわ》の販売業者であるXと、青物商を営むYは、二月に、Yの顧客への暑中見舞いの贈与品として、六月中に引渡しをするとの内容で、団扇一五〇本の売買契約を締結した。しかし、XがYに団扇を送付したのは八月二四日頃になったため、Yは、本件契約は取引の性質上および当事者の意思表示によって一定の期間内に履行しなければ契約の目的を達することができないものであるとして、契約の解除を主張した。Xが売買代金の支払を請求して訴えを提起した。原審は、上記契約内容を認めつつ、八月二四日頃はいまだ盛夏の季節で団扇を使用すべき時期であるとして、本件契約は一定の期間内に履行しなければ契約の目的を達成できない場合ではないと説示してXの請求を認めた。Yより上告。

判旨　破棄差戻「商人ガ暑中見舞トシテ華客《かかく》先ニ進物ヲ為スハ俗ニ中元ノ進物ト称シ七月一五日以前ニ於テスルコト顕著ナル事実ナルヲ以テ、当事者ガ売買ノ目的物タル団扇ヲ六月中ニ送付スベキコトノ契約ヲ為シタルモ之ガ為ナルトキハ、当事者ノ一方ガ約定ノ時期ニ送付ヲ為サザル以上、他ノ一方ハ之ヲ華客先ニ分与スルコトヲ得ザルガ故ニ、該売買ハ其ノ性質上約定ノ時期ニ履行ヲ為スニ非ザレバ契約ヲナシタル目的ヲ達スルコト能ハザル場合ニ該当スルモノトス。」

事情変更の原則と和解の解除　一条二項・五四〇条一項

〔一一三〕最判昭和二九年二月一二日民集八巻二号四四八頁　民法1序9(3)(イ)、2債11(2)・87(2)(エ)・167(4)

事実　XはY所有の家屋を賃借していたところ、XY間において、Xはその家屋を一定時期までにYに明け渡す旨の裁判上の和解が成立した。Yがその和解に基づいて強制執行をしようとしたところ、Xは、和解が成立した当時と異なり現在は住宅事情が極度に悪化し、大きな事情変更が生じていることを理由に、和解契約を解除すると主張し、強制執行の排除を求めて本訴を提起。一審および原審ではXの請求が棄却されたため、Xから上告。

判旨　上告棄却「いわゆる事情の変更により契約当事者に契約解除権を認めるがためには、事情の変更が信義衡平上当事者を該契約によって拘束することが著しく不当と認められる場合であることを要するものと解すべきであって、その事情の変更は客観的に観察せられなければならないことは所論のとおりであるけれども、本件において契約締結の当時と原審口頭弁論終結の時との間に戦災等のため、原審認定のような、住宅事情の相違があるからといって、本件和解につき直ちに上告人の解除権を容認しなければならない信義衡平上の必要があるものとはみとめられない。」

複数契約の不履行と解除

〔二一四〕　最判平成八年一一月一二日民集五〇巻一〇号二六七三頁

五四一条
民法2債100(1)(カ)

事実　Yは、別荘地を開発し、リゾートマンション（本件マンション）を建築して分譲すると共にスポーツ施設（本件クラブ）を所有し管理していた。X_1・X_2は、Yから本件マンションの一区画である区分所有権を買い受け（本件売買契約）、X_1は、これと同時にYから本件クラブの会員権を購入した（本件会員権契約）。本件売買契約書および本件クラブの会則によれば、①本件マンションの区分所有権を買い受ける時は必ず本件クラブに入会しなければならず、また②区分所有権を他に譲渡するときは本件クラブの会員資格を自動的に失うこととされており、区分所有権の得喪と本件クラブ会員としての地位の得喪は密接に関連付けられている。

ところで、本件マンションの区分所有権および本件クラブの会員権を販売するに際して、新聞広告等には、本件クラブの施設内容として、テニスコート、屋外プール等を完備しているほか、さらに屋内プール、ジャグジー等が完成予定である旨記されていたが、屋内プールについてはXらの再三の要求にもかかわらず、着工すらなされていなかった。そこで、Xらは、Yに対して、屋内プールの完成の遅延を根拠として、本件売買契約および本件会員権契約を解除する旨の意思表示をして、売買代金等の返還を求めて訴えを提起した。一審は、Xらの請求を認容したが、原審は、Xらの請求を棄却したため、Xらが上告した。

判旨　破棄自判　「このように同一当事者間の債権債務関係がその形式は甲契約及び乙契約といった二個以上の契約から成る場合であっても、それらの目的とするところが相互に密接に関連付けられていて、社会通念上、甲契約又は乙契約のいずれかが履行されるだけでは契約を締結した目的が全体としては達成されないと認められる場合には、甲契約上の債務の不履行を理由に、その債権者が法定解除権の行使として甲契約と併せて乙契約をも解除することができるものと解するのが相当である。

……これを本件について見ると、本件不動産は、屋内プールを含むスポーツ施設を利用することを主要な目的としたいわゆるリゾートマンションであり、前記の事実関係の下においては、Xらは、本件不動産をそのような目的を持つ物件として購入したものであることがうかがわれ、Yによる屋内プールの完成の遅延という本件会員権契約の要素たる債務の履行遅滞により、本件売買契約を締結した目的を達成することができなくなったものというべきであるから、本件売買契約においてその目的が表示されていたかどうかにかかわらず、右の履行遅滞を理由として民法五四一条により本件売買契約を解除することができるものと解するのが相当である。」

解除と登記　〔八〇〕参照。

合意解除　〔二五〇〕参照。

第二節　贈与

五五〇条

五五〇条の書面

〔二一五〕　最判昭和六〇年一一月二九日民集三九巻七号一七一九頁

事実　Y女は、大正八年、Aの妻が結婚前に某男との間に生んだ子であり、Aの実子ではない。Aは婿養子に入り、妻との間にXら五名の子供をもうけた。さて、昭和三〇年にAの妻が死亡し、その後一〇年近く面倒を見ていた奉公人が昭和四一年に病気でAのもとを去った後、XらがAの面倒を見る様子もないので、近くに住んでいたYがAの下の世話などをするようになった。そして、その頃老衰の度を加えていたAが、Yに生活の面倒を見ることを条件に本件不動産を贈与した（移転登記済）。Aが昭和四二年六月に死亡した後、Xらは、本件贈与が書面によらない贈与であり、贈与取消権を相続したとして本件贈与を取り消し、Xら五名の持分権の確認、Yへの移転登記の抹消を請求した。原審は、Xらの主張を棄却したので、Xらが上告。

判旨　上告棄却　「民法五五〇条が書面によらない贈与を取り消しうるものとした趣旨は、贈与者が軽率に贈与することを予防し、かつ、贈与の意思を明確にすることを期するためであるから、贈与が書面によってされたといえるためには、贈与の意思表示自体が書面によっていることを必要としないことはもちろん、書面が贈与の当事者間で作成されたこと、又は書面に無償の趣旨の文言が記載されていることも必要とせず、書面に贈与がされたことを確実に看取しうる程度の記載があれば足りるものと解すべきである。これを本件についてみるに、Xらの被相続人である亡Aは、昭和四二年四月三日Yに本件土地を贈与したが、前主であるCからまだ所有権移転登記を経由していなかったことから、Yに対し贈与に基づく所有権移転登記をすることができなかったため、同日のうちに、司法書士Dに依頼して、右土地をYに譲渡したからCから被上告人に対し直接所有権移転登記をするよう求めたC宛ての内容証明郵便による書面を作成し、これを差し出した、というのであり、右の書面は、単なる第三者に宛てた書面ではなく、贈与の履行を目的として、亡Aに所有権移転登記義務を負うCに対し、中間者である亡Aを省略して直接Yに所有権移転登記をすることについて、同意し、かつ、指図した書面であって、その作成の動機・経緯、方式及び記載文言に照らして考えるならば、贈与者である亡Aの慎重な意思決定に基づいて作成され、かつ、贈与の意思を確実に看取しうる書面というのに欠けるところはなく、民法五五〇条にいう書面に当たるものと解するのが相当である。」

忘恩行為　五五三条・五四二条一項四号

〔二一六〕最判昭和五三年二月一七日判タ三六〇号一四三頁　民法2債107(1)

事実　A子はYを子どもの頃から実母同様の慈しみをもって育て、Yが医師となり、結婚して医院を開業するまで、Y夫婦に資金・食料等を援助してきた。昭和三九年、AとY夫婦との間には養子縁組がなされた。その四年後、Aの亡夫の相続財産の中心をなす本件土地についてAは他の相続人を説得し、A自身の相続分も含めて全てYに贈与することにして、その旨の移転登記がなされた。その後YはAに対して親愛の情を欠くようになり、冷たい仕打ちを次々にしていった。そのため地方の有数の資産家の未亡人で近隣から敬愛されていたAは一転して生活保護を受けざるをえなくなり、Y夫婦に対して離縁の訴えを起こした。最終的に協議離縁となった。その上で、Aは、格別の責めもないのに、Yが最低限の扶養すらせず、Aを敵対視し困窮に陥れたとして、本件土地の贈与に付されていた負担（扶養）の不履行を理由に贈与契約を解除し、本件土地のAの持分移転登記等を請求。Aは本訴提起後に死亡し、その遺言で包括受遺者になったXがAの権利義務の一切を承継した。原審は、「負担付贈与において、受贈者が、その負担である義務の履行を怠るときは、民法五四一条、五四二条〔現五四二条一項四号〕の規定を準用し、贈与者は贈与契約の解除をなしうるものと解すべきである。そして贈与者が受贈者に対し負担の履行を催告したとしても、受贈者がこれに応じないことが明らかな事情がある場合には、贈与者は、事前の催告をすることなく、直ちに贈与契約を解除することができるものと解すべきである」として、Aの本件訴状をもってなした解除の意思表示により贈与契約の失効を認め、Aの持分の移転登記請求を認容。ちなみに、第一審判決は忘恩行為による贈与の撤回を認めている。Yが上告。

判旨　上告棄却「所論の点に関する原審の認定判断は、原判決挙示の証拠関係に照らし、正当として是認することができ、その過程に所論の違法はない。論旨は、ひっきょう、原審の専権に属する証拠の取捨判断、事実の認定を非難するものにすぎず、採用することができない。」

死因贈与の撤回　五五四条・一〇二二条

〔二一七〕最判昭和四七年五月二五日民集二六巻四号八〇五頁　民法2債107(3)

事実　Xらの先代Aは、後妻Yと婚姻をして同居していた。Aは、Yとの年齢差も考慮して、Yに対して、本件土地建物を死因贈与する契約を結んだ。しかしYが、Xらの妨害をおそれてAの生前に本件土地建物の移転登記をするよう望んだりしたため、AYの仲は円満を欠くようになり、Aは代理人の弁護士に委任して本件贈与契約を民法七五四条の夫婦間の契約取消権に基づいて取り消す意思表示をした。Aの死亡後、Xから、AY間の贈与契約の不存在確認を求めて提訴。原審は、民法七五四条に基づく夫婦間の契約の取消しは、夫婦が正常な関係にある間に限られ、夫婦の関係が破綻した後においては、もはや同条による取消権の行使は許されないとの最判昭和四二年二月二日民集二一巻一号八八頁を引いて、当時もはやAY間の夫婦関係は破綻状態にあったとして、七五四条による解除は認めなかった。しかし一方で、一〇二二条がその方式に関する部分を除いて準用されるとして、死因贈与の取消し（撤回）を認めた。そこでYから上告。

判旨　上告棄却　「死因贈与については、遺言の取消〔現行法では撤回〕に関する民法一〇二二条がその方式に関する部分を除いて準用されると解すべきである。けだし、死因贈与は贈与者の死亡によって贈与の効力が生ずるものであるが、かかる贈与者の死後の財産に関する処分については、遺贈と同様、贈与者の最終意思を尊重し、これによって決するのを相当とするからである。そして、贈与者のかかる死因贈与の取消権と贈与が配偶者に対してなされた場合における贈与者の有する夫婦間の契約取消権とは、別個独立の権利であるから、これらのうち一つの取消権行使の効力が否定される場合であっても、他の取消権行使の効力を認めうることはいうまでもない。」

第三節　売　買

一　総　則

手付契約の解釈
〔二一八〕最判昭和二四年一〇月四日民集三巻一〇号四三七頁　五五七条　民法2債110

事実　XY間において、Yが所有しAに賃貸中の家屋につき、YがAを立ち退かせてXに移転登記をする旨を含む売買契約が成立し、手付金が交付された。しかし、YがAの立退き拒否を理由に登記義務の履行を拒んだので、Xは、残代金の支払と引き換えに建物所有権の移転登記を求める訴えを提起した。これに対しYは、売買契約書における手付の条項〔第九条「買主本契約ヲ不履行ノ時ハ手付金ハ売主ニ於イテ没収シ返却ノ義務ナキモノトス、売主不履行ノ時ハ買主へ既収手付金ヲ返還スルト同時ニ手付金ト同額ヲ違約金トシテ別ニ賠償シ以テ各損害補償ニ供スルモノトス」〕に基づき手付金の倍戻しをして契約を解除する意思表示をしたが、Xがこれを受領しないので同金額を供託したと抗弁した。原審は、この条項の定める手付は解約手付ではなく違約手付であるとして、Xを勝訴させた。Yが上告し、XYとも本件条項の意味を特に認識して契約を締結したものではない、Xの動機はむしろAが立ち退かない場合の契約解除にあったなどと主張した。

判旨　破棄差戻「売買において買主が売主に手附を交付したときは売主は手附の倍額を償還して契約の解除を為し得ること民法第五五七条の明定する処である、固《もと》より此規定は任意規定であるから、当事者が反対の合意をした時は其適用のないことというを待たない、しかし、其適用が排除される為めには反対の意思表示が無ければならない、原審は……第九条が其反対の意思であると見たものの様である。固より意思表示は必しも明示たるを要しない、黙示的のものでも差支ないから右九条が前記民法の規定と相容れないものであるならばこれを以て右規定の適用を排除する意思表示と見ることが出来るであろう、しかし右第九条の趣旨と民法の規定とは相容れないものではなく十分両立し得るものだから同条はたとえ其文字通りの合意が真実あったとしてもこれを以て民法の規定に対する反対の意思表示と見ることは出来ない、違約の場合手附の没収又は倍返しをするという約束は民法の規定による解除の留保を少しも妨げるものではない、解除権留保と併せて違約の場合の損害賠償額の予定を為し其額を手附の額によるものと定めることは少しも差支なく、十分考え得べき処である、其故右九条の様な契約条項がある丈けでは（特に手附は右約旨の為めのみに授受されたるものであることが表われない限り）民法の規定に対する反対の意思表示とはならない、されば原審が前記第九条によって直ちに民法五五七条の適用が排除されたとしたことは首肯出来ない……要するに原審の挙示した資料では前記民法規定の適用排除の意思表示があったものとすることは出来ないのであって此点においては論旨は理由があり原判決は破毀を免れない。」

※

手付における履行の着手

〔二一九〕最大判昭和四〇年一一月二四日民集一九巻八号二〇一九頁

五五七条
民法2債110

事実　XY間においてA（大阪府）所有不動産の売買契約が成立し、XはYに手付金を交付した。Xは、約定の履行期日に残代金を提供して、Yに右契約上の債務の履行を求めたが、Yがこれを拒絶したので、所有権移転登記手続および不動産の引渡しを求めて訴えを提起した。これに対し、Yは、既に手付金の倍額をXに提供して解除の意思表示をしているため、解約手付の趣旨に従い右契約は解除されたものと抗弁した。原審では、YがXから受領した手付金の一部を本件不動産の所有者であったAに支払いY名義に移転登記を経由したことが、Xへの譲渡の履行に着手したものとみるべきかが争われた。原審は、このYの行為を単なる履行の準備であって履行の着手にはあたらないとして、X敗訴。Xから上告。

判旨　上告棄却「按ずるに、民法五五七条一項にいう履行の着手とは、債務の内容たる給付の実行に着手すること、すなわち、客観的に外部から認識し得るような形で履行行為の一部をなし又は履行の提供をするために欠くことのできない前提行為をした場合を指すものと解すべきところ、本件において、原審におけるXの主張によれば、Yが本件物件の所有者たる大阪府に代金を支払い、これをXに譲渡する前提としてY名義にその所有権移転登記を経たというのであるから、右は、特定の売買の目的物件の調達行為にあたり、単なる履行の準備行為にとどまらず、履行の着手があったものと解するを相当とする。従って、Yのした前記行為をもって、単なる契約の履行準備にすぎないとした原審の判決は、所論のとおり、民法五五七条一項の解釈を誤った違法があるといわなければならない。（なお、本件の事情のもとに、X主張の仮登記仮処分手続がなされたことをもっては所論の履行の着手があったものとみることができない旨の原判決の判断は正当である。）

しかしながら、右の違法は、判決に影響を及ぼすものではなく、原判決破棄の理由とはなしがたい。その理由は、次のとおりである。

解約手附の交付があった場合には、特別の規定がなければ、当事者双方は、履行のあるまでは自由に契約を解除する権利を有しているものと解すべきである。然るに、当事者の一方が既に履行に着手したときは、その当事者は、履行の着手に必要な費用を支出しただけでなく、契約の履行に多くの期待を寄せていたわけであるから、若しかような段階において、相手方から契約が解除されたならば、履行に着手した当事者は不測の損害を蒙ることとなる。従って、かような履行に着手した当事者が不測の損害を蒙ることを防止するため、特に民法五五七条一項の規定が設けられたものと解するのが相当である。

同条項の立法趣旨を右のように解するときは、同条項は、履行に着手した当事者に対して解除権を行使することを禁止する趣旨と解すべく、従って、未だ履行に着手していない当事者に対しては、自由に解除権を行使し得るものというべきである。このことは、解除権を行使する当事者が自ら履行に着手していた場合においても、同様である。すなわち、未だ履行に着手していない当事者は、契約を解除されても、自らは何ら履行に着手していないのであるから、これがため不測の損害を蒙るということはなく、仮に何らかの損害を蒙るとしても、損害賠償の予定を兼ねている解約手附を取得し又はその倍額の償還を受けることにより、その損害は塡補されるのであり、解約手附契約に基づく解除権の行使を甘受すべき立場にあるものである。他方、解除権を行使する当事者は、たとえ履行に着手していても、自らその着手に要した出費を犠牲にし、更に手附を放棄し又はその倍額の償還をしても、なおあえて契約を解除したいというのであり、それは元来有している解除権を行使するものにほかならないばかりでなく、これがため相手方には何らの損害をも与えないのであるから、右五五七条一項の立法趣旨に徴しても、かような場合に、解除権の行使を禁止すべき理由はなく、また、自ら履行に着手したからといって、これをもって、自己の解除権を放棄したものと擬制すべき法的根拠もない。

ところで、原審の確定したところによれば、買主たるXは、手附金四〇万円を支払っただけで、何ら契約の履行に着手した形跡がない。そして、本件においては、買主たるXが契約の履行に着手しない間に、売主たるYが手附倍戻しによる契約の解除をしているのであるから、契約解除の効果を認めるうえに何らの妨げはない。従って、民法五五七条一項にいう履行の着手の有無の点について、原判決の解釈に誤りがあること前に説示したとおりであるが、手附倍戻しによる契約解除の効果を認めた原判決の判断は、結論において正当として是認することができる。論旨は、結局、理由がなく、採用することができない。」

本判決には一裁判官の反対意見がある。

二　売買の効力

他人の権利の売買

〔二二〇〕　最大判昭和四九年九月四日民集二八巻六号一一六九頁　　民法2債113(2)(ア)　五六一条

事実　Xは、Aに対して有する貸金債権の担保として代物弁済予約をしたが、弁済期になってもAが弁済しないので、Xは Aに対し右の代物弁済予約完結の意思表示をし、移転登記手続を済ませた。その後Aは死亡、その夫Y_1および子Y_2～Y_5がAを相続したが、Y_1～Y_5が宅地・建物を明け渡さないので、Xは、明渡しと予備的に貸金の支払を求めて訴えを提起した。Y_1らは、右の宅地・建物はY_1の所有に属しAはその所有者ではなかったと主張した。一審は、もし本件宅地・建物がY_1の所有であった場合には、Aはこれを取得してXに給付すべき義務を負っていたことになるから、Aの死亡によりY_1はその義務を承継し、その所有権はY_1からXに移転したものとした。原審でも、X勝訴。Y_1らは上告し、Y_1からXらを相手とする、本件宅地・建物に関する所有権移転登記抹消登記手続請求事件（別訴）では、その控訴審判決が、本人が無権代理人を相続した場合には、無権代理行為の追認を拒絶しても信義則に反するものではないとしてY_1勝訴に帰したのに、原審においてY_1らを敗訴せしめたのは不当であると主張した。

判旨　破棄差戻　「他人の権利を目的とする売買契約においては、売主はその権利を取得して買主に移転する義務を負い、売主がこの義務を履行することができない場合には、買主は売買契約を解除することができ、買主が善意のときはさらに損害の賠償をも請求することができる。他方、売買の目的とされた権利の権利者は、その権利を売主に移転することを承諾するか否かの自由を有しているのである。

ところで、他人の権利の売主が死亡し、その権利者において売主を相続した場合には、権利者は相続により売主の売買契約上の義務ないし地位を承継するが、そのために権利者自身が売買契約を締結したことになるものでないことはもちろん、これによって売買の目的とされた権利が当然に買主に移転するものと解すべき根拠もない。また、権利者は、その権利により、相続人として承継した売主の履行義務を直ちに履行することができるが、他面において、権利者としてその権利の移転につき諾否の自由を保有しているのであって、それが相続による売主の義務の承継という偶然の事由によって左右されるべき理由はなく、また権利者がその権利の移転を拒否したからといって買主が不測の不利益を受けるというわけでもない。それゆえ、権利者は、相続によって売主の義務ないし地位を承継しても、相続前と同様その権利の移転につき諾否の自由を保有し、信義則に反すると認められるような特別の事情のないかぎり、右売買契約上の売主としての履行義務を拒否することができるものと解するのが、相当である。

このことは、もっぱら他人に属する権利を売買の目的とした売主を権利者が相続した場合のみでなく、売主がその相続人たるべき者と共有している権利を売買の目的とし、その後相続が生じた場合においても同様であると解される。それゆえ、売主及びその相続人たるべき者の共有不動産が売買の目的とされた後相続が生じたときは、相続人はその持分についても右売買契約における売主の義務の履行を拒みえないとする当裁判所の判例（最判昭和三八年一二月二七日民集一七巻一二号一八五四頁）は、右判示と牴触する限度において変更されるべきである。

そして、他人の権利の売主をその権利者が相続した場合における右の法理は、他人の権利を代物弁済に供した債務者をその権利者が相続した場合においても、ひとしく妥当するものといわなければならない。」

土壌汚染と改正前五七〇条（瑕疵）　**五六二条・五六四条・四一五条**

〔二二一〕　最判平成二二年六月一日民集六四巻四号九五三頁　**民法2債113(2)(ア)**

事実　XがYから買い受けた本件土地には売買時からふっ素が含まれていたが、法令上規制の対象にもなっておらず、取引観念上もそれが有害物質だとは考えられていなかった。その後一〇年以上経ってから、有害物質として新たに法令に基づく規制の対象となった。そこで、Xは本件土地の土壌に法令の基準値を超えるふっ素が含まれているのは瑕疵にあたるとして、Yに対して改正前五七〇条に基づいて損害賠償を請求。原審はXの請求を一部認容。Yが上告受理申立て。

判旨　破棄自判　「売買契約の当事者間において目的物がどのような品質・性能を有することが予定されていたかについては、売買契約締結当時の取引観念をしんしゃくして判断すべきところ、前記事実関係によれば、本件売買契約締結当時、取引観念上、ふっ素が土壌に含まれることに起因して人の健康に係る被害を生ずるおそれがあるとは認識されておらず、Xの担当者もそのような認識を有していなかったのであり、ふっ素が、それが土壌に含まれることに起因して人の健康に係る被害を生ずるおそれがあるなどの有害物質として、法令に基づく規制の対象となったのは、本件売買契約締結後であったというのである。そして、本件売買契約の当事者間において、本件土地が備えるべき属性として、その土壌に、ふっ素が含まれていないことや、本件売買契約締結当時に有害性が認識されていたか否かにかかわらず、人の健康に係る被害を生ずるおそれのある一切の物質が含まれていないことが、特に予定されていたとみるべき事情もうかがわれない。そうすると、本件売買契約締結当時の取引観念上、それが土壌に含まれることに起因して人の健康に係る被害を生ずるおそれがあるとは認識されていなかったふっ素について、本件売買契約の当事者間において、それが人の健康を損なう限度を超えて本件土地の土壌に含まれていないことが予定されていたものとみることはできず、本件土地の土壌に溶出量基準値及び含有量基準値のいずれをも超えるふっ素が含まれていたとしても、そのことは、民法五七〇条にいう瑕疵には当たらないというべきである。」

借地権付建物売買における敷地の欠陥　五六二条・五六四条・五四二条

〔二二二〕　最判平成三年四月二日民集四五巻四号三四九頁　民法2債113(2)(ア)

事実　XはYから借地権付建物を購入した。本件土地の北側は崖に臨む地形となっており、その基部がコンクリート擁壁でさらにその上に大谷石の擁壁が積み上げられた構造になっていた。本件売買から一年半後台風に伴う大雨によって、この擁壁に傾斜、亀裂が生じ、崖上の本件土地の一部に沈下および傾斜が生じて、構造耐力上および保安上著しく危険な状態になった。そこで、自治体の区長が、本件土地所有者らに対して、本件擁壁について安全上必要な措置を早急にとるよう勧告した。同じ頃、Xも本件土地所有者らに対して同様の申入れをしたが、土地所有者らが何らの措置もとらなかったので、Xは、本件建物の倒壊の危険を避けるためにやむなくこれを取り壊した。本件擁壁がこのような状態となったのは、擁壁に通常設けられるべき水抜き穴が設けられていなかったため、土中に含まれた雨水の圧力が加わり、大谷石の擁壁がこれに耐えきれなかったことによることが判明した。Xは、本件借地権には隠れた瑕疵があることを理由に売買契約を解除し、代金の返還および損害金の賠償を請求した。第一審は請求を棄却。Xの控訴に対して、原審は第一審判決を変更してXの解除を認め、代金のほか損害賠償請求の一部を認容。そこでYが上告。

判旨　Y敗訴部分の破棄・Xの控訴を棄却　「建物とその敷地の賃借権とが売買の目的とされた場合において、右敷地についてその賃貸人において修繕義務を負担すべき欠陥が右売買契約当時に存したことがその後に判明したとしても、右売買の目的物に隠れた瑕疵があるということはできない。けだし、右の場合において、建物と共に売買の目的とされたものは、建物の敷地そのものではなく、その賃借権であるところ、敷地の面積の不足、敷地に関する法的規制又は賃貸借契約における使用方法の制限等の客観的事由によって賃借権が制約を受けて売買の目的を達することができないときは、建物と共に売買の目的とされた賃借権に瑕疵があると解する余地があるとしても、賃貸人の修繕義務の履行により補完されるべき敷地の欠陥については、賃貸人に対してその修繕を請求すべきものであって、右敷地の欠陥をもって賃貸人に対する債権としての賃借権の欠陥ということはできないから、買主が、売買によって取得した賃借人たる地位に基づいて、賃貸人に対して、右修繕義務の履行を請求し、あるいは賃貸借の目的物に隠れた瑕疵があるとして瑕疵担保責任を追求することは格別、売買の目的物に瑕疵があるということはできないのである。」

売主履行遅滞中の果実収取権　五七五条一項

〔一二三〕　大連判大正一三年九月二四日民集三巻四四〇頁　民法2債112

事実　Xは、Yらに土地を売り渡し内金を受領したが、残代金は履行期に引渡しと移転登記手続を完了したときに支払うものとされていた。しかし、Xがこの債務を履行しないので、Yが移転登記手続を求めて訴えを提起した。この訴訟では、Yが勝訴し、XはYに土地を引き渡し、所有権移転登記を完了した。ところがYが残代金を支払わなかったため、Xからその支払を求めて訴えを提起した。Yは、本件土地につきXが遅滞の間にも小作料を取得しており、これは悪意の占有者の収取した果実であるからその返還請求権と残代金とを相殺するという抗弁を提出した。一審・原審とも、民法五七五条一項に基づきYの相殺の抗弁を認めなかったため、Yから上告し、同条は売主が引渡債務につき遅滞にある場合には適用されないと主張した。

判旨　上告棄却　「民法第五七五条第一項ニハ未ダ引渡サザル売買ノ目的物ガ果実ヲ生ジタルトキハ其ノ果実ハ売主ニ属ストアリテ引渡ヲ為サザル事由ニ付何等ノ区別ヲ設ケザルノミナラズ、元来同条ハ売買ノ目的物ニ付其ノ引渡前ニ果実ヲ生ジ若ハ売主ガ目的物ヲ使用シタル場合ニ買主ヨリ売主ニ対シテ其ノ果実若ハ使用ノ対価ヲ請求スルコトヲ得セシムルトキハ、売主ヨリ買主ニ対シテ目的物ノ管理及保存ニ要シタル費用ノ償還並代金ノ利息ヲ請求シ得ルコトトナリ、相互間ニ錯雑ナル関係ヲ生ズルニヨリ之ヲ避ケントスルノ趣旨ニ外ナラザルヲ以テ、此ノ趣旨ヨリ推考スルモ、同条ハ売買ノ目的物ノ引渡ニ付期限ノ定アリテ売主ガ其ノ引渡ヲ遅滞シタルトキト雖《いえども》、其ノ引渡ヲ為ス迄《まで》ハ之ヲ使用シ且果実ヲ収得スルコトヲ得ベキト同時ニ、代金ノ支払ニ付期限ノ定アリテ買主ガ其ノ支払ヲ遅滞シタルトキハ勿論、同時履行ノ場合ニ於テ買主ガ目的物ノ受領ヲ拒ミ遅滞ニ付セラレタルトキト雖、目的物ノ引渡ヲ受クル迄ハ代金ノ利息ヲ支払フコトヲ要セザルモノト謂《い》ハザルベカラズ。蓋《けだし》同条第二項但書ニ目的物ノ引渡後ニ代金支払期限ガ到来スベキ場合ニ付テノ規定ヲ設ケタルニ拘《かかわ》ラズ、目的物ノ引渡ニ付期限ノ定アル場合及其ノ引渡前ニ代金支払ノ期限到来スベキ場合ニ付其ノ区別アルコトヲ規定セザル法意ヨリ推スモ、同条ハ当事者ガ遅滞ニ付セラレタルト否トヲ問ハズ適用スベキモノト解スルヲ相当トスレバナリ。是従来本院判例（大判大正四年一二月二一日民録二一輯二一三五頁）ノ認ムル所ニシテ今尚維持スルヲ相当ナリト認ム。斯ノ如ク売買ノ場合ニ於テ売主ハ遅滞ニ在ルト否トヲ問ハズ其ノ目的物ノ引渡ヲ為ス迄ハ其ノ物ヲ使用シ且之ヨリ生ズル果実ヲ収得スルコトヲ得ベシトナス以上、民法第一九〇条ノ規定ハ其ノ場合ニ適用スベキモノニアラザルコト明瞭ナルヲ以テ原院ガ本件ニ付同条ヲ適用セザリシハ相当ナリ。」

第四節　消費貸借

消費貸借の要物性
〔二二四〕　大判昭和一一年六月一六日民集一五巻一一二五頁
五八七条
民法2債122(2)

事実　Xは債権者Bから支払の請求を受けたので、A信用組合から金融を得ることとなり、XがAから四〇〇〇円を借用した旨の公正証書が作成されると共に、Xが受け取るべき金員は、Aから直接Bに交付することとされた。ところが、Xが抵当権の設定登記を遅らせたので、AがBに右金員を実際に交付したのは二か月半後となった。Aから債権を譲り受けたYが公正証書に基づいてXに強制執行を行ったのに対し、Xは、金員の授受の行われた日が右公正証書の日付けと違うから公正証書は事実に適合しない執行力を欠くものであるとして、異議の訴えを提起した。原審はXの異議を認めなかったので、Xから上告。

判旨　上告棄却　「民事訴訟法第五五九条第三号〔現民執二二条五号〕ニ依ル債務名義タリ得ル公正証書ハ私権ニ関スル事実ニ付作成セラルルソレニ非ズシテ同条所定ノ請求ヲ具体的ニ表示スルヲ以テ其ノ本質ト為ス。這《こ》ハ『請求ニ付キ作リタル』云々ノ法文之ヲ顕ハシテ余蘊《ようん》無キガ故ニ当該請求ガ苟《いやしく》モ他ノ請求ト区別シテ認識ヲ得ラルル程度ニ具体的ニ記載セラルル以上、其ノ記載方法ニシテ多少事実ニ吻合セザルトコロアルモ尚当該請求ニ対スル有効ナル執行名義タルヲ失ハザルモノトス（大判昭和五年一二月二四日民集九巻一一九七頁参照）。……抑《そもそも》消費貸借ハ借主ガ貸主ヨリ受取リタル目的物ト種類品等及数量ノ同ジキ物ヲ以テ返還ヲ為スベキ合意ト其ノ目的物ノ授受トニ依リ成立スル契約ニシテ、目的物ノ授受ト右合意トハ必ズシモ同時ニ行ハルルコトヲ要セズ。其ノ合意ニシテ効力ヲ失ハザル限リ目的物ノ授受ハ後日ナルモ尚且消費貸借ノ成立ヲ妨ゲザルノミナラズ、貸主ハ取引ノ安全ヲ期スル為予メ公正証書ヲ作成シ置キ抵当権設定登記経由ノ上ニテ金円其ノ他ノ目的物ヲ交付スルコトハ通常行ハルル事例ニシテ斯ル場合畢竟《ひっきょう》消費貸借契約ハ合意ノ時ニ始マリ目的物授受ノ時ニ完成シ、而シテ当該公正証書ハ恰《あたか》モ此ノ完成シタル消費貸借ニ因ル具体的債務を表示スルモノニ外ナラズ。縦令《たとい》公正証書ノ記載自体ニハ合意ト同時ニ消費貸借ノ成立シタルガ如キ口吻アリトスルモ這《こ》ハ未ダ以テ当該具体的債務ソノモノノ表示タルヲ妨ゲズ、其ノ適法ナル債務名義タルヲ得ルヤ論ナシ。本件ニ於テ金円ノ授受ガXノ都合上遷延シタル抵当権設定登記完了ノ日即チ証書作成ノ日以後ニ行ハレタルノ一事ニ依リ当該公正証書ハ無効ナリ、執行力ナシト云フノ誤レルハ多言ヲ俟《ま》タズ。之ト同趣旨ニ出デタル原判決ハ相当ナリ。」

準消費貸借　五八八条

〔二二五〕 最判昭和五〇年七月一七日民集二九巻六号一一一九頁　民法2債35(1)(ウ)・122(3)

事実　A社はY社に対し請負代金債権を有しており、X社はAに対し下請代金債権を有し、Z社はAに対し下請代金債権と貸金債権を有していた。その後、Aは経営不振となりまもなく倒産した。Xの代表者はこれを知り、残債権を担保する目的でAのYに対する債権の譲渡を受けた。他方Zは、Aに対して有していた債権につき、公正証書により準消費貸借契約を締結し、これに基づいてAのYに対する債権を差し押さえ転付を受けた。Xは、Aから譲渡を受けた債権の支払を求めて訴えを提起した。Zは、XY間の訴訟に参加し、右債権譲渡が詐害行為にあたるとしてこれを取り消すと共に、Yに対して支払を請求した。一審ではX勝訴。原審は、右債権譲渡が詐害行為にあたることを認め、これを取り消すと共に、Xの請求を棄却、Yに対しては右債権額をZに支払うことを命じた。Xは上告し、ZA間の準消費貸借の成立は詐害行為とされた債権譲渡より後であるから取消権は発生しないと主張した。

判旨　上告棄却「準消費貸借契約に基づく債務は、当事者の反対の意思が明らかでないかぎり、既存債務と同一性を維持しつつ、単に消費貸借の規定に従うこととされるにすぎないものと推定されるのであるから、既存債務成立後に特定債権者のためになされた債務者の行為は、詐害行為の要件を具備するかぎり、準消費貸借契約成立前のものであっても、詐害行為としてこれを取り消すことができるものと解するのが相当である。これと見解を異にする所論引用の大判大正九年一二月二七日民録二六輯二〇九六頁の判例は、変更すべきものである。ところで、原審の確定したところによれば、Zは、昭和四〇年二月一五日債務超過により倒産したAに対し、昭和三九年九月一〇日から昭和四〇年一月三〇日までの間に生じた貸金債権金二九九万二八四〇円及び売買代金債権金五一一万五七四〇円を有していたが、同年二月二四日、Aとの間で、右各債権の合計金八一〇万八五八〇円を消費貸借の目的とする準消費貸借契約を締結したところ、Aは、右契約締結前の同年二月一九日に、債権者の一人であるXに対し、他の債権者を害する意思をもって、自己のYに対する請負代金債権を譲渡し、右譲渡の通知書は同年二月二一日Yに到達したというのであり、右事実によれば、右債権譲渡行為を詐害行為として取消を求めるZの請求を認容した原審の判断は正当であって、原判決に所論の違法はない。論旨は、採用することができない。」

第五節　使用貸借

使用貸借の成否　　五九三条・八九八条

〔二二六〕　最判平成八年一二月一七日民集五〇巻一〇号二七七八頁　　民法2債125

事実　Yらは、Yらの父AとAの所有する本件不動産（土地建物）で同居生活をしてきたが、Aが死亡した。Yらは、相続開始後も本件不動産の全部を占有、使用しているが、Aの遺言によって、Xが一六分の二の割合による遺産の包括遺贈を受ける等、本件土地建物はXら、Yらを含む合計八名による遺産分割前の遺産共有状態となった。Xらから、Yらに対し、不当利得を理由として、本件土地建物の賃料相当額にXらの持分割合を乗じた額の支払を求めた。原審は、持分に相当する範囲を超えて共有物を占有する共有者は他の非占有共有者に対して不当利得返還義務を負担し、その金額は賃料相当額により算出すべきであるとして、不当利得に基づきXらの請求を全部認容した。Yらから上告。

判旨　破棄差戻「共同相続人の一人が相続開始前から被相続人の許諾を得て遺産である建物において被相続人と同居してきたときは、特段の事情のない限り、被相続人と右同居の相続人との間において、被相続人が死亡し相続が開始した後も、遺産分割により右建物の所有関係が最終的に確定するまでの間は、引き続き右同居の相続人にこれを無償で使用させる旨の合意があったものと推認されるのであって、被相続人が死亡した場合は、この時から少なくとも遺産分割終了までの間は、被相続人の地位を承継した他の相続人等が貸主となり、右同居の相続人を借主とする右建物の使用貸借契約関係が存続することになるものというべきである。」

借用物の返還時期　五九七条二項

〔二二七〕最判昭和四二年一一月二四日民集二一巻九号二四六〇頁　民法2債129

事実　Aは甲・乙二筆の土地を国から買い受け、移転登記を経由した（ただし、乙土地については妻X_1の名義とした）。甲・乙両地上には、A・X_1の子であるY_1が建物を所有し、また、Y_1がAから引き継ぎ取締役を務めるY_2会社の建物も存在していた。このような両土地の利用状況について、当初は異を唱える者もいなかったが、Aが引退した後は、Y_1と親兄弟間にあつれきが生じ、後にY_1がA・X_1に対する仕送りもしなくなると、Y_1とA・X_1との関係も急速に悪化し、ついにAは、甲土地をX_1およびY_1の他の兄弟であるX_2～X_6に贈与するに至った。そして、X_1～X_6は、Y_1・Y_2を相手として、この両者は権限なくして本件土地を占有しているとして、建物収去・土地明渡しを求める訴えを提起した。一審は、X_1～X_6の勝訴。原審は、本件土地の使用貸借はY_1とA・X_1との間に黙示的に成立した返還時期の定めのないものであるとし、かつ、その目的は、Y_1がY_2会社の経営をすると共に、Y_1が他の兄弟と協力して父業を継承して老親を扶養し、余力があれば自活能力の十分でない他の兄弟の面倒を見ることにあったにもかかわらず、右のような経過のもとに使用貸借の基礎となった信頼関係は崩壊したとして、改正前民法五九七条二項但書〔現五九七条二項〕を類推適用してその解約を認めた。Y_1・Y_2から上告。

判旨　上告棄却「原判決の適法に確定した事実関係……のもとにおいては、民法第五九七条第二項但書〔現五九七条二項〕の規定を類推し、使用貸主は使用借主に対し、使用貸借を解約することができるとする原判決の判断を、正当として是認することができる。」

第六節　賃貸借

一　賃貸借一般

賃借人の旧賃貸人に対する費用償還請求権　六〇八条二項・一九六条二項
〔二二八〕　最判昭和四六年二月一九日民集二五巻一号一三五頁　民法2債133(4)(イ)

事実　XはYから建物を賃借していたが、その期間中に、Yにとっての有益費となる支出をした。その後に建物の所有権がYからAに移転し、賃貸人がAに変わった。賃貸借契約終了にあたり、XからYに対して有益費の返還を請求した。原審はXの請求を認めず、Xから上告。

判旨　上告棄却「建物の賃借人または占有者が、原則として、賃貸借の終了の時または占有物を返還する時に、賃貸人または占有回復者に対し自己の支出した有益費につき償還を請求しうることは、民法六〇八条二項、一九六条二項の定めるところであるが、有益費支出後、賃貸人が交代したときは、特段の事情のないかぎり、新賃貸人において旧賃貸人の権利義務一切を承継し、新賃貸人は右償還義務者たる地位をも承継するのであって、そこにいう賃貸人とは賃貸借終了当時の賃貸人を指し、民法一九六条二項にいう回復者とは占有の回復当時の回復者を指すものと解する。そうであるから、Xが本件建物につき有益費を支出したとしても、賃貸人の地位をAに譲渡して賃貸借契約関係から離脱し、かつ、占有回復者にあたらないYに対し、Xが右有益費の償還を請求することはできないというべきである。」

二　借　地

借地契約の正当事由と建物賃借人の事情　借地借家六条
〔二二九〕　最判昭和五八年一月二〇日民集三七巻一号一頁　民法2債135(2)(ア)

事実　Y_1はXらの先代と本件土地につき地上権設定契約を結び、地上に建物を建てて自らも使用する傍ら（Y_1は質商・金融業を営み、その妻は古物商を営んでいた）、この建物の一部を古物商を営むY_2らに賃貸していた。二〇年の期間が満了するに際してXらは更新を拒絶してY_1に対して建物収去・土地明渡しを、Y_2らには建物退去をそれぞれ請求した。Y_1は地上権確認の反訴を提起。原審は、更新拒絶の正当事由の判断につき、Xらの本件土地の必要性は肯定できるが、Y_2らを含めた借地人側の事情にも軽視できないものがあり、本件更新拒絶につき正当事由が備わったとは認められないとした。その上で、Xらからなされた立退料の提供は期間満了から二年経ってなされたもので、時期を失しているとして否定した。Y_2らへの建物貸借がXらとの契約で禁止されていたという点については未だ信頼関係を破壊する程度ではないとして、特約違反による借地契約の解除も否定した。そして、Y_1の反訴を認容した。Xらが上告。

判旨　破棄差戻　「建物所有を目的とする借地契約の更新拒絶につき借地法四条一項〔現借地借家六条〕所定の正当の事由があるかどうかを判断するにあたっては、土地所有者側の事情と借地人側の事情を比較考量してこれを決すべきものであるが（最大判昭和三七年六月六日民集一六巻七号一二六五頁）、右判断に際し、借地人側の事情として借地上にある建物賃借人の事情をも斟酌することの許されることがあるのは、借地契約が当初から建物賃借人の存在を容認したものであるとか又は実質上建物賃借人を借地人と同一視することができるなどの特段の事情の存する場合であり、そのような事情の存しない場合には、借地人側の事情として建物賃借人の事情を斟酌することは許されないものと解するのが相当である（最判昭和五六年六月一六日裁判集民一三三号四七頁参照）。」

借地権の対抗

〔二三〇〕　最大判昭和四一年四月二七日民集二〇巻四号八七〇頁

借地借家一〇条一項
民法２債133(2)(イ)

事実　Yは、A所有の宅地を期間の定めなく賃借し、同地上に家屋を建てた。Yは、この家屋につき、当初登記をしなかったが、後に自己の子B名義で保存登記をした。しかし、その直後、Xは、Aと土地の交換契約をして、所有権移転登記をした。Xは、Yのした保存登記はその子Bの名義であるから、Yの賃借権は建物保護法一条（現借地借家一〇条）による対抗力を取得することはできないとして、Yに対し、建物収去土地明渡しを求めた。一審は、X敗訴。原審でも、Yの借地権はB名義の家屋の登記によってYが自己名義の登記のある家屋を所有する場合と同様に公示されているとし、また、B名義の保存登記でも形式的および実質的の有効要件を欠くものではないとして、Xを敗訴させた。Xから上告。

判旨　破棄自判　「建物保護ニ関スル法律（以下建物保護法と略称する。）一条〔現借地借家一〇条一項〕は、建物の所有を目的とする土地の賃借権により賃借人がその土地の上に登記した建物を所有するときは、土地の賃貸借につき登記がなくとも、これを以って第三者に対抗することができる旨を規定している。このように、賃借人が地上に登記した建物を所有することを以って土地賃借権の登記に代わる対抗事由としている所以のものは、当該土地の取引をなす者は、地上建物の登記名義により、その名義者が地上に建物を所有し得る土地賃借権を有することを推知し得るが故である。

したがって、地上建物を所有する賃借権者は、自己の名義で登記した建物を有することにより、始めて右賃借権を第三者に対抗し得るものと解すべく、地上建物を所有する賃借権者が、自らの意思に基づき、他人名義で建物の保存登記をしたような場合には、当該賃借権者はその賃借権を第三者に対抗することはできないものといわなければならない。けだし、他人名義の建物の登記によっては、自己の建物の所有権さえ第三者に対抗できないものであり、自己の建物の所有権を対抗し得る登記あることを前提として、これを以って賃借権の登記に代えんとする建物保護法一条の法意に照し、かかる場合、同法の保護を受けるに値しないからである。

原判決の確定した事実関係によれば、Yは、自らの意思により、長男Bに無断でその名義を以って保存登記をしたものであるというのであって、たとえ右BがYと氏を同じくする未成年の長男であって、自己と共同で右建物を利用する関係にあり、また、その登記をした動機が原判示の如きものであったとしても、これを以てY名義の保存登記とはいい得ないこと明らかであるから、Yが登記ある建物を有するものとして、右建物保護法により土地賃借権を第三者に対抗することは許されないものである。

元来登記制度は、物権変動の公示方法であり、またこれにより取引上の第三者の利益を保護せんとするものである。すなわち、取引上の第三者は登記簿の記載によりその権利者を推知するのが原則であるから、本件の如くB名義の登記簿の記載によっては、到底Yが建物所有者であることを推知するに由ないのであって、かかる場合まで、Y名義の登記と同視して建物保護法による土地賃借権の対抗力を認めることは、取引上の第三者の利益を害するものとして、是認することはできない。また、登記が対抗力をもつためには、その登記が少くとも現在の実質上の権利状態と符合するものでなければならないのであり、実質上の権利者でない他人名義の登記は、実質上の権利と符合しないものであるから、無効の登記であって対抗力を生じない。そして本件事実関係においては、Bを名義人とする登記と真実の権利者であるYの登記とは、同一性を認められないのであるから、更正登記によりその瑕疵を治癒せしめることも許されないのである。叙上の理由によれば、本件において、Yは、B名義の建物の保存登記を以って、建物保護法により自己の賃借権をXに対抗することはできないものといわねばならない。

なお原判決引用の判例（昭和一五年七月一一日大審院判決）は、相続人が地上建物について相続登記をしなくても、建物保護法一条の立法の精神から対抗力を与えられる旨判示しているのであるが、被相続人名義の登記が初めから無効の登記でなかった事案であり、しかも家督相続人の相続登記未了の場合であって、本件の如き初めから無効な登記の場合と事情を異にし、これを類推適用することは許されない。

しからば、本件上告は理由があり、原判決には建物保護法一条の解釈を誤った違法があり、右違法は判決に影響を及ぼすこと明らかであるから、原判決は破棄を、第一審判決は取消しを免れない。

原判決の確定した事実によれば、本件土地がXの所有であり、Yがその地上に本件建物を所有し、本件土地を占有しているというのであり、Yの主張する本件土地の賃借権はXに対抗することができないことは前説示のとおりであるから、YはXに対し、本件土地を地上の本件建物を収去して明け渡すべき義務あるものといわねばならない。」

六裁判官の反対意見がある。

他人名義の建物登記と借地権の対抗

借地借家一〇条一項

〔二三〇の二〕　最判平成元年二月七日判時一三一九号一〇二頁

事実　Yは、A所有の本件土地を建物所有の目的で貸借し、本件建物を建築して所有権保存登記手続をした。さらに、Yは、Aの承諾を得て、Bに対する債務を担保するため、本件建物につき譲渡担保契約をBと締結し、代物弁済を登記原因とするBに対する所有権移転登記手続をした。その後、Xは、Aから本件土地を買い受け、所有権移転登記を経由した。次いで、Yは、Bに対する債務を弁済し、Bに対する所有権移転登記の抹消登記手続をした。Xは、Yに対し、本件建物収去土地明渡と賃料相当損害金の請求をしたが、原審は、背信的悪意者や権利濫用の抗弁を判断するまでもなく、Yは賃借権をXに対抗しうるとして、Xの請求を棄却。Xが上告。

判旨　破棄差戻　「Xが本件土地につき所有権移転登記を経由した当時、Yは、すでにBに対し本件建物につき代物弁済を登記原因とする所有権移転登記手続を了し、本件土地上に自己所有名義で登記した建物を有していなかったのであるから、建物保護に関する法律一条〔現借地借家一〇条一項〕の趣旨にかんがみ、本件土地賃借権を第三者であるXに対抗することができないものというべきであり〔最大判昭和四一年四月二七日民集二〇巻四号八七〇頁参照〕、この理は、Bに対する右所有権移転登記が同人に対する債務を担保する趣旨のものであり、また、その債務の弁済によりその所有権移転登記の抹消登記手続がされたとしても、抹消登記手続のされた時期が、Xが本件土地につき所有権移転登記を経由した後である以上、同様であると解すべきである〔最判昭和五二年九月二七日裁判集民一二一号二九七頁参照〕。」

地代増減請求権

借地借家一一条二項

〔二三一〕　最判平成八年七月一二日民集五〇巻七号一八七六頁

民法2債134(1)(イ)

事実　Xらの父であるAは、その所有する本件土地をYの父であるBに賃貸し、同人は、本件土地上に本件建物を建築した。Aが死亡してXらが本件土地の持分を相続し、賃貸人の地位を承継した。その後、Bも死亡してYが本件建物を相続により取得し、賃借人の地位を承継した。本件土地の賃料は昭和五五年に月額六万円（年額七二万円）に増額されて以来据え置かれてきた。平成元年の本件土地の公租公課は年額七四万円で、賃料額を上回っていた。同年、XはYに対し、本件土地の賃料を、当時の適正賃料と評価される一二万円に増額する旨の請求をしたが、Yはその後も月額六万円の支払を続けてきた。平成二年になり、Xは、増額賃料の支払がない場合は賃貸借契約を解除する旨催告したがYから増額賃料の支払がなく、Xは解除を前提として建物明渡しと未払い賃料相当額の損害金支払を求めて提訴した。原審は増額賃料と従前の賃料の差額の支払請求は認めたものの、借地法一二条二項〔現借地借家一一条二項〕にいう「相当ト認ムル」の意味について、賃借人において主観的に相当と認めるとの趣旨であると解するのが相当であるが、賃借人としては従前の賃料額を支払っているかぎり債務不履行責任を問われることはないとするのが右法条の趣旨であり、Yが従前の賃料額を支払うかぎり、主観的には相当と認める賃料を支払ったものとして債務不履行の責任を問われることはないと判示して、解除は無効であり、解除されたことを前提とする建物収去土地明渡し等の請求は認められないとした。Xから上告。

判旨　破棄差戻　「賃料増額請求につき当事者間に協議が調わず、賃借人が請求額に満たない額を賃料として支払う場合において、賃借人が従前の賃料額を主観的に相当と認めていないときには、従前の賃料額と同額を支払っても、借地法一二条二項〔現借地借家一一条二項〕にいう相当と認める地代又は借賃を支払ったことにはならないと解すべきである。……賃借人が自らの支払額が公租公課の額を下回ることを知っていたときには、賃借人が右の額を主観的に相当と認めていたとしても、特段の事情のない限り、債務の本旨に従った履行をしたということはできない。」

有償の双務契約である賃貸借契約においては、特段の事情のないかぎり、公租公課を下回る額が賃料の額として相当でないことは明らかとして、債務不履行責任を問われることはないとした原審判決は破棄を免れないとした。

地代改訂特約と借地借家法一一条　借地借家一一条

〔二三二〕　最判平成一五年六月一二日民集五七巻六号五九五頁　民法2債134(1)(イ)

事実　Xは、大規模建物を建設して大型店を誘致することを計画し、Yの所有地を三五年間賃借する契約を結んだ。賃料については、土地価格の上昇を見込んで、三年ごとに見直し、第一回目の見直し時には一五％の増額、次回以降は三年ごとに一〇％増額するという特約を結んだ。しかしその後土地価格は下落に転じたため、Xは、第二回目の見直しまでは特約どおりに増額を受け入れて支払をしてきたが、第三回目の見直し時の平成九年七月からはXは従前と同じ賃料を支払い、Yもすぐには異議を述べなかった。さらにXからYに対し二〇％の減額を要求したが、Yはこれを拒絶した。その後平成一〇年一〇月になって、Yは前年七月からの増額予定分との差額を支払うようXに請求したが、Xはこれを拒絶して逆に二〇％少ない額を支払い始めた。Xから地代減額請求を訴え、Yから地代自動増額特約によって増額された地代の確認を求めて反訴が提起された。一審はXの請求を認容したが、原審は逆にXの借地借家法一一条一項に基づく地代減額請求を否定して、Yの主張を認めた。Xから上告。

判旨　破棄差戻　「地代等自動改定特約は、その地代等改定基準が借地借家法一一条一項の規定する経済事情の変動等を示す指標に基づく相当なものである場合には、その効力を認めることができる。しかし、当初は効力が認められるべきであった地代等自動改定特約であっても、その地代等改定基準を定めるに当たって基礎となっていた事情が失われることにより、同特約によって地代等の額を定めることが借地借家法一一条一項の規定の趣旨に照らして不相当なものとなった場合には、同特約の適用を争う当事者はもはや同特約に拘束されず、これを適用して地代等改定の効果が生ずるということはできない。また、このような事情の下においては、当事者は、同項に基づく地代等増減請求権の行使を同特約によって妨げられるものではない。」

建物買取請求権における「時価」　借地借家一四条

〔二三三〕　最判昭和三五年一二月二〇日民集一四巻一四号三一三〇頁　民法2債133(5)(ウ)

事実 Xは Aから本件建物をその借地権とともに四〇万円で買い受けて移転登記を完了した。しかし、土地の所有者Yは、AがYの承諾を得ずに借地権を譲渡したことを理由に、Aとの間の賃貸借契約を解除して、Xに対し建物収去土地明渡しを求めてきた。そこでXはやむを得ず、借地法一〇条〔現借地借家一四条〕によりYに対し本件建物を時価四〇万円で買い取ることを請求した。しかしYが支払をしないので、Xから建物買取代金の支払を請求して提訴。一審、原審ともYに二〇万円の支払義務を認めた。原審は、借地法一〇条にいう建物の「時価」とは、建物を取り毀した場合の動産としての価格ではなく、建物が現存するままの状態における価格であるが、建物の敷地の借地権の価格は包含しない建物自体のみの価格をいうのであって、建物の存在する環境によって異なる場所的価値は含まないと判示した。Xから上告。

判旨 上告棄却「借地法一〇条〔現借地借家一四条〕にいう建物の『時価』とは、建物を取毀った場合の動産としての価格ではなく、建物が現存するままの状態における価格である。そして、この場合の建物が現存するままの状態における価格には、該建物の敷地の借地権そのものの価格は加算すべきでないが、該建物の存在する場所的環境については参酌すべきである。けだし、特定の建物が特定の場所に存在するということは、建物の存在自体から該建物の所有者が享受する事実上の利益であり、また建物の存在する場所的環境を考慮に入れて該建物の取引を行うことは一般取引における通念であるからである。」

しかし本判決は、原判決を熟読すれば原判決が判定した建物の時価には場所的環境が考慮に入れられていると看取できるとして上告を棄却した。

建物買取請求権と同時履行　五三三条、借地借家一三条

〔二三四〕 最判昭和三五年九月二〇日民集一四巻一一号二二二七頁

事実 本件土地の所有者Xは、借地人Aを経由して最終的に借地権付建物を購入したYに対して、賃借権譲渡の承諾をしていないとして建物収去・土地明渡し、および不法占拠による賃料相当分の損害賠償を請求した。そこでYは建物買取請求権〔旧借地一〇条〔現借地借家一三条〕〕を行使して代金支払までの同時履行を主張。原審は、同時履行

を前提としてXの建物収去・土地明渡しの請求および賃料相当額の不当利得返還請求を認容。Yは、XがAとの借地契約を解除していないのでなおAに対して賃料請求権を有している以上何ら損害は生じていないなどと主張して、上告。

判旨　上告棄却「借地法一〇条〔現借地借家一三条〕による建物等買取請求権の行使によりはじめて敷地賃貸借は目的を失って消滅するものと解すべきであるから（大判昭和九年一〇月一八日民集一三巻一九三二頁）、右行使以前の期間については貸主は特段の事情のないかぎり賃料請求権を失うものではないこと所論のとおりである。しかし、単に賃料請求権を有するというだけで、その間賃料相当の損害を生じないとはいい難い。貸主が現に右賃料の支払を受けた場合は格別、然らざるかぎり、無断転借人（又は譲受人）に対し賃料相当の損害金を請求するを妨げないものと解すべきである。（大判昭和七年一月二六日民集一一巻一六九頁、大判昭和一四年八月二四日民集一八巻八七七頁、各参照）」

「建物買取請求権を行使した後は、買取代金の支払あるまで右建物の引渡を拒むことができるけれども、右建物の占有によりその敷地をも占有するかぎり、敷地占有に基く不当利得として敷地の賃料相当額を返還すべき義務あることは、大審院の判例とするところであり（大判昭和一一年五月二六日民集一五巻九九八頁）、いまこれを変更する要を見ない。されば、これと相容れない所論は採用し得ない。」

造作買取請求権と留置権　〔二四三〕参照。

借地権譲渡の許可と敷金交付命令　借地借家二〇条
〔二三五〕　最決平成一三年一一月二一日民集五五巻六号一〇一四頁　民法2債133(5)(ウ)

事実　YはAに対して、堅固建物の所有を目的として本件土地を賃貸し、Aは本件土地上に本件建物（五階建てのビル）を建築して所有していた。AはYに対して敷金一〇〇〇万円を交付していた。Aの本件建物について競売が実施され、Xが買い受けたが、Yが賃借権の譲渡を承諾しなかったので、Xは、借地借家法二〇条に基づき、裁判所に対して賃貸人による譲渡の承諾に代わる許可を求める申立てをした（借地非訟事件）。鑑定委員会は、申立ては認容が相当であり、かつ付随的裁判として、Xにいわゆる譲渡承諾料を給付させるほか、敷金として一〇〇〇万円を交付させるのが相当との意見を示した。原決定は、Xの賃借権の譲受けを許可したが、付随的裁判として譲渡承諾料の給付のみを命じ、敷金に関しては、借地借家法二〇条一項後段の付随的裁判としては敷金の交付を命ずることはできないと判示した。これに対して、Yから、付随的裁判として敷金の交付を命ずるべきであるし、それを命じないならば申立てを棄却すべきとして抗告許可の申立てをした（なお本件ではAの敷金返還請求権は既に国によって差し押さえられている）。

決定要旨　破棄差戻　賃借権が賃貸人の承諾を得て旧賃借人から新賃借人に移転しても、敷金に関する旧賃借人の権利義務関係は、特段の事情のない限り、新賃借人に承継されるものではないとの最判昭和五三年一二月二二日民集三二巻九号一七六八頁を引いた上で、「裁判所は、旧賃借人が交付していた敷金の額、第三者の経済的信用、敷金に関する地域的な相場等の一切の事情を考慮した上で、法二〇条一項後段の付随的裁判の一つとして、当該事案に応じた相当な額の敷金を差し入れるべき旨を定め、第三者に対してその交付を命ずることができるものと解するのが相当である。」

借地権の譲渡・転貸の成否　六一二条

〔二三六〕　最判平成九年七月一七日民集五一巻六号二八八二頁　民法2債133(5)(ア)

事実　Xはその所有する土地をAに賃貸し、Aは、同地上に建物を所有して、これに居住していた。Aは、本件建物を譲渡担保に供してBから一三〇〇万円を借り入れた。その後Aは本件建物から退去して行方不明となった。Yは仲介人を介して本件建物を賃借し、本件建物に居住している（賃料の振込先はBの口座である）。Xは、Aに対する公示による意思表示により、賃借権の無断譲渡を理由として本件土地の賃貸借契約を解除した。そしてXからYに対して、建物収去土地明渡しを請求して提訴。原審は、譲渡担保権の設定をしても本件建物の所有権の確定的譲渡は未だなされていないとして、本件賃貸借契約解除の意思表示はその効力を生じないと判示した。Xより上告。

判旨　破棄自判　譲渡担保権設定者が引き続き建物を使用しているかぎり、右建物の敷地について民法六一二条にいう賃借権の譲渡または転貸がされたと解することはできないとした最判昭和四〇年一二月一七日民集一九巻九号二一五九頁を引いた上で、「地上建物につき譲渡担保権が設定された場合であっても、譲渡担保権者が建物の引渡しを受けて使用又は収益をするときは、いまだ譲渡担保権が実行されておらず、譲渡担保権設定者による受戻権の行使が可能であるとしても、建物の敷地について民法六一二条にいう賃借権の譲渡又は転貸がされたものと解するのが相当であり、他に賃貸人に対する信頼関係を破壊すると認めるに足りない特段の事情のない限り、賃貸人は同条二項により土地賃貸借契約を解除することができるものというべきである。」

三　借　家

〔二三七〕　削　除

建物賃貸借契約の更新拒絶の正当事由

〔二三八〕　最判昭和三五年四月二六日民集一四巻六号一〇九一頁

借地借家二八条
民法2債135(2)(イ)

事実　A会社はその所有する本件建物の階下部分をYに対し期限の定めなく賃貸していた。Aに本件建物を売却する必要が生じ、AはYに対し本件建物の買取りを求めて交渉したがまとまらなかった。そこで、他に処分されても今すぐに明渡しはできないが、半年くらいの余裕があれば立ち退くこともできるだろうというYの了解の下、Aは本件建物をXに譲渡した。Xは、従来どおりの賃料でYに対する賃貸を続けていたが、本件建物は大幅に修繕をする必要があるため、Yに対し解約の申入れをした。さらにXはYの移転先を提供したが、Yがこれに応じなかったため、Yに対し本件建物の明渡しを求めて提訴。原審はXの請求を認容。Yが上告。

判旨　上告棄却　「賃貸家屋の破損腐朽の程度が甚しく朽廃の時期の迫れる場合、賃貸人たる家屋の所有者は、その家屋の効用が全く尽き果てるに先立ち、大修繕、改築等により、できる限りその効用期間の延長をはかることも亦、もとより所有者としてなし得る所であり、そのため家屋の自然朽廃による賃貸借の終了以前に、意思表示によりこれを終了せしめる必要があり、その必要が賃借人の有する利益に比較衡量してもこれにまさる場合には、その必要を以って家屋賃貸借解約申入の正当事由となし得るものと解すべきを相当とするのであって、かかる場合にまで常に無制限に賃貸借の存続を前提とする賃貸人の修繕義務を肯定して賃借人の利益のみを一方的に保護しなければならないものではない。」

「本件家屋は、原判示の如く腐朽破損が甚しいため姑息な部分的修繕のみで放置するときは、天災地変の際倒壊の危険すら予想せられ、改築にも等しい原判示程度の大修繕を施さない限り早晩朽廃を免れないものとせざるを得ない。而して本件家屋賃貸借の実状殊にその賃料の額に徴し、また前記の如き大修繕の必要とXが解約を申入れるに至った原判示経過とをも併せて考慮するときは、Yが本件家屋賃貸借により有する利益と比較衡量しても、XがYに対し本件家屋賃貸借の解約を申入れるにつき正当事由のあることを肯定すべきものとするのが相当である。（最判昭和二九年七月九日民集八巻七号一三三八頁、最判昭和三三年七月一七日第一小法廷判決参照）」。

更新料条項と消費者契約法一〇条　　消費契約一〇条

〔二三八の二〕　最判平成二三年七月一五日民集六五巻五号二二六九頁　　民法2債135(5)(ア)

事実　Xは、平成一五年四月一日Yからマンションの一室を賃借した。期間は一年、賃料は月額三八〇〇〇円、法定更新か合意更新かにかかわらず賃料の二か月分を更新料として支払うこと、Xの入居期間にかかわりなくYは更新料の返還・精算には応じないという条項（更新料特約）になっていた。平成一六年から平成一八年まで三回にわたり更新料を支払った。さらに平成一九年からも本件マンションの部屋の使用を継続しているが、更新料は支払っていない。Xは、更新料の特約は消費者契約法一〇条により無効だとして、支払済みの更新料を不当利得として返還請求した（そのほかXは定額補修分担金の支払も無効だと争った。原審はその特約を無効としたので、Yが上告したが、上告理由書を提出していないために、上告却下となっている）。これに対して、Yは、Xに対する未払いの更新料の支払い、および連帯保証人に対する保証債務の履行という反訴を提起している。ここでは、もっぱらXの更新料支払義務についての裁判所の判断をみていく。一審、原審ともにXの請求を認容。Y上告受理申立て。

判旨　一部破棄自判・一部上告却下　「(1)　更新料は、期間が満了し、賃貸借契約を更新する際に、賃借人と賃貸人との間で授受される金員である。これがいかなる性質を有するかは、賃貸借契約成立前後の当事者双方の事情、更新料条項が成立するに至った経緯その他諸般の事情を総合考量し、具体的事実関係に即して判断されるべきであるが（最判昭和五九年四月二〇日民集三八巻六号六一〇頁参照）、更新料は、賃料と共に賃貸人の事業の収益の一部を構成するのが通常であり、その支払により賃借人は円満に物件の使用を継続することができることからすると、更新料は、一般に、賃料の補充ないし前払、賃貸借契約を継続するための対価等の趣旨を含む複合的な性質を有するものと解するのが相当である。

(2)　そこで、更新料条項が、消費者契約法一〇条により無効とされるか否かについて検討する。

ア　消費者契約法一〇条は、消費者契約の条項を無効とする要件として、当該条項が、民法等の法律の公の秩序に関しない規定、すなわち任意規定の適用による場合に比し、消費者の権利を制限し、又は消費者の義務を加重するものであることを定めるところ、ここにいう任意規定には、明文の規定のみならず、一般的な法理等も含まれると解するのが相当である。そして、賃貸借契約は、賃貸人が物件を賃借人に使用させることを約し、賃借人がこれに対して賃料を支払うことを約することによって効力を生ずる（民法六〇一条）のであるから、更新料条項は、一般的には賃貸借契約の要素を構成しない債務を特約により賃借人に負わせるという意味において、任意規定の適用による場合に比し、消費者である賃借人の義務を加重するものに当たるというべきである。

イ　また、消費者契約法一〇条は、消費者契約の条項を無効とする要件として、当該条項が、民法一条二項に規定する基本原則、すなわち信義則に反して消費者の利益を一方的に害するものであることをも定めるところ、当該条項が信義則に反して消費者の利益を一方的に害するものであるか否かは、消費者契約法の趣旨、目的（同法一条参照）に照らし、当該条項の性質、契約が成立するに至った経緯、消費者と事業者との間に存する情報の質及び量並びに交渉力の格差その他諸般の事情を総合考量して判断されるべきである。

更新料条項についてみると、更新料が、一般に、賃料の補充ないし前払、賃貸借契約を継続するための対価等の趣旨を含む複合的な性質を有することは、前記(1)に説示したとおりであり、更新料の支払にはおよそ経済的合理性がないなどということはできない。また、一定の地域において、期間満了の際、賃借人が賃貸人に対し更新料の支払をする例が少なからず存することは公知であることや、従前、裁判上の和解手続等においても、更新料条項は公序良俗に反するなどとして、これを当然に無効とする取扱いがされてこなかったことは裁判所に顕著であることからすると、更新料条項が賃貸借契約書に一義的かつ具体的に記載され、賃借人と賃貸人との間に更新料の支払に関する明確な合意が成立している場合に、賃借人と賃貸人との間に、更新料条項に関する情報の質及び量並びに交渉力について、看過し得ないほどの格差が存するとみることもできない。

そうすると、賃貸借契約書に一義的かつ具体的に記載された更新料条項は、更新料の額が賃料の額、賃貸借契約が更新される期間等に照らし高額に過ぎるなどの特段の事情がない限り、消費者契約法一〇条にいう『民法第一条第二項に規定する基本原則に反して消費者の利益を一方的に害するもの』には当たらないと解するのが相当である。

(3)　これを本件についてみると、前記認定事実によれば、本件条項は本件契約書に一義的かつ明確に記載されているところ、その内容は、更新料の額を賃料の二か月分とし、本件賃貸借契約が更新される期間を一年間とするものであって、上記特段の事情が存するとはいえず、これを消費者契約法一〇条により無効とすることはできない。また、これまで説示したところによれば、本件条項を、借地借家法三〇条にいう同法第三章第一節の規定に反する特約で建物の賃借人に不利なものということもできない。」

移転料との引換えによる正当事由

借地借家二八条

〔二三九〕　最判昭和三八年三月一日民集一七巻二号二九〇頁

民法２債133(2)(イ)

事実　Yは本件家屋をその所有者Aから期間の定めなく賃借して理髪業を営んできたが、Xが本件家屋をAから買い受けて賃貸人の地位を承継した。その後、Xは借財返済のため高額で本件家屋とその敷地を売却する必要に迫られたが、他方でYは理髪業の営業の性質上他に適当な移転先がなかった。Xは、解約の正当事由があるとして、Yに対し本件家屋の明渡しを求めて提訴し、その口頭弁論期日において四〇万円の移転料を支払うことを補強条件として新たな解約の申入れをした。原審はXの請求を認容。Yが上告。

判旨 上告棄却「原判決が、その認定した当事者双方の事情に、XがYに金四〇万円の移転料を支払うという補強条件を加えることにより、判示解約の申入が正当の事由を具備したと判断したことは相当であって、借家法一条の二〔現借地借家二八条〕の解釈を誤った違法や理由不備の違法は認められない。」

家賃増減請求権　借地借家三二条
〔二四〇〕　最判昭和三六年二月二四日民集一五巻二号三〇四頁　民法2債134(1)(イ)

事実 Aはその所有する本件家屋をYに賃貸していたが、本件家屋をXに贈与し、Xが賃貸人の地位を承継した。Xは、その旨をYに通告すると共に、Yに対し家賃の増額を請求した。しかし、Yが増額を認めず従前の家賃を供託したため、Xは催告の上、本件賃貸契約を解除し、Yに対し本件家屋の明渡しとそれまでの家賃〔増額された額〕相当額の損害金の支払を求めて本件訴えを提起。原審はXの請求を認容。Yが上告。

判旨 上告棄却「借家法七条〔現借地借家三二条〕に基づく家賃増減の請求は形成的効力を有し、請求者の一方的意思表示が相手方に到達したときに同条所定の理由が存するときは、賃料は以後相当額に増減せられたものと解すべきものであるから、この場合の相手方の承諾等を云々する所論は採用できない。」

サブリース　借地借家三二条
〔二四一〕　最判平成一五年一〇月二一日民集五七巻九号一二一三頁　民法2債134(1)(イ)

事実 本件契約は、不動産賃貸等を目的とするY社がXの建築した建物で転貸事業を行うために、XY間で、賃貸期間、当初賃料および賃料の改定等についての協議を調え、Xが、その協議の結果を前提とした収支予測の下に建築資金としてYから敷金の預託を受け、さらに金融機関から融資を受けて、Xの所有する土地上に本件建物を建築することを内容とするものであり、いわゆるサブリース契約と称されるものの一つで、平成三年四月に締結された。この契約には、賃料は本件建物竣工時から三年を経過するごとにその直前の賃料の一〇%相当額の値上げをするという「賃料自動増額特約」、さらには、急激なインフレ等経済事情に著しい変動があった結果値上げ率・敷金が不相当になったときは協議の上値上げ率を変更することができるという調整条項が入っていた。その後四回にわたってYがXに賃料減額を請求した。これに対して、Xは、本件賃料自動増額特約に基づいた賃料増額分などを請求（Yの支払った賃料と特約に基づく賃料との差額を敷金で充当し、その敷金の不足分を請求するというもの）。これに対して、Yは反訴として、賃料減額請求権を行使し、減額の確認を求めた。原審は、本件賃料自動増額特約は値上げ率の減少についても類推適用できるとし、値上げ率をゼロとして算定した限度でXの賃料請求を認容し、Yの反訴を棄却。Xが上告受理申立て。

判旨　破棄差戻　「本件契約は、建物の賃貸借契約であることが明らかであるから、本件契約には、借地借家法が適用され、同法三二条の規定も適用されるものというべきである。本件契約には本件賃料自動増額特約が存するが、借地借家法三二条一項の規定は、強行法規であって、本件賃料自動増額特約によってもその適用を排除することができないものであるから（最判昭和三一年五月一五日民集一〇巻五号四九六頁、最判昭和五六年四月二〇日民集三五巻三号六五六頁参照）、本件契約の当事者は、本件賃料自動増額特約が存するとしても、そのことにより直ちに上記規定に基づく賃料増減額請求権の行使が妨げられるものではない。

なお、……本件契約は、不動産賃貸等を目的とする会社であるYが、Xの建築した建物で転貸事業を行うために締結したものであり、あらかじめ、YとXとの間において賃貸期間、当初賃料及び賃料の改定等についての協議を調え、Xが、その協議の結果を前提とした収支予測の下に、建築資金としてYから約五〇億円の敷金の預託を受けるとともに、金融機関から約一八〇億円の融資を受けて、Xの所有する土地上に本件建物を建築することを内容とするものであり、いわゆるサブリース契約と称されるものの一つであると認められる。そして、本件契約は、Yの転貸事業の一部を構成するものであり、本件契約における賃料額及び本件賃料自動増額特約等に係る約定は、XがYの転貸事業のために多額の資本を投下する前提となったものであって、本件契約における重要な要素であったということができる。これらの事情は、本件契約の当事者が、前記の当初賃料額を決定する際の重要な要素となった事情であるから、衡平の見地に照らし、借地借家法三二条一項の規定に基づく賃料減額請求の当否（同項所定の賃料増減額請求権行使の要件充足の有無）及び相当賃料額を判断する場合に、重要な事情として十分に考慮されるべきである。

以上により、Yは、借地借家法三二条一項の規定により、本件賃貸部分の賃料の減額を求めることができる。そして、上記のとおり、この減額請求の当否及び相当賃料額を判断するに当たっては、賃貸借契約の当事者が賃料額決定の要素とした事情その他諸般の事情を総合的に考慮すべきであり、本件契約において賃料額が決定されるに至った経緯や賃料自動増額特約が付されるに至った事情、とりわけ、当該約定賃料額と当時の近傍同種の建物の賃料相場との関係（賃料相場とのかい離の有無、程度等）、Yの転貸事業における収支予測にかかわる事情（賃料の転貸収入に占める割合の推移の見通しについての当事者の認識等）、Xの敷金及び銀行借入金の返済の予定にかかわる事情等をも十分に考慮すべきである。」

補足意見がある。

〔二四二〕　削　除

造作買取請求権と留置権

〔二四三〕　最判昭和二九年一月一四日民集八巻一号一六頁

借地借家三三条、二九五条
民法2債134(3)

事実　Yは、本件建物をその所有者Xから賃借していたが、Xに無断で本件建物の一部にＡＢＣを居住させた。Xは無断転貸を理由にYに対し解除の意思表示をして、本件建物の明渡しと解除後の賃料相当額の損害を求める本訴を提起。Yは無断転貸にあたらないと主張すると共に、予備的抗弁として、本件建物の増築部分等の買取りを請求して対価の支払があるまで建物を留置すると主張した。原審は、Aの居住については無断転貸にあたるとし、また、仮にYに造作買取請求権があったとしてもこれをもって本件建物を留置し得ないとして、Xの請求を認容。Yが上告。

判旨　上告棄却「造作買取代金債権は造作に関して生じた債権で、建物に関して生じた債権ではないと解するを相当とする（大判昭和六年一月一七日民集一〇巻六頁参照）。」

建物買取請求権と同時履行　〔二三四〕参照。

賃借権の援用　六〇一条・八九六条

〔二四四〕最判昭和三七年一二月二五日民集一六巻一二号二四五五頁　民法2債135(2)(エ)

事実　Yは、琴師匠のAの内弟子となって、AがXから賃借していた本件家屋に同居してきた。Aには子がなかったので、晩年のAとYの間柄は、師弟というよりは事実上の養子関係に発展し、周囲もこれを認めていた。A死亡の際も、別に相続人はあったが親族一同了承の下に、Yを喪主として葬儀を行わせ、Aの遺産は全てそのままYの所有と認め、同人の祖先の祭祀もYが受け継ぎ行うこととなり、Aの芸名の襲名も許されていた。ところが、XがYに対し本件家屋の明渡しを求めて提訴。原審はXの請求を棄却。Xが上告。

判旨　上告棄却「叙上の事実関係のもとにおいては、YはAを中心とする家族共同体の一員として、Xに対しAの賃借権を援用し本件家屋に居住する権利を対抗しえたのであり、この法律関係は、Aが死亡し同人の相続人等が本件家屋の賃借権を承継した以後においても変りがないものというべきであり、結局これと同趣旨に出た原審の判断は、正当として是認できる。」

借家権の譲渡の成否　六一二条

〔二四五〕最判平成八年一〇月一四日民集五〇巻九号二四三一頁　民法2債133(5)(ア)

事実　Y有限会社は、本件土地をその所有者Xから賃借し、その上にYが所有する本件建物を車庫として使用して運送業を営んでいた。Yは、A（代表取締役）とその家族が持分全部を所有し、役員もAとその親族によって占められる同族会社であった。その後、Aらは持分全部を個人運送業者Bに譲渡し、Yの役員もB（代表取締役）とその家族にすべて交代し、Yの経営はBが中心となって行うことになった。Yは、従前の自動車と従業員にB個人が使用していた自動車と従業員を加え、本件土地建物を使用して従前と同様の運送業を営んでいる。Xは、賃借権の無断譲渡にあたるとして契約を解除し、建物収去土地明渡しを求めて提訴。原審はXの請求を認容。Yが上告。

判旨　破棄差戻「民法六一二条は、賃借人は賃貸人の承諾がなければ賃借権を譲渡することができず、賃借人がこれに反して賃借物を第三者に使用又は収益させたときは、賃貸人は賃貸借契約を解除することができる旨を定めている。右にいう賃借権の譲渡が賃借人から第三者への賃借権の譲渡を意味することは同条の文理からも明らかであるところ、賃借人が法人である場合において、右法人の構成員や機関に変動が生じても、法人格の同一性が失われるものではないから、賃借権の譲渡には当たらないと解すべきである。そして、右の理は、特定の個人が経営の実権を握り、社員や役員が右個人及びその家族、知人等によって占められているような小規模で閉鎖的な有限会社が賃借人である場合についても基本的に変わるところはないのであり、右のような小規模で閉鎖的な有限会社において、持分の譲渡及び役員の交代により実質的な経営者が交代しても、同条にいう賃借権の譲渡には当たらないと解するのが相当である。賃借人に有限会社としての活動の実体がなく、その法人格が全く形骸化しているような場合はともかくとして、そのような事情が認められないのに右のような経営者の交代の事実をとらえて賃借権の譲渡に当たるとすることは、賃借人の法人格を無視するものであり、正当ではない。賃借人である有限会社の経営者の交代の事実が、賃貸借契約における賃貸人・賃借人間の信頼関係を悪化させるものと評価され、その他の事情と相まって賃貸借契約解除の事由となり得るかどうかは、右事実が賃借権の譲渡に当たるかどうかとは別の問題である。賃貸人としては、有限会社の経営者である個人の資力、信用や同人との信頼関係を重視する場合には、右個人を相手方として賃貸借契約を締結し、あるいは、会社との間で賃貸借契約を締結する際に、賃借人が賃貸人の承諾を得ずに役員や資本構成を変動させたときは契約を解除することができる旨の特約をするなどの措置を講ずることができるのであり、賃借権の譲渡の有無につき右のように解しても、賃貸人の利益を不当に損なうものとはいえない。」

借家の一部転貸の成否

〔二四六〕　最判昭和三三年一月一四日民集一二巻一号四一頁　六一二条　民法2債133(5)(ア)

事実　Yは、閑静な高級住宅街にある本件家屋をその所有者Xから賃借していたところ、Xに無断で、二階部分をアメリカ軍の軍属と（近隣から「オンリー」と見られてもやむを得ない）A女に転貸した（賃料二〇ドル）。近隣住民から子どもの教育上よくないと抗議され、XがAに対し退去を要求したため、Aの居住は一か月に満たなかった。Yは、それ以前も、Xに無断で、二階部分をアメリカ軍将校とその愛人に転貸（賃料一万円）したことがあった。XはYに対し、無断転貸を理由に本件賃貸借契約の解除の意思表示をすると共に、本件家屋の明渡しを求めて提訴。原審は、Yの無断転貸は信頼関係を破る行為であるとして、Xの請求を認容。無断転貸は一か月に満たない短期間のものであり、背信行為と認めるに足らない特段の事情があると主張して、Yが上告。

判旨　上告棄却　「原審が本件賃貸借契約は、上告人のなした無断転貸により解除せられたものと判断したのは正当であって、本件においては……所論の如く背信行為と認めるに足らない特段の事情があるものとは認められ」ない。

賃借権の無断譲渡・転貸における解除の制限

〔二四七〕　最判昭和二八年九月二五日民集七巻九号九七九頁　六一二条　民法2債133(5)(イ)

事実　Y_1は、建物所有の目的でXから本件土地を賃借し、同地上に甲・乙二棟の建物を建築して甲建物をBに賃貸していたが、戦災により二棟とも焼失した。その後、Bは、罹災都市借地借家臨時処理法三条に基づいてY_1から甲建物の跡地の賃借権を譲り受け、自己の子Y_2名義で本件建物の建築に着手した。その際に、B・Y_1ともに、同一借地上であるかぎり同一坪数の範囲内においては以前賃借していた甲建物の跡地以外の場所に建物を建てても差し支えないものと信じていたため、本件建物の一部は借地権の譲渡を受けなかった乙建物の跡地部分にまたがって建築されることとなった。そこでXは、Y_2による乙建物の跡地の使用は無断転貸によるものであるとしてY_1・Y_2に対し建物の収去、土地の明渡しを求めた。一審ではX敗訴。原審でも、無断転貸による解除権は当事者間の個人的信頼関係を破るような背信的行為とならないかぎり発生しないとされ、Xが敗訴。Xから上告。

判旨　上告棄却　「元来民法六一二条は、賃借権が当事者の個人的信頼を基礎とする継続的法律関係であることにかんがみ、賃借人は賃貸人の承諾がなければ第三者に賃借権を譲渡し又は転貸することを得ないものとすると同時に賃借人がもし賃貸人の承諾なくして第三者をして賃借物の使用収益を為さしめたときは、賃貸借関係を継続するに堪えない背信的行為があったものとして、賃貸人において一方的に賃貸借関係を終止せしめ得ることを規定したものと解すべきである。したがって、賃借人が賃貸人の承諾なく第三者をして賃借物の使用収益を為さしめた場合においても、賃借人の当該行為が賃貸人に対する背信的行為と認めるに足らない特段の事情がある場合においては、同条の解除権は発生しないものと解するを相当とする。然らば、本件において、Y_1がBに係争土地の使用を許した事情が前記原判示の通りである以上、Y_1の右行為を以て賃貸借関係を継続するに堪えない著しい背信的行為となすに足らないことはもちろんであるから、Xの同条に基く解除は無効というの外はなく、これと同趣旨に出でた原判決は相当であって、所論は理由がない。」

一裁判官の少数意見と一裁判官の補足意見がある。

賃借権の無断譲渡・転貸における賃貸人の明渡請求権　六一二条

〔二四八〕　最判昭和二六年五月三一日民集五巻六号三五九頁　民法2債133(5)(ア)

事実　外国人Aは本件家屋をその所有者Bから賃借していたが、帰国に際し、Bに無断でYに賃借権の譲渡をした。Bは、当初、YがAの留守居だと信じてAの支払うものとして賃料を受け取っていたが、その後、賃借権が無断譲渡されたことを知って、Yとの間で紛争となった。Bは、紛争の解決をみないうちに本件家屋をXに譲渡したが、本件家屋譲渡前の賃料相当額の損害金はYから取り立て得るものと考えて交渉し、譲渡後にYから譲渡前一〇か月分の損害金を受領した。その後、XがYに対し、本件家屋の明渡しと不法占拠による損害金の支払を求めて提訴。原審は、YはBおよびXのいずれにも対抗し得べき何らの権原もなく不法に本件家屋を占有するものであるとして、Xの請求を認容。

Yは、Bが解除をしないままXに本件家屋を譲渡した以上、XはYに対し明渡請求できない、と主張して上告。

判旨　上告棄却　原審「の判旨の正当であることは民法六一二条一項に『賃借人ハ賃貸人ノ承諾アルニ非サレハ其権利ヲ譲渡……スルコトヲ得ス』と規定されていることに徴して明白であり、所論同条二項の注意は賃借人が賃貸人の承諾なくして賃借権を譲渡し又は賃借物を転貸し、よって第三者をして賃借物の使用又は収益を為さしめた場合には賃貸人は賃借人に対して基本である賃貸借契約までも解除することを得るものとしたに過ぎないのであって、所論のように賃貸人が同条項により賃貸借契約を解除するまでは賃貸人の承諾を得ずしてなされた賃借権の譲渡又は転貸を有効とする旨を規定したものでないことは多言を要しないところである。」

敷金返還債務の承継　〔二四二〕参照。

〔二四九〕　削除

土地賃貸借の合意解除と地上建物賃借人　五四〇条・五四五条一項但書

〔二五〇〕　最判昭和三八年二月二一日民集一七巻一号二一九頁　民法2債98(2)(ウ)

事実　Aは、Xから同人所有の宅地を建物所有の目的で賃借し、同地上に建物を建築所有していた。Yは、Aから同建物を賃借しそこで家具製造業を営んできた。ところが、その後、AX間において、土地賃貸借契約の約定期間（一〇年）の満了によって賃貸借契約が終了するかにつき争いが生じ、結局、右賃貸借契約を合意解除する旨の調停が成立した。そこで、XはYに対し、宅地所有権に基づき、右建物からの退去、土地明渡しを求めた。一審は、X勝訴。原審では、Xは右調停による合意解除をもってYに対抗できないとして、Y勝訴。Xより上告。

判旨　上告棄却　「たとえXとAとの間で、右借地契約を合意解除し、これを消滅せしめても、特段の事情がない限りは、Xは、右合意解除の効果を、Yに対抗し得ないものと解するのが相当である。

なぜなら、XとYとの間には直接に契約上の法律関係がないにもせよ、建物所有を目的とする土地の賃貸借においては、土地賃貸人は、土地賃借人が、その借地上に建物を建築所有して自らこれに居住することばかりでなく、反対の特約がないかぎりは、他にこれを賃貸し、建物賃借人をしてその敷地を占有使用せしめることをも当然に予想し、かつ認容しているものとみるべきであるから、建物賃借人は、当該建物の使用に必要な範囲において、その敷地の使用収益をなす権利を有するとともに、この権利を土地賃貸人に対し主張し得るものというべく、右権利は土地賃借人がその有する借地権を放棄することによって勝手に消滅せしめ得ないものと解するのを相当とするところ、土地賃貸人とその賃借人との合意をもって賃貸借契約を解除した本件のような場合には賃借人において自らその借地権を放棄したことになるのであるから、これをもって第三者たるYに対抗し得ないものと解すべきであり、このことは民法三九八条、五三八条の法理からも推論することができるし、信義誠実の原則に照しても当然のことだからである（大判昭和九年三月七日民集一三巻二七八頁、最判昭和三七年二月一日裁判集民五八巻四四一頁各参照）。」

更新拒絶による賃貸借終了と承諾転貸借　六一二条

〔二五一〕　最判平成一四年三月二八日民集五六巻三号六六二頁　民法2債133(5)(イ)

事実　X社は、昭和五一年、建物の建築、賃貸、管理に必要な知識、経験、資力を有するA社と共同して事業用ビルの賃貸による収益を得る目的の下に、Aから建設協力金の拠出を得て本件ビルを建築し、その全体を一括してAに賃貸した。本件賃貸借は、AがXの承諾を得て本件ビルの各室を第三者に店舗または事務所として転貸することを当初から予定して締結されたものであり、Xによる転貸の承諾は、賃借人においてすることを予定された賃貸物件の使用を転借人が賃借人に代わってすることを容認するというものではなく、自らは使用することを予定していないAにその知識、経験等を活用して本件ビルを第三者に転貸し収益を上げさせると共に、Xも、各室を個別に賃貸することに伴う煩わしさを免れ、かつ、A社から安定的に賃料収入を得るためにされたものである。一方で、寿司の販売店を経営するC社も、Aの業種、本件ビルの種類や構造などから、上記のような趣旨、目的の下に本件賃貸借が締結され、Xによる転貸の承諾ならびにXおよびA社による再転貸の承諾がされることを前提として昭和五一年、本件再転貸借（Aの転借人Bからの再転借）を締結し、本件転貸部分二を占有した。さて、Xとの賃貸借から約一八年経過してAは転貸方式の本件ビル経営が採算に合わないとして、契約の更新をしない旨Xに通知した。そして、Xは期間満了を理由にCに対して建物明渡し等を請求。これに対して、Cにつき会社更生手続が開始され管財人となったYは、Cにとって本件建物（店舗）が立地条件良好な場所にあり、経営上重要な地位を占めていることを理由とし、信義則上、賃貸借の終了は承諾再転借人には対抗できないと主張した。第一審はXの請求を棄却。原審はXの請求を認容。Yが上告受理申立て。

判旨　原判決中Yに関する部分を破棄、この部分につきXの控訴を棄却　「本件再転貸借は、本件賃貸借の存在を前提とするものであるが、本件賃貸借に際し予定され、前記のような趣旨、目的を達成するために行われたものであって、Xは、本件再転貸借を承諾したにとどまらず、本件再転貸借の締結に加功し、Cによる本件転貸部分二の占有の原因を作出したものというべきであるから、Aが更新拒絶の通知をして本件賃貸借が期間満了により終了しても、Xは、信義則上、本件賃貸借の終了をもってCに対抗することはできず、Cは、本件再転貸借に基づく本件転貸部分二の使用収益を継続することができると解すべきである。このことは、本件賃貸借及び本件転貸借の期間が前記のとおりであることやAの更新拒絶の通知にXの意思が介入する余地がないことによって直ちに左右されるものではない。」

賃貸借終了後の賃貸家屋の譲渡と敷金関係の承継

〔二五二〕　最判昭和四八年二月二日民集二七巻一号八〇頁　　六一九条二項　民法2債134(4)(ア)

事実　Aはその所有建物二棟にBのために抵当権を設定した。Cは、Aからこの建物を期間三年の約定で賃借し、賃借権の登記をして、Aに敷金を差し入れた。Bの抵当権の実行により右建物はいずれもYによって買い受けられ、YはCに対する賃貸人の地位を承継した。Cの賃貸借はまもなく終了したが、この間Cには賃料滞納はなかった。Cは賃貸借終了後も建物を明け渡さなかったが、Yは右両建物をDに売却しその際敷金もDに譲渡することにした。DはCに対して、家屋明渡請求訴訟を提起し、上告審において調停が成立したため、これに基づいてCは明渡しをした。Cの債権者Xは、自己の金銭債権に基づいてCのYに対する敷金返還請求権を差し押さえ、転付命令を得てYに対し敷金二五万円の支払を訴求した。一審X勝訴。しかし原審は、建物を明け渡さないことによる損害金として賃料一一か月分相当額を差し引くと、敷金残額はなくなるから、Xの請求は認められないと判示した。Xから上告。

判旨 上告棄却 「家屋賃貸借における敷金は、賃貸借存続中の賃料債権のみならず、賃貸借終了後家屋明渡義務履行までに生ずる賃料相当損害金の債権その他賃貸借契約により賃貸人が賃借人に対して取得することのあるべき一切の債権を担保し、賃貸借終了後、家屋明渡がなされた時において、それまでに生じた右の一切の被担保債権を控除しなお残額があることを条件として、その残額につき敷金返還請求権が発生するものと解すべきであり、本件賃貸借契約における前記条項もその趣旨を確認したものと解される。しかしながら、ただちに、原判決の……見解を是認することはできない。すなわち、敷金は、右のような賃貸人にとっての担保としての権利と条件付返還債務とを含むそれ自体一個の契約関係であって、敷金の譲渡ないし承継とは、このような契約上の地位の移転にほかならないとともに、このような敷金に関する法律関係は、賃貸借契約に付随従属するのであって、これを離れて独立の意義を有するものではなく、賃貸借の当事者として、賃貸借契約に関係のない第三者が取得することがあるかも知れない債権までも敷金によって担保することを予定していると解する余地はないのである。したがって、賃貸借継続中に賃貸家屋の所有権が譲渡され、新所有者が賃貸人の地位を承継する場合には、賃貸借の従たる法律関係である敷金に関する権利義務も、これに伴い当然に新賃貸人に承継されるが、賃貸借終了後に家屋所有権が移転し、したがって、賃貸借契約自体が新所有者に承継されたものでない場合には、敷金に関する権利義務の関係のみが新所有者に当然に承継されるものではなく、また、旧所有者と新所有者との間の特別の合意によっても、これのみを譲渡することはできないものと解するのが相当である。このような場合に、家屋の所有権を取得し、賃貸借契約を承継しない第三者が、とくに敷金に関する契約上の地位の譲渡を受け、自己の取得すべき賃貸人に対する不当占有に基づく損害賠償などの債権に敷金を充当することを主張しうるためには、賃貸人であった前所有者との間にその旨の合意をし、かつ、賃借人に譲渡の事実を通知するだけでは足りず、賃借人の承諾を得ることを必要とするものといわなければならない。しかるに、本件においては、YからDへの敷金の譲渡につき、Xの差押前にCが承諾を与えた事実は認定されていないのであるから、YおよびDは、右譲渡が有効になされ敷金に関する権利義務がDに移転した旨、およびDの取得した損害賠償債権に敷金が充当された旨を、CおよびXに対して主張することはできないものと解すべきである。したがって、これと異なる趣旨の原判決の前記判断は違法であって、この点を非難する論旨は、その限度において理由がある。

しかし、さらに検討するに、前述のとおり、敷金は、賃貸借終了後家屋明渡までの損害金等の債権をも担保し、その返還請求権は、明渡の時に、右債権をも含めた賃貸人としての一切の債権を控除し、なお残額があることを条件として、その残額につき発生するものと解されるのであるから、賃貸借終了後であっても明渡前においては、敷金返還請求権は、その発生および金額の不確定な権利であって、券面額のある債権にあたらず、転付命令の対象となる適格のないものと解するのが相当である。そして、本件のように、明渡前に賃貸人が目的家屋の所有権を他へ譲渡した場合でも、賃借人は、賃貸借終了により賃貸人に家屋を返還すべき契約上の債務を負い、占有を継続するかぎり右債務につき遅滞の責を免れないのであり、賃貸人において、賃借人の右債務の不履行により受くべき損害の賠償請求権をも敷金によって担保しうべきものであるから、このような場合においても、家屋明渡前には、敷金返還請求権は未確定な債権というべきである。したがって、Xが本件転付命令を得た当時Cがいまだ本件各家屋の明渡を了していなかった本件においては、本件敷金返還請求権に対する右転付命令は無効であり、Xは、これにより右請求権を取得しえなかったものと解すべきであって、原判決中これと同趣旨の部分は、正当として是認することができる。

したがって、本件敷金の支払を求める上告人の請求を排斥した原判決は、結局相当であって、本件上告は棄却を免れない。」

〔二五三〕　削　除

承諾ある転貸の終了　　六一三条

〔二五四〕　最判平成九年二月二五日民集五一巻二号三九八頁　　民法2債133(5)(イ)

事実　X会社は、本件建物をその所有者Aから賃借し、Aの承諾を得てこれをY会社に転貸していた。Xが賃料の支払を怠ったため、Aは賃貸借契約を解除し、XとYに対し本件建物の明渡しを求めた。明渡訴訟の係属中からYはXに対する賃料を支払わなくなったため、XはYに対し本件建物を明け渡すまでの賃料を求めて本件訴えを提起した。原審は、AX間の賃貸借がXの債務不履行で解除されてもXY間の転貸借契約は当然には終了せず、Yは本件建物の使用収益を継続しているかぎり賃料の支払義務を免れないとして、Xの請求を認容。Yが上告。

判旨　破棄自判　「賃貸人の承諾のある転貸借においては、転借人が目的物の使用収益につき賃貸人に対抗し得る権原（転借権）を有することが重要であり、転貸人が、自らの債務不履行により賃貸借契約を解除され、転借人が転借権を賃貸人に対抗し得ない事態を招くことは、転借人に対して目的物を使用収益させる債務の履行を怠るものにほかならない。そして、賃貸借契約が転貸人の債務不履行を理由とする解除により終了した場合において、賃貸人が転借人に対して直接目的物の返還を請求したときは、転借人は賃貸人に対し、目的物の返還義務を負うとともに、遅くとも右返還請求を受けた時点から返還義務を履行するまでの間の目的物の使用収益について、不法行為による損害賠償義務又は不当利得返還義務を免れないこととなる。他方、賃貸人が転借人に直接目的物の返還を請求するに至った以上、転貸人が賃貸人との間で再び賃貸借契約を締結するなどして、転借人が賃貸人に転借権を対抗し得る状態を回復することは、もはや期待し得ないものというほかはなく、転貸人の転借人に対する債務は、社会通念及び取引観念に照らして履行不能というべきである。したがって、賃貸借契約が転貸人の債務不履行を理由とする解除により終了した場合、賃貸人の承諾のある転貸借は、原則として、賃貸人が転借人に対して目的物の返還を請求した時に、転貸人の転借人に対する債務の履行不能により終了すると解するのが相当である。」

第七節　雇　用

身元保証債務の相続

四四六条、身元一条、八九六条

〔二五五〕　大判昭和一八年九月一〇日民集二二巻九四八頁

民法2債140(2)、3相13(2)

事実　X無尽会社はAを雇い入れるにあたり、Yの先代Bと身元保証契約を締結し、五年間の保証期間中にAの行為によりXに損害が生じたときはBにおいてその損害を賠償するものとした。Bが死亡しYが家督相続したが、後にAが加入者の掛金や保証金を自己の用途に費消し、会社に損害を生ぜしめるに至った。そこでXは、身元保証債務は身元保証人の相続人に移転するとして、Yに対し右の損害の賠償を求めた。一審・原審ともX敗訴。Xから上告。

判旨　上告棄却　「身元保証契約ハ保証人ト身元本人トノ相互ノ信用ヲ基礎トシテ成立シ存続スベキモノナレバ、特別ノ事情ナキ限リ該契約ハ当事者其人ト終始スベキ専属的性質ヲ有スルモノト云フベク、従テ保証人ノ死亡ニ因リ相続開始スルモ、ソノ相続人ニ於テ契約上ノ義務ヲ承継シ相続開始後ニ生ジタル保証契約上ノ事故ニ付ソノ責ニ任ズル事ナキモノトス（大判昭和二年七月四日民集六巻四三六頁参照）。而シテ身元保証ニ関スル法律ニ於テハ右ニ反スル趣旨ノ特別ナル規定存セザルノミナラズ、如上ノ帰結ハ身元保証契約ノ性質上自ラ首肯セラルベク、又コノ事ハ既ニ判例ノ示ストコロナレバ敢テ明文ヲ要セズトナシタルノ法意ヲ推知スルニ足リ、従テ右法律施行ノ前後ニヨリ其ノ解釈ヲ異ニスベキモノニアラズ。」

第八節　請　負

注文者の責めに帰すべき事由による履行不能と危険負担

五三六条二項・六三二条

〔二五六〕　最判昭和五二年二月二二日民集三一巻一号七九頁

民法2債143(1)(イ)

事実　Aは、Y方の冷暖房工事を請け負い、それをXに下請負に出した。Yは、AがXに負担すべき請負代金債務につき連帯保証をした。工事が冷暖房の付属設備の据付を残すだけとなった段階で、Yは、それらを据え付ける地下室に水漏れがあるので、その防水工事の完成までこの据付工事を待つようにXに要請した。その後、XとAの再三の要求にもかかわらず、Yはこの防水工事をせずXによる据付工事を拒んでいる。Xは、Yに対して、請負代金に相当する保証債務の履行を求めた。

一審は、Xの債務の履行がYの帰責事由によって不能となった場合に、A自身に直接的な帰責事由がなくてもAはXに対し責に任ずべしとし、Yも連帯保証人として責任を負うとした。そして、工事の出来高の限度でXの請求を認めた。原審も、Xの請求を認容。Yから上告。

判旨　上告棄却　「請負契約において、仕事が完成しない間に、注文者の責に帰すべき事由によりその完成が不能となった場合には、請負人は、自己の残債務を免れるが、民法五三六条二項によって、注文者に請負代金全額を請求することができ、ただ、自己の債務を免れたことによる利益を注文者に償還すべき義務を負うにすぎないものというべきである。これを本件についてみると、本件冷暖房設備工事は、工事未完成の間に、注文者〔元請負人〕であるAの責に帰すべき事由によりXにおいてこれを完成させることが不能となったというべきことは既述のとおりであり、しかも、Xが債務を免れたことによる利益の償還につきなんらの主張立証がないのであるから、XはAに対して請負代金全額を請求しうるものであり、YはAの右債務につき連帯保証責任を免れないものというべきである。したがって、原判決がXはAに対し工事の出来高に応じた代金を請求しうるにすぎないとしたのは、民法五三六条二項の解釈を誤った違法がある」。

建築建物の所有権の帰属

〔二五七〕　大判大正三年一二月二六日民録二〇輯一二〇八頁

六三二条
民法2債143(1)(ア)

事実　建物の建築請負において、建物の引渡し前に注文者YがY名義の所有権の保存登記をしたのに対し、請負人Xが自己の所有権の確認と保存登記の抹消を求めて提訴。原審はXの請求を認容。Yが上告。

判旨　上告棄却　「請負人ガ自己ノ材料ヲ以テ注文者ノ土地ニ建物ヲ築造シタル場合ニ於テハ、当事者間ニ別段ノ意思表示ナキ限リハ其建物ノ所有権ハ材料ヲ土地ニ附著セシムルニ従ヒ当然注文者ノ取得ニ帰スルモノニ非ズシテ、請負人ガ建物ヲ注文者ニ引渡シタル時ニ於テ始メテ注文者ニ移転スルモノトス、是レ本院判例（大判明治三七年六月二二日民録一〇輯八六一頁）ノ示ス所ナリ。蓋此場合ニ於テハ建物ハ全然請負人ノ供給シタル材料及ヒ労力ニ因リテ成リタルモノニ係リ、且請負契約ノ性質上特約ナキ限リハ請負人ハ其建物ヲ注文者ニ引渡スニ非ザレバ債務完了セズ、之ヲ引渡スニ因リテ始メテ債務完了シ注文者ニ対スル報酬支払ノ請求権発生スベク、尚ホ建物ヲ引渡スマデハ之ニ関スル危険ハ請負人ノ負担ニ属シ引渡ニ因リテ始メテ注文者ノ負担ニ帰スベキ関係等ニ鑑ミ、又建物ハ土地ニ附著スルモ独立シタル別箇ノ不動産ヲ成シ其土地ノ従トシテ附合スルコトヲ認メザル我法制ニ照シテ考フレバ、本院判例ノ旨趣ハ之ヲ是認スルヲ相当トシ未ダ之ヲ変更スベキ理由アルヲ見ズ、故ニ本論旨ハ採用スルコトヲ得ズ」。

出来形部分の所有権の帰属

〔二五八〕　最判平成五年一〇月一九日民集四七巻八号五〇六一頁　　六三二条　民法2債143(1)(ア)

事実　Yは、A建設会社と、自己所有の宅地上に建物を建築する工事請負契約を締結した。この契約には、注文者は工事中契約を解除することができ、その場合工事の出来形部分は注文者の所有とする旨の条項があった。Aは、Yの承諾なしにXとこの建築工事につき一括下請契約を結んだが、この契約には所有権帰属に関する規定はなかった。その後、Xが材料を提供して工事を進行中にAが倒産したので、YはYA間の元請契約を解除した。その時点でYはAX間の下請契約の存在を知り、Xとの間で工事の続行について協議したが、合意は成立せずYはXに工事を中止させた。続いて、Yは、Bとの間で建物を完成させる請負契約を締結し、Bはこれに基づき工事を完成させ、代金の支払を受けて建物をYに引き渡した。そして、Yの所有権保存登記がなされた。なお、Xが工事を中断した時点での工事の出来形は全体の約三割であり、Yはそれまでに A に対して報酬の約七割を支払ったが、XはAから下請代金の支払を全く受けていなかった。Xは、Yに対し、一次的には建物所有権に基づく建物の明渡しを求め、仮に建物所有権がYに帰属したとしても、二次的に民法二四八条・七〇四条による償金を請求すると主張した。一審では、X敗訴。原審では、およそ次のような理由でX勝訴。AX間には出来形部分の所有権帰属の合意がなくXは元請契約に拘束されないから、出来形部分の所有権は材料を自ら提供して施工したXに帰属する。他方、完成した建物の所有権は民法二四六条に基づきBに帰属し、さらにBY間の合意によりYに帰属した。Xは、出来形部分が建物の構成部分となってその所有権を失ったことにより、出来形部分の価格相当の損失を被った。したがって、YはXに対して、民法二四八条によりXの出来形部分に相当する金額を支払う義務がある。Yから上告。

判旨 破棄自判「建物建築工事請負契約において、注文者と元請負人との間に、契約が中途で解約された際の出来形部分の所有権は注文者に帰属する旨の約定がある場合に、当該契約が中途で解約されたときは、元請負人から一括して当該工事を請け負った下請負人が自ら材料を提供して出来形部分を築造したとしても、注文者と下請負人との間に格別の合意があるなど特段の事情のない限り、当該出来形部分の所有権は注文者に帰属すると解するのが相当である。けだし、建物建築工事を元請負人から一括下請負の形で請け負う下請契約は、その性質上元請契約の存在及び内容を前提とし、元請負人の債務を履行することを目的とするものであるから、下請負人は、注文者との関係では、元請負人のいわば履行補助者的立場に立つものにすぎず、注文者のためにする建物建築工事に関して、元請負人と異なる権利関係を主張し得る立場にはないからである。

これを本件についてみるのに、前示の事実関係によれば、注文者であるYと元請負人であるAとの間においては、契約が中途で解約された場合には出来形部分の所有権はYに帰属する旨の約定があるところ、A倒産後、本件元請契約はYによって解除されたものであり、他方、Xは、Aから一括下請負の形で本件建物の建築工事を請け負ったものであるが、右の一括下請負にはYの承諾がないばかりでなく、Yは、Aが倒産するまで本件下請負契約の存在さえ知らなかったものであり、しかも本件においてYは、契約解除前に本件元請代金のうち出来形部分である本件建前価格の二倍以上に相当する金員をAに支払っているというのであるから、Yへの所有権の帰属を肯定すべき事情こそあれ、これを否定する特段の事情を窺う余地のないことが明らかである。してみると、たとえXが自ら材料を提供して出来形部分である本件建前を築造したとしても、Yは、本件元請契約における出来形部分の所有権帰属に関する約定により、右契約が解除された時点で本件建前の所有権を取得したものというべきである。

これと異なる判断の下に、XはYとAとの間の出来形部分の所有権帰属に関する合意に拘束されることはないとして、本件建前の所有権が契約解除後もXに帰属することを前提に、その価格相当額の償金請求を認容した原審の判断には、法令の解釈適用を誤った違法があるものといわざるを得ず、右違法が判決に影響を及ぼすことは明らかである。この点の違法をいう論旨は理由があり、その余の上告理由について判断するまでもなく、原判決中Y敗訴の部分は破棄を免れない。」

一裁判官の補足意見がある。

※

請負の一部解除と割合的報酬　五四一条・六三四条

〔二五九〕　最判昭和五六年二月一七日判時九九六号六一頁　民法2債144

事実　建築請負業者AはYから建売住宅の建築を請け負った。他方、Xは、Aに対して約束手形債権を有しており、これを保全するためAのYに対して有する請負代金債権について仮差押えをした上で、この債権について確定判決に基づいて債権差押え・取立命令を得た。ところが、Aは経営困難に陥り予定した工事を完成することができない状態となった。そこで、Yは、Aが工事の約半分を完成させただけでその後の工事を放棄したとして、債務不履行を理由に建築請負契約を解除した。

原審は、本件建築請負契約は解除されたから、請負代金債務も消滅したとして、Xの請求を退けた。Xが上告。

判旨　破棄差戻　「建物その他土地の工作物の工事請負契約につき、工事全体が未完成の間に注文者が請負人の債務不履行を理由に右契約を解除する場合において、工事内容が可分であり、しかも当事者が既施工部分の給付に関し利益を有するときは、特段の事情のない限り、既施工部分については契約を解除することができず、ただ未施工部分について契約の一部解除をすることができるにすぎないものと解するのが相当であるところ（大判昭和七年四月三〇日民集一一巻八号七八〇頁参照）、原判決及び記録によれば、Yは、本件建築請負契約の解除時である昭和四六年九月一〇日現在のAによる工事出来高が工事全体の四九・四パーセント、金額にして六九一万〇五九〇円と主張しているばかりでなく、右既施工部分を引き取って工事を続行し、これを完成させたとの事情も窺えるのであるから、かりにそのとおりであるとすれば、本件建築工事は、その内容において可分であり、Yは既施工部分の給付について利益を有していたというべきである。原判決が、これらの点について何ら審理判断することなく、Yがした前記解除の意思表示によって本件建築請負契約の全部が解除されたとの前提のもとに、既存の四八万七〇〇〇円の工事代金債権もこれに伴って消滅したと判示したのは、契約解除に関する法令の解釈適用を誤ったものであ」る。

第九節　委　任

司法書士の善管注意義務

〔二六〇〕最判昭和五三年七月一〇日民集三二巻五号八六八頁

六四四条・六五一条

民法2債147(1)

事実　Xらは、A会社からその所有する本件土地を購入する契約を締結して手付金を支払う一方、Aと共にY司法書士に対し本件土地の所有権移転仮登記手続を委任して、必要書類を交付した。数日後、YはAからの求めに応じて登記手続に必要な書類をAに返還した。まもなく、Aは倒産し、本件土地の所有権は第三者に移転した。Xらは、本件土地の所有権を取得できず、手付金の一部しか返還されなかったため、Yに対し委任契約上の債務不履行に基づく損害賠償を求めて提訴。原審は、一方の委任者であるAは、受任者Yとの間の登記手続の委任契約をいつでも解除することができるのであるから、受任者としては、登記手続に必要な書類の返還を求められればそれを拒むことはできない、としてYの責任を否定。Xらが上告。

判旨　破棄差戻「思うに、不動産の売買契約においては、当事者は、代金の授受、目的物の引渡し、所有権移転等の登記の経由等が障害なく行われ、最終的に目的物の所有権が完全に移転することを期待して契約を締結するものであり、法律も当事者の右期待にそい、その権利を保護すべく機能しているというべきである。そして、不動産の買主は、登記を経由しない限り、第三者に対抗しうる完全な所有権を取得することができないのであるから、登記手続の履行は、売買契約の当事者が行うべき最も重要な行為の一つであるということができるが、登記所に対して登記申請をするには、ある程度の専門的知識を必要とするから、現今の社会では、右のような登記手続は、司法書士に委託して行われるのが一般であるといってよく、この場合に、売買契約の当事者双方がいったん右手続を同一の司法書士に委託した以上、特段の事情のない限り、右当事者は、登記手続が支障なく行われることによって右契約が履行され、所有権が完全に移転することを期待しているものであり、登記手続の委託を受けることを業とする司法書士としても、そのことを十分に認識しているものということができる。このことは、所有権移転登記手続に限らず、その前段階ともいえる所有権移転の仮登記手続の場合も同様である。そうすると、売主である登記義務者と司法書士との間の登記手続の委託に関する委任契約と買主である登記権利者と司法書士との間の登記手続の委託に関する委任契約とは、売買契約に起因し、相互に関連づけられ、前者は、登記権利者の利益をも目的としているというべきであり、司法書士が受任に際し、登記義務者から交付を受けた登記手続に必要な書類は、同時に登記権利者のためにも保管すべきものというべきである。したがって、このような場合には、登記義務者と司法書士との間の委任契約は、契約の性質上、民法六五一条一項の規定にもかかわらず、登記権利者の同意等特段の事情のない限り、解除することができないものと解するのが相当である。このように、登記義務者は、登記権利者の同意等がない限り、司法書士との間の登記手続に関する委任契約を解除することができないのであるから、受任者である司法書士としては、登記義務者から登記手続に必要な書類の返還を求められても、それを拒むことができるのである。また、それと同時に、前記のように、司法書士としては、登記権利者との関係では、登記義務者から交付を受けた登記手続に必要な書類は、登記権利者のためにも保管すべき義務を負担しているのであるから、登記義務者からその書類の返還を求められても、それを拒むべき義務があるものというべきである。したがって、それを拒まずに右書類を返還した結果、登記権利者への登記手続が不能となれば、登記権利者との委任契約は、履行不能となり、その履行不能は、受任者である司法書士の責めに帰すべき事由によるものというべきであるから、同人は、債務不履行の責めを負わなければならない。」

弁護士の善管注意義務

四一五条・六四四条

〔二六一〕　最判平成二五年四月一六日民集六七巻四号一〇四九頁

民法2債147(1)

事実　Aから複数の消費者金融業者に対する債務の整理について相談を受けた弁護士Yは、過払金が生じている業者に対して過払金を回収し、これを原資として他の業者に一括払いによる和解を提案して債務整理をすることを提案し、Aとの間で委任契約を締結した。Yは、過払金返還訴訟で回収した過払金を原資として、未だAが完済していない業者Bに対して、元本債務の八割（全取引を一連のものとして計算した額）を一括して支払う用意があり、この和解に応じなければAから預かった金員は返還し、あとは時効を待つという文書を送った。そして、YはAに対して、これまでの経緯とBに対する未払い分については消滅時効の完成を待つという時効待ちの方針を説明した。その上で、回収した過払金からその報酬（回収金額の三割）および債務整理費用を差し引いた残額をAに送金した。それから約二年八か月経ったころ、YはAに対して、消費者金融業者の経営が厳しくなったために以前よりも提訴の可能性が高くなっているので、ある程度の資金を用意できればそれをもとにして一括支払いという内容の和解交渉ができる、と説明した。しかし、Aは、Yが依頼者から債務整理を放置したことによる損害賠償請求訴訟を提起されたという報道を知り、Yの債務整理に不安を抱くようになった。右説明の二か月後にAはYを解任し、新たにC弁護士に債務整理を依頼した。Cは、Bと交渉して和解を成立させた。そこで、AはYに対して債務整理の方針についての説明義務違反による損害賠償請求訴訟を提起したが、一審係属中に死亡したため、Aの妻Xが訴訟を承継した。原審は、AがYの債務整理の方針に異議を述べず、黙示に承諾したことなどを理由にYには説明義務違反はないとして、Xの請求を棄却した。Xが上告受理を申し立てた。

判旨　破棄差戻　「本件においてYが採った時効待ち方針は、BがAに対して何らの措置も採らないことを一方的に期待して残債権の消滅時効の完成を待つというものであり、債務整理の最終的な解決が遅延するという不利益があるばかりか、当時の状況に鑑みてBがAに対する残債権の回収を断念し、消滅時効が完成することを期待し得る合理的な根拠があったことはうかがえないのであるから、Bから提訴される可能性を残し、一旦提訴されると法定利率を超える高い利率による遅延損害金も含めた敗訴判決を受ける公算が高いというリスクをも伴うものであった。

また、Yは、……回収した過払金からYの報酬等を控除してもなお……残金があったのであるから、これを用いてBに対する残債務を弁済するという一般的に採られている債務整理の方法によって最終的な解決を図ることも現実的な選択肢として十分に考えられたといえる。

このような事情の下においては、債務整理に係る法律事務を受任したYは、委任契約に基づく善管注意義務の一環として、時効待ち方針を採るのであれば、Aに対し、時効待ち方針に伴う上記の不利益やリスクを説明するとともに、回収した過払金をもってBに対する債務を弁済するという選択肢があることも説明すべき義務を負っていたというべきである。」

補足意見がある。

〔二六二〕　削　除

第一〇節　寄　託

預金債権の帰属　六六六条

〔二六三〕　最判平成一五年二月二一日民集五七巻二号九五頁　民法2債156(2)

事実　A会社は損害保険会社Xとの損害保険代理店委託契約を結んだが、この契約に基づき収受した保険料を管理する目的でY信用組合に「X（株）代理店A（株）C」名義の普通預金口座（本件口座）を開設した。Aは保険料として収受した金銭を入金までの間自己の他の金銭と混同しないように保管しており、本件口座に保険料以外の金銭が入金されたこともなかった。本件口座の通帳・届出印はＡが保管しており、預金利息もＡが取得していた。その後、Ａは経営が破綻し、Ｘに本件口座の通帳・届出印を交付した。同日、ＹはＡに対して有する金銭債権と本件口座にかかる預金債権とを相殺する旨の意思表示をした。ＸはＹに対して預金の払戻しを請求した。この請求の可否に関して本件口座の預金債権の帰属が争点となり、一審は、Ｘに預金債権が帰属するとした。原審もＸ勝訴。Ｙが上告受理申立て。

判旨　破棄自判「金融機関であるＹとの間で普通預金契約を締結して本件預金口座を開設したのは、Ａである。また、本件預金口座の名義である『Ｘ（株）代理店Ａ（株）Ｃ』が預金者としてＡではなくＸを表示しているものとは認められないし、ＸがＡにＹとの間での普通預金契約締結の代理権を授与していた事情は、記録上全くうかがわれない。

そして、本件預金口座の通帳及び届出印は、Ａが保管しており、本件預金口座への入金及び本件預金口座からの払戻し事務を行っていたのは、Ａのみであるから、本件預金口座の管理者は、名実ともにＡであるというべきである。

さらに、受任者が委任契約によって委任者から代理権を授与されている場合、受任者が受け取った物の所有権は当然に委任者に移転するが、金銭については、占有と所有とが結合しているため、金銭の所有権は常に金銭の受領者（占有者）である受任者に帰属し、受任者は同額の金銭を委任者に支払うべき義務を負うことになるにすぎない。そうすると、Ｘの代理人であるＡが保険契約者から収受した保険料の所有権はいったんＡに帰属し、Ａは、同額の金銭をＸに送金する義務を負担することになるのであって、Ｘは、ＡがＹから払戻しを受けた金銭の送金を受けることによって、初めて保険料に相当する金銭の所有権を取得するに至るというべきである。したがって、本件預金の原資は、Ａが所有していた金銭にほかならない。

したがって、本件事実関係の下においては、本件預金債権は、Ｘにではなく、Ａに帰属するというべきである。Ａが本件預金債権をＡの他の財産と明確に区分して管理していたり、あるいは、本件預金の目的や使途についてＡとＸとの間の契約によって制限が設けられ、本件預金口座がＸに交付されるべき金銭を一時入金しておくための専用口座であるという事情があるからといって、これらが金融機関であるＹに対する関係で本件預金債権の帰属者の認定を左右する事情になるわけではない。
以上によれば、本件預金債権はXに帰属するとは認められないというべきである。」

〔二六三の二〕誤振込の場合の受取人と銀行間の預金契約の成否
最判平成八年四月二六日民集五〇巻五号一二六七頁
六六六条、九一条
民法2債60(4)

事実　Xは、A（東辰）に対する賃料等五五八万余円を支払うため、B銀行C支店に振り込み依頼をした。しかし、誤って、B銀行D支店のE（透信）の口座を指定したため、Eの口座に右金額が振り込まれた。YがEに対して同金額を差し押さえたので、Xが第三者異議の訴えを起こした。原審は、「振込が原因関係を決済するための支払手段であることに鑑みると、特段の定めがない限り、基本的にはこれを必要と」解し、本件のような明白・形式的な手違いによる誤振込についてまで、「誤って受取人とされたEのために預金債権が成立するとすることは、著しく公平の観念に反する」として、EのB銀行に対する本件預金債権は成立しておらず、したがって、一審同様、Yの差押えの排除を求めるXの請求は正当だとした。これに対して、Yが上告。

判旨　原判決破棄・第一審判決取消し・Xの請求棄却　「1　振込依頼人から受取人の銀行の普通預金口座に振込みがあったときは、振込依頼人と受取人との間に振込みの原因となる法律関係が存在するか否かにかかわらず、受取人と銀行との間に振込金額相当の普通預金契約が成立し、受取人が銀行に対して右金額相当の普通預金債権を取得するものと解するのが相当である。けだし、前記普通預金規定には、振込みがあった場合にはこれを預金口座に受け入れるという趣旨の定めがあるだけで、受取人と銀行との間の普通預金契約の成否を振込依頼人と受取人との間の振込みの原因となる法律関係の有無に懸からせていることをうかがわせる定めは置かれていないし、振込みは、銀行間及び銀行店舗間の送金手続を通して安全、安価、迅速に資金を移動する手段であって、多数かつ多額の資金移動を円滑に処理するため、その仲介に当たる銀行が各資金移動の原因となる法律関係の存否、内容等を関知することなくこれを遂行する仕組みが採られているからである。

2　また、振込依頼人と受取人との間に振込みの原因となる法律関係が存在しないにかかわらず、振込みによって受取人が振込金額相当の預金債権を取得したときは、振込依頼人は、受取人に対し、右同額の不当利得返還請求権を有することがあるにとどまり、右預金債権の譲渡を妨げる権利を取得するわけではないから、受取人の債権者がした右預金債権に対する強制執行の不許を求めることはできないというべきである。」

第一一節　組　合

組合の業務執行者の代理権の制限

〔二六三の三〕　最判昭和三八年五月三一日民集一七巻四号六〇〇頁

六七〇条の二
民法2債160(1)

事実　Yらは漁業を経営する目的でA組合を組織し、Bを組合長として業務の執行に当らせていた。A組合は、毎事業年度の事業計画の設定や借入金の最高限度について総会の議決を経なければならない旨の規約を定めていたが、Bは、総会の議決を経ずに、組合の代表者として、Xとの間で漁業用資材の取引をした。原審は、本件取引につき、個々の組合員が不同意を示したことや、組合規約に違背していたことにXが善意無過失であったとして、Yら全組合員が本件取引による債務について責任を負うべきだとした。Yらが上告。

判旨　上告棄却「組合において特に業務執行者を定め、これに業務執行の権限を授与したときは、特段の事情がないかぎり、その執行者は組合の内部において共同事業の経営に必要な事務を処理することができることはもちろんのこと、いやしくも、組合の業務に関し組合の事業の範囲を超越しないかぎり、第三者に対して組合員全員を代表する権限を有し、組合規約等で内部的にこの権限を制限しても、その制限は善意無過失の第三者に対抗できないものと解するのが相当である。」

組合財産の共有　六六八条・一四九条・二五二条

〔二六四〕最判昭和三三年七月二二日民集一二巻一二号一八〇五頁　民法2債161(1)

事実　Xは、YABと共に建築技能者を養成する学校を設立経営することを企図し、Yが校舎敷地と建築資材を、Aが建築資金を、XとBが学校設立許可と補助金を得るための労務をそれぞれ提供する旨の組合契約を締結し、本件建物を建築した。Bが組合を脱退した後、XYAらは本件建物を学校の所有にするためにこれまで支出してきたものを計算することにしたが、Yから請求された建築資材の金額につき関係者の承認が得られず、Yは組合を脱退した（Yは敷地の賃料については受け取っていた）。Yが本件建物を自己名義で保存登記したため、XがYに対し抹消登記手続を求めて提訴。原審は、本件建物をXとAの共有だとしてXの請求を認容。Yは、Xが単独で訴えを提起したのは不適法だと主張して上告。

判旨　上告棄却「所論のように組合財産が理論上合有であるとしても、民法の法条そのものはこれを共有とする建前で規定されており、組合所有の不動産の如きも共有の登記をするほかはない。従って解釈論としては、民法の組合財産の合有は、共有持分について民法の定めるような制限を伴うものであり、持分についてかような制限のあることがすなわち民法の組合財産合有の内容だと見るべきである。そうだとすれば、組合財産については、民法六六七条以下において特別の規定のなされていない限り、民法二四九条以下の共有の規定が適用されることになる。

ところで、ある不動産の共有権者の一人が、その持分に基き、当該不動産につき登記簿上所有名義者たるものに対して、その登記の抹消を求めることは、妨害排除の請求に外ならず、いわゆる保存行為に属するものというべきであるから、民法における組合財産の性質を前記の如く解するにおいては、その持分権者の一人は単独で右不動産に対する所有権移転登記の全部の抹消を求めることができる筈である。（最判昭和三一年五月一〇日民集一〇巻五号四八七頁参照。この判決は共同相続財産に関するものであるが、民法における組合財産の性質が前記のとおりであるとするならば、その理は組合財産についても同様と解される。）それ故原判決には所論のような違法はない。」

組合員の任意脱退

〔二六五〕　最判平成一一年二月二三日民集五三巻二号一九三頁

六七八条　民法2債162(1)(ア)

事実　(1)XらとYらは、共同出資でヨットを購入し、これを利用して航海を楽しむことなどを目的とするヨットクラブ（本件クラブ）を結成する旨の組合契約（本件契約）を締結した。本件契約には、本件クラブの存続期間についての定めがなく、本件クラブの規約には、会員の権利の譲渡および退会に関して、「オーナー会議で承認された相手方に対して譲渡することができる。譲渡した月の月末をもって退会とする。（これは、不良なオーナーをふせぐためである）」との規定（本件規定）があった。(2)本件規定が設けられたのは、本件クラブが資産として本件ヨットを有するだけで、資金的・財政的余裕がなく、出資金の払戻しをする財源を有しないこと、会員数が少ないと月会費や作業の負担が増えるので、会員数を減らさないようにする必要があることによる。(3)Xらは、Yらとの費用負担をめぐる争いから、Yらに対し本件クラブから脱退する旨の意思表示をし、組合持分の払戻金を請求する本件訴えを提起した。(4)原審は、①本件規定は、本件クラブからの任意の脱退は、会員の権利を譲渡する方法によってのみすることができ、それ以外の方法によることは許さない旨を定めたものである、②本件規定が設けられたことには、前記(2)のとおり合理的な理由がある上、本件クラブの会員は、やむを得ない事由があるときは、本件クラブの解散請求をすることもできるので、本件規定は公序良俗に反するとはいえず有効であり、XらがYらに対して脱退の意思表示をしてもその効力を生じない、としてXらの請求を棄却した。Xらが上告。

判旨　破棄差戻　「民法六七八条は、組合員は、やむを得ない事由がある場合には、組合の存続期間の定めの有無にかかわらず、常に組合から任意に脱退することができる旨を規定しているものと解されるところ、同条のうち右の旨を規定する部分は、強行法規であり、これに反する組合契約における約定は効力を有しないものと解するのが相当である。けだし、やむを得ない事由があっても任意の脱退を許さない旨の組合契約は、組合員の自由を著しく制限するものであり、公の秩序に反するものというべきだからである。」

「本件規定は、これを〔前記(4)①〕のとおりの趣旨に解釈するとすれば、やむを得ない事由があっても任意の脱退を許さないものとしていることになるから、その限度において、民法六七八条に違反し、効力を有しないものというべきである。このことは、本件規定が設けられたことについて〔前記(2)〕のとおりの理由があり、本件クラブの会員は、会員の権利を譲渡し、又は解散請求をすることができるという事情があっても、異なるものではない。」

第一二節　終身定期金

終身定期金契約の成否　六八九条・九〇条・九一条
〔二六六〕大判昭和三年二月一七日民集七巻七六頁　民法2債164

事実　Xの夫Aは、長男Yに対し有価証券（公債・株式）をA生存中はその利息・配当金をYが受け取り次第Aに交付すべき約旨の下に移転した。Aは隠居してYがその家督を相続し、Aは妻Xとともに別の家（旧家制度）を立てた。Yは利息・配当金をAに交付しなくなったので、AはYに対し遅滞している利息・配当金の支払を請求した。Yが履行しなかったので、催告の上で契約を解除し、Yが既に有価証券を処分して返還不能であったので、損害賠償を求めて提訴。Aが死亡したため、その家督を相続したXが訴訟を承継した。原審は、本件契約を負担付贈与と認定し、五四一条によって解除は有効であるが、有価証券は契約当時に遡ってAの所有となり、その後Aは有効な財産留保手続をとらずに隠居したから相続によってYに帰属し、Yは返還義務を負わないとした。Xが上告。

判旨　破棄差戻「前記契約ハ民法第六八九条所定ノ終身定期金契約ニ外ナラザルガ故ニ、定期金債務者タルYガ定期金ノ元本ヲ受ケタルコト上叙ノ如クナルニ拘ラズ其ノ定期金ノ給付ヲ怠リタル場合ニ於テ相手方タルAハ隠居後ト雖民法第六九一条ニ基キ既ニ元本トシテ給付セルモノノ返還ヲ求メ得ベク、従テ其ノ返還不能ナル本件ニ於テ之ガ代償ヲ求ムルコトヲ得ルハ言ヲ俟タザル所ナリトス。而シテ此ノ返還請求権ハYノ相続開始後ニ生ジ従テYニ於テ之ヲ相続スベキ理由ナキト同時ニ、上叙返還請求権ハ亡Aノ一身ニ専属スベキモノト解スベカラザルガ故ニAノ家督ヲ相続シタルXニ於テ其ノ権利ヲ承継スベキコト勿論ナリトス。」

第一三節　和　解

和解と錯誤（粗悪ジャム和解事件）　六九六条・九五条
〔二六七〕　最判昭和三三年六月一四日民集一二巻九号一四九二頁　民法2債114・167(2)

事実　X会社は、Y会社に対して、XがYに売り渡した水飴の代金債権およびYから買い受けたりんごジャムの一部返品による代金返還債権等に基づき、約六〇万円の支払を求めて訴えを提起した。第一審口頭弁論期日に裁判上の和解が成立したが、その内容は、Yは債務を認め四〇万円の支払に代えてY所有の「特選金菊印苺ジャム」一五〇箱をXに譲渡し、XはYにこれと引き換えに五万円を支払うこと、Yがこの代物弁済の目的を引き渡したときは残額二二万余円の支払を免除する、というものであった。ところが、代物弁済の目的とされた物は、大部分がりんごやあんずのジャムで市場価値のとぼしい物であったため、Xは右和解は要素の錯誤により無効であると主張し、訴訟が続行された。一審・原審ともX勝訴。Yは上告して、和解契約に錯誤があったのではなく、それより派生した代物弁済契約に錯誤があったにすぎない、代物弁済契約においては錯誤規定に先んじて民法旧五七〇条の規定を準用するべきであるなどと主張した。

判旨　上告棄却　「原判決の適法に確定したところによれば、本件和解は、本件請求金額六二万八七七七円五〇銭の支払義務あるか否かが争の目的であって、当事者であるXYが原判示のごとく互に譲歩をして右争を止めるために仮差押にかかる本件ジャムを市場で一般に通用している特選金菊印苺ジャムであることを前提とし、これを一箱当り三〇〇〇円（一缶平均六二円五〇銭相当）と見込んでYからXに代物弁済として引渡すことを約したものであるところ、本件ジャムは、原判示のごとき粗悪品であったから、本件和解に関与したXの訴訟代理人の意思表示にはその重要な部分に錯誤があったというのであるから、原判決には所論のごとき法令の解釈に誤りがあるとは認められない。

原判決は、本件代物弁済の目的物である金菊印苺ジャムに所論のごとき瑕疵があったが故に契約の要素に錯誤を来しているとの趣旨を判示しているのであり、このような場合には、民法瑕疵担保の規定は排除されるのであるから（大判大正一〇年一二月一五日民録二七輯二一六〇頁以下参照）、所論は採るを得ない。」

和解後の後遺症

〔二六八〕 最判昭和四三年三月一五日民集二二巻三号五八七頁

六九六条
民法2債167(3)

事実 A建材会社の運転手であるBは、A会社の自動車が故障したため路上に降りて応急修理をしていたところ、Y運輸会社の被用者であるCの運転する普通貨物自動車に接触され、左腕骨折の傷害を負った。当日の医師の診断では治療約一五週間の安静加療を要する程度のものと認められ、B自身も比較的軽微な負傷であり、治療費等は自動車損害保険金で足りるものと考えていたので、事故後九日目の入院中に、Yとの間において、YはBに対して自動車損害賠償保険金一〇万円を支払うこと、Bは以後本件事故による治療費その他慰謝料等の一切の請求をしない旨の示談契約を締結し、保険金の一〇万円を受領した。ところが、事故後一か月以上経ってから、Bの負傷は当初の予想よりはるかに重いことが判明し、Bは再手術を余儀なくされた上、左腕に後遺症を残すこととなり損害額も高額にのぼった。BはYにこの賠償を請求したがYがこれに応じないため、X（国）に労災保険金を請求し保険給付を受けた。そこでXは、保険給付の価額の限度においてBがYに対して有する損害賠償請求権を取得したとしてYにその支払を求めた。原審ではX勝訴。Yから上告。

判旨 上告棄却 「一般に、不法行為による損害賠償の示談において、被害者が一定額の支払をうけることで満足し、その余の賠償請求権を放棄したときは、被害者は、示談当時にそれ以上の損害が存在したとしても、あるいは、それ以上の損害が事後に生じたとしても、示談額を上廻る損害については、事後に請求しえない趣旨と解するのが相当である。」

「全損害を正確に把握し難い状況のもとにおいて、早急に小額の賠償金をもって満足する旨の示談がされた場合においては、示談によって被害者が放棄した損害賠償請求権は、示談当時予想していた損害についてのもののみと解すべきであって、その当時予想できなかった不測の再手術や後遺症がその後発生した場合その損害についてまで、賠償請求権を放棄した趣旨と解するのは、当事者の合理的意思に合致するものとはいえない。」

第三章　事務管理

事務管理と代理　　　　六九七条・七〇二条二項

〔二六九〕　最判昭和三六年一一月三〇日民集一五巻一〇号二六二九頁　　民法2債170(4)

事実　Aは中風のために身体が不自由で言語も分明を欠いており、同居していた娘婿のBも失業中で生計維持に苦慮していた。そこで、Bは、Aの事務管理として、A所有不動産を売却することをXに依頼し、報酬としてA所有建物をAよりXに贈与することとした。Aが死亡してYが相続したので、XがYを相手にして本件建物の所有権移転登記を求めた。原審は、仮にBの行為が事務管理に該当するとしても、BがAの名前でした贈与がAを拘束する法律効果を生じるものではないとした。X上告。

判旨　上告棄却「事務管理は、事務管理者と本人との間の法律関係を謂うのであって、管理者が第三者となした法律行為の効果が本人に及ぶ関係は事務管理の問題ではない。従って、事務管理者が本人の名で第三者との間に法律行為をしても、その行為の効果は、当然には本人に及ぶ筋合のものではなく、そのような効果の発生するためには、代理その他別個の法律関係が伴うことを必要とするものである。」

第四章　不当利得

善意占有者と果実　〔一〇六〕参照。

詐欺による売買の取消しにおける双方の原状回復義務の関係 〔二〇七〕参照。

結納 〔三七三〕参照。

騙取金による弁済（農林事務官国庫金詐取事件）

民法2債173(3)(イ) 七〇三条

〔二七〇〕 最判昭和四九年九月二六日民集二八巻六号一二四三頁

事実 農林事務官Aは、X農業共済組合連合会の経理課長Bと結託し、国庫より各農業共済団体に交付すべき国庫金を数十回に及び詐取した。犯行の発覚をおそれたAは、Bと相談し、BがX名義で銀行から金員を借り受け、これを詐取による穴埋めにしようと謀った。そのために、Bがその地位を悪用しX振出名義の約束手形二通を作成し、これを銀行に持ち込み同銀行からX名義で金員を小切手で借り受けて、その資金をもって農共組連に割当国庫金として交付することにした。Bから小切手を受け取ったAは、これを一時自らの事業資金として流用した後、C農共組連に国庫負担金として直接交付した。しかし、犯行が発覚し、C農共組連は右金員をAに返還し、Aは返還された金員を国Yに被らせた損害の一部弁償としてYに支払った。銀行に表見代理により債務を負担しなければならなかったXは、Yが横領された金員であることを知りながらこれを損害賠償金として受領した場合には、Xに対する関係ではYの利得には法律上の原因を欠き、Yは不当利得したとしてその返還を訴求した。原審は、Xの請求を棄却した。X上告。

判旨 破棄差戻 「およそ不当利得の制度は、ある人の財産的利得が法律上の原因ないし正当な理由を欠く場合に、法律が、公平の観念に基づいて、利得者にその利得の返還義務を負担させるものであるが、いま甲が、乙から金銭を騙取又は横領して、その金銭で自己の債権者丙に対する債務を弁済した場合に、乙の丙に対する不当利得返還請求が認められるかどうかについて考えるに、騙取又は横領された金銭の所有権が丙に移転するまでの間そのまま乙の手中にとどまる場合にだけ、乙の損失と丙の利得との間に因果関係があるとなすべきではなく、甲が騙取又は横領した金銭をそのまま丙の利益に使用しようと、あるいはこれを自己の金銭と混同させ又は両替し、あるいは銀行に預入れ、あるいはその一部を他の目的のため費消した後その費消した分を別途工面した金銭によって補塡する等してから、丙のために使用しようと、社会通念上乙の金銭で丙の利益をはかったと認められるだけの連結がある場合には、なお不当利得の成立に必要の因果関係があるものと解すべきであり、また、丙が甲から右の金銭を受領するにつき悪意又は重大な過失がある場合には、丙の右金銭の取得は、被騙取者又は被横領者たる乙に対する関係においては、法律上の原因がなく、不当利得となるものと解するのが相当である。」

「本件の金員は、AがXの経理課長Bを教唆し又は同人と共謀し同人をしてXから横領せしめたものであるか、あるいはBが横領した金銭を同人から騙取したものと解する余地がある。そうすると、YにおいてAから右損害賠償金を受領するにつき悪意又は重大な過失があったと認められる場合には、Yの利得には法律上の原因がなく、不当利得の成立する余地が存するのである。

しかるに、原審はこれらの諸点を顧慮することなく、AがBから受領した本件の金員とAがC農共組連に送付した金員との間には同一性がなく、したがってまた、Bが本件の金員をAに交付することによりXが被った右金額に相当する損失と、Yの同年一〇月四日のAからの金員受領による利得との間には因果関係を認めることができないとして、XのYに対する本件の金員の不当利得返還請求を排斥した原判決には、不当利得に関する法理の解釈適用を誤ったか又は審理不尽、理由不備の違法があるというべく、この違法は原判決の結論に影響を及ぼすことが明らかであって、論旨は結局理由がある。」

転用物訴権(1)（ブルドーザー事件）　七〇三条

〔二七一〕　最判昭和四五年七月一六日民集二四巻七号九〇九頁　民法2債173(3)(ア)

事実　Aは、Yからブルドーザーを賃借したが、その自然損耗に対する修理をXに依頼した。Xは、その修理を終えてこれをAに引き渡した。ところが、AはXによる本件ブルドーザー修理後二か月余をして倒産し、XはAから修理代金を回収する見込みはなかった。Yは、本件ブルドーザーをAから引き揚げ、他に売却した。そこで、Xは、XによるA自然損耗部分の修理によりYは利得を得ているとして、不当利得の返還を訴求した。原審は、AとXとの間に修理請負契約が介在しているので、Yの受けた利益とXの損失の間には因果関係がないとして、Xの請求を棄却した。X上告。

判旨 破棄差戻「本件ブルドーザーの修理は、一面において、Xにこれに要した財産および労務の提供に相当する損失を生ぜしめ、他面において、Yに右に相当する利得を生ぜしめたもので、Xの損失とYの利得との間に直接の因果関係ありとすることができるのであって、本件において、Xのした給付（修理）を受領した者がYでなくA会社であることは、右の損失および利得の間に直接の因果関係を認めることの妨げとなるものではない。ただ、右の修理はA会社の依頼によるものであり、したがって、XはA会社に対して修理代金債権を取得するから、右修理によりYの受ける利得はいちおうA会社の財産に由来することとなり、XはYに対し右利得の返還請求権を有しないのを原則とする（自然損耗に対する修理の場合を含めて、その代金をA会社において負担する旨の特約があるときは、同会社もYに対して不当利得返還請求権を有しない）が、A会社の無資力のため、右修理代金債権の全部または一部が無価値であるときは、その限度において、Yの受けた利得はXの財産および労務に由来したものということができ、Xは、右修理（損失）によりYの受けた利得を、A会社に対する代金債権が無価値である限度において、不当利得として、Yに返還を請求することができるものと解するのが相当である（修理費用をA会社において負担する旨の特約が同会社とYとの間に存したとしても、XからYに対する不当利得返還請求の妨げとなるものではない）。

しかるに原判決は、Xの右の訴旨を誤解し、また右の法理の適用を誤ったもので、審理不尽、理由不備の違法を免れず、論旨は理由あるに帰し、原判決を破棄すべきであるが、本件においてXのA会社に対する債権が実質的にいかなる限度で価値を有するか、原審の確定しないところであるので、この点につきさらに審理させるため、本件を原審に差し戻すべきものとする。」

転用物訴権(2)（ビル改修事件）　七〇三条

〔二七二〕　最判平成七年九月一九日民集四九巻八号二八〇五頁　民法2債173(3)(ア)

事実 Yは所有建物をAに賃貸したが、その際、Aは権利金を支払わない代わりに、本件建物の修繕、造作の新設・変更等の工事は全てAの負担とする旨の特約を結んだ。その後、Aは、Xとの間で本件建物の改修・改装工事の請負契約を締結し、Xは工事を完成して本件建物をAに引き渡した。ところが、Aが本件建物の中の店舗を無断転貸したので、Yは賃貸借契約を解除した。他方、Aは、Xに対して工事代金の一部を支払わないまま所在不明となり、この残代金は回収不能となった。そこで、XがYを相手に、不当利得として残代金相当額の支払を求めた。原審は、Xが下請代金を払ったとは認められないので損失はない等として、Xの請求を棄却した。X上告。

判旨　上告棄却「甲が建物賃借人乙との間の請負契約に基づき右建物の修繕工事をしたところ、その後乙が無資力になったため、甲の乙に対する請負代金債権の全部又は一部が無価値である場合において、右建物の所有者丙が法律上の原因なくして右修繕工事に要した財産及び労務の提供に相当する利益を受けたということができるのは、丙と乙との間の賃貸借契約を全体としてみて、丙が対価関係なしに右利益を受けたときに限られるものと解するのが相当である。けだし、丙が乙との間の賃貸借契約において何らかの形で右利益に相応する出捐ないし負担をしたときは、丙の受けた右利益は法律上の原因に基づくものというべきであり、甲が丙に対して右利益につき不当利得としてその返還を請求することができるとするのは、丙に二重の負担を強いる結果となるからである。……本件建物の所有者であるYがXのした本件工事により受けた利益は、本件建物を営業用建物として賃貸するに際し通常であれば賃借人であるAから得ることができた権利金の支払を免除したという負担に相応するものというべきであって、法律上の原因なくして受けたものということはでき」ない。

善意占有者と果実　〔一〇六〕参照。

代替物の返還義務　　　七〇三条

〔二七二の二〕　最判平成一九年三月八日民集六一巻二号四七九頁　　民法2債174(1)(イ)

事実　Xは、証券会社を通じてA社の株式を取得したが、名義書換手続をしなかったため、株主名簿上は、かつての株主であったYが株主のままであった。その後、Aが株式分割を実施したので、Yは、名簿上の株主として、この株式分割によって増加した新株式（本件新株式）にかかる株券の交付を受け、それを第三者に売却して、代金五三五〇万円余を取得した。

Xは、Yに対し、不当利得としてこの代金相当額の返還を請求した（本件新株式にかかる利益配当金の返還請求も問題となっているが、この点は省略）。

一審はXの請求を認容したが、原審は、本件新株式が代替物であることから、Yが利得したのは本件新株式それ自体ではなく、本件新株式と同一の銘柄及び数量の株式であるとして、Xは本件新株式を表章する株券の返還に代えて、本件新株式の価格の返還請求することができるとして、口頭弁論終結の前日におけるA社株式の終値を基準に算定した金額（前記代金の約七割）を限度として、Xの請求を認めた（一部認容）。Xが上告受理の申立て。

判旨　一部破棄自判・一部上告棄却「受益者が法律上の原因なく代替性のある物を利得し、その後これを第三者に売却処分した場合、その返還すべき利益を事実審口頭弁論終結時における同種・同等・同量の物の価格相当額であると解すると、その物の価格が売却後に下落したり、無価値になったときには、受益者は取得した売却代金の全部又は一部の返還を免れることになるが、これは公平の見地に照らして相当ではないというべきである。また、逆に同種・同等・同量の物の価格が売却後に高騰したときには、受益者は現に保持する利益を超える返還義務を負担することになるが、これも公平の見地に照らして相当ではなく、受けた利益を返還するという不当利得制度の本質に適合しない。

そうすると、受益者は、法律上の原因なく利得した代替性のある物を第三者に売却処分した場合には、損失者に対し、原則として、売却代金相当額の金員の不当利得返還義務を負うと解するのが相当である。大判昭和一八年年一二月二二日新聞四八九〇号三頁は、以上と抵触する限度において、これを変更すべきである。」

現存利益の存否の主張・立証責任　七〇三条

〔二七三〕最判平成三年一一月一九日民集四五巻八号一二〇九頁　民法1総131、2債174(1)

事実　Yは、普通預金契約を締結していたX銀行に対し、所持していた約束手形の取立てとYの口座への振込を委任した。ところが、右約束手形は不渡りとなっていたにもかかわらず、Xは、過誤により約束手形相当金をYに払い戻した。みずからの過誤に気づいたXは、Yに対し払戻金の返還を請求した。Yは、本件約束手形の取立てを委任したのはAであり、取立金はAに払い戻されたと主張した。原審は、本件払戻金がAに交付されたという事実は認められない、仮にAに交付されたとしても、金銭の利得による利益は現存することが推定され、経済的に密接な一体者間の内部的授受によっては未だ授与者の価値支配は失われないから、Yと経済的に密接な一体の関係にあるAへの交付をもって利益が現存しないとはいえないとしてXの請求を認めたが、大手都市銀行としてのXにも杜撰な点があったとして請求額を減額した。Xは、この減額を不当として上告した。

判旨　一部破棄自判、一部上告棄却　「本件約束手形は不渡りとなりその取立金相当額の普通預金口座への寄託はなかったのであるから、右取立金に相当する金額の払戻を受けたことにより、YはXの損失において法律上の原因なしに同額の利得をしたものである。そして、金銭の交付によって生じた不当利得につきその利益が存しないことについては、不当利得返還請求権の消滅を主張する者において主張・立証すべき」である。

「なお、原審が仮定的に判断するように、Yが本件払戻金を直ちにAに交付し、当該金銭を喪失したとのYの主張事実が真実である場合においても、このことによってYが利得した利益の全部又は一部を失ったということはできない。すなわち、善意で不当利得をした者の返還義務の範囲が利益の存する限度に減縮されるのは、利得に法律上の原因があると信じて利益を失った者に不当利得がなかった場合以上の不利益を与えるべきでないとする趣旨に出たものであるから、利得者が利得に法律上の原因がないことを認識した後の利益の消滅は、返還義務の範囲を減少させる理由とはならないと解すべき」である。

不法原因給付の成否(1)——未登記建物の引渡し　　七〇八条

〔二七四〕　最大判昭和四五年一〇月二一日民集二四巻一一号一五六〇頁　　民法2債176(2)(ウ)・(3)(エ)

事実　Xは、愛人関係を維持するため、所有する未登記建物を愛人Yに贈与し、引き渡した。その後、X、Y間の関係が悪化したため、XはYに対し右建物の返還を訴求した。なお、Xは、訴訟を有利に導くため、手許にあった建築確認書を用いてこの建物についてX所有の保存登記をした。Yは、反訴請求し、右建物の所有権を有していると主張し、移転登記を求めた。原審は、本件贈与が公序良俗に違反し無効であるとしてYの反訴請求を認めなかった。Y上告。

判旨　破棄自判　本件「贈与は公序良俗に反し無効であり、また、右建物の引渡しは不法の原因に基づくものというのを相当とするのみならず、本件贈与の目的である建物は未登記のものであって、その引渡しにより贈与者の債務は履行を完了したものと解されるから、右引渡しが民法七〇八条本文にいわゆる給付に当たる旨の原審の前示判断も、正当として是認することができる。

そして、右のように、本件建物を目的としてなされたＸＹ間の右贈与が公序良俗に反し無効である場合には、本件建物の所有権は、右贈与によってはＹに移転しないものと解すべきである。いわゆる物権行為の相対的無因性を前提とする所論は、独自の見解であって、採用することができない。

しかしながら、前述のように右贈与が無効であり、したがって、右贈与による所有権の移転は認められない場合であっても、Ｘがした該贈与に基づく履行行為が民法七〇八条本文にいわゆる不法原因給付に当たるときは、本件建物の所有権はＹに帰属するにいたったものと解するのが相当である。けだし、同条は、みずから反社会的な行為をした者に対しては、その行為の結果の復旧を訴求することを許さない趣旨を規定したものと認められるから、給付者は、不当利得に基づく返還請求をすることが許されないばかりでなく、目的物の所有権が自己にあることを理由として、給付した物の返還を請求することも許されない筋合であるというべきである。かように、贈与者において給付した物の返還を請求できなくなったときは、その反射的効果として、目的物の所有権は贈与者の手を離れて受領者に帰属するにいたったものと解するのが、最も事柄の実質に適合し、かつ、法律関係を明確ならしめる所以と考えられるからである。

ところで、原判決によれば、Ｘは、本件建物について昭和三一年一一月一〇日附で同人名義の所有権保存登記を経由したのであるが、右登記は、Ｘが本件建物の所有権を有しないにもかかわらず、Ｙに対する右建物の明渡請求訴訟を自己に有利に導くため経由したもので、もともと実体関係に符合しない無効な登記といわなければならず、本件においては他にこれを有効と解すべき事情はない。そして、前述のように、不法原因給付の効果として本件未登記建物の所有権がＹに帰属したことが認められる以上、ＹがＸに対しその所有権に基づいて右所有権保存登記の抹消登記手続を求めることは、不動産物権に関する法制の建前からいって許されるものと解すべきであってこれを拒否すべき理由は何ら存しない。そうとすれば、本件不動産の権利関係を実体に符合させるため、Yが右保存登記の抹消を得たうえ、改めて自己の名で保存登記手続をすることに代え、Xに対し所有権移転登記手続を求める本件反訴請求は、正当として認容すべきものである。原判決が、本件贈与は公序良俗に反するものとして無効であるから、右贈与が有効であることを前提とするYの反訴請求は失当である旨判示したのみで、右請求を棄却したのは違法であり、論旨は、理由があるに帰する。」

不法原因給付の成否(2)―既登記建物の引渡し　七〇八条

〔二七五〕　最判昭和四六年一〇月二八日民集二五巻七号一〇六九頁　民法2債176(2)(ウ)

事実　Y_1は、Xとの愛人関係を維持するために、Y_2所有の建物をXに贈与する旨約した。その後、Y_1は、Y_2から本件建物の所有権を譲り受け、所有権移転登記を経由した。Xは、Y_1を相手に、本件建物についてXに所有権移転の登記をすることを求めた（Y_2相手の主張については省略する）。一審・原審ともXの請求を認めなかった。X上告。

判旨　上告棄却　判決は、本件贈与が民法七〇八条にいう不法の原因に基づくものであることを認めたうえで、「しかし、原判決によれば、本件建物は既登記のものであったことが窺われるのであるが、本件については、右贈与契約当時、XはY_1から本件建物の引渡を受けたことを認めうるにとどまり、Y_1は、その後、本件建物の所有権を取得し、かつ、自己のためその所有権移転登記を経由しながら、Xのための所有権移転登記手続は履行しなかったというのであるから、これをもって民法七〇八条にいう給付があったと解するのは相当でないというべきである。……贈与が不法の原因に基づくものであり、同条にいう給付があったとして贈与者の返還請求を拒みうるとするためには、本件のような既登記の建物にあっては、その占有の移転のみでは足りず、所有権移転登記手続が履践されていることをも要するものと解するのが妥当と認められるからである。」

七〇八条但書における不法の比較（カセイソーダ密輸事件）　七〇八条但書

〔二七六〕　最判昭和二九年八月三一日民集八巻八号一五五七頁　民法2債176(2)(ア)・(イ)(4)

事実　Yは、X、Aとカセイソーダを韓国に密輸出し同国から阿片を密輸入しようと約束した。しかし、Xは、その約束の解消をYに申し出た。これに対し、Yは、もう既に密輸出の準備をしているのでせめて一航海分の経費を貸与してもらいたいと申し出た。そこで、Xは、その経費として求められた金額をYに貸与した。現実には密輸出を行わなかったYは、これを遊蕩に費消した。Xは貸与金の返還を訴求した。原審は、Xの貸与が不法原因給付にあたるとして、Xの返還請求を認めなかった。X上告。

判旨　破棄差戻「よって案ずるに民法第七〇八条は社会的妥当性を欠く行為を為し、その実現を望む者に助力を拒まんとする私法の理想の要請を達せんとする民法第九〇条と並び社会的妥当性を欠く行為の結果の復旧を望む者に助力を拒まんとする私法の理想の要請を達せんとする規定であるといわれて居る。社会的妥当性を欠く行為の実現を防止せんとする場合はその適用の結果も大体右妥当性に合致するであろうけれども、既に給付された物の返還請求を拒否する場合はその適用の結果は却って妥当性に反する場合が非常に多いから、その適用については十分の考慮を要するものである。本件は給付の原因たる行為の無効を主張して不当利得の返還請求をするものではなく、消費貸借の有効を主張してその弁済を求めるものである。それ故第一次においては民法九〇条の問題であるけれども、要物契約である関係上不法な動機の為めの金銭の交付は既に完了してしまって居り、残るはその返還請求権だけであってこの請求は何等不法目的を実現せんとするものではない。それ故実質的には前記民法九〇条に関する私法理想の要請の問題ではなく、同七〇八条に関する該要請の問題であり、その適用の結果は妥当性を欠く場合が多いのであって、この事を考慮に入れて考えなければならない。本件において原審の認定した処によると、Xは一旦Yの密輸出計画に賛同したけれども、後にこれを思い止まりYに対して出資を拒絶した処、Yから『既に密輸出の準備を進めたことでもあるから、せめて一航海の経費として金一五万円を貸与して貰いたい』と要請され（一審判決では強制といって居る）、止むを得ず金一五万円を貸与するに至ったのであって、密輸出に対する出資ではなく通常の貸借である。即ち利益の分配を受けるのでもなく、損失の分担もしないのであり、又貸した金につきYがこれを密輸出に使用することを貸借の要件としたとかいうものでもない（原審認定）、即ち密輸出に使用することは契約の内容とされたわけではなく、Xは只密輸出の資金として使用されるものと告げられながら貸与したというだけのことである。されば X はYの要請により已を得ず普通の貸金をしたに過ぎないもので、本訴請求が是認されてもともと貸した金が返って来るだけで何等経済上利益を得るわけではない。しかるに若し七〇八条が適用されて請求が棄却されると丸々一五万円の損失をしてしまうわけである。これに対してY〔はX〕を欺罔して一五万円を詐取し、これを遊蕩に費用して居ながら（原審認定）民法九〇条、七〇八条の適用を受けると右一五万円の返還義務もなくなり、甚しい不法不当の利得をすることになるであろう。此の場合Xの貸金の経路において多少の不法的分子があったとしても右法条を適用せず本訴請求を是認して弁済を得させることと、右法条を適用して前記の如くXの損失において Y に不法な利得をさせることと、何れがより甚しく社会的妥当性に反するかは問う迄もあるまい。考えなければならない処である。前記の如き事実であって見れば、Xが本件貸金を為すに至った経路において多少の不法的分子があったとしても、その不法的分子は甚だ微弱なもので、これをYの不法に比すれば問題にならぬ程度のものである。殆ど不法はYの一方にあるといってもよい程のものであって、かかる場合は既に交付された物の返還請求に関する限り民法第九〇条も第七〇八条もその適用なきものと解するを相当とする。」

不法行為への七〇八条の類推適用　七〇九条・七〇八条

〔二七七〕最判昭和四四年九月二六日民集二三巻九号一七二七頁　民法2債176(5)

事実　X女は、当時一九歳であり、在日米軍兵站司令部経理課に勤務したが、同経理課の上司Yと知り合った。Yには妻と三名の子がいたが、妻とは不仲であった。Yは、Xと結婚する意思はないのに妻と別れてXと結婚する旨の詐言を用い、数十回にわたりXと情交関係を結んでいた。その後、Yは、Xが妊娠したことを告げられると、Xと会うことを避けるようになり、分娩費用を支払ったほかはXとの交際を絶つようになった。そこで、Xは、Yに対し慰謝料を訴求した。原審は、Xの請求を認容した。Yは上告して、原判決は民法七〇八条但書の解釈を誤っていると主張する。

判旨　上告棄却「思うに、女性が、情交関係を結んだ当時男性に妻のあることを知っていたとしても、その一事によって、女性の男性に対する貞操等の侵害を理由とする慰藉料請求が、民法七〇八条の法の精神に反して当然に許されないものと画一的に解すべきではない。すなわち、女性が、その情交関係を結んだ動機が主として男性の詐言を信じたことに原因している場合において、男性側の情交関係を結んだ動機その詐言の内容程度およびその内容についての女性の認識等諸般の事情を斟酌し、右情交関係を誘起した責任が主として男性にあり、女性の側におけるその動機に内在する不法の程度に比し、男性の側における違法性が著しく大きいものと評価できるときには、女性の男性に対する貞操等の侵害を理由とする慰藉料請求は許容されるべきであり、このように解しても民法七〇八条に示された法の精神に反するものではないというべきである。

本件においては、Yは、Xと婚姻する意思がなく、単なる性的享楽の目的を遂げるために、Xが異性に接した体験がなく若年で思慮不十分であるのにつけこみ、妻とは長らく不和の状態にあり妻と離婚してXと結婚する旨の詐言を用いてXを欺き、Xがこの詐言を真に受けてYと結婚できるものと期待しているのに乗じて情交関係を結び、以後は同じような詐言を用いてXが妊娠したことがわかるまで一年有余にわたって情交関係を継続した等前記事実関係のもとでは、その情交関係を誘起した責任は主としてYにあり、Xの側におけるその動機に内在する不法の程度に比し、Yの側における違法性は、著しく大きいものと評価することができる。したがって、Yは、Xに対しその貞操を侵害したことについてその損害を賠償する義務を負うものといわなければならない。また、Xの側において前記誤信につき過失があったとしても、その誤信自体がYの欺罔行為に基づく以上、Yの帰責事由の有無に影響を及ぼすものではなく、慰藉料額の算定において配慮されるにとどまるというべきである。そうとすればYの責任を肯認した原審の判断は正当であって、所論の違法はなく、論旨は採用しえない。」

損益相殺と不法原因給付　　七〇九条・七〇八条

〔二七八〕　最判平成二〇年六月一〇日民集六二巻六号一四八八頁　　民法2債12(6)(オ)・176(1)

事実　Xは、Yから一五年間にわたり年利数百%から数千%の高利で借り入れて元利を弁済した。Xは、不法行為を理由にYに対して、元本・利息の返還および遅延利息を含む損害賠償を請求した。一審・原審とも、元本は、損益相殺により損害から控除されるとしてXの請求を一部認容した。Xは、損益相殺をすべきではないと主張して上告受理申立てをした。

判旨　破棄差戻　「民法七〇八条は、不法原因給付、すなわち、社会の倫理、道徳に反する醜悪な行為（以下「反倫理的行為」という。）に係る給付については不当利得返還請求を許さない旨を定め、これによって、反倫理的行為については、同条ただし書に定める場合を除き、法律上保護されないことを明らかにしたものと解すべきである。したがって、反倫理的行為に該当する不法行為の被害者が、これによって損害を被るとともに、当該反倫理的行為に係る給付を受けて利益を得た場合には、同利益については、加害者からの不当利得返還請求が許されないだけでなく、被害者からの不法行為に基づく損害賠償請求において損益相殺ないし損益相殺的な調整の対象として被害者の損害額から控除することも、上記のような民法七〇八条の趣旨に反するものとして許されないものというべきである。……

これを本件についてみると、前記事実関係によれば、著しく高利の貸付けという形をとってXらから元利金等の名目で違法に金員を取得し、多大の利益を得るという反倫理的行為に該当する不法行為の手段として、本件各店舗からXらに対して貸付けとしての金員が交付されたというのであるから、上記の金員の交付によってXらが得た利益は、不法原因給付によって生じたものというべきであり、同利益を損益相殺ないし損益相殺的な調整の対象としてXらの損害額から控除することは許されない。これと異なる原審の判断には法令の解釈を誤った違法があり、この違法が判決に影響を及ぼすことは明らかである。」

第五章　不法行為

第一節　一般不法行為の要件

一　故意・過失

不法行為との関係（賃借人家屋失火事件）〔一六二〕参照。

過失の意義（大阪アルカリ事件）　七〇九条

〔二七九〕大判大正五年一二月二二日民録二二輯二四七四頁　民法2債191(5)(ウ)

事実　Yは、硫酸製造、銅の精錬を目的とする株式会社である。Yの近隣で農作物を作っていたXらは、Yからの硫煙により農作物に損害を及ぼしたとして、Yに対し不法行為に基づく損害賠償を訴求した。原審は、Yの不法行為責任を認めた。Yは、上告し、Yの行為は社会通念上許された限度を超えていないなどと主張した。

なお、注は、差戻審の判断である。

判旨　破棄差戻「化学工業ニ従事スル会社其他ノ者ガ其目的タル事業ニ因リテ生ズルコトアルベキ損害ヲ予防スルガ為メ右事業ノ性質ニ従ヒ相当ナル設備ヲ施シタル以上ハ、偶〻《たまたま》他人ニ損害ヲ被ラシメタルモ之ヲ以テ不法行為者トシテ其損害賠償ノ責ニ任ゼシムルコトヲ得ザルモノトス。何トナレバ斯《か》カル場合ニ在リテハ右工業ニ従事スル者ニ民法第七〇九条ニ所謂《いわゆる》故意又ハ過失アリト云フコトヲ得ザレバナリ。是ヲ以テ原裁判所ガ『Yノ如ク亜硫酸瓦斯ヲ作リ之ヲ凝縮シテ硫酸ヲ製造シ銅ヲ製煉スル等化学工業ニ従事スル会社ニ在リテハ其代理人タル取締役等ガ其製造シタル亜硫酸 竝《ならびに》 硫酸瓦斯ガ現ニ其設備ヨリ遁逃スルコトヲ知ラザル筈ナク、又遁逃シタル是等ノ瓦斯ガ附近ノ農作物其他人畜ニ害ヲ及ボスコトヲ知ラザル筈モナク、若《も》シ之ヲ知ラザリシトセバ之レ其作業ヨリ生ズル結果ニ対スル調査研究ヲ不当ニ怠リタルモノニシテ之ヲ知ラザルニ付《つ》キ過失アルモノト認ムルヲ相当トスルガ故ニ、YハXノ右損害ニ付キ不法行為者トシテ賠償ノ責任アルモノトス。Yハ硫酸ノ遁逃ヲ防止スルニ付キ今日技術者ノ為シ得ル最善ノ方法ヲ尽セルガ故ニYニ責任ナシト論ズレドモ、Yノ製造シタル硫酸ガXノ農作物ヲ害シタル以上ハ、其硫酸ノ遁逃ハYノ防止スルヲ得ザリシモノナルト否トニ拘ラズXノ被害ハYノ行為ノ結果ナルガ故ニ、Yハ之ニ対シ責任ヲ有スルコトハ多弁ヲ要セズ』ト判示シ、以テYニ於テ硫酸ノ遁逃ヲ防止スルニ相当ナル設備ヲ為シタルヤ否ヤヲ審究セズシテ漫然Yヲ不法行為者ト断ジタルハ、右不法行為ニ関スル法則ニ違背シタルモノニシテ原判決ハ到底破毀〔＝棄〕ヲ免カレズ。」

〔注〕　大阪控判大正八年一二月二七日新聞一六五九号一一頁、評論九巻民訴一四三頁

「Yノ取締役等ハ其工場ヨリ噴出遁逃スル亜硫酸瓦斯及硫酸瓦斯ハ本件耕地ノ稲麦ニ対シ多大ニ有害ノ作用ヲ及ボスベキモノナル事ヲ知リ居リタルモノト認ムルヲ妥当トスベク、即結果ニ対スル予見アリタルモノトス。而《しか》シテ……本件当時ニ於ケル知識ヲ以テスルモ遁逃瓦斯ヲ高ク大気中ニ放散セシムルニ適当ナル高サヲ有スル煙筒ヲ設備スルニ於テハ……稲麦ニ対シ有害ナル作用ヲ及ボス事ヲ防止シ得、且……右ノ如キ設備ヲ為ス事ハ経済上ニ於テモ左迄困難ナラザルニ不拘《かかわらず》、Yノ取締役等ハ僅ニ一〇〇尺乃至一二〇尺……ノ煙筒ニヨリ有毒瓦斯ヲ遁逃セシメタルモノナルガ故ニ、Yノ取締役等ガ亜流酸瓦斯及硫酸瓦斯ノ噴出遁逃ヲ防止スルニ付其当時技術者ノ為シ得ル適当ノ方法ヲ尽シタリト云フヲ得ズ。若《も》シ夫以上認定ノ如キ減少防止ノ方法ヲ講ゼザルニ不拘適当ノ方法ヲ尽シタリト信ジタリトセバ其信ズルニ付過失アリト断定スルニ足ル。……Yノ取締役等ハ前認定ノ如ク硫酸製造及銅ノ製煉ヲ為スニ付其工場ヨリ噴出遁逃スル亜硫酸瓦斯及硫酸瓦斯ガX等ノ本件耕地ニ於ケル稲麦ニ対シ多大ノ害ヲ加フベキ事ヲ予見シ且之ヲ防止シ得ベキ方法アリシニ不拘、故意若クハ過失ニヨリ其方法ヲ講セズシテ之等ノ瓦斯ヲ噴出遁逃セシメ之ニ因リテYノ稲麦ニ対シ有害ナル作用ヲ及ボシ其収穫ヲ皆無又ハ多大ニ減少セシメタルモノナルヲ以テ、Yハ之ガ賠償ノ責任アルモノトス。」

医師の過失(1)—最善の注意義務（梅毒輸血事件）　七一五条・七〇九条

〔二八〇〕　最判昭和三六年二月一六日民集一五巻二号二四四頁　民法2債179(2)・191(7)(イ)

事実　X女は、国立大学付属病院に入院中、A医師から職業的給血者の血液を輸血され、梅毒に感染した。同給血者が梅毒に罹っていたからである。Aは、同人からの採血にあたり、同給血者に対し「からだは丈夫か」と尋ねただけで、それ以上の問診をしなかった。Xは、Aの使用者である国Yに対し、損害賠償を訴求した（国家賠償法四条、民法七〇九条）。原審は、給血者に対する問診をしなかったことに注意義務違反があるとして、Xの請求を認めた。Yは上告し、本件Aのおかれた諸条件の下においては、給血者に対する問診の省略が許されるものと解するのが相当であり、これに反する原判決の判断には医師に対して不当に過度の注意義務を課した誤りがある、と主張する。

判旨 上告棄却　「医師が直接診察を受ける者の身体自体から知覚し得る以外の症状その他判断の資料となるべき事項は、その正確性からいって、血清反応検査、視診、触診、聴診等に対し従属的であるにもせよ、問診による外ない場合もあるのであるから、原判決が本件において、たとい給血者が、信頼するに足る血清反応陰性の検査証明書を持参し、健康診断及び血液検査を経たことを証する血液斡旋所の会員証を所持する場合であっても、これらによって直ちに輸血による梅毒感染の危険なしと速断することができず、また陰性又は潜伏期間中の梅毒につき、現在、確定的な診断を下すに足る利用可能な化学的方法がないとされている以上、たとい従属的であるにもせよ、梅毒感染の危険の有無について最もよく了知している給血者自身に対し、梅毒感染の危険の有無を推知するに足る事項を診問し、その危険を確かめた上、事情の許すかぎり（本件の場合は、一刻を争うほど緊急の必要に迫られてはいなかった）そのような危険がないと認められる給血者から輸血すべきであり、それが医師としての当然の注意義務であるとした判断は、その確定した事実関係の下において正当といわなければならない。

所論は、医師の間では従来、給血者が右のような証明書、会員証等を持参するときは、問診を省略する慣行が行なわれていたから、A医師が右の場合に処し、これを省略したとしても注意義務懈怠の責はない旨主張するが、注意義務の存否は、もともと法的判断によって決定さるべき事項であって、仮に所論のような慣行が行なわれていたとしても、それは唯だ過失の軽重及びその度合を判定するについて参酌さるべき事項であるにとどまり、そのことの故に直ちに注意義務が否定さるべきいわれはない。

所論は、仮に医師に右の如き問診の注意義務があるとしても、給血を以って職業とする者ごとに性病感染の危険をもつ者に対し、性病感染の危険の有無につき発問してみても、それらの者から真実の答述を期待するが如きことは、統計的にも不可能であるから、かかる者に対してもまた問診の義務ありとする原判示は、実験則ないし条理に反して医師に対し不当の注意義務を課するものである旨主張するが、たとい所論のような職業的給血者であっても、職業的給血者であるというだけで直ちに、なんらの個人差も例外も認めず、常に悉《ことごと》く真実を述べないと速断する所論には、にわかに左袒《さたん》することはできない。現に本件給血者Bは、職業的給血者ではあったが、原判決及びその引用する第一審判決の確定した事実によれば、当時別段給血によって生活の資を得なければならぬ事情にはなかったというのであり、また梅毒感染の危険の有無についても、問われなかったから答えなかったに過ぎないというのであるから、これに携わったA医師が、懇《ねんご》ろに同人に対し、真実の答述をなさしめるように誘導し、具体的かつ詳細な問診をなせば、同人の血液に梅毒感染の危険あることを推知し得べき結果を得られなかったとは断言し得ない。

されば原判決がこの点に関し、『一面職業的給血者と雖も、医師がかかる危険の有無の判断資料となるべき事項について具体的に詳細な問診をなせば、一々答える必要があり、質問に対する反応を見る機会も多く、その心理的影響によって真実を述べる場合のあることも相当予想される』旨判断したのは、その確定された事情の下において正当とすべく、所論の違法があるとは認められない。所論はひっきょう抽象的にこの問題を論定しようとするものであるから採ることができない。

所論はまた、仮に担当医師の問診の義務があるとしても、原判旨のような問診は、医師に過度の注意義務を課するものである旨主張するが、いやしくも人の生命及び健康を管理する業務〔医業〕に従事する者は、その業務の性質に照し、危険防止のために実験上必要とされる最善の注意義務を要求されるのは、已むを得ないところといわざるを得ない。

然るに本件の場合は、A医師が、医師として必要な問診をしたに拘らず、なおかつ結果の発生を予見し得なかったというのではなく、相当の問診をすれば結果の発生を予見し得たであろうと推測されるのに、敢てそれをなさず、ただ単に『からだは丈夫か』と尋ねただけで直ちに輸血を行い、以って本件の如き事態をひき起すに至ったというのであるから、原判決が医師としての業務に照し、注意義務違背による過失の責ありとしたのは相当であり、所論違法のかどありとは認められない。」

医師の過失⑵―医療水準〔姫路日赤未熟児網膜症事件〕　七〇九条

〔二八一〕最判平成七年六月九日民集四九巻六号一四九九頁　民法2債179⑵・191⑺(イ)

事実　Xは、昭和四九年一二月一一日に未熟児としてA病院で出生し、同日転医して、Yが設営するB病院の「新生児センター」に入院した。同病院の小児科のC医師がXの担当医となったが、Cは、同日から昭和五〇年二月一三日まで断続的に保育器での酸素投与や酸素ボックスによる酸素吸入をした。酸素投与をすると未熟児網膜症を発症する危険があるので、同病院の眼科のD医師が昭和四九年一二月二七日に眼底検査をしたが、Dは、Xの眼底に格別の変化はなく次回検診の必要なしと判断し、昭和五〇年二月二一日のXの退院まで眼底検査はされなかった。Xは、退院後にDにより眼底に異常の疑いありとされ、同年四月一六日にCの紹介でE病院の眼科で診察を受けたところ、既に両眼とも未熟児網膜症であると診断され、現在の視力は両眼とも〇・〇六である。Xは、Cが一度眼底検査をしたのみである点などについて債務不履行であるとして損害賠償を請求したが、一審・原審ともにXの請求を認めなかった。眼底検査そのものには未熟児網膜症を予防する意味はなく、未熟児網膜症の有効な治療方法が存在して初めて眼底検査にも存在意義があるところ、未熟児網膜症の治療方法である光凝固法は昭和四九年当時はなお追試の段階であり診断および治療基準も確定されておらず、有効な治療法として確立されていなかったという理由からである。

判旨　破棄差戻　「Yは、本件診療契約に基づき、人の生命及び健康を管理する業務に従事する者として、危険防止のために経験上必要とされる最善の注意を尽くしてXの診療に当たる義務を負担したものというべきである（最判昭和三六年二月一六日民集一五巻二号二四四頁参照）。そして、右注意義務の基準となるべきものは、診療当時のいわゆる臨床医学の実践における医療水準である（最判昭和五七年三月三〇日裁判集民一三五号五六三頁参照）。ある新規の治療法の存在を前提にして検査・診断・治療等に当たることが診療契約に基づく医療機関に要求される医療水準であるかどうかを決するについては、当該医療機関の性格、所在地域の医療環境の特性等の諸般の事情を考慮すべきであり、右の事情を捨象して、すべての医療機関について診療契約に基づき要求される医療水準を一律に解するのは相当でない。そして、新規の治療法に関する知見が当該医療機関と類似の特性を備えた医療機関に相当程度普及しており、当該医療機関においても右知見を有することが相当と認められる場合には、特段の事情が存しない限り、右知見は右医療機関にとっての医療水準であるというべきである。そこで、当該医療機関としてはその履行補助者である医師等に右知見を獲得させておくべきであって、仮に、履行補助者である医師等が右知見を有しなかったために、右医療機関が右治療法を実施せず、又は実施可能な他の医療機関に転医をさせるなど適切な措置を採らなかったために患者に損害を与えた場合には、当該医療機関は、診療契約に基づく債務不履行責任を負うものというべきである。また、新規の治療法実施のための技術・設備等についても同様であって、当該医療機関が予算上の制約等の事情によりその実施のための技術・設備等を有しない場合には、右医療機関は、これを有する他の医療機関に転医をさせるなど適切な措置を採るべき義務がある。

これを本件についてみると……(1)　光凝固法については……昭和四六年ころから各地の研究者によって追試が行われ……厚生省は……昭和四九年度厚生省研究班を組織し、右研究班は、昭和五〇年三月……一応の診断治療基準を示した研究成果を発表した、(2)　Bにおいては、昭和四八年一〇月ころから、光凝固法の存在を知っていた小児科のC医師が中心になって、未熟児網膜症の発見と治療を意識して小児科と眼科とが連携する体制をとり、小児科医が眼科検診に耐え得ると判断した時期に、眼科のD医師に依頼して眼底検査を行い、その結果本症の発生が疑われる場合には、光凝固法を実施することのできるE病院に転医をさせることにしていた、(3)　Bは、既に昭和四九年には、他の医療機関で出生した新生児を引き受けてその診療をする『新生児センター』を小児科に開設しており、現にXも、同年一二月一一日にA病院で生まれたが、Bの診療を受けるために転医をしたというのである。そうすると、Bの医療機関としての性格、XがBの診療を受けた昭和四九年一二月中旬ないし昭和五〇年四月上旬の兵庫県〔B病院の所在地〕及びその周辺の各種医療機関における光凝固法に関する知見の普及の程度等の諸般の事情について十分に検討することなくしては、本件診療契約に基づきBに要求される医療水準を判断することができない筋合いであるのに、光凝固法の治療基準について一応の統一的な指針が得られたのが厚生省研究班の報告が医学雑誌に掲載された同年八月以降であるというだけで、XがBの診察を受けた当時において光凝固法は有効な治療法として確立されておらず、Bを設営するYに当時の医療水準を前提として注意義務違反があるとはいえないとした原審の判断には、診療契約に基づき医療機関に要求される医療水準についての解釈適用を誤った違法があるものというべきであ」る。

建物の瑕疵と設計者・施工者等の不法行為責任

〔二八二〕　最判平成一九年七月六日民集六一巻五号一七六九頁　　民法2債143(2)(イ)　七〇九条

事実　Aは、Y_1との間でマンションの建築請負契約を締結し、設計および工事監理についてはY_2に委託した。本件建物の完成引渡し後、Aは、Xに対し敷地と建物を売却し、Xは、これに居住し始めたが、まもなくY_1らに対して、本件建物に、ひび割れ、鉄筋量の不足、バルコニーの手すりのぐらつき、配水管の亀裂等の瑕疵があるとして、建替えをするか建物購入資金の返還をするよう申し入れたが不調に終わった。そこで、Xは、Y_1に対しては瑕疵担保責任（Aから請負契約上の注文者の地位を譲り受けたと主張）および不法行為責任として、Y_2に対しては不法行為責任として、瑕疵修補費用、営業損害、転居費用等の賠償を求めて訴えを提起した。なお、本件土地・建物は、第一審係属中に抵当権が実行されCに売却された。

一審は、瑕疵を原因とした施工業者の注文主に対する不法行為責任が成立するときは、瑕疵担保責任と不法行為責任とが請求権競合するとしたが、Yらの責任は否定した。原審は、Yらの瑕疵担保責任を否定した上で、不法行為責任についても、違法性が強度である場合に限って成立する余地が生じるとして、Xの請求を棄却した。Xが上告受理申立て。

判旨　破棄差戻「(1)　建物は、そこに居住する者、そこで働く者、そこを訪問する者等の様々な者によって利用されるとともに、当該建物の周辺には他の建物や道路等が存在しているから、建物は、これらの建物利用者や隣人、通行人等（以下、併せて「居住者等」という。）の生命、身体又は財産を危険にさらすことがないような安全性を備えていなければならず、このような安全性は、建物としての基本的な安全性というべきである。そうすると、建物の建築に携わる設計者、施工者及び工事監理者（以下、併せて「設計・施工者等」という。）は、建物の建築に当たり、契約関係にない居住者等に対する関係でも、当該建物に建物としての基本的な安全性が欠けることがないように配慮すべき注意義務を負うと解するのが相当である。そして、設計・施工者等がこの義務を怠ったために建築された建物に建物としての基本的な安全性を損なう瑕疵があり、それにより居住者等の生命、身体又は財産が侵害された場合には、設計・施工者等は、不法行為の成立を主張する者が上記瑕疵の存在を知りながらこれを前提として当該建物を買い受けていたなど特段の事情がない限り、これによって生じた損害について不法行為による賠償責任を負うというべきである。居住者等が当該建物の建築主からその譲渡を受けた者であっても異なるところはない。

(2)　原審は、瑕疵がある建物の建築に携わった設計・施工者等に不法行為責任が成立するのは、その違法性が強度である場合、例えば、建物の基礎や構造く体にかかわる瑕疵があり、社会公共的にみて許容し難いような危険な建物になっている場合等に限られるとして、本件建物の瑕疵について、不法行為責任を問うような強度の違法性があるとはいえないとする。しかし、建物としての基本的な安全性を損なう瑕疵がある場合には、不法行為責任が成立すると解すべきであって、違法性が強度である場合に限って不法行為責任が認められると解すべき理由はない。例えば、バルコニーの手すりの瑕疵であっても、これにより居住者等が通常の使用をしている際に転落するという、生命又は身体を危険にさらすようなものもあり得るのであり、そのような瑕疵があればその建物には建物としての基本的な安全性を損なう瑕疵があるというべきであって、建物の基礎や構造く体に瑕疵がある場合に限って不法行為責任が認められると解すべき理由もない。」

なお、本事件には、第二次上告審判決である最判平成二三年七月二一日（判タ一三五七号八一頁。以下、平成二三年判決）がある。同判決は、右の平成一九年判決にいう「建物としての基本的な安全性を損なう瑕疵」をきわめて広く解し、「居住者等の生命、身体又は財産を危険にさらすような瑕疵をいい、建物の瑕疵が、居住者等の生命、身体又は財産に対する現実的な危険をもたらしている場合に限らず、当該瑕疵の性質に鑑み、これを放置するといずれは居住者等の生命、身体又は財産に対する危険が現実化することになる場合」も、これに含まれるものとした。

そして、「当該瑕疵を放置した場合に、鉄筋の腐食、劣化、コンクリートの耐力低下等を引き起こし、ひいては建物の全部又は一部の倒壊等に至る建物の構造耐力に関わる瑕疵はもとより、建物の構造耐力に関わらない瑕疵であっても、これを放置した場合に、例えば、外壁が剥落して通行人の上に落下したり、開口部、ベランダ、階段等の瑕疵により建物の利用者が転落したりするなどして人身被害につながる危険があるときや、漏水、有害物質の発生等により建物の利用者の健康や財産が損なわれる危険があるときには、建物としての基本的な安全性を損なう瑕疵に該当するが、建物の美観や居住者の居住環境の快適さを損なうにとどまる瑕疵は、これに該当しない」ものとした。

そのうえで、「建物の所有者は、自らが取得した建物に建物としての基本的な安全性を損なう瑕疵がある場合には、……、設計・施工者等に対し、当該瑕疵の修補費用相当額の損害賠償を請求することができるものと解され、上記所有者が、当該建物を第三者に売却するなどして、その所有権を失った場合であっても、その際、修補費用相当額の補塡を受けたなど特段の事情がない限り、一旦取得した損害賠償請求権を当然に失うものではない。」とした。

二　権利侵害（違法性）

権利侵害（大学湯事件）　七〇九条

〔二八三〕　大判大正一四年一一月二八日民集四巻六七〇頁　民法2債178(1)(イ)

事実　Xの先代Aは、Y_1から同人所有の「大学湯」という建物を賃借し、この大学湯という名称を用いて湯屋業を営んでいた。この賃貸借終了後、Y_1は、大学湯の建物をA以来設備した造作諸道具付のままでY_2、Y_3夫婦に賃貸した。Xは、Aがこの建物を賃借するにあたって、その老舗（注　大学湯という名称と考えてよい）については、賃貸借終了の際にY_1自身がこれを買い取るか、Aが任意にこれを他に売却できる特約が合意されていたのにY_1はこの老舗売却を妨げて他に賃貸し老舗を失わせたとして、右特約の債務不履行責任、または、その特約が認められないとしても、老舗を失わせた不法行為責任に基づいてYらに損害賠償を訴求した。原審は、X主張の特約は認められない、老舗は権利ではないからその侵害に対する不法行為は成立しないと判断し、Xの請求を棄却した。X上告。

判旨　破棄差戻　「不法ナル行為トハ法規ノ命ズルトコロ若ハ禁ズルトコロニ違反スル行為ヲ云フ。斯《かか》ル行為ニ因リテ生ジタル悪結果ハ能フ限リ之ヲ除去セザルベカラズ。私法ノ範囲ニ在リテハ其ノ或場合ハ債務ノ不履行トシテ救済ガ与ヘラルルコトアリ、又其ノ或場合ハ絶対権ニ基ク請求権ニ依リテ救済ガ与ヘラルルコトアリ。此等ノ場合ヲ外ニシテ別ニ損害賠償請求権ヲ認メ以テ救済ガ与ヘラルルコトアリ。民法ニ所謂《いわゆる》不法行為トハ即此ノ場合ヲ指ス。即不法行為トハ、右二個ノ場合ニ属セズ而《しか》モ法則違反ノ行為ヨリ生ジタル悪結果ヲ除去スル為被害者ニ損害賠償請求権ヲ与フルコトガ吾人ノ法律観念ニ照シテ必要ナリト思惟セラルル場合ヲ云フモノニ外ナラズ。夫適法行為ハ千態万様数フルニ勝《た》フベカラズト雖《いえども》、不法行為ニ至リテハ寧《むし》ロ之ヨリ甚シキモノアリ。蓋《けだし》彼ハ共同生活ノ規矩《きく》ニ遵ヒテノ行為ナルニ反シ、此ハ其ノ準縄《じゅんじょう》ノ外ニ逸スルノ行為ナレバナリ。従ヒテ何ヲ不法行為ト云フヤニ就キテ古ヨリ其ノ法制ノ体裁必ズシモ一ナラズ。或ハ其ノ一般的定義ハ之ヲ下サズ唯《ただ》仔細ニ個々ノ場合ヲ列挙スルニ止マルモノアリ、或ハ之ニ反シ広汎ナル抽象的規定ヲ掲ゲ其細節ニ渉ラザルモノアリ、又或ハ其ノ衷ヲ執リ数大綱ヲ設ケテ其ノ余ヲ律セントスルモノアリ。我民法ノ如キハ其ノ第二数ニ属スルモノナリ。故ニ同法第七〇九条ハ故意又ハ過失ニ因リテ法規違反ノ行為ニ出デ以テ他人ヲ侵害シタル者ハ之ニ因リテ生ジタル損害ヲ賠償スル責ニ任ズト云フガ如キ広汎ナル意味ニ外ナラズ。其ノ侵害ノ対象ハ或ハ夫ノ所有権地上権債権無体財産権名誉権等所謂一ノ具体的権利ナルコトアルベク、或ハ此ト同一程度ノ厳密ナル意味ニ於テハ未ダ目スルニ権利ヲ以テスベカラザルモ而モ法律上保護セラルル一ノ利益ナルコトアルベク、否詳ク云ハバ吾人ノ法律観念上其ノ侵害ニ対シ不法行為ニ基ク救済ヲ与フルコトヲ必要トスト思惟スル一ノ利益ナルコトアルベシ。夫権利ト云フガ如キ名辞ハ其ノ用法ノ精粗広狭固ヨリ一ナラズ。各規定ノ本旨ニ鑑テ以テ之ヲ解スルニ非ザルヨリハ争《いか》デカ其ノ真意ニ中《あ》ツルヲ得ムヤ。当該法条ニ『他人ノ権利』トアルノ故ヲ以テ必ズヤ之ヲ夫ノ具体的権利ノ場合ト同様ノ意味ニ於ケル権利ノ義ナリト解シ、凡《およ》ソ不法行為アリト云フトキハ先ヅ其ノ侵害セラレタルハ何権ナリヤトノ穿鑿《せんさく》ニ腐心シ吾人ノ法律観念ニ照シテ大局ノ上ヨリ考察スルノ用意ヲ忘レ、求メテ自ラ不法行為ノ救済ヲ局限スルガ如キハ思ハザルモ亦甚シト云フベキナリ。本件ヲ案ズルニX先代Aガ大学湯ノ老舗ヲ有セシコトハ原判決ノ確定スルトコロナリ。老舗ガ売買贈与其ノ他ノ取引ノ対象ト為ルハ言ヲ俟《ま》タザルトコロナルガ故ニ、若《も》シY等ニシテ法規違反ノ行為ヲ敢シ以テX先代Aガ之ヲ他ニ売却スルコトヲ不能ナラシメ其ノ得ベカリシ利益ヲ喪失セシメタルノ事実アラムカ、是猶或人ガ其ノ所有物ヲ売却セントスルニ当リ第三者ノ詐術ニ因リ売却ハ不能ニ帰シ為メニ所有者ハ其ノ得ベカリシ利益ヲ喪失シタル場合ト何ノ択ブトコロカアル。此等ノ場合侵害ノ対象ハ売買ノ目的物タル所有物若ハ其ノ老舗ソノモノニ非ズ、得ベカリシ利益即是ナリ。斯ル利益ハ吾人ノ法律観念上不法行為ニ基ク損害賠償請求権ヲ認ムルコトニ依リテ之ヲ保護スル必要アルモノナリ。原判決ハ老舗ナルモノハ権利ニ非ザルヲ以テ其ノ性質上不法行為ニ因ル侵害ノ対象タルヲ得ザルモノナリト為セシ点ニ於テ誤レリ。更ニX主張ニ係ル本件不法行為ニ因リ侵害セラレタルモノハ老舗ソノモノナリト為セシ点ニ於テ誤レリ。本件上告ハ其ノ理由アリ。」

債権侵害

〔二八四〕 大判大正七年一〇月一二日民録二四輯一九五四頁

七〇九条
民法2債181(2)(ア)

事実 Aは、Xとの間で、AがXから金銭（前借金）を借りてAの娘BをXのもとで六年間芸妓として働かせ、Bが無事に六年間働いたときにはXは前借金の返還をAに求めない旨の合意をした。しかし、Yは、この事情を知りつつXのもとからBを誘拐したので、XがYを相手に、不法行為を理由として損害賠償を請求した。一審・原審ともにXの請求を認めたので、Yが上告した。

判旨 破棄差戻 判決は、まず、AとXとの契約の趣旨について、①Bに六年間Xのもとで働くことを強制して、Bの働きによって得た利益をBの意思に関係なくXの所得とする趣旨か、または、②「BがXと契約をして六年間Xのもとで働くこと」をAのXに対する契約の目的とする趣旨のいずれかであるとした。そして、もし、契約の趣旨が前者（①）であるなら公序良俗に反して無効であるから、XのAに対する債権も生ぜず、したがって、Yの行為も債権侵害には該当しない。しかし、もし、契約の趣旨が後者（②）であるなら、「Xハ第三者タルBノ芸妓稼業契約ノ締結及其契約ノ履行ヲXニ対シテ契約シタルコトトナルヲ以テ其契約ハ法律上有効ナリ従テBカX対Aノ契約ノ履行トシテXニ対シ芸妓稼業ヨリ生ズル利益ヲXノ所得ト為ス可キ約款ノ下ニ芸妓稼業契約ヲ締結シテ其稼業ニ従事シ居リタル事実アリトセハBカ自己ノ契約上ノ債務タル芸妓稼業ヲ為スコトニ依テ同時ニAヨリXニ対スル債務カ履行セラルル結果ヲ生ズルヲ以テXハAニ対シテモBノ芸妓稼業ヨリ生ズル利益ヲ収得スル債権ヲ有スルモノト謂フ可クYカBヲ誘拐シ之ニ因リ同人ヲシテ其意思ニ反シX方ニ於テ芸妓稼業ヲ為シ得サラシメタル事実アリトセバYハXニ対シBノ芸妓稼業ニ因リ得可カリシ利益ヲ償還セザル可カラザ」ることになる。そして、原判決では契約の趣旨が前者（①）なのか後者（②）なのか不明なので、理由不備の不法があるとした。

第三者の不法行為責任（立木売買債権侵害事件）〔一五七〕参照。

人格権の侵害（エホバの証人輸血拒否事件）　七〇九条・七一〇条

〔二八五〕最判平成一二年二月二九日民集五四巻二号五八二頁　民法2債25(3)(イ)・181(2)(イ)

事実　Aは、「エホバの証人」の信者であり、いかなる場合でも輸血を拒否するという固い信念を有していたが、悪性の腫瘍のために手術が必要となった。他方、Y病院のB医師は輸血を伴わない手術をした実績があることで知られていたが、Y病院では手術を受ける患者が「エホバの証人」の信者である場合には、患者の意思を尊重してできるかぎり輸血をしないが、輸血以外には救命手段がない事態に至ったときには輸血をする方針であった。Aは、Y病院でBの手術を受けることになったが、その際、輸血を受けることを拒否する意思を表明していた。しかし、手術での出血量が多く、Bは、輸血をしないかぎりAを救うことができないと判断して輸血をした。退院後このことを知ったAは、Yを相手に不法行為を理由として損害賠償を請求したが、訴訟提起後にAは死亡してXが相続して訴訟を承継した。一審では請求は棄却されたが、原審では一部が認められた。Y上告。

判旨　上告棄却「患者が、輸血を受けることは自己の宗教上の信念に反するとして、輸血を伴う医療行為を拒否するとの明確な意思を有している場合、このような意思決定をする権利は、人格権の一内容として尊重されなければならない。そして、Aが、宗教上の信念からいかなる場合にも輸血を受けることは拒否するとの固い意思を有しており、輸血を伴わない手術を受けることができると期待してYに入院したことをB医師らが知っていたなど本件の事実関係の下では、B医師らは、手術の際に輸血以外には救命手段がない事態が生ずる可能性を否定し難いと判断した場合には、Aに対して、Yとしてはそのような事態に至ったときには輸血するとの方針を採っていることを説明して、Yへの入院を継続した上、B医師らの下で本件手術を受けるか否かをA自身の意思決定にゆだねるべきであったと解するのが相当である。

ところが、B医師らは、本件手術に至るまでの約一か月の間に、手術の際に輸血を必要とする事態が生ずる可能性があることを認識したにもかかわらず、Aに対してYが採用していた右方針を説明せず、同人およびXらに対して輸血する可能性があることを告げないまま本件手術を施行して、右方針に従って輸血をしたのである。そうすると、本件においては、B医師らは、右説明を怠ったことにより、Aが輸血を伴う可能性のあった本件手術を受けるか否かについて意思決定をする権利を奪ったものといわざるをえず、この点において同人の人格権を侵害したものとして、同人がこれによって被った精神的苦痛を慰謝すべき責任を負うものというべきである。」

名誉の意義　七一〇条・七二三条

〔二八六〕最判昭和四五年一二月一八日民集二四巻一三号二一五一頁　民法2債181(2)(イ)

事実　XはA政党の党員であったところ、A政党は市長選挙においてBを推薦していた。他方、YはC政党の党員であり、また、Bの対立候補であるDの選挙対策本部の事務長であったが、Xに対してXをDの選挙対策委員に委嘱する旨の委嘱状を送付した。Xは、Yを相手にYの行為は不法行為に該当すると主張して、原状回復措置として謝罪を求めた。原審はこれを認めなかったので、Xが上告した。

判旨　上告棄却　「民法七二三条にいう名誉とは、人がその品性、徳行、名声、信用等の人格的価値について社会から受ける客観的な評価、すなわち社会的名誉を指すものであって、人が自己自身の人格的価値について有する主観的な評価、すなわち名誉感情は含まないものと解するのが相当である。けだし、同条が、名誉を毀損された被害者の救済処分として、損害の賠償のほかに、それに代えまたはそれとともに、原状回復処分を命じうることを規定している趣旨は、その処分により、加害者に対して制裁を加えたり、また、加害者に謝罪等をさせることにより被害者に主観的な満足を与えたりするためではなく、金銭による損害賠償のみでは塡補されえない、毀損された被害者の人格的価値に対する社会的、客観的な評価事態を回復することを可能ならしめるためであると解すべきであり、したがって、このような原状回復処分をもって救済するに適するのは、人の客観的名誉が毀損された場合であり、かつ、その場合にかぎられると解するのが相当であるからである。」

名誉の侵害(1)—法人の名誉（代々木診療所事件）　七一〇条・七二三条
〔二八七〕　最判昭和三九年一月二八日民集一八巻一号一三六頁　民法2債181(2)(イ)

事実　Xは医療法人であるところ、Yは自己が編集する新聞紙にXの名誉を毀損する記事を掲載した。そこで、XがYを相手に不法行為を理由として謝罪広告の掲載と無形の損害の賠償を求めた。ところが、原審は謝罪広告の請求は認めたが、精神的損害については、法人には精神上の苦痛というものは考えられないとして否定した。X上告。

判旨　破棄差戻　「民法七一〇条は、財産以外の損害に対しても、其賠償を為すことを要すと規定するだけで、その損害の内容を限定してはいない。すなわち、その文面は判示のようにいわゆる慰謝料を支払うことによって、和らげられる精神上の苦痛だけを意味するものとは受け取り得ず、むしろすべての無形の損害を意味するものと読み取るべきである。従って右法条を根拠として判示のように無形の損害即精神上の苦痛と解し、延いて法人には精神がないから、無形の損害はあり得ず、有形の損害すなわち財産上の損害に対する賠償以外に法人の名誉侵害の場合において民法七二三条による特別な方法が認められている外、何等の救済手段も認められていないものと論結するのは全くの謬見だと云わなければならない。

思うに、民法上のいわゆる損害とは、一口に云えば、侵害行為がなかったならば惹起しなかったであろう状態（原状）を（a）とし、侵害行為によって惹起されているところの現実の状態（現状）を（b）としa－b＝x—そのxを金銭で評価したものが損害である。そのうち、数理的に算定できるものが、有形の損害すなわち財産上の損害であり、その然らざるものが無形の損害である。しかしその無形の損害と雖も法律の上では金銭評価の途が全くとざされているわけのものではない。侵害行為の程度、加害者、被害者の年令資産、その社会的環境等各般の情況を斟酌して右金銭の評価は可能である。……

以上を要約すれば、法人の名誉権侵害の場合は金銭評価の可能な無形の損害の発生すること必ずしも絶無ではなく、そのような損害は加害者をして金銭でもって賠償させるのを社会観念上至当とすべきであり、この場合は民法七二三条に被害者救済の格段な方法が規定されているとの故をもつて、金銭賠償を否定することはできないということに帰結する。」

名誉の侵害(2)―真実性の証明・相当性の法理（署名狂やら殺人前科事件）　七一〇条
〔二八八〕　最判昭和四一年六月二三日民集二〇巻五号一一一八頁　民法2債181(2)(イ)

事実　Xは衆議院議員の総選挙に立候補したが、Yは、自分の発行する新聞に、Xが学歴および経歴を詐称して公職選挙法違反の疑いにより警察から追及され、前科があった旨掲載した。これは、経歴詐称の点を除けば真実であり、また、経歴詐称の点についても、Yがこれを真実と信ずるについて相当の理由があった。Xは、Y相手に慰謝料および謝罪文の掲載を求めた。しかし、一審・原審とも請求を棄却したので、Xは上告した。

判旨　上告棄却「民事上の不法行為たる名誉毀損については、その行為が公共の利害に関する事実に係りもっぱら公益を図る目的に出た場合には、摘示された事実が真実であることが証明されたときは、右行為には違法性がなく、不法行為は成立しないものと解するのが相当であり、もし、右事実が真実であることが証明されなくても、その行為者においてその事実を真実と信ずるについて相当の理由があるときには、右行為には故意もしくは過失がなく、結局、不法行為は成立しないものと解するのが相当である（このことは、刑法二三〇条の二の規定の趣旨からも十分窺うことができる。）。」

名誉の侵害(3)―差止請求（北方ジャーナル事件）　七〇九条・七一〇条
〔二八九〕　最大判昭和六一年六月一一日民集四〇巻四号八七二頁　民法2債181(2)(イ)

事実　Yは、北海道知事選に立候補する予定であったが、XがYの名誉を傷つける内容の記事を掲載した「北方ジャーナル」という雑誌を発売することを知り、札幌地方裁判所に対し同雑誌の販売等の禁止について仮処分申請した。札幌地方裁判所は、これを相当と認めその旨の仮処分決定をした。Xは、本件仮処分は①検閲を禁止する憲法二一条二項前段に違反し、②表現の自由を保障する憲法二一条一項に違反するとして、Yに損害賠償を訴求した。一審、原審ともXの請求を棄却した。X上告。

判旨　上告棄却　一　事前差止めは検閲に当たり、検閲を禁止する憲法二一条二項違反との主張について　税関検問事件に関する最大判昭和五九年一二月一二日民集三八巻一二号一三〇八頁を引用し、「憲法二一条二項前段にいう検閲とは、行政権が主体となって、思想内容等の表現物を対象とし、その全部又は一部の発表の禁止を目的として、対象とされる一定の表現物につき網羅的一般的に、発表前にその内容を審査したうえ、不適当と認めるものの発表を禁止することを、その特質として備えるものを指すと解すべきことは、前掲大法廷判決の判示するところである。ところで、一定の記事を掲載した雑誌その他の出版物の印刷、製本、販売、頒布等の仮処分による事前差止めは、裁判の形式によるとはいえ、口頭弁論ないし債務者の審尋を必要的とせず、立証についても疎明で足りるとされているなど簡略な手続によるものであり、また、いわゆる満足的仮処分として争いのある権利関係を暫定的に規律するものであって、非訟的な要素を有することを否定することはできないが、仮処分による事前差止めは、表現物の内容の網羅的一般的な審査に基づく事前規制が行政機関によりそれ自体を目的として行われる場合とは異なり、個別的な私人間の紛争について、司法裁判所により、当事者の申請に基づき差止請求権等の私法上の被保全権利の存否、保全の必要性の有無を審理判断して発せられるものであって、右判示にいう『検閲』には当たらないというべきである。」

二　事前差止めは言論・出版の自由を保障する憲法二一条一項違反との主張について

(1)「事前差止めの合憲性に関する判断に先立ち、実体法上の差止請求権の存否について考えるのに、人の品性、徳行、名声、信用等の人格的価値について社会から受ける客観的評価である名誉を違法に侵害された者は、損害賠償（民法七一〇条）又は名誉回復のための処分（同法七二三条）を求めることができるほか、人格権としての名誉権に基づき、加害者に対し、現に行われている侵害行為を排除し、又は将来生ずべき侵害を予防するため、侵害行為の差止めを求めることができるものと解するのが相当である。けだし、名誉は生命、身体とともに極めて重大な保護法益であり、人格権としての名誉権は、物権の場合と同様に排他性を有する権利というべきであるからである。」

(2)　「表現行為に対する事前抑制は、表現の自由を保障し検閲を禁止する憲法二一条の趣旨に照らし、厳格かつ明確な要件のもとにおいてのみ許容されうるものといわなければならない。

出版物の頒布等の事前差止めは、このような事前抑制に該当するものであって、とりわけ、その対象が公務員又は公職選挙の候補者に対する評価、批判等の表現行為に関するものである場合には、そのこと自体から、一般にそれが公共の利害に関する事項であるということができ、」憲法二一条一項の趣旨に照らし、「その表現が私人の名誉権に優先する社会的価値を含み憲法上特に保護されるべきであることにかんがみると、当該表現行為に対する事前差止めは、原則として許されないものといわなければならない。ただ、右のような場合においても、その表現内容が真実でなく、又はそれが専ら公益を図る目的のものでないことが明白であって、かつ、被害者が重大にして著しく回復困難な損害を被る虞があるときは、当該表現行為はその価値が被害者の名誉に劣後することが明らかであるうえ、有効適切な救済方法としての差止めの必要性も肯定されるから、かかる実体的要件を具備するときに限って、例外的に事前差止めが許されるものというべきであり、このように解しても上来説示にかかる憲法の趣旨に反するものとはいえない。」

(3)　「公共の利害に関する事項についての表現行為に対し、その……事前差止めを命ずる仮処分命令を発するについては、口頭弁論又は債務者の審尋を行い、表現内容の真実性等の主張立証の機会を与えることを原則とすべきものと解するのが相当である。ただ、差止めの対象が公共の利害に関する事項についての表現行為である場合においても、口頭弁論を開き又は債務者の審尋を行うまでもなく、債権者の提出した資料によって、その表現内容が真実でなく、又はそれが専ら公益を図る目的のものでないことが明白であり、かつ、債権者が重大にして著しく回復困難な損害を被る虞があると認められるときは、口頭弁論又は債務者の審尋を経ないで差止めの仮処分命令を発したとしても、憲法二一条の前示の趣旨に反するものということはできない。」

補足意見および意見がある。

名誉・プライバシーの侵害―差止請求（石に泳ぐ魚事件）　七〇九条・七一〇条

〔二九〇〕　最判平成一四年九月二四日判時一八〇二号六〇頁　民法2債181(2)(イ)

事実　Y_1は著名な劇作家・小説家であり、知人であるXをモデルとした小説を執筆して、Y_2が発行する雑誌で公表した。Xは、Yらを相手に慰謝料の支払および本件小説の出版の差止めを求めた。一審・原審ともXの請求を認めたのに対して、Yらは原審が出版の事前差止めを認めたことを非難して上告した。

判旨　上告棄却「人格的価値を侵害された者は、人格権に基づき、加害者に対し、現に行われている侵害行為を排除し、又は将来生ずべき侵害を予防するため、侵害行為の差止めを求めることができるものと解するのが相当である。どのような場合に侵害行為の差止めが認められるかは、侵害行為の対象となった人物の社会的地位や侵害行為の性質に留意しつつ、予想される侵害行為によって受ける被害者側の不利益と侵害行為を差し止めることによって受ける侵害者側の不利益とを比較衡量して決すべきである。そして、侵害行為が明らかに予想され、その侵害行為によって被害者が重大な損失を受けるおそれがあり、かつ、その回復を事後に図るのが不可能ないし著しく困難になると認められるときは侵害行為の差止めを肯認すべきである。……原審の確定した事実関係によれば、公共の利益に関わらないXのプライバシーにわたる事項を表現内容に含む本件小説の公表により公的立場にないXの名誉、プライバシー、名誉感情が侵害されたものであって、本件小説の出版等によりXに重大で回復困難な損害を被らせるおそれがあるというべきである。したがって、人格権としての名誉等に基づくXの各請求を認容した判断に違法はない。」

謝罪広告判決の合憲性　七二三条、憲一九条

〔二九一〕　最大判昭和三一年七月四日民集一〇巻七号七八五頁　民法2債20(2)・181(2)(イ)・184(2)

事実　Yは、衆議院議員総選挙に立候補して選挙運動の際、政見放送等においてXの名誉を侵害した。一審・原審ともYに謝罪広告の掲載を命じたが、Yは、意図に反する謝罪広告を掲載させることは憲法一九条（思想および良心

の自由）に反するとして上告した。

判旨　上告棄却「民法七二三条にいわゆる『他人の名誉を毀損した者に対して被害者の名誉を回復するに適当な処分』として謝罪広告を新聞紙等に掲載すべきことを加害者に命ずることは、従来学説判例の肯認するところであり、また謝罪広告を新聞紙等に掲載することは我国民生活の実際においても行われているのである。尤も謝罪広告を命ずる判決にもその内容上、これを新聞紙に掲載することが謝罪者の意思決定に委ねるを相当とし、これを命ずる場合の執行も債務者の意思のみに係る不代替作為として民訴七三四条〔現民執法一七二条〕に基づき間接強制によるを相当とするものもあるべく、特にはこれを強制することが債務者の人格を無視し著しくその名誉を毀損し意思決定の自由乃至良心の自由を不当に制限することとなり、いわゆる強制執行に適さない場合に該当することもありうるであろうけれど、単に事態の真相を告白し陳謝の意を表明するに止まる程度のものにあっては、これが強制執行も代替作為として民訴七三三条〔現民執法一七一条〕の手続によることを得るものといわなければならない。……されば少なくともこの種の謝罪広告を新聞紙に掲載すべきことを命ずる原判決は、Yに屈辱的若しくは苦役的労苦を科し、又はYの有する倫理的な意思、良心の自由を侵害することを要求するものとは解せられないし、また民法七二三条にいわゆる適当な処分というべきである。」

三裁判官の補足意見および二裁判官の反対意見がある。

氏名権　七〇九条・七一〇条

〔二九二〕　最判昭和六三年二月一六日民集四二巻二号二七頁　民法2債181(2)(イ)

事実　Yは、テレビのニュース番組において、在日韓国人であるXの名前を朝鮮語読みではなく日本語読みによって呼称した。そこで、Xが、Yを相手に謝罪や慰謝料（一円）等を求めた。一審・原審ともにXの請求を認めなかったので、Xが上告した。

判旨　上告棄却「氏名は、社会的にみれば、個人を他人から識別し特定する機能を有するものであるが、同時に、その個人からみれば、人が個人として尊重される基礎であり、その個人の人格の象徴であって、人格権の一内容を構成するものというべきであるから、人は、他人からその氏名を正確に呼称されることについて、不法行為法上の保護を受けうる人格的な利益を有するものというべきである。しかしながら、氏名を正確に呼称される利益は、氏名を他人に冒用されない権利・利益とは異なり、その性質上不法行為法上の利益として必ずしも十分に強固なものとはいえないから、他人に不正確な呼称をされたからといって、直ちに不法行為が成立するというべきではない。すなわち……不正確な呼称が明らかな蔑称である場合はともかくとして、不正確に呼称したすべての行為が違法性のあるものとして不法行為を構成するというべきではなく、むしろ、不正確に呼称した行為であっても、当該個人の明示的な意思に反してことさらに不正確な呼称をしたか、又は害意をもって不正確な呼称をしたなどの特段の事情がない限り、違法性のない行為として容認されるものというべきである。

これを本件についてみるに……在日韓国人の氏名を民族語読みによらず日本語読みで呼称する慣用的な方法は、右当時〔昭和五〇年〕においては我が国の社会一般の認識として是認されていたものということができる。そうすると、YがXの氏名を慣用的な方法である日本語読みによって呼称した右行為には違法性がない。」

パブリシティ権（ピンク・レディー事件）　七〇九条・七一〇条
〔二九三〕最判平成二四年二月二日民集六六巻二号八九頁　民法2債181(2)(イ)

事実　Xらは、昭和五一年から五六年まで女性デュオ「ピンク・レディー」を結成して歌手として活躍していた。その後、平成一八年秋にピンク・レディーの曲の振り付けを利用したダイエット法が流行したところ、雑誌社Yは、平成一九年二月一三日に発行した雑誌において、「ピンク・レディー de ダイエット」と題する記事を掲載した。この写真は、かつてXらの承諾を得てYのカメラマンが撮影したものであるが、Xらは、これらの写真が本件雑誌に掲載されることについては承諾していなかった。もっとも、この記事は（本件最高裁判決によれば）ピンク・レディーそのものを紹介するものではなく、ピンク・レディーの曲の振り付けを利用したダイエット法を解説し、子供の頃にピンク・レディーの曲の振り付けをまねていたタレントの思い出等を紹介するものであり、しかも、約二〇〇頁の雑誌全体の中の三頁で使用されたにすぎず、いずれも白黒写真であり、その大きさも縦二・八cm、横三・六cmないし縦八cm、横一〇㎝程度のものであった。Xらは、Yに対して、不法行為（パブリシティ権侵害）を主張して七一五条に基づいて損害賠償を請求したが、一審・原審とも認めなかったので、Xらが上告。

判旨　上告棄却「人の氏名、肖像等（以下、併せて『肖像等』という。）は、個人の人格の象徴であるから、当該個人は、人格権に由来するものとして、これをみだりに利用されない権利を有すると解される……。そして、肖像等は、商品の販売等を促進する顧客吸引力を有する場合があり、このような顧客吸引力を排他的に利用する権利（以下『パブリシティ権』という。）は、肖像等それ自体の商業的価値に基づくものであるから、上記の人格権に由来する権利の一内容を構成するものということができる。他方、肖像等に顧客吸引力を有する者は、社会の耳目を集めるなどして、その肖像等を時事報道、論説、創作物に使用されることもあるのであって、その使用を正当な表現行為等として受忍すべき場合もあるというべきである。そうすると、肖像等を無断で使用する行為は、①肖像等それ自体を独立して鑑賞の対象となる商品等として使用し、②商品等の差別化を図る目的で肖像等を商品等に付し、③肖像等を商品等の広告として使用するなど、専ら肖像等の有する顧客吸引力の利用を目的とするといえる場合に、パブリシティ権を侵害するものとして、不法行為法上違法となると解するのが相当である。」しかし、本件では、Yの行為はもっぱらXらの肖像等の有する顧客吸引力の利用を目的とするものとはいえないとされた（事実参照）。なお、これを敷衍する裁判官金築誠志の補足意見がある。

景観利益（国立景観訴訟事件）　七〇九条・七一〇条・二〇六条

〔二九四〕　最判平成一八年三月三〇日民集六〇巻三号九四八頁　民法2債181(2)(イ)

事実　一橋大学のある学園都市である国立市の駅前大学通りの南端には、建物の高さの制限がない。Yは高さ二〇mを超えるマンションの建築に着手した。その付近の住民等Xらは、景観利益の侵害を理由に、Yに対して二〇mを超える部分の撤去と慰謝料等を請求した。一審はXの請求を認容したが、原審はこれを棄却した。Xらは景観利益の侵害につき、上告。

判旨　上告棄却　「良好な景観に近接する地域内に居住し、その恵沢を日常的に享受している者は、良好な景観が有する客観的な価値の侵害に対して密接な利害関係を有するものというべきであり、これらの者が有する良好な景観の恵沢を享受する利益（以下「景観利益」という。）は、法律上保護に値するものと解するのが相当である。

もっとも、この景観利益の内容は、景観の性質、態様等によって異なり得るものであるし、社会の変化に伴って変化する可能性のあるものでもあるところ、現時点においては、私法上の権利といい得るような明確な実体を有するものとは認められず、景観利益を超えて『景観権』という権利性を有するものを認めることはできない。

……ある行為が景観利益に対する違法な侵害に当たるといえるためには、少なくとも、その侵害行為が刑罰法規や行政法規の規制に違反するものであったり、公序良俗違反や権利の濫用に該当するものであるなど、侵害行為の態様や程度の面において社会的に容認された行為としての相当性を欠くことが求められると解するのが相当である。

これを本件についてみると、原審の確定した前記事実関係によれば、大学通り周辺においては、教育施設を中心とした閑静な住宅地を目指して地域の整備が行われたとの歴史的経緯があり、環境や景観の保護に対する当該地域住民の意識も高く、文教都市にふさわしく美しい都市景観を守り、育て、作ることを目的とする行政活動も行われてきたこと、現に大学通りに沿って一橋大学以南の距離約七五〇ｍの範囲では、大学通りの南端に位置する本件建物を除き、街路樹と周囲の建物とが高さにおいて連続性を有し、調和がとれた景観を呈していることが認められる。そうすると、大学通り周辺の景観は、良好な風景として、人々の歴史的又は文化的環境を形作り、豊かな生活環境を構成するものであって、少なくともこの景観に近接する地域内の居住者は、上記景観の恵沢を日常的に享受しており、上記景観について景観利益を有するものというべきである。

しかしながら、本件建物は、平成一二年一月五日に建築確認を得た上で着工されたものであるところ、国立市は、その時点では条例によりこれを規制する等上記景観を保護すべき方策を講じていなかった。

そして、国立市は、同年二月一日に至り、本件改正条例を公布・施行したものであるが、その際、本件建物は、いわゆる根切り工事が行われている段階にあり、建築基準法三条二項に規定する『現に建築の工事中の建築物』に当たるものであるから、本件改正条例の施行により本件土地に建築できる建築物の高さが二〇m以下に制限されることになったとしても、上記高さ制限の規制が本件建物に及ぶことはないというべきである。本件建物は、日影等による高さ制限に係る行政法規や東京都条例等には違反しておらず、違法な建築物であるということもできない。また、本件建物は、建築面積六四〇一・九八m²を有する地上一四建てのマンション（高さは最高で四三・六五m。総戸数三五三戸）であって、相当の容積と高さを有する建築物であるが、その点を除けば本件建物の外観に周囲の景観の調和を乱すような点があるときは認め難い。その他、原審の確定事実によっても、本件建物の建築が、当時の刑罰法規や行政法規の規制に違反するものであったり、公序良俗違反や権利の濫用に該当するものであるなどの事情はうかがわれない。以上の諸点に照らすと、本件建物の建築は、行為の態様その他の面において社会的に容認された行為としての相当性を欠くものとは認め難く、Xらの景観利益を違法に侵害する行為に当たるということはできない。」

航空機騒音（大阪国際空港事件）　七〇九条、国賠二条一項

〔二九五〕最大判昭和五六年一二月一六日民集三五巻一〇号一三六九頁　民法2債191(1)(イ)・(5)(ウ)

事実　Xらは、大阪国際空港付近の住民であるが、同空港に離着陸する航空機の騒音により被害を被ったとして、国Yに対し差止請求、損害賠償請求を求めた。ここでは、差止請求についてのみ論じる。原審は、Xらの主張どおり大阪国際空港を毎日午後九時から翌日午前七時までの間、緊急やむを得ない場合を除き、航空機の離着陸に使用させてはならない、とYに命じた。Y上告。

判旨　破棄、訴え却下「そもそも法が一定の公共用飛行場についてこれを国営空港として運輸大臣がみずから設置、管理すべきものとしたゆえんのものは、これによってその航空行政権の行使としての政策的決定を確実に実現し、国の航空行政政策を効果的に遂行することを可能とするにある、というべきである。すなわち、法は、航空機及びその運航、航空従事者、航空路、飛行場及び航空保安施設、航空運送事業並びに外国航空機等

に関する広範な行政上の規制権限を運輸大臣に付与し、運輸大臣をして、これらの権限の行使により、航空機の航行の安全及び航空機の航行に起因する障害の防止を図るための方法を定め、航空機を運航して営む事業の秩序を確立し、社会、経済の進展、国際交流の活発化等により増大する航空運輸に対する需要と供給を調整し、他の諸政策分野と整合性のある航空行政政策を樹立し実施させることとしており、これに関する公共施設として航空法の定める公共用飛行場を設けている。そして、そのうち、私営又は公営の公共用飛行場については、設置者たる個人、法人又は地方公共団体がこれを管理し、運輸大臣は、法規上、その設置又は休止若しくは廃止に対する許可、管理規程の制定又は変更に対する認可その他の行政上の監督権限の行使を通じて、それを国の航空行政計画の一環として位置づけ、規制しうることとしているにとどまるのに対し、国際航空路線又は主要な国内航空路線に必要なものなど基幹となる公共用飛行場（空港整備法〔現空港法〕二条一項一、二号〔平成一二年改正前の規定〕にいわゆる第一、二種空港）については、運輸大臣みずからが、又は法律により設立され運輸大臣の特別な指示ないし監督に服する特殊法人である新東京国際空港公団が、これを国営又は同公団営の空港として設置、管理し、公共の利益のためにその運営に当たるべきものとしている。それは、これら基幹となる公共用飛行場にあっては、その設置、管理のあり方がわが国の政治、外交、経済、文化等と深いかかわりを持ち、国民生活に及ぼす影響も大きく、したがって、どの地域にどのような規模でこれを設置し、どのように管理するかについては航空行政の全般にわたる政策的判断を不可欠とするからにほかならないものと考えられる。

右にみられるような空港国営化の趣旨、すなわち国営空港の特質を参酌して考えると、本件空港の管理に関する事項のうち、少なくとも航空機の離着陸の規制そのもの等、本件空港の本来の機能の達成実現に直接にかかわる事項自体については、空港管理権に基づく管理と航空行政権に基づく規制とが、空港管理者としての運輸大臣と航空行政権の主管者としての運輸大臣のそれぞれ別個の判断に基づいて分離独立的に行われ、両者の間に矛盾乖離を生じ、本件空港を国営空港とした本旨を没却し又はこれに支障を与える結果を生ずることがないよう、いわば両者が不即不離、不可分の一体的に行使実現されているものと解するのが相当である。換言すれば、本件空港における航空機の離着陸の規制等は、これを法律的にみると、単に本件空港についての営造物管理権の行使という立場のみにおいてされるべきもの、そして現にされているものとみるべきではなく、航空行政権の行使という立場をも加えた、複合的観点に立った総合的判断に基づいてされるべきもの、そして現にされているものとみるべきものである。」

ところで、Xらの請求の「趣旨は、本件空港の設置・管理主体たるYに対し、いわゆる通常の民事上の請求として右のような不作為の給付請求権があると主張してこれを訴求するものと解される。そうすると、右の請求は、本件空港を一定の時間帯につき航空機の離着陸に使用させないということが本件空港の管理作用のみにかかわる単なる不作為にすぎず、およそ航空行政権の行使には関係しないものであるか、少なくとも管理作用の部面を航空行政権の行使とは法律上分離して給付請求の対象とすることができるとの見解を前提とするものということができる。

しかしながら、前述のように、本件空港の離着陸のためにする供用は運輸大臣の有する空港管理権と航空行政権という二種の権限の、総合的判断に基づいた不可分一体的な行使の結果であるとみるべきであるから、右Xらの前記のような請求は、事理の当然として、不可避的に航空行政権の行使の取消変更ないしその発動を求める請求を包含することとなるものといわなければならない。したがって、右Xらが行政訴訟の方法により何らかの請求をすることができるかどうかはともかくとして、Yに対し、いわゆる通常の民事上の請求として前記のような私法上の給付請求権を有するとの主張の成立すべきいわれはないというほかはない。

以上のとおりであるから、前記Xらの本件訴えのうち、いわゆる狭義の民事訴訟の手続により一定の時間帯につき本件空港を航空機の離着陸に使用させることの差止めを求める請求にかかる部分は、不適法というべきである。」

補足意見、反対意見がある。

道路公害——道路の公共性と違法性（国道四三号線事件）　七〇九条

〔二九六〕最判平成七年七月七日民集四九巻七号二五九九頁　民法2債191(5)(ウ)

事実　本件で問題となった道路は、大阪・神戸・西宮付近の一般国道（本訴提起時には片側五車線両側一〇車線）および県道（国道上の高架で片側二または三車線両側四ないし六車線の自動車専用道路）であり、沿道の道路端から概ね五〇m以内に居住する（または居住していた）Xらが、本件国道の設置管理者である国Y_1および本件県道の設置管理者である高速道路公団Y_2に対して、一定基準を超える騒音と二酸化窒素の侵入差止めおよび損害賠償を求めた。一審・原審とも損害賠償については一部認容したが、差止請求については棄却したので、Y_1・Y_2が上告。なお、損害賠償についてはXらが上告したが棄却されている（最判平成七年七月七日民集四九巻七号一八七〇頁）。

判旨　上告棄却「原審は、その認定に係る騒音等がほぼ一日中沿道の生活空間に流入するという侵害行為により、そこに居住するXらは、騒音により睡眠妨害、会話、電話による通話、家族の団らん、テレビ・ラジオの聴取等に対する妨害及びこれらの悪循環による精神的苦痛を受け、また、本件道路端から二〇m以内に居住するXらは、排気ガス中の浮遊粒子状物質により洗濯物の汚れを始め有形無形の負荷を受けているが、他方、本件道路が主として産業物資流通のための地域間交通に相当の寄与をしており、自動車保有台数の増加と貨物及び旅客輸送における自動車輸送の分担率の上昇に伴い、その寄与の程度は高まっているなどの事実を適法に確定した上、本件道路の近隣に居住するXらが現に受け、将来も受ける蓋然性の高い被害の内容が日常生活における妨害にとどまるのに対し、本件道路がその沿道の住民や企業に対してのみならず、地域間交通や産業経済活動に対してその内容及び量においてかけがえのない多大な便益を提供しているなどの事情を考慮して、Xらの求める差止めを認容すべき違法性があるとはいえないと判断したものということができる。

道路等の施設の周辺住民からその供用の差止めが求められた場合に差止請求を認容すべき違法性があるかどうかを判断するにつき考慮すべき要素は、周辺住民から損害の賠償が求められた場合に賠償請求を認容すべき違法性があるかどうかを判断するにつき考慮すべき要素とほぼ共通するのであるが、施設の供用の差止めと金銭による賠償という請求内容の相違に対応して、違法性の判断において各要素の重要性をどの程度のものとして考慮するかにはおのずから相違があるから、右両場合の違法性の有無の判断に差異が生じることがあっても不合理とはいえない。このような見地に立ってみると、原審の右判断は、正当して是認することができ、その過程に所論の違法はない。」

違法性（鬼ごっこ事件） **七〇九条・七一二条・七一四条**
〔二九七〕 最判昭和三七年二月二七日民集一六巻二号四〇七頁 民法2債181(4)(カ)

事実 Yの五女A（小学二年生）は、友達と鬼ごっこをしていた際、X（小学一年生）が付近に立っていたので、追手から逃げるためにAを背負って走るようにXに頼んだところ、Xは、Aを背負ったまま転倒し負傷した。Xは、Aの監督義務者であるYを相手に、民法七一四条による損害賠償を求めた。一審・原審はXの請求を棄却したので、Xが上告した。

判旨 上告棄却 「自己の行為の責任を弁識するに足りる知能を具えない児童が『鬼ごっこ』なる一般に容認される遊戯中前示の事情の下に他人に加えた傷害行為は、特段の事情の認められない限り、該行為の違法性を阻却すべき事由あるものと解するのが相当である。」

三 因果関係

因果関係の立証(1)（ルンバール事件） **七〇九条・七一五条**
〔二九八〕 最判昭和五〇年一〇月二四日民集二九巻九号一四一七頁 民法2債183・191(7)(イ)

事実 Xは、化膿性髄膜炎のためにY（国）の経営する病院に入院して治療を受けていたところ、重篤状態を脱して一貫して軽快しつつあったにもかかわらず、A医師によりルンバール（腰椎穿刺による髄液採取とペニシリンの髄腔内注入）の施術を受けた直後に突然に嘔吐やけいれんの発作を起こし、知能障害や運動障害の後遺症が残った。Xは、

Yを相手に、民法七一五条による損害賠償を求めた。原審は、ルンバールの実施が本件発作の原因であるとは断定し難いとした。X上告。

判旨 破棄差戻「一　訴訟上の因果関係の立証は、一点の疑義も許されない自然科学的証明ではなく、経験則に照らして全証拠を総合検討し、特定の事実が特定の結果発生を招来した関係を是認しうる高度の蓋然性を証明することであり、その判定は、通常人が疑を差し挟まない程度に真実性の確信を持ちうるものであることを必要とし、かつ、それで足りるものである。

二　これを本件についてみるに……前記の原審確定の事実、殊に、本件発作は、Xの病状が一貫して軽快しつつある段階において、本件ルンバール実施後一五分ないし二〇分を経て突然に発生したものであり、他方、化膿性髄膜炎の再燃する蓋然性は通常低いものとされており、当時これが再燃するような特別の事情も認められなかったこと、以上の事実関係を、因果関係に関する前記一に説示した見地にたって総合検討すると、他に特段の事情が認められないかぎり、経験則上本件発作とその後の病変の原因は脳出血であり、これが本件ルンバールによって発生したものというべく、結局、Xの本件発作及びその後の病変と本件ルンバールとの間に因果関係を肯定するのが相当である。」

因果関係が証明されない場合の医師の責任

〔二九九〕　最判平成一二年九月二二日民集五四巻七号二五七四頁

七〇九条・七一五条

民法2債191(7)(イ)

事実 A男は、早朝自宅で突然の背部痛を感じ、Y総合病院の夜間救急外来でB医師の診察を受けた。診察当時、既に狭心症発作から心筋梗塞に移行し、相当に憎悪した状態にあったが、Bは、第一次的に急性すい炎、第二次的に狭心症を疑い、急性すい炎に対する薬の点滴をした。診察開始から約一五分後、Aは点滴中に致死的不整脈を生じ、容体の急変を迎え、切迫性急性心筋梗塞から心不全を来して、死亡した。Aの妻子XらがYに対し損害賠償を請求した。なお、原審の認定によれば、Bは、胸部疾患の可能性のある患者に対する初期治療として行うべき基本的義務（血圧、脈拍、体温等の測定や心電図検査、ニトログリセリンの舌下投与等）を果たしていないが、そうした適切な医療が行われた場合でも、Aを救命できた高度の蓋然性までは認めることはできないとされた。原審は、Aが適切な治療を受ける機会を不当に奪われたとして、Xらの請求を一部認容した。Yが上告した。

判旨 上告棄却「疾病のため死亡した患者の診療に当たった医師の医療行為が、その過失により、当時の医療水準にかなったものでなかった場合において、右医療行為と患者の死亡との間の因果関係の存在は証明されないけれども、医療水準にかなった医療が行われていたならば患者がその死亡の時点においてなお生存していた相当程度の可能性の存在が証明されるときは、医師は、患者に対し、不法行為による損害を賠償する責任を負うものと解するのが相当である。けだし、生命を維持することは人にとって最も基本的な利益であって、右の可能性は法によって保護されるべき利益であり、医師が過失により医療水準にかなった医療を行わないことによって患者の法益が侵害されたものということができるからである。」

因果関係の立証(2)（新潟水俣病事件） 七〇九条
〔三〇〇〕 新潟地判昭和四六年九月二九日下民集二二巻九・一〇号別冊一頁 民法2債183

事実 新潟県阿賀野川流域に居住する住民にいわゆる熊本水俣病に近似する症状の患者が多数現れた。Xら（被害者および死者の相続人）は、被害原因はY工場の排水に有機水銀が含まれており、それが食物連鎖の結果、同河川の魚類に蓄積され、汚染された魚類を反復継続して摂食したことによるとして、Yに対し不法行為を理由として慰謝料を訴求した。Yは、同河川の魚類に有機水銀が蓄積した原因としては、同河川上流における農地に農薬が散布されたことも考えられるとして、Xの主張する因果関係等について争った。なお、以下の判旨は因果関係に関する部分である。

判旨 一部認容、一部棄却「1 不法行為に基づく損害賠償事件においては、被害者の蒙った損害の発生と加害行為との因果関係の立証責任は被害者にあるとされているところ、いわゆる公害事件（ここでは、便宜、公害対策基本法第二条にいう定義を用いる。以下同じ。）においては、被害者が公害に係る被害とその加害行為との因果関係について、因果の環の一つ一つにつき、逐次自然科学的な解明をすることは、極めて困難な場合が多いと考えられる。特に化学工業に関係する企業の事業活動により排出される化学物質によって、多数の住民に疾患等を惹起させる公害（以下『化学公害』という。）などでは、後記のところから明らかなように、その争点のすべてにわたって高度の自然科学上の知識を必須とするものである以上、被害者に右の科学的解明を要求することは、民事裁判による被害者救済の途を全く閉ざす結果になりかねない。けだし、右の場合、因果関係論で問題となる点は、通常の場合、①被害疾患の特性とその原因(病因)物質、②原因物質が被害者に到達する経路(汚染経路)、③加害企業における原因物質の排出(生成・排出に至るまでのメカニズム)であると考えられる。ところで、①については、被害者側において、臨床、病理、疫学等の医学関係の専門家の協力を得ることにより、これを医学的に解明することは可能であるとしても、前記一に認定したような熊本の水俣病の例が端的に示しているように、そのためには、相当数の患者が発生し、かつ、多くの犠牲者とこれが剖検例が得られなければ、明らかにならないことが多く、②については、企業からの排出物質が色とか臭いなどにより外観上確認できるものならばいざ知らず、化学物質には全く外観上確認できないものが多いため、当該企業関係者以外の者が排出物の種類、性質、量などを正確に知ることは至難であるばかりでなく、これが被害者に到達するまでには、自然現象その他の複雑な要因も関係してくるから、その汚染経路を被害者や第三者は、通常の場合、知り得ないといえよう(こうした目に見えない汚染に不特定多数の人が曝らされ、しらずしらずのうちに健康を蝕まれ、被害を受ける、というのが、むしろこの種公害の特質ともいえよう)。そして、③にいたっては加害企業の『企業秘密』の故をもって全く対外的に公開されないのが通常であり、国などの行政機関においてすら企業側の全面的な協力が得られない限り、立入り調査をして試料採取することなどはできず、いわんや権力の一かけらももたない一般住民である被害者が、右立入り等をすることによりこれを科学的に解明することは、不可能に近いともいえよう。加えて、この種公害の被害者は、一般的にいって加害者と交替できる立場にはなく、加害企業が『企業秘密』を解かぬ以上、その内容を永遠に解き得ない立場にある。一方、これに反し、加害企業は、多くの場合、極言すると、生成、排出のメカニズムにつき排他的独占的な知識を有しており、③については、企業内の技術者をもって容易に立証し、その真実を明らかにすることができる立場にある。

以上からすると、本件のような化学公害事件においては、被害者に対し自然科学的な解明までを求めることは、不法行為制度の根幹をなしている衡平の見地からして相当ではなく、前記①、②については、その情況証拠の積み重ねにより、関係諸科学との関連においても矛盾なく説明ができれば、法的因果関係の面ではその証明があったものと解すべきであり、右程度の①、②の立証がなされて、汚染源の追求がいわば企業の門前にまで到達した場合、③については、むしろ企業側において、自己の工場が汚染源になり得ない所以を証明しない限り、その存在を事実上推認され、その結果すべての法的因果関係が立証されたものと解すべきである。

2 今、これを本件についてみると、本件中毒症は、すでに認定のような臨床、病理、動物実験等の研究結果により、水俣病と呼ばれる低級アルキル水銀中毒症であって、その病因物質は低級アルキル水銀、特にメチル水銀であることは科学的にも明らかにされているから、前記①については立証はつくされており、②については、患者らが阿賀野川河口に棲むメチル水銀で汚染された川魚を多量に摂食したことが原因であることは明らかにされたものの、その川魚汚染の原因については、科学的に充分解明されたとは解し得ないうらみがあるが、Xら主張の工場排液説において、鹿瀬工場がアセトアルデヒド製造工程の廃水を含む工場排水を阿賀野川に放出し続けていたこと、鹿瀬工場アセトアルデヒド反応系施設および工場排水口付近の水苔からいずれもメチル水銀化合物ないしその可能性が極めて大きい物質が検出されたこと、食物連鎖による濃縮蓄積により、超稀薄濃度汚染から川魚に高濃度の汚染をもたらすことがありうること、上流の汚染有機物（浮遊物）等は、下流、特に河口感潮帯に沈積し易いともいえることなどが立証され、阿賀野川の時間的、場所的汚染態様との関係も、説明が容易でない現象も一部にはあるとしても、関係諸科学との関連においてもすべて矛盾なく説明できるのであるから、前記1に説示した程度の立証はあったものと解すべきである。他方、Y主張の農薬説は、塩水楔による汚染経路の可能性しか残らないところ、それ自体にも科学的な疑問点が少なくないばかりでなく、関係諸科学との関連において、阿賀野川の時間的、場所的汚染態様と矛盾し、説明のつかない点もあり、また、農薬説で立証された事実も、工場排液説の成立を妨げるものではない。そして、前記③については、Yは、鹿瀬工場におけるメチル水銀の生成、流出を否定することができなかったばかりではなく、かえってその生成、流出の理論的可能性は肯定され、あまつさえ、前記のとおり工場内および排水口付近の水苔よりメチル水銀化合物ないしはその可能性が極めて大きい物質が検出されたことが証明されているから、鹿瀬工場のアセトアルデヒド製造工程において、メチル水銀化合物が生成、流出され、工場排水とともに阿賀野川に放出されていたものと推認せざるを得ない。

以上からして、Yが鹿瀬工場のアセトアルデヒド製造工程中に生じた廃水を含む工場排水を阿賀野川に放出し続けたことと本件中毒症の発生とは、法的因果関係が存在するものと判断すべきである。

なお、前記因果関係論が加害企業に対して酷を強いるものでないことは、本件におけるつぎの指摘からみても明らかであろう。すなわち、すでに再三指摘したように、Yは、鹿瀬工場アセトアルデヒド製造工程関係の製造工程関係の製造工程図を焼却し、反応施設、反応液等から試料を採取する等して資料を保存することなく、プラントを完全に撤去してしまっている。Yが本件の因果関係の存否の立証に、一企業としては他に例を見ない程、人的、物的設備を動員し、これに莫大な費用を投じていることは、弁論の全趣旨から明らかである。しかし、Yは前記資料を廃棄等する以前、すでに鹿瀬工場が本件中毒症の汚染源として疑われていることを承知していたのであるから、これが疑惑を解くため、前記資料等を依存してさえおけば（これが容易であることは多言を要しない）、これを証拠資料として提出することができ、その場合は、前記因果関係論にしたがっても、③については容易に立証でき、もし真実がY主張のとおりであるとすれば、右因果関係の存在をたやすく覆すことができたものと思われる。

3　要するに、本件中毒症は、Y鹿瀬工場の事業活動により継続的にメチル水銀を含んだ工場排水が阿賀野川に放出され、同川を汚染して同川に棲息している川魚を汚染し、この汚染川魚を多量に摂食した沿岸住民に惹起されたアルキル水銀中毒症であり、原因出所を含めた水俣病に類似するものとして、第二の水俣病と呼称するのも差し支えないといえる。」

不倫関係(1)

〔三〇一〕　最判昭和五四年三月三〇日民集三三巻二号三〇三頁

七一〇条　民法2債181(2)(イ)・183

事実　X_1女は、A男と結婚してX_2を出産したが、Aは、アルバイトサロンのホステスYと関係を持ち、X_1らを捨ててYと同棲するようになった。X_1は、Yを相手にして、X_1がAに対して貞操を求める権利を侵害したと主張し、さらに、X_2は、X_2がAとの共同生活により享受すべき監護、教育や愛情という利益をYが侵害したと主張して、慰謝料の支払を求めた。原審はいずれの請求も認めなかったので、X_1およびX_2が上告した。

判旨　X_1に関する部分については破棄差戻「夫婦の一方の配偶者と肉体関係を持った第三者は、故意又は過失がある限り、右配偶者を誘惑するなどして肉体関係を持つに至らせたかどうか、両名の関係が自然の愛情によって生じたかどうかにかかわらず、他方の配偶者の夫又は妻としての権利を侵害し、その行為は違法性を帯び、右他方の配偶者の被った精神上の苦痛を慰謝する義務があるというべきである。」

X_2に関する部分については上告棄却「妻及び未成年の子のある男性と肉体関係を持った女性が妻子のもとを去った右男性と同棲するに至った結果、その子が日常生活において父親から愛情をそそがれ、その監護、教育を受けることができなくなったとしても、その女性が害意をもって父親の子に対する監護等を積極的に阻止するなど特段の事情のない限り、右女性の行為は未成年の子に対して不法行為を構成するものではないと解するのが相当である。けだし、父親がその未成年の子に対し愛情を注ぎ、監護、教育を行うことは、他の女性と同棲するかどうかにかかわりなく、父親自らの意思によって行うことができるのであるから、他の女性との同棲の結果、未成年の子が事実上父親の愛情、監護、教育を受けることができず、そのため不利益を被ったとしても、そのことと右女性の行為との間には相当因果関係がないといわなければならないからである。」

不倫関係(2)　七一〇条

〔三〇二〕　最判平成八年三月二六日民集五〇巻四号九九三頁　民法2債181(2)(イ)

事実　X（妻）とA（夫）は昭和四二年五月に結婚し子供もいたが、Aの転職をきっかけとして、昭和五九年頃からは夫婦関係が非常に悪化した。Aは、昭和六一年にはXと別居する目的で家庭裁判所に夫婦関係調整の調停を申し立てたが、Xが出頭しないので申立てを取り下げた。そして、Aは昭和六二年に大腸ガンの手術を受けて三月に退院したが、この間にマンションを購入しており、五月にはマンションに転居してXと別居するようになった。他方、Yはスナックでアルバイトをしていたが、昭和六二年四月ころ客として来店したAと知り合い、Aから、妻とは離婚することになっていると聞き、また、Aがマンションで独り暮らしをするようになったのでAを信用して親しい交際をするようになり、同年夏ころまでに肉体関係を持つようになり、一〇月頃マンションで同棲するようになった。XがYに対して慰謝料を求めたが、原審は認めなかったので、Xが上告した。

判旨　上告棄却「甲の配偶者乙と第三者丙が肉体関係を持った場合において、甲と乙との婚姻関係がその当時既に破綻していたときは、特段の事情のない限り、丙は、甲に対して不法行為責任を負わないものと解するのが相当である。けだし、丙が乙と肉体関係を持つことが甲に対する不法行為となる……のは、それが甲の婚姻共同生活の平和の維持という権利又は法的保護に値する利益を侵害する行為ということができるからであって、甲と乙との婚姻関係が既に破綻していた場合には、原則として、甲にこのような権利又は法的保護に値する利益があるとはいえないからである。」

第二節　特殊不法行為の要件

一　責任無能力者の監督義務者の責任

責任能力ある未成年者と監督義務者の責任　七〇九条・七一四条
〔三〇三〕　最判昭和四九年三月二二日民集二八巻二号三四七頁　民法2債188(1)

事実　当時中学三年生（一五歳）であったAは小遣銭欲しさに、同じ中学の一年生で遊び友達であったBを殺害し、同人が集金した新聞代金を奪った。Aは自己の行為の責任を弁識するに足りる知能（責任能力）を具えていた。Bの親Xは、Aの親Yらに対し民法七〇九条に基づいて損害賠償を訴求した。原審は、民法七一四条は、未成年者が責任無能力者である場合、これを監督すべき義務のある親権者等において右監督義務を怠らなかったことを証明しないかぎり、右未成年者が第三者に加えた損害を賠償する責任のあることを明らかにしているが、右規定は、未成年者が責任能力者である場合、監督義務者の義務違反と未成年者の行為によって生じた結果との間に相当因果関係の存するときは右未成年者の不法行為責任と共に監督義務者についても一般の不法行為責任の成立することを排除するものではないと解し、Y_1、Y_2にはAに対する監督義務の懈怠があり、これとB死亡の結果との間には因果関係があるとして、Xの請求を認めた。Yら上告。

判旨　上告棄却「未成年者が責任能力を有する場合であっても監督業務者の義務違反と当該未成年者の不法行為によって生じた結果との間に相当因果関係を認めうるときは、監督業務者につき民法七〇九条に基づく不法行為が成立するものと解するのが相当であって、民法七一四条の規定が右解釈の妨げとなるものではない。そして、$Y_1$$Y_2$のAに対する監督義務の懈怠とAによるB殺害の結果との間に相当因果関係を肯定した原審判断は、その適法に確定した事実関係に照らし正当として是認できる。原判決に所論の違法はなく、論旨は、採用することができない。」

責任能力のない未成年者の監督義務者の責任（サッカーボール事件）　七一四条
〔三〇四〕　最判平成二七年四月九日民集六九巻三号四五五頁　民法2債188(1)

事実　Aは当時小学生であったが、小学校が放課後児童らに開放していた校庭のサッカーゴールでフリーキックの練習をしていた。Aの蹴ったボールが本件道路に出たところ（その状況については判旨を参照）、折からB（当時八五歳）が自動二輪車で本件道路を進行してきてボールを避けようとして転倒し、この事故のために入院中に死亡した。そこで、Bの相続人Xらが、Aの両親Yらに対して七一四条一項に基づき損害賠償を求めたところ（Aに対しても請求しているが本稿では省略する）、原審は一部認容したので、Yらが上告。

判旨　破棄自判「満一一歳の男子児童であるAが本件ゴールに向けてサッカーボールを蹴ったことは、ボールが本件道路に転がり出る可能性があり、本件道路を通行する第三者との関係では危険性を有する行為であったということができるものではあるが、Aは、友人らと共に、放課後、児童らのために開放されていた本件校庭

において、使用可能な状態で設置されていた本件ゴールに向けてフリーキックの練習をしていたのであり、このようなAの行為自体は、本件ゴールの後方に本件道路があることを考慮に入れても、本件校庭の日常的な使用方法として通常の行為である。また、本件ゴールにはゴールネットが張られ、その後方約一〇ｍの場所には本件校庭の南端に沿って南門及びネットフェンスが設置され、これらと本件道路との間には幅約一、八ｍの側溝があったのであり、本件ゴールに向けてボールを蹴ったとしても、ボールが本件道路上に出ることが常態であったものとはみられない。本件事故は、Aが本件ゴールに向けてサッカーボールを蹴ったところ、ボールが南門の門扉の上を越えて南門の前に掛けられた橋の上を転がり、本件道路上に出たことにより、折から同所を進行していたBがこれを避けようとして生じたものであって、Aが、殊更に本件道路に向けてボールを蹴ったなどの事情もうかがわれない。

責任能力のない未成年者の親権者は、その直接的な監視下にない子の行動について、人身に危険が及ばないよう注意して行動するよう日頃から指導監督する義務があると解されるが、本件ゴールに向けたフリーキックの練習は、上記各事実に照らすと、通常は人身に危険が及ぶような行為であるとはいえない。また、親権者の直接的な監視下にない子の行動についての日頃の指導監督は、ある程度一般的なものとならざるを得ないから、通常は人身に危険が及ぶものとはみられない行為によってたまたま人身に損害を生じさせた場合は、当該行為について具体的に予見可能であるなど特別の事情が認められない限り、子に対する監督義務を尽くしていなかったとすべきではない。

Aの父母であるYらは、危険な行為に及ばないよう日頃からAに通常のしつけをしていたというのであり、Aの本件における行為について具体的に予見可能であったなどの特別の事情があったこともうかがわれない。そうすると、本件の事実関係に照らせば、Yらは、民法七一四条一項の監督義務者としての義務を怠らなかったというべきである。」

責任能力のない高齢者の法定監督義務者（JR東海事件）　七一四条・七〇九条・七五二条

〔三〇五〕　最判平成二八年三月一日民集七〇巻三号六八一頁　民法2債188(1)

事実　A（本件事故当時九一歳）は、平成一〇年頃まで愛知県で不動産業を営んでいたが、平成一四年一〇月にはアルツハイマー型認知症にり患していたと診断され、同居している妻Y_1、長男Y_2および（Y_2の）妻Bの介護を受けていた。Y_2は横浜に居住していたが、BはA宅の近隣に転居して、Y_1と共にAの介護にあたっていたのである。

平成一九年一二月七日の午後四時三〇分頃、Aは福祉施設の送迎車で帰宅してY_1およびBと一緒にいたが、Bが席を外しY_1がまどろんで目を閉じている隙に、Aは一人で外出し、鉄道会社Xの列車に乗って隣の駅で降り、排尿のためホームのフェンス扉を開けてホームに下りたところ、午後五時四七分頃列車に衝突して死亡した。本件事故当時、Aは認知症のために責任を弁識する能力がなかったし、また、Y_1も当時八五歳で左右下肢に麻ひ拘縮があり要介護1の認定を受けている状態であった。Xは、Y_1・Y_2に対して、本件事故により列車に遅れが生ずるなどして損害を被ったと主張して民法七〇九条または七一四条に基づき損害賠償を請求した。一審は、Y_1およびY_2の責任を認めたが、原審は、Y_2に対する請求は棄却したものの、Y_1に対する請求については、同居の配偶者は、夫婦の同居、協力および扶助の義務（民法七五二条）に基づく監督義務があり、七一四条一項所定の法定監督義務者に該当するとして一部認容したので、XとY_1の双方が上告。

判旨　一部破棄自判・一部上告棄却（つまりXの請求はすべて棄却された）「民法七五二条は、夫婦の同居、協力及び扶助の義務について規定しているが、これらは夫婦間において相互に相手方に対して負う義務であって、第三者との関係で夫婦の一方に何らかの作為義務を課するものではなく、しかも、同居の義務についてはその性質上履行を強制することができないものであり、協力の義務についてはそれ自体抽象的なものである。また、扶助の義務はこれを相手方の生活を自分自身の生活として保障する義務であると解したとしても、そのことから直ちに第三者との関係で、相手方を監督する義務を基礎付けることはできない。そうすると、同条の規定をもって同法七一四条一項にいう責任無能力者を監督する義務を定めたものということはできず、他に夫婦の一方が相手方の法定の監督義務者であるとする実定法上の根拠は見当たらない。

したがって、精神障害者と同居する配偶者であるからといって、その者が民法七一四条一項にいう『責任無能力者を監督する法定の義務を負う者』に当たるとすることはできないというべきである。

……もっとも、法定の監督義務者に該当しない者であっても、責任無能力者との身分関係や日常生活における接触状況に照らし、第三者に対する加害行為の防止に向けてその者が当該責任無能力者の監督を現に行いその態様が単なる事実上の監督を超えているなどその監督義務を引き受けたとみるべき特段の事情が認められる場合には、衡平の見地から法定の監督義務を負う者と同視してその者に対し民法七一四条に基づく損害賠償責任を問うことができるとするのが相当であり、このような者については、法定の監督義務者に準ずべき者として、同条一項が類推適用されると解すべきである。」しかし、本件ではこのような事情はないとされた。

未成年者の失火と監督義務者の責任　七一四条、失火

〔三〇六〕最判平成七年一月二四日民集四九巻一号二五頁　民法2債179(2)

事実　Yの子A（一〇歳）が、Xが所有する無人の倉庫に侵入してマッチで遊んでいたところ火災が発生し、本件倉庫は焼失した。そこで、XがYを相手に、民法七一四条一項に基づいて損害賠償を請求した（実際には、保険金の支払をした保険会社が原告となった）。失火については重過失がなければ損害賠償責任を負わないとされているところ（失火責任法）、一審は、Yの監督には重過失はないとして、Xの請求を棄却した。しかし、原審は、責任を弁識する能力がない未成年者の失火については、事理弁識能力があるものとして行為を客観的に考察して重大な過失があるか否かで判断するべきであるとして、本件でのAらの行為には重大な過失があるのでYも責任を負うとした。Y上告。

判旨　破棄差戻「民法七一四条一項は、責任を弁識する能力のない未成年者が他人に損害を加えた場合、未成年者の監督義務者は、その監督を怠らなかったとき、すなわち監督について過失がなかったときを除き、損害を賠償すべき義務があるとしているが、右規定の趣旨は、責任を弁識する能力のない未成年者の行為については過失に相当するものの有無を考慮することができず、そのため不法行為の責任を負う者がなければ被害者の

救済に欠けるところから、その監督義務者に損害の賠償を義務づけるとともに、監督義務者に過失がなかったときはその責任を免れさせることとしたものである。ところで、失火ノ責任ニ関スル法律は、失火による損害賠償責任を失火者に重大な過失がある場合に限定しているのであって、この両者の趣旨を併せ考えれば、責任を弁識する能力のない未成年者の行為により火災が発生した場合においては、民法七一四条一項に基づき、未成年者の監督義務者が右火災による損害を賠償すべき義務を負うが、右監督義務者に未成年者の監督について重大な過失がなかったときは、これを免れるものと解するのが相当というべきであり、未成年者の行為の態様のごときは、これを監督義務者の責任の有無の判断に際して斟酌することは格別として、これについて未成年者自身に重大な過失に相当するものがあるかどうかを考慮するのは相当でない。」

二　使用者責任

被用者の意義　　七一五条一項

〔三〇七〕　最判昭和五六年一一月二七日民集三五巻八号一二七一頁　　民法2債188(2)(イ)

事実　Xは、出先から自宅に連絡し、弟のAにX所有の自動車を運転して迎えに来させ、Aに運転を継続させてこれに同乗した。運転経験の長いXは、助手席に座り、運転免許取得後半年位で運転経験の浅いAの運転に気を配り、事故発生の直前にもAに対し「ゴー」と合図して発進の合図をした。Aの運転する車とYが運転する車が接触事故を起こした。XはYに対しYには安全を確認して進行すべき注意義務を怠ったとして損害賠償を訴求した。Yは反訴請求し、Aにも過失があり、Xは使用者責任を負うと主張し、物損の賠償を求めた。原審は、Xの請求を認めると共に、Yの反訴請求をも認めた。X上告。以下の判旨は反訴請求に関するものである。

判旨　上告棄却「Xは、一時的にせよAを指揮監督して、その自動車により自己を自宅に送り届けさせるという仕事に従事させていたということができるから、XとAとの間に本件事故当時Xの右の仕事につき民法七一五条一項にいう使用者・被用者の関係が成立していたと解するのが相当である。したがって、これと同旨の原審の判断は正当として是認することができ、原判決に所論の違法はない。」

事業の執行について(1)—取引行為の場合　七一五条一項

〔三〇八〕大連判大正一五年一〇月一三日民集五巻七八五頁　民法2債188(2)(イ)

事実　Aは、Y_1会社の庶務課長として株券発行事務を担当していたが、Y_1の株券を偽造し、米穀取引所取引員Xに対し、これを定期米取引の証拠金代用として交付した。Xは、右株券が無効でありその株券相当額についてY_1および同会社取締役Y_2に対し使用者責任に基づく損害賠償を訴求した。原審はXの請求を棄却。X上告。

判旨　破棄差戻「当院従来ノ判例ニ依レバ民法第七一五条ニ所謂《いわゆる》被用者ガ使用者ノ事業ノ執行ニ付第三者ニ加ヘタル損害トハ被用者ノ行為ガ使用者ノ事業ノ範囲ニ属シ而《しか》モ其ノ事業ノ執行トシテ為スベキ事項ノ現存セル場合ニ被用者ガ其ノ執行ヲ為スニ因リテ生ジタル損害ヲ指摘シ、従テ被用者ガ使用者ノ事業ノ執行トシテ何等為スベキコト現存セザルニ拘《かかわ》ラズ自己ノ目的ノ為其ノ地位ヲ濫用シテ擅《ほしいまま》ニ為シタル行為ニ因リ第三者ニ損害ヲ加ヘタルトキハ、縦令《たとい》其ノ行為ガ外形上使用者ノ事業執行ト異ル所ナシトスルモ使用者ヲシテ賠償ノ責ニ任ゼシムベキニ非ズト為シタルモノニシテ、原院モ亦右ノ当院従来ノ判例ノ趣旨ヲ踏襲シテ判決ヲ為シタルモノニ外ナラズ。然レドモ本件ノ如ク被用者ガ使用者タル株式会社ノ庶務課長トシテ株券ノ事務ヲ担当シ且株券用紙及印顆ヲ保管シ何時ニテモ自由ニ株券発行ノ事務ヲ処理スベキ地位ニ置カレタル場合ニ在リテハ、縦令其ノ者ガ地位ヲ濫用シ株券ヲ発行シタリトスルモ要スルニ不当ニ事業ヲ執行シタルモノニ外ナラズシテ其ノ事業ノ執行ニ関スル行為タルコトヲ失ハザルモノナレバ、民法第七一五条所謂『事業ノ執行ニ付』ナル文詞ハ叙上《じょじょう》説明ノ如ク之ヲ広義ニ解釈スルヲ至当トスベク、当院従来ノ判例ノ如ク厳格ナル制限的解釈ヲ採リ、使用者ノ事業ノ執行トシテ具体的ニ為スベキ事項ノ現存セザル場合ニ於ケル被用者ノ行為ニ付テハ総テ使用者ニ於テ全然責任ナシト為スガ如キハ同条立法ノ精神ニ鑑ミ且一般取引ノ通念ニ照シ狭隘ニ失スルモノト謂《い》ハザルベカラズ。蓋《けだ》シ本件ノ如キ場合ニ於テハY_1及之ニ代リテ其事業ヲ監督スルY_2ハ其ノ庶務課長タル者ノ選任ヲ厳ニスルハ勿論、絶エズ其ノ行動ヲ監視シ其ノ者ガ職務上ノ地位ヲ濫用シテ不正ニ株券ヲ発行シ他人ニ損害ヲ及ボスノ危険ヲ予防スルノ責ニ任ズベキハ当然ニシテ、Y_2ガ注意ヲ怠リ為ニ被用者ヲシテ其ノ地位ヲ濫用シテ株券ヲ発行スルコトヲ得セシメ他人ヲシテ損害ヲ被ラシメタリトセバ$Y_1$$Y_2$ハ其ノ責ヲ辞スルコトヲ得ザルハ論ヲ俟《ま》タザレバナリ。然ラバ原審ハ株券発行ノ必要アル場合ニ非ザルノ故ヲ以テ本件Aノ株券ヲ偽造シテ行使シタルニ因リ被リタルXノ損害ハY_1及Y_2ニ於テ之ヲ賠償スルノ責ナシト判示セルハ違法ニシテ、本論旨ハ理由アリ。」

事業の執行について(2)—事実行為の場合（通産省事件）　七一五条一項

〔三〇九〕最判昭和三〇年一二月二二日民集九巻一四号二〇四七頁　民法2債188(2)(イ)

事実　Aは通産省（現経済産業省）で自動車の運転に従事する職員であり、また、Bは大臣秘書官であり、公務のほかに私用でも（許可を得て）Aの運転する車を使用していた。大臣の辞任によりBも辞表を提出したが未だ辞令の交付を受けていなかったところ、Bは、私用（競輪見物）のためにAに運転を依頼した。Aは、許可の手配が間に合わなかったにもかかわらずBを乗せて運転していた際に、Xの運転するオート三輪に接触してXに重傷を負わせた。Xは、Y（国）を相手に、民法七一五条に基づき損害賠償を求めた。原審は、Aの行為を外形的に見れば公務のための運転であるとしてXの請求を認容した。Yは、単なる事実行為については、外形という基準によって使用者責任を負わせるのは失当であると主張して上告した。

判旨　上告棄却「原判決の認定した事実関係（この事故を惹き起した自動車は、通商産業省の自動車であつて、これを運転するAは、同省の職員として専ら自動車運転の業務に従事するものであるし、これに乗車するBは、従来通商産業大臣秘書官として常に本件自動車に乗車し本件事故当時は辞表提出後ではあつたがその辞令の交付なく未だその官を失つていなかつたものである。）の下において原判決が民法七一五条の適用上本件事故を右Aが通商産業省の事業の執行につき生ぜしめたものといい得る旨判示したことは首肯できる。けだし原審の確定した事実関係によれば、右Aの本件自動車の運転は、たとえ、B秘書官の私用をみたすためになされたものであつても、なお、通商産業省の運転手の職務行為の範囲に属するものとして、同省の事業の執行と認めるのを相当とするからである。」

相手方の悪意・重過失　七一五条一項

〔三一〇〕最判昭和四二年一一月二日民集二一巻九号二二七八頁　民法2債188(2)(イ)

事実　X会社は、Y相互銀行の支店長Aに対し、Y自らではなく、第三者によりX振出の手形を割り引くことについての斡旋を依頼した。そのために、Aは、本件手形を預かった。なお、XとAとの右取引には、手形ブローカーの介在があった。Aの右行為は、Yの内規、慣行に反しており、これについて支店長代理に相談せず、本店にも報告されていなかった。本件手形は、割引されないまま流通におかれたため、Xは手形金を支払わなければならなかった。Xは、Yに対しAの使用者責任を求めた。原審は、Xの請求を認容。Y上告。

判旨　破棄差戻「被用者のなした取引行為の外形からみて、使用者の事業の範囲内に属するものと認められる場合においても、その行為が被用者の職務権限内において適法に行なわれたものでなく、かつ、その行為の相手方が右の事情を知りながら、少なくとも重大な過失により右の事情を知らないで、当該取引をしたと認められるときは、その行為にもとづく損害は民法七一五条にいわゆる『被用者カ其事業ノ執行ニ付キ第三者ニ加ヘタル損害』とはいえず、したがってその取引の相手方である被害者は使用者に対してその損害の賠償を請求することができないものと解するのが相当である。」

被用者への求償　七一五条三項

〔三一一〕最判昭和五一年七月八日民集三〇巻七号六八九頁　民法2債188(2)(ウ)

事実　X会社の運転手Y_1は、X所有のタンクローリーを運転中、Aの所有する車に追突した。Aに損害を賠償したXは、Y_1および同人の身元保証人Y_2に対し、七一五条三項に基づいて求償した。原審は、Xの請求は四分の一を超える限度については信義則に反し権利の濫用であるとして、Xの請求を一部排斥した一審判決を是認した。X上告。

判旨　上告棄却「使用者が、その事業の執行につきなされた被用者の加害行為により、直接損害を被り又は使用者としての損害賠償責任を負担したことに基づき損害を被った場合には、使用者は、その事業の性格、規模、施設の状況、被用者の業務の内容、労働条件、勤務態度、加害行為の態様、加害行為の予防若しくは損失の分散についての使用者の配慮の程度その他諸般の事情に照らし、損害の公平な分担という見地から信義則上相当と認められる限度において、被用者に対し右損害の賠償又は求償の請求をすることができるものと解すべきである。

原審の適法に確定したところによると、㈠Xは、石炭、石油、プロパンガス等の輸送及び販売を業とする資本金八〇〇万円の株式会社であって、従業員約五〇名を擁し、タンクローリー、小型貨物自動車等の業務用車両を二〇台近く保有していたが、経費節減のため、右車両につき対人賠償責任保険にのみ加入し、対物賠償責任保険及び車両保険には加入していなかった、㈡Y_1は、主として小型貨物自動車の運転業務に従事し、タンクローリーには特命により臨時的に乗務するにすぎず、本件事故当時、Y_1は、重油をほぼ満載したタンクローリーを運転して交通の渋滞し始めた国道上を進行中、車間距離不保持及び前方注視不十分の過失により、急停車した先行車に追突したものである、㈢本件事故当時、Y_1は月額約四万五〇〇〇円の給与を支給され、その勤務成績は普通以上であった、というのであり、右事実関係のもとにおいては、Xがその直接被った損害及び被害者に対する損害賠償義務の履行により被った損害のうちY_1に対して賠償及び求償を請求しうる範囲は、信義則上右損害額の四分の一を限度とすべきであり、したがってその他の被告人Y_2らについてもこれと同額である旨の原審の判断は、正当として是認することができ、その過程に所論の違法はない。論旨は、右と異なる見解を主張して原判決を論難するものにすぎず、採用することができない。」

三　注文者の責任

注文者の過失　七一六条
〔三一二〕　最判昭和四三年一二月二四日民集二二巻一三号三四一三頁　民法2債188(3)

事実 Y_1は、密柑選果場を新築しようと企図し、Y_2にこれを請け負わせて工事に取り掛からせたが、早生密柑の出荷が始まったために工事を急がせすぎ、農地である敷地について転用許可手続をせず、かつ、知事宛の建築確認申請手続をとらずに工事に着工させたために、土木出張所から即時工事を中止すべきことを命ぜられると共に、右各申請手続をし、同時に建物の補強工作を完備するよう強く勧告された。しかし、Y_1は、密柑の収穫期がおし迫った折から、Y_2に、前記の補強工作を全然させることなく、また、所定の中間検査をも受けないままで瓦葺作業に取り掛からせたため、西側屋根上に積み上げられた瓦約二〇〇〇枚の重みで右建築中の建物が倒壊し、隣家のX所有家屋に倒れかかった。そのため、X住家は傾倒し、Xは家屋の下敷きとなり、重傷を負った。Xは、Y_1に対しては注文者としての責任を、Y_2に対しては本件事故についての過失責任を根拠にそれぞれ損害賠償を請求した。一審は、Y_1については責任を認容し、Y_2については、訴訟前に、本件家屋の新築等をすること、それ以外一切の請求をしないこと等の契約が成立していたとして請求を棄却した。Y_1からの控訴に対して、原審も、Y_1の責任を認容。Y_1上告。

判旨 上告棄却「右事実関係のもとにおいては、Y_1としては、少なくとも右建築中止命令以後においては、倒壊、損害防止上相当の補強工作をすべきことを十分認識していたものというべきであるから、補強工事をせずしてかかる作業を命ずることのないよう、また、もし右請負人（Y_2）において補強工作を施行せずして右工事を続行する場合には、時期を失せず工事を中止させる等の措置を執るべき注意義務があるものというべきである。しかるに、これらの措置を講じないで敢えて右工事の続行を黙過したY_1は、注文者として注文または指図について過失があったものといわなければならない。」

四　土地工作物の占有者・所有者の責任

取締法規に違反しない場合—感電事故

〔三一三〕最判昭和三七年一一月八日民集一六巻一一号二二一六頁　七一七条

民法2債189(1)(イ)

事実　A建設会社の建物工事中、足場の丸太が、Y社の被承継人東北配電会社架設の高圧送電線に寄り掛かり、他の電線と接触してショートし、後者が溶断しその一端が地上に落下し、垂れ下がった。近くにいたX_1は、自転車を介して、感電し、電撃傷を受けた。また、X_2の母親Bは、電線の一部が足に触れ感電死した。X_1（事故当時満三歳余）は、逸失利益・治療費等を、また、X_2は、母親死亡による慰謝料を、それぞれ工作物責任を根拠にY会社に対して請求した。事故当時、電線の被覆物が古損していたが、当時の行政取締規則では被覆線の使用は要求されていなかった。このことを理由に工作物の所有者であるYが免責されるか否かが争点となった。一審・原審とも、Xらの請求を認容した。Y上告。

判旨　上告棄却「昭和一四年一月一九日逓信省令一号電気工作物臨時特例一一条により、一定の設置規準の下に五粍の裸硬銅線又はこれと同等以上の強さ及び太さを有するものの使用を許されるに至ったものであって、本件事故当時は右規定が適用されていたから、五粍の硬銅線である本件送電線がたといゴム被覆がなくても当時の取締規定に違反しないものであることは、所論のとおりである。しかしながら、行政上の取締規定に違反しないという一事をもって、民法七一七条一項の規定による所有者の賠償責任を免かれることはできない。また、以上の取締規定の変遷に徴すれば、市街地においては、本件のような事故を防止するため、三五〇〇ボルト以下の高圧架空送電線にゴム被覆電線を使用することが裸線を使用することよりも本来望ましいものというべく、現に本件事故現場においてもゴム被覆電線が架設せられていたのであるが、本件事故当時は終戦後の物資の乏しい時代であったので、前記会社管下にある破損したゴム被覆高圧送電線を全部完全なものに取り替えることは資材および経済の点からいって極めて困難な状況にあったにしても、本件事故現場の電線の修補をすること自体が科学及び経済の許す範囲を超えて不可能なものであったとは認められないのみならず、修補の困難ということもまた所有者の前記賠償を免責せしめる事由とはならない。」

機能的瑕疵の場合—踏切事故　七一七条

〔三一四〕　最判昭和四六年四月二三日民集二五巻三号三五一頁　民法2債189(1)(イ)

事実　満三歳のAは、Y電鉄株式会社の本件踏切で電車に轢かれて死亡した。Aの両親Xらは、Yに対し工作物責任（民七一七条）等に基づく損害賠償を訴求した。なお、本件踏切には、「でんしゃにちゅうい」との立札はあったが、遮断機や警報機の保安設備は存在しなかった。原審は、保安設備の欠如は土地工作物である踏切道の瑕疵《かし》であるとして、Yの工作物責任を認めた。Y上告。

判旨　上告棄却　「列車運行のための専用軌道と道路との交差するところに設けられる踏切道は、本来列車運行の確保と道路交通の安全とを調整するために存するものであるから、必要な保安のための施設が設けられてはじめて踏切道の機能を果たすことができるものというべく、したがって、土地の工作物たる踏切道の軌道施設は、保安設備と併せ一体としてこれを考察すべきであり、もしあるべき保安設備を欠く場合には、土地の工作物たる軌道施設の設置に瑕疵があるものとして、民法七一七条所定の帰責原因となるものといわなければならない。この点の原審の判断に所論の法令違背はなく、論旨は採用することができない。」

「踏切道における軌道施設に保安設備を欠くことをもって、工作物としての軌道施設の設置に瑕疵があるというべきか否かは、当該踏切道における見通しの良否、交通量、列車回数等の具体的状況を基礎として、前示のような踏切道設置の趣旨を充たすに足りる状況にあるかどうかという観点から、定められなければならない。そして、保安設備を欠くことにより、その踏切道における列車運行の確保と道路交通の安全との調整が全うされず、列車と横断しようとする人車との接触による事故を生ずる危険が少くない状況にあるとすれば、踏切道における軌道施設として本来具えるべき設備を欠き、踏切道としての機能が果されていないものというべきであるから、かかる軌道設備には、設置上の瑕疵があるものといわなければならない。

これを本件について見るに、原審（第一審判決引用部分を含む。）の適法に確定した諸事情、とくに、本件踏切を横断しようとする者から上り電車を見通しうる距離は、踏切の北側で五〇メートル、南側で八〇メートルで、所定の速度で踏切を通過しようとする上り電車の運転者が踏切上にある歩行者を最遠距離において発見しただちに急停車の措置をとっても、電車が停止するのは踏切をこえる地点になるという見通しの悪さのため、横断中の歩行者との接触の危険はきわめて大きく、現に本件事故までにも数度に及ぶ電車と通行人との接触事故があったことと、本件事故当時における一日の踏切の交通量（後記踏切道保安設備設置標準に従った換算交通量）は七〇〇人程度、一日の列車回数は五〇四回であったことに徴すると、本件踏切の通行はけっして安全なものということはできず、少くとも警報機を設置するのでなければ踏切道としての本来の機能を全うしうる状況にあったものとはなしえないものと認め、本件踏切に警報機の保安設備を欠いていたことをもって、上告Y会社所有の土地工作物の設置に瑕疵があったものとした原審の判断は、正当ということができる。

所論は、運輸省鉄道監督局長通達……で定められた地方鉄道軌道及び専用鉄道踏切道保安設備設置標準に従って保安設備を設ければ、社会通念上不都合のないものとして、民法上の瑕疵の存在は否定されるべきであるというが、右設置標準は行政指導監督上の一応の標準として必要な最低限度を示したものであることが明らかであるから、右基準によれば本件踏切道には保安設備を要しないとの一事をもって、踏切道における軌道施設の設置に瑕疵がなかったものとして民法七一七条による土地工作物所有者の賠償責任が否定さるべきことにはならない。そして、前記諸事情のもとにおいては、所論のような踏切利用の態様の委細や警報機の設置に要する費用等を云々することによって、前記判断の結論を左右しうるものとは認められない。」

五　動物占有者の責任

飼主の責任　　**七一八条**

〔三一五〕　最判昭和三七年二月一日民集一六巻二号一四三頁　　民法2債189(2)

事実　Yの飼育するグレートデン種の犬二匹をYの雇人Aが引綱を持って戸外運動をさせていたところ、X_1（事故当時九歳一〇か月の女子）を襲い、傷害を負わせた。そこで、X_1（慰謝料請求）、X_2（X_1の父親・治療費請求）が犬の占有者であるYを相手に損害賠償を請求した。争点は、①Aが犬の占有者となるか、飼主であるYが占有者となるか、②占有機関たる訴外Aに注意義務違反の過失があったか否かであった。一審・原審とも、①Yを法律上の占有者（Aは占有機関）とし、②占有機関であるAに過失があったから、Yに犬の保管につき過失があったとした。Y上告。

判旨　上告棄却　「原判決が所論1〔以下、所論1を引用する〕〔思うに、畜犬は一般に家人に対しては温順であるが、未知の人に対しては必ずしもそうでなく、また音響その他外界の刺激により容易に興奮する性癖を有する動物であるから、犬を戸外に連れ出す者は、万一犬が興奮した際にも充分これを制禦できるよう自己の体力、技術の程度と犬の種類、その性癖等を考慮して、通行の場所、時間、犬を牽引する方法、その頭数等について注意を払うべき義務がある……。Aは身長五尺三寸、体重一三貫の小柄な男であること、同人が昭和三二年一月一五日Yに雇われてから本件事故当時迄僅か半月を経過したばかりで、本件二頭の犬を取扱った期間も短く、未だ右犬の制禦方法を会得していなかったこと、それにも拘らず白昼右二頭の犬を一緒に運動させたため、右二頭の犬がX_1に跳びついた際その力に負けてこれを制禦することができなかったことが認められ……、もしAにおいて本件犬を一頭ずつ夜間或いは早朝人通りの少い時間運動させていたとすれば、本件事故を避けることが出来たであろうことは容易に想像出来るところであるからAは前記の注意義務を怠ったものといわねばならない。〕摘示のとおり判示したことと並びに民法七一八条一項但書の注意義務は所論2のごとく通常払うべき程度の注意義務を意味し、異常な事態に対処しうべき程度の注意義務まで課したものでないと解すべきことは、所論のとおりである。しかし、原判決の是認、引用する第一審判決は、本件グレートデン種の牝犬二頭は比較的性質が温順で、よく家族には馴れており、内一頭のリリーは被告が新宿区aに居住していた頃附近の学童に挑発され塀を飛び越えて追掛け一名に擦過傷を与えたこと、一般に犬はかん高い声をきらい本件二頭の犬もその例外ではないこと、右二頭の犬は本件事故当時判示のごとく大きくかつ力の強い犬であったこと、並びに、かん高い声の衝撃によって驚けば事故を起すこともあることが推認されこれに反する証拠がないこと……、および、Aは判示のごとく小柄な男で、被告に雇われてから本件事故当日まで僅か半月を経過したばかりで、本件二頭の犬を取り扱った期間も短く、まだ右犬の操作制禦方法を会得していなかったにもかかわらず、右二頭の犬を一緒に判示公道を運動させたため右犬がX_1に跳びついた際その力に負けてこれを制禦することができなかった等の事実を認定しているのであって、その認定は挙示の証拠関係に照らしこれを肯認することができる。されば、原判決の所論判示は、通常の注意義務を認めた正当な判示であって、所論の違法は認められない。」

六　共同不法行為

故意と過失の競合　七一九条
〔三一六〕　大判大正二年四月二六日民録一九輯二八一頁　民法2債190(1)(ア)

事実　倉庫業者であるYは、過失により寄託物と符合しない倉庫証券を発行し、寄託者であるAが同証券を担保にしてX銀行から金銭を借り入れた。損害を被ったXは、Yに対してその賠償を請求した。原審は、Yの責任を肯定した。Y上告。故意と過失との共同不法行為は成立しないと主張。

判旨　上告棄却「民法第七一九条第一項前段ハ、共同行為者ノ各自ガ損害ノ原因タル不法行為ニ加ハルコト、換言スレバ、客観的ニ共同ノ不法行為ニ因リ其損害ヲ生ジタルコトヲ要スルニ止マリ、共謀其他主観的共同ノ原因ニ由リ其損害ヲ生ジタルコトヲ要スルコトナシ。蓋《けだ》シ、此場合ニハ損害ハ一ニシテ之ガ賠償ノ責ニ任ズベキ者ハ数人アリ如何ナル範囲ニ於テ其賠償ヲ為スベキモノナリヤヲ明ニスル必要アリ其責任ノ連帯ナルコトヲ定ムル為メ規定ヲ設ケタルモノニシテ意思ノ共通ヲ要スルコトヲ定ムル為メ規定ヲ設ケタルモノニアラザルナリ。故ニ共同行為者ノ間ニ意思ノ共通アルコトヲ要セザルモノナレバ故意ニ因ル行為者ト過失ニ因ル行為者トガ共同不法行為者トシテ損害賠償ノ責ニ任ズルヲ妨グルコトナキコト亦明ナルヲ以テ本論旨ハ理由ナシ。」

過失と過失の競合　七一九条
〔三一七〕　大判大正三年一〇月二九日民録二〇輯八三四頁　民法2債190(1)(ア)

事実　Y会社所有船舶およびB会社所有船舶のそれぞれの船長の過失による船舶事故により、溺死したB会社船舶の乗員の遺族であるXらがYを相手に損害賠償を請求した。原審はYの責任を認容。Y上告。

判旨　上告棄却「船舶所有者ハ、船長ガ其職務ヲ行フニ当リ過失ニ因リ他人ニ加ヘタル損害ニ付キ之ガ賠償ノ責ニ任ズベキモノニシテ、其責任ハ船長ガ被害者ニ対シテ責ニ任ズベキモノト同一ノ内容ヲ有スル債務ヲ負担スルニ在ルコトハ商法第五四四条ノ法意ニ徴シ自ラ明ナリ。従テ本件事実ノ如ク二人各自ノ所有船舶ノ各船長ガ職務上ノ共同過失ニ因リ他人ニ損害ヲ加ヘタル場合ニ於テハ其損害ノ賠償ニ付キ各船長ノ責ニ任ズベキ債務ハ民法第七一九条一項ニ依リ連帯ナルヲ以テ、各船舶所有者モ亦各船長ノ責任ト同ジク連帯債務ヲ負担スベキモノトス。」

実行行為をしない者の責任（レール置石事件）　七一九条

〔三一八〕　最判昭和六二年一月二二日民集四一巻一号一七頁　民法2債190(1)(ア)

事実　X鉄道会社の急行電車がレール上に置かれた石のために脱線転覆し、乗客一〇四名が負傷した。この石は、Yを含む四名A、B、C、Dの中学生グループ五名が雑談の結果、B、C、Dが軌道内に入り、Dによってレール上に置かれた。YとAは軌道敷内には入らず、置石行為を見ていた。Xは、Yを除く四名と示談し、Yに対し損害賠償を訴求した。原審は、Yには本件置石について事前の認識がなく、Dが置石をするかもしれないことを予見すべきであったとはいえず、本件置石行為を阻止ないし排除すべき義務はなかったとして、Xの請求を棄却した。X上告。

判旨　破棄差戻　「およそ列車が往来する電車軌道のレール上に物を置く行為は、多かれ少なかれ通過列車に対する危険を内包するものであり、ことに当該物が拳大の石である場合には、それを踏む通過列車を脱線転覆させ、ひいては不特定多数の乗客等の生命、身体及び財産並びに車両等に損害を加えるという重大な事故を惹起させる蓋然性が高いといわなければならない。このように重大な事故を生ぜしめる蓋然性の高い置石行為がされた場合には、その実行行為者と右行為をするにつき共同の認識ないし共謀がない者であっても、この者が、仲間の関係にある実行行為者と共に事前に右行為の動機となった話合いをしたのみでなく、これに引き続いてされた実行行為の現場において、右行為を現に知り、事故の発生についても予見可能であったといえるときには、右の者は、実行行為と関連する自己の右のような先行行為に基づく義務として、当該置石の存否を点検確認し、これがあるときにはその除去等事故回避のための措置を講ずることが可能である限り、その措置を講じて事故の発生を未然に防止すべき義務を負うものというべきであり、これを尽くさなかったため事故が発生したときは、右事故により生じた損害を賠償すべき責任を負うものというべきである。……Yは、置石行為をすることとそれ自体についてDと共同の認識ないし共謀がなく、また、本件事故の原因となった本件置石について事前の認識がなかったとしても、Dが大阪行軌道のレール上に拳大の石を置くのを現認した時点において、同人が同一機会において大阪行軌道よりも本件道路に近い京都行軌道のレール上にも拳大の本件置石を置くこと及び通過列車がこれを踏み本件事故が発生することを予見することができたと認めうる余地が十分にあるというべきであり、これが認められ、かつまた、Yにおいて本件置石の存否を点検確認し、その除去等事故回避のための措置を講ずることが可能であったといえるときには、その措置を講じて本件事故の発生を未然に防止すべき義務を負うものというべきである。Yが本件事故の発生前にDに対し置石行為をやめるように言った事実があるとしても、それだけでは直ちに右注意義務に消長を来たすものとはいえない。また、前示の事実関係に照らすと、被上告人の右注意義務の懈怠と本件事故との間には相当因果関係があるものといわざるを得ない。」

交通事故と医療事故との競合

〔三一九〕　最判平成一三年三月一三日民集五五巻二号三二八頁　　七一九条

民法2債185(4)(エ)・190(1)(ア)

事実　X_1、X_2の長男Aは、B社の従業員Cの運転する自動車に接触・転倒した。Aは救急車でY病院に搬送され、D医師の診察を受けた。D医師は、軽微な事故と考え、傷の消毒等の手当てをしただけでAを帰宅させたが、同夜、Aは高熱・けいれん等の症状を来した。Xらは救急車でE病院に搬送したが、死亡した。X_1、X_2は、Yを相手に損害賠償を請求した。一審は、Dの過失を認定し、Yは、民法四四条（現一般法人七八条・一九七条）に従い、Cとの共同不法行為者としての責任を免れないとし、Xらの被った全損害の賠償を命じた。Yは、控訴。原審は、「本件の場合のように、自動車事故と医療過誤のように個々の不法行為が当該事故の全体の一部を時間的前後関係において構成し、しかもその行為類型が異なり、行為の本質や過失構造が異なり、かつ共同不法行為とされる各不法行為につき、その一方又は双方に被害者側の過失相殺事由が存する場合は、各不法行為者の各不法行為の損害発生に対する寄与度の分別を主張、立証でき、個別的に過失相殺の主張をできるものと解すべきである。そして、そのような場合は、裁判所は、被害者の全損害を算定し、当該事故における個々の不法行為の寄与度を定め、そのうえで個々の不法行為についての過失相殺をしたうえで、各不法行為者が責任を負うべき損害賠償額を分別して認定するのが相当である。」とした。交通事故と医療事故の寄与度をそれぞれ五割とし、医療事故に対する被害者側の過失を一割とした。Xら上告。

判旨 一部破棄自判、一部棄却　(1)　共同不法行為について「原審の確定した事実関係によれば、本件交通事故により、Aは放置すれば死亡するに至る傷害を負ったものの、事故後搬入されたY病院において、Aに対し通常期待されるべき適切な経過観察がされるなどして脳内出血が早期に発見され適切な治療が施されていれば、高度の蓋然性をもってAを救命できたということができるから、本件交通事故と本件医療事故とのいずれもが、Aの死亡という不可分の一個の結果を招来し、この結果について相当因果関係を有する関係にある。したがって、本件交通事故における運転行為と本件医療事故における医療行為とは民法七一九条所定の共同不法行為に当たるから、各不法行為者は被害者の被った損害の全額について連帯して責任を負うべきものである。本件のようにそれぞれ独立して成立する複数の不法行為が順次競合した共同不法行為においても別異に解する理由はないから、被害者との関係においては、各不法行為者の結果発生に対する寄与の割合をもって被害者の被った損害の額を案分し、各不法行為者において責任を負うべき損害額を限定することは許されないと解するのが相当である。けだし、共同不法行為によって被害者の被った損害は、各不法行為者の行為のいずれとの関係でも相当因果関係に立つものとして、各不法行為者はその全額を負担すべきものであり、各不法行為者が賠償すべき損害額を案分、限定することは連帯関係を免除することとなり、共同不法行為者のいずれからも全額の損害賠償を受けられるとしている民法七一九条の明文に反し、これにより被害者保護を図る同条の趣旨を没却することとなり、損害の負担について公平の理念に反することとなるからである。」

(2)　過失相殺について「本件は、本件交通事故と本件医療事故という加害者及び侵害行為を異にする二つの不法行為が順次競合した共同不法行為であり、各不法行為については加害者及び被害者の過失の内容も別異の性質を有するものである。ところで、過失相殺は不法行為により生じた損害について加害者と被害者との間においてそれぞれの過失の割合を基準にして相対的な負担の公平を図る制度であるから、本件のような共同不法行為においても、過失相殺は各不法行為の加害者と被害者との間の過失の割合に応じてすべきものであり、他の不法行為者と被害者との間における過失の割合をしん酌して過失相殺をすることは許されない。」

共同不法行為における「共同」の意義（山王川事件） 　**七一九条・四一六条**
〔三二〇〕最判昭和四三年四月二三日民集二二巻四号九六四頁 　**民法2債190(1)(イ)・(3)**

事実　国Yは、アルコール工場を設置し、工場廃水を山王川に排出していた。その排水には多量の窒素が含まれていた。山王川流域で水田を耕作し、山王川の流水を利用するXらは、ひどい日照りの年の稲作が異常で、Xの収益は減少し、その後、深井戸を掘らなければならなかったとして、国家賠償法に基づいて減収部分の損害賠償と井戸掘費用の賠償を訴求した。原審は、Xらの請求を認めた。Yは上告して、山王川の流水は都市下水によっても汚染されており、本件工場廃水からの窒素量を除いても潅漑用水としては不適当であり、本件廃水がその損害原因であるとはいえない、などと主張した。

判旨　上告棄却　「共同行為者各自の行為が客観的に関連し共同して違法に損害を加えた場合において、各自の行為がそれぞれ独立に不法行為の要件を備えるときは、各自が右違法な加害行為と相当因果関係にある損害についてその賠償の責に任ずべきであり、この理は、本件のごとき流水汚染により惹起された損害の賠償についても、同様であると解するのが相当である。これを本件についていえば、原判示の本件工場廃水を山王川に放出したYは、右廃水放出により惹起された損害のうち、右廃水放出と相当因果関係の範囲内にある全損害について、その賠償の責に任ずべきである。ところで、原審の確定するところによれば、山王川には自然の湧水も流入し水がとだえたことはなく、昭和三三年の旱害対策として多くの井戸が掘られたが、山王川の流域においてはその数が極めて少ないことが認められるから、Yの放出した本件工場廃水がなくても山王川から灌漑用水をとることができなかったわけではないというのであり、また、山王川の流水が本件廃水のみならず所論の都市下水等によっても汚染されていたことは推測されるが、原判示の曝気槽設備のなかった昭和三三年までは、山王川の流水により稀釈される直前の本件工場廃水は、右流水の約一五倍の全窒素を含有していたと推測され、山王川の流水は右廃水のために水稲耕作の最大許容量をはるかに超過する窒素濃度を帯びていたというのである。そして、原審は、右の事実および原審確定の本件における事実関係のもとにおいては、本件工場廃水の山王川への放出がなければ、原判示減収（損害）は発生しなかった筈であり、右減収の直接の原因は本件廃水の放出にあるとして、右廃水放出と損害発生との間に相当因果関係が存する旨判断しているのであって、原審の挙示する証拠によれば、原審の右認定および判断は、これを是認することができる。」

石綿含有建材の製造販売者の責任—七一九条の類推適用　七一九条

〔三二〇の二〕　最判令和三年五月一七日民集七五巻五号一三五九頁

事実　本件は、建設作業中に建材から石綿（アスベスト）粉塵に曝露して石綿肺・肺がん・中皮腫等に罹患したとする者（又はその承継人）のXらが、国および石綿含有建材メーカーらに損害賠償を請求した事件である（ここでは国に対する国家賠償請求は除く）。当初は建材メーカー四四社全社を被告としたが、控訴審で主要曝露建材を被災者ごとに絞り込み、市場占有率の高い企業Y_1・Y_2・Y_3らを被告として、損害賠償請求をした。特に中皮腫は少量の曝露でも発症しうるが、単独惹起力の有無が不明であるためその扱いが問題となった。原審は、この中皮腫を発症した大工Xらに係る請求につき、曝露量全体に対する責任曝露量の割合はY_1・Y_2・Y_3各三分の一程度にとどまるとし、各被災者Xらの損害額の三分の一につき連帯責任を負うとした。X・Y_1ら双方から上告受理の申立てがされた。

判旨　Y_1らの申立てにつき上告棄却（Xらの申立てにつき破棄自判［この点は省略］）

(1)「民法七一九条一項……後段は、複数の者がいずれも被害者の損害をそれのみで惹起し得る行為を行い、そのうちのいずれの者の行為によって損害が生じたのかが不明である場合に、被害者の保護を図るため、公益的観点から、因果関係の立証責任を転換して、上記の行為を行った者らが自らの行為と損害との間に因果関係が存在しないことを立証しない限り、上記の者らに連帯して損害の全部について賠償責任を負わせる趣旨の規定であると解される。そして、同項後段は、その文言からすると、被害者によって特定された複数の行為者の中に真に被害者に損害を加えた者が含まれている場合に適用されると解するのが自然である。仮に、上記の複数の行為者

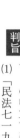

のほかに被害者の損害をそれのみで惹起し得る行為をした者が存在する場合にまで、同項後段を適用して上記の複数の行為者のみに損害賠償責任を負わせることとすれば、実際には被害者に損害を加えていない者らのみに損害賠償責任を負わせることとなりかねず、相当ではないというべきである。

以上によれば、被害者によって特定された複数の行為者のほかに被害者の損害をそれのみで惹起し得る行為をした者が存在しないことは、民法七一九条一項後段の適用の要件であると解するのが相当である。」

(2)「複数の者がいずれも被害者の損害をそれのみで惹起し得る行為を行い、そのうちのいずれの者の行為によって損害が生じたのかが不明である場合には、被害者の保護を図るため公益的観点から規定された民法七一九条一項後段の適用により、因果関係の立証責任が転換され、上記の者らが連帯して損害賠償責任を負うこととなるところ、本件においては、被告Y_1が製造販売した本件ボード三種が上記の本件被災大工Xらが稼働する建設現場に相当回数にわたり到達して用いられているものの、本件被災大工Xらが本件ボード三種を直接取り扱ったことによる石綿粉じんのばく露量は、各自の石綿粉じんのばく露量全体の一部であり、また、被告Y_1らが個別に上記の本件被災大工Xらの中皮腫の発症にどの程度の影響を与えたのかは明らかでないなどの諸事情がある。そこで、本件においては、被害者保護の見地から、上記の同項後段が適用される場合との均衡を図って、同項後段の類推適用により、因果関係の立証責任が転換されると解するのが相当である。もっとも、本件においては、本件被災大工Xらが本件ボード三種を直接取り扱ったことによる石綿粉じんのばく露量は、各自の石綿粉じんのばく露量全体の一部にとどまるという事情があるから、被告Y_1らは、こうした事情等を考慮して定まるその行為の損害の発生に対する寄与度に応じた範囲で損害賠償責任を負うというべきである。

以上によれば、被告Y_1らは、民法七一九条一項後段の類推適用により、中皮腫にり患した本件被災大工Xらの各損害の三分の一について、連帯して損害賠償責任を負うと解するのが相当である。」

共同不法行為者の一人に対する一部免除　旧四三七条・四四二条・七一九条

〔三二一〕　最判平成一〇年九月一〇日民集五二巻六号一四九四頁　民法２債42・190(3)

事実　Yの被用者AとXは、共同不法行為によりBに損害を与えた〔責任割合は、六対四〕。XはBと和解が成立し、和解金二〇〇〇万円を支払った。そこで、Xは、被用者Aの負担部分につき、使用者Yに求償金として一六〇〇万円余の支払を請求した。一審・原審とも、AおよびYに対して求償権を行使することができると判示した後、Xは、Bの全損害額を基礎にして責任割合によって定められる自己の負担部分を超えた部分についてYに求償権を行使できるとした。その認容額を不満として、Xが上告。

判旨　破棄差戻　「甲と乙が共同の不法行為により他人に損害を加えた場合において、甲が乙との責任割合に従って定められるべき自己の負担部分を超えて被害者に損害を賠償したときは、甲は、乙の負担部分について求償することができる。」「この場合、甲と乙が負担する損害賠償債務は、いわゆる不真正連帯債務であるから、甲と被害者との間で訴訟上の和解が成立し、請求額の一部につき和解金が支払われるとともに、和解調書中に『被害者はその余の請求を放棄する』旨の条項が設けられ、被害者が甲に対し残債務を免除したと解し得るときでも、連帯債務における免除の絶対的効力を定めた民法四三七条〔平成二九年改正前の規定〕の規定は適用されず、乙に対して当然に免除の効力が及ぶものではない。」「しかし、被害者が、右訴訟上の和解に際し、乙の残債務をも免除する意思を有していると認められるときは、乙に対しても残債務の免除の効力が及ぶものというべきである。そして、この場合には、乙はもはや被害者から残債務を訴求される可能性はないのであるから、甲の乙に対する求償金額は、確定した損害額である右訴訟上の和解における甲の支払額を基準とし、双方の責任割合に従いその負担部分を定めて、これを算定するのが相当であると解される。」「以上の理は、本件のように、被用者（A）がその使用者（Y）の事業の執行につき第三者（X）との共同の不法行為により他人に損害を加えた場合において、右第三者が、自己と被用者との責任割合に従って定められるべき自己の負担部分を超えて被害者に損害を賠償し、被用者の負担部分について使用者に対し求償する場合においても異なるところはない」　本件では、Bは、Yに対して残債務の履行を請求した形跡もなく〔本件和解時においては、既に右残債権について消滅時効期間が経過していた。〕、かえって、XがYに対してAの負担部分につき求償金の支払いを求める本件訴訟の提起に協力する姿勢を示していた等の事情がうかがわれないではない。Bとしては、本件和解によりYとの関係も含めて全面的に紛争の解決を図る意向であり、本件和解においてYの残債務をも免除する意思を有していたと解する余地が十分にある。したがって、本件和解に際し、BがYに対しても残債務を免除する意思を有していたか否かについて審理判断することなく、XのYに対する求償金額を算定したのは審理不尽の違法がある。仮に、本件和解における上告人の支払額二〇〇〇万円を基準とし、責任割合に基づき算定した場合には、本件共同不法行為におけるXの負担部分は八〇〇万円となる。したがって、XはYに対し、その支払額のうち一二〇〇万円の求償をすることができ、右の違法はこの範囲で原判決の結論に影響を及ぼすことが明らかである。

共同不法行為における求償権

〔三二二〕 最判昭和四一年一一月一八日民集二〇巻九号一八八六頁

七一五条・七一九条

民法2債190(3)

事実 X_1会社の被用者（タクシー運転手）であるX_2の運転する自動車（タクシー）とYの運転する自動車とが衝突事故を起こした。右事故は、原審の認定によれば、X_2とYの過失（それぞれ、二対八の割合の過失）によって惹起されたものであり、これにより右タクシーの乗客Aは胸部、頭部打撲傷等の傷害を受けた。X_1会社は、Aに対し、右事故による損害を賠償した。その上で、X_1、X_2は、Yに対して損害賠償を請求したが、X_1は、Aに対する立替払い分も請求に加えた。原審は、Xらの請求を認めたが、特に、X_1の立替払いの支払については、X_2とYとがAに対する共同不法行為者であり、Yの負担部分は一〇分の八であるという理由で、X_1がAに対して支払った金額の一〇分の八の金額を認容した。この部分についてYは上告した。上告理由は、次のとおりである。X_2とYとは共同不法行為者であるが、X_1とYとは共同不法行為者ではない。それゆえ、X_1はAに対して七一九条に基づく賠償義務を負担するわけではなく、Yとの間に連帯関係が生じない。Aに対するX_1の賠償義務は七一五条に基づく独自の債務である。したがって、X_1がAに賠償したとしても、Yに対して四四二条の求償権は発生しない。

判旨 上告棄却「右事実関係のもとにおいては、X_1会社とY及びX_2らは、Aに対して、各自、Aが蒙った全損害を賠償する義務を負うものというべきであり、また、右債務の弁済をしたX_1会社は、Yに対し、YとX_2との過失の割合にしたがって定められるべきYの負担部分について求償権を行使することができるものと解するのが相当である。したがって、この点に関する原審の判断は結論において正当であり、原判決に所論の違法はない。」

七　運行供用者責任

運行供用者(1)（農協事件）
〔三二三〕最判昭和三九年二月一一日民集一八巻二号三一五頁
自賠三条
民法2債191(2)(ア)

事実　Y農業組合の運転手Aは、本件自動車をいったん車庫に格納したが、私用のために就業時間外にYの所有する自動車の鍵を無断で持ち出し運転中、交通事故を起こし、Bを死亡させた。Bの相続人Xは、Yに損害賠償を訴求した。原審は、Yには自動車損害賠償保障法三条による責任があると認めた。Yは上告。

判旨　上告棄却「原審は、自動車損害賠償保障法の立法趣旨並びに民法七一五条に関する判例法の推移を併せ考えるならば、たとえ事故を生じた当該運行行為が具体的には第三者の無断運転による場合であっても、自動車の所有者と第三者との間に雇傭関係等密接な関係が存し、かつ日常の自動車の運転及び管理状況等からして、客観的外形的には前記自動車所有等のためにする運行と認められるときは、右自動車の所有者は『自己のために自動車を運行の用に供する者』というべく自動車損害賠償保障法三条による損害賠償責任を免れないものと解すべきであるとし、前記認定のY組合とAとの雇傭関係、日常の自動車の使用ないし管理状況等によれば、本件事故発生当時の本件自動車の運行は、Aの無断運転によるものにせよ、客観的外形的にはY組合のためにする運行と認めるのが相当であるから、Y組合は同法三条により前記運行によって生じた本件事故の損害を賠償すべき義務があると判断しているのであり、原審の右判断は正当である。」

運行供用者(2)（レンタカー事件）
〔三二四〕最判昭和四六年一一月九日民集二五巻八号一一六〇頁
自賠三条
民法2債191(2)(ア)

事実　Y_2は、レンタカー業者であるY_1から自動車を借りて運転していた際に交通事故を起こしてXの子Aを死亡させた。Xは、Yらを相手に損害賠償を求めたが、レンタカー業者であるY_1が自動車損害賠償保障法三条の「運行供用者」に該当するかが問題となった。一審および原審ともこれを認めたので、Y_1が上告した。

判旨　上告棄却　判決は、Y_1が、利用者の運転免許を確認することや利用者は事故があったときにはY_1に連絡するように義務づけられていたこと等を認定したうえで、「本件事故当時、Y_1会社は、本件自動車に対する運行支配および運行利益を有していたということができ、自動車損害賠償保障法三条所定の自己のために自動車を運行の用に供する者としての責任を免れない旨の原判決の判断は、正当として是認することができる。」

「他人」の意義（「妻は他人」事件）　自賠三条・一六条一項

〔三二五〕　最判昭和四七年五月三〇日民集二六巻四号八九八頁　民法2債195(2)(ウ)

事実　Aは、所有する自動車についてYと自賠責保険契約を締結していたところ、妻Xを同乗させて運転中に事故を起こし、Xに傷害を負わせた。Xは、Yを相手に、自動車損害賠償保障法一六条一項に基づく金銭の支払を求めたが、Aが自賠法三条の「他人」に該当するかが問題となった。一審および原審ともこれを認めたので、Yが上告した。

判旨　上告棄却　「自賠法三条は、自己のため自動車を運行の用に供する者および運転者以外の者を他人といっているのであって、被害者が運行供用車の配偶者等であるからといって、そのことだけで、かかる被害者が右にいう他人に当たらないと解すべき論拠はなく、具体的な事実関係のもとにおいて、かかる被害者が他人に当たるかどうかを判断すべきである。本件において、原審が適法に確定したところによれば、Xは訴外Aの妻で生活を共にしているものであるが、本件自動車は、Aが、自己の通勤等に使用するためその名をもって購入し、ガソリン代、修理費等の維持費もすべて負担し、運転ももっぱらAがこれにあたり、X個人の用事のために使用したことはなく、Xがドライブ等のために本件自動車に同乗することもまれであり、本件事故当時Xは運転免許を未だ取得しておらず、また、事故当日Aが本件自動車を運転し、Xが左側助手席に同乗していたが、Xは、Aの運転を補助するための行為を命ぜられたこともなく、また、そのような行為をしたこともなかった、というのである。かかる事実関係のもとについては、Xは、本件事故当時、本件自動車の運行に関し、自賠法三条にいう運行供用者・運転者もしくは運転補助者といえず、同条にいう他人に該当するものと解するのが相当であ」る。

第三節　不法行為の効果

一　損害賠償請求権者

財産的損害賠償請求権の相続——即死の場合　**七〇九条**

〔三二六〕　大判大正一五年二月一六日民集五巻一五〇頁　**民法2債181(2)(イ)**

事実　Xの先代Aは、信越線の踏切で事故に遭い即死した。Xは、事故は踏切看守の過失が原因であるとして使用者であるY（国）に対して、損害賠償の請求を行った。Xは、Aの逸失利益分の損害賠償請求権を相続により承継したと主張した。原審は、これを認めた。Yは上告して、即死の場合には、死亡と同時に人格権が消滅し、死者に損害賠償請求権が発生することはないから、Xは、Aの家督相続により損害賠償請求権を承継する理由はない、と主張した。

判旨　上告棄却　「他人ニ対シ即死ヲ引起スヘキ傷害ヲ加ヘタル場合ニアリテモ、其ノ傷害ハ被害者ガ通常生存シ得ヘキ期間ニ獲得シ得ベカリシ財産上ノ利益享受ノ途ヲ絶止シ、損害ヲ生ゼシムルモノナレバ右傷害ノ瞬時ニ於テ被害者ニ之ガ賠償請求権発生シ、其ノ相続人ハ該権利ヲ承継スルモノト解スルヲ相当ナリトセザルベカラズ。若所論ノ如ク被害者即死シタルトキハ傷害ト同時ニ人格消滅シ損害賠償請求権発生スルニ由ナシト為ストキハ被害者ノ相続人ハ何等権利ノ承継スベキモノナキノミナラズ相続人ハ前記傷害ニヨリ自己ノ財産上ノ相続権ヲ害セラレタリトシテ自己ノ権利ニ基キ之ガ賠償ヲ求ムルヲ得ザルコトト為リ、傷害ト死亡トノ間ニ時間ノ存スル限リハ其ノ時間ノ長短ニ拘ラズ死ヲ早メタル傷害ニヨリ被害者ニ蒙ラシメタル損害ニ付被害者ニ之ガ賠償請求権発生シ被害者ノ死亡ニヨリ其ノ相続人ハ之ガ権利ヲ承継シ得ルコトトナル。即傷害ノ程度小ナル不法行為ニ責任ヲ科スルニ反シ即死ヲ引起コスガ如キ絶大ノ加害行為ニ対シ不法行為ノ責任ヲ免除スルノ不当ナル結果ニ陥ルベク立法ノ趣旨茲ニ存スルモノト為スヲ得ザル所ナリ。然レバ原審ガ即死ノ場合ニ於テモ傷害ト死亡トノ間ニ観念上時間ノ間隔アルト為シ、X先代（A）ニ付損害賠償請求権発生シタルモノト認定シタルハ結局相当ナルヲ以テ論旨ハ何レモ理由ナシ。」

間接被害者

〔三二七〕　最判昭和四三年一一月一五日民集二二巻一二号二六一四頁　　民法2債181(2)(イ)・185(2)(イ)　七〇九条

事実　Yはスクーターを運転中にAと衝突して負傷させた。X有限会社は、Aが唯一の取締役である会社であるが、Aの負傷により年間一二万円の得べかりし利益を喪失したとして、その賠償を訴求した。原審は、Aの負傷とXとの損害には因果関係があると判断し、Xの請求を認めた。Y上告。

判旨　上告棄却　「よって検討するのに、本件において、Yの過失により惹起された加害行為の直接の被害者となったのはAであり、同人の負傷により得べかりし利益を喪失したと主張してその損害の賠償を求めるのは、同人を代表者とするX会社であって、法律上、両者が人格を異にするのは所論のとおりである。

しかし、原判決の確定するところによれば、Aは、もと個人でA薬局という商号のもとに薬種業を営んでいたのを、いったん合資会社組織に改めた後これを解散し、その後ふたたび個人で真明堂という商号のもとに営業を続けたが、納税上個人企業による経営は不利であるということから、昭和三三年一〇月一日有限会社形態のX会社を設立し、以後これを経営したものであるが、社員はAとその妻Bの両名だけで、Aが唯一の取締役であると同時に、法律上当然にX会社を代表する取締役であって、Bは名目上の社員であるにとどまり、取締役ではなく、X会社にはA以外に薬剤師はおらず、X会社は、いわば形式上有限会社という法形態をとったにとどまる、実質上A個人の営業であって、Aを離れてX会社の存続は考えることができず、X会社にとって、同人は余人をもって代えることのできない不可欠の存在である、というのである。

すなわち、これを約言すれば、X会社は法人とは名ばかりの、俗にいう個人会社であり、その実権は従前同様A個人に集中して、同人にはX会社の機関としての代替性がなく、経済的に同人のX会社とは一体をなす関係にあるものと認められるのであって、かかる原審認定の事実関係のもとにおいては、原審が、ＹのＡに対する加害行為と同人の受傷によるＸ会社の利益の逸失との間に相当因果関係の存することを認め、形式上間接の被害者たるＸ会社の本訴請求を認容しうべきものとした判断は、正当である。」

二　損害賠償の範囲等

損害の意義―労働能力の一部喪失　　七〇九条
〔三二八〕　最判昭和五六年一二月二二日民集三五巻九号一三五〇頁　　民法2債185(2)(イ)

事実　旧通産省の技官であるＸ（三三歳）は、交差点を横断中に、Ｙが運転する乗用車に接触して負傷した。約二年一〇か月にわたる通院治療をしたが、身体障害等級一四級に該当する後遺症（右下肢の局部神経症状）が残った。この後遺症のため、力を要する従前の仕事がやりづらいことから、座ったままでもできる業務にその内容が変更されたが、給与面では、事故後も格別不利益な取扱いは受けなかった。Ｘは、Ｙに対して、治療費および慰謝料に加えて、逸失利益として、後遺症による労働能力の喪失は五％であるので、年収の五％が六七歳までの三四年間失われたと主張して、その賠償を求めた。一審は、事故後に収入に減少がないことから、逸失利益の賠償を否定したが、原審は、労働能力の喪失による逸失利益の賠償を一部認めた。Ｙが、Ｘに給与面での減少がない以上、逸失利益はないと主張して、上告した。

判旨　破棄差戻　「かりに交通事故の被害者が事故に起因する後遺症のために身体的機能の一部を喪失したこと自体を損害と観念することができるとしても、その後遺症の程度が比較的軽微であって、しかも被害者が従事する職業の性質からみて現在又は将来における収入の減少も認められないという場合においては、特段の事情のない限り、労働能力の一部喪失を理由とする財産上の損害を認める余地はないというべきである。

ところで、Ｘは、研究所に勤務する技官であり、その後遺症は身体障害等級一四級程度のものであって右下肢に局部神経症状を伴うものの、機能障害・運動障害はなく、事故後においても給与面で格別不利益な取扱も受けていないというのであるから、現状において財産上特段の不利益を蒙っているものとは認め難いというべきであり、それにもかかわらずなお後遺症に起因する労働能力低下に基づく財産上の損害があるというためには、たとえば、事故の前後を通じて収入に変更がないことが本人において労働能力低下による収入の減少を回復すべく特別の努力をしているなど事故以外の要因に基づくものであって、かかる要因がなければ収入の減少を来たしているものと認められる場合とか、労働能力喪失の程度が軽微であっても、本人が現に従事し又は将来従事すべき職業の性質に照らし、特に昇給、昇任、転職等に際して不利益な取扱を受けるおそれがあるものと認められる場合など、後遺症が被害者にもたらす経済的不利益を肯認するに足りる特段の事情の存在を必要とするというべきである。」

不法行為に基づく損害賠償の範囲　七〇九条・四一六条

〔三二九〕 最判昭和四八年六月七日民集二七巻六号六八一頁　民法2債185(1)(ア)

事実 Yは、Xを被申請人として仮処分申請事件を申請し、Xの財産につき譲渡その他の一切の処分をしてはならない旨の仮処分決定を執行した。Xは、そのために事業の展開ができず、営業上の利益喪失、信用失墜、精神的損害を被ったとしてYに損害賠償を請求。一審・原審とも、X主張の損害は、特別の事情によって生じた損害であり、Yが右特別事情を予見し、または予見し得べかりし状況にあったとは認められないとして、Xの請求棄却。X上告。

判旨 上告棄却 「不法行為による損害賠償についても、民法四一六条が類推適用され、特別の事情によって生じた損害については、加害者において、右事情を予見しまたは予見することを得べかりしときにかぎり、これを賠償する責を負うものと解すべきであることは、判例の趣旨とするところであり（大連判大正一五年五月二二日民集五巻三八六頁、最判昭和三二年一月三一日民集一一巻一号一七〇頁、最判昭和三九年六月二三日民集一八巻五号八四二頁参照）、いまただちにこれを変更する要をみない。本件において、Xの主張する財産上および精神上の損害は、すべて、Yの本件仮処分の執行によって通常生ずべき損害にあたらず、特別の事情によって生じたものと解すべきであり、そして、Yにおいて、本件仮処分の申請およびその執行の当時、右事情の存在を予見しまたは予見することを得べかりし状況にあったものとは認められないとした原審の認定判断は、原判決（その引用する第一審判決を含む。）挙示の証拠関係に照らして、正当として肯認することができる。したがって、原審の認定判断に所論の違法はなく、論旨は採用することができない。」

一裁判官の反対意見がある。

中間最高価格の賠償（富喜丸事件）　七〇九条・四一六条

〔三三〇〕大連判大正一五年五月二二日民集五巻三八六頁　民法2債26(3)(イ)・185(2)(イ)

事実　X所有の富喜丸は、Y所有の大智丸と衝突し沈没した（大正四年四月）。衝突には、両船の船長に過失があった。Xは、Yに対し商法五四四条（現六九〇条）に基づいて、①当時の最高価格に基づいた富喜丸船体価格の賠償、②沈没時に締結していた傭船契約に基づいて得べかりし利益の賠償、そして、③沈没がなければさらに大正五年一月から同七年一二月まで得たであろう利益の喪失に対する賠償を訴求した。原審は、①については沈没時の船体価格によるものとし、②③についてはXの主張を認めつつ、損害賠償額について五割の過失相殺をした。XYの双方とも上告した。Yは、沈没時の船価の賠償を認める以上、沈没後における逸失利益の賠償を認めることはできないと主張し、Xは、沈没した船舶が騰貴した最高価格での賠償を認めるべきだと主張した。大審院は、民刑連合部での中間判決によりYの主張を受け入れた。

判旨　中間判決　(1)「不法行為ニ因リ物ヲ滅失又ハ毀損セラレタル者ハ現実ノ損害ニ対スル賠償ヲ請求スルコトヲ得ルノ外、其ノ物ヲ使用収益スルコトヲ得ザルニ因リテ生ズベキ損害ノ賠償ヲ請求スルコトヲ得ベキモノナレバ、被害者ハ現実損害ニ対スル賠償ヲ受ケタルガ為不法行為微《なか》リセバ取得スルコトヲ得ベカリシ利益ノ喪失ニ対スル損害賠償ノ請求権ヲ失フベキモノニ非ズト雖《いえども》、物ノ滅失毀損ニ対スル現実ノ損害ハ物ノ滅失毀損シタル当時ノ価格ニ依リテ之ヲ定ムルコトヲ要シ、且其ノ価格ハ交換価格ニ依リテ定マルベキモノトス。然リ而《しか》シテ物ノ交換価格ハ通常其ノ物ノ使用収益ヲ為シ得ベキ価値ニ対応スルモノニシテ其ノ物ノ通常ノ使用価格ヲ包含スルモノト謂《い》フベク、換言スレバ現在及将来ニ於テ其ノ通常ノ使用収益に因ル利益を得ベキコトガ其ノ物ノ現在ノ価格ヲ為スモノト謂ハザルベカラズ。故ニ被害者ガ滅失毀損当時ニ於ケル物ノ価格ヲ標準トシテ定メラレタル賠償ヲ得タルトキハ其ノ被害者ハ将来其ノ物ニ付《つき》通常ノ使用収益ヲ為シ得ベキ利益ニ対スル賠償ヲモ得タルモノト謂フベク、更ニ斯《かか》ル賠償ヲ請求スルコトヲ得ズ。加害者ガ賠償金ノ支払ヲ遅延シタル場合ニ付唯被害当時ヨリ賠償ヲ受クル迄ノ間ニ於ケル法定利息ヲ請求スルコトヲ得ルニ過ギザルモノトス。之ニ反シテ被害者ガ其ノ独特ノ技能、特別ナル施設其ノ他其ノ物ノ特殊ノ使用収益ニ因リ異常ノ利益を得ベカリシ特別ノ事情アル場合ニ於テ不法行為ニ因リ使用収益ヲ妨ゲラレ為ニ其ノ得ベカリシ利益ヲ失ヒタルトキハ、不法行為ト損害トノ間ニ相当因果関係存スル限リ該利益喪失ニ対スル被害者ノ賠償請求権ヲ認メザルベカラズ。蓋《けだし》不法行為ニ因リテ生ズル損害ハ自然的因果関係ヨリ論ズルトキハ、通常生ジ得ベキモノナルト特別ノ事情ニ因リテ生ジタルモノナルトヲ問ハズ又予見シ若ハ予見シ得ベカリシモノナルト否トヲ論ゼズ加害者ハ一切ノ損害ニ付責ニ任ズベキモノト謂ハザルヲ得ズト雖、其ノ責任ノ範囲広キニ過ギ加害者ヲシテ無限ノ負担ニ服セシムルニ至リ吾人ノ共同生活ニ適セズ、共同生活ノ関係ニ於テ其ノ行為ノ結果ニ対スル加害者ノ責任ヲ問フニ当リテハ加害者ヲシテ一般的ニ観察シテ相当ト認メ得ル範囲ニ於テノミ責ニ任ゼシメ、其ノ以外ニ於テ責任ヲ負ハシメザルヲ以テ法理ニ合シ民法第七〇九条以下ノ規定の精神に適シタルモノト解スベキモノナレバナリ。然リ而シテ民法第四一六条ノ規定ハ共同生活ノ関係ニ於テ人ノ行為ト其ノ結果トノ間ニ存スル相当因果関係ノ範囲ヲ明ニシタルモノニ過ギズシテ、独リ債務不履行ノ場合ニノミ限定セラルベキモノニ非ザルヲ以テ、不法行為ニ基ク損害賠償ノ範囲ヲ定ムルニ付テモ同条ノ規定ヲ類推シテ其ノ因果律ヲ定ムベキモノトス。而シテ物ノ通常ノ使用収益ニ因リテ得ベキ利益ノ喪失ハ不法行為ニ因リテ通常生ズベキ損害ヲ包含スルモノナレバ、被害者ガ物ノ特殊ノ使用収益ニ因リ得ベカリシ利益ヲ失ヒタリトシテ之ガ賠償ヲ請求スルニハ、民法第四一六条第二項ノ規定ニ準拠シ不法行為ノ当時ニ於テ将来斯ル利益ヲ確実ニ得ベキコトヲ予見シ又ハ予見シ得ベカリシ特別ノ事情アリシコトヲ主張シ且立証スルコトヲ要スルモノト謂ハザルヲ得ズ。……然レドモ原判決ハ既ニ富喜丸ノ現実損害ニ対スル賠償トシテ其ノ沈没当時ノ価額ニ依リ金一〇万五三八〇円ノ半額ノ賠償ヲYニ命ジタルモノナレバ、其ノ価格ハ現在及将来ニ於テ該船舶ニ付通常ノ使用収益ヲ為スニ因リテ得ベキ利益ニ対スル賠償ヲモ包含スルモノト謂ハザルベカラズ。故ニ原判決ノ趣旨ガ傭船契約ヲ為スニ因リテ得ベカリシ利益即傭船料ヲ以テ本件船舶ノ通常ノ使用収益ヲ為スニ因リテ得ベカリシ利益ト認メタルモノトセバ、原院ガ其ノ喪失ニ対スル賠償ヲ命ジタルハ二重ノ賠償ヲ命ジタルモノニシテ不法ナリト謂ハザルヲ得ズ。若夫《もし》原判決ノ趣旨ニシテ其ノ認メタル傭船料ハ特殊ノ使用収益ヲ為シ得ベキ特別ノ事情アリシ為得ベカリシ利益ニシテ船舶ノ価格ニ包含セラレザルコトヲ判断シタルモノトセバ、船舶衝突ノ当時ニ於テ斯ル使用収益ニ因ル利益ヲ得ベキコトヲ予見シ又ハ予見シ得ベカリシコトヲ判示セザルベカラザルニ、原院ガ不法行為ニ因ル損害賠償ニハ民法第四一六条ノ規定ヲ類推スルコトヲ得ザルモノノ如キ見解ヲ以テ此ノ点ニ関スル審理判断ヲ為サザリシハ不法ニシテ、上告論旨ハ何レモ其ノ理由アリ、原判決中Yニ金二六万四五六三円七銭及之ニ対スル法定利息ノ支払ヲ命ジタル部分ハ破毀〔＝棄〕ヲ免レズ。此ノ判旨ハ当院従来ノ判例（大判大正四年二月八日民録二一輯八一頁、大判大正六年六月四日民録二三輯一〇二六頁）ニ反スルヲ以テ之ヲ変更スベキモノトス。」

(2)「不法行為ニ因リ他人ノ所有物ヲ滅失セシメ又ハ毀損シタルトキハ加害者ハ被害者ニ対シ其ノ滅失毀損ヨリ生ジタル損害ヲ賠償スルノ義務アリ。然リ而シテ損害賠償ハ不法行為ニ因リテ生ジタル損害ヲ塡補スルコトヲ目的トスルモノナルヲ以テ、其ノ賠償ノ範囲ハ先ヅ以テ其ノ滅失毀損ノ当時ヲ標準トシテ之ヲ定ムルコトヲ要シ、其ノ損害ハ滅失毀損ノ当時ニ於ケル交換価格ニ依リテ定マルベキモノトス。蓋加害者ハ此ノ時ニ於テ其ノ行為ニ因リ被害者ヲシテ現ニ財産上ノ損害ヲ被ラシメタルモノニシテ、加害者ガ其ノ当時ノ交換価格ニ依リ被害者ノ損害ヲ賠償スルニ於テハ被害者ノ財産上ノ損害ハ塡補セラルベキ筋合ナレバ、其ノ時ヲ標準トシテ被害者ノ受ケタル損害ノ範囲ヲ定ムルハ理ノ当然ナルヲ以テナリ。加之《しかのみならず》不法行為ニ因リテ財産上ノ損害ヲ受ケタル者ハ現実ニ生ジタル損害ノ賠償ヲ請求スルコトヲ得ルノ外、尚不法行為微リセバ受クベカリシ利益ノ喪失ニ対スル損害ノ賠償ヲモ請求スルコトヲ得ベキモノナレバ、不法行為ニ因リ滅失毀損シタル物ガ後ニ価額騰貴シ被害者ガ之ニ因リテ得ベカリシ利益ヲ喪失シタルトキハ尚之ニ基ク損害即消極的損害ノ賠償ヲ請求スルコトヲ得ベキハ論ヲ俟《ま》タズト雖、被害者ハ不法行為当時ヨリ判決ニ至ル迄ノ間ニ価額ノ騰貴シタル一事ニ因リテ直ニ騰貴価額ニ相当スル消極的損害ノ賠償ヲ請求スルコトヲ得ルモノニ非ズ。其ノ騰貴ガ縦《よ》シ自然ノ趨勢ニ因リタルモノトスルモ、被害者ニ於テ不法行為微リセバ其ノ騰貴シタル価額ヲ以テ転売其ノ他ノ処分ヲ為シ若ハ其ノ他ノ方法ニ依リ該価額ニ相当スル利益ヲ確実ニ取得シタルベキ特別ノ事情アリテ、其ノ事情ガ不法行為当時予見シ又ハ予見シ得ベカリシ場合ニ非ザレバ斯ル損害賠償ノ請求ヲ為スコトヲ得ザルモノトス（大連判大正一五年五月二二日民集五巻三八六頁事件ノ説明参照）。蓋被害者ニ於テ該騰貴価額ニ依リ利益ヲ取得シ得ベキ希望アリタルモノトスルモ其ノ希望ハ必ズシモ之ガ実現ヲ期スルコトヲ得ザルヲ以テ、物ノ価額ガ騰貴シタル場合ニハ被害者ニ於テ之ニ依ル利益ヲ取得スベキ希望ヲ有シタルノ一事ノミニ因リテハ未ダ確実ニ之ヲ取得スベキ情況ニ在リタルモノト推測スルコトヲ得ザルヲ以テナリ。故ニ騰貴シタル価額ニ依リ損害ノ賠償ヲ請求スル債権者ハ価額騰貴ノ事実ヲ立証スルノ外、尚騰貴シタル価額ニ依リテ物ヲ処分シ又ハ其ノ他ノ方法ニ依リ該価額ニ依ル利益ヲ確実ニ取得シタルベキ事情アリタルコト及其ノ事情ハ不法行為ノ当時予見シ又ハ予見シ得ベカリシモノナルコトヲ主張シ且之ヲ立証スルノ責任アルモノトス。故ニ不法行為ノ時ト判決ノ時トノ中間又ハ判決ノ時ニ於テ其ノ物ノ価額ガ不法行為ノ時ヨリ高価トナリタル場合ニ於テ債権者ガ此等ノ事実ニ関スル主張及立証ヲ為シタルトキハ、滅失毀損ノ当時ニ於ケル其ノ物ノ価額ノ外ニ右騰貴ノ時期ニ於ケル其ノ物ノ利用ニ因リ得ベカリシ利益ニ相当スル金額ヲ損害賠償トシテ請求スルコトヲ得ベシ。果シテ然ラバ原告ガ自然ノ趨勢ニ因リ昂騰シタル其ノ最高価額ヲ損害賠償トシテ請求シ得ルモノト解シテ之ヲ訴求シ其ノ事実ヲ主張シ其ノ価額ヲ立証スル所アリトスルモ、未ダ其ノ最高価額ニ依ル利益ヲ確実ニ保有シ得タリシ事情ノ主張及立証ト為スニ足ラザルヲ以テ、是ニ依リテハ最高価額ノ時ヲ標準トシテ損害賠償ノ範囲ヲ定ムルコトヲ得ザルモノト謂ハザルベカラズ。……然ラバ原院ガ富喜丸ノ沈没ト同日ナル衝突当時ノ船価一〇万九〇五〇円ヨリ喪失ヲ免レタル同船ノ附属品ノ価額ヲ控除シタル残額金一〇万五三八〇円ヲXノ富喜丸喪失ニ因ル損害額ト認定シ、騰貴価額ニ依ル損害賠償ノ請求ヲ排斥シタルハ相当ナリ。旧商法第三二四条ノ規定ハ遂ニ施行セラレズシテ廃止セラレタルモノニシテ、爾後《じご》之ト同一ノ法則ガ慣習法トシテ行ハレタルコトナク又所謂実験則トシテ存在スルコトナシ。仍《よっ》テ上告論旨ハ孰《いず》レモ理由ナシ。此ノ判旨ハ当院従来ノ判例（大判大正五年一一月一七日刑録二二輯一七七七頁、大判大正一〇年四月四日民録二七輯六一六頁）ニ反スルヲ以テ之ヲ変更スベキモノトス。」

三　積極損害

近親者の看護のための旅費　　七〇九条・四一六条

〔三三一〕　最判昭和四九年四月二五日民集二八巻三号四四七頁　　民法2債185(1)(イ)

事実　Xは交通事故により重傷を負った。Xの娘Aは、ウィーン留学のため、事故の二日前に、横浜からナホトカ経由で出航したが、モスクワに到着した際、事故の通知を受け急遽帰国し、入院中のXの看護をした。約七か月後、あらためてウィーンに赴いた。Xは、事故の加害者であるYに対し、治療費等の損害に加えて、無駄になった横浜からナホトカ経由ウィーンまでの旅費およびAの帰国のために要したモスクワからナホトカ経由横浜までの旅費の合計額を請求した。一審・原審とも、これを認容。Y上告。

判旨　上告棄却　「交通事故等の不法行為によって被害者が重傷を負ったため、被害者の現在地から遠隔の地に居住又は滞在している被害者の近親者が、被害者の看護等のために被害者の許に赴くことを余儀なくされ、それに要する旅費を出捐した場合、当該近親者において看護等のため被害者の許に赴くことが、被害者の傷害の程度、当該近親者が看護に当たることの必要性等の諸般の事情からみて社会通念上相当であり、被害者が近親者に対し右旅費を返還又は償還すべきものと認められるときには、右旅費は、近親者が被害者の許に往復するために通常利用される交通機関の普通運賃の限度内においては、当該不法行為により通常生ずべき損害に該当するものと解すべきである。そして、国際交流が発達した今日、家族の一員が外国に赴いていることはしばしば見られる事態であり、また、日本にいるその家族の他の構成員が傷病のため看護を要する状態となった場合、外国に滞在する者が、右の者の看護のために一時帰国し、再び外国に赴くことも容易であるといえるから、前示の解釈は、被害者の近親者が外国に居住又は滞在している場合であっても妥当するものというべきである。」本件旅費は、「通常利用される交通機関の普通運賃額を上廻るものでない」ので、「Xが本件交通事故により被った通常生ずべき損害である。」

一裁判官の補足意見がある。

墓碑建設費・仏壇購入費　七〇九条・四一六条

〔三三二〕 最判昭和四四年二月二八日民集二三巻二号五二五頁　民法2債185(1)(イ)

事実 X_1、X_2の長女Aは、Y_2運転のY_1会社所有の貨物自動車に接触し、即死した。Xらは、Y_1に対しては自動車損害賠償責任法三条、Y_2に対しては不法行為に基づいて損害の賠償を請求した。X_1は、損害の項目として、同人の負担した墓碑建設費・仏壇購入費を含めた。一審は葬祭費、仏壇購入費の支出を認めたが、墓碑建設費は認めなかった。Xら控訴。原審は、葬祭費は認めたが、仏壇購入費・墓碑建設費は事故と相当因果関係に立つ損害といえないとして認容しなかった。Xら上告。

判旨 破棄差戻 「人が死亡した場合にその遺族が墓碑、仏壇等をもってその霊をまつることは、わが国の習俗において通常必要とされることであるから、家族のため祭祀を主宰すべき立場にある者が、不法行為によって死亡した家族のため墓碑を建設し、仏壇を購入したときは、そのために支出した費用は、不法行為によって生じた損害でないとはいえない。死が何人も早晩免れえない運命であり、死者の霊をまつることが当然にその遺族の責務とされることではあっても、不法行為のさいに当該遺族がその費用の支出を余儀なくされることは、ひとえに不法行為によって生じた事態であって、この理は、墓碑建設、仏壇購入の費用とその他の葬儀費用とにおいて何ら区別するいわれがないものというべきである（大判大正一三年一二月二日民集三巻五二二頁参照）。したがって、前記の立場にある遺族が、墓碑建設、仏壇購入のため費用を支出した場合には、その支出が社会通念上相当と認められる限度において、不法行為により通常生ずべき損害として、その賠償を加害者に対して請求することができるものと解するのが相当である。

もっとも、その墓碑または仏壇が、当該死者のためばかりでなく、将来にわたりその家族ないし子孫の霊をもまつるために使用されるものである場合には、その建設ないし購入によって他面では利益が将来に残存することとなるのであるから、そのために支出した費用の全額を不法行為によって生じた損害と認めることはできない。しかし、そうだからといって右の支出が不法行為と相当因果関係にないものというべきではなく、死者の年令、境遇、家族構成、社会的地位、職業等諸般の事情を斟酌して、社会の習俗上その霊をとむらうのに必要かつ相当と認められる費用の額が確定されるならば、その限度では損害の発生を否定することはできず、かつその確定は必ずしも不可能ではないと解されるのであるから、すべからく鑑定その他の方法を用いて右の額を確定し、その範囲で損害賠償の請求を認容すべきである。」「原判決は、X_1の請求中仏壇購入費用および墓碑建設費用の損害の賠償を求める部分に関するX_1の控訴を棄却した部分について破棄を免れず、なお相当と認められる損害の範囲につきさらに審理をさせるため、右部分を原審に差し戻すことを相当とする。」

弁護士費用

〔三三三〕　最判昭和四四年二月二七日民集二三巻二号四四一頁　　七〇九条・四一六条　民法2債26(2)(イ)・185(1)(イ)

事実　Yは、Xの代理人と称するAを通じてXの物件につき根抵当権設定登記と停止条件付代物弁済契約に基づく所有権移転の仮登記を得、その後条件成就を理由に所有権移転の本登記を了した。これに対して、Xは、Aは代理権を有しなかったとして右本登記の抹消を求める訴訟（別訴）を提起し勝訴、右登記は抹消された。ところが、Yは、抵当権設定登記が残っていたので、右抵当権に基づいて競売申立てをし、競売手続が開始された。そのため、Xは、本訴をもって抵当権設定登記の抹消を求めると共に、右競売申立てが不法行為であるとして本訴のための弁護士費用（弁護士に対する着手金）を併せて請求した。一審・原審とも、Xの請求を認容。Y上告。

判旨　上告棄却　「思うに、わが国の現行法は弁護士強制主義を採ることなく、訴訟追行を本人が行なうか、弁護士を選任して行なうかの選択の余地が当事者に残されているのみならず、弁護士費用は訴訟費用に含まれていないのであるが、現在の訴訟はますます専門化され技術化された訴訟追行を当事者に対して要求する以上、一般人が単独にて十分な訴訟活動を展開することはほとんど不可能に近いのである。従って、相手方の故意又は過失によって自己の権利を侵害された者が損害賠償義務者たる相手方から容易にその履行を受け得ないため、自己の権利擁護上、訴を提起することを余儀なくされた場合においては、一般人は弁護士に委任するにあらざれば、十分な訴訟活動をなし得ないのである。そして現在においては、このようなことが通常と認められるからには、訴訟追行を弁護士に委任した場合には、その弁護士費用は、事案の難易、請求額、認容された額その他諸般の事情を斟酌して相当と認められる額の範囲内のものに限り、右不法行為と相当因果関係に立つ損害というべきである。

ところで、本件の場合、Xが弁護士Aに本件訴訟の追行を委任し、その着手金（手数料）として支払った一三万円が本件訴訟に必要な相当額の出捐であったとの原審の判断は、その挙示する証拠関係および本件記録上明らかな訴訟経過に照らし是認できるから、結局、右出捐はYの違法な競売申立の結果Xに与えた通常生ずべき損害であるといわなければならない。」

四　消極損害

年少者の逸失利益の算定（ミキサー車事件）　七〇九条

〔三三四〕　最判昭和三九年六月二四日民集一八巻五号八七四頁　民法2債185(2)(イ)・(4)(イ)

事実　Y_1会社の被用者であるY_2は、コンクリート・ミキサー車を運転中、子供用自転車に二人乗りしていたA、B（ともに八歳）に衝突し、両名を死亡させた。A、Bの親X_1、X_2は、Yらに対しA、Bの得べかりし利益の賠償を訴求した。原審は、Xらの請求を認めたが、A、Bにも過失があったとして過失相殺した。Yらは上告し、本件のように被害者が満八歳のような場合には将来得べかりし利益を算定することは不可能であるなどと主張した。過失相殺については**過失相殺に必要な能力**〔三四二〕参照。

判旨　一部破棄差戻、一部棄却　「㈠　Yらは、論旨一、において、総論的に、本件のごとく被害者が満八歳の少年の場合には、将来何年生存し、何時からどのような職業につき、どの位の収入を得、何歳で妻を迎え、子供を何人もち、どのような生活を営むかは全然予想することができず、したがって『将来得べかりし収入』も、『失うべかりし支出』も予想できないから、結局、『得べかりし利益』は算定不可能であると主張する。なるほど、不法行為により死亡した年少者につき、その者が将来得べかりし利益を喪失したことによる損害の額を算定することがきわめて困難であることは、これを認めなければならないが、算定困難の故をもって、たやすくその賠償請求を否定し去ることは妥当なことではない。けだし、これを否定する場合における被害者側の救済は、主として、精神的損害の賠償請求、すなわち被害者本人の慰藉料（その相続性を肯定するとして）又は被害者の遺族の慰藉料（民法七一一条）の請求にこれを求めるほかはないこととなるが、慰藉料の額の算定については、諸般の事情がしんしゃくされるとはいえ、これらの精神的損害の賠償のうちに被害者本人の財産的損害の賠償をも含ませること自体に無理があるばかりでなく、その額の算定は、結局において裁判所の自由な裁量にこれを委ねるほかはないのであるから、その額が低きに過ぎて被害者側の救済に不十分となり、高きに失して不法行為者に酷となるおそれをはらんでいることは否定しえないところである。したがって、年少者死亡の場合における右消極的損害の賠償請求については、一般の場合に比し不正確さが伴うにしても、裁判所は被害者側が提出するあらゆる証拠資料に基づき、経験則とその良識を十分に活用して、できうるかぎり蓋然性のある額を算出するよう努め、ことに右蓋然性に疑がもたれるときは、被害者側にとって控え目な算定方法（たとえば、収入額につき疑があるときはその額を少な目に、支出額につき疑があるときはその額を多めに計算し、また遠い将来の支出の額に懸念があるときは算出の基礎たる期間を短縮する等の方法）を採用することにすれば、慰藉料制度に依存する場合に比較してより客観性のある額を算出することができ、被害者側の救済に資する反面、不法行為者に過当な責任を負わせることともならず、損失の公平な分担を窮極の目的とする損害賠償制度の理念にも副うのではないかと考えられる。要するに、問題は、事案毎に、その具体的事情に即応して解決されるべきであり、所論のごとく算定不可能として一概にその請求を排斥し去るべきではない。」以下、稼働可能期間、収入源、支出額、ホフマン式計算方法について判示する。

年少女子の逸失利益の算定　七〇九条

〔三三五〕　最判昭和六二年一月一九日民集四一巻一号一頁　民法2債185(2)(イ)

事実　一四歳の中学二年生の女子Aが、自転車で国道を通行中、大型トラックに追突され死亡した。Aの両親Xらは、トラックの保有者であるYに対し、損害賠償を請求した。原審は、賃金センサス（賃金構造基本統計調査の報告書）における高卒女子労働者の平均給与額を基礎として、一八歳から六七歳までの逸失利益を算定して、Xの請求を認容した。Xは、原審が家事労働分の加算を認めなかったことから、これを認めるべきであるとして上告した。

判旨　上告棄却「Aのような死亡時に現実収入のない就労前の年少女子の場合には、当該女子の将来の就労の時期、内容、程度及び結婚後の職業継続の有無等将来につき不確定な要因が多いのであるが、原審が、Aの将来の得べかりし利益の喪失による損害賠償額を算定するに当たり、賃金センサス昭和五六年第一巻第一表中の女子労働者、旧中・新高卒、企業規模計（パートタイム労働者を除いたもの）の表による平均給与額を基準として収入額を算定したことは、交通事故により死亡した女子の将来の得べかりし利益の算定として不合理なものとはいえず（最判昭和五四年六月二六日裁判集民一二七号一二九頁、最判昭和五六年一〇月八日裁判集民一三四号三九頁参照）、Aが専業として職業に就いて受けるべき給与額を基準として将来の得べかりし利益を算定するときには、Aが将来労働によって取得しうる利益は右の算定によって評価し尽くされることになると解するのが相当であり、したがって、これに家事労働分を加算することは、将来労働によって取得しうる利益を二重に評価計算することに帰するから相当ではない。そして、賃金センサスに示されている男女間の平均賃金の格差は現実の労働市場における実態を反映していると解されるところ、女子の将来の得べかりし利益を算定するに当たって、予測困難な右格差の解消ないし縮少という事態が確実に生じるものとして現時点において損害賠償額に反映させ、これを不法行為者に負担させることは、損害賠償額の算定方法として必ずしも合理的なものであるとはいえない。したがって、Aの得べかりし利益を算定するにつき、Aの受けるべき給与額に更に家事労働分を加算すべきではないとした原審の認定判断は、正当として是認することができる。」

事故後に別の原因で死亡した場合の逸失利益の算定(1)（貝採り事件）　七〇九条

〔三三六〕　最判平成八年四月二五日民集五〇巻五号一二二一頁　民法2債185(1)(イ)・(2)(イ)

事実　Y_1会社のY_2運転の貨物自動車が亡A同乗の貨物自動車に衝突し、Aは傷害を負った（以下「本件交通事故」という）。Aは知能低下等の後遺傷害（以下「本件後遺症害」という）を残した。その後、Aは、海中で貝採り中、心臓麻痺で死亡した。Aの相続人Xらは、Yらを相手に損害賠償請求。その中で、Xらは、Aの本件後遺症害による労働能力の一部喪失を理由として、Aの症状固定時である四四歳から就労可能年齢六七歳までの間の逸失利益の損害を主張したが、一審・原審とも、死亡後の期間についての逸失利益は認めなかった。Xら上告。

判旨　破棄差戻　「交通事故の被害者が事故に起因する傷害のために身体的機能の一部を喪失し、労働能力の一部を喪失した場合において、いわゆる逸失利益の算定に当たっては、その後に被害者が死亡したとしても、右交通事故の時点で、その死亡の原因となる具体的事由が存在し、近い将来における死亡が客観的に予測されていたなどの特段の事情がない限り、右死亡の事実は就労可能期間の認定上考慮すべきものではないと解するのが相当である。けだし、労働能力の一部喪失による損害は、交通事故の時に一定の内容のものとして発生しているのであるから、交通事故の後に生じた事由によってその内容に消長を来すものではなく、その逸失利益の額は、交通事故当時における被害者の年齢、職業、健康状態等の個別要素と平均稼働年数、平均余命等に関する統計資料から導かれる就労可能期間に基づいて算定すべきものであって、交通事故の後に被害者が死亡したことは、前記の特段の事情のない限り、就労可能期間の認定に当たって考慮すべきものとはいえないからである。また、交通事故の被害者が事故後にたまたま別の原因で死亡したことにより、賠償義務を負担する者がその義務の全部又は一部を免れ、他方被害者ないしその遺族が事故により生じた損害のてん補を受けることができなくなるというのでは、衡平の理念に反することになる。」「前記事実関係によれば、Aは本件交通事故に起因する本件後遺障害により労働能力の一部を喪失し、これによる損害を生じていたところ、本件死亡事故によるAの死亡について前記の特段の事情があるとは認められないから、就労可能年齢六七歳までの就労可能期間の全部について逸失利益を算定すべきである。」

事故後に別の原因で死亡した場合の逸失利益の算定(2)―介護費用の控除

〔三三七〕 最判平成一一年一二月二〇日民集五三巻九号二〇三八頁　民法2債185(1)(イ)　七〇九条

事実 亡Aは、Y運転の普通乗用自動車に衝突されて傷害を負い、その後遺障害のため他人の介護を要する状態になった。AはYを相手に損害賠償請求。一審は、Aの損害賠償請求認容（逸失利益六年分、介護費用一二年分等）。原審係属中に、Aが胃がんで死亡しXらが相続し訴訟を承継した。Yは、就労可能期間の短縮と死亡後の介護費用の請求の棄却を主張したが、原審は、一審と同様の判断をした。そこで、Y上告。

判旨 一部破棄差戻、一部棄却「介護費用の賠償については、逸失利益の賠償とはおのずから別個の考慮を必要とする。すなわち、㈠介護費用の賠償は、被害者において現実に支出すべき費用を補てんするものであり、判決において将来の介護費用の支払を命ずるのは、引き続き被害者の介護を必要とする蓋然性が認められるからにほかならない。ところが、被害者が死亡すれば、その時点以降の介護は不要となるのであるから、もはや介護費用の賠償を命ずべき理由はなく、その費用をなお加害者に負担させることは、被害者ないしその遺族に根拠のない利得を与える結果となり、かえって衡平の理念に反することになる。㈡交通事故による損害賠償請求訴訟において一時金賠償方式を採る場合には、損害は交通事故の時に一定の内容のものとして発生したと観念され、交通事故後に生じた事由によって損害の内容に消長を来さないものとされるのであるが、右のように衡平性の裏付けが欠ける場合にまで、このような法的な擬制を及ぼすことは相当ではない。㈢被害者死亡後の介護費用が損害に当たらないとすると、被害者が事実審の口頭弁論終結前に死亡した場合とその後に死亡した場合とで賠償すべき損害額が異なることがあり得るが、このことは被害者死亡後の介護費用を損害として認める理由になるものではない。以上によれば、交通事故の被害者が事故後に別の原因により死亡した場合には、死亡後に要したであろう介護費用を右交通事故による損害として請求することはできないと解するのが相当である。

そして、前記一の事実によれば、亡Aは原審口頭弁論終結前である平成八年七月八日に胃がんにより死亡し、死亡後は同人の介護は不要となったものであるから、Xらは、死亡後の介護費用を本件事故による損害として請求することはできない。」
一裁判官の補足意見がある。

不法残留外国人の逸失利益の算定
〔三三八〕　最判平成九年一月二八日民集五一巻一号七八頁　　七〇九条 民法2債185(2)(イ)

事実　在留期間を超えてわが国に残留しているパキスタン人（X）が、Y会社で就労中に労災事故に被災して後遺障害を残す傷害を負ったため、使用者であるY会社等に対して損害賠償を求めた。一審・原審とも、Yらの責任を認め、損害賠償請求を一部認容したが、逸失利益については、事故後約三年間は、Yから受けていた収入を、その後の三九年間は、母国で得ていた程度の収入を基礎に算定した。Xは上告して日本の賃金基準による期間を三年間に限定した点について平等原則違反等を主張した。

判旨　一部破棄自判、一部棄却　「財産上の損害としての逸失利益は、事故がなかったら存したであろう利益の喪失分として評価算定されるものであり、その性質上、種々の証拠資料に基づき相当程度の蓋然性をもって推定される当該被害者の将来の収入等の状況を基礎として算定せざるを得ない。損害の塡補、すなわち、あるべき状態への回復という損害賠償の目的からして、右算定は、被害者個々人の具体的事情を考慮して行うのが相当である。こうした逸失利益算定の方法については、被害者が日本人であると否とによって異なるべき理由はない。したがって、一時的に我が国に滞在し将来出国が予定される外国人の逸失利益を算定するに当たっては、当該外国人がいつまで我が国に居住して就労するか、その後はどこの国に出国してどこに生活の本拠を置いて就労することになるか、などの点を証拠資料に基づき相当程度の蓋然性が認められる程度に予測し、将来のあり得べき収入状況を推定すべきことになる。そうすると、予測される我が国での就労可能期間ないし滞在可能期間内は我が国での収入等を基礎とし、その後は想定される出国先（多くは母国）での収入等を基礎として逸失利益を算定するのが合理的ということができる。そして、我が国における就労可能期間は、来日目的、事故の時点における本人の意思、在留資格の有無、在留資格の内容、在留期間、在留期間更新の実績及び蓋然性、就労資格の有無、就労の態様等の事実的及び規範的な諸要素を考慮して、これを認定するのが相当である。

在留期間を超えて不法に我が国に残留し就労する不法残留外国人は、出入国管理及び難民認定法二四条四号ロにより、退去強制の対象となり、最終的には我が国からの退去を強制されるものであり、我が国における滞在及び就労は不安定なものといわざるを得ない。そうすると、事実上は直ちに摘発を受けることなくある程度の期間滞在している不法残留外国人がいること等を考慮しても、在留特別許可等によりその滞在及び就労が合法的なものとなる具体的蓋然性が認められる場合はともかく、不法残留外国人の我が国における就労可能期間を長期にわたるものと認めることはできないものというべきである。」「原審は、右事実関係の下において、Xが本件事故後に勤めた製本会社を退社した日の翌日から三年間は我が国においてY会社から受けていた実収入額と同額の収入を、その後は来日前にパキスタン回教共和国（パキスタン・イスラム共和国）で得ていた収入程度の収入を得ることができたものと認めるのが相当であるとしたが、Xの我が国における就労可能期間を右の期間を超えるものとは認めなかった原審の認定判断は、右に説示したところからして不合理ということはできず、原判決に所論の違法があるとはいえない。また、出国先ないし将来の生活の本拠、労働能力喪失率等所論の点に関する原審の認定判断も、原判決挙示の証拠関係に照らして是認するに足り、その過程に所論の違法はない。」

五　慰謝料

慰謝料請求権の相続　七一〇条・八九六条
〔三三九〕最大判昭和四二年一一月一日民集二一巻九号二二四九頁　民法2債181(2)(イ)

事実　物品運送業を営むY会社に勤務するAは、Yのため貨物自動車を運行中、Bの自転車に衝突させて同人をその場に転倒させ、同人に重傷を負わせ、入院治療後同人を死亡させた。Bは、Yに対し慰謝料請求の意思表示をしていない。Bの相続人Xは、Bの慰謝料請求権は請求の意思表示をまたず当然相続されると主張して、Yに対し慰謝料の支払を訴求した。原審は、Bが慰謝料請求の意思表示をしていないので、相続人Xの請求も認められないと解した。X

上告。

判旨　破棄差戻　「案ずるに、ある者が他人の故意過失によって財産以外の損害を被った場合には、その者は、財産上の損害を被った場合と同様、損害の発生と同時にその賠償を請求する権利すなわち慰藉料請求権を取得し、右請求権を放棄したものと解しうる特別の事情がないかぎり、これを行使することができ、その損害の賠償を請求する意思を表明するなど格別の行為をすることを必要とするものではない。そして、当該被害者が死亡したときは、その相続人は当然に慰藉料請求権を相続するものと解するのが相当である。けだし、損害賠償請求権発生の時点について、民法は、その損害が財産上のものであるか、財産以外のものであるかによって、別異の取扱いをしていないし、慰藉料請求権が発生する場合における被害法益は当該被害者の一身に専属するものであるけれども、これを侵害したことによって生ずる慰藉料請求権そのものは、財産上の損害賠償請求権と同様、単純な金銭債権であり、相続の対象となりえないものと解すべき法的根拠はなく、民法七一一条によれば、生命を害された被害者と一定の身分関係にある者は、被害者の取得する慰藉料請求権とは別に、固有の慰藉料請求権を取得しうるが、この両者の請求権は被害法益を異にし、併存しうるものであり、かつ、被害者の相続人は、必ずしも、同条の規定により慰藉料請求権を取得しうるものとは限らないのであるから、同条があるからといって、慰藉料請求権が相続の対象となりえないものと解すべきではないからである。しからば、右と異なった見解に立ち、慰藉料請求権は、被害者がこれを行使する意思を表明し、またはこれを表明したものと同視すべき状況にあったとき、はじめて相続の対象となるとした原判決は、慰藉料請求権の性質およびその相続に関する民法の規定の解釈を誤ったものというべきで、この違法が原判決の結論に影響を及ぼすことは明らかであるから、論旨は理由があり、原判決は破棄を免れない。そして、本訴請求の当否について、さらに審理をなさしめるため、本件を原審に差戻すことを相当とする。」

本判決については、一裁判官の補足意見、四裁判官の反対意見がある。

近親者の慰謝料請求権(1)―重傷の場合

〔三四〇〕　最判昭和三三年八月五日民集一二巻一二号一九〇一頁

七一一条・七〇九条・七一〇条
民法2債181(2)(イ)

事実　X_1はX_2の長女であり当時一〇歳であったが、パン製造販売業を営む者Y_1の被用者Y_2の運転するオート三輪車に激突され負傷し、顔面にひどい瘢痕が残った。X_1、X_2は、Yに対し慰謝料を訴求した。原審は、Xらの請求を認めた。Yは上告し、被害者の父母、配偶者および子に対し加害者が損害賠償の義務があるのは被害者の生命権を侵害した場合に限られるべきだと主張した。

判旨　上告棄却「原審の認定するところによれば、X_1は、Yの本件不法行為により顔面に傷害を受けた結果、判示のような外傷後遺症の症状となり果ては医療によって除去しえない著明な瘢痕《はんこん》を遺すにいたり、ために同女の容貌は著しい影響を受け、他面その母親であるX_2は、夫を戦争で失い、爾来《じらい》自らの内職のみによって右X_1外一児を養育しているのであり、右不法行為により精神上多大の苦痛を受けたというのである。ところで、民法七〇九条、七一〇条の各規定と対比してみると、所論民法七一一条が生命を害された者の近親者の慰藉料請求につき明文をもって規定しているとの一事をもって、直ちに生命侵害以外の場合はいかなる事情があってもその近親者の慰藉料請求権がすべて否定されていると解しなければならないものではなく、むしろ、前記のような原審認定の事実関係によればX_2はその子の死亡したときにも比肩しうべき精神上の苦痛を受けたと認められるのであって、かかる民法七一一条所定の場合に類する本件においては、X_2は、同法七〇九条、七一〇条に基づいて、自己の権利として慰藉料を請求しうるものと解するのが相当である。」

近親者の慰謝料請求権(2)―被害者の夫の妹の請求権

〔三四一〕　最判昭和四九年一二月一七日民集二八巻一〇号二〇四〇頁

七一一条
民法2債181(2)(イ)

事実　亡Aは、Yのオートバイに跳ねられ、死亡した。X_2（Aの夫）やAの子供達と並んでX_2の妹X_1（Aの義妹）も損害賠償を請求した。一審・原審とも、Yの責任を認容したが、その中で、X_1の慰謝料請求権も肯定した。Y上告。

判旨 上告棄却　「不法行為による生命侵害があった場合、被害者の父母、配偶者及び子が加害者に対し直接に固有の慰藉料を請求しうることは、民法七一一条が明文をもって認めるところであるが、右規定はこれを限定的に解すべきものでなく、文言上同条に該当しない者であっても、被害者との間に同条所定の者と実質的に同視しうべき身分関係が存し、被害者の死亡により甚大な精神的苦痛を受けた者は、同条の類推適用により、加害者に対し直接に固有の慰藉料を請求しうるものと解するのが、相当である。本件において、原審が適法に確定したところによれば、X_1は、Aの夫であるX_2の実妹であり、原審の口頭弁論終結当時四六年に達していたが、幼児期に罹患した脊髄等カリエスの後遺症により跛行顕著な身体障害等級二号の身体障害者であるため、長年にわたりAと同居し、同女の庇護のもとに生活を維持し、将来もその継続が期待されていたところ、同女の突然の死亡により甚大な精神的苦痛を受けたというのであるから、X_1は、民法七一一条の類推適用により、Yに対し慰藉料を請求しうるものと解するのが、相当である。これと同趣旨の原審の判断は、正当として是認することができる。」

六　過失相殺

過失相殺に必要な能力（ミキサー車事件）

〔三四二〕　最判昭和三九年六月二四日民集一八巻五号八五四頁　七二二条二項
民法2債185(2)(イ)・(4)(イ)

事実 Y_1会社の運転手Y_2は、コンクリート・ミキサー車を運転中、交通頻繁な十字路で、自転車を二人乗りしていた八歳の少年ABを跳ね死亡させた。Aの両親X_1X_2とBの母X_3は、Y_1Y_2に対して損害賠償を請求した。原審がABにも過失があったとして過失相殺したので、X_1らは、ABが責任能力を備えておらず民法七二二条二項は適用されないとして上告した。逸失利益については、**年少者の逸失利益の算定**〔三三四〕参照。

判旨 上告棄却　「未成年者が他人に加えた損害につき、その不法行為上の賠償責任を問うには、未成年者がその行為の責任を弁識するに足る知能を具えていることを要することは民法七一二条の規定するところであるが、他人の不法行為により未成年者がこうむった損害の賠償額を定めるにつき、被害者たる未成年者の過失をしんしゃくするためには、未成年者にいかなる知能が具わっていることを要するかに関しては、民法には別段の規定はなく、ただ、この場合においても、被害者たる未成年者においてその行為の責任を弁識するに足る知能を具えていないときは、その不注意を直ちに被害者の過失となし民法七二二条二項を適用すべきではないとする当裁判所の判例（最判昭和三一年七月二〇日民集一〇巻八号一〇七九頁）があることは、所論のとおりである。

しかしながら、民法七二二条二項の過失相殺の問題は、不法行為者に対し積極的に損害賠償責任を負わせる問題とは趣を異にし、不法行為が責任を負うべき損害賠償の額を定めるにつき、公平の見地から、損害発生についての被害者の不注意をいかにしんしゃくするかの問題に過ぎないのであるから、被害者たる未成年者の過失をしんしゃくする場合においても、未成年者に事理を弁識するに足る知能が具わっていれば足り、未成年者に対し不法行為責任を負わせる場合のごとく、行為の責任を弁識するに足る知能が具わっていることを要しないものと解するのが相当である。したがって、前示判例は、これを変更すべきものと認める。」

被害者側の過失　七二二条二項

〔三四三〕　最判昭和四二年六月二七日民集二一巻六号一五〇七頁　民法2債185(4)(ウ)

事実　Y_1会社の運転手Y_2は、ダンプカーを運転中、幼稚園に登園中の四歳三か月の女児Aを跳ね死亡させた。Aの両親X_1X_2がY_1Y_2に対して損害賠償を請求した。Y_1らが登園に同行した保母Bにも過失があるとして過失相殺を主張したのに対し、原審は、Bの過失は民法七二二条二項にいう被害者の過失にあたらないとした。Y_1ら上告。

判旨　上告棄却「民法七二二条二項に定める被害者の過失とは単に被害者本人の過失のみでなく、ひろく被害者側の過失をも包含する趣旨と解すべきではあるが、本件のように被害者本人が幼児である場合において、右にいう被害者側の過失とは、例えば被害者に対する監督者である父母ないしはその被用者である家事使用人などのように、被害者と身分上ないしは生活関係上一体をなすとみられるような関係にある者の過失をいうものと解するを相当とし、所論のように両親より幼児の監護を委託された者の被用者のような被害者と一体をなすとみられない者の過失はこれに含まれないものと解すべきである。けだし、同条項が損害賠償の額を定めるにあたって被害者の過失を斟酌することができる旨を定めたのは、発生した損害を加害者と被害者との間において公平に分担させるという公平の理念に基づくものである以上、被害者と一体をなすとみられない者の過失を斟酌することは、第三者の過失によって生じた損害を被害者の負担に帰せしめ、加害者の負担を免ずることとなり、却って公平の理念に反する結果となるからである。」

素因減責(1)―心因的要因の寄与　七二二条二項
〔三四四〕最判昭和六三年四月二一日民集四二巻四号二四三頁　民法2債185(4)(カ)

事実　Xは、夫の運転する車に同乗中、Yの運転する車に追突され、頭頸部軟部組織に損傷を生じ外傷性頭頸部症候群の症状を発し、さらに、外傷性神経症を引き起こし事故後約一〇年にわたって入通院治療を続けた。XのYに対する損害賠償請求について、原審は、Xの外傷性神経症がXの特異な性格、初診医の診断に対する過剰な反応、本件事故前の受傷および損害賠償請求の経験、加害者の態度に対する不満等の心理的な要因によって引き起こされたものであるとして、事故後三年間の損害についてのみ事故との相当因果関係を認め、しかも、民法七二二条二項の規定を類推適用して、そのうち四割の限度でのみ損害賠償を命じた。Xが上告。

判旨　上告棄却「身体に対する加害行為と発生した損害との間に相当因果関係がある場合において、その損害がその加害行為のみによって通常発生する程度、範囲を超えるものであって、かつ、その損害の拡大について被害者の心因的要因が寄与しているときは、損害を公平に分担させるという損害賠償法の理念に照らし、裁判所は、損害賠償の額を定めるに当たり、民法七二二条二項の過失相殺の規定を類推適用して、その損害の拡大に寄与した被害者の右事情を斟酌することができるものと解するのが相当である。」

素因減責(2)―過労自殺（電通過労自殺事件）　七二二条二項
〔三四五〕最判平成一二年三月二四日民集五四巻三号一一五五頁　民法2債185(4)(カ)

事実　Y社の社員であったAは、長時間労働を強いられたことから心身ともに疲労困ぱいし、それが誘因となってうつ病に罹患し、その結果自殺するに至った。Aの父母XらがYに対して損害賠償を求めたところ、原審は、Aの上司であるBらには、Aの恒常的な著しい長時間業務やその健康状態の悪化を認識しながら負担軽減の措置をとらなかった過失があるとして、Yの民法七一五条に基づく損害賠償責任を肯定した。しかし、Aはまじめで、責任感が強すぎるなどのうつ病親和性ないし病前性格があり、この性格が損害の発生および拡大に寄与したとして、民法七二二条二項の規定を類推適用し、Aの心因的要因として賠償額算定にあたり斟酌した。Xらが上告。

判旨　破棄差戻「企業等に雇用される労働者の性格が多様のものであることはいうまでもないところ、ある業務に従事する特定の労働者の性格が同種の業務に従事する労働者の個性の多様さとして通常想定される範囲を外れるものでない限り、その性格及びこれに基づく業務遂行の態様等が業務の過重負担に起因して当該労働者に生じた損害の発生又は拡大に寄与したとしても、そのような事態は使用者として予想すべきものということができる。しかも、使用者又はこれに代わって労働者に対し業務上の指揮監督を行う者は、各労働者がその従事すべき業務に適するか否かを判断して、その配置先、遂行すべき業務の内容等を定めるのであり、その際に、各労働者の性格をも考慮することができるのである。したがって、労働者の性格が前記の範囲を外れるものでない場合には、裁判所は、業務の負担が過重であることを原因とする損害賠償請求において使用者の賠償すべき額を決定するに当たり、その性格及びこれに基づく業務遂行の態様等を、心因的要因としてしんしゃくすることはできないというべきである。」

素因減責(3)——既往症の寄与　七二二条二項
〔三四六〕　最判平成四年六月二五日民集四六巻四号四〇〇頁　民法2債185(4)(カ)

事実　自動車の追突事故により頭部打撲傷を負ったAは、多様な精神障害を呈した後に呼吸麻痺を直接の原因として死亡した。その相続人Xらが加害車両の運転者、運行供用者、自賠責保険の保険会社であるYらを相手に損害賠償を求めたところ、原審は、Aの死亡が、本件事故による傷害のほか、事故前に罹患した一酸化炭素中毒も原因となっているとして、損害額の五割を減額した。Xらが上告。

判旨　上告棄却「被害者に対する加害行為と被害者のり患していた疾患とがともに原因となって損害が発生した場合において、当該疾患の態様、程度などに照らし、加害者に損害の全部を賠償させるのが公平を失するときは、裁判所は、損害賠償の額を定めるに当たり、民法七二二条二項の過失相殺の規定を類推適用して、被害者の当該疾患をしんしゃくすることができるものと解するのが相当である。けだし、このような場合においてもなお、被害者に生じた損害の全部を加害者に賠償させるのは、損害の公平な分担を図る損害賠償法の理念に反するものといわなければならないからである。」

素因減責(4)―身体的特徴の寄与（首の長い女性事件）　七二二条二項
〔三四七〕　最判平成八年一〇月二九日民集五〇巻九号二四七四頁　民法2債185(4)(カ)

事実　Xは、自動車の追突事故により、運転席のシートに頭部を強く打ちつけ、頸椎捻挫、頭頸部外傷症候群による視力低下などの傷害を負ったので、加害車両の運転者、運行供用者、自動車保険の保険会社であるYらに対し、損害賠償を求めた。Xが平均的体格に比して首が長く多少の頸椎不安定症があるという身体的特徴を有していたところ、原審は、右身体的特徴および心因的要素を斟酌し、損害の四割を減額した。Xが上告。

判旨　破棄差戻「被害者に対する加害行為と加害行為前から存在した被害者の疾患とが共に原因となって損害が発生した場合において、当該疾患の態様、程度などに照らし、加害者に損害の全部を賠償させるのが公平を失するときは、裁判所は、損害賠償の額を定めるに当たり、民法七二二条二項の規定を類推適用して、被害者の疾患を斟酌することができることは、当裁判所の判例（最判平成四年六月二五日民集四六巻四号四〇〇頁）とするところである。しかしながら、被害者が平均的な体格ないし通常の体質と異なる身体的特徴を有していたとしても、それが疾患に当たらない場合には、特段の事情の存しない限り、被害者の右身体的特徴を損害賠償の額を定めるに当たり斟酌することはできないと解すべきである。けだし、人の体格ないし体質は、すべての人が均一同質なものということはできないものであり、極端な肥満など通常人の平均値から著しくかけ離れた身体的特徴を有する者が、転倒などにより重大な傷害を被りかねないことから日常生活において通常人に比べてより慎重な行動をとることが求められるような場合は格別、その程度に至らない身体的特徴は、個々人の個体差の範囲として当然にその存在が予定されているものというべきだからである。」

七　損益相殺

遺族年金の控除　七〇九条
〔三四八〕　最大判平成五年三月二四日民集四七巻四号三〇三九頁　民法2債185(5)

事実　元中学教諭で退職年金を受給していたAがY運転の自動車による事故で死亡し、Aの妻Xは、遺族年金受給権を取得した。XがYに対して損害賠償を請求したところ、Xの受ける遺族年金額が損益相殺の対象となるかが問題となり、原審は、既に支給を受けた既払分のみを控除した。将来支給を受けることができる額をも控除すべきだとして、Yが上告。

判旨　一部破棄自判、一部上告棄却　「被害者が不法行為によって損害を被ると同時に、同一の原因によって利益を受ける場合には、損害と利益との間に同質性がある限り、公平の見地から、……損益相殺的な調整を図る必要があり、また、被害者が不法行為によって死亡し、その損害賠償請求権を取得した相続人が不法行為と同一の原因によって利益を受ける場合にも、右の損益相殺的な調整を図ることが必要なときがあり得る。このような調整は、……被害者又はその相続人の受ける利益によって被害者に生じた損害が現実に補てんされたということができる範囲に限られるべきである。…不法行為と同一の原因によって被害者又はその相続人が第三者に対する債権を取得した場合には、……損益相殺的な調整をすることは、原則として許されない……。けだし、債権には、……履行の不確実性を伴うことが避けられず、……当該債権を取得したということだけで……被害者に生じた損害が現実に補てんされたものということができないからである。……したがって、被害者又はその相続人が取得した債権につき、損益相殺的な調整を図ることが許されるのは、当該債権が現実に履行された場合又はこれと同視し得る程度にその存続及び履行が確実であるということができる場合に限られるものというべきである。」

「退職年金を受給していた者が不法行為によって死亡した場合には、相続人は、加害者に対し、退職年金の受給者が生存していればその平均余命期間に受給することができた退職年金の現在額を同人の損害として、その賠償を求めることができる。この場合において、右の相続人のうちに、退職年金の受給者の死亡を原因として、遺族年金の受給権を取得した者があるときは、遺族年金の支給を受けるべき者につき、支給を受けることが確定した遺族年金の額の限度で、その者が加害者に対して賠償を求め得る損害額からこれを控除すべきものであるが、いまだ支給を受けることが確定していない遺族年金の額についてまで損害額から控除することを要しないと解するのが相当である。」

一裁判官の反対意見、四裁判官の反対意見がある。

遺族補償年金の控除　　七〇九条、労災一六条

〔三四九〕　最大判平成二七年三月四日民集六九巻二号一七八頁　　民法2債185(5)

事実　Yの被用者Aは、長時間の時間外労働や配置転換に伴う業務内容の変化等の業務に起因する心理的負荷の蓄積により、精神障害を発症し、過度の飲酒行為の結果、急性アルコール中毒で死亡した。Aの両親であるX_1・X_2は、債務不履行または不法行為を理由に、Yに対し損害賠償請求訴訟を提起した。原審は、安全配慮義務違反によるYの不法行為責任を肯定し（過失相殺三割）、Aの死亡による損害として、逸失利益や慰謝料等の損害を認めた。ところで、労働者災害補償保険法（「労災保険法」）に基づく遺族補償年金として、Xらは計一〇〇〇万円余の支給を受け、または支給を受けることが確定していた。原審は、遺族補償年金についての損益相殺的な調整につき、逸失利益の元本との間で調整すべきものとして遅延損害金との間の調整を否定し、調整により塡補されたものとされる元本について事故時からの遅延損害金の発生を否定した。Xらは、原審が最判平成一六年一二月二〇日裁判集民二一五号九八七頁と抵触するとして上告受理申立て。

判旨　上告棄却　「労災保険法に基づく保険給付は、その制度の趣旨目的に従い、特定の損害について必要額を塡補するために支給されるものであり、遺族補償年金は、労働者の死亡による遺族の被扶養利益の喪失を塡補することを目的とするものであって（労災保険法一条、一六条の二から一六条の四まで）、その塡補の対象とする損害は、被害者の死亡による逸失利益等の消極損害と同性質であり、かつ、相互補完性があるものと解される。他方、損害の元本に対する遅延損害金に係る債権は、飽くまでも債務者の履行遅滞を理由とする損害賠償債権であるから、遅延損害金を債務者に支払わせることとしている目的は、遺族補償年金の目的とは明らかに異なるものであって、遺族補償年金による塡補の対象となる損害が、遅延損害金と同性質であるということも、相互補完性があるということもできない。

したがって、被害者が不法行為によって死亡した場合において、その損害賠償請求権を取得した相続人が遺族補償年金の支給を受け、又は支給を受けることが確定したときは、損害賠償額を算定するに当たり、上記の遺族補償年金につき、その塡補の対象となる被扶養利益の喪失による損害と同性質であり、かつ、相互補完性を有する逸失利益等の消極損害の元本との間で、損益相殺的な調整を行うべきものと解するのが相当である。」

「遺族補償年金は、……遺族の被扶養利益の喪失が現実化する都度ないし現実化するのに対応して、その支給を行うことを制度上予定しているものと解されるのであって、制度の趣旨に沿った支給がされる限り、その支給分については当該遺族に被扶養利益の喪失が生じなかったとみることが相当である。……不法行為により死亡した被害者の相続人が遺族補償年金の支給を受け、又は支給を受けることが確定することにより、上記相続人が喪失した被扶養利益が塡補されたこととなる場合には、その限度で、被害者の逸失利益等の消極損害は現実にはないものと評価できる。……被害者が不法行為によって死亡した場合において、その損害賠償請求権を取得した相続人が遺族補償年金の支給を受け、又は支給を受けることが確定したときは、制度の予定するところと異なってその支給が著しく遅滞するなどの特段の事情のない限り、その塡補の対象となる損害は不法行為の時に塡補されたものと法的に評価して損益相殺的な調整をすることが公平の見地からみて相当であるというべきである……。」

「以上説示するところに従い、所論引用の当裁判所第二小法廷平成一六年一二月二〇日判決は、上記判断と抵触する限度において、これを変更すべきである。」

八　損害賠償請求権の消滅時効

不法行為における消滅時効の起算点　七二四条

〔三五〇〕最判平成一四年一月二九日民集五六巻一号二一八頁　民法2債186(4)

事実　Y_2新聞社は、昭和六〇年九月一三日、Y_1通信社から配信された記事を新聞に掲載したが、この記事はXの名誉を毀損するものであった。Xは、Y_1配信の同一記事を掲載したA社に対して損害賠償請求訴訟を提起したところ、Aがその記事はY_1配信によるものであることを明らかにしてY_1に訴訟告知し、平成四年七月九日、その訴訟告知書がXに送達された。なお、Xは、記事掲載時から継続して拘置所内にいた。平成七年七月二五日、Xは、Y_1・Y_2に対して不法行為に基づく損害賠償請求訴訟を提起した。原審が平成四年七月九日を起算点とする消滅時効の成立を認めたので、Xが上告。

判旨　破棄差戻　「民法七二四条〔平成二九年改正前の規定〕は、不法行為に基づく法律関係が、未知の当事者間に、予期しない事情に基づいて発生することがあることにかんがみ、被害者による損害賠償請求権の行使を念頭に置いて、消滅時効の起算点に関して特則を設けたのであるから、同条にいう『損害及ヒ加害者ヲ知リタル時』とは、被害者において、加害者に対する賠償請求が事実上可能な状況の下に、その可能な程度にこれらを知った時を意味するものと解するのが相当である（最判昭和四八年一一月一六日民集二七巻一〇号一三七四頁参照）。そして、次に述べるところに照らすと、同条にいう被害者が損害を知った時とは、被害者が損害の発生を現実に認識した時をいうと解すべきである。

不法行為の被害者は、損害の発生を現実に認識していない場合がある。特に、本件のような報道による名誉毀損については、被害者がその報道に接することなく、損害の発生をその発生時において現実に認識していないことはしばしば起こり得ることであるといえる。被害者が、損害の発生を現実に認識していない場合には、被害者が加害者に対して損害賠償請求に及ぶことを期待することができないが、このような場合にまで、被害者が損害の発生を容易に認識し得ることを理由に消滅時効の進行を認めることにすると、被害者は、自己に対する不法行為が存在する可能性のあることを知った時点において、自己の権利を消滅させないために、損害の発生の有無を調査せざるを得なくなるが、不法行為によって損害を被った者に対し、このような負担を課することは不当である。他方、損害の発生や加害者を現実に認識していれば、消滅時効の進行を認めても、被害者の権利を不当に侵害することにはならない。

民法七二四条の短期消滅時効の趣旨は、損害賠償の請求を受けるかどうか、いかなる範囲まで賠償義務を負うか等が不明である結果、極めて不安定な立場に置かれる加害者の法的地位を安定させ、加害者を保護することにあるが（最判昭和四九年年一二月一七日民集二八巻一〇号二〇五九頁参照）、それも、飽くまで被害者が不法行為による損害の発生及び加害者を現実に認識しながら三年間も放置していた場合に加害者の法的地位の安定を図ろうとしているものにすぎず、それ以上に加害者を保護しようという趣旨ではないというべきである。

これを本件について見ると、Xは、平成四年七月九日の時点においては、Y_1の加盟社であるY_2の発行する新聞紙上に本件配信記事に基づく記事が掲載されている可能性が高いことを知ったにすぎず、本件記事が実際に掲載されたこと、すなわちY_2がXの名誉を毀損し、不法行為に基づく損害が発生したことを現実に認識していなかったというのであるから、同日をもって消滅時効の起算点とすることはできないといわなければならない。」

継続的不法行為における消滅時効の起算点

〔三五一〕　大連判昭和一五年一二月一四日民集一九巻二三二五頁　　七二四条　民法2債186(4)

事実　Yは、Aから本件土地の使用を許されていたが（賃貸借契約は締結されていない）、昭和八年三月一四日にAが本件土地をXに売却し、同月一六日にAからYに書面でその旨の通知がなされた。Yは、遅くとも翌一七日には譲渡の事実を知った。しかし、Yがそれ以降、何らの権原なく本件土地を不法に占有継続したため、Xは、本件土地の使用収益を妨げられ、賃料相当額の割合による損害を被ったとして、昭和一一年一二月二四日、本件土地の明渡しとともに、Yの不法行為を根拠とする昭和八年三月一七日以降の損害賠償を求めて訴えを提起した。原審は、明渡請求は認めたものの、Xが損害および加害者を知った昭和八年三月一四日から三年が経過しているというYの消滅時効の抗弁を容れて、損害賠償については否定した。原審は、加害行為が継続的に行われる結果、継続的に損害が発生する継続的不法行為の場合も、被害者が最初の損害と加害者を知ったときから三年が経過すれば、すべての損害賠償請求権が時効消滅するとの立場に立った。Xが上告。

判旨　一部破棄差戻「按ズルニ、不法行為ニ因ル損害賠償ノ請求権ハ被害者又ハ其法定代理人ガ損害及加害者ヲ知リタル時ヨリ三年ノ短期時効ニ因リ消滅スベキハ民法第七百二十四条ノ規定スルトコロニシテ、被害者ガ其損害ヲ知ルトハ、必ズシモ損害ノ全範囲若クハ損害額ノ全部ヲ知ルヲ要スルモノニアラズ。苟《いやし》クモ不法行為ニ基ク損害ノ発生ヲ知リタル以上、其損害ト牽連一体ヲ為セル損害ニシテ当時ニ於テ其発生ヲ予想シ得ベキモノト為スコト社会通念上妥当トセラルルモノニ在リテハ、凡テ被害者之ガ認識アリタルモノトシテ同条所定ノ短期時効ハ其全損害ニ付キ此時ヨリシテ進行ヲ始ムルモノト解スベキコト洵《まこと》ニ同条立法ノ本旨ニ合スルモノト云フベク、而シテ右ハ不法行為アリタル後ニ於テ其行為ノ結果タル損害ガ長期ニ亘リテ継続シテ発生スル場合ニ於テモ其理ヲ一ニスルモノト為サザルベカラズ。

然レドモ、均シク損害ガ継続シテ発生スル場合ナルモ加害行為ガ終止シタル後ニ於テ損害ノミガ継続スル場合ニアラズシテ、不法行為ソレ自体ガ継続シテ行ハレ、ソレガ為メニ損害モ亦継続シテ発生スルガ如キ場合ハ、前叙ノ法理ニ従フヲ得ス。其損害ノ継続発生スル限リ日ニ新ナル不法行為ニ基ク損害トシテ民法第七百二十四条ノ適用ニ関シテハ其各損害ヲ知リタル時ヨリ別個ニ消滅時効ハ進行スルモノト解セザルベカラズ。蓋《ケダ》シ、カクノ如キ不法行為ニ在リテハ、当初其損害ノ発生ヲ知ルモ将来継続シテ損害ノ発生スルヤハ必ズシモ之ヲ予想シ得ルトコロニアラズ。不法行為ノ継続スルハ一ニ加害者ガ其加害行為ヲ廃止セザルニ由ルモノニシテ、損害ノ発生モ亦之ニ伴フテ生ズルニ過キズ。行為者ハ之ヲ廃止スベキ法律上ノ義務アルニ拘ラズ義務ニ背反シテ之ヲ廃止セザル為メ之ニ基因シテ損害ハ発生スルモノニシテ、カクノ如キ損害ヲモ被害者ニ於テ当初ヨリ予想シ得ベキモノト為スガ如キハ、社会通念上当ヲ得タルモノト為シ難キノミナラズ、若シカクノ如キ損害ニ付テモ当初其損害ノ一端ヲ知リタル時ヨリ時効進行スルモノトセンガ、不法行為ハ尚現ニ継続セラルルニ拘ラズ、ソノ日々ニ発生スル損害ハ既ニ時効完成ノ為メ之ガ賠償ヲ求ムルヲ得ザルノ結論ニ達シ、其不合理ナル結果ハ到底之ヲ忍容シ得ベキトコロニアラズ。カクノ如キハ同法ノ短期時効制定ノ趣旨ニモ背馳スルコト固ヨリ多言ヲ要セザレバナリ。……Yノ不法行為ハ最初不法ニXノ土地ヲ占拠シタルニ因リテ始マリ、其後ハ該工作物ヲ除去シテ其不法占拠ヲ廃罷スベキ義務アルニ拘ラズ之ヲ為サザルニ因リテ継続セラレ、之ガ為メニXハ日々ソノ土地ノ使用収益ヲ妨ゲラレ、其損害ハ日ニ新ニ発生スルモノト云フベク、従テ其賠償請求権ニ対スル前叙消滅時効ハ、上来説示スルトコロニ従ヒ、被害者之ヲ知ルト共ニ日ニ新ニ進行スルモノト解スルヲ相当トス。而シテXハ本訴ニ於テYノ右不法行為ニ基ク昭和八年三月十四日以後ノ損害ノ賠償ヲ請求スルモノニシテ、Xカ最初ニ右不法占拠ノ事実ヲ知リタルハ同日ノ直後ナルコトハ亦原審ノ確定スルトコロナルガ故ニ、爾来本訴提起前既ニ三年ヲ経過シタル損害ノ賠償請求権ハ時効ニ因リテ消滅シタルモノト為スベキモ、ソノ然ラザルモノニ付キテハ未ダ時効ハ完成セザルモノト解スベキモノトス。」

二〇年の期間の起算点――じん肺被害　七二四条

〔三五二〕　最判平成一六年四月二七日民集五八巻四号一〇三二頁　民法2債25(2)・186(4)

事実　筑豊炭鉱で粉じん作業に従事してじん肺にり患した元従業員またはその承継人Xらは炭鉱経営六社を被告とするほか、国家賠償法一条一項に基づいて国Yに対して損害賠償を請求した。一審は国に対する請求を棄却したが、原審は鉱山保安法に基づく通商産業大臣（現経済産業大臣）の規制権限の不行使を違法とし、民法七二四条二項後段（平成二九年改正前の規定）の除斥期間の起算点は損害発生時（行政上の最終決定を受けた日またはじん肺を原因として死亡した日）だとして、Xらの請求の一部を認容した。これに対して、国Yは、①国Yに権限の不行使の違法があるとはいえない、②Xらの請求は、民法七二四条二項後段（平成二九年改正前の規定）の除斥期間経過後の請求だと主張して、上告受理申立てをした。①について、判決は、通商産業大臣は、遅くとも、昭和三五年三月三一日のじん肺法成立の時までに、前記のじん肺に関する医学的知見およびこれに基づくじん肺法制定の趣旨に沿った石炭鉱山保安規則の内容の見直しをして、粉じん発生防止策の速やかな普及、実施を図るべき状況にあったというべきであるとして上告を棄却した。②についての判旨は以下のとおりである。

判旨　上告棄却　「民法七二四条二項後段〔平成二九年改正前の規定〕所定の除斥期間の起算点は、『不法行為ノ時』と規定されており、加害行為が行われた時に損害が発生する不法行為の場合には、加害行為の時がその起算点となると考えられる。しかし、身体に蓄積した場合に人の健康を害することとなる物質による損害や、一定の潜伏期間が経過した後に症状が現れる損害のように、当該不法行為により発生する損害の性質上、加害行為が終了してから相当の期間が経過した後に損害が発生する場合には、当該損害の全部又は一部が発生した時が除斥期間の起算点となると解すべきである。なぜなら、このような場合に損害の発生を待たずに除斥期間の進行を認めることは、被害者にとって著しく酷であるし、また、加害者としても、自己の行為により生じ得る損害の性質からみて、相当の期間が経過した後に被害者が現れて、損害賠償の請求を受けることを予期すべきであると考えられるからである。

これを本件についてみるに、前記のとおり、じん肺は、肺胞内に取り込まれた粉じんが、長期間にわたり線維増殖性変化を進行させ、じん肺結節等の病変を生じさせるものであって、粉じんへの暴露が終わった後、相当長期間経過後に発症することも少なくないのであるから、じん肺被害を理由とする損害賠償請求権については、その損害発生の時が除斥期間の起算点となるというべきである」。

安全配慮義務　〔一六四〕参照。

第四節　請求権競合

請求権競合―免責約款の効力（ペリカン便事件）　四一五条・七〇九条

〔三五二の二〕　最判平成一〇年四月三〇日判時一六四六号一六二頁

事実 貴金属の販売・加工等を業とする会社であるXは、顧客Aらからダイヤモンド等の宝石（本件宝石）の加工を請け負い、これをBに下請けさせ、Aから受け取った本件宝石をBのもとに送付した。加工を終えたBは、本件宝石をXのもとに宅配便（日本通運のペリカン便）を利用して送付するため、本件宝石を入れた箱（本件荷物）を運送人Yの代理店に引き渡し、荷送人をB、荷受人をXとするBY間の運送契約が締結された。なお、Bは、約一六年間にわたってXの下請けをしてきたが、XとBとの間では、互いに宝石を送付するにあたって貨物運送業者の宅配便を利用し、本件荷物についても、Xは、BがYの宅配便を利用して送付することを予め容認していた。

Yは、標準宅配便約款（昭和六〇年運輸省告示第四〇〇号）に従った約款（本件約款）を定めており、それによれば、荷送人は、送り状に荷物の品名および価額等を記載し、運送人は運賃のほか、損害賠償額の上限である責任限度額等をそれぞれ記載するものとし、責任限度額は三〇万円と定められ（責任制限約款）、送り状の用紙には、「お荷物の価格を必ずご記入ください。ペリカン便では三〇万円を超える高価な品物はお引受けいたしません。万一ご出荷されましても損害賠償の責を負いかねます。」との文言が印刷され、また、ダイヤモンドなどの宝石類は引受けを拒絶することがある旨が定められた、代理店にもこの旨を記載した注意書が掲示されていた。しかし、Bは、送り状の依頼主欄および届け先欄には所定の事項を記載したが、品名欄および価格欄には記入をしなかった。

本件荷物は、Yによる運送途上で所在不明となり、紛失した。紛失の原因は不明である。そこで、Xは、本件宝石の所有者Aらにその価格全額（合計三九四万一九〇〇円）を賠償したうえで、AらのYに対する不法行為に基づく損害賠償請求権を取得したことを理由として、Yに対して損害賠償請求の訴えを提起した。

一審は、Yの重過失を推認し、責任制限約款の適用を否定して、Xの請求を一部認容した。原審は、Yの重過失を認めず、責任制限約款の適用を肯定して、責任限度額である三〇万円に限ってXの請求を認容した。Xが上告。

判旨 上告棄却「本件の事実関係の下においては、XがYに対し本件運送契約上の責任限度額である三〇万円を超えて損害賠償を請求することは、信義則に反し、許されないものと解するのが相当である。その理由は、次のとおりである。

一　宅配便は、低額な運賃によって大量の小口の荷物を迅速に配送することを目的とした貨物運送であって、その利用者に対し多くの利便をもたらしているものである。宅配便を取り扱う貨物運送業者に対し、安全、確実かつ迅速に荷物を運送することが要請されることはいうまでもないが、宅配便が有する右の特質からすると、利用者がその利用について一定の制約を受けることもやむを得ないところであって、貨物運送業者が一定額以上の高価な荷物を引き受けないこととし、仮に引き受けた荷物が運送途上において滅失又は毀損したとしても、故意又は重過失がない限り、その賠償額をあらかじめ定めた責任限度額に限定することは、運賃を可能な限り低い額にとどめて宅配便を運営していく上で合理的なものであると解される。

二　右の趣旨からすれば、責任限度額の定めは、運送人の荷送人に対する債務不履行に基づく責任についてだけでなく、荷送人に対する不法行為に基づく責任についても適用されるものと解するのが当事者の合理的な意思に合致するというべきである。けだし、そのように解さないと、損害賠償の額を責任限度額の範囲内に限った趣旨が没却されることになるからであり、また、そのように解しても、運送人の故意又は重大な過失によって荷物が紛失又は毀損した場合には運送人はそれによって生じた一切の損害を賠償しなければならないのであって（本件約款二五条六項）、荷送人に不当な不利益をもたらすことにはならないからである。そして、右の宅配便が有する特質及び責任限度額を定めた趣旨並びに本件約款二五条三項において、荷物の滅失又は毀損があったときの運送人の損害賠償の額につき荷受人に生じた事情をも考慮していることに照らせば、荷受人も、少なくとも宅配便によって荷物が運送されることを容認していたなどの事情が存するときは、信義則上、責任限度額を超えて運送人に対して損害の賠償を求めることは許されないと解するのが相当である。」

第四編　親　族

第一章　婚姻

第一節　婚約

婚約の成否

〔三五三〕　最判昭和三八年九月五日民集一七巻八号九四二頁

第四編第二章第一節
民法3親17(1)

事実　X女はY男と交際するうちに将来の結婚を誓い合い、しばしば浜辺や物置小屋などで情交関係を重ね、Xは二年間に二回妊娠したが、Yの希望により中絶をした。その後、Yは病気を理由にXとの結婚を断り、後にA女と事実上の婚姻をした。そこでXは、Yは正当な理由なく婚姻予約を破棄し、Xの婚姻予約上の権利を不法に侵害したとして慰謝料を請求した。一審・原審は婚姻予約の成立を認め、X勝訴。Yより上告。

判旨　上告棄却「原判決は、原審並びにその引用する第一審判決挙示の各証拠を綜合考かくして、XがYの求婚に対し、真実夫婦として共同生活を営む意思でこれに応じて婚姻を約した上、長期間にわたり肉体関係を継続したものであり、当事者双方の婚姻の意思は明確であって、単なる野合私通の関係でないことを認定しているのであって、その認定は首肯し得ないことはない。右認定のもとにおいては、たとえ、その間、当事者がその関係を両親兄弟に打ち明けず、世上の習慣に従って結納を取かわし或は同棲しなかったとしても、婚姻予約の成立を認めた原判決の判断は肯認しうるところであり、所論引用の判例に抵触することはなく、所論は結局、原審の専権に属する事実認定を非難するに帰するから採用し難い。……原判決は、所論第一点について説示したように、Y、X間には婚姻予約が成立したことを認定しているのであるから、不当にその予約を破棄した者に慰謝料の支払義務のあることは当然であって、Xの社会的名誉を害し、物質的損害を与えなかったからといって、その責任を免れうるものではない。」

夫婦同氏の原則の合憲性　七五〇条、国賠一条一項、憲一三条・一四条一項・二四条
〔三五三の二〕　最大判平成二七年一二月一六日民集六九巻八号二五八六頁　民法3親24(3)

事実　Xらは、婚姻の際に夫婦の一方に氏の変更を強いる民法七五〇条の規定は憲法一三条、二四条により保障されている「氏の変更を強制されない自由」または「婚姻の自由」を侵害し、また女子差別撤廃条約一六条一項に違反することが明白であるから、国会は夫婦同氏制度に加えて夫婦別氏制度という選択を新たに設けることが必要不可欠であるにもかかわらず、何ら正当な理由もなく長期にわたって立法措置を怠ってきた立法不作為の違法があるとして、Y（国）に対し、国家賠償法一条一項に基づき精神的損害の賠償を求めた。Xらのうち三名は婚姻の際に夫の氏を称すると定めたが、婚姻後も婚姻前の氏を通称の氏として使用しており、二名は婚姻届を提出したが、婚姻後の氏の選択がされていないという理由で不受理とされた者である。一審はXらの請求を棄却し、原審も控訴を棄却した。Xらは、憲法一四条一項違反の主張を追加して上告。

判旨　上告棄却　「氏は、個人の呼称としての意義があり、名とあいまって社会的に個人を他人から識別し特定する機能を有するものであることからすれば、自らの意思のみによって自由に定めたり、又は改めたりすることを認めることは本来の性質に沿わないものであり、一定の統一された基準に従って定められ、又は改められるとすることが不自然な取扱いとはいえないところ、上記のように、氏に、名とは切り離された存在として社会の構成要素である家族の呼称としての意義があることからすれば、氏が、親子関係など一定の身分関係を反映し、婚姻を含めた身分関係の変動に伴って改められることがあり得ることは、その性質上予定されているといえる。」「現行の法制度の下における氏の性質等に鑑みると、婚姻の際に『氏の変更を強制されない自由』が憲法上の権利として保障される人格権の一内容であるとはいえない。本件規定は、憲法一三条に違反するものではない。」

「夫婦同氏制それ自体に男女間の形式的な不平等が存在するわけではない。我が国において、夫婦となろうとする者の間の個々の協議の結果として夫の氏を選択する夫婦が圧倒的多数を占めることが認められるとしても、それが、本件規定の在り方自体から生じた結果であるということはできない。したがって、本件規定は、憲法一四条一項に違反するものではない。」

「夫婦同氏制は、……明治三一年に我が国の法制度として採用され、我が国の社会に定着してきたものである。……氏は、家族の呼称としての意義があるところ、現行の民法の下においても、家族は社会の自然かつ基礎的な集団単位と捉えられ、その呼称を一つに定めることには合理性が認められる。そして、夫婦が同一の氏を称することは、上記の家族という一つの集団を構成する一員であることを、対外的に公示し、識別する機能を有している。特に、婚姻の重要な効果として夫婦間の子が夫婦の共同親権に服する嫡出子となるということがあるところ、嫡出子であることを示すために子が両親双方と同氏である仕組みを確保することにも一定の意義があると考えられる。また、家族を構成する個人が、同一の氏を称することにより家族という一つの集団を構成する一員であることを実感することに意義を見いだす考え方も理解できるところである。さらに、夫婦同氏制の下においては、子の立場として、いずれの親とも等しく氏を同じくすることによる利益を享受しやすいといえる。……婚姻によって氏を改める者にとって、そのことによりいわゆるアイデンティティの喪失感を抱いたり、婚姻前の氏を使用する中で形成してきた個人の社会的な信用、評価、名誉感情等を維持することが困難になったりするなどの不利益を受ける場合があることは否定できない。……しかし、夫婦同氏制は、婚姻前の氏を通称として使用することまで許さないというものではなく、近時、婚姻前の氏を通称として使用することが社会的に広まっているところ、上記の不利益は、このような氏の通称使用が広まることにより一定程度は緩和され得るものである。……夫婦同氏制が、……直ちに個人の尊厳と両性の本質的平等の要請に照らして合理性を欠く制度であるとは認めることはできない。したがって、本件規定は、憲法二四条に違反するものではない。」

「本件規定を改廃する立法措置をとらない立法不作為は、国家賠償法一条一項の適用上違法の評価を受けるものではない。」

一裁判官の補足意見、四裁判官の意見、一裁判官の反対意見がある。

婚姻の成否―便法としての届出　七四二条

〔三五四〕最判昭和四四年一〇月三一日民集二三巻一〇号一八九四頁　民法3親21(1)(ア)

事実　X男とY女は将来婚姻することを約束して性交渉を継続し、YがAを出産した。Xは、B女と知り合って心変わりをし、Yに別れ話を持ち掛けた。YがAに嫡出子の身分を与えるため婚姻届を出すことを求めたので、XYは後に離婚することにして婚姻届を出した。しかし、Yが離婚に応じないので、Xは婚姻意思がなかったと主張して婚姻無効確認を求めた。一審・原審ともX勝訴。Y上告。

判旨　上告棄却「……民法七四二条一号にいう……『当事者間に婚姻をする意思がないとき』とは、当事者間に真に社会観念上夫婦であると認められる関係の設定を欲する効果意思を有しない場合を指すものと解すべきであり、したがってたとえ婚姻の届出自体について当事者間に意思の合致があり、ひいて当事者間に、一応、所論法律上の夫婦という身分関係を設定する意思はあったと認めうる場合であっても、それが、単に他の目的を達するための便法として仮託されたものにすぎないものであって、前述のように真に夫婦関係の設定を欲する効果意思がなかった場合には、婚姻はその効力を生じないものと解すべきである。」

無効な婚姻の追認　七四二条・一一六条

〔三五五〕最判昭和四七年七月二五日民集二六巻六号一二六三頁　民法3親21(1)(イ)

事実　X男とY女は、婚姻し三子をもうけた後、協議離婚した。その後、Yは、子らの面倒を見るため再びXと同居し、しばらくしてXに無断で婚姻届を出した。他方、Xもさまざまな書類にYを妻として記載するなどしていた。Xが婚姻無効確認を求めた。一審・原審ともX敗訴。X上告。

判旨　上告棄却「……事実上の夫婦の一方が他方の意思に基づかないで婚姻届を作成提出した場合においても、当時右両名に夫婦としての実質的生活関係が存在しており、後に右他方の配偶者が右届出の事実を知ってこれを追認したときは、右婚姻は追認によりその届出の当初に遡って有効となると解するのを相当とする。けだし、右追認により婚姻届出の意思の欠缺は補完され、また、追認に右の効力を認めることは当事者の意思にそい、実質的生活関係を重視する身分関係の本質に適合するばかりでなく、第三者は、右生活関係の存在と戸籍の記載に照らし、婚姻の有効を前提として行動するのが通常であるので、追認に右の効力を認めることによって、その利益を害されるおそれが乏しいからである。」

夫婦の同居に関する審判の合憲性　七五二条、家事別表第二・一、憲八二条・三二条

〔三五六〕　最大決昭和四〇年六月三〇日民集一九巻四号一〇八九頁　民法3親8(2)(ウ)・24(1)

事実　X女とY男は、Yの暴力などが原因で不仲になり、XがY方を出て別居するに至った。XはYとの同居を望んだが、YはXとの離婚を望むようになった。Xが同居の調停を申し立てたが不調となり、審判になった。一審・原審ともX勝訴。Yは、家事審判法〔現家事事件手続法〕が憲法三二条、八二条に違反するとして特別抗告。

決定要旨　抗告棄却　「……同居義務等は多分に倫理的、道義的な要素を含むとはいえ、法律上の実体的権利義務であることは否定できないところであるから、かかる権利義務自体を終局的に確定するには公開の法廷における対審及び判決によって為すべきものと解せられる……。従って前記の審判は夫婦同居の義務等の実体的権利義務自体を確定する趣旨のものではなく、これら実体的権利義務の存することを前提として、例えば夫婦の同居についていえば、その同居の時期、場所、態様等について具体的内容を定める処分であり、また必要に応じてこれに基づき給付を命ずる処分であると解するのが相当である。けだし、民法は同居の時期、場所、態様について一定の基準を規定していないのであるから、家庭裁判所が後見的立場から、合目的の見地に立って、裁量権を行使してその具体的内容を形成することが必要であり、かかる裁判こそは、本質的に非訟事件の裁判であって、公開の法廷における対審及び判決によって為すことを要しないものであるからである。すなわち、家事審判法〔現家事事件手続法〕による審判は形成的効力を有し、また、これに基づき給付を命じた場合には、執行力ある債務名義と同一の効力を有するものであることは同法一五条〔現家事七五条〕の明定するところであるが、

同法二五条三項〔現家事二八七条〕の調停に代わる審判が確定した場合には、これに確定判決と同一の効力を認めているところより考察するときは、その他の審判については確定判決と同一の効力を認めない立法の趣旨と解せられる。然りとすれば、審判確定後は、審判の形成的効力については争いえないところであるが、その前提たる同居義務等自体については公開の法廷における対審及び判決を求める途が閉ざされているわけではない。従って、同法の審判に関する規定は何ら憲法八二条、三二条に抵触するものとはいい難く、また、これに従って為した原決定にも違憲の廉《かど》はない。」

三裁判官の補足意見、七裁判官の意見が付されている。

〔三五七〕 夫婦間の契約取消権　最判昭和四二年二月二日民集二一巻一号八八頁

七五四条
民法3親24(5)

事実 X女とY男は婚姻後不仲となり別居するに至った。YがXに同居を求めたところ、XはY所有不動産の贈与を求め、贈与についての覚書も作成された。しかし、Yは贈与の一部を履行したにとどまった。Xが登記の移転を求めたところ、Yは婚姻中の契約の取消しを主張した。なお、本件とは別に離婚訴訟が係属している。原審X勝訴。Y上告。

判旨 上告棄却 「民法七五四条にいう『婚姻中』とは、単に形式的に婚姻が継続していることではなく、形式的にも、実質的にもそれが継続していることをいうものと解すべきであるから、婚姻が実質的に破綻している場合には、それが形式的に継続しているとしても、同条の規定により、夫婦間の契約を取り消すことは許されないものと解するのが相当である。」

婚姻費用分担審判の合憲性

〔三五八〕　最大決昭和四〇年六月三〇日民集一九巻四号一一一四頁　　七六〇条、家事別表第二・二、憲八二条・三二条　　民法3親25(2)(イ)

事実　Xからの Y に対する生活費請求家事調停が不調となった後、X の申立てにより、一審審判は、第一回調停期日以降の婚姻費用の支払いを命じた。同審判に対する抗告を棄却されたYは、婚姻費用負担請求を家事審判手続において処理することは、公開の法廷で対審方式による裁判を受ける権利を侵害し、憲法違反であるとして、特別抗告した。

決定要旨　抗告棄却　「家事審判法九条一項乙類三号〔現家事別表第二・二〕に規定する婚姻費用分担に関する処分は、民法七六〇条を承けて、婚姻から生ずる費用の分担額を具体的に形成決定し、その給付を命ずる裁判であって、家庭裁判所は夫婦の資産、収入その他一切の事情を考慮して、後見的立場から、合目的の見地に立って、裁量権を行使して、その具体的分担額を決定するもので、その性質は非訟事件の裁判であり、純然たる訴訟事件の裁判ではない。

……右審判はその前提たる費用負担義務の存否を終局的に確定する趣旨のものではない。これを終局的に確定することは正に純然たる訴訟事件であって、憲法八二条による公開法廷における対審及び判決によって裁判さるべきものである。本件においても、かかる費用負担義務そのものに関する争であるかぎり、別に通常訴訟による途が閉されているわけではない。これを要約するに、前記家事審判法〔現家事事件手続法〕の審判は、かかる純然たる訴訟事件に属すべき事項を終局的に確定するものではないから、憲法八二条、三二条に反するものではない。」

三裁判官の補足意見が付されているほか、七裁判官の少数意見がある。

日常家事債務と一一〇条

〔三五九〕　最判昭和四四年一二月一八日民集二三巻一二号二四七六頁　　七六一条・一一〇条　　民法1総122(1)(イ)、民法3親25(2)(ウ)

事実　夫Aは、多額の債務を負い、妻Xに無断でXの所有不動産を債権者Yに譲渡することにした。Aは、売買契約書にXの氏名を記入し、Xの印鑑を押印し、Yに対して所有権移転登記を行った。XがYに登記の抹消を求めた。

一審・原審ともX勝訴。Y上告。

判旨　上告棄却　「民法七六一条は、『夫婦の一方が日常の家事に関して第三者と法律行為をしたときは、他の一方は、これによって生じた債務について、連帯してその責に任ずる。』として、その明文上は、単に夫婦の日常の家事に関する法律行為の効果、とくにその責任のみについて規定しているにすぎないけれども、同条は、その実質においては、さらに、右のような効果の生じる前提として、夫婦は相互に日常の家事に関する法律行為につき他方を代理する権限を有することをも規定しているものと解するのが相当である。

そして、民法七六一条にいう日常の家事に関する法律行為とは、個々の夫婦がそれぞれの共同生活を営むうえにおいて通常必要な法律行為を指すものであるから、その具体的な範囲は、個々の夫婦の社会的地位、職業、資産、収入等によって異なり、また、その夫婦の共同生活の存する地域社会の慣習によっても異なるというべきであるが、他方、問題になる具体的な法律行為が当該夫婦の日常の家事に関する法律行為の範囲内に属するか否かを決するにあたっては、同条が夫婦の一方と取引関係に立つ第三者の保護を目的とする規定であることに鑑み、単にその法律行為をした夫婦の共同生活の内部的な事情やその行為の個別的な目的のみを重視して判断すべきではなく、さらに客観的に、その法律行為の種類、性質等をも充分に考慮して判断すべきである。

しかしながら、その反面、夫婦の一方が右のような日常の家事に関する代理権の範囲を越えて第三者と法律行為をした場合においては、その代理権の存在を基礎として広く一般的に民法一一〇条所定の表見代理の成立を肯定することは、夫婦の財産的独立をそこなうおそれがあって、相当でないから、夫婦の一方が他の一方に対しその他の何らかの代理権を授与していない以上、当該越権行為の相手方である第三者においてその行為が当該夫婦の日常の家事に関する法律行為の範囲内に属すると信ずるにつき正当の理由のあるときにかぎり、民法一一〇条の趣旨を類推適用して、その第三者の保護をはかれば足りるものと解するのが相当である。」

夫または妻の特有財産　　七六二条一項

〔三六〇〕　最判昭和三四年七月一四日民集一三巻七号一〇二三頁　　民法3親25(2)(ア)

事実　X男は、妻Yの名義で、父母から受け継いだ旅館業を営んでいたが、Yの不貞行為を原因として、離婚することになった。その際、Xは、一〇年間にわたるYの内助の功に報いる意味で、Yに対して五〇万円を与える代わりに、旅館の収益で購入し、Y名義で所有権移転登記がなされている本件土地（旅館敷地）の登記名義をXに移す約束をYとした。しかし、Yがこれを履行しなかったため、Xは、Yに対して、土地所有権移転登記の手続を求めた。一審はXの請求を認容。原審も、民法七六二条一項の規定は、夫婦のいずれか一方の財産であることの明らかなものはその者の特有財産とする旨を定めたのにとどまり、夫婦がその一方の財産を合意の上で他方の所有名義とした場合にまで、これをその所有名義人の特有財産とする趣旨であるとは解せられないとして、Yの控訴を棄却した。そこでYは、民法七六二条は、婚姻中に夫婦の一方が自己の名で得た財産について夫婦間に紛争を生ずることのないようにその所有権の帰属を法律に明定したものと解すべきで、Yの名で得た財産であるかぎり、本件土地はYの特有財産であると主張して上告。

判旨　上告棄却　「所論の原判示は相当として是認できる。所論は独自の見解に基いて右の判示を論難するにすぎないもので、採用の限りでない。」

第三節　離　婚

一　協議離婚

協議離婚届書作成後の翻意　　七六四条・七三九条

〔三六一〕　最判昭和三四年八月七日民集一三巻一〇号一二五一頁　　民法3親28(3)(ア)

事実 夫Xと妻Yは、離婚届を作成し、Yが同届を保管していた。Yは同届を市役所に提出したが、その前日、Xは市役所の窓口職員に離婚届を受理しないよう口頭で申し出ていた。それにもかかわらず離婚届が受理されたので、Xが離婚届出無効確認を求めた。一審・原審ともX勝訴。Y上告。

判旨 上告棄却「……Yから届出がなされた当時にはXに離婚の意思がなかったものであるところ、協議離婚の届出は協議離婚意思の表示とみるべきであるから、本件の如くその届出の当時離婚の意思を有せざることが明確になった以上、右届出による協議離婚は無効であるといわなければならない。」

一裁判官の補足意見が付されている。

方便としての協議離婚届出 七六三条・七六四条・七三九条
〔三六二〕 最判昭和三八年一一月二八日民集一七巻一一号一四六九頁 民法3親28(3)(ア)

事実 X男とA女は、旧法下でAを戸主とする入夫婚姻をした。その後、XAは協議離婚し、新たにXを戸主とする入夫婚姻をした。これは、Xを戸主とするための便宜的な離婚と再婚だった。ところで、XAの長男は戦死したが、戸籍簿に離婚の記載があるため、Xは遺族扶助料を受給できない。Aが死亡しているので、Xは検察官を被告として離婚無効確認を求めた。一審・原審ともX敗訴。X上告。

判旨 上告棄却「……X及びその妻Aは判示方便のため離婚の届出をしたが、右は両者が法律上の婚姻関係を解消する意思の合致に基づいてなしたものであり、このような場合、両者の間に離婚の意思がないとは言い得ないから、本件協議離婚を所論理由を以って無効となすべからざることは当然である。」

二 離婚と子の監護

離婚の訴えと子の監護費用の支払請求 七六〇条・七七一条・七六六条一項、人訴三二条一項
〔三六三〕 最判平成九年四月一〇日民集五一巻四号一九七二頁 民法3親31(3)

事実 X女は、夫Yに対し離婚の請求をし、慰謝料の支払、両者間の子A女（五歳）の親権者をXとすることに加え、XがYと別居しAを単独で監護するようになって以後、Aが成年に達するまでの間の養育費を支払うことを求めた。一審・原審でX勝訴。Yは、人事訴訟手続法一五条一項（現人訴三二条一項）は、婚姻取消しまたは離婚に伴って生じる子の監護について規定したもので、離婚前に遡って養育費を認める趣旨ではないと主張して上告。

判旨 上告棄却「離婚の訴えにおいて、別居後単独で子の監護に当たっている当事者から他方の当事者に対し、別居後離婚までの期間における子の監護費用の支払を求める旨の申立てがあった場合には、裁判所は、離婚請求を認容するに際し、民法七七一条、七六六条一項を類推適用し、人事訴訟手続法一五条一項〔現人訴三二条一項〕により、右申立てに係る子の監護費用の支払を命ずることができるものと解するのが相当である。けだし、民法の右規定は、父母の離婚によって、共同して子の監護に当たることができなくなる事態を受け、子の監護について必要な事項等を定める旨を規定するものであるところ、離婚前であっても父母が別居し共同して子の監護に当たることができない場合には、子の監護に必要な事項としてその費用の負担等についての定めを要する点において、離婚後の場合と異なるところがないのであって、離婚請求を認容するに際し、離婚前の別居期間中における子の監護費用の分担についても一括して解決するのが、当事者にとって利益となり、子の福祉にも資するからである。」

面会交流権　七六六条・八一八条三項・八二〇条、家事別表第二・三

〔三六四〕最決平成一二年五月一日民集五四巻五号一六〇七頁　民法3親31(2)・59(2)(エ)

事実 X男は、妻Yとの間で離婚訴訟中であるが、Yに対して、Yと同居している長男Aとの面会交流（面接交渉）を求める審判の申立てをした。Yは、離婚前の面会交流（面接交渉）の審判申立ては不適法であると主張したが、原原審（家裁）・原審（高裁）は、毎月一回のXとAとの面会交流を許容したので、Yから許可抗告の申立てをした。

決定要旨 抗告棄却「父母の婚姻中は、父母が共同して親権を行い、親権者は、子の監護及び教育をする権利を有し、義務を負うものであり（民法八一八条三項、八二〇条）、婚姻関係が破綻して父母が別居状

態にある場合であっても、子と同居していない親が子と面接交渉することは、子の監護の一内容であるということができる。そして、別居状態にある父母の間で右面接交渉につき協議が調わないとき、又は協議をすることができないときは、家庭裁判所は、民法七六六条を類推適用し、家事審判法九条一項乙類四号〔現家事別表第二・三〕により、右面接交渉について相当な処分を命ずることができると解するのが相当である。」

三　離婚による財産分与

離婚による財産分与と慰謝料との関係(1)　七一〇条・七六八条・七七一条

〔三六五〕　最判昭和三一年二月二一日民集一〇巻二号一二四頁　民法2債181(2)(イ)、3親32(2)・(3)

事実　Y男は、妻Xに対して離婚を請求し、Xは、Yに対し離婚と慰謝料の支払を求める反訴を提起した。一審は、Xの離婚請求を認容したが、慰謝料請求は棄却した。原審は、XからYに対する慰謝料請求を認容したので、Yは、離婚をした者の一方は相手方に対して財産分与の請求ができるから、離婚につき相手方に責任があるときは直ちに慰謝料請求をすることができるのではなく、離婚原因となった相手方の行為が特に身体、自由、名誉等の法益に対する重大な侵害であり、不法行為が成立する場合にのみ認められるべきであると主張して上告。

判旨　上告棄却　「離婚の場合に離婚した者の一方が相手方に対して有する財産分与請求権は、必ずしも相手方に離婚につき有責不法の行為のあったことを要件とするものではない。しかるに、離婚の場合における慰藉料請求権は、相手方の有責不法な行為によって離婚するの止むなきに至ったことにつき、相手方に対して損害賠償を請求することを目的とするものであるから、財産分与請求権とはその本質を異にすると共に、必ずしも所論のように身体、自由、名誉を害せられた場合のみに慰藉料を請求し得るものと限局して解釈しなければならないものではない。されば、権利者は両請求権のいずれかを選択して行使することもできると解すべきである。ただ両請求権は互に密接な関係にあり財産分与の額及び方法を定めるには一切の事情を考慮することを要するのであるから、その事情のなかには慰藉料支払義務の発生原因たる事情も当然に斟酌されるべきものであることは言うまでもない。ところで、これを本件について見ると、Xは本訴において慰藉料のみの支払を求めているのであって、すでに財産分与を得たわけではないことはもちろん、慰藉料と共に別に財産分与を求めているものでもない。それ故、所論の理由により慰藉料の請求を許されずとなすべきでないこと明らかであるから、所論は理由がない。」

離婚による財産分与と慰謝料との関係(2)　七六八条・七一〇条・七七一条

〔三六六〕　最判昭和四六年七月二三日民集二五巻五号八〇五頁　民法3親32(2)・(3)

事実　X女とY男は裁判離婚をし、その際、YからXに整理タンス一棹と水屋一個の財産分与がされた。その後、XがYに対して慰謝料を求めた。一審・原審ともX勝訴。Y上告。

判旨　上告棄却「離婚における財産分与の制度は、夫婦が婚姻中に有していた実質上共同の財産を清算分配し、かつ、離婚後における一方の当事者の生計の維持をはかることを目的とするものであって、分与を請求するにあたりその相手方たる当事者が離婚につき有責の者であることを必要とはしないから、財産分与の請求権は、相手方の有責な行為によって離婚をやむなくされ精神的苦痛を被ったことに対する慰藉料の請求権とは、その性質を必ずしも同じくするものではない。したがって、すでに財産分与がなされたからといって、その後不法行為を理由として別途慰藉料の請求をすることは妨げられないというべきである。もっとも、裁判所が財産分与を命ずるかどうかならびに分与の額および方法を定めるについては、当事者双方におけるいっさいの事情を考慮すべきものであるから、分与の請求の相手方が離婚についての有責の配偶者であって、その有責行為により離婚に至らしめたことにつき請求者の被った精神的損害を賠償すべき義務を負うと認められるときには、右損害賠償のための給付をも含めて財産分与の額および方法を定めることもできると解すべきである。そして、財産分与として、右のように損害賠償の要素をも含めて給付がなされた場合には、さらに請求者が相手方の不法行為を理由に離婚そのものによる慰藉料の支払を請求したときに、その額を定めるにあたっては、右の趣旨において財産分与がなされている事情をも斟酌しなければならないのであり、このような財産分与によって請求者の精神的苦痛がすべて慰藉されたものと認められるときには、もはや重ねて慰藉料の請求を認容することはできないものと解すべきである。しかし、財産分与がなされても、それが損害賠償の要素を含めた趣旨とは解せられないか、そうでないとしても、その額および方法において、請求者の精神的苦痛を慰藉するには足りないと認められるものであるときには、すでに財産分与を得たという一事によって慰藉料請求権がすべて消滅するものではなく、別個に不法行為を理由として離婚による慰藉料を請求することを妨げられないものと解するのが相当である。」

離婚による財産分与と債権者代位権 〔一七一〕参照。

離婚による財産分与と詐害行為取消権 〔一七六〕参照。

四 裁判上の離婚原因

悪意の遺棄の有無　七七〇条一項二号・七五二条

〔三六七〕 最判昭和三九年九月一七日民集一八巻七号一四六一頁　民法3親29(1)(イ)

事実 X女は、夫Yの意思に反してXの兄Aらを同居させ、同居後はAと親密の度を加えて、Yをないがしろにし、またAのため、ひそかにYの財産より多額の支出をしたため、紛争が生じ、YはXに対し同居を拒み、扶助義務を履行しなくなった。そこでXは、Yによる悪意の遺棄を理由として離婚の請求をした。一審・原審はXの請求を棄却。Xは、たとえYがXとの同居を拒むについて正当な事由があったとしても、生活保護法の適用を受ける状態にあるXに対し夫婦の一方として扶助の義務を免れることはできないはずであり、これを怠ることは遺棄に該当すると主張して上告。

判旨 上告棄却「所論は、およそ夫婦の一方が他方に対し同居を拒む正当の事由がある場合においてもこれによって夫婦間に扶助の義務は消滅することはなく、依然存続するものであり、従ってこれを怠るときは悪意の遺棄にあたるとの見解に立って、Yの行為はXを悪意にて遺棄したものであると主張するのである。しかしながら、前記認定の下においては、XがYとの婚姻関係の破綻について主たる責を負うべきであり、Yよりの扶助を受けざるに至ったのも、X自らが招いたものと認むべき以上、Xはもはや Yに対して扶助請求権を主張し得ざるに至ったものというべく、従って、YがXを扶助しないことは、悪意の遺棄に該当しないものと解すべきである。」

精神病　　　七七〇条一項四号、人訴一四条

〔三六八〕最判昭和三三年七月二五日民集一二巻一二号一八二三頁　　　民法3親29(1)(エ)

事実　X男の妻Y女は婚姻した翌年に精神を病み、精神分裂症（統合失調症）と診断され、その後退院したが、次第に病状が進み、精神科の病院に入院・治療中である。そこでXは、Yが強度の精神病にかかり回復の見込みがないことを理由に、離婚の訴えを提起した。その際Xは、民事訴訟法五六条（現三五条）によって特別代理人の選任を申請し、これが認められた。Yの兄Zは補助参加人として、本件の場合特別代理人を相手方として訴訟をなすのは不当であると主張した。一審は離婚を認容。原審も控訴を棄却したが、離婚後におけるYの医療および保護については、X、Z、その他関係者の良識と温情とに信頼し、適当なる方策の講ぜられることを期待すると付言した。Y上告。

判旨　破棄差戻「民法は単に夫婦の一方が不治の精神病にかかった一事をもって直ちに離婚の訴訟を理由ありとするものと解すべきでなく、たとえかかる場合においても、諸般の事情を考慮し、病者の今後の療養、生活等についてできるかぎりの具体的方途を講じ、ある程度において、前途に、その方途の見込のついた上でなければ、ただちに婚姻関係を廃絶することは不相当と認めて、離婚の請求は許さない法意であると解すべきである。」

この判決では、離婚訴訟は代理に親しまないため民事訴訟法五六条（現三五条）の適用はなく、精神病を原因とする離婚の訴えをしようとするXは、Yに対する禁治産の宣告（現後見開始の審判）を求め、人事訴訟手続法四条（現人事訴訟法一四条）により禁治産者（現成年被後見人）の後見監督人または後見人を被告とすべきものとしている。

有責配偶者の離婚請求(1)　七七〇条一項五号

〔三六九〕最判昭和二七年二月一九日民集六巻二号一一〇頁　民法3親29(1)(オ)

事実　X男は昭和一一年にY女と事実上の夫婦生活を開始し、昭和一八年に婚姻の届出をしたが、昭和二一年になってXはA女と情交関係を結び、Aが妊娠したことから、Yとの関係が悪化した。昭和二二年には、XがAとの関係を絶つことを拒否したことから口論となり、Yは、Xに対し暴言をはいたり、ほうきでたたいたり出刃包丁をふりまわしたり、頭から水をかけたり、Xの革靴を便所に投げ込んだりするので、Xは家出をし、Aと同居した。二年後、Xは、婚姻を継続し難い重大な事由があるとしてYに対し離婚を請求したが、一審・原審は請求を棄却。Xは、民法七七〇条一項五号は原審判示のように離婚請求者の責任を論じたり、あるいは信義誠実の問題を解決するものではなく、事実上営み得ない当事者の婚姻関係を速やかに解消して新しい人生への出発点を見出してやることである、と主張して上告。

判旨　上告棄却　「原審の認定した事実によれば、婚姻関係を継続し難いのはXが妻たるYを差し置いて他に情婦を有するからである。Xさえ情婦との関係を解消し、よき夫としてYのもとに帰り来るならば、何時でも夫婦関係は円満に継続し得べき筈である。即ちXの意思如何にかかることであって、かくの如きは未だ以って前記法条にいう『婚姻を継続し難い重大な事由』に該当するものということはできない。……Xは X の感情は既にXの意思を以ってしても、如何ともすることが出来ないものであるというかも知れないけれども、それも所詮はXの我儘である。結局Xが勝手に情婦を持ち、その為め最早Yとは同棲出来ないから、これを追い出すということに帰着するのであって、もしかかる請求が是認されるならば、Yは全く俗にいう踏んだり蹴たりである。法はかくの如き不徳義勝手気儘を許すものではない。道徳を守り、不徳義を許さないことが法の最重要な職分である。総て法はこの趣旨において解釈されなければならない。」

有責配偶者の離婚請求(2)　七七〇条一項五号

〔三七〇〕最大判昭和六二年九月二日民集四一巻六号一四二三頁　民法3親29(1)(オ)

事実 夫Xと妻Yは、Xの不貞行為を契機に不仲となり別居に至った。以来、別居期間は約三五年に及び、この間にXは離婚訴訟を提起したものの、有責配偶者からの離婚請求として斥けられている。本件は、Xの二度目の離婚訴訟である。一審・原審ともX敗訴。X上告。

判旨 破棄差戻「……思うに、婚姻の本質は、両性が永続的な精神的及び肉体的結合を目的として真摯な意思をもつて共同生活を営むことにあるから、夫婦の一方又は双方が既に右の意思を確定的に喪失するとともに、夫婦としての共同生活の実体を欠くようになり、その回復の見込みが全くない状態に至つた場合には、当該婚姻は、もはや社会生活上の実質的基礎を失つているものというべきであり、かかる状態においてなお戸籍上だけの婚姻を存続させることは、かえつて不自然であるということができよう。しかしながら、離婚は社会的・法的秩序としての婚姻を廃絶するものであるから、離婚請求は、正義・公平の観念、社会的倫理観に反するものであつてはならないことは当然であつて、この意味で離婚請求は、身分法をも包含する民法全体の指導理念たる信義誠実の原則に照らしても容認されうるものであることを要するものといわなければならない。」

「……そこで、五号所定の事由による離婚請求がその事由につき専ら責任のある一方の当事者（以下「有責配偶者」という。）からされた場合において、当該請求が信義誠実の原則に照らして許されるものであるかどうかを判断するに当たつては、有責配偶者の責任の態様・程度を考慮すべきであるが、相手方配偶者の婚姻継続についての意思及び請求者に対する感情、離婚を認めた場合における相手方配偶者の精神的・社会的・経済的状態及び夫婦間の子、殊に未成熟の子の監護・教育・福祉の状況、別居後に形成された生活関係、たとえば夫婦の一方又は双方が既に内縁関係を形成している場合にはその相手方や子らの状況等が斟酌されなければならず、更には、時の経過とともに、これらの諸事情がそれ自体あるいは相互に影響し合つて変容し、また、これらの諸事情のもつ社会的意味ないしは社会的評価も変化することを免れないから、時の経過がこれらの諸事情に与える影響も考慮されなければならないのである。

そうであつてみれば、有責配偶者からされた離婚請求であつても、夫婦の別居が両当事者の年齢及び同居期間との対比において相当の長期間に及び、その間に未成熟の子が存在しない場合には、相手方配偶者が離婚により精神的・社会的・経済的に極めて苛酷な状態におかれる等離婚請求を認容することが著しく社会正義に反するといえるような特段の事情の認められない限り、当該請求は、有責配偶者からの請求であるとの一事をもつて許されないとすることはできないものと解するのが相当である。けだし、右のような場合には、もはや五号所定の事由に係る責任、相手方配偶者の離婚による精神的・社会的状態等は殊更に重視されるべきものでなく、また、相手方配偶者が離婚により被る経済的不利益は、本来、離婚と同時又は離婚後において請求することが認められている財産分与又は慰藉料により解決されるべきものであるからである。」

「……以上説示するところに従い、最判昭和二七年二月一九日民集六巻二号一一〇頁、最判昭和二九年一一月五日民集八巻一一号二〇二三頁、最判昭和二九年一二月一四日民集八巻一二号二一四三頁その他上記見解と異なる当裁判所の判例は、いずれも変更すべきものである。」

二裁判官の補足意見、一裁判官の意見が付されている。

五　内　縁

準婚理論判決　第四編第二章第一節・七六〇条
〔三七一〕　最判昭和三三年四月一一日民集一二巻五号七八九頁　民法2債181(2)(イ)、3親33・35(1)

事実　X女とY男は内縁であった。Xが病気療養のため実家に滞在中、YからXの荷物の引取りを求める内容証明郵便がXに送達された。Xが内縁の不当破棄を理由とする慰謝料および内縁期間中の婚姻費用の分担を求めた。一審・原審ともX勝訴。Y上告。

判旨　上告棄却「……いわゆる内縁は、婚姻の届出を欠くがゆえに、法律上の婚姻ということはできないが、男女が相協力して夫婦としての生活を営む結合であるという点においては、婚姻関係と異なるものではなく、これを婚姻に準ずる関係というを妨げない。そして民法七〇九条にいう『権利』は、厳密な意味で権利と云えなくても、法律上保護せらるべき利益があれば足りるとされるのであり〔現七〇九条参照〕……、内縁も保護せられるべき生活関係に外ならないのであるから、内縁が正当の理由なく破棄された場合には、故意又は過失により権利が侵害されたものとして、不法行為の責任を肯定することができるのである。されば、内縁を不当に破棄された者は、相手方に対し婚姻予約の不履行を理由として損害賠償を求めることができるとともに、不法行為を理由として損害賠償を求めることもできるものといわなければならない。」

内縁関係破綻者の責任

第四編第二章第一節

〔三七二〕最判昭和三八年二月一日民集一七巻一号一六〇頁

民法3親35(1)

事実 X女とY_1男は、内縁関係に入り、Y_1の父Y_2方で同居を始めた。YらがXを虐待したため、Xは実家に帰った。XはY方に戻ることを望んだが、YらはXを拒絶した。Y_1は、Xと夫婦関係を継続したいと考えていたが、Y_2らに従いXと離別することにした。Xは、Y_1に対し内縁の不当破棄を理由に、Y_2に対しY_1に内縁の不当破棄を強要した不法行為を理由に、損害賠償を求めた。一審・原審はX勝訴。Yら上告。

判旨 上告棄却「……内縁の当事者でない者であっても、内縁関係に不当な干渉をしてこれを破綻させたものが、不法行為者として損害賠償の責任を負うべきことは当然であって、原審の確定するところによれば、本件内縁の解消は、生理的現象であるXの悪阻による精神的肉体的変化を理解することなく、懶惰《らんだ》であるとか、家風に合わぬなど事を構えて婚家に居づらくし、里方に帰ったXに対しては恥をかかせたと称して婚家に入るを許さなかったYらの言動に原因し、しかもY_2は右Xの追出にあたり主動的役割を演じたというのであるから、原審が右Y_2の言動を目して社会観念上許容さるべき限度をこえた内縁関係に対する不当な干渉と認め、これに不法行為責任ありとしたのは相当である。」

結納 七〇三条

〔三七三〕 大判大正六年二月二八日民録二三輯二九二頁 民法2債173(4)(ア)、3親36

事実 A男とB女の婚約に際し結納金が交付された。その後、婚約は両家の合意によって解除された。Aの父XがBの父Yに対して結納金返還を求めた。原審は、不当利得の成立を認め、Yに返還を命じた。Y上告。

判旨 上告棄却「……男女ノ婚姻成立ニ際シ、嫁聟ノ両家ヨリ相互ニ又ハ其一方ヨリ他ノ一方ニ対シ結納ト称シテ金銭布帛《ふはく》ノ類ヲ贈ルハ、我国ニ於テ古来行ワルル顕著ナル式礼ニシテ、目的トスル所ハ、其主トシテ婚姻予約ノ成立ヲ確証スルニ在ルモ、両者ノ希望セル婚姻ガ将来ニ於テ成立シテ、親族関係ノ生ジタル上ハ相互間ニ於ケル親愛ナル情誼ヲ厚ウセンガ為メニ、之ヲ授受スルモノナルコトモ亦、我国一般ノ風習トシテ毫モ疑ヲ容レザル所ナリ。故ニ結納ナルモノハ、他日婚姻ノ成立スベキコトヲ予想シ授受スル一種ノ贈与ニシテ、婚約ガ後ニ至リ当事者双方ノ合意上解除セラルル場合ニ於テハ当然其効力ヲ失イ、給付ヲ受ケタル者ハ其目的物ヲ相手方ニ返還スベキ義務ヲ帯有スルモノトス。蓋シ、結納ヲ授受スル当事者ノ意思表示ノ内容ハ、単ニ無償ニテ財産権ノ移転ヲ目的トスルモノニアラズシテ、如上婚姻予約ノ成立ヲ証スルト共ニ、併セテ将来成立スベキ婚姻ヲ前提トシ其親族関係ヨリ生ズル相互ノ情誼ヲ厚ウスルコトヲ目的トスルモノナレバ、婚姻ノ予約解除セラレ、婚姻ノ成立スルコト能ワザルニ至リタルトキハ、之ニ依リテ証スベキ予約ハ消滅シ、又温情ヲ致スベキ親族関係ハ発生スルニ至ラズシテ止ミ、究局結納ヲ給付シタル目的ヲ達スルコト能ワザルガ故ニ、斯ノ如キ目的ノ下ニ其給付ヲ受ケタル者ハ、之ヲ自己ニ保留スベキ何等法律上ノ原因ヲ欠クモノニシ、不当利得トシテ給付者ニ返還スベキヲ当然トスレバナリ。」

第二章　親子

一　実子

〔三七四〕　削除

嫡出推定の有無

〔三七五〕　最判昭和四一年二月一五日民集二〇巻二号二〇二頁

七七二条
民法3親41(2)(イ)

事実　Xの母AはBと結婚式を挙げ、約三か月余後に婚姻届を出した。Xは、ABの婚姻届出から五か月弱で生まれたが、その出生届は、出生から約四か月後、ABの離婚届出がされると同時に私生子（昭和一〇年当時）として行われた。Xは、Xの父はBではなく、Bとの婚姻前にAと情交関係のあったYであるとして、Yに対し認知の請求をした。一審・原審でX勝訴。Yは、XはAとBの内縁成立から二〇〇日後に生まれているので、Xの父はBであると推定され、Bによる嫡出否認がなされていないのであるから、認知は認められないと主張して上告。

判旨　上告棄却　「民法七七二条二項にいう『婚姻成立の日』とは、婚姻の届出の日を指称すると解するのが相当であるから、AとBの婚姻届出の日から二〇〇日以内に出生したXは、同条により、Bの嫡出子としての推定を受ける者ではなく、たとえ、X出生の日が、AとBの挙式あるいは同棲開始の時から二〇〇日以後であっても、同条の類推適用はないものというべきである（大連判昭和一五年一月二三日民集一九巻五四頁、大判昭和一五年九月二〇日民集一九巻一五九六頁参照）。されば、XがBの嫡出子としての推定を受けるとの前提に立って、Bが法定の期間内に嫡出性否認の訴を提起しなかった以上、右推定が確定し、Xの本件認知請求は許されないとするYの主張は理由がない。」

科学的根拠による親子関係不存在確認の訴えの許否　七七二条

〔三七六〕　最判平成二六年七月一七日民集六八巻六号五四七頁　民法3親41(6)

事実　Xの母AはYと婚姻していたが、Bと性的関係を持つようになり妊娠したが、YではなくBの子であると思っていたので、Yに黙ってXを出産した。入院中のAを探し出したYに尋ねられても、Aは、Xの父親は「二、三回しか会ったことのない男の人」などと答えた。Yは、XをYとAの長女とする出生届を提出し、自らの子として養育した。約一年三か月後に、YとAは、Xの親権者をAと定めて協議離婚した。その後、AとXは、Bと共に生活している。X（法定代理人A）は、Yに対して親子関係不存在確認の訴えを提起した。X側で私的に行ったDNA検査によれば、BがXの生物学上の父である確率は九九・九九九九八％であった。原審は、本件訴えを適法とし、Xの請求を認容すべきものとした。

判旨　破棄自判「夫と子との間に生物学上の父子関係が認められないことが科学的証拠により明らかであり、かつ、夫と妻が既に離婚して別居し、子が親権者である妻の下で監護されているという事情があっても、子の身分関係の法的安定を保持する必要が当然になくなるものではないから、上記の事情が存在するからといって、同条による嫡出の推定が及ばなくなるものとはいえず、親子関係不存在確認の訴えをもって当該父子関係の存否を争うことはできないものと解するのが相当である。」

本判決には、二裁判官の反対意見、二裁判官の補足意見がある。

推定されない嫡出子の監護費用についての夫の分担　一条三項・七六六条一項・七七一条

〔三七七〕　最判平成二三年三月一八日家月六三巻九号五八頁　民法3親31(3)

事実　Yは、夫Xの子である長男と三男を出産したが、その間にX以外の男性と性的関係を持ち、二男Aを出産した。Yは、Aの出産後まもなくAがXの子でないことを知ったが、Xにはそのことを言わなかった。Xがそれを知ったのはXの不貞行為などから婚姻関係が破綻した後であり、Aの出生から約七年が経っていた。Xは、Aとの間の親子関係不存在確認の訴えを提起したが、却下された。Xは、Yに対し離婚等を請求し、Yは、反訴として離婚等を請求すると共に、子らにつき成年に達する月までの監護費用の分担の申立てをした。原審は、法律上の親子関係がある以上、Xは、Aについても監護費用を分担する義務を負い、分担額は他の子と同額とした。

判旨　Aの監護費用の分担に関する部分を破棄自判「Xはこれまでに A の養育・監護のための費用を十分に分担してきており、XがAとの親子関係を否定することができなくなった上記の経緯に照らせば、Xに離婚後もAの監護費用を分担させることは、過大な負担を課するものというべきである。」「YはXとの離婚に伴い、相当多額の財産分与を受けることになるのであって、離婚後のAの監護費用を専らYにおいて分担することができないような事情はうかがわれない。そうすると、上記の監護費用を専らYに分担させたとしても、子の福祉に反するとはいえない。」「以上の事情を総合考慮すると、YがXに対し離婚後のAの監護費用の分担を求めることは、監護費用の分担につき判断するに当たっては子の福祉に十分配慮すべきであることを考慮してもなお、権利の濫用に当たるというべきである。」

〔三七八〕男性への性転換が認められた者の妻が婚姻中に懐胎した子と嫡出推定

最決平成二五年一二月一〇日民集六七巻九号一八四七頁

七七二条
民法3親41(2)(ウ)

事実　X_1は、生物学的には女性であったが、性同一性障害者の性別の取扱いの特例に関する法律の規定に基づき男性への性別の取扱いの変更の審判を受けた後、女性X_2と婚姻した。X_2は、X_1の同意の下、精子提供型人工授精によって懐胎し、Aを出産した。X_1は、Aを嫡出子とする出生届をB区長に提出したが、B区長は、Aが嫡出推定を受けないことを前提に、法務局長の許可を得て、Aの「父」欄を空欄とし、続柄をX_2の長男とし、許可日と入籍日を戸籍に記載した。そこでXらは、Aの「父」欄に「X_1」と記載し、出生の欄の許可日等の記載を消除し、届出日および「届出人父」と記載する旨の戸籍訂正の許可の申立てをした。原審は、戸籍の記載上、夫が性別変更審判を受け、子と血縁関係がないことが明らかな場合、民法七七二条適用の前提を欠くとして、申立てを却下した。

決定要旨　破棄自判「特例法四条一項は、性別の取扱いの変更の審判を受けた者は、民法その他の法令の規定の適用については、法律に別段の定めがある場合を除き、その性別につき他の性別に変わったものとみなす旨を規定している。したがって、特例法三条一項の規定に基づき男性への性別の取扱いの変更の審判を受けた者は、以後、法令の規定の適用について男性とみなされるため、民法の規定に基づき夫として婚姻することができるのみならず、婚姻中にその妻が子を懐胎したときは、同法七七二条の規定により、当該子は当該夫の子と推定されるというべきである。もっとも、民法七七二条二項所定の期間内に妻が出産した子について、妻がその子を懐胎すべき時期に、既に夫婦が事実上の離婚をして夫婦の実態が失われ、又は遠隔地に居住して、夫婦間に性的関係を持つ機会がなかったことが明らかであるなどの事情が存在する場合には、その子は実質的には同条の推定を受けないことは、当審の判例とするところであるが（最判昭和四四年五月二九日民集二三巻六号一〇六四頁、最判平成一二年三月一四日裁判集民一九七号三七五頁参照）、性別の取扱いの変更の審判を受けた者については、妻との性的関係によって子をもうけることはおよそ想定できないものの、一方でそのような者に婚姻することを認めながら、他方で、その主要な効果である同条による嫡出の推定についての規定の適用を、妻との性的関係の結果もうけた子であり得ないことを理由に認めないとすることは相当でないというべきである。」

本判決には、二裁判官の反対意見、二裁判官の補足意見がある。

内縁の夫婦間の子

〔三七九〕　最判昭和二九年一月二一日民集八巻一号八七頁

民法3親35(4)・43(2)(イ)　七七二条

事実　Xの母AとYは結婚の式を挙げ、内縁の夫婦として同棲していたが、約四か月後に、内縁関係が解消された。Xが出生したのは、内縁成立後二六三日目、内縁関係解消後一四六日目にあたる。XからYに対して認知を請求。一審はXの請求を棄却したが、原審は、婚姻の場合における父性推定の規定である民法七七二条は内縁の場合において内縁の妻の懐胎した子の父性を認定するため類推適用されてしかるべきであり、Xが内縁関係成立前に既に懐胎されていたこと、または内縁関係成立後懐胎されたとしてもAに不貞の行状があったとの反証がないかぎり、XはYの子と推定されるとして、Xの認知請求を認容した。Yは、内縁関係によって既に推定された父を持っている子がその父に対してさらに認知を求めることは理論的にも矛盾しているしその必要もないと主張して、上告。

判旨 上告棄却「内縁の子についても民法七七二条が類推されるという趣旨は、事実の蓋然性に基いて立証責任の問題として、父の推定があるというに過ぎない。それ故、認知の訴訟において父の推定を受けている者が、父にあらざることを主張する場合には、その推定を覆すに足るだけの反証をあげる責任を負うわけである。そして、父と推定される者は、認知をまたずして、法律上一応その子の父として取扱われることもなく、また同様にその子は、認知をまたずして、法律上一応推定を受ける父の子として取扱われることもないものと言わねばならぬ。だから、父子の関係は、任意の認知がない限りどこまでも認知の訴で決定されるのであり（民法七七九条、七八七条）、その際民法七七二条の類推による推定は、立証責任負担の問題として意義を有するのである。」

推定の及ばない子　七七二条

〔三八〇〕最判昭和四四年五月二九日民集二三巻六号一〇六四頁　民法3親41(5)(イ)・(6)

事実 X_1、X_2の母Aは、B男と婚姻したが、事実上の離婚をして別居し、後に正式に離婚した。別居以後、AはY男と性交渉を継続していた。Aは、Bとの離婚から三〇〇日以内にX_1を分娩し、その後X_2を分娩した。Aは、Xらを非嫡出子として届け出た。XらがYに認知を求めた。一審・原審はXら勝訴。Y上告。

判旨 上告棄却「……X_1は母AとBとの婚姻解消の日から三〇〇日以内に出生した子であるけれども、AとB間の夫婦関係は、右離婚の届出に先だち約二年半以前から事実上の離婚をして爾来夫婦の実態は失われ、たんに離婚の届出がおくれていたにとどまるというのであるから、X_1は実質的には民法七七二条の推定を受けない嫡出子というべく、X_1はBからの嫡出否認を待つまでもなく、Yに対して認知の請求ができる旨の原審の判断は正当として是認できる。」

親子関係存否確認の訴え　人訴二条二号・一二条三項

〔三八一〕最大判昭和四五年七月一五日民集二四巻七号八六一頁　民法3親41(5)(ア)・(7)

事実　亡A男は、戸籍上、B夫婦の子になっている。X女は、離婚した元夫CとXの間に生まれた子がAであると主張し、検察官を被告として親子関係存在確認を求めた。一審・原審ともX敗訴。X上告。

判旨　破棄差戻「……親子関係は、父母の両者または子のいずれか一方が死亡した後でも、生存する一方にとって、身分関係の基本となる法律関係であり、それによって生じた法律効果につき現在法律上の紛争が存在し、その解決のために右の法律関係につき確認を求める必要がある場合があることはいうまでもなく、戸籍の記載が真実と異なる場合には戸籍法一一六条により確定判決に基づき右記載を訂正して真実の身分関係を明らかにする利益が認められるのである。人事訴訟手続法で、婚姻もしくは養子縁組の無効または子の認知の訴につき、当事者の一方が死亡した後でも、生存する一方に対し、死亡した当事者との間の右各身分関係に関する訴を提起し、これを追行することを認め、この場合における訴の相手方は検察官とすべきことを定めている（人事訴訟手続法二条三項、二四条、二六条、二七条、三二条等〔現人訴一二条、二六条、四二条等〕）のは、右の趣旨を前提としたものと解すべきである。したがって、父母の両者または子のいずれか一方が死亡した後でも、右人事訴訟手続法の各規定を類推し、生存する一方において死亡した一方との間の親子関係の存否確認の訴を提起し、これを追行することができ、この場合における相手方は検察官とすべきものと解するのが相当である。

この点について、当裁判所がさきに示した見解（最判昭和三四年五月一二日民集一三巻五号五七六頁）は変更されるべきものである。」

一裁判官の補足意見、五裁判官の反対意見が付されている。

母子関係　七七九条

〔三八二〕最判昭和三七年四月二七日民集一六巻七号一二四七頁　民法3親42(2)

事実　Xは、Y（大正六年生まれ）は、戸籍上は亡A夫婦の子となっているが、真実はBを父とし、Xを母として婚姻外の子として出生した者であると主張して、XとYとの間に親子関係の存在することを確認する旨の判決を求めた。Xは、Yを手許に置くことを希望してYを養子にし、一四年後に離縁してYがBとその妻Cの養子となった後も引き続き養育してきた。しかし、最近になってYはXが自分の親であることを否認するので、本訴を提起したものである。一審・原審ともにXの主張を認めたので、Yから上告。

判旨　上告棄却「母とその非嫡出子との間の親子関係は、原則として、母の認知を俟たず、分娩の事実により当然発生すると解するのが相当であるから、XがYを認知した事実を確定することなく、その分娩の事実を認定したのみで、その間に親子関係の存在を認めた原判決は正当である。」

代理出産における母子関係　　民法七七二条

〔三八三〕　最決平成一九年三月二三日民集六一巻二号六一九頁　　民法3親45(2)

事実　X_1男X_2女夫婦は、X_2が子宮摘出手術を受けたため、X_1の精子とX_2の卵子を用いた生殖補助医療により米国ネバタ州の女性に懐胎させて双子の子を出産させた。X_1X_2夫婦は、この子をX_1X_2の嫡出子として品川区長Yに出生届を提出したところ、Yは、X_2による分娩の事実が認められないとして出生届を受理しないという処分をした。X_1X_2は民訴法一一八条に基づいて、出生届を受理せよという申立てをした。一審はこの申立てを却下したが、原審は、出生届の受理を命じた。Yより上告。

決定要旨　破棄自判「子を懐胎し出産した女性とその子に係る卵子を提供した女性とが異なる場合についても、現行民法の解釈として、出生した子とその子を懐胎し出産した女性との間に出産により当然に母子関係が成立することとなるのかが問題となる。この点について検討すると、民法には、出生した子を懐胎、出産していない女性をもってその子の母とすべき趣旨をうかがわせる規定は見当たらず、このような場合における法律関係を定める規定がないことは、同法制定当時そのような事態が想定されなかったことによるものではあるが、前記のとおり実親子関係が公益及び子の福祉に深くかかわるものであり、一義的に明確な基準によって一律に決せられるべきであることにかんがみると、現行民法の解釈としては、出生した子を懐胎し出産した女性をその子の母と解さざるを得ず、その子を懐胎、出産していない女性との間には、その女性が卵子を提供した場合であっても、母子関係の成立を認めることはできない。」

「本件裁判は、我が国における身分法秩序を定めた民法が実親子関係の成立を認めていない者の間にその成立を認める内容のものであって、現在の我が国の身分法秩序の基本原則ないし基本理念と相いれないものといわざるを得ず、民訴法一一八条三号にいう公の秩序に反することになるので、我が国においてその効力を有しないものといわなければならない。

そして、相手方らと本件子らとの間の嫡出親子関係の成立については、相手方らの本国法である日本法が準拠法となるところ（法の適用に関する通則法二八条一項）、日本民法の解釈上、相手方X_2と本件子らとの間には母子関係は認められず、相手方らと本件子らとの間に嫡出親子関係があるとはいえない。」

三人の裁判官の補足意見がある。

人工生殖による死後懐胎子と父との親子関係

〔三八四〕 最判平成一八年九月四日民集六〇巻七号二五六三頁

民法七八七条

民法3親43(2)(イ)・45(1)

事実 A男B女夫婦は不妊治療を受けていた。Aは、白血病の治療に先立ち、C病院において精子を冷凍保存した。Aが死亡した。Bは、D病院において亡Aの精子を用いる体外受精を行い、子Xを出産した。Xは、検察官Yを被告として（人事訴訟法四二条一項）、死後認知の訴えを提起した。一審はXの請求を棄却した。原審はXがAの子であることを認知した。Yから上告受理申立て。

判旨 破棄自判 「両者〔死後懐胎子と死亡した父〕の間の法律上の親子関係の形成に関する問題は、本来的には、死亡した者の保存精子を用いる人工生殖に関する生命倫理、生まれてくる子の福祉、親子関係や親族関係を形成されることになる関係者の意識、更にはこれらに関する社会一般の考え方等多角的な観点からの検討を行った上、親子関係を認めるか否か、認めるとした場合の要件や効果を定める立法によって解決されるべき問

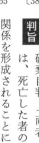

題であるといわなければならず、そのような立法がない以上、死後懐胎子と死亡した父との間の法律上の親子関係の形成は認められないというべきである。」

二人の裁判官の補足意見がある。

出生届出による認知

〔三八五〕最判昭和五三年二月二四日民集三二巻一号一一〇頁　　七八一条一項　民法3親7(3)(ウ)・43(1)(イ)

事実　中国籍の亡A男は、Yに貸金債権を有していた。Aが死亡し相続が開始した。相続人は妻X_1と九名の子である。子らのうち、X_2・X_3の二名はAとX_1の子として認知届がされ、四名は他の女性が生んだものであるがAとX_1の子として出生届がされ、三名はAと架空の女性の子として出生届がされていた。XらはYに対して貸金を請求した。Yは、X_2・X_3を除く七名の子の出生届には、認知の効力がないと主張した。一審・原審ともXら勝訴、Y上告。

判旨　上告棄却「嫡出でない子につき、父から、これを嫡出子とする出生届がされ、又は嫡出でない子としての出生届がされた場合において、右各出生届が戸籍事務管掌者によって受理されたときは、その各届は認知届としての効力を有するものと解するのが相当である。けだし、右各届は子の認知を主旨とするものではないし、嫡出子でない子を嫡出子とする出生届には母の記載について事実に反するところがあり、また嫡出でない子について父から出生届がされることは法律上予定されておらず、父がたまたま届出たときにおいてもそれは同居者の資格において届出たとみられるにすぎないのであるが（戸籍法五二条二、三項参照）、認知届は、父が、戸籍事務管掌者に対し、嫡出子でない子につき自己の子であることを承認し、その旨を申告する意思の表示であるところ、右各出生届にも、父が、戸籍事務管掌者に対し、子の出生を申告することのほかに、出生した子が自己の子であることを父として承認し、その旨申告する意思の表示が含まれており、右各届が戸籍事務管掌者によって受理された以上は、これに認知届の効力を認めて差支えないと考えられるからである。」

認知無効確認の訴え

〔三八六〕　最判平成元年四月六日民集四三巻四号一九三頁

七八六条、人訴一二条三項
民法3親43(1)(ウ)

事実　Xは、昭和二年にA女の子として出生し、同四年にB男が認知の届出をしている。AとBとは面識がなく、BがXを認知した理由は不明であり、BX間に父子としての交流はなかった。認知から五七年後、かつBの死亡から二六年後、Xは、二年前に死亡した亡Cが父であると主張して、Y（検察官）を相手方として認知無効の訴えを提起した。一審・原審でX勝訴。Yは、子からの認知無効の訴えは認知者死亡後においては許されないというのは大審院以来の判例であると主張して上告。

判旨　上告棄却　「親子関係は身分関係の基本となる法律関係であり、認知に係る親子関係が真実に反するときは、認知によって生じた法律効果について存在する現在の法律上の紛争の解決のために、被認知者には、当該親子関係が存在しないことを確定することについて法律上の利益があるから、認知者が死亡した後であっても、認知無効の訴えの提起を許容することが相当であり、この場合において、認知無効の訴えの相手方たる地位は、婚姻の無効又は取消しにおける相手方の地位と同様に、一身専属的なものであって承継の対象とならないので、人事訴訟手続法二条三項〔現人訟一二条三項〕の規定を類推適用して、認知者が死亡した後は検察官をもって相手方とすべきものと解される。したがって、認知者が死亡した後においても、被認知者は検察官を相手方として認知無効の訴えを提起することができると解するのが相当であり、以上の解釈と異なる大審院判例（大判昭和一七年一月一七日民集二一巻一四頁）は、変更されるべきである。」

認知請求権の放棄

〔三八七〕　最判昭和三七年四月一〇日民集一六巻四号六九三頁

七八七条
民法3親43(2)(ウ)

事実　Xの母AはYの愛人となって肉体関係を続ける中、昭和七年にXを分娩した。XからYに対して認知を請求したところ、Yは、Xは昭和一六年当時、Yより養育料として金五〇〇〇円相当の株券を受領し、これによってYに対する認知請求権を放棄していると主張した。一審・原審でX勝訴。Yから上告。

判旨 上告棄却「子の父に対する認知請求権は、その身分法上の権利たる性質およびこれを認めた民法の法意に照らし、放棄することができないものと解するのが相当であるから、原判決の引用する一審判決の所論判断は是認することができる。」

認知の訴えにおける父子関係の証明　七八七条

〔三八八〕　最判昭和三二年六月二一日民集一一巻六号一一二五頁　民法3親43(2)(イ)

事実 A女は、Y男と性交渉を持ち、Xを産んだ。XがYに対して認知を求めた。一審・原審ともX勝訴。Y上告。Yは、大判明治四五年四月五日民録一八輯三四三頁を引用して、AがXを懐胎した当時に他の男性と性交渉を持っていなかったことを、X側が立証すべきだと主張した。

判旨 上告棄却「認知請求の訴において、原告は自己が被告の子であるとの事実につき挙証責任を負うべきこと勿論であるが、本件において原審の確定した前示事実関係によれば、Xの母がXを懐胎したと認められる期間中Yと継続的に情交を結んだ事実があり、且つY以外の男と情交関係のあった事情が認められず、血液型の検査の結果によっても、YとXとの間には血液型の上の背馳がないのであるから、XはYの子たることを推認するに難くないのであって、況んやこの推認を妨ぐべき別段の事情は存しないのであるから、XがYの子であるとの事実は証明されたものと認めても、経験則に違反するところがないといわなければならない。所論引用の大審院判例は、右の趣旨に副わない限度においてこれを変更するものである。」

一裁判官の少数（反対）意見が付されている。

認知の訴えの起算点　七八七条但書

〔三八九〕　最判昭和五七年三月一九日民集三六巻三号四三二頁　民法3親43(2)(ア)

事実 A男とB女は内縁関係にあったが、Aが出て行き行方不明になった。Bは、Xを産み、Aの署名捺印のある婚姻届を保管していたので、婚姻届とXの嫡出子出生届を出した。その後、BはAとの協議離婚届を出した。ところが、行方不明直後にAが死亡していたことが判明し、ABの婚姻届・離婚届、Xの嫡出子出生届はすべて無効となった。Xが検察官に対して死後認知を求めた。原審は、Aの死亡から三年以上が経過していることを理由に、Xの訴え却下。X上告。

判旨 破棄差戻「しかしながら、前記事実関係によれば、Aの死亡の事実がBらに判明したのは、その死亡の日から既に三年一か月を経過したのちであり、その間、Xは戸籍上A、B夫婦間の嫡出子としての身分を取得していたのであるから、X又はBがAの死亡の日から三年以内に認知の訴えを提起しなかったことはやむをえなかったものということができ、しかも、仮に右認知の訴えを提起したとしてもその目的を達することができなかったことに帰するところ、このような場合にも、民法七八七条但書所定の出訴期間を徒過したものとしてもはや認知請求を許さないとすることは、認知請求権者に酷に失するものというべきである。右出訴期間を定めた法の目的が身分関係の法的安定と認知請求権者の利益保護との衡量調整にあることに鑑みると、本件の前記事実関係のもとにおいては、他に特段の事情が認められない限り、右出訴期間は、Aの死亡が客観的に明らかになった昭和五三年一二月初め頃から起算することが許されるものと解するのが相当である。」

二　養　子

> **夫婦共同縁組**　　七九五条
> 〔三九〇〕 最判昭和四八年四月一二日民集二七巻三号五〇〇頁　　民法3親28(4)・49(4)

事実 A男は、妻Xと別居して愛人と生活していた。Aは、Y女を養子にしようと考えた。昭和六二年改正前の民法七九五条では夫婦共同縁組が要求されていたので、AはXに無断でAXとYの養子縁組届を出した。Aの死後、相続紛争が生じ、Xが養子縁組の無効確認を求めた。一審・原審ともX敗訴。X上告。なお、前述昭和六二年改正で、成年子を養子とする場合に夫婦共同縁組は要求されないことになり（現七九六条）、また、配偶者の同意がない縁組の取消しについて規定が新設された（現八〇六条の二）。

判旨　上告棄却　「〔改正前〕民法七九五条本文は、配偶者のある者は、その配偶者とともにするのでなければ、養子縁組をすることができない旨を規定しているが、本来養子縁組は個人間の法律行為であって、右の規定に基づき夫婦が共同して縁組をする場合にも、夫婦各自について各々別個の縁組行為があり、各当事者ごとにそれぞれ相手方との間に親子関係が成立するものと解すべきである。しかるに、右の規定が夫婦共同の縁組を要求しているのは、縁組により他人との間に新たな身分関係を創設することは夫婦相互の利害に影響を及ぼすものであるから、縁組にあたり夫婦の意思の一致を要求することが相当であるばかりでなく、夫婦の共同生活ないし夫婦を含む家庭の平和を維持し、さらには、養子となるべき者の福祉をはかるためにも、夫婦の双方についてひとしく相手方との間に親子関係を成立させることが適当であるとの配慮に基づくものであると解される。したがって、夫婦につき縁組の成立、効力は通常一体として定められるべきであり、夫婦が共同して縁組をするものとして届出がなされたにもかかわらず、その一方に縁組をする意思がなかった場合には、夫婦共同の縁組を要求する右のような法の趣旨に反する事態を生ずるおそれがあるのであるから、このような縁組は、その夫婦が養親側である場合と養子側である場合とを問わず、原則として、縁組の意思のある他方の配偶者についても無効であるとしなければならない。しかしながら、夫婦共同縁組の趣旨が右のようなものであることに鑑みれば、夫婦の一方の意思に基づかない縁組の届出がなされた場合でも、その他方と相手方との間に単独でも親子関係を成立させる意思があり、かつ、そのような単独の親子関係を成立させることが、一方の配偶者の意思に反しその利益を害するものでなく、養親の家庭の平和を乱さず、養子の福祉をも害するおそれがないなど、前記規定の趣旨にもとるものでないと認められる特段の事情が存する場合には、夫婦の各縁組の効力を共通に定める必要性は失われるというべきであって、縁組の意思を欠く当事者の縁組のみを無効とし、縁組の意思を有する他方の配偶者と相手方との間の縁組は有効に成立したものと認めることが妨げないものと解するのが相当である。」

無効な代諾縁組の追認

〔三九一〕　最判昭和三九年九月八日民集一八巻七号一四二三頁

七九七条・一一六条但書

民法1総123(1)(ア)、3親47(1)(ア)

事実　Y_1は、A女の婚姻外の子として出生したが、B夫婦の二男として出生の届出がされ、AとAの事実上の夫であるCの同意を得て、B夫婦の代諾により、Aの姉Dとその夫Y_2夫婦との間で養子縁組がなされた。Y_2はDと離婚後、E女と再婚し、Y_2E間にXが出生。養子縁組から三〇年が経過した頃、Xから、Y_1Y_2間の養子縁組の無効確認を求める訴えが提起され、Y_1は、書面で本件養子縁組を追認した。一審・原審は縁組を無効としたが、最高裁は、養子は満一五歳に達した後は、父母でない者が代諾した養子縁組を有効に追認することができるとして、原判決を破棄し差し戻した（最判昭和二七年一〇月三日民集六巻九号七五三頁）。差戻し後の原審は、追認によって縁組は初めから有効になったものとしたので、Xは、Y_1の追認は第三者であるXの権利を害するものであり、民法一一六条但書によって許されないと主張して再上告した。

判旨　上告棄却「所論は、養子縁組の追認についても民法一一六条但書の規定が適用されることを前提とするものであるが、本件養子縁組の追認のごとき身分行為については、同条但書の規定は類推適用されないものと解するのが相当である。けだし事実関係を重視する身分関係の本質にかんがみ、取引の安全のための同条但書の規定をこれに類推適用することは、右本質に反すると考えられるからである。」

無効身分行為の追認〔五二〕参照。

嫡出子出生届による縁組の成否

〔三九二〕　最判昭和五〇年四月八日民集二九巻四号四〇一頁

七九九条・七三九条

民法3親48

事実　X女とその夫A男は、B・C夫婦間の子として出生したY男を引き取って命名のうえ、YをAX間の嫡出子として出生届をした。Aが死亡し、XYは共同相続人となったが、Xが家を出る形での別居後、Xは、YとAX間の親子関係不存在確認の訴えを提起し勝訴した。そこでXは、Yに対して、Aの遺産につき相続回復請求等を求める訴えを提起した。一審は請求を認容。原審も、養子縁組は要式行為であることを理由として、また、嫡出子出生届に縁組の効力を認めると、未成年者の縁組につき家庭裁判所の許可を要求する民法七九八条の規定を潜脱する結果を招来すると付言して控訴棄却。Yは、縁組意思をもってされた嫡出子出生届は、長期にわたり実子同様の関係が継続した以上は、養子縁組届に転換されると主張して上告。

判旨　上告棄却「所論は、右の場合には嫡出子出生届は養子縁組として有効と解すべきであるというが、右届出当時施行の民法八四七条〔現七九九条〕、七七五条〔現七三九条〕によれば、養子縁組届は法定の届出によって効力を生ずるものであり、嫡出子出生届をもって養子縁組届とみなすことは許されないと解すべきである（最判昭和二五年一二月二八日民集四巻一三号七〇一頁参照）。」

仮装縁組

〔三九三〕　大判大正一一年九月二日民集一巻四四八頁　　八〇二条一号

民法3親47(1)(ウ)・50(1)(ア)

事実　大正六年、X男は、Y_1から一〇〇円を借り受けると共に、Xの子Y_2がY_1方で八年間芸妓稼業に従事する旨の雇用契約を締結し、また、その期間中Y_2がY_1の養女となることをY_2に代わり承諾し、縁組の届出がなされた。大正一一年、Xは、Y_1に対し、Y_1とY_2の間の養子縁組はたんに芸妓稼業をさせるための便宜上の縁組であり、当事者間には縁組の意思が存在しないとして、縁組無効の訴えを提起した。一審・原審でX勝訴。Y_1は、当事者間の養子縁組届書であることを知って届出をしたものであり、縁組意思は存在し有効であると主張して上告。

判旨　上告棄却「仮令縁組ノ当事者ガ養子縁組届書ニ署名捺印シテ縁組ニ関スル表示行為ヲ為スモ、真ニ縁組ヲ為スノ意思ヲ有セザルトキハ、民法第八五一条第一号〔現八〇二条一号〕ニ所謂当事者間ニ縁組ヲ為ス意思ナキ場合ニ該当スルヲ以テ、其ノ養子縁組ハ無効ナリトス。原判決ノ認メタル事実ニ依レバ、XハY_1ヨリ金一〇〇円ヲ借受ケY_2ヲシテ大正六年三月中ヨリ向フ八年間……Y_1方ニ於テ芸妓見習稽古及芸妓稼業ニ従事セシメ芸妓稼業ニ因ル収得金ヲ以テ右債務ノ弁済ニ充ツベキコトヲ約シ、右期間其ノ約旨ノ履行ヲ確保スル方法トシテY_2ヲY_1ノ養子トシテ縁組ノ届出ヲナスコトトシ、同年三月二〇日之ガ届出ヲ為シタルモノニシテ右Y_1及Y_2間ニ於テ真ニ養子縁組ヲナスノ意思ヲ有セザリシコト明ナレバ、原院ガ本件養子縁組ハ民法第八五一条第一号ニ依リ無効ナリト判示シタルハ相当ニシテ、上告論旨ハ理由ナシ。」

〔三九四〕　削　除

裁判上の離縁　**八一四条一項三号**

〔三九五〕　最判昭和三九年八月四日民集一八巻七号一三〇九頁　**民法3親54(1)**

事実　X男A女夫婦は、昭和一三年にB女とY男を養子としたが、二年後にXとC女との関係を原因としてAはBとYを連れて別居し、さらに八年後に離婚し、AがBとYの親権者となった。離婚から一二年後、Xは、Yに対して、すでに相互の親子としての感情は消失しているとして、離縁の訴えを提起した。一審は請求を認容したが、原審は、Xは有責者であるとして請求棄却。Xは、離縁を許すことが信義則にもとり、または権利濫用となる特別の場合を除き、有責者からの離縁請求も許されるものと解すべきであると主張して上告。

判旨　上告棄却　「離縁の訴に関する民法八一四条一項三号の『縁組を継続し難い重大な事由』は、必ずしも当事者双方または一方の有責であることに限られるものではないけれども、有責者が無責者を相手方として、その意思に反して離縁の請求をなすことは許されないものと解するを相当とするのであって、その法意は、離婚の訴に関する同法七七〇条一項五号と異なるところがないのである。」

特別養子　**八一七条の二・八一七条の九**

〔三九六〕　最判平成七年七月一四日民集四九巻七号二六七四頁　**民法3親56(3)**

事実　Y_1は、A女と夫Y_2との間の子として出生届出がされているが、AがY_2との別居中にXと通じてできた子であると考えられている。Xは、Y_1を認知するために、Y_1とY_2との間の親子関係不存在確認を求める訴えを提起し、一審はXの請求を認容したが、一審係属中に、Y_1をBC夫婦の特別養子とする審判がなされたことから、原審は、Y_1を特別養子縁組とする審判が確定したので訴えの利益を欠くとして、訴えを却下した。Xは、Xの上申によって家庭裁判所は本訴のことを承知しながら、Xの意思を確認しないで特別養子縁組の審判をしたのは実親子がその生活を追求し確保するための権利を不当に制約するものであるなどと主張して上告。

判旨　破棄差戻　「子の血縁上の父は、戸籍上の父と子との間に親子関係が存在しないことの確認を求める訴えの利益を有するものと解されるところ、その子を第三者の特別養子とする審判が確定した場合においては、原則として右訴えの利益は消滅するが、右審判に準再審の事由があると認められるときは、将来、子を認知することが可能になるのであるから、右の訴えの利益は失われないものと解するのが相当である。

……Xは、Y_1が出生したことを知った直後から自分がY_1の血縁上の父であると主張し、同Y_1を認知するために調停の申立てを行い、次いで本件訴えを提起していた上、本件審判を行った……審判官も、Xの上申を受けるなどしてこのことを知っていたなどの事情がある……場合においては、Xについて民法八一七条の六ただし書に該当する事由が認められるなどの特段の事情のない限り、特別養子縁組を成立させる審判の申立てについて審理を担当する審判官が、本件訴えの帰すうが定まらないにもかかわらず、Y_1を特別養子とする審判をすることは許されないものと解される。なぜならば、仮に、XがY_1の血縁上の父であったとしても、Y_1を特別養子とする審判がされたならば、Y_1を認知する権利は消滅するものと解さざるを得ないところ〔民法八一七条の九〕、Xが、Y_1を認知する権利を現実に行使するためとして本件訴えを提起しているにもかかわらず、右の特段の事情も認められないのに、裁判所がXの意思に反してY_1を特別養子とする審判をすることによって、Xが主張する権利の実現のみちを閉ざすことは、著しく手続的正義に反するものといわざるを得ないからである。

……XがY_1の血縁上の父であって、右の特段の事情が認められない場合には、本件審判には、家事審判法七条、非訟事件手続法二五条、民訴法四二九条〔以上、現民訴三四九条、現家事一〇三条〕、四二〇条一項三号〔現三三八条〕の準再審の事由があるものと解するのが相当であって、本件審判が確定したことの一事をもって本件訴えの利益は失われたものとした原審の判断は、法令の解釈を誤り、ひいては審理不尽の違法を犯したものといわざるを得ない。」

第三章　親　　権

〔三九七〕　削　除

実親の一方と養親との共同親権における前者への親権者変更　八一九条六項・一一二条、戸七九条
〔三九七の二〕　最決平成二六年四月一四日民集六八巻四号二七九頁　民法3親59(2)(ウ)

事実　XとBは、A（四歳頃）の親権者を母Bと定めて協議離婚をした。BはCと再婚し、CとAが養子縁組をしたことにより、Aは、実母Bと養父Cの共同親権に服することとなった。Cは、Aに対し、しつけと称して体罰を繰り返し、Aの通う小学校から児童相談所および警察へ虐待の通告がされ、Aは、児童相談所に一時保護された。CのAに対する体罰・虐待によりCが逮捕されたことを知ったXは、Aの親権者をBおよびCからXに変更することを求め、これを認容する審判が確定した。Xは、同審判に基づき親権者変更の届出をしたが、戸籍事務管掌者であるYは、これを不受理とする処分をした。Xは、Yに本件届出の受理を命ずることを求めて不服の申立てをした。一審は申立てを認容したが、原審は、原々審判を取り消し、申立てを却下した。Xから許可抗告の申立て。

決定要旨　破棄自判、原々審判に対する抗告棄却「民法八一九条……の規定の構造や同条六項の規定の文理に照らせば、子が実親の一方及び養親の共同親権に服する場合、子の親権者を他の一方の実親に変更することは、同項の予定しないところというべきである。他方、上記の場合において、親権者による親権の行使が不適切なもので子の保護の観点から何らかの措置をとる必要があるときは、親権喪失の審判等を通じて子の保護を図ることも可能である。

そうすると、子が実親の一方及び養親の共同親権に服する場合、民法八一九条六項の規定に基づき、子の親権者を他の一方の実親に変更することはできないというべきである。

したがって、別件審判には、民法八一九条六項の解釈適用についての法令違反があ」る。

「しかし、審判による親権者の変更は、その届出によって親権者変更の効力が生ずるのではなく、審判の確定によって形成的に親権者変更の効力が生ずるのであるから、たとえ当該審判が誤った法令の解釈に基づくものであったとしても、当該審判が無効であるためその判断内容に係る効力が生じない場合を除いては、確定審判の形成力によって、親権者変更の効力が生じ、当該審判によって親権者とされた者は子の親権者として親権を行使することができることになる。しかるに、このような親権者の変更が戸籍に反映されないとすると、子の親権に関し無用の紛争を招いて子の福祉に反することになるおそれがあるほか、身分関係を公証する戸籍の機能を害する結果ともなるものである。また、戸籍事務管掌者は、戸籍の届出について法令違反の有無を審査する権限を有するが、法令上裁判所が判断すべきものとされている事項についての確定審判に基づく戸籍の届出の場合には、その審判に関する審査の範囲は、当該審判の無効をもたらす重大な法令違反の有無に限られるものと解される。

そうすると、戸籍事務管掌者は、親権者変更の確定審判に基づく戸籍の届出について、当該審判が無効であるためその判断内容に係る効力が生じない場合を除き、当該審判の法令違反を理由に上記届出を不受理とする処分をすることができないというべきである。

これを本件についてみると、別件審判は、……Aの親権者をB及びCから他方の実親であるXに変更したものであるところ、このような解釈を採ったことをもって直ちに別件審判が無効となるものということはできない。

したがって、Yは、本件届出を不受理とすることができないにもかかわらず、これを不受理とする処分をしたのであるから、Yによる上記処分は違法というべきである。」

人身保護法に基づく引渡請求　人保二条一項、人保規四条

〔三九八〕最判平成六年一一月八日民集四八巻七号一三三七頁　民法3親60(1)(イ)

事実　X女は、Y_1と同棲し、その子Aを生んだ。Y_1はAを認知はしていない。その後同棲関係の解消に際し、Xは、Y_1の申出に基づいて、自己の生活基盤が整うまでAをY_1に預けた。一か月後XはAの引渡しを要求したのに対して、Y_1はそれを拒み、Aを自宅に引き取り、もっぱらY_1の妻Y_2がAを監護養育している。Xは、Yらに対して、Aの引渡しを求める人身保護請求の申立てをした。Xは、妹方に居住して、会社事務員として働くかたわら、夜間はスナックでアルバイトをしている。Xの両親は、XがAを引き取った場合に備えて自宅を改造した上、XAとの同居およびAの養育に協力を約束している。他方、Y_1は、自営業を営み、三階建ての自宅を有し、年収は八〇〇万円から一八〇〇万円程度である。Xの申立て直前に、Yらは、家裁にAとの特別養子縁組の申立てをしている。原審は、YらによるAの拘束に顕著な違法性があるとは認められないとして、Xの請求を棄却した。Xは上告して、本件のような監護権者から非監護権者に対する人身保護請求においては、幼児を監護権者の監護の下におくことが著しく不当なものと認められないかぎり、監護権者の請求を認容すべきであると主張。

判旨　破棄差戻　「法律上監護権を有しない者が幼児をその監護の下において拘束している場合に、監護権を有する者が人身保護法に基づいて幼児の引渡しを請求するときは、請求者による監護が親権等に基づくものとして特段の事情のない限り適法であるのに対して、拘束者による監護は権限なしになされているものであるから、被拘束者を監護権者である請求者の監護の下に置くことが拘束者の監護の下に置くことに比べて子の幸福の観点から著しく不当なものでない限り、非監護権者による拘束は権限なしにされていることが顕著である場合（人身保護規則四条）に該当し、監護権者の請求を認容すべきものとするのが相当である（最判昭和四七年七月二五日裁判集民一〇六号六一七頁、最判昭和四七年九月二六日裁判集民一〇六号七三五頁、最判昭和六一年七月

一八日民集四〇巻五号九九一頁参照）。……本件においては、……被拘束者の監護について、Xは Yらに比べて経済的な面において劣る点があるものの、被拘束者に対する愛情及び監護意欲の点においては優るとも劣らないと考えられるのであって、……親権者であるXが被拘束者を監護することが著しく不当なものであるとは到底いうことができない。……原審の判断は人身保護法二条、人身保護規則四条の解釈適用を誤ったものであり、……原判決は破棄を免れない。……本件については、幼児である被拘束者の法廷への出頭を確保する必要があり、……原審に差し戻すこととする。」

利益相反行為と親権の濫用　八二四条・九三条一項但書・一〇八条二項

〔三九九〕　最判平成四年一二月一〇日民集四六巻九号二七二七頁　民法3親61(1)(ア)

事実　A会社に対するB銀行の貸金債務に対してY信用保証協会は信用保証し、YのAに対する求償債権の担保のため、X所有土地に根抵当権が設定された（登記済）。根抵当権設定当時Xは未成年者であり、契約はXの母Cが代理して行った。Cの亡夫の弟Dが諸事にわたりC親子の面倒を見ていたところ、Dが代表者として経営しているA社のために、CはDから頼まれて右契約を締結したのであった。Bの貸金はA社の事業資金のためであって、Xの生活資金、事業資金、その他Xの利益のために使用されるものではなかった。さらに、AとXとの間には利害関係は格別なかった。Yは、このようなAの債務の性質、AX間の事情等を契約締結時に知っていた。Xは、Cの行為は親権者の法定代理権の濫用により無効だとして、Yに対して根抵当権設定登記の抹消を請求。一審ではXの請求は棄却。原審は、Cの代理行為はもっぱら第三者たるAの利益を図るものであって、親権の濫用にあたり、かつYが契約締結時にそのことを知っていたとして、民法九三条但書（現九三条一項但書）を類推適用して、一審判決を取り消し、Xの請求を認容した。Y上告。

判旨　破棄差戻　「親権者は、原則として、子の財産上の地位に変動を及ぼす一切の法律行為につき子を代理する権限を有する（民法八二四条）ところ、親権者が右権限を濫用して法律行為をした場合において、その行為の相手方が右濫用の事実を知り又は知り得べかりしときは、民法九三条ただし書〔現九三条一項ただし書〕

の規定を類推適用して、その行為の効果は子には及ばないと解するが相当である（最判昭和四二年四月二〇日民集二一巻三号六九七頁参照）。……しかし、親権者が子を代理してする法律行為は、親権者と子との利益相反行為に当たらない限り、それをするか否かは子のために親権を行使する親権者が子をめぐる諸般の事情を考慮してする広範な裁量にゆだねられているものとみるべきである。そして、親権者が子を代理して子の所有する不動産を第三者の債務の担保に供する行為は、利益相反行為に当たらないものであるから、それが子の利益を無視して自己又は第三者の利益を図ることのみを目的としてされるなど、親権者に子を代理する権限を授与した法の趣旨に著しく反すると認められる特段の事情が存しない限り、親権者による代理権の濫用に当たると解することはできないものというべきである。したがって、親権者が子を代理して子の所有する不動産を第三者の債務の担保に供する行為について、それが子自身に経済的利益をもたらすものでないことから直ちに第三者の利益のみを図るものとして親権者による代理権の濫用に当たると解するのは相当でない。」

親権者たる父母の一方と子との利益相反行為　八二六条・八一八条三項

〔四〇〇〕　最判昭和三五年二月二五日民集一四巻二号二七九頁　民法3親61(2)(ア)

事実　AがY$_1$に対する事業上生じた債務の弁済として、子供X（未成年者）に代理してX所有の本件土地をもって代物弁済した（移転登記済）。銀行Y$_2$は、Y$_1$から本件土地上に根抵当権の設定を受けている（登記済）。Xは、Aの行為はXと利益が相反するとして、Y$_1$、Y$_2$に対して各登記の抹消を請求。Yらは、利益相反行為との主張を争い、さらに、仮にAの行為が利益相反行為だとしても、その場合には他の親権者（Xの母）が単独で代理権を行使できるので、本件の処分行為は有効だと主張した。一審・原審ともにXの請求を認容。Y上告。

判旨　上告棄却「本件のような場合には、利益相反の関係にある親権者は特別代理人の選任を求め、特別代理人と利益相反の関係にない親権者と共同して代理行為をなすべきものとする原判決の見解を正当と」する。

連帯保証等の利益相反行為　八二六条

〔四〇一〕　最判昭和四三年一〇月八日民集二二巻一〇号二一七二頁　民法1総115(2)、3親61(2)(ア)

事実　X_1女、その成年の子X_2、未成年の子$X_3X_4X_5$が各々五分の一の共有持分を本件不動産に有している。X_1は、知人の債務の連帯保証人になり、担保として本件不動産全部に抵当権を設定したが、$X_3X_4X_5$の持分については親権者として抵当権設定登記を行った。抵当権が実行され、Yが本件不動産を競落した。XらはYに対して所有権移転登記抹消を求めた。原審は、X_1の行為を利益相反にあたるとして、$X_3X_4X_5$の主張を認め登記の抹消を命じた。Y上告。

判旨　上告棄却「……具体的事実関係のもとにおいては、債権者が抵当権の実行を選択するときは、本件不動産における子らの持分の競売代金が弁済に充当される限度において親権者の責任が軽減され、その意味で親権者が子らの不利益において利益を受け、また、債権者が親権者に対する保証責任の追究《ママ》を選択して、親権者から弁済を受けるときは、親権者と子らとの間の求償関係および子の持分の上の抵当権について親権者による代位の問題が生ずる等のことが、前記連帯保証ならびに抵当権設定行為自体の外形からも当然予想されるとして、X_3・X_4・X_5の関係においてされた本件連帯保証債務負担行為および抵当権設定行為が、民法八二六条にいう利益相反行為に該当すると解した原判決の判断は、当審も正当として、これを是認することができる……。」

特別代理人との利益相反行為　八二六条

〔四〇二〕　最判昭和五七年一一月二六日民集三六巻一一号二二九六頁　民法3親61(2)(ア)・(イ)

事実　Aが主宰しているB会社の融資を保証したX社の求償債権を担保するために、Aの子供Yの土地に担保権が設定され、それをめぐって訴訟になった。Aから訴訟委任を受けた弁護士の尽力で裁判上の和解が成立した。その内容とは、Bが求償債務を履行しない場合には、Xが代物弁済としてY所有の本件不動産の所有権を取得するというものであった。そして、当該弁護士が家裁においてYのために特別代理人の選任申立てを行い、Dが選任された。そして、Dは右和解におけるYの担保提供行為を追認した。Xは本件不動産の所有権を取得したとして本登記手続を請求した。

Yは、Dは本件和解でBの連帯保証人になっているので特別代理人としての適格を欠き、それ故、Yの担保提供行為の追認は無効であると主張した。一審、原審ともXの請求を認容。原審は、DとYとが利益相反するとはいえないし、仮にDが特別代理人として不適格だとしても、家裁で選任された以上、当然にその選任の効力が否定されるわけではないから、適法な特別代理人の追認があったと判示している。そこでYが上告。

判旨　破棄差戻　「親権者と未成年者との間に利益相反の関係があるかどうかは行為自体から外形的に判断すべきもので……あって（最判昭和四二年四月一八日民集二一巻三号六七一頁、最判昭和四三年一〇月八日民集二二巻一〇号二一七二頁）、この理は、家庭裁判所が選任した特別代理人と未成年者との間にも妥当するものと解すべきところ、仮にDが本件和解においてYが担保提供をしたのと同一の債務につき連帯保証人となっていたものとすれば、その場合には、債権者たるXがYに対する担保権の実行を選択するときは、これによって被担保債務が消滅する限度においてDの責任が軽減され、また、XがDに対する連帯保証債務の履行請求を選択してその支払を受けるときは、DとYとの間で担保権について弁済による代位の問題等の生ずることが行為自体から外形的に当然予想されるのであるから、本件不動産がその名義どおりYの所有に属するものである限り、DがYの特別代理人としてその担保提供を追認することは利益相反行為にあたるものといわなければならない。そして、特別代理人は、親権者と未成年者との間に利益相反の関係がある場合に、親権者に代わる未成年者の臨時的保護者として家庭裁判所によって選任されるものであるから、右のようにして選任された特別代理人と未成年者との間に別に利益相反の関係がある場合には、親権の制限に関する民法八二六条一項の規定が類推適用され、特別代理人は、選任の審判によって付与された権限を行使することができず、仮にこれを行使しても無権代理行為として新たに選任された特別代理人又は成年に達した本人の追認がない限り無効である、と解するのが相当である。」

第四章　後　見

未成年者の後見人

〔四〇三〕　最判昭和四七年二月一八日民集二六巻一号四六頁　　一一三条・八五九条　民法3親66(3)(ア)

事実　Yは、未成年者A所有の本件建物をAの叔父で後見人と称するBから購入した（未登記）。翌年BはAの後見人に就職した。Aが成年になった後、XはAに対する貸金債権の担保としてAとの間で本件建物で代物弁済する旨の予約をした。Xは、Aが返済しないので予約完結権を行使し、本件建物所有権を取得したとして（未登記）、Yに対して建物明渡し等を請求した。一審、原審ともにXの請求を棄却。原審は、Yとの契約後間もなくBが後見人に就職することによって、無権代理人と後見人との資格が同一人に帰属するに至り、さらには、利益相反の事実は認められないとして、後見人就職後追認の事実がなくても、AY間の売買契約はBの後見人就職と共にAのために効力を生じたとした。X上告。Bが後見人に就職した後、Yに対して追認がなければAY間の契約は有効にならないこと、およびBの行為は利益相反行為だと主張した。

判旨　上告棄却　「未成年者のための無権代理行為の追認は、該未成年者が成年に達するまでは、後見人がこれをなすべきものであり、したがって、無権代理行為をした者が後に後見人となった場合には、無権代理行為をした者が後に本人から代理権を授与された場合と異なり、追認されるべき行為をなした者と右行為を追認すべき者とが同一人となったものにほかならない。加えて、原審の確定した前記事実によれば、無権代理人たるBは、後見人に就職する以前においてもAのため、叔父として事実上後見人の立場でその財産の管理に当っており、これに対しては何人からも異議がでなかったのであって、しかも、本件売買契約をなすについてAとの間に利益相反の事実は認められないというのであるから、このような場合には、後にBが後見人に就職し法定代理人の資格を取得するに至った以上、もはや、信義則上自己がした無権代理行為の追認を拒絶することは許されないものと解すべきである。」

成年後見人就職前の行為の追認の拒絶　一一三条・八五九条

〔四〇四〕　最判平成六年九月一三日民集四八巻六号一二六三頁　民法3親66(3)(ア)

事実　六歳程度の知能年齢しかないYと同居していた姉A（長女）は、Yの身の回りの世話をしつつ、本件取壊し前の旧建物（登記はY名義）を管理していた。この旧建物について借家人Xとの交渉は全てAがあたっていた。その後一二年経って、旧建物を取り壊してビルを建築することになり、Aが交渉して、Xがいったん立ち退き、ビル完成後にYが取得する区分所有建物（本件建物）をあらためてXに賃貸する旨の合意がまとまり、AとE（Yの姉であるが、次女）がXとの間で本件建物の賃貸借の予約をした。その契約書には、E同席の下で、AがYの記名・押印をした。この契約には、Yの都合で賃貸借の本契約が締結できないときはYはXに四〇〇〇万円を支払う旨の合意も含まれていた。その後Aが賃貸借の本契約を拒み、Y側では本件建物を借入金の担保としてDに譲渡してしまった。そこで、Xは、四〇〇〇万円の損害賠償を求める訴えを起こした。それを認容した一審判決に対してYが控訴中、家裁でYについて禁治産宣告（後見開始審判）がなされ、Eが後見人に選任された。控訴審は、Yによる訴状等の送達の受領および訴訟代理権の授与が意思無能力により無効だとして、一審判決を取り消し、事件を差し戻した。差戻し後の一審はXの請求を棄却し、Xが控訴。原審は、AがYの代理人として本件予約をしたのは無権代理行為であるが、AはYの事実上の後見人として本件予約を行ったものであって、本件予約は合意内容を履行しさえすればYの利益を害するものではなく、Y側には本契約の締結を拒む合理的理由がないこと、Eは、本件予約の成立に関与してその内容を了知していたことなどを理由に、後見人Eが本件予約の追認を拒絶することは信義則に反して許されないとして、Xの請求を認容した。そこでYが上告。

判旨　破棄差戻　「禁治産者〔現成年被後見人〕の後見人が、その就職前に禁治産者の無権代理人によって締結された契約の追認を拒絶することが信義則に反するか否かは、(1)右契約の締結に至るまでの無権代理人と相手方との交渉経緯及び無権代理人が右契約の締結前に相手方との間でした法律行為の内容と性質、(2)右契約を追認することによって禁治産者が被る経済的不利益と追認を拒絶することによって相手方が被る経済的不利益、(3)右契約の締結から後見人が就職するまでの間に右契約の履行等をめぐってされた交渉経緯、(4)無権代理人と後見人との人的関係及び後見人がその就職前に右契約の締結に関与した行為の程度、(5)本人の意思能力について相手方が認識し又は認識し得た事実、など諸般の事情を勘案し、右のような例外的な場合に当たるか否かを判断して、決しなければならないものというべきである。……そうすると、長年にわたってYの事実上の後見人として行動していたのはAであり、そのAが本件予約をしながら、その後Dに対して本件建物を借入金の担保として譲渡したなどの事実の存する本件において、……特に、本件予約における四〇〇〇万円の損害賠償額の予定が、Dに対する譲渡の対価（記録によれば、実質的対価は二〇〇〇万円であったことがうかがわれる。）等と比較して、Xにおいて旧建物の賃借権を放棄する不利益と合理的な均衡が取れたものであるか否かなどについて十分検討することなく、後見人であるEにおいて本件予約の追認を拒絶してその効力を争うのは信義則に反し許されないとした原審の判断には、法令の解釈適用を誤った違法があるものというべきであ……る。」

後見人と被後見人の利益相反行為　八二六条・八六〇条

〔四〇五〕最判昭和五三年二月二四日民集三二巻一号九八頁　民法3親61(2)(ア)・66(3)(ア)、相33(2)

事実　Aが死亡した際、Aの長男Bが全財産を相続し、Aの後妻の子Xら四名（当時未成年）の面倒を見ることになった。そして、Bの弟CがXらの後見人になり、Xらの相続を放棄した（Aの先妻の子らはBを除いてCも含め全員が相続を放棄した。Cが自ら相続放棄した時点とXらを代理して放棄した時点との前後関係は原審では認定されていない。なお、A死亡までに先妻も後妻も共に死亡している）。その後Bが死亡しYが相続し、本件不動産につき相続による所有権移転登記をした。後に、Xらは、CがXらを代理して相続放棄をしたのはCとXら間およびXら四名相互間の利益相反行為で無効であるとして、Yに対して、本件不動産につきXら四名とYとの各五分の一の持分割合による共有登記への更正登記手続等の請求をした。一審ではXらの請求棄却。原審は、Xらの利益相反の主張を認め、右更正登記手続の請求を認容。Yは上告して、本判決により変更された大審院判例を引用して、相続放棄は単独行為であって、利益相反はありえないと主張した。

判旨 破棄差戻 「共同相続人の一部の者が相続の放棄をすると、その相続に関しては、その者は初めから相続人とならなかったものとみなされ、その結果として相続分の増加する相続人が生ずることになるのであって、相続の放棄をする者とこれによって相続分が増加する者とは利益が相反する関係にあることが明らかであり、また、民法八六〇条によって準用される同法八二六条は、同法一〇八条とは異なり、適用の対象となる行為を相手方のある行為のみに限定する趣旨であるとは解されないから、相続の放棄が相手方のない単独行為であるということから直ちに民法八二六条にいう利益相反行為にあたる余地がないと解するのは相当でない。これに反する所論引用の大審院の判例(大判明治四四年七月一〇日民録一七輯四六八頁)は、変更されるべきである。しかしながら、共同相続人の一人が他の共同相続人の全部又は一部の者を後見している場合において、後見人が被後見人を代理してする相続の放棄は、必ずしも常に利益相反行為にあたるとはいえず、後見人がまずみずからの相続の放棄をしたのちに被後見人全員を代理してその相続の放棄をしたときはもとより、後見人みずからの相続の放棄と被後見人全員を代理してするその相続の放棄が同時にされたと認められるときもまた、その行為の客観的性質からみて、後見人と被後見人との間においても、被後見人相互間においても、利益相反行為になるとはいえないものと解するのが相当である。……原審の判断は、……民法……八二六条の解釈を誤ったものといわなければならず、……原判決は破棄を免れない。そして、Cの相続の放棄とXらの相続の放棄の各時期等についてさらに審理を尽す必要があるから、本件を原審に差し戻すこととする。」

第五章　扶　養

過去の扶養料　八七八条・八七九条・七〇三条
〔四〇六〕　最判昭和四二年二月一七日民集二一巻一号一三三頁　民法3親79(3)・80(1)

事実　X女の産んだAをY男が認知した。その後、Yは認知無効確認を求めたが敗訴した。この間、YはAの扶養料を一切負担しておらず、Xの父Bが生活費を立て替えるなどしていた。XがYに対して養育料の償還を求めた。原審はX勝訴。Yが、扶養は家庭裁判所の審判事項であるとの主張をして、上告。

判旨　一部上告棄却、一部破棄自判　「民法八七八条・八七九条によれば、扶養義務者が複数である場合に各人の扶養義務の分担の割合は、協議が整わないかぎり、家庭裁判所が審判によって定めるべきである。扶養義務者の一人のみが扶養権利者を扶養してきた場合に、過去の扶養料を他の扶養義務者に求償する場合においても同様であって、各自の分担額は、協議が整わないかぎり、家庭裁判所が、各自の資力その他一切の事情を考慮して審判で決定すべきであって、通常裁判所が判決手続で判定すべきではないと解するのが相当である。本件において通常裁判所である原審が分担の割合を判定したのは違法であって、この点に関する論旨は理由があり、原判決の求償請求を認容した部分は破棄を免れない。そして、原審の認定したところによると、未だ分担についての審判はないというのであるから、Yの扶養義務は具体的に確定していないものというべく、Xの求償請求は理由がない。」

扶養の順位　八七七条
〔四〇七〕　最判昭和二六年二月一三日民集五巻三号四七頁　親80(2)

事実 兄Y妹Xの母Bは、病身の上に夫Aと不仲であった。Xは、AとYが引き留めたにもかかわらず、Bを自宅に連れて行き扶養看護を始めた。XとBは、AとYの帰宅の要求に応じなかった。XがYに扶養料請求をした。原審は、Xに全費用の負担を命じた。X上告。

判旨 破棄差戻「……扶養権利者が扶養義務者中の一人と同居することを好まず他の一人と同居して居るというには、何かそれ相当の理由があるかも知れない。例えば前者は扶養をすることはするが、権利者に相当の扶養をしないとか或は更に進んで虐待の為め権利者は同居に堪えないとかいう場合がないではない。かかる場合に後者が見兼ねて引取って世話をしたとしたらどうであろうか。……こういう場合にも、なお前者は全面的に義務を免れ費用を出す義務もなく後者のみ全費用を負担しなければならないとするのは不当であろう。若しそういうことになると、冷淡な者は常に義務を免れ情の深い者が常に損をすることになる虞がある。それ故原審が認定判示した事実だけでは直ちにYに費用の負担の義務なしとすることは出来ない。そういう結論に到達する為めには、なお進んでYもBに対し相当の扶養を為したであろうのに、何等相当の理由もなくXが無理にBを連れ去ったとか、或はXが自己のみで費用を負担することを約束したとか何等かそういった様なYをして全面的に義務を免れしむる相当の理由がなければならない。こういう点に付き原審が十分の判断を示すことなく、単にXがYの意思に反してBを連れ去ったという事実だけでYに費用負担の義務なしとしたのは、審理不尽に非れば理由不備若しくは扶養義務に関する法律の解釈を誤った違法あるものというの外ない。」

第五編　相　続

第一章　相続回復請求権

相続回復請求権の行使方法
〔四〇八〕　大連判大正八年三月二八日民録二五輯五〇七頁

民法3相9(2)(イ)・29(1)・31(1)(ア)　八八四条

事実　被相続人Aの遺産相続人であるYに対し、Aの代襲相続人であること主張するXが、自己の相続権（相続分三分の一を主張）が侵害されたとして、相続回復請求権に基づいて、個々の財産を明示することなく相続分に応じた財産の包括的返還を請求した。原審では、Xには代襲相続権がないこと、また遺産相続に関する相続回復請求においては、家督相続に関する場合と異なり、遺産相続の目的たる財産を明示して回復を請求する必要があることを理由にXの控訴が棄却されたため、Xが上告した。

判旨　上告棄却「相続回復請求権ハ、相続人ニアラザル者が自ラ相続人ナリト僭《せんしょう》称シ、正当相続人ノ相続人タル地位、即チ相続開始後ノ相続権ヲ争イ相続ノ目的タル権利ヲ侵害シタル場合ニ於イテ、正当相続人ガ、其ノ者ニ対シ自己ノ相続人タルコトヲ主張シ、因テ侵害セラレタル地位ノ回復ヲ請求スル権利ヲ言ウモノナレバ、遺産相続ノ場合ニ在リテモ、其ノ相続回復ノ請求ハ、遺産相続人タルコトヲ主張シテ相続財産ノ回復ヲ求ムルモノニシテ、相続財産中ニハ或ハ債権アリ或ハ其ノ他ノ財産権アルベシト雖モ、此等ノ権利ヲ必ズシモ箇箇ニ行使スルコトヲ要セズ、包括的ニ行使スルコトヲ得ルモノナリ。即チ遺産相続ノ回復請求権ハ、此ノ点ニ於イテ家督相続回復請求権ト択ブ所ナシ（……大判大正五年二月八日参照）。故ニ、其ノ請求ノ訴訟ニ於テハ訴訟ノ目的物トシテ遺産相続ノ目的タル財産ヲ必ズシモ一一列挙スルコトヲ要セザルモノトス」と判示して、相続回復請求権の行使方法に関するXの上告理由を認めたが、Xの相続権自体は否定したため、この点に関する判示は傍論である。

共同相続人間における相続回復請求権の消滅時効　　八八四条・八九八条・八九九条・九〇七条

〔四〇九〕　最大判昭和五三年一二月二〇日民集三二巻九号一六七四頁　　民法3相30(2)

事実　本件各不動産は、もとAの所有であったが、昭和二八年にAの死亡に伴う遺産相続によって、X・Yらの六人が、これを共同相続した。ところが、Yらは、Xの同意を得ることなく、翌年遺産たる各不動産につき相続を原因として各単独名義の所有権移転登記を経由した。Xは同三〇年に遺産分割調停の申立てをしたが同年中にこれを取り下げ、同三八年にYらを被告として本件各不動産につき自己の共有持分権（一二分の一）に基づき前記所有権移転登記の抹消を請求した。これに対し、Yらは、Xの請求は相続回復請求であり、調停申立後五年を経過し民法八八四条の時効によって消滅したと主張した。原審はYらの時効援用を斥け、Xの請求をその共有持分の限度で認容した。Yら上告。

判旨　上告棄却「思うに、民法八八四条の相続回復請求の制度は、いわゆる表見相続人が真正相続人の相続権を否定し相続の目的たる権利を侵害している場合に、真正相続人が自己の相続権を主張して表見相続人に対し侵害の排除を請求することにより、真正相続人に相続権を回復させようとするものである。そして、同条が相続回復請求権について消滅時効を定めたのは、表見相続人が外見上相続により相続財産を取得したような事実状態が生じたのち相当年月を経てからこの事実状態を覆滅して真正相続人に権利を回復させることにより当事者又は第三者の権利義務関係に混乱を生じさせることのないよう相続権の帰属及びこれに伴う法律関係を早期にかつ終局的に確定させるという趣旨に出たものである。

1　そこで、まず、右法条が共同相続人相互間における相続権の帰属に関する争いの場合についても適用されるべきかどうかについて、検討する。

㈠現行の民法八八四条は昭和二二年法律第二二二号による改正前の民法のもとにおいて家督相続回復請求権の消滅時効を定めていた同法九六六条を遺産相続に準用した同法九九三条の規定を引き継いだものであると解されるところ、右九九三条は遺産相続人相互間における争いにも適用があるとの解釈のもとに運用されていたものと考えられ（大判明治四四年七月一〇日民録一七輯四六八頁、最判昭和三九年二月二七日民集一八巻二号三八三頁の事案参照)、また、右法律改正の際に共同相続人相互間の争いについては民法八八四条の適用を除外する旨の規定が設けられなかったという経緯があるばかりでなく、㈡相続人が数人あるときは、各相続財産は相続開始の時からその共有に属する(民法八九六条、八九八条)ものとされ、かつ、その共有持分は各相続人の相続分に応ずる(民法八九九条)ものとされるから、共同相続人のうちの一人又は数人が、相続財産のうち自己の本来の相続持分をこえる部分について、当該部分についての他の共同相続人の相続権を否定し、その部分もまた自己の相続持分であると主張してこれを占有管理し、他の共同相続人の相続権を侵害している場合は、右の本来の相続持分をこえる部分に関する限り、共同相続人でない者が相続人であると主張して共同相続人の相続財産を占有管理してこれを侵害している場合と理論上なんら異なるところがないと考えられる。さらに、㈢これを第三者との関係においてみるときは、当該部分の表見共同相続人と真正共同相続人との間のその部分についての相続権の帰属に関する争いを短期間のうちに収束する必要のあることは、共同相続人でない者と共同相続人との間に争いがある場合と比較して格別に径庭があるわけではない(たとえば、共同相続人相互間の争いの場合に民法八八四条の規定の適用がないものと解するときは、表見共同相続人からその侵害部分を譲り受けた第三者は相当の年月を経たのちにおいてもその部分の返還を余儀なくされ、また、相続債権者は共同相続人の範囲又はその相続分が相当の年月にわたり確定されない結果として債権の行使につき不都合を来たすこと等が予想される。)。

以上の諸点にかんがみると、共同相続人のうちの一人又は数人が、相続財産のうち自己の本来の相続持分をこえる部分について、当該部分の表見相続人として当該部分の真正共同相続人の相続権を否定し、その部分もまた自己の相続持分であると主張してこれを占有管理し、真正共同相続人の相続権を侵害している場合につき、民法八八四条の規定の適用をとくに否定すべき理由はないものと解するのが、相当である。

なるほど、民法九〇七条は、共同相続人は被相続人又は家庭裁判所が分割を禁じた場合を除くほか何時でもその協議で遺産の分割をすることができ、協議が調わないとき又は協議をすることができないときはその分割を家庭裁判所に請求することができる旨を定めている。しかしながら、㈠右は、共同相続人の意思により民法の規定に従い各共同相続人の単独所有形態を形成確定することを原則として何時でも実施しうる旨を定めたものであるにとどまり、相続開始と同時に、かつ、遺産分割が実施されるまでの間は、可分債権（それは、相続開始と同時に当然に相続分に応じて分割されて各共同相続人の分割単独債権となり、共有関係には立たないものと解される。したがって、この場合には、共同相続人のうちの一人又は数人が自己の債権となった分以外の債権を行使することが侵害行為となることは明白である。）を除くその他の各相続財産につき、各共同相続人がそれぞれその相続分に応じた持分を有することとなると同時に、その持分をこえる部分については権利を有しないものであり、共同相続人のうちの一人又は数人による持分をこえる部分の排他的占有管理がその侵害を構成するものであることを否定するものではないというべきである。（もっとも、遺産の分割前における共同相続人の各相続財産に対する権利関係が上述のように共有であるとする以上、共同相続人のうちの一人若しくは数人が相続財産の保存とみられる行為をし、又は他の共同相続人の明示若しくは黙示の委託に基づき、あるいは事務管理として、自己の持分をこえて相続財産を占有管理することが、ここにいう侵害にあたらないことはいうまでもない。）また、㈡遺産の分割が行われるまで遺産の共有状態が保持存続されることが望ましいとしても、遺産の分割前に共同相続人のうちの一人又は数人による相続財産の侵害の結果として相続財産の共有状態が崩壊し、これを分割することが不能となる場合のあることは、共同相続人のうちの一人又は数人が侵害した相続財産を時効により取得し又は侵害した相続動産を第三者に譲渡した結果第三者がこれを即時取得した場合において最も明らかなように、事実として否定することのできないところである。民法九〇七条は、遺産の共有状態が崩壊したのちにおいてもその共有状態がなお存続するとの前提で遺産の分割をすべき旨をも定めていると解すべきではない。

2　次に、共同相続人がその相続持分をこえる部分を占有管理している場合に、その者が常にいわゆる表見相続人にあたるものであるかどうかについて検討する。

思うに、自ら相続人でないことを知りながら相続人であると称し、又はその者に相続権があると信ぜられるべき合理的な事由があるわけではないにもかかわらず自ら相続人であると称し、相続財産を占有管理することによりこれを侵害している者は、本来、相続回復請求制度が対象として考えている者にはあたらないものと解するのが、相続の回復を目的とする制度の本旨に照らし、相当というべきである。そもそも、相続財産に関して争いがある場合であっても、相続に何ら関係のない者が相続にかかわりなく相続財産に属する財産を占有管理してこれを侵害する場合にあっては、当該財産がたまたま相続財産に属するというにとどまり、その本質は一般の財産の侵害の場合と異なるところはなく、相続財産回復という特別の制度を認めるべき理由は全く存在せず、法律上、一般の侵害財産の回復として取り扱われるべきものであって、このような侵害者は表見相続人というにあたらないものといわなければならない。このように考えると、当該財産について、自己に相続権がないことを知りながら、又はその者に相続権があると信ぜられるべき合理的事由があるわけではないにもかかわらず、自ら相続人と称してこれを侵害している者は、自己の侵害行為を正当行為であるかのように糊塗するための口実として名を相続にかりているもの又はこれと同視されるべきものであるにすぎず、実質において一般の物権侵害者ないし不法行為者であって、いわば相続回復請求制度の埒外にある者にほかならず、その当然の帰結として相続回復請求権の消滅時効の援用を認められるべき者にはあたらないというべきである。

これを共同相続の場合についていえば、共同相続人のうちの一人若しくは数人が、他に共同相続人がいること、ひいては相続財産のうちその一人若しくは数人の本来の持分をこえる部分が他の共同相続人の持分に属するものであることを知りながらその部分もまた自己の持分に属するものであると称し、又はその部分についてもその者に相続による持分があるものと信ぜられるべき合理的な事由（たとえば、戸籍上はその者が唯一の相続人であり、かつ、他人の戸籍に記載された共同相続人のいることが分明でないことなど）があるわけではないにもかかわらずその部分もまた自己の持分に属するものであると称し、これを占有管理している場合は、もともと相続回復請求制度の適用が予定されている場合にはあたらず、したがって、その一人又は数人は右のように相続権を侵害されている他の共同相続人からの侵害の排除の請求に対し相続回復請求権の時効を援用してこれを拒むことができるものではないものといわなければならない。」

もっとも、「一般に各共同相続人は共同相続人の範囲を知っているのが通常であるから、共同相続人相互間における相続財産に関する争いが相続回復請求制度の対象となるのは、特殊な場合に限られることとなる」。本件において、「共同相続人の一部であるYらは、相続財産に属する前記各不動産について、他に共同相続人として

Xがいることを知りながらそれぞれ単独名義の相続による所有権移転登記をしたものであることが明らかであり、しかも、Yらの本来の持分をこえる部分につきYらのみに相続による持分があるものと信ぜられるべき合理的な事由があることは、何ら主張立証がされていない」から、本件各不動産に関しXからYらに対しなされたYらの単独名義の相続登記の抹消を求める請求は民法八八四条所定の消滅時効にかからないというべきである。従って、「右請求は、右各登記について現に登記名義を有しているYらの持分の割合を一二分の一、Xの持分の割合を一二分の一とする更正登記を求める限度で理由がある」。

四裁判官の補足意見があるほか、六裁判官の少数意見がある。

相続回復請求権の消滅時効援用の要件

八八四条

〔四一〇〕最判平成一一年七月一九日民集五三巻六号一一三八頁

民法3相31(2)(ア)

事実　被相続人Aは昭和三〇年九月二四日死亡したが、昭和五一年にその遺産に属していた土地について市の土地区画整理事業により換地処分がなされた際に、Aの共同相続人であるX_1・X_2、Bを脱漏し、Yらのみを所有者とする登記がなされた。平成三年三月一九日にYらがCらに本件土地を売却し、売却代金を登記簿上の持分割合に従ってYらの間でのみ分配したため、X_1・X_2は、自己の相続分に応じた売却代金についての持分を失ったとして、Yらに対し不当利得返還請求を行った。これに対し、Yらは、X_1・X_2の不当利得返還請求は実質的には民法八八四条の相続回復請求権の行使にあたり、Aの相続開始から二〇年が経過している以上時効により消滅したと主張したため、X_1・X_2は、相続権を侵害することにつき悪意または過失ある者については八八四条の適用は否定されるべきと主張した。一審・原審は、Yらには、X_1・X_2の相続権を侵害することについて悪意ないし過失はないとして、Yらによる消滅時効の援用を認め、X_1・X_2の請求を棄却した。X_1のみ上告。

判旨　一部（X_1敗訴部分）破棄差戻「1　共同相続人のうちの一人又は数人が、相続財産のうち自己の本来の相続持分を超える部分について、当該部分の表見相続人として当該部分の真正共同相続人の相続権を否定し、その部分もまた自己の相続持分であると主張してこれを占有管理し、真正共同相続人の相続権を侵害している場合にも民法八八四条は適用される。しかし、真正共同相続人の相続権を侵害している共同相続人が、他に共同相続人がいること、ひいて相続財産のうち自己の本来の持分を超える部分が他の共同相続人の持分に属することを知りながらその部分もまた自己の持分に属するものであると称し、又はその部分についてもその者に相続による持分があるものと信ぜられるべき合理的な事由があるわけではないにもかかわらずその部分もまた自己の持分に属するものであると称し、これを占有管理している場合は、もともと相続回復請求制度の適用が予定されている場合には当たらず、相続回復請求権の消滅時効を援用して真正共同相続人からの侵害の排除の請求を拒むことはできない（最大判昭和五三年一二月二〇日民集三二巻九号一六七四頁）。

2　真正共同相続人の相続権を侵害している共同相続人が他に共同相続人がいることを知っていたかどうか及び本来の持分を超える部分についてもその者に相続による持分があるものと信ぜられるべき合理的な事由があったかどうかは、当該相続権侵害の開始時点を基準として判断すべきである。

そして、右の相続回復請求権の消滅時効を援用しようとする者は、真正共同相続人の相続権を侵害している共同相続人が、右の相続権侵害の開始時点において、他に共同相続人がいることを知らず、かつ、これを知らなかったことに合理的な事由があったこと（以下『善意かつ合理的事由の存在』という。）を主張立証しなければならないと解すべきである。なお、このことは、真正共同相続人の相続権を侵害している共同相続人において、相続権侵害の事実状態が現に存在することを知っていたかどうか、又はこれを知らなかったことに合理的な事由があったかどうかにかかわりないものというべきである。」とし、原判決は、善意かつ合理的事由の存在について正当に認定判断しているものとは認められないとして、この点さらに審理判断させるため、原審に差し戻した。

相続回復請求権と取得時効との関係　八八四条・一六二条

〔四一一〕大判昭和七年二月九日民集一一巻一九二頁　民法3相31(2)(エ)

事実　被相続人Aは明治三七年七月三一日に死亡したため、家督相続が開始し、Yが選定家督相続人となったにもかかわらず、A・Yの父であるBが勝手に自己を家督相続人として届け出た上、Aの遺産に属した本件土地を占有してきたところ、昭和四年一一月一八日に、B・Y間の売買契約に基づくYへの所有権移転登記が行われた。そこで、Bの債権者Xは、本件土地がBの所有であることを前提に、売買契約を詐害行為として取り消し、所有権移転登記の抹消をYに対して請求した。これに対し、Yは、Bが僭称家督相続人であり、Bに対する家督相続回復請求の別訴で既に勝訴しており、前戸主Aの遺産に属した本件土地は、本来Yの所有に属すると主張した。一審では、本件土地がBの所有に属することを前提に、Xの詐害行為の主張が認められたため、Yが控訴した。原審では、Yの家督相続回復請求勝訴により、本件土地はYの所有に属するものであり、Xが主張したBの時効による所有権取得も認められないとして、Y勝訴。Xが上告。

判旨　上告棄却　「家督相続人ガ家督相続ノ回復ヲ為シ得ル間ニ於テハ、縦令僭称相続人ニ於イテ相続財産ニ属スル不動産ヲ占有スルコトアルモ、時効ニ因リテ所有権ヲ取得スルコトヲ得ザルモノト解スルヲ相当トス。蓋家督相続回復請求権ニ付テハ、民法第九六六条〔現八八四条〕ニ於テ特種ノ時効期間ヲ規定シタレバナリ。本件ニ於テ原審ノ確定シタル事実ニ依レバ、YハBニ対シ家督相続回復ノ訴ヲ提起シ勝訴判決ヲ受ケ、該判決ハ昭和五年三月確定シタルモノナルヲ以テ、Bハ時効ニ因リテ係争不動産ノ所有権ヲ取得シタルコトナカリシモノト言ワザルベカラズ。従テ、YハBヨリ売買ニ因リテ所有権ヲ取得スルコトナカリシモノナレバ、家督相続ノ回復ニ因リテ相続開始ノ時ニ遡リテ所有権ノ取得ヲ為シ得ベキコト当然ナレバ、原審ガ、Yハ相続ニ因リテ係争不動産ヲ取得シタルモノト判示シタルハ正当ニシテ論旨ハ理由ナキモノトス。」

第二章　相続人

相続欠格事由(1)—遺言書の変造　八九一条五号・九六八条・九六九条

〔四一二〕　最判昭和五六年四月三日民集三五巻三号四三一頁　民法3相11(1)

事実　夫A死亡後、後妻X_1は遺言公正証書を入れた封筒の中にこれを訂正する趣旨のA自筆の遺言証書があるのを発見したが、これにはA名下に押印がなく、訂正印、契印もなかった。X_1は、この自筆遺言証書が、係属中の訴訟にとってX_1ら側に有利なものであると考え、Aの押印をし方式を備えた遺言書の外形を整えて、家庭裁判所で検認手続を済ませた。ところが、右遺言書は、Aの先妻の子Yとの関係ではX_1X_2（AとX_1との子）にとり不利な内容であったため、X_1X_2はYに対し押印のなかったことを理由に遺言無効確認の訴えを提起した。これに対し、Yは、X_1が民法八九一条五号所定の相続欠格者にあたるので、本件遺言書の効力のいかんによってその権利または法律関係に影響を受けず、X_1は本件遺言無効確認の訴えについての原告適格を欠くと主張した。原審は、X_1のした行為を偽造・変造に該当しないとして、X_1X_2を勝訴させた。Y上告。

判旨　上告棄却　「民法八九一条三号ないし五号の趣旨とするところは遺言に関し著しく不当な干渉行為をした相続人に対し相続人となる資格を失わせるという民事上の制裁を課そうとするにあることにかんがみると、相続に関する被相続人の遺言書がその方式を欠くために無効である場合又は有効な遺言書についてされている訂正がその方式を欠くために無効である場合に、相続人がその方式を具備させることにより有効な遺言書としての外形又は有効な訂正としての外形を作出する行為は、同条五号にいう遺言書の偽造又は変造にあたるけれども、相続人が遺言者たる被相続人の意思を実現させるためにその法形式を整える趣旨で右の行為をしたにすぎないときには、右相続人は同号所定の相続欠格者にはあたらないものと解するのが相当である。

これを本件の場合についてみるに、……本件遺言証書は遺言者であるAの自筆によるものであって、X_1は右Aの意思を実現させるべく、その法形式を整えるため右の押印行為をしたものにすぎないというのであるから、X_1は同法八九一条五号所定の相続欠格者にあたらないものというべきである。」

一裁判官の反対意見がある。

相続欠格事由(2)—遺言書の破棄隠匿　八九一条五号
〔四一三〕　最判平成九年一月二八日民集五一巻一号一八四頁　民法3相11(1)

事実　被相続人Aには、相続人としてY_1～Y_4およびX_1・X_2ら六名の子供がいた。Aは、同居しているY_1の会社の経営が悪化したため、Bに賃貸している不動産をBに売却し、その売却代金を自己も経営に関与していたY_1の会社の借金の返済に充てることとし、この意思を明確にしておくため、売買契約書とは別に自筆証書遺言書を作成し、Y_1に預けていた。A死亡後、共同相続人間で遺産分割協議が行われた。その際、Y_1から遺言書の存在については他の相続人に告げられたが、遺言書が所在不明となっていたため、Y_1はこれを提示しなかった。そこで、X_1・X_2は、Y_1には相続欠格事由があるとして、相続資格のない者が加わって行われた遺産分割協議の無効確認等を請求した。一審・原審ともに、Y_1は、被相続人の遺言書を破棄隠匿した者にはあたらないとした。X_1・X_2は、相続に関する被相続人の遺言書を破棄隠匿する者は、その目的がいかなるものであるかを問うことなく、それらの行為をしたという事実だけで、遺言に関し著しく不当な干渉をした者として相続欠格とされるべきと主張し、上告した。

判旨　上告棄却「相続人が相続に関する被相続人の遺言を破棄又は隠匿した場合において、相続人の右行為が相続に関して不当な利益を目的とするものでなかったときは、右相続人は、民法八九一条五号所定の相続欠格者には当たらないものと解するのが相当である。けだし、同条五号の趣旨は遺言に関し著しく不当な干渉行為をした相続人に対して相続人となる資格を失わせるという民事上の制裁を課そうとするところにあるが（……最判昭和五六年四月三日民集三五巻三号四三一頁参照）、遺言書の破棄又は隠匿行為が相続に関して不当な利益を目的とするものでなかったときは、これを遺言に関する著しく不当な干渉行為ということはできず、このような行為をした者に相続人となる資格を失わせるという厳しい制裁を課すことは、同条五号の趣旨に沿わないからである。」

推定相続人の廃除　八九二条

〔四一四〕　大判大正一一年七月二五日民集一巻四七八頁　民法3相12(2)

事実　YはX（天保一四年生まれ）の孫娘で、法定推定家督相続人であるが、大正八年一〇月中頃、上京しようとしたところを、Xから、農繁期であるため、上京を見合わせるよう止められたため、Xの左腕にかみついて出血させ、また、突き飛ばした。そこで、XがYに対し、家督相続人の廃除を請求した。一審・原審は、Yの行為はXに対する虐待にあたるとして、家督相続人の廃除を認めた。そこで、Yが、そのような行為を行ったのには特別な事情があり、廃除原因には該当しないとして、上告。

判旨　破棄差戻「原裁判所ノ確定シタ事実其ノモノヲ観レバ、Yノ所業ハ畢竟《ひっきょう》一時ノ激情ニ出デタルモノト認ムルヲ得ベク、勿論尊属親特ニ老齢ノ尊属親ニ対シ甚ダシキ失行タルニハ相違ナシト雖、右ノ如キ一時的ノ所為ナル以上之ヲ導クニ其ノ宜ヲ得レバ、Yヲシテ将来斯カル狂態ヲ再演セシムルノ虞ヲ絶ツコト必ズシモ其ノ望ミナシト云ウベカラザルヲ以テ、原裁判所ノ確定シタル如上ノ事実ノミヲ以テ直チニYヲシテ到底Xノ被《ママ》相続人タラシムル地位ニ置クニ勝ヘズト為ス程重大ナ非違アリタルモノト目スルハ蓋シ失当ト云ワザルヲ得ズ。」

第三章　相続の効力

第一節　総　則

死亡保険金の相続性・特別受益性

〔四一五〕　最決平成一六年一〇月二九日民集五八巻七号一九七九頁

九〇三条一項
民法3相13(3)

事実　X_1〜X_3およびYは、いずれもAとBの間の子である。Aは平成二年一月、Bは同年一〇月に、それぞれ死亡した。Aの法定相続人はB、XらおよびYであり、Bの法定相続人はXらおよびYである。本件において遺産分割の対象となる遺産は、Aが所有していた四筆の土地（以下「本件各土地」という）である。AおよびBの本件各土地以外の遺産については、XらおよびYとの間において遺産分割協議が成立しており、XらおよびYは、本件各土地の遺産分割の際に上記遺産分割の結果を考慮しないことを合意している。Yは、AとBのために自宅を増築し、AとBを昭和五六年ころからそれぞれ死亡するまでそこに住まわせ、認知症の状態になっていたAの介護をBが行うのを手伝った。その間、Xらは、いずれもAおよびBと同居していない。Yは、保険者をCおよびD保険相互会社、保険契約者および被保険者をB、死亡保険金受取人をYとする養老保険の死亡保険金を受領したが、Xらは、死亡保険金が民法九〇三条一項のいわゆる特別受益に該当すると主張した。原審は、死亡保険金については、同項に規定する遺贈または生計の資本としての贈与に該当しないとして、死亡保険金の額を被相続人が相続開始の時において有した財産の価額に加えること（以下、この操作を「持戻し」という）を否定した上、本件各土地をYの単独取得とし、Yに対しXら各自に代償金の支払を命ずる旨の決定をした。Xら抗告。

決定要旨　抗告棄却「被相続人が自己を保険契約者及び被保険者とし、共同相続人の一人又は一部の者を保険金受取人と指定して締結した養老保険契約に基づく死亡保険金請求権は、その保険金受取人が自らの固有の権利として取得するのであって、保険契約者又は被保険者から承継取得するものではなく、これらの者の相続財産に属するものではないというべきである（最判昭和四〇年二月二日民集一九巻一号一頁参照）。また、死亡保険金請求権は、被保険者が死亡した時に初めて発生するものであり、保険契約者の払い込んだ保険料と等価関係に立つものではなく、被保険者の稼働能力に代わる給付でもないのであるから、実質的に保険契約者又は被保険者の財産に属していたものとみることはできない（最判平成一四年一一月五日民集五六巻八号二〇六九頁参照）。したがって、上記の養老保険契約に基づき保険金受取人とされた相続人が取得する死亡保険金請求権又はこれを行使して取得した死亡保険金は、民法九〇三条一項に規定する遺贈又は贈与に係る財産には当たらないと解するのが相当である。もっとも、上記死亡保険金請求権の取得のための費用である保険料は、被相続人が生前保険者に支払ったものであり、保険契約者である被相続人の死亡により保険金受取人である相続人に死亡保険金請求権が発生することなどにかんがみると、保険金受取人である相続人とその他の共同相続人との間に生ずる不公平が民法九〇三条の趣旨に照らし到底是認することができないほどに著しいものであると評価すべき特段の事情が存する場合には、同条の類推適用により、当該死亡保険金請求権は特別受益に準じて持戻しの対象となると解するのが相当である。上記特段の事情の有無については、保険金の額、この額の遺産の総額に対する比率のほか、同居の有無、被相続人の介護等に対する貢献の度合いなどの保険金受取人である相続人及び他の共同相続人と被相続人との関係、各相続人の生活実態等の諸般の事情を総合考慮して判断すべきである。

これを本件についてみるに、前記……の死亡保険金については、その保険金の額、本件で遺産分割の対象となった本件各土地の評価額、前記の経緯からうかがわれるBの遺産の総額、Xら及びYと被相続人らとの関係並びに本件に現れたXら及びYの生活実態等に照らすと、上記特段の事情があるとまではいえない。したがって、前記……の死亡保険金は、特別受益に準じて持戻しの対象とすべきものということはできない。」

遺骨の相続

八九六条・八九七条

〔四一六〕　大判大正一〇年七月二五日民録二七輯一四〇八頁

民法3相14(2)

事実　A死亡後、Aの遺骨を妻・子（Y）が戸主Xの同意を得ずにX家の墓地以外の墓に埋葬したため、Xが、Yに対しAの遺骨の引渡請求を行った。一審・原審ともX敗訴。そこで、Xが上告。

上告棄却「民法第九八七条〔現八九七条〕ハ、被相続人ニ属シタル系譜祭具及ビ墳墓ノ所有権ガ家督相続人ニ当然移転スベク、遺贈ノ目的トナラザルコトヲ定タルニ過ギザルヲ以テ、同条ノ規定ヲ援テ以テ家族ノ遺骨ガ戸主ノ所有ニ属シ、若クハ戸主ノ管理ニ属スルモノト解スルニ足ラズ。

判旨　抑モ生存者ノ身体ハ人格者ヲ構成スルモノナルヲ以テ、人格者ノ身体其自体ヲ所有権ノ目的ト為スコトヲ得ザレドモ、身体ノ一部ヲ成セルモノモ身体ト分離シタルトキハ、有体物トシテ所有権ノ目的ト為スコトヲ得ベク、其所有権ハ先占者ニ属スト為サンヨリハ、其分離前之ヲ其身体ノ一部ト為セシ者ノ所有ニ属スト為スヲ以テ、寧ロ条理ニ適スルモノト為スベキモノニシテ、法律上何等ノ明文ナケレドモ、其精神亦是ニアリト解スルヲ相当トス。遺骨モ亦之ト同ジク有体物トシテ所有権ノ目的ト為ルコトヲ得ベキモ、既ニ遺骨トナレバ之ヲ身体ノ一部ト為セシ人格者ナルモノ存セズ。故ニ、其遺骨ハ其相続人ノ所有ニ帰ス。従テ、家族ノ遺骨ハ其遺産相続人ノ所有ニ帰シ、其遺産相続人ニ於テ之ガ管理ヲ為ス権利アルモノト解スルヲ相当トス。」

生活保護法に基づく保護受給権の相続性

〔四一七〕 最大判昭和四二年五月二四日民集二一巻五号一〇四三頁

事実 X_1は、肺結核のため療養所に長期入所し、日用品費の生活扶助と医療扶助の生活保護を受給していたところ、実兄から扶養料の送金を受けるようになったため、福祉事務所長により、生活扶助の打ち切りおよび医療費の一部負担の保護変更決定がなされた。そこで、X_1は、県知事および旧厚生大臣（現厚生労働大臣）Yに対し保護変更決定に対する不服申立てを行ったが、いずれも認められるに至らなかったため、X_1の不服申立てを却下した旧厚生大臣Yの裁決の取消しを請求した。一審は、保護変更決定の違法性を認め、Yの裁決の取消しを認めたが、原審は、一審判決を取り消したため、X_1が上告した。上告申立て後、X_1が死亡したため、その相続人であるX_2・X_3が訴訟を承継できるかが争われることとなった。

判旨 訴訟終了「生活保護法の規定に基づき要保護者が国から生活保護を受けるのは、単なる国の恩恵ないし社会政策の実施に伴う反射的利益ではなく、法的権利であって、保護受給権とも称すべきものと解すべきである。しかし、この権利は、被保護者自身の最低限度の生活を維持するために当該個人に与えられた一身専属の権利であって、他にこれを譲渡し得ないし（生活保護五九条参照）、相続の対象ともなり得ないというべきである。また、被保護者の生存中の扶助で既に遅滞にあるものの給付を求める権利についても、医療扶助の場合はもちろんのこと、金銭給付を内容とする扶助の場合でも、それは当該被保護者の最低限度の生活需要を満たすことを目的とするものであって、法の予定する目的以外に流用することを許さないものであるから、当該被保護者の死亡によって当然消滅し、相続の対象となり得ない、と解するのが相当である。また、所論不当利得返還請求権は、保護受給権を前提としてはじめて成立するものであり、その保護受給権が右に述べたように一身専属の権利である以上、相続の対象となり得ないと解するのが相当である」。

本判決には、一裁判官の補足意見および三裁判官の反対意見が存在する。

占有権の相続

〔四一八〕 最判昭和四四年一〇月三〇日民集二三巻一〇号一八八一頁

八九六条
民法3相13(1)

事実　Xは、A所有の農地について県知事の許可手続を経た上で買い受け、所有権移転登記を得たが、Aの父で農地を耕作していたY_1が引き渡さないため、Y_1に対して土地所有権の確認および引渡しを請求した。Y_1は、自己が本件土地の耕作者であることを理由として、県知事の許可は無効であり、したがって、売買契約も無効であると主張した。一審では、Y_1が敗訴したため、控訴したが、Y_1が死亡。Y_1の相続人妻Y_2および子Y_3ら（子Aは相続放棄をした）が控訴を承継した。原審は、Y_1・Y_2夫婦は事実上耕作に従事したにすぎないもので、県知事の許可に違法はないとして、Y_2・Y_3らの控訴を棄却した。Y_2・Y_3らが上告。上告理由において、Y_2・Y_3らは、本件農地の占有権はすべてY_2に帰したものであり、Y_3らは占有していないのであるから、Y_3らに対するXの引渡請求は失当であると主張した。

判旨　上告棄却「被相続人の事実的支配の中にあった物は、原則として、当然に、相続人の支配の中に承継されるとみるべきであるから、その結果として、占有権も承継され、被相続人が死亡して相続が開始するときは、特別の事情のないかぎり、従前その占有に属したものは、当然相続人の占有に移ると解すべきである。それ故、本件においては、Y_1の死亡により相続が開始したときは、特別の事情のないかぎり、従前その占有に属したものは当然その相続人の占有に移るものというべく、特別の事情の認められない本件においては、本件土地に対するY_1の占有は、その相続人であるY_2・Y_3らの占有に移ったものといわなければならない。」

相続財産の共有

〔四一九〕 最判昭和三〇年五月三一日民集九巻六号七九三頁

八九六条・二五八条
民法3相16(1)・(3)(ウ)・26(1)(イ)

事実　被相続人Aは昭和一二年八月一三日死亡し、B・Cが遺産相続人（相続分は各二分の一）となった。その後、Bが死亡し、YがBの家督相続人となり、Aの遺産である本件不動産を占有していた。本件不動産について遺産分割を経る前に、Cが持分をXに贈与したため、XはYに対し民法二五八条に基づく共有物分割として、現物分割もしくは競売による分割を請求した。一審・原審は本件不動産について、競売を命じたため、Yが上告した。上告理由において、Yは、遺産である本件不動産について、民法二五八条二項を適用して一括競売を命じたのは違法であると主張した。

判旨　上告棄却「相続財産の共有（民法八九八条。旧法一〇〇二条）は、民法改正の前後を通じ、民法二四九条以下に規定する『共有』とその性質を異にするものではないと解すべきである。相続財産中に金銭その他の可分債権があるときは、その債権は法律上当然分割され、各共同相続人がその相続分に応じて権利を承継するとした新法についての当裁判所の判例（……最判昭和二九年四月八日民集八巻四号八一九頁）及び旧法についての大審院の同趣旨の判例（大判大正九年一二月二二日民録二六輯二〇六二頁）は、いずれもこの解釈を前提とするものというべきである。それ故に、遺産の共有及び分割に関しては、共有に関する民法二五六条以下の規定が第一次的に適用せられ、遺産の分割は現物分割を原則とし、分割によって著しくその価値を損する虞があるときは、その競売を命じて価格分割を行うことになるのであって、民法九〇六条は、その場合にとるべき方針を明らかにしたものに外ならない。本件において、原審は、本件遺産は分割により著しく価格を損する虞があるとして一括競売を命じたのであるが、右判断は原判示理由によれば正当であるというべく、本件につき民法二五八条二項の適用はないとする所論は採用できない。」

使用貸借の成否　〔二二六〕参照。

一部の共同相続人から共有持分を譲り受けた第三者のとるべき分割手続　二五八条一項・八九八条・九〇七条

〔四二〇〕　最判昭和五〇年一一月七日民集二九巻一〇号一五二五頁　民法3相16⑴・⑶(ウ)

事実　本件建物はAが所有し、本件土地はその妻Bが所有していたが、Aが死亡し、その後Bも死亡したことから、本件土地建物は最終的にはABの養子であるYとCとが持分二分の一で相続することとなった。その後、YC間で遺産分割協議の調っていない段階においてCがXに本件土地建物の持分二分の一を贈与したところ、XはYに対して共有物分割の訴えを提起した。原審は、遺産を構成する特定財産の共有持分権が第三者に譲渡されても遺産分割の対象から除外されないから、遺産分割前には共有物分割の訴えを提起できないとして、Xの訴えを却下。X上告。

判旨　破棄差戻　「共同相続人が分割前の遺産を共同所有する法律関係は、基本的には民法二四九条以下に規定する共有としての性質を有すると解するのが相当であって（最判昭和三〇年五月三一日民集九巻六号七九三頁参照）、共同相続人の一人から遺産を構成する特定不動産について同人の有する共有持分権を譲り受けた第三者は、適法にその権利を取得することができ（最判昭和三八年二月二二日民集一七巻一号二三五頁参照）、他の共同相続人とともに右不動産を共同所有する関係にたつが、右共同所有関係が民法二四九条以下の共有としての性質を有するものであることはいうまでもない。そして、第三者が右共同所有関係の解消を求める方法として裁判上とるべき手続は、民法九〇七条に基づく遺産分割審判ではなく、民法二五八条に基づく共有物分割訴訟であると解するのが相当である。けだし、共同相続人の一人が特定不動産について有する共有持分権を第三者に譲渡した場合、当該譲渡部分は遺産分割の対象から逸出するものと解すべきであるから、第三者がその譲り受けた持分権に基づいてする分割手続を遺産分割審判としなければならないものではない。のみならず、遺産分割審判は、遺産全体の価値を総合的に把握し、これを共同相続人の具体的相続分に応じ民法九〇六条所定の基準に従って分割することを目的とするものであるから、本来共同相続人という身分関係にある者または包括受遺者等相続人と同視しうる関係にある者の申立に基づき、これらの者を当事者とし、原則として遺産の全部について進められるべきものであるところ、第三者が共同所有関係の解消を求める手続を遺産分割審判とした場合には、第三者の権利保護のためには第三者にも遺産分割の申立権を与え、かつ、同人を当事者として手続に関与させることが必要となるが、共同相続人に対しては全遺産を対象とし前叙の基準に従いつつこれを全体として合目的的に分割すべきであって、その方法も多様であるのに対し、第三者に対しては当該不動産の物理的一部分を分与することを原則とすべきものである等、それぞれ分割の対象、基準及び方法を異にするから、これらはかならずしも同一手続によって処理されることを必要とするものでも、またこれを適当とするものでもなく、さらに、第三者に対し右のような遺産分割審判手続上の地位を与えることは前叙遺産分割の本旨にそわず、同審判手続を複雑にし、共同相続人側に手続上の負担をかけることになるうえ、第三者に対しても、その取得した権利とはなんら関係のない他の遺産を含めた分割手続の全てに関与したうえでなければ分割を受けることができないという著しい負担をかけることがありうる。これに対して、共有物分割訴訟は対象物を当該不動産に限定するものであるから、第三者の分割目的を達成するために適切であるということができるうえ、当該不動産のうち共同相続人の一人が第三者に譲渡した持分部分を除いた残余持分部分は、なお遺産分割の対象とされるべきものであり、第三者が右持分権に基づいて当該不動産につき提起した共有物分割訴訟は、ひっきょう、当該不動産を第三者に対する分与部分と持分譲渡人を除いた他の共同相続人に対する分与部分とに分割することを目的とするものであって、右分割判決によって共同相続人に分与された部分は、なお共同相続人間の遺産分割の対象になるものと解すべきであるから、右分割判決が共同相続人の有する遺産分割上の権利を害することはないということができる。このような両手続の目的、性質等を対比し、かつ、第三者と共同相続人の利益の調和をはかるとの見地からすれば、本件分割手続としては共有物分割訴訟をもって相当とすべきである。」

金銭債権の共同相続　八九八条・八九九条

〔四二一〕　最判昭和二九年四月八日民集八巻四号八一九頁　民法2債37、3相16(3)(ウ)

事実　被相続人A所有の山林の立木を買主であるYが、売買契約において約定した本数を上回って伐採したため、Aが不法行為に基づく損害賠償をYに請求したが、訴え提起後Aが死亡したため、妻X_1および子X_2～X_4が訴訟を承継した。一審では、Xらが敗訴し、Xらが控訴した。原審では、Xらの請求を認め、YにXらの相続分に応じた支払を命じたため、Yが上告した。上告理由中で、Yは、遺産は合有であり、可分債権であっても相続により直ちに分割されるものではないと主張した。

判旨　上告棄却「相続人数人ある場合において、その相続財産中に金銭その他の可分債権あるときは、その債権は法律上当然分割され各共同相続人がその相続分に応じて権利を承継するものと解するを相当とするから、所論は採用できない。」

預貯金債権の共同相続　八九八条・九〇七条・二六四条・四二七条

〔四二二〕最大決平成二八年一二月一九日民集七〇巻八号二一二一頁　民法2債36(1)(ア)、3相16(3)(ウ)・26(1)(イ)

事実　被相続人A（平成二四年三月死亡）の相続人は、養子X（Aの弟Cの子）、および、養子B（Aの妹）の代襲相続人であるY（Bの子）の二名である。Aの相続財産には、不動産のほかに、預貯金債権があった。Bは、Aから生前贈与を受けており、これによりYは超過特別受益者として具体的相続分はゼロとなる（民法九〇三条二項）。そこで、Xは遺産分割調停において本件預貯金を含むAの遺産すべての取得を希望したが、調停不成立により、審判に移行した。一審および原審は、いずれも相続人間に合意がないかぎり、本件預貯金は遺産分割の対象とならないとした。

決定要旨　破棄差戻　「遺産分割の仕組みは、被相続人の権利義務の承継に当たり共同相続人間の実質的公平を図ることを旨とするものであることから、一般的には、遺産分割においては被相続人の財産をできる限り幅広く対象とすることが望ましく、また、遺産分割手続を行う実務上の観点からは、現金のように、評価についての不確定要素が少なく、具体的な遺産分割の方法を定めるに当たっての調整に資する財産を遺産分割の対象とすることに対する要請も広く存在することがうかがわれる。」「預貯金契約は、消費寄託の性質を有するものであるが、預貯金契約に基づいて金融機関の処理すべき事務には、預貯金の返還だけでなく、振込入金の受入れ、各種料金の自動支払、定期預金の自動継続処理等、委任事務ないし準委任事務の性質を有するものも多く含まれている（最判平成二一年一月二二日民集六三巻一号二二八頁参照）。そして、これを前提として、普通預金口座等が賃金や各種年金給付等の受領のために一般的に利用されるほか、公共料金やクレジットカード等の支払のための口座振替が広く利用され、定期預金等についても総合口座取引において当座貸越の担保とされるなど、預貯金は決済手段としての性格を強めてきている。」また、「預貯金は、預金者においても、確実かつ簡易に換価することができるという点で現金との差をそれほど意識させない財産であると受け止められている」といえる。

(1)　普通預金債権・通常貯金債権について、「普通預金契約及び通常貯金契約は、一旦契約を締結して口座を開設すると、以後預金者がいつでも自由に預入れや払戻しをすることができる継続的取引契約であり、口座に入金が行われるたびにその額についての消費寄託契約が成立するが、その結果発生した預貯金債権は、口座の既存の預貯金債権と合算され、一個の預貯金債権として扱われるものである。」「普通預金債権及び通常貯金債権は、いずれも、一個の債権として同一性を保持しながら、常にその残高が変動し得るものである。そして、この理は、預金者が死亡した場合においても異ならないというべきである。すなわち、預金者が死亡することにより、普通預金債権及び通常貯金債権は共同相続人全員に帰属するに至るところ、その帰属の態様について検討すると、上記各債権は、口座において管理されており、預貯金契約上の地位を準共有する共同相続人が全員で預貯金契約を解約しない限り、同一性を保持しながら常にその残高が変動し得るものとして存在し、各共同相続人に確定額の債権として分割されることはないと解される。」

(2)　定期貯金債権について、「定期貯金についても、定期郵便貯金と同様の趣旨で、契約上その分割払戻しが制限されているものと解される。そして、定期貯金の利率が通常貯金のそれよりも高いことは公知の事実であるところ、上記の制限は、預入期間内には払戻しをしないという条件と共に定期貯金の利率が高いことの前提となっており、単なる特約ではなく定期貯金契約の要素というべきである。しかるに、定期貯金債権が相続により分割されると解すると、それに応じた利子を含めた債権額の計算が必要になる事態を生じかねず、定期貯金に係る事務の定型化、簡素化を図るという趣旨に反する。」

「共同相続された普通預金債権、通常貯金債権及び定期貯金債権は、いずれも、相続開始と同時に当然に相続分に応じて分割されることはなく、遺産分割の対象となるものと解するのが相当である。」

「以上説示するところに従い、最判平成一六年四月二〇日裁判集民二一四号一三頁その他上記見解と異なる当裁判所の判例は、いずれも変更すべきである。」

株式・投資信託受益権・国債の共同相続　八九八条・八九九条・二六四条

〔四二三〕　最判平成二六年二月二五日民集六八巻二号一七三頁　民法3相16(3)(ウ)

事実　被相続人Aの子、X_1・X_2・X_3およびYら四名の相続人の間で、Aの遺産である株式・投資信託受益権・国債について、各自四分の一の持分により共有取得する旨の遺産分割審判が確定した。その後、XらはYを相手に共有物分割請求を提起したが、原審は、本件各財産は相続開始時に既に当然分割されているとし、Xらの訴えを不適法却下した。

判旨　破棄差戻　(1)　株式について、「株式は、株主たる資格において会社に対して有する法律上の地位を意味し、株主は、株主たる地位に基づいて、剰余金の配当を受ける権利（会社法一〇五条一項一号）、残余財産の分配を受ける権利（同項二号）などのいわゆる自益権と、株主総会における議決権（同項三号）などのいわゆる共益権とを有するのであって（最大判昭和四五年七月一五日民集二四巻七号八〇四頁参照）、このような株式に含まれる権利の内容及び性質に照らせば、共同相続された株式は、相続開始と同時に当然に相続分に応じて分割されることはないものというべきである（最判昭和四五年一月二二日民集二四巻一号一頁等参照）。」

(2)　投信受益権のうち、委託者指図型投資信託に基づく「投資信託受益権は、口数を単位とするものであって、その内容として、法令上、償還金請求権及び収益分配請求権（同法〔投資信託及び投資法人に関する法律〕六条三項）という金銭支払請求権のほか、信託財産に関する帳簿書類の閲覧又は謄写の請求権（同法一五条二項）等の委託者に対する監督的機能を有する権利が規定されており、可分給付を目的とする権利でないものが含まれている。このような上記投資信託受益権に含まれる権利の内容及び性質に照らせば、共同相続された上記投資信託受益権は、相続開始と同時に当然に相続分に応じて分割されることはないものというべきである。」

また、外国投資信託受益権については、「外国投資信託は、外国において外国の法令に基づいて設定された信託で、投資信託に類するものであり（投資信託及び投資法人に関する法律二条二二項〔現二四項〕）、上記投資信託受益権の内容は、必ずしも明らかではない。しかし、外国投資信託が同法に基づき設定される投資信託に類するものであることからすれば、上記投資信託受益権についても、委託者指図型投資信託に係る信託契約に基づく受益権と同様、相続開始と同時に当然に相続分に応じて分割されることはないものとする余地が十分にあるというべきである。」

(3)　国債について、「個人向け国債は、法令上、一定額をもって権利の単位が定められ、一単位未満での権利行使が予定されていないものというべきであり、このような個人向け国債の内容及び性質に照らせば、共同相続された個人向け国債は、相続開始と同時に当然に相続分に応じて分割されることはないものというべきである。」

(4)　本件各財産は、「亡Aの相続開始と同時に当然に相続分に応じて分割されるものでなければ、その最終的な帰属は、遺産の分割によって決せられるべきことになるから、本件国債等は、本件遺産分割審判によってXら及びYの各持分四分の一の割合による準共有となったことになり、Xらの主位的請求に係る訴えは適法なものとなる。」

遺産中の不動産から生じる賃料債権の帰属　八九八条・九〇九条・四二七条

〔四二四〕　最判平成一七年九月八日民集五九巻七号一九三一頁　民法3相16(3)(ウ)

事実　被相続人Aの相続人は、Aの後妻X、および前妻の子Y・B・C・Dら5名である。Aの遺産中の各不動産から生ずる賃料、管理費等について、遺産分割により本件各不動産の帰属が確定した時点で清算することとし、それまでの期間に支払われる賃料等を管理するための銀行口座（以下「本件口座」という）を開設し、各不動産の賃借人らに賃料を本件口座に振り込ませ、また、その管理費等を本件口座から支出してきた。各不動産の遺産分割については、別途なされた遺産分割決定により確定した。本件口座の残金の清算方法をめぐって、Xが、各不動産から生じた賃料債権は、相続開始の時に遡って、遺産分割決定により各不動産を取得した各相続人にそれぞれ帰属すると主張し、Yとの間で紛争が生じた。一審、原審は、Xの主張を認めた。

判旨　破棄差戻　「遺産は、相続人が数人あるときは、相続開始から遺産分割までの間、共同相続人の共有に属するものであるから、この間に遺産である賃貸不動産を使用管理した結果生ずる金銭債権たる賃料債権は、遺産とは別個の財産というべきであって、各共同相続人がその相続分に応じて分割単独債権として確定的に取得するものと解するのが相当である。遺産分割は、相続開始の時にさかのぼってその効力を生ずるものであるが、各共同相続人がその相続分に応じて分割単独債権として確定的に取得した上記賃料債権の帰属は、後にされた遺産分割の影響を受けないものというべきである。

したがって、相続開始から本件遺産分割決定が確定するまでの間に本件各不動産から生じた賃料債権は、X及びYらがその相続分に応じて分割単独債権として取得したものであり、本件口座の残金は、これを前提として清算されるべきである。」

連帯債務の共同相続　〔一八一〕参照。

身元保証債務の相続　〔二五五〕参照。

慰謝料請求権の相続　〔三三九〕参照。

第二節　相続分

具体的相続分確認の訴えの適法性　**九〇三条**

〔四二五〕　最判平成一二年二月二四日民集五四巻二号五二三頁　**民法3相22(1)(ア)**

事実　被相続人Aの相続人は、子X・Yであるが、YがXを相手方として家庭裁判所に遺産分割の申立てを行った。家庭裁判所の審判においては、X・Y各自の特別受益に応じた具体的相続分が算定され、Aの遺産について各自の具体的相続分に基づく現物分割と、同時にXからYへの代償金の支払が命じられた。この審判に対し、Xは即時抗告・再抗告を行ったが、いずれも認められず、家庭裁判所の遺産分割の審判が確定した。そこで、さらに、Xは、家庭裁判所の審判は特別受益の有無とその評価および遺産の評価に関する判断を誤っており、これらの点についてはいずれも訴訟事項となり、遺産に対する具体的相続分の確認の訴えも許されると主張し、Yに対して、Yの具体的相続分の価額と同相続分率が一定限度を超えないことの確認を求める訴えを起こした。一審・原審ともに、X敗訴。Xが上告受理の申立てをし、受理が決定された。

判旨　上告棄却　「民法九〇三条一項は、共同相続人中に、被相続人から、遺贈を受け、又は、婚姻、養子縁組のため若しくは生計の資本としての贈与を受けた者があるときは、被相続人が相続開始の時において有した財産の価額にその贈与の価額を加えたものを相続財産とみなし、法定相続分又は指定相続分の中からその遺贈又は贈与の価額を控除し、その残額をもって右共同相続人の相続分（以下「具体的相続分」という。）とする旨を規定している。具体的相続分は、このように遺産分割手続における分配の前提となるべき計算上の価額の遺産の総額に対する割合を意味するものであって、それ自体を実体法上の権利関係であるということはできず、遺産分割審判事件における遺産の分割や遺留分減殺請求に関する訴訟事件における遺留分の確定等のための前提問題として審理判断される事項であり、右のような事件を離れて、これのみを別個独立に判決によって確認することが紛争の直接かつ抜本的解決のため適切かつ必要であるということはできない。

したがって、共同相続人間において具体的相続分についてその価額又は割合の確認を求める訴えは、確認の利益を欠くものとして不適法であると解すべきである」。

遺産分割審判の合憲性　九〇六条・九〇七条、家事別表第二・一二・一三、憲三二条・八二条

〔四二六〕　最大決昭和四一年三月二日民集二〇巻三号三六〇頁　民法3相27(3)

事実　Aが死亡し、その長男Xと次男YがAの遺産を二分の一の割合で共同相続した。XがYを相手方として家庭裁判所に遺産分割の調停を申し立てたが、調停は不調となり、遺産分割の審判がなされた。これに不服のYが抗告をしたが、原審はこれを棄却。そこで、遺産分割の審判は憲法一三条・二四条・三二条・八二条に違反し無効であると主張して、Yは特別抗告を行った。

決定要旨　抗告棄却　「家事審判法九条一項乙類一〇号〔現家事別表第二・一二・一三〕に規定する遺産の分割に関する処分の審判は、民法九〇七条二、三項を承けて、各共同相続人の請求により、家庭裁判所が民法九〇六条に則り、遺産に属する物または権利の種類および性質、各相続人の職業その他一切の事情を考慮して、当事者の意思に拘束されることなく、後見的立場から合目的的に裁量権を行使して具体的に分割を形成決定

し、その結果必要な金銭の支払、物の引渡、登記義務の履行その他の給付を付随的に命じ、あるいは、一定期間遺産の全部または一部の分割を禁止する等の処分をなす裁判であって、その性質は本質的に非訟事件であるから、公開法廷における対審および判決によってする必要なく、したがって、右審判は憲法三二条、八二条に違反するものではない（最大決昭和四〇年六月三〇日民集一九巻四号一〇八九頁、最大決昭和四〇年六月三〇日民集一九巻四号一一一四頁参照）。

ところで、右遺産分割の請求、したがって、これに関する審判は、相続権、相続財産等の存在を前提としてなされるものであり、それらはいずれも実体法上の権利関係であるから、その存否を終局的に確定するには、訴訟事項として対審公開の判決手続によらなければならない。しかし、それであるからといって、家庭裁判所は、かかる前提たる法律関係につき当事者間に争があるときは、常に民事訴訟による判決の確定をまってはじめて遺産分割の審判をなすべきものであるというのではなく、審判手続において右前提事項の存否を審理判断したうえで分割の処分を行うことは少しも差支えないというべきである。けだし、審判手続においてした右前提事項に関する判断には既判力が生じないから、これを争う当事者は、別に民事訴訟を提起して右前提たる権利関係の確定を求めることをなんら妨げられるものではなく、そして、その結果、判決によって右前提たる権利の存在が否定されれば、分割の審判もその限度において効力を失うに至るものと解されるからである。このように、右前提事項の存否を審判手続によって決定しても、そのことは民事訴訟による通常の裁判を受ける途を閉すことを意味しないから、憲法三二条、八二条に違反するものではない。

以上のとおりであるから、本件において、前記憲法各条の違反をいう論旨は理由なく、また、論旨は、憲法一三条、二四条違反をもいうが、その実質は違憲に名をかりて原決定の単なる法令違反を主張するにすぎないものと認められるから、採用できない。」

一　裁判官の少数意見がある。

遺産分割協議の解除の可否
五四一条・九〇七条・九〇九条

〔四二七〕　最判平成元年二月九日民集四三巻二号一頁
民法3相27(2)(ウ)

事実　Aの死亡後、遺産分割が行われ、長男であるYはAの経営していた会社を引き継ぎAの生前居住していた母屋に移り住んだ。しかし、Yは、遺産分割の条件として合意されていたB（Aの妻で原告であったが一審係属中に死亡）と同居しBを扶養するなどの条件に違反して、Bを扶養せずむしろ虐待するなどの行動をとった。そこで、Y以外の子Xらは、この不遵守をYの債務不履行であるとして、遺産分割協議ないしそれを構成する負担付贈与契約・母屋の使用貸借契約を解除する旨の意思表示を行い、Yが所有権移転登記を経由した土地・工場等につき法定相続分に従った更正登記手続等を求める訴訟を提起した。原審でXら敗訴。Xら上告。

判旨　上告棄却　「共同相続人間において遺産分割協議が成立した場合に、相続人の一人が他の相続人に対して右協議において負担した債務を履行しないときであっても、他の相続人は民法五四一条によって右遺産分割協議を解除することができないと解するのが相当である。けだし、遺産分割はその性質上協議の成立とともに終了し、その後は右協議において右債務を負担した相続人とその債権を取得した相続人間の債権債務関係が残るだけと解すべきであり、しかも、このように解さなければ民法九〇九条本文により遡及効を有する遺産の再分割を余儀なくされ、法的安定性が著しく害されることになるからである。」

遺産分割の合意解除
九〇七条

〔四二八〕　最判平成二年九月二七日民集四四巻六号九九五頁
民法3相27(2)(ウ)

事実　被相続人Aの遺産について、共同相続人X・YおよびB$_1$〜B$_3$の間で遺産分割協議が成立し、本件土地をXが相続した。しかし、Yが勝手に本件土地について所有権移転登記を済ませたため、Xは、Yに対し所有権に基づく抹消登記手続を求めた。Yは、本件土地について、先に行われた遺産分割協議を修正する合意が共同相続人間で再度行われ、Yが二分の一、B$_1$・B$_2$が各四分の一相続することとなったため、Xに所有権はないと主張した。一審・原審ともに、遺産分割協議の合意解除を認めず、Yが敗訴したため、Yが上告。

判旨　上告棄却「共同相続人の全員が、既に成立している遺産分割協議の全部又は一部を合意により解除した上、改めて遺産分割協議をすることは、法律上、当然には妨げられるものではなく、Yが主張する遺産分割協議の修正も、右のような共同相続人全員による遺産分割協議の合意解除を指すものと解されるから、原判決がこれを許さないものとして右主張自体を失当とした点は、法令の解釈を誤ったものといわざるを得ない。」としたが、原判決における、遺産分割協議の修正合意の事実の存在自体が認められないとの判断は、是認しうるとした。

相続させる遺言の意義・効力　九〇八条・九六四条・九八五条

〔四二九〕最判平成三年四月一九日民集四五巻四号四七七頁　民法3相27(1)(イ)・78(2)(エ)

事実　亡くなったAには、相続人として、長女Y_1、次女X_1、三女X_2、夫Y_2がおり、遺産である甲乙丙丁の土地に関し四通の自筆証書遺言が残されていた。遺言は、それぞれ、①甲地について「X_1一家の相続とする」（X_1とその夫X_3に各二分の一の持分を与える趣旨）、②乙地について「X_1の相続とする」、③丙地について「X_3に譲る」、④丁地の共有持分四分の一について「X_2に相続させて下さい」旨の内容で、家庭裁判所において検認を受けた。そこで、$X_1X_2X_3$は、Aの右遺言を根拠に当該土地を遺贈（X_1X_2は予備的に相続も主張）により取得したとして、その所有権（X_2は共有持分権）の確認を求め訴えを提起した。原審は、①③のX_3に対する遺言の趣旨は遺贈と解し、X_1に対する①②の遺言およびX_2に対する④の遺言の趣旨は遺産分割の方法を指定したものと解した上で、X_1X_2は相続開始の時に遡りX_3は遺言の効力が生じた時より当該遺産を取得するとした。X_1に関する判断についてY_1が上告。

判旨　上告棄却「被相続人の遺産の承継関係に関する遺言については、遺言書において表明されている遺言者の意思を尊重して合理的にその趣旨を解釈すべきものであるところ、遺言者は、各相続人との関係にあっては、その者と各相続人との身分関係及び生活関係、各相続人の現在及び将来の生活状況及び資力その他の経済関係、特定の不動産その他の遺産についての特定の相続人のかかわりあいの関係等各般の事情を配慮して遺言をするのであるから、遺言書において特定の遺産を特定の相続人に『相続させる』趣旨の遺言者の意思が表明されている場合、当該相続人も当該遺産を他の共同相続人と共にではあるが当然相続する地位にあることにかんがみれば、遺言者の意思は、右の各般の事情を配慮して、当該遺産を当該相続人をして、他の共同相続人と共にではなくして、単独で相続させようとする趣旨のものと解するのが当然の合理的な意思解釈というべきであり、遺言書の記載から、その趣旨が遺贈であることが明らかであるか又は遺贈と解すべき特段の事情がない限り、遺贈と解すべきではない。そして、右の『相続させる』趣旨の遺言、すなわち、特定の遺産を特定の相続人に単独で相続により承継させようとする遺言は、前記の各般の事情を配慮しての被相続人の意思として当然あり得る合理的な遺産の分割の方法を定めるものであって、民法九〇八条において被相続人が遺言で遺産の分割の方法を定めることができるとしているのも、遺産の分割の方法として、このような特定の遺産を特定の相続人に単独で相続により承継させることをも遺言で定めることを可能にするために外ならない。したがって、右の『相続させる』趣旨の遺言は、正に同条にいう遺産の分割の方法を定めた遺言であり、他の共同相続人も右の遺言に拘束され、これと異なる遺産分割の協議、さらには審判もなし得ないのであるから、このような遺言にあっては、遺言者の意思に合致するものとして、遺産の一部である当該遺産を当該相続人に帰属させる遺産の一部の分割がなされたのと同様の遺産の承継関係を生ぜしめるものであり、当該遺言において相続による承継を当該相続人の受諾の意思表示にかからせたなどの特段の事情のない限り、何らの行為を要せずして、被相続人の死亡の時（遺言の効力の生じた時）に直ちに当該遺産が当該相続人に相続により承継されるものと解すべきである。そしてその場合、遺産分割の協議又は審判においては、当該遺産の承継を参酌して残余の遺産の分割がされることはいうまでもないとしても、当該遺産については、右の協議又は審判を経る余地はないものというべきである。もっとも、そのような場合においても、当該特定の相続人はなお相続の放棄の自由を有するのであるから、その者が所定の相続の放棄をしたときは、さかのぼって当該遺産がその者に相続されなかったことになるのはもちろんであり、また、場合によっては、他の相続人の遺留分減殺請求権の行使を妨げるものではない。」

相続させる遺言と登記　〔八六〕参照。

相続させる遺言と遺言執行者の職務権限〔四四五〕参照。
遺産分割と登記〔八三〕参照。

第四章　相続の承認・放棄

第一節　総　則

相続の承認・放棄の期間　九一五条

〔四三〇〕　大決大正一五年八月三日民集五巻六七九頁　民法3相33(6)

事実　被相続人Aが死亡し、遺産相続が開始した。相続人となったAの直系尊属Xが区裁判所に相続放棄の申述を行ったところ、民法一〇一七条一項（現九一五条一項）が定める三か月の期間経過を理由に却下された。そこで、Xが抗告したところ、原審は、Xの抗告を棄却したため、Xがさらに再抗告した。再抗告の理由として、Aは生前Bと結婚式を挙げ同居していたが、XはA・B間に婚姻届が出されていなかったことは知らず、また、相続法規についても不知であったため、Aの遺産相続人をBと誤認していたところ、自己がAの相続人となることを知ったことから、相続放棄の申述をしたものであり、所定の期間内の申述であると主張した。

決定要旨　破棄委任（差戻）「民法一〇一七条〔現九一五条〕ニ、所謂《いわゆる》相続人ガ自己ノ為ニ相続ノ開始アリタルコトヲ知リタル時トハ、相続人ガ相続開始ノ原因タル事実ノ発生ヲ知リタル時ノ謂ニ非ズシテ、其ノ原因事実ノ発生ヲ知リ且ツ之ガ為ニ自己ガ相続人ト為リタルコトヲ覚知シタル時ヲ指称スルモノナルコトハ、同条ガ三ヶ月ノ期間ヲ設ケ相続人ヲシテ相続ノ承認又ハ放棄ヲ為スニ付、調査考慮ノ猶予ヲ与エタル立法ノ趣旨ニ照ラシテ疑イナキ所ナリ。固ヨリ相続人タルベキ法定順位ニ在ル者ガ相続開始ノ原因タル事実ノ発生ヲ知リタルトキハ、一応之ガ為ニ自己ガ相続人ト為リタルコトヲ覚知シタルモノト認定スルヲ相当トスベシト雖モ、法律ノ不知又ハ事実ノ誤認等ノ為、自己ガ相続人ト為リタルコトヲ覚知セザリシ事実上ノ主張アル場合ニ於イテハ、之ガ事実ノ有無ヲ審究判断セザルベカラザルモノトス。然カラバ原決定ガ論旨摘録ノ如ク判示シテXノ抗告ヲ棄却シ、X主張ノ法規ノ不知又ハ事実ノ誤認ノ為、自己ガ相続人ト為リタルコトヲ覚知セザリシ事実ニ付、審究スル所ナカリシハ違法ニシテ、本件抗告ハ其ノ理由アリ。」

熟慮期間の起算点　九一五条

〔四三〇の二〕　最判昭和五九年四月二七日民集三八巻六号六九八頁　民法３相33⑹

事実　A男は、B女との間に、Yら四名の子をもうけた（出生後、それぞれ認知、そしてBと結婚）。Aが定職につかず、ギャンブルに熱中し、家庭内のいさかいが絶えなかったことから、B・Yらは、昭和四一年から四二年にかけて次々と家を出て、以後、YらとAとの間に親子の交渉はまったく途絶えた状態となった（AとBとは昭和五六年に協議離婚した）。

Aは、昭和五二年七月に、知人のC女がXから一〇〇〇万円の借金をするにあたり、この貸金について、Xに対して連帯保証をした。Xは、昭和五三年一月、Aに対し、この保証債務の履行を求めて訴えを提起し、勝訴判決を得たが、この第一審判決正本がAに送達される前の昭和五五年三月五日に、Aは死亡した。

Yらは、入院したAを見舞い、死亡に立ち会うなどしたが、Aが死亡した事実および自己が相続人になった事実を知った当時、Aには相続財産が全く存在しないと信じ、限定承認又は相続放棄をしなかった。

Xは、昭和五五年七月二八日に、Aの死亡によって中断していた訴訟手続の受継の申立てをし、受継決定後、Aの法定相続人であるYらに対して、第一審判決正本が送達された（昭和五五年二月一二日～三月二日）。Yらはこの送達によってはじめて保証債務の存在を知り、第一審判決に対して控訴するとともに、昭和五六年二月二六日大阪家庭裁判所に相続放棄の申述をし、同年四月一七日に受理された。

Yらは、この相続放棄によって、Aの債務を相続しないと主張した。Xの死亡から一年近くしてからなされたYらの相続放棄の申述が適法なものであるかどうか、相続放棄の有効性が争点となった。原審は、相続人が被相続人の死亡を知ったときでも、積極・消極の遺産の存在を認識していない場合には、いまだ民法九一五条一項の熟慮期間は進行しないとして、Yらの相続放棄を認めて、Xの請求を認めなかった。Xが上告。

判旨　上告棄却「民法九一五条一項本文が相続人に対し単純承認若しくは限定承認又は放棄をするについて三か月の期間（以下「熟慮期間」という。）を許与しているのは、相続人が、相続開始の原因たる事実及びこれにより自己が法律上相続人となった事実を知った場合には、通常、右各事実を知った時から三か月以内に、調査すること等によって、相続すべき積極及び消極の財産（以下「相続財産」という。）の有無、その状況等を認識し又は認識することができ、したがつて単純承認若しくは限定承認又は放棄のいずれかを選択すべき前提条件が具備されるとの考えに基づいているのであるから、熟慮期間は、原則として、相続人が前記の各事実を知った時から起算すべきものであるが、相続人が、右各事実を知った場合であっても、右各事実を知った時から三か月以内に限定承認又は相続放棄をしなかったのが、被相続人に相続財産が全く存在しないと信じたためであり、かつ、被相続人の生活歴、被相続人と相続人との間の交際状態その他諸般の状況からみて当該相続人に対し相続財産の有無の調査を期待することが著しく困難な事情があって、相続人において右のように信ずるについて相当な理由があると認められるときには、相続人が前記の各事実を知った時から熟慮期間を起算すべきであるとすることは相当でないものというべきであり、熟慮期間は相続人が相続財産の全部又は一部の存在を認識した時又は通常これを認識しうべき時から起算すべきものと解するのが相当である。」

第二節　相続の承認

法定単純承認　九二一条一号

〔四三一〕最判昭和四二年四月二七日民集二一巻三号七四一頁　民法3相36(1)(ア)

事実 多額の債務を負っていたAは、家出当夜自殺を図り死亡したが、死体は約四か月後に発見された。その後、Yを含むAの相続人全員が相続放棄の申述をなし、その申述は受理された。Aと共に家業に従事していたYは、死体発見までAの死亡を知らずにいたが（Aの死亡を確実に予想していたものとも認められない）、Aの家出後に家業を有限会社組織にして、同会社にA所有の工具および自転車などを使用させたりした。そこで、Aの債権者Xは、Yの行為が相続財産の処分にあたり法定単純承認（民九二一条一号）に該当するから、相続の放棄は効力がなく、YがAの債務を承継したとして、その履行を請求した。原審は、Xの請求を棄却。X上告。

判旨 上告棄却「所論は、要するに、民法九二一条一号本文により相続人が単純承認をしたものとみなされるがためには、相続財産の全部または一部の処分という客観的事実が存すれば足り、相続人が自己のために相続が開始したことを知ってその処分をしたことは必要でないというにある。

しかしながら、民法九二一条一号本文が相続財産の処分行為があった事実をもって当然に相続の単純承認があったものとみなしている主たる理由は、本来、かかる行為は相続人が単純承認をしない限りしてはならないところであるから、これにより黙示の単純承認があるものと推認しうるのみならず、第三者から見ても単純承認があったと信ずるのが当然であると認められることにある（大判大正九年一二月一七日民録二六輯二〇三四頁参照）。したがって、たとえ相続人が相続財産を処分したとしても、いまだ相続開始の事実を知らなかったときは、相続人に単純承認の意思があったものと認めるに由ないから、右の規定により単純承認を擬制することは許されないわけであって、この規定が適用されるためには、相続人が自己のために相続が開始した事実を知りながら相続財産を処分したか、または、少なくとも相続人が被相続人の死亡した事実を確実に予想しながらあえてその処分をしたことを要するものと解しなければならない。」

「原判決が、Yが判示の事情のもとにAの家出後それまでみずからも従事していた左官業を会社組織にするために有限会社甲を設立し、同会社をしてAの所有にかかる所論各物件を使用させたことは、Yが相続の開始を知った以前の行為であるから、民法九二一条一号本文にいわゆる相続財産の処分に当たらないと判断していることは、その判示に照らして窺いえないものではなく、右の判断の正当なことは、上告論旨第一点につき説示したところによって明らかであり、また、YがAの死亡を知った以後において同会社に所論各物件の使用を許容していたことは、民法九二一条一号但書所定の保存行為の範囲を超えるものでないとする原審の判断も、正当なものとして是認することができる。」

死因贈与の受遺者の限定承認　九二二条

〔四三二〕最判平成一〇年二月一三日民集五二巻一号三八頁　民法3相39(1)

事実　被相続人Aは、相続人X_1・X_2に本件土地を死因贈与し、その旨の始期付所有権移転仮登記をしていた。Aは、平成五年五月九日死亡し、X_1・X_2は、仮登記に基づく本登記手続を行う一方、限定承認の申述を行い、受理された。他方、Aの債権者であるYは、限定承認を行ったX_1らに対し、Aの相続財産の限定内での強制執行を求め、本件土地に対する強制競売の申立てを行い、これが認められ、本件土地に差押えの登記が行われた。そこで、X_1らは、本件土地は、A死亡の時からX_1らの所有に属していたと主張し、強制競売に対する第三者異議の申立てを行った。

一審では、本件土地については、X_1らは相続開始時点において対抗要件を具備していたと考えられるから、X_1らの固有財産に属するものであるとして、X_1らの異議を認めた。Yが控訴。原審では、本件土地は「相続によって得た財産」に該当するとして、Yの控訴を認容。そこで、X_1らが上告した。

判旨　上告棄却「不動産の死因贈与の受贈者が贈与者の相続人である場合において、限定承認がされたときは、死因贈与に基づく限定承認者への所有権移転登記が相続債権者による差押登記よりも先にされたとしても、信義則に照らし、限定承認者は相続債権者に対して不動産の所有権取得を対抗することができないというべきである。けだし、被相続人の財産は本来は限定承認者によって相続債権者に対する弁済に充てられるべきものであることを考慮すると、限定承認者が、相続債権者の存在を前提として自ら限定承認をしながら、贈与者の相続人としての登記義務者の地位と受贈者としての登記権利者の地位を兼ねる者として自らに対する所有権移転登記手続をすることは信義則上相当でないものというべきであり、また、もし仮に、限定承認者が相続債権者による差押登記に先立って所有権移転登記をすることにより死因贈与の目的不動産の所有権取得を相続債権者に対抗することができるものとすれば、限定承認者は、右不動産以外の被相続人の財産の限度においてのみその債務を弁済すれば免責されるばかりか、右不動産の所有権をも取得するという利益を受け、他方、相続債権者はこれに伴い弁済を受けることのできる額が減少するという不利益を受けることとなり、限定承認者と相続債権者との間の公平を欠く結果となるからである。そして、この理は、右所有権移転登記が仮登記に基づく本登記であるかどうかにかかわらず、当てはまるものというべきである。」

第三節　相続の放棄

相続放棄の効力については、**相続放棄と登記**〔八四〕参照。

第五章　相続人の不存在

相続財産法人　　**九五一条・九九〇条**

〔四三三〕　最判平成九年九月一二日民集五一巻八号三八八七頁　　**民法3相46**

事実　被相続人Aは、「X_1に全財産を贈与する」との遺言を残し死亡した。Aには、相続人はおらず、X_1は、家庭裁判所に遺言執行者の選任の申立てを行い、X_2が遺言執行者に選任された。Aは、生前Y信託銀行から貸付信託受益証券（ビック）を購入していたため、遺言執行者であるX_2がYに対し、貸付信託受益証券の買取金（解約金）の支払を求めたが、Yが拒否したため、訴訟を提起した。X_1は原審より当事者参加。一審・原審は、Aには相続人が存在しないため、相続人不存在手続によるべきとして、請求を棄却したため、X_2らが上告した。

判旨　破棄差戻　「遺言者に相続人は存在しないが相続財産全部の包括受遺者が存在する場合は、民法九五一条にいう『相続人のあることが明らかでないとき』には当たらないものと解するのが相当である。けだし、同条から九五九条までの同法第五編第六章の規定は、相続財産の帰属すべき者が明らかでない場合におけるその管理、清算等の方法を定めたものであるところ、包括受遺者は、相続人と同一の権利義務を有し（同法九九〇条）、遺言者死亡の時から原則として同人の財産に属した一切の権利義務を承継するのであって、相続財産全部の包括受遺者が存在する場合には前記各規定による諸手続を行わせる必要はないからである。

そうすると、右とは異なり、Aには相続財産全部の包括受遺者であるX_1が存在するにもかかわらず、Aに相続人が存在しなかったことをもって、Aの相続財産について民法九五一条以下に規定された相続人の不存在の場合に関する手続が行われなければならないものとした原審の前記判断は、法令の解釈適用を誤ったものというべきであり」として、原判決を破棄し、原審へ差し戻した。

相続財産法人の法的地位　九二九条・九五一条・九五七条

〔四三四〕　最判平成一一年一月二一日民集五三巻一号一二八頁　民法3相47(2)(ウ)

事実　X銀行は、被相続人Aの債務の担保としてAの不動産に根抵当権を設定していた。Aが平成七年一月三〇日に死亡したため、Xは、本件根抵当権について、仮登記を命ずる仮処分命令を得て、Aの不動産に根抵当権設定仮登記を行った。その後、Aの法定相続人全員が相続放棄を行ったため、相続人不存在として、Aの遺産はY相続財産法人となり、Bが相続財産管理人に選任された。そこで、Xは、本件根抵当権について、仮登記に基づく本登記をYに請求した。一審では、Xの請求が棄却。原審では、相続財産法人は、被相続人の権利義務を承継した相続人と同様の地位にあるとして、Xの請求を認容した。Yの上告受理申立てが認められた。

判旨　破棄自判　「相続人が存在しない場合（法定相続人全員が相続の放棄をした場合を含む。）には、利害関係人等の請求によって選任される相続財産の管理人が相続財産の清算を行う。管理人は、債権申出期間の広告をした上で（民法九五七条一項）、相続財産をもって、各相続債権者に、その債権額の割合に応じて弁済をしなければならない（同条二項において準用する九二九条本文）。ただし、優先権を有する債権者の権利を害することができない（同条ただし書）。この『優先権を有する債権者の権利』に当たるというためには、対抗要件を必要とする権利については、被相続人の死亡の時までに対抗要件を具備していることを要すると解するのが相当である。」

Xは優先権を有する債権者にはあたらない。

「相続財産の管理人は、すべての相続債権者及び受遺者のために法律に従って弁済を行うのであるから、弁済に際して、他の債権者及び受遺者に対して対抗することができない抵当権の優先権を承認することは許されない。そして、優先権の承認されない抵当権の設定登記がされると、そのことがその相続財産の換価（民法九五七条二項において準用する九三二条本文）をするのに障害となり、管理人による相続財産の清算に著しい支障をきたすことが明らかである。したがって、管理人は、被相続人から抵当権の設定を受けた者からの設定登記手続を拒絶することができるし、また、これを拒絶する義務を他の相続債権者及び受遺者に対して負うものというべきである。

以上の理由により、相続債権者は、被相続人から抵当権の設定を受けていても、被相続人の死亡前に仮登記がされていた場合を除き、相続財産法人に対して抵当権設定登記手続を請求することができないと解するのが相当である。」

放棄した持分の特別縁故者への帰属〔一一一九〕参照。

相続財産の国庫帰属　九五九条
〔四三五〕最判昭和五〇年一〇月二四日民集二九巻九号一四八三頁　民法3相48(2)(ウ)

事実　Xは、本件土地をAに建物所有の目的で賃貸し、Aは、本件土地上に建物を所有し、Y_1～Y_5に賃貸していた。Aは、昭和四二年四月六日死亡し、相続人がいなかったため、本件土地の借地権と土地上の建物を含む遺産は相続財産法人となり、Bが相続財産管理人に選任され、相続人不存在手続が行われた。相続財産の清算後残存する財産について、特別縁故者から相続財産の分与の申立てが行われ、昭和四四年七月一三日特別縁故者への分与審判が確定したが、本件土地の借地権と土地上の建物は分与対象とはならなかったため、昭和四六年一月一日付けでBから国Y_6に財産の引継ぎが行われた。しかし、Xは、昭和四五年六月一五日到達の書面で、Bに対し、滞納賃料を三日以内に払うよう催告すると共に、支払のない場合は土地賃貸借契約を解除する旨の意思表示をしていた。そこで、Xは、本件土地の賃借権の消滅を理由に、所有権に基づく建物収去および土地明渡しを国Y_6に請求すると共に、Y_1～Y_5に対し、建物からの退去および土地の明渡しを請求した。一審・原審ともに、Aの相続財産は、特別縁故者に対する財産分与審判確定時に国庫に帰属し、Bの相続財産管理人としての代理権も消滅したため、Bに対する解除の意思表示は無効として、Xの請求を棄却した。Xが上告。

判旨　破棄差戻　「相続人不存在の場合において、民法九五八条の三により特別縁故者に分与されなかった残余財産が国庫に帰属する時期は、特別縁故者から財産分与の申立がないまま同条二項所定の期間が経過したとき又は分与の申立がされその却下ないし一部分与の審判が確定したときではなく、その後相続財産管理人において残余相続財産を国庫に引き継いだ時であり、したがって、残余相続財産の全部の引継が完了するまでは、相続財産法人は消滅することなく、相続財産管理人の代理権もまた、引継未了の相続財産についてはなお存続するものと解するのが相当である。民法九五九条は、法人清算の場合の同法七二条三項〔現削除（一般法人法二三九条三項参照）〕と同じく、残余相続財産の最終帰属者を国庫とすること即ち残余相続財産の最終帰属主体に関する規定であって、その帰属の時期を定めたものではない。」

第六章　遺　言

第一節　総　則

特定遺贈の効力　九六四条

〔四三六〕　大判大正五年一一月八日民録二二輯二〇七八頁　民法3相59(2)(ア)

事実　Aは、Yに対する貸金債権につき、長男Xに一〇分の二などと具体的な一定の割合を明示して子供ら八名に遺贈した。Aの死亡後、家督相続人となったXは、Yに対して貸金債権全額の弁済を請求した。原審は、Xは、Aの死亡と同時に遺贈の結果各受遺者に移転した貸金債権を取り立てる権能はないとして、X敗訴。Xは、特定遺贈に物権的効力を認めるべきではなく、遺言者の財産はいったん全部が相続人に移転し、相続人が受遺者に遺贈を弁済する義務を負うと解すべきであるとして、上告。

判旨　上告棄却「遺贈ハ遺言ヲ以テ受遺者ニ財産上ノ利益ヲ与フルモノニシテ遺言者ノ意思表示ニ外ナラザレハ、遺言ガ表意者ノ死亡ニ因リテ其効力ヲ生ズルト同時ニ、遺贈ノ目的タル財産ハ民法第一七六条所定ノ如ク物権的効力ヲ生ジ、直接ニ受遺者ニ移転スルヲ本則トシ、其物権的効力ヲ生ズルハ、遺贈ガ包括遺贈ナルト特定遺贈ナルトニ依リテ異ルベキモノニ非ズ。蓋《けだ》シ、包括受遺者ニ関シ、特ニ民法一〇九二条〔現九九〇条〕ノ規定ヲ設ケタルハ、之ヲシテ遺産相続人ト同シク遺言者ノ権利ノミナラス義務ヲモ承継セシムル趣旨ヲ言明スル必要アルガ為メニシテ、之ニ依リテ、包括遺贈ノミ唯リ物権的効力ヲ生ズルモノト解スベキニアラズ。加之、其他ニ特定遺贈ガ債権的効力ノ外生ゼサル特別規定ノ存セザルヲ以テ観レバ、特定遺贈ト雖モ通則ニ従ヒ直ニ物権的効力ヲ生ズルモノト解スルヲ相当トスレバナリ。然レバ、本件ニ於テ原審ガ、亡Aハ其有スル貸金債権ノ十分ノ二ヲ各長男X次男B三男C……ニ遺贈シタルコトヲ判示シタルハ、特定遺贈ヲ為シタルコトヲ認メタルモノニシテ、遺贈ノ結果遺言者タルAノ死亡ト同時ニ各受遺者ニ貸金債権ノ移転シタル旨ヲ判示シ、特定遺贈ニ物権的効力ヲ認メタルハ相当」である。

受遺者の選定を遺言執行者に委託する遺言の効力　九六四条・一〇〇六条

〔四三七〕　最判平成五年一月一九日民集四七巻一号一頁　民法3相51(5)・62

事実　被相続人Aには二人の妹Yらがあったが、AとYらとは長らく絶縁状態にあった。Aは、Xに遺言の執行を委嘱する旨の自筆による遺言書（本件遺言執行者指定の遺言）を作成し、次いで、「一、発喪不要。二、遺産は一切の相続を排除し、三、全部を公共に寄与する。」という文言記載の自筆による遺言書（本件遺言）を作成した。A死亡後、Xは、両遺言書の検認を受け、YらにAの遺言執行者として就職する旨を通知した。ところが、Yらは、Aの遺産中の不動産について、相続を原因とする所有権移転登記を経由した。そこで、Xは、本件遺言を執行するために、右登記の抹消登記手続を請求した。Yらは本件遺言の「遺産は一切の相続を排除し」との記載は無意味であり、「全部を公共に寄与する」との記載は無効であると主張したが、原審は、本件遺言を有効であるとして、Xの請求を認容した。Yら上告。

判旨　上告棄却　「遺言の解釈に当たっては遺言書に表明されている遺言者の意思を尊重して合理的にその趣旨を解釈すべきであるが、可能な限りこれを有効となるように解釈することが右意思に沿うゆえんであり、そのためには、遺言書の文言を前提にしながらも、遺言者が遺言書作成に至った経緯及びその置かれた状況等を考慮することも許されるものというべきである。このような見地から考えると、本件遺言書の文言全体の趣旨及び同遺言書作成時のAの置かれた状況からすると、同人としては、自らの遺産をYら法定相続人に取得させず、これをすべて公益目的のために役立てたいという意思を有していたことが明らかである。……本件遺言は、右目的を達成することのできる団体等（原判決の挙げる国・地方公共団体をその典型とし、民法三四条〔平成一六年改正前の旧規定〕に基づく公益法人あるいは特別法に基づく学校法人、社会福祉法人等をも含む。）にその遺産の全部を包括遺贈する趣旨であると解するのが相当である。また、……本件遺言執行者指定の遺言及びこれを前提にした本件遺言は、遺言執行者に指定したXに右団体等の中から受遺者として特定のものを選定することをゆだねる趣旨を含むものと解するのが相当である。このように解すれば、遺言者であるAの意思に沿うことになり、受遺者の特定にも欠けるところはない。

そして、前示の趣旨の本件遺言は、本件遺言執行者指定の遺言と併せれば、遺言者自らが具体的な受遺者を指定せず、その選定を遺言執行者に委託する内容を含むことになるが、遺言者にとって、このような遺言をする必要性のあることは否定できないところ、本件においては、遺産の利用目的が公益目的に限定されている上、被選定者の範囲も前記の団体等に限定され、そのいずれが受遺者として選定されても遺言者の意思と離れることはなく、したがって、選定者における選定権濫用の危険も認められないのであるから、本件遺言は、その効力を否定するいわれはないものというべきである。」

第二節　遺言の方式

押印を欠く英文の自筆証書遺言の効力　九六八条一項

〔四三八〕最判昭和四九年一二月二四日民集二八巻一〇号二一五二頁　民法3相53(1)

事実 Aは、白系ロシア人で、日本に永住し（約四〇年間在住）、帰化しながらも、日本の言語、生活様式および押印の習慣になじまず、かたことの日本語は話すが、主にロシア語または英語を使用し、主として欧米人と交際し、欧米風の生活様式を守り、サインを重視していた。印鑑も所有し、印鑑届もしてはいたが、それはもっぱら官庁提出書類など先方から特に押印を要求された場合にのみ使用していたにすぎなかった。Aは、Xを信託受託者に指定する本件遺言書を作成したが、全文を英語で自書し、証人二名の署名とAの英文署名はあるが、押印が欠けていた。Xらは、相続財産管理人に対して、本件遺言書の真否等の確認を請求した（なお、その後、ソ連邦（当時）にいたAの相続人Yら四名が本訴を受継）。押印のない本件遺言書の有効性が争われた。原審は有効としたので、Yら上告。

判旨　上告棄却　「原審の適法に確定した事実関係のもとにおいては、本件自筆証書による遺言を有効とした原審の判断は正当であって、その過程に所論の違法はない。論旨は、採用することができない。」

（原審の判断）「文書の作成者を表示する方法として署名押印することは、我が国の一般的な慣行であり、民法九六八条が自筆証書遺言に押印を必要としたのは、右の慣行を考慮した結果であると解されるから、右の慣行になじまない者に対しては、この規定を適用すべき実質的根拠はない。このような場合には、右慣行に従わないことにつき首肯すべき理由があるかどうか、押印を欠くことによって遺言書の真正を危くする虞れはないかどうか等の点を検討した上、押印を欠く遺言書と雖も、要式性を緩和してこれを有効と解する余地を認めることが、真意に基づく遺言を無効とすることをなるべく避けようとする立場からみて、妥当な態度である。……Aの生活意識は、一般日本人とは程遠いものであったことが推認され……Aが本件遺言書に押印しなかったのは、サインに無上の確実性を認める欧米人の一般常識に従ったものとみるのが至当である……本件遺言者の如く欧文のサインがあるものについては、押印を要件としなくとも、遺言書の真正を危くするおそれは殆どないものというべきである。」

吉日と記した自筆証書遺言の効力

〔四三九〕　最判昭和五四年五月三一日民集三三巻四号四四五頁　　九六八条一項　民法3相53(1)

事実　事故死したAが作成した自筆証書遺言（本件遺言）には、遺産の半分をYに相続させ、残りの半分はXを除くその余の相続人で協議して分割する旨が記載されており、Xには全く遺産を相続させないものとなっていた。本件遺言の日付は、「昭和四拾壱年七月吉日」と記載されていたことから、Xは、右遺言は日付の記載を欠く無効なものであるとして、Yに対して、遺言無効確認訴訟を提起した。一審・原審ともに、Xの請求を認めた。Y上告。

判旨　上告棄却　「自筆証書によって遺言するには、遺言者は、全文・日附・氏名を自書して押印しなければならないのであるが（民法九六八条一項）、右日附は、暦上の特定の日を表示するものといえるように記載されるべきものであるから、証書の日附として単に『昭和四拾壱年七月吉日』と記載されているにとどまる場合は、暦上の特定の日を表示するものとはいえず、そのような自筆証書遺言は、証書上日附の記載を欠くものとして無効であると解するのが相当である。」

他人の添え手による自筆証書遺言の効力　九六八条一項

〔四四〇〕最判昭和六二年一〇月八日民集四一巻七号一四七一頁

事実　七三歳になるAは遺言書を書き始めたが、視力の衰えと手の震えのため、妻Bから読めそうにないと言われこれを破棄し、BがAの背後からマジックペンを持つAの手の甲を上からかぶせるようにして添え手してAの声を聞きつつこれに従って積極的に手を誘導して、本件遺言書が作成された。本件遺言書により、遺産の大部分たる不動産を与えられた三男Y_1とその長女Y_2に対して、Aの次男X_1、長女X_2、次女X_3が、遺言の偽造を理由に自筆証書遺言の無効確認を求める訴訟を提起した。原審は、遺言を無効とし、X_1らの請求を認容。Y_1ら上告。

判旨　上告棄却　「自筆証言遺言の無効確認を求める訴訟においては、当該遺言証書の成立要件すなわちそれが民法九六八条の定める方式に則って作成されたものであることを、遺言が有効であると主張する側において主張・立証する責任があると解するのが相当である。これを本件についてみると、本件遺言書が、遺言者であるAが妻のBから添え手による補助を受けたにもかかわらず後記『自書』の要件を充たすものであることをY_1Y_2において主張・立証すべきであり、$X_1X_2X_3$の偽造の主張は、Y_1Y_2の右主張に対する積極否認にほかならない。原審は、右と同旨の見解に立ち、本件遺言書については結局『自書』の要件についての立証がないとの理由により、その無効確認を求める$X_1X_2X_3$の本訴請求を認容しているのであって、その判断の過程に所論の違法はない。」

「自筆証書遺言は遺言者が遺言書の全文、日附及び氏名を自書し、押印することによってすることができるが(民法九六八条一項)、それが有効に成立するためには、遺言者が遺言当時自書能力を有していたことを要するものというべきである。そして、右にいう『自書』は遺言者が自筆で書くことを意味するから、遺言者が文字を知り、かつ、これを筆記する能力を有することを前提とするものであり、右にいう自書能力とはこの意味における能力をいうものと解するのが相当である。したがって、全く目の見えない者であっても、文字を知り、かつ、自筆で書くことができる場合には、仮に筆記について他人の補助を要するときでも、自書能力を有するというべきであり、逆に、目の見える者であっても、文字を知らない場合には、自書能力を有しないというべきである。そうとすれば、本来読み書きのできた者が、病気、事故その他の原因により視力を失い又は手が震えるなどのために、筆記について他人の補助を要することになったとしても、特段の事情がない限り、右の意味における自書能力は失われないものと解するのが相当である。原審は、……Aは、本件遺言書の作成……当時、相当激しい手の震えと視力の減退のため自書能力を有していたとは認められないと判断しているのであるが、……Aが前示の意味における自書能力を失っていたということはできないものというべきであり、原判決には自筆証書遺言の要件に関する法律の解釈適用を誤った違法があるというほかはない。

しかし、後記説示のとおり、本件遺言書は、他人の添え手による補助を受けてされた自筆証書遺言が有効とされるための他の要件を具備していないため、結局無効であるというべきであるから、原判決の右違法は判決の結論に影響を及ぼさないというべきである。」

「自筆証書遺言の方式として、遺言者自身が遺言書の全文、日附及び氏名を自書することを要することは前示のとおりであるが、右の自書が要件とされるのは、筆跡によって本人が書いたものであることを判定でき、それ自体で遺言が遺言者の真意に出たものであることを保障することができるからにほかならない。そして、自筆証書遺言は、他の方式の遺言と異なり証人や立会人の立会を要しないなど、最も簡易な方式の遺言であるが、それだけに偽造、変造の危険が最も大きく、遺言者の真意に出たものであるか否かをめぐって紛争の生じやすい遺言方式であるといえるから、自筆証書遺言の本質的要件ともいうべき『自書』の要件については厳格な解釈を必要とするのである。『自書』を要件とする前記のような法の趣旨に照らすと、病気その他の理由により運筆について他人の添え手による補助を受けてされた自筆証書遺言は、㈠遺言者が証書作成時に自書能力を有し、㈡他人の添え手が、単に始筆若しくは改行にあたり若しくは字の間配りや行間を整えるため遺言者の手を用紙の正しい位置に導くにとどまるか、又は遺言者の手の動きが遺言者の望みにまかされており、遺言者は添え手をした他人から単に筆記を容易にするための支えを借りただけであり、かつ、㈢添え手が右のような態様のものにとどまること、すなわち添え手をした他人の意思が介入した形跡のないことが、筆跡のうえで判定できる場合には、『自書』の要件を充たすものとして、有効であると解するのが相当である。

原審は、……本件遺言書は前記(二)の要件を欠き無効であると判断しているのであって、原審の右認定判断は、……正当として是認することができ、その過程に所論の違法はない。」

公正証書遺言　九六九条

〔四四一〕最判昭和四三年一二月二〇日民集二二巻一三号三〇一七頁　民法3相53(2)

事実　Aは、婚姻外の女性X_1と同棲し妻Y_1および嫡出子$Y_2$$X_2$と別居していたが、自分の死後$X_1$と妻子との間で財産上の紛争が生ずることをおそれ、本件不動産を$X_1$$Y_1$$Y_2$$X_2$の四名に均等に分与しその旨を公正証書で遺言することにした。公証人Bは、公証人役場に来たX_1から聴取した遺言の内容を筆記した上で、後日A方に赴き、Aおよび立会証人CDの面前で公正証書用紙に清書してある右遺言の内容を読み聞かせたところ、Aは「この土地と家は皆の者に分けてやりたかった」旨を述べ、右書面に自ら署名押印し、「これでよかったね」と述べた。Aの死後、X_1は、X_1ら四名それぞれの持分権の移転登記を行った。その後、$X_1$$X_2$は、$Y_1$$Y_2$に対し、$Y_1$らが遺贈を放棄した旨主張して$Y_1$らの持分の移転登記を請求すると共に、予備的に$X_1$らが本件不動産につきそれぞれ四分の一の持分権を有することの確認を求めた。これに対し、Y_1らは反訴を提起し、Aが公証人Bに遺言の趣旨を口授することなしに作成された本件遺言は、公正証書遺言の方式に違反するとして、右遺言の無効確認を請求した。原審は、右遺言を有効であるとして、X_1らの請求につき持分権確認請求を認め、Y_1らの反訴を棄却した。Y_1ら上告。

判旨　上告棄却　本件「遺言の方式は、民法九六九条二号の口授と同条三号の筆記および読み聞かせることとが前後したに止まるのであって、遺言者の真意を確保し、その正確を期するため遺言の方式を定めた法意に反するものではないから、同条に定める公正証書による遺言の方式に違反するものではないといわなければならない（大判昭和六年一一月二七日民集一〇巻一一二五頁、大判昭和九年七月一〇日民集一三巻一三四一頁参照）。」

公正証書遺言の方式——盲人の証人適格

九六九条・九七四条
民法3相51(2)(ウ)

〔四四二〕　最判昭和五五年一二月四日民集三四巻七号八三五頁

事実　Aは、甥である盲人のBとその妻Xの立会いの下に、公正証書遺言をした。遺言内容は、自己の全財産をCに遺贈し、Bを遺言執行者に指定するというものであった。Aの死亡後、Aの子であるYらは、本件不動産につき法定相続分に基づく相続登記をした。そこで、Bは、遺言執行者として右登記の抹消を請求して、訴えを提起した（その後、Bの死亡により、Bの妻Xが訴訟を受継）。Yらは、Bは盲人で証人欠格者であるから、遺言は無効であると主張した。一審・原審とも、盲人の証人適格を認めた。Yら上告。

判旨　上告棄却　「盲人は、同法九七四条に掲げられている証人としての欠格者にはあたらない。のみならず、盲人は、視力に障害があるとしても、通常この一事から直ちに右証人としての職責を果たすことができない者であるとしなければならない根拠を見出し難い……から、公正証書遺言に立ち会う証人としての適性を欠く事実上の欠格者であるということもできないと解するのが相当である。すなわち、公正証書による遺言について証人の立会を必要とすると定められている所以のものは、右証人をして遺言者に人違いがないこと及び遺言者が正常な精神状態のもとで自己の意思に基づき遺言の趣旨を公証人に口授するものであることとの確認をさせるほか、公証人が民法九六九条三号に掲げられている方式を履践するため筆記した遺言者の口述を読み聞かせるのを聞いて筆記の正確なことの確認をさせたうえこれを承認させることによって遺言者の真意を確保し、遺言をめぐる後日の紛争を未然に防止しようとすることにある。……一般に、視力に障害があるにすぎない盲人が遺言者に人違いがないこと及び遺言者が正常な精神状態のもとで自らの真意に基づき遺言の趣旨を公証人に口授するものであることとの確認をする能力まで欠いているということのできないことは明らかである。また、公証人による筆記の正確なことの承認は、遺言者の口授したところと公証人の読み聞かせたところとをそれぞれ耳で聞き両者を対比することによってすれば足りるものであって、これに加えて更に、公証人の筆記したところを目で見て、これと前記耳で聞いたところとを対比することによってすることは、その必要がないと解するのを相当とするから、聴力には障害のない盲人が公証人による筆記の正確なことの承認をすることができない者にあたるとすることのできないこともまた明らかである。なお、証人において遺言者の口授したところを耳で聞くとともに公証人の筆記したところを目で見て両者を対比するのでなければ、公証人による筆記の正確なことを独自に承認することが不可能であるような場合は考えられないことではないとしても、このような稀有の場合を想定して一般的に盲人を公正証書遺言に立ち会う証人としての適性を欠く事実上の欠格者であるとする必要はなく、このような場合には、証人において視力に障害があり公証人による筆記の正確なことを現に確認してこれを承認したものではないことを理由に、公正証書による遺言につき履践すべき方式を履践したものとすることができないとすれば足りるものである。このように、盲人は、視力に障害があるとはいえ、公正証書に立ち会う証人としての法律上はもとより事実上の欠格者であるということはできないのである。」

二裁判官の反対意見がある。

共同遺言の禁止　九七五条

〔四四三〕最判昭和五六年九月一一日民集三五巻六号一〇一三頁　民法3相51(4)

事実　XらとYらの父Aと母Bは、連名で自筆証書遺言（本件遺言）を作成した。その内容は、不動産はYらの共有とするものの、その不動産の相続は両親ともに死亡した後に行うものとし、父Aの死去せるときはまず母Bが全財産を相続するというものであった。Aが死亡し、後にBが死亡したが、Xらは、Bの署名押印はBが行ったものではないから民法九六八条一項の氏名の自書の要件に違反し、また、民法九七五条の共同遺言禁止に違反するとして、本件遺言の無効確認請求の訴えを提起した。これに対して、Yらは、本件遺言はAが単独で作成したものであるから、単独遺言として有効であると争った。原審は、本件遺言は共同遺言であり、無効であるとした。Yら上告。

判旨　上告棄却「同一の証書に二人の遺言が記載されている場合は、そのうちの一方に氏名を自書しない方式の違背があるときでも、右遺言は、民法九七五条により禁止された共同遺言にあたるものと解するのが相当である。」

死亡危急時の遺言

〔四四四〕最判平成一一年九月一四日裁判集民一九三号七一七頁

九七六条

民法3相54(1)(ア)

事実 Aは、重度の糖尿病に慢性肝不全などを併発して入院し、その後死亡したが、死亡前に、後妻Yに、不動産・現金・預金など財産のほとんどを与える旨の危急時遺言をした。具体的には、まずAが、Yに対し遺言の作成を指示し、Yが弁護士Bに相談して草案を作成してもらい、証人となった担当医師三名の立会いの下で、そのうちの一名の医師Cが草案を一項目ずつ読み上げ、Aからその都度「はい」という返答を得、最終的に「これで遺言書を作りますが、いいですね。」との質問に対して、「よくわかりました。よろしくお願いします。」という返事を得て、遺言書が作成された。先妻Dの子Xらは、右遺言は民法九七六条一項にいう「口授」があったとはいえず、無効な遺言であるとして、本件遺言の無効確認を求めて訴えを提起した。一審・原審は、口授の要件を満たす有効な遺言であるとして、Xらの請求を棄却した。Xら上告。

判旨 上告棄却「Aは、草案を読み上げた立会証人の一人であるC医師に対し、口頭で草案内容と同趣旨の遺言をする意思を表明し、遺言の趣旨を口授したものというべきであり、本件遺言は民法九七六条一項所定の要件を満たすものということができる。」

第三節　遺言の執行

相続させる遺言と遺言執行者の職務権限

〔四四五〕最判平成一一年一二月一六日民集五三巻九号一九八九頁

九〇八条・一〇一二条・一〇一三条・一〇一五条

民法3相63(2)(イ)

事実 Aは、公正証書により「全財産をYに相続させる」旨の遺言（旧遺言）をしたが、その後、公正証書により「旧遺言を取り消す。本件一土地をBら五名に各五分の一ずつ相続させる。本件二土地をYとCに各二分の一ずつ相続させる。遺言執行者としてXを指定する。」旨の遺言をした。A死亡後、Yは、旧遺言を利用して、本件一・二の土地について自己名義に相続を原因とする所有権移転登記をした。そこで、遺言執行者Xが、Yに対して、本件一土地についてBら五分の一の所有権移転登記手続をすること、本件二土地についてCへの真正な登記名義の回復を原因とする持分二分の一の所有権移転登記手続をすることを求めて訴えを提起した。原審は、Xの当事者適格を否定し、Xの訴えを却下した。X上告。

判旨　一部破棄差戻、一部上告棄却　「特定の不動産を特定の相続人甲に相続させる趣旨の遺言（相続させる遺言）は、特段の事情がない限り、当該不動産を甲をして単独で相続させる遺産分割方法の指定の性質を有するものであり、これにより何らの行為を要することなく被相続人の死亡の時に直ちに当該不動産が甲に相続により承継されるものと解される（最判平成三年四月一九日民集四五巻四号四七七頁参照）。しかしながら、相続させる遺言が右のような即時の権利移転の効力を有するからといって、当該遺言の内容を具体的に実現するための執行行為が当然に不要になるというものではない。

そして、不動産取引における登記の重要性にかんがみると、相続させる遺言による権利移転について対抗要件を必要とすると解すると否とを問わず、甲に当該不動産の所有権移転登記を取得させることは、民法一〇一二条一項にいう『遺言の執行に必要な行為』に当たり、遺言執行者の職務権限に属するものと解するのが相当である。もっとも、登記実務上、相続させる遺言については不動産登記法二七条〔現六三条二項〕により甲が単独で登記申請をすることができるとされているから、当該不動産が被相続人名義である限りは、遺言執行者の職務は顕在化せず、遺言執行者は登記手続をすべき権利も義務も有しない（最判平成七年一月二四日裁判集民一七四号六七頁参照）。しかし、本件のように、甲への所有権移転登記がされる前に、他の相続人が当該不動産につき自己名義の所有権移転登記を経由したため、遺言の実現が妨害される状態が出現したような場合には、遺言執行者は、遺言執行の一環として、右の妨害を排除するため、右所有権移転登記の抹消登記手続を求めることができ、さらには、甲への真正な登記名義の回復を原因とする所有権移転登記手続を求めることもできると解するのが相当である。この場合には、甲において自ら当該不動産の所有権に基づき同様の登記手続請求をすることができるが、このことは遺言執行者の右職務権限に影響を及ぼすものではない。したがって、Xは、新遺言に基づく遺言執行者として、Yに対する本件訴えの原告適格を有するというべきである。」

相続させる遺言と登記　〔八六〉参照。

相続させる遺言の意義・効力　〔四二九〉参照。

遺言執行者と相続人の処分行為
〔四四六〕　最判昭和六二年四月二三日民集四一巻三号四七四頁　民法1物14(1)(イ)、3相63(2)(イ)　一〇一三条

事実　Aは、娘Xに不動産を遺贈し、遺言執行者をCと指定する旨の公正証書遺言を作成して死亡した。Cが遺言執行者への就職を承諾する前に、Aの次男Bは、Xら共同相続人の相続放棄申述書を偽造して、右不動産につき自己を単独名義とする相続登記をした上、Yのために根抵当権を設定し、その登記がされた。Yの申立てにより、本件不動産につき担保権の実行としての競売手続開始決定がされたのに対して、Xが、競売の不許を求め、第三者異議の訴えを提起した。原審は、Bの根抵当権設定は民法一〇一三条に抵触する処分行為として無効であるとして、Xの請求を認容した。Yは上告し、(1)遺言執行者があるときは、遺言執行者だけが原告適格を有し、Xには原告適格がない、そして(2)本件ではまだ遺言執行者が就職する前であるから、民法一〇一三条の「遺言執行者がある場合」には該当せず、同条の適用はないなどと主張した。

判旨　上告棄却　(1)　「遺言者の所有に属する特定の不動産が遺贈された場合には、目的不動産の所有権は遺言者の死亡により遺言がその効力を生ずるのと同時に受遺者に移転するのであるから、受遺者は、遺言執行者がある場合でも、所有権に基づく妨害排除として、右不動産について相続人又は第三者のためにされた無効な登記の抹消登記手続を求めることができるものと解するのが相当である（最判昭和三〇年五月一〇日民集九巻六号六五七頁参照）。これと同旨の見解に立って、被上告人らが本件訴えにつき原告適格を有するとした原審の判断は正当であ」（る）

(2)　「民法一〇一二条一項が『遺言執行者は、相続財産の管理その他遺言の執行に必要な一切の行為をする権利義務を有する。』と規定し、また、同法一〇一三条〔現一項〕が『遺言執行者がある場合には、相続人は、相続財産の処分その他遺言の執行を妨げるべき行為をすることができない。』と規定しているのは、遺言者の意思を尊重すべきものとし、遺言執行者をして遺言の公正な実現を図らせる目的に出たものであり、右のような法の趣旨からすると、相続人が、同法一〇一三条の規定に違反して、遺贈の目的不動産を第三者に譲渡し又はこれに第三者のため抵当権を設定してその登記をしたとしても、相続人の右処分行為は無効であり、受遺者は、遺贈による目的不動産の所有権取得を登記なくして右処分行為の相手方たる第三者に対抗することができるものと解するのが相当である（大判昭和五年六月一六日民集九巻五五〇頁参照）。そして、前示のような法の趣旨に照らすと、同条にいう『遺言執行者がある場合』とは、遺言執行者として指定された者が就職を承諾する前をも含むものと解するのが相当であるから、相続人による処分行為が遺言執行者として指定された者の就職の承諾前にされた場合であっても、右行為はその効力を生ずるに由ないものというべきである。」

〔注〕　平成三〇年改正で追加された一〇一三条二項参照。

第四節　遺言の取消し

死因贈与の撤回　〔二一七〕参照。

養子への遺贈後の協議離縁　**一〇二三条**
〔四四七〕　最判昭和五六年一一月一三日民集三五巻八号一二五一頁　**民法3相55(3)(イ)**

事実　Aは、Bと婚姻したが、Bとの間には実子はいなかった。AB夫婦は、養子となったC（Aの実弟）、Y_2（Cの子）とそれぞれ同居したが、いずれも折合いが悪く別居し、ADの間で出生したY_1と同居したが、これも折合いが悪く別居した。その後、AB夫婦は、終生老後の世話を託すべく、今度は妻Bの実家筋からX_1X_2を養子として迎えることを希望した。X_1X_2は、Aから「実子のY_1には居住する家屋敷だけやれば十分であるから、もしX_1X_2が養子となりAB夫婦を今後扶養してくれるならば、他の不動産を全部遺贈してもよい」との趣旨の申出を受けたので、これを承諾し、AB夫婦と養子縁組したうえ同居し共同生活を営みつつその扶養を行った。そこで、Aは、前記の約旨に従い、公正証書により、その所有する現金、預貯金全部を妻のBに遺贈し、不動産のうち宅地甲をY_1に遺贈するが、その余の不動産全部をX_1X_2両名に持分各二分の一として遺贈する旨の本件遺言をした。ところが、AB夫婦は、しだいにX_1X_2に対し不信の念を深くして養子縁組を解消したい旨申し入れ、X_1X_2もこれを承諾したので、AB夫婦とX_1X_2との間に協議離縁が成立し、X_1X_2はAB夫婦と別居した。別居後、X_1X_2はAB夫婦を扶養せず、Y_1夫婦がAB夫婦の身の廻りの世話をしていたが、その後AとBは死亡するに至った。そこで、X_1X_2は、相続人であるY_1Y_2に対し、本件不動産の所有権を遺贈によって取得したとして、所有権移転登記を請求する訴えを提起した。これに対し、Y_1Y_2は、協議離縁によって右遺言は取り消されたと主張する。原審でX_1ら敗訴。X_1ら上告。

判旨　上告棄却　「民法一〇二三条一項は、前の遺言と後の遺言と抵触するときは、その抵触する部分については、後の遺言で前の遺言を取り消したものとみなす旨定め、同条二項は、遺言と遺言後の生前処分その他の法律行為と抵触する場合にこれを準用する旨定めているが、その法意は、遺言者がした生前処分に表示された遺言者の最終意思を重んずるにあることはいうまでもないから、同条二項にいう抵触とは、単に、後の生前処分を実現しようとするときには前の遺言の執行が客観的に不能となるような場合のみにとどまらず、諸般の事情より観察して後の生前処分が前の遺言と両立せしめない趣旨のもとにされたことが明らかである場合をも包含するものと解するのが相当である。そして、……右協議離縁は前に本件遺言によりされた遺贈と両立せしめない趣旨のもとにされたものというべきであり、したがって、本件遺贈は後の協議離縁と抵触するものとして前示民法の規定により取り消されたものとみなさざるをえない筋合いである。」

撤回された遺言の復活

一〇二二条・一〇二五条　民法3相55(4)

〔四四八〕　最判平成九年一一月一三日民集五一巻一〇号四一四四頁

事実　XとYの父であるAは、遺産の大半をYに取得させる旨の遺言（甲遺言）をしたが、その後、遺言を作り直して、甲遺言を撤回し、より多くの遺産をY以外の者に相続させる旨の遺言（乙遺言）をした。さらにその後、Aは、乙遺言を無効とし、甲遺言を有効とする旨の遺言（丙遺言）をした。Yは、甲遺言に基づいて、遺産中の不動産について所有権移転登記をした。Xらは、甲遺言は乙遺言によって撤回され失効したとして、Yに対して、甲遺言の無効確認と更正登記手続を求めて、訴えを提起した。一審はXらの請求を認容したが、原審は民法一〇二五条の規定にかかわらず、甲遺言の復活を認めるべきであるとして、Xの請求を棄却した。Xら上告。

判旨　上告棄却　「遺言（以下『原遺言』という。）を遺言の方式に従って撤回した遺言者が、更に右撤回遺言を遺言の方式に従って撤回した場合において、遺言書の記載に照らし、遺言者の意思が原遺言の復活を希望するものであることが明らかなときは、民法一〇二五条ただし書〔平成三〇年改正前の規定〕の法意にかんがみ、遺言者の真意を尊重して原遺言の効力の復活を認めるのが相当と解される。これを本件について見ると、……亡Aは、乙遺言をもって甲遺言を撤回し、更に丙遺言をもって乙遺言を撤回したものであり、丙遺言書の記載によれば、亡Aが原遺言である甲遺言を復活させることを希望していたことが明らかであるから、本件においては、甲遺言をもって有効な遺言と認めるのが相当である。」

第七章　遺留分

〔四四九〕遺留分算定の基礎となる財産

九〇三条・九〇四条・一〇四三条

最判昭和五一年三月一八日民集三〇巻二号一一一頁　民法3相22(1)(イ)・78(2)

事実　Aは、昭和三三年に死亡したが、その相続人として妻B、次男X、亡長男Cの子Y、Cの養子Dがいる。Aは、かつて所有する不動産をC、D、Yの順に贈与してきた。不動産の贈与を受けていないXは、最後に（昭和三一年）贈与を受けたYに対して、遺留分減殺の意思表示をし、当該不動産について所有権移転登記と引渡しを求めて訴えを提起した。これに対して、Yは、Xが大正一二年から約三年間に現金四五二五円の贈与を受けているので、それを遺留分算定の基礎財産に組み入れるべきことを主張した。一審・原審は、Yの主張を容れ、大正年間の現金贈与額を二五〇倍した価額を遺留分算定の基礎財産に加算し（物価指数の比率を一対二五〇とみた）、この計算に基づいて、遺留分侵害はないとして、Xの請求を棄却した。X上告。

判旨　上告棄却　「被相続人が相続人に対しその生計の資本として贈与した財産の価額をいわゆる特別受益として遺留分算定の基礎となる財産に加える場合に、右贈与財産が金銭であるときは、その贈与の時の金額を相続開始の時の貨幣価値に換算した価額をもって評価すべきものと解するのが、相当である。けだし、このように解しなければ、遺留分の算定にあたり、相続分の前渡としての意義を有する特別受益の価額を相続財産の価額に加算することにより、共同相続人相互の衡平を維持することを目的とする特別受益持戻の制度の趣旨を没却することとなるばかりでなく、かつ、右のように解しても、取引における一般的な支払手段としての金銭の性質、機能を損う結果をもたらすものではないからである。これと同旨の見解に立って、贈与された金銭の額を物価指数に従って相続開始の時の貨幣価値に換算すべきものとした原審の判断は、正当として是認することができる。」

遺留分侵害額の算定における相続債務の扱い　一〇四三条・一〇四六条一項

〔四五〇〕　最判平成二一年三月二四日民集六三巻三号四二七頁

事実　Aの法定相続人は、子であるXと妻であるYであるが、Aは、所有する財産全部をYに相続させる旨の公正証書遺言を作成して、死亡した。Aは、相続開始時に、四億三二三一万七〇〇三円の積極財産と四億二四八三万二五〇三円の消極財産を有していた。本件遺言により、遺産全部の権利が相続開始時に直ちにYに承継されたが、Xは、Yに対して、遺留分減殺請求権行使の意思表示をした。その後、Yが、相続財産に属する不動産につき、相続を原因としてAからの所有権移転登記をしたことから、Xは、遺留分減殺を原因として、右不動産の共有持分の所有権移転登記手続を求めて、訴えを提起した。これに対して、Yは、価額弁償の意思表示をした。

原審は、相続債務は共同相続人間においては指定相続分の割合で承継されるから、本件でXが負担すべき相続債務はないと判断し、右不動産のXの共有持分は四億三二三一万七〇〇三分の一八七万一一二五であるとし（なお、この一八七万一一二五は、Aの積極財産から消極財産を引いた七四八万四五〇〇円の四分の一（遺留分割合）である）、Yによる価額弁償の不払いを条件に、このXの共有持分の限度で、Xの請求を認容した。Xが上告受理の申立てをした。

判旨　上告棄却　(1)「相続人のうちの一人に対して財産全部を相続させる旨の遺言により相続分の全部が当該相続人に指定された場合、遺言の趣旨等から相続債務については当該相続人にすべてを相続させる意思のないことが明らかであるなどの特段の事情のない限り、当該相続人に相続債務もすべて相続させる旨の意思が表示されたものと解すべきであり、これにより、相続人間においては、当該相続人が指定相続分の割合に応じて相続債務をすべて承継することになると解するのが相当である。もっとも、上記遺言による相続債務についての相続分の指定は、相続債務の債権者（以下『相続債権者』という。）の関与なくされたものであるから、相続債権者に対してはその効力が及ばないものと解するのが相当であり、各相続人は、相続債権者から法定相続分に従った相続債務の履行を求められたときには、これに応じなければならず、指定相続分に応じて相続債務を承継したことを主張することはできないが、相続債権者の方から相続債務についての相続分の指定の効力を承認し、各相続人に対し、指定相続分に応じた相続債務の履行を請求することは妨げられないというべきである。」

(2)「そして、遺留分の侵害額は、確定された遺留分算定の基礎となる財産額に民法一〇二八条〔平成三〇年改正前の規定〕所定の遺留分の割合を乗じるなどして算定された遺留分の額から、遺留分権利者が相続によって得た財産の額を控除し、同人が負担すべき相続債務の額を加算して算定すべきものであり（最判平成八年一一月二六日民集五〇巻一〇号二七四七頁参照）、その算定は、相続人間において、遺留分権利者の手元に最終的に取り戻すべき遺産の数額を算出するものというべきである。したがって、相続人のうちの一人に対して財産全部を相続させる旨の遺言がされ、当該相続人が相続債務もすべて承継したと解される場合、遺留分の侵害額の算定においては、遺留分権利者の法定相続分に応じた相続債務の額を遺留分の額に加算することは許されないものと解するのが相当である。遺留分権利者が相続債権者から相続債務について法定相続分に応じた履行を求められ、これに応じた場合も、履行した相続債務の額を遺留分の額に加算することはできず、相続債務をすべて承継した相続人に対して求償し得るにとどまるものというべきである。」

〔注〕平成三〇年改正で追加された九〇二条の二参照。

遺留分に算入される贈与　九〇三条一項・一〇四四条・一〇四六条一項

〔四五一〕最判平成一〇年三月二四日民集五二巻二号四三三頁

事実　Aの相続人は、妻X_1、長女X_2、長男Yの三名である。Aは、昭和五三年、Yやその家族に高額な土地四筆を贈与し、翌年にも二筆の土地をYに贈与した。それから八年後の昭和六二年に死亡したが、その時には、三筆の土地しか残されていなかった。そこで、Xらは、Yおよびその家族への生前贈与によって、自己の遺留分が侵害されたとして、Yらに対して遺留分減殺請求を行い、Yらが最後に贈与を受けた二筆の土地について、遺留分減殺による持分移転登記請求をした。一審はXの請求を一部認容したが、原審は、相続人への贈与にも民法一〇三〇条（平成三〇年改正前の規定）が適用されるとして、Xらの請求を棄却した。Xら上告。

判旨　破棄差戻　「民法九〇三条一項の定める相続人に対する贈与は、右贈与が相続開始よりも相当以前にされたものであって、その後の時の経過に伴う社会経済事情や相続人など関係人の個人的事情の変化をも考慮するとき、減殺請求を認めることが右相続人に酷であるなどの特段の事情のない限り、民法一〇三〇条〔平成三〇年改正前の規定〕の定める要件を満たさないものであっても、遺留分減殺の対象となるものと解するのが相当である。けだし、民法九〇三条一項の定める相続人に対する贈与は、すべて民法一〇四四条〔平成三〇年改正前の規定〕、九〇三条の規定により遺留分算定の基礎となる財産に含まれるところ、右贈与のうち民法一〇三〇条〔平成三〇年改正前の規定〕の定める要件を満たさないものが遺留分減殺の対象とならないとすると、遺留分を侵害された相続人が存在するにもかかわらず、減殺の対象となるべき遺贈、贈与がないために右の者が遺留分相当額を確保できないことが起こり得るが、このことは遺留分制度の趣旨を没却するものというべきであるからである。本件についてこれをみると、相続人であるYに対する……土地の持分各四分の一の贈与は、格別の事情の主張立証もない本件においては、民法九〇三条一項の定める相続人に対する贈与に当たるものと推定されるところ、右各土地に対する減殺請求を認めることがYに酷であるなどの特段の事情の存在を認定することなく、直ちに右各土地が遺留分減殺の対象にならないことが明らかであるとした原審の判断には、法令の解釈適用を誤った違法があり、この違法は判決に影響を及ぼすことが明らかである。よって、原判決のうちXらのYに対する本訴事件に関する部分は、この点からも破棄を免れない。」

共同相続人間における相続分の譲渡と遺留分算定　一〇四四条一項三項・九〇三条一項

〔四五二〕　最判平成三〇年一〇月一九日民集七二巻五号九〇〇頁　民法3相22(1)(イ)・78(2)(ウ)

事実　死亡したBの法定相続人は、その妻Aのほか、実子のX・Y・Cと養子のDであった（法定相続分はAが二分の一、XYCDが各八分の一）。AおよびDは、遺産分割調停手続において自己の相続分（A二分の一・D八分の一）をYに譲渡して（本件相続分譲渡）、AD両名は同手続から離脱した。XYC間に遺産分割調停が成立し、XYCは、それぞれ財産を取得したが、Yは本件不動産を取得した。その後、Aが死亡し。Aの法定相続人はX、Y、CおよびDであるが、Xは、AがBの相続において自己の相続分（二分の一）をYに譲渡したことによりXの遺留分が侵害されたとして、Yに対して、遺留分減殺請求権（平成三〇年改正前）を行使し、本件不動産の一部について持分移転登記手続を求めて訴えを提起した。原審は、本件相続分譲渡は、遺留分算定の基礎となる財産に算入されないとして、Xの請求を棄却した。Xが上告して、本件相続分譲渡は、Aの相続において、その価額を遺留分算定の基礎となる財産額に算入すべき贈与に当たると主張した。

判旨　破棄差戻「共同相続人間で相続分の譲渡がされたときは、積極財産と消極財産とを包括した遺産全体に対する譲渡人の割合的な持分が譲受人に移転し、相続分の譲渡に伴って個々の相続財産についての共有持分の移転も生ずるものと解される。

そして、相続分の譲渡を受けた共同相続人は、従前から有していた相続分と上記譲渡に係る相続分とを合計した相続分を有する者として遺産分割手続等に加わり、当該遺産分割手続等において、他の共同相続人に対し、従前から有していた相続分と上記譲渡に係る相続分との合計に相当する価額の相続財産の分配を求めることができることとなる。

このように、相続分の譲渡は、譲渡に係る相続分に含まれる積極財産及び消極財産の価額等を考慮して算定した当該相続分に財産的価値があるとはいえない場合を除き、譲渡人から譲受人に対し経済的利益を合意によって移転するものということができる。遺産の分割が相続開始の時に遡ってその効力を生ずる（民法九〇九条本文）とされていることは、以上のように解することの妨げとなるものではない。

したがって、共同相続人間においてされた無償による相続分の譲渡は、譲渡に係る相続分に含まれる積極財産及び消極財産の価額等を考慮して算定した当該相続分に財産的価値があるとはいえない場合を除き、上記譲渡をした者の相続において、民法九〇三条一項に規定する「贈与」に当たる。」

判　例　索　引

※（　）内は事件名を,〔　〕内は判例番号を示す。

編者紹介

遠藤　浩

学習院大学名誉教授。平成17年５月逝去。

川井　健

一橋大学名誉教授。平成25年５月逝去。

民法判例研究同人会

民法基本判例集　第五版

2004年７月20日　第１版第１刷発行
2007年２月20日　第２版第１刷発行
2010年12月15日　第３版第１刷発行
2014年12月20日　第３版補訂版第１刷発行
2020年９月20日　第４版第１刷発行
2024年２月20日　第５版第１刷発行

遠《えん》藤《どう》　浩《ひろし》
編者　川《かわ》井《い》　健《たけし》
民法判例研究同人会《みんぽうはんれいけんきゅうどうじんかい》

発行者　井村寿人

発行所　株式会社　勁《けい》草《そう》書房

112-0005 東京都文京区水道2-1-1　振替 00150-2-175253
（編集）電話 03-3815-5277／FAX 03-3814-6968
（営業）電話 03-3814-6861／FAX 03-3814-6854

堀内印刷・中永製本所

ISBN978-4-326-45136-4　Printed in Japan